浅野中学校

〈収録内容〉

※国語の大問二は、問題に使用された作品の著作権者が二次使用の許可を出していないため、問題を掲載しておりません。

便利な DL コンテンツは右の QR コードから

解答用紙

過去年度

国語の問題は紙面に掲載

⇒ 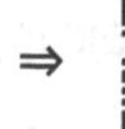 

※データのダウンロードは 2025 年 3 月末日まで。

※データへのアクセスには、右記のパスワードの入力が必要となります。 ⇒ 032733

〈合格最低点〉

年度	点数	年度	点数
2024年度	254点	2019年度	261点
2023年度	246点	2018年度	262点
2022年度	248点	2017年度	224点
2021年度	242点	2016年度	223点
2020年度	230点	2015年度	251点

本書の特長

実戦力がつく入試過去問題集

- ▶ 問題 …………… 実際の入試問題を見やすく再編集。
- ▶ 解答用紙 …… 実戦対応仕様で収録。
- ▶ 解答解説 …… 詳しくわかりやすい解説には、難易度の目安がわかる「基本・重要・やや難」の分類マークつき（下記参照）。各科末尾には合格へと導く「ワンポイントアドバイス」を配置。採点に便利な配点つき。

入試に役立つ分類マーク

基本 確実な得点源！
受験生の90%以上が正解できるような基礎的、かつ平易な問題。
何度もくり返して学習し、ケアレスミスも防げるようにしておこう。

重要 受験生なら何としても正解したい！
入試では典型的な問題で、長年にわたり、多くの学校でよく出題される問題。
各単元の内容理解を深めるのにも役立てよう。

やや難 これが解ければ合格に近づく！
受験生にとっては、かなり手ごたえのある問題。
合格者の正解率が低い場合もあるので、あきらめずにじっくりと取り組んでみよう。

合格への対策、実力錬成のための内容が充実

- ▶ 各科目の出題傾向の分析、合否を分けた問題の確認で、入試対策を強化！
- ▶ その他、学校紹介、過去問の効果的な使い方など、学習意欲を高める要素が満載！

解答用紙ダウンロード 解答用紙はプリントアウトしてご利用いただけます。弊社ＨＰの商品詳細ページよりダウンロードしてください。トビラのＱＲコードからアクセス可。

UD FONT 見やすく読みまちがえにくいユニバーサルデザインフォントを採用しています。

浅野 中学校

生徒数 821名
〒221-0012
神奈川県横浜市神奈川区子安台1-3-1
☎ 045-421-3281
京浜東北線新子安駅・京浜急行線京急新子安駅 徒歩8分

完全中高一貫のカリキュラムと生徒本位の綿密な学習指導で難関大に高い合格実績を持つ

URL	https://www.asano.ed.jp

義務と責任の自覚に努める

1920（大正９）年、浅野綜合中学校を設置。1948（昭和23）年、学制改革により浅野中学校・高等学校となり、中高一貫体制を確立した。その後、進学実績を飛躍的に伸ばし、現在では神奈川県有数の男子進学校として高い評価を得ている。

「九転十起」「愛と和」の校訓のもと、「自主独立の精神、義務と責任の自覚、高い品位と豊かな情操」とを具えた、心身共に健康で、創造的な能力を持つ、逞しい人間の育成に努めている。

緑豊かな環境と、充実した施設

京浜工業地帯・ベイブリッジを眼下に見渡す高台に、緑におおわれた褐色の近代的校舎が建ち並ぶ。約6万㎡の敷地のほぼ半分は通称「銅像山」と呼ばれ、創立100周年を迎え記念リングを作成した。

施設としては、全館冷暖房完備され、全教室にはプロジェクターが設置されている。普通教室のほかに、クラスを分割し少人数授業に対応した演習教室などを設置し、ハイレベルな教育を展開している。2014年6月に新図書館、11月に新体育館が完成。2016年９月にグラウンドを全面人工芝化。

先取り授業など進度の速い内容

高校での募集は行わず、完全中高一貫カリキュラムを組んでいる。

中学では、国語・数学・英語に週５～６時間、理科・社会にも週4～5時間の授業を当てており、５教科をバランスよく、しかも密度の濃い内容で学習する。数学では、高校の学習内容を積極的に導入し、同じ内容を高校進級後に再度学習することで、その定着と内容理解の深化を図っている。英語では、ネイティブスピーカーによる授業に加え、自宅PCでも英語学習ができるリピトークを導入して、音声面と表現力面を重視している。

高校では、１年次の数学で少人数授業を行う。２年次より文系、理系のコース制を採用し、2023年度より３年次では、文・理８クラス体制を採用した。理系のコース名は①**東大理系**②**難関国公立理系**③**国公立理系**で、文系は①**東大文系**②**国公立文系**③**私立文系**に分かれる。３年次にコースを決めるときには本人の希望を中心に、成績も加味して面談を行い、自身が納得したコースを選択している。同じ志望校の生徒が、競争ではなく希望で集まるので、クラスは励ましあう雰囲気となっている。

豊かな学園生活に31の部活動

５月と９月に行われる打越祭（体育祭・文化祭）は、1年を通じて学園最大の行事で、生徒は授業とは別の一面を披露する。また、研修旅行では、6月に高2が九州など、11月に中3が奈良・京都を訪れる。そのほか、中学1・2年次の夏休みには林間学校、1月にはスキー教室も実施されている。また7月に高1と高2、8月には中3～高2の希望者を対象に海外研修を実施している。

中学ではほぼ全員が部活動に加入し、中・高が合同で又は別々に活動している。文化部には国際化学オリンピック金メダル受賞の化学部、全国大会出場の棋道部、ディベート部など14、運動部にはインターハイ出場のボクシング部のほか、野球、サッカー、バスケットボール、アーチェリー、アメリカンフットボールなど17の団体がある。

超難関大合格者が着実に増加

卒業生は、全員が4年制大学への進学を目指す。現役合格率も70％超と高く、難関大学への合格者も増えるなど、合格実績が年々上昇している。

2022年度の主な合格実績は、東大43名、京都大7名、一橋大10名、東京工業大９名、早稲田大116名、慶應義塾大132名、国公立医学部23名、私立大医学部35名など。

2024年度入試要項

試験日 2/3

試験科目 国・算・社・理

募集定員	受験者数	合格者数	競争率
270	1429	595	2.4

過去問の効果的な使い方

① **はじめに**　ここでは，受験生のみなさんが，ご家庭で過去問を利用される場合の，一般的な活用法を説明していきます。もし，塾に通われていたり，家庭教師の指導のもとで学習されていたりする場合は，その先生方の指示にしたがって，過去問を活用してください。その理由は，通常，塾のカリキュラムや家庭教師の指導計画の中に過去問学習が含まれており，どの時期から，どのように過去問を活用するのか，という具体的な方法がそれぞれの場合で異なるからです。

② **目的**　言うまでもなく，志望校の入学試験に合格することが，過去問学習の第一の目的です。そのためには，それぞれの志望校の入試問題について，どのようなレベルのどのような分野の問題が何問，出題されているのかを確認し，近年の出題傾向を探り，合格点を得るための試行錯誤をして，各校の入学試験について自分なりの感触を得ることが必要になります。過去問学習は，このための重要な過程であり，合格に向けて，新たに実力を養成していく機会なのです。

③ **開始時期**　過去問との取り組みは，通常，全分野の学習が一通り終了した時期，すなわち6年生の7月から8月にかけて始まります。しかし，各分野の基本が身についていない場合や，反対に短期間で過去問学習をこなせるだけの実力がある場合は，9月以降が過去問学習の開始時期になります。

④ **活用法**　各年度の入試問題を全問マスターしよう，と思う必要はありません。完璧を目標にすると挫折しやすいものです。できるかぎり多くの問題を解けるにこしたことはありませんが，それよりも重要なのは，現実に各志望校に合格するために，どの問題が解けなければいけないか，どの問題は解けなくてもよいか，という眼力を養うことです。

算数

どの問題を解き，どの問題は解けなくてもよいのかを見極めるには相当の実力が必要になりますし，この段階にいきなり到達するのは容易ではないので，この前段階の一般的な過去問学習法，活用法を2つの場合に分けて説明します。

☆偏差値がほぼ55以上ある場合

掲載順の通り，新しい年度から順に年度ごとに3年度分以上，解いていきます。

ポイント1…問題集に直接書き込んで解くのではなく，各問題の計算法や解き方を，明快にわかるように意識してノートに書き記す。

ポイント2…答えの正誤を点検し，解けなかった問題に印をつける。特に，解説の 基本 重要 がついている問題で解けなかった問題をよく復習する。

ポイント3…1回目にできなかった問題を解き直す。同様に，2回目，3回目，…と解けなければいけない問題を解き直す。

ポイント4…難問を解く必要はなく，基本をおろそかにしないこと。

☆偏差値が50前後かそれ以下の場合

ポイント1～4以外に，志望校の出題内容で「計算問題・一行問題」の比重が大きい場合，これらの問題をまず優先してマスターするとか，例えば，大問2までをマスターしてしまうとよいでしょう。

理科

理科は1から順番に解くことにほとんど意味はありません。理科は，性格の違う4つの分野が合わさった科目です。また，同じ分野でも単なる知識問題なのか，あるいは実験や観察の考察問題なのかによってもかかる時間がずいぶんちがいます。記述，計算，描図など，出題形式もさまざまです。ですから，解く順番の上手，下手で，10点以上の差がつくこともあります。

過去問を解き始める時も，はじめに1回分の試験問題の全体を見通して，解く順番を決めましょう。得意分野から解くのもよいでしょう。短時間で解けそうな問題を見つけて手をつけるのも効果的です。くれぐれも，難問に時間を取られすぎないように，わからない問題はスキップして，早めに全体を解き終えることを意識しましょう。

社会

社会は1から順番に解いていってかまいません。ただし，時間のかかりそうな，「地形図の読み取り」，「統計の読み取り」，「計算が必要な問題」，「字数の多い論述問題」などは後回しにするのが賢明です。また，3分野(地理・歴史・政治)の中で極端に得意，不得意がある受験生は，得意分野から手をつけるべきです。

過去問を解くときは，試験時間を有効に活用できるよう，時間は常に意識しなければなりません。ただし，時間に追われて雑にならないようにする注意が必要です。“誤っているもの”を選ぶ設問なのに“正しいもの”を選んでしまった，“すべて選びなさい”という設問なのに一つしか選ばなかったなどが致命的なミスになってしまいます。問題文の“正しいもの”，“誤っているもの”，“一つ選び”，“すべて選び”などに下線を引いて，一つ一つ確認しながら問題を解くとよいでしょう。

過去問を解き終わったら，自己採点し，受験生自身でふり返りをしましょう。できなかった問題については，なぜできなかったのかについての分析が必要です。例えば，「知識が必要な問題」ができなかったのか，「問題文や資料から判断する問題」ができなかったのかで，これから取り組むべきことも大きく異なってくるはずです。また，正解できた問題も，「勘で解いた」，「確信が持てない」といったときはふり返りが必要です。問題集の解説を読んでも納得がいかないときは，塾の先生などに質問をして，理解するようにしましょう。

国語

過去問に取り組む一番の目的は，志望校の傾向をつかみ，本番でどのように入試問題と向かい合うべきか考えることです。素材文の傾向，設問の傾向，問題数の傾向など，十分に研究していきましょう。

取り組む際は，まず解答用紙を確認しましょう。漢字や語句問題の量，記述問題の種類や量などが，解答用紙を見て，わかります。次に，ページをめくり，問題用紙全体を確認しましょう。どのような問題配列になっているのか，問題の難度はどの程度か，などを確認して，どの問題から取り組むべきかを判断するとよいでしょう。

一般的に「漢字」→「語句問題」→「読解問題」という形で取り組むと，効率よく時間を使うことができます。

また，解答用紙は，必ず，実際の大きさのものを使用しましょう。字数指定のない記述問題などは，解答欄の大きさから，書く量を考えていきましょう。

――出題傾向と対策　合否を分けた問題の徹底分析――

出題傾向と内容

出題分野1 〈数と計算〉

「四則計算」が毎年，出題されている。「数の性質」の出題率も高い。

2 〈図形〉

「平面図形」・「立体図形」・「図形や点の移動・対称な図形」の問題はほぼ毎年，出題されており，「相似」の出題率も高い。

3 〈速さ〉

「速さの三公式と比」の問題は，毎年，出題されており，グラフと組み合わされることがある。「旅人算」自体の出題が少なく，「時計算」・「流水算」が年度によって出題されている。

4 〈割合〉

「割合と比」の問題がほぼ毎年，出題されている。「売買算」が数年，出題されていない。

5 〈推理〉

「場合の数」・「数列・規則性」が，ほぼ毎年，出題されており，「論理・推理・集合」の問題も出題率が高い。

6 〈その他〉

ここ数年は，「年令算」を除いて，どの分野からも出題がある。「消去算」に注意。

出題率の高い分野

❶平面図形・面積　❷立体図形・体積　❸場合の数　❹数の性質　❺割合と比

来年度の予想と対策

出題分野1 〈数と計算〉…計算問題は，正確に速く解けるように，毎日，少しずつ練習しよう。「数の性質」における「倍数・約数」の文章題を練習しよう。

2 〈図形〉…「平面図形」・「立体図形」・「相似」・「図形や点の移動」の応用問題，融合問題を徹底して練習しよう。
過去問で「図形」の問題だけ，連続して解いてみると，年度による難度の差が分かり，参考になる。かなり難しい「図形」問題でも，小問によっては基本レベルの出題があるので，問題をよく読み，ヒントを探して，1問でも多く解くように，試行錯誤することが重要である。

3 〈速さ〉… 比を使う「旅人算」の解き方を練習しよう。「時計算」・「通過算」・「流水算」の標準・応用レベルの練習も，分野に偏りなく練習することが必要である。

4 〈割合〉…「割合と比」・「相当算」・「分配算」などのほか，「速さの比」・「面積比」など他の分野の比を利用する応用問題も練習しよう。

5 〈推理〉…「場合の数」・「論理・推理・集合」・「数列・規則性」の出題率が高い。まず，基本を固めるレベルからスタートして，応用問題へ進もう。

6〈その他〉…「差集め算」・「鶴カメ算」・「消去算」の標準・応用問題を練習しよう。「鶴カメ算」は図を描かなくても，式が立てられる，というレベルまで反復しよう。

学習のポイント

●大問数5～7題　小問数25～30題前後　●試験時間50分　満点120点
●「図形」・「割合」・「場合の数」・「速さ」・「消去算」の難しめの問題がポイントになる。

年度別出題内容の分析表 算数

（よく出ている順に，☆◎○の3段階で示してあります。）

	出題内容	27年	28年	29年	30年	2019年	2020年	2021年	2022年	2023年	2024年
数と計算	四則計算	○	○	○	○	○	○	○	○	○	○
	単位の換算			○	○		○	○	○		○
	演算記号・文字と式				☆				☆	☆	
	数の性質	☆	☆		☆	○	○	☆	☆	☆	☆
	概　数									○	
図形	平面図形・面積	☆	☆	☆	☆	☆	☆	☆	☆	☆	☆
	立体図形・体積と容積	◎	☆	☆	☆	○	☆	☆	☆	☆	☆
	相似（縮図と拡大図）			☆	◎	☆		○	☆		☆
	図形や点の移動・対称な図形	○	☆				☆	◎		☆	
	グラフ			☆	☆			☆			☆
速さ	速さの三公式と比	○	○	☆	☆		○	☆	☆	◎	☆
	旅人算	○								◎	☆
	時計算				◎	○			◎		
	通過算				◎						
	流水算				☆				○		
割合	割合と比	◎	○	☆		○	☆	☆	☆	☆	☆
	濃　度		○								
	売買算										
	相当算										
	倍数算・分配算										
	仕事算・ニュートン算		○					☆			
	比例と反比例・2量の関係										
推理	場合の数・確からしさ	☆	☆	☆	◎	☆	◎	○	☆	◎	○
	論理・推理・集合	○	○				○	○	○	○	○
	数列・規則性・N進法	◎		○		☆	○	○		☆	☆
	統計と表					☆					
その他	和差算・過不足算・差集め算							○		◎	
	鶴カメ算				○	○	○				
	平均算				○					◎	○
	年令算										
	植木算・方陣算										○
	消去算		○	◎	○	○	○	○			○

浅野中学校

2024年度 浅野中学校 合否を分けた問題 算数

2 （1）〈数の性質，規則性〉

「分数の規則性」の問題であり，簡単ではないがそれほど難しい問題でもない。
分母…2，4，8，～
分子…分母より小さい奇数
では，以下の問題に挑戦してみよう？

【問題】

分母が，2を2倍ずつした数で，分子が奇数である，1より小さい分数が，次ののように左から順に規則的に並んでいる。

$\frac{1}{2}$，$\frac{3}{4}$，$\frac{1}{4}$，$\frac{7}{8}$，$\frac{5}{8}$，$\frac{3}{8}$，$\frac{1}{8}$，$\frac{15}{16}$，$\frac{13}{16}$，$\frac{11}{16}$，$\frac{9}{16}$，$\frac{7}{16}$，$\frac{5}{16}$，$\frac{3}{16}$，$\frac{1}{16}$，$\frac{31}{32}$，$\frac{29}{32}$，……

ただし，分数は分母が小さい順に並んでいる。また，分母が同じ分数の場合は分子が大きい順に並んでいる。

（1）$\frac{1}{1024}$は最初から数えて何番目にあるか。

【考え方】

分母が4までの分数の個数…3個
分母が8までの分数の個数…7個
したがって，求める番数は1024－1＝1023（番目）
【別解】 1＋2＋4＋～＋512＝S，
S×2－S＝1024－1＝1023より，1023番目

$\frac{1}{2}$，
$\frac{3}{4}$，$\frac{1}{4}$，
$\frac{7}{8}$，$\frac{5}{8}$，$\frac{3}{8}$，$\frac{1}{8}$，
$\frac{15}{16}$，$\frac{13}{16}$，$\frac{11}{16}$，$\frac{9}{16}$，$\frac{7}{16}$，$\frac{5}{16}$，$\frac{3}{16}$，$\frac{1}{16}$，
$\frac{31}{32}$，$\frac{29}{32}$，……

この表を利用する

受験生に贈る「数の言葉」――――――――――「ガリヴァ旅行記のなかの数と図形」
作者　ジョナサン・スウィフト（1667～1745）
…アイルランド　ダブリン生まれの司祭

リリパット国…1699年11月，漂流の後に船医ガリヴァが流れ着いた南インド洋の島国
①人間の身長…約15cm未満　②タワーの高さ…約1.5m
③ガリヴァがつながれた足の鎖の長さ…約1.8m　④高木の高さ…約2.1m
⑤ガリヴァとリリパット国民の身長比…12：1　⑥ガリヴァとかれらの体積比…1728：1

ブロブディンナグ国…1703年6月，ガリヴァの船が行き着いた北米の国
①草丈…6m以上　②麦の高さ…約12m　③柵（さく）の高さ…36m以上
④ベッドの高さ…7.2m　⑤ネズミの尻尾（しっぽ）…約1.77m

北太平洋の島国…1707年，北緯46度西経177度に近い国
王宮内コース料理　①羊の肩肉…正三角形　②牛肉…菱形　③プディング…サイクロイド形
④パン…円錐形（コーン）・円柱形（シリンダ）・平行四辺形・その他

2023年度 浅野中学校 合否を分けた問題 算数

1 (4) 〈平均算，割合と比〉

「平均点」の問題であり，難問のレベルではないが簡単な問題でもない。
最高点と最低点の得点差が「クラスの人数－1」の何倍になるのか，これをわかることがポイントになる。
では，どうやって解けるのだろうか？

【問題】

あるクラスで算数のテストを行ったところ，平均点は64点だった。
最高点のAさんを除いた平均点は63.2点，最低点のBさんを除いた平均点は65点，
AさんとBさんの得点差が63点であるとき，クラスの人数は何人で，Bさんの得点は何点か。

【考え方】

サ＋シ…右図より，○×(64－63.2＋65－64)＝
○×1.8＝63(点)
カ…クラスの人数は63÷1.8＋1＝36(人)
サ：シ…0.8：1＝4：5
キ…Bさんの得点は64－63÷(5＋4)×5＝29(点)

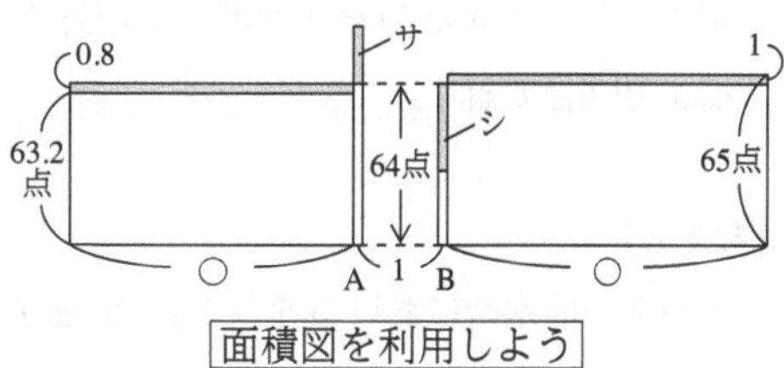

面積図を利用しよう

受験生に贈る「数の言葉」――――――――――バートランド・ラッセル(1872～1970)が語るピュタゴラス(前582～496)とそのひとたちのようす(西洋哲学史)

①ピュタゴラス学派のひとたちは，地球が球状であることを発見した。

②ピュタゴラスが創った学会には，男性も女性も平等に入会を許された。
財産は共有され，生活は共同で行われた。科学や数学の発見も共同のものとみなされ，ピュタゴラスの死後でさえ，かれのために秘事とされた。

③だれでも知っているようにピュタゴラスは，すべては数である，といった。
かれは，音楽における数の重要性を発見し，設定した音楽と数学との間の関連が，数学用語である「調和平均」,「調和級数」のなかに生きている。

④五角星は，魔術で常に際立って用いられ，この配置は明らかにピュタゴラス学派のひとたちにもとづいており，かれらは，これを安寧とよび，学会員であることを知る象徴として，これを利用した。

⑤その筋の大家たちは以下の内容を信じ，かれの名前がついている定理をかれが発見した可能性が高いと考えており，それは，直角三角形において，直角に対する辺についての正方形の面積が，他の2辺についての正方形の面積の和に等しい，という内容である。
とにかく，きわめて早い年代に，この定理がピュタゴラス学派のひとたちに知られていた。かれらはまた，三角形の角の和が2直角であることも知っていた。

2022年度 浅野中学校 合否を分けた問題 算数

1 (4) 〈速さの三公式と比，流水算，割合と比〉

流水算自体の基本がわかっていれば解けるはずと思われるところ，問題文を読むと，時間に関する数字は記されているものの，距離に関する数字がどこにも記されてはいない。
どうやって，解けるのだろうか？

【問題】

一定の速さで流れる川の下流にA地点，上流にB地点がある。A地点からモーターボートで川を上ってB地点へ行き，川を下ってA地点に戻ってくることになった。A地点からBへ向かった10分後にエンジンが故障したのでエンジンを切って修理すると，ボートが川の流れによってA地点のほうへ流された。5分後，再びエンジンをかけてB地点へ向かうと7分でB地点に着いた。帰りは故障がなく，5分でA地点に着いた。

川の流れの速さは静水時のボートの速さのキ倍であり，エンジンが故障しなければA地点からB地点までク分で着く。

【考え方】

ボートの静水時における速さを1，流速を△にする。

ボートが川を上った距離…(1－△)×(10＋7)－△×5

＝17－△×22

ボートが川を下った距離…(1＋△)×5＝5＋△×5

これらの距離が等しいので，△×(22＋5)＝△×27が
17－5＝12に相当し，△は12÷27＝$\frac{4}{9}$(倍)…キ　　ここがポイント

下りの速さと上り速さの比は(9＋4)：(9－4)＝13：5

したがって，上りの時間は13分…ク

受験生に贈る「数の言葉」

数学者の回想　高木貞治1875～1960

数学は長い論理の連鎖だけに，それを丹念にたどってゆくことにすぐ飽いてしまう。論理はきびしいものである。例えば，1つの有機的な体系というか，それぞれみな連関して円満に各部が均衡を保って進んでゆかぬかぎり，完全なものにはならない。

ある1つの主題に取り組み，どこか間違っているらしいが，それがはっきり判明せず，もっぱらそればかりを探す。神経衰弱になりかかるぐらいまで検討するが，わからぬことも多い。夢で疑問が解けたと思って起きてやってみても，全然違っている。そうやって長く間違いばかりを探し続けると，その後，理論が出来ても全く自信がない。そんなことを多々経験するのである。(中略)

技術にせよ学問にせよ，その必要な部分だけがあればよいという制ちゅう(限定)を加えられては，絶対に進展ということはあり得ない。「必要」という考え方に，その必要な1部分ですらが他の多くの部分なくして成り立たぬことを理解しようとしないことがあれば，それは全く危険である。

——出題傾向と対策 合否を分けた問題の徹底分析——

出題傾向と内容

大問が4題，小問が40問程度の出題で，理科の4分野から幅広く出題されている。試験時間に対して，分量は多めであり，時間配分を気にする必要がある。解答形式は，文選択や図選択が主で，数値も多く，語句や描図もある。各分野で計算問題が出されることが多く，レベルは基本問題から応用問題までさまざまである。

実験・観察を進めながら，その過程での設問に答えるという形式が多い。日常生活の中で体験する現象から，その原因，理由を考察する形式も多く見られる。

生物的領域 動物，植物とも広く出題されている。身近に目にする動植物の観察から，基礎的な考え方，そして，生物を対象とした実験と，知識，理解と思考力の両面からバランスよく出題されている。実物や図鑑などで，具体的な動植物の知識は増やしておきたい。

地学的領域 地球，気象，天体から，1つの題材が扱われることが多いが，総合問題となることもある。図表の読解が重要であり，空間的な把握が求められたり，時系列に合わせて考えたりと，思考力が問われる設問が多い。

化学的領域 身近な物質がテーマになることが多いが，目新しい素材が登場し，問題文を読み進めながら理解してその場で解く問題もある。計算問題は，1つの設問の中でいくつもの段階を踏む複雑なものが出題されており，充分な練習が必要である。試験中に手間と時間を要するため，時間配分などの作戦を立てておきたい。

物理的領域 力学からの出題が目立つが，電気，光，音からの出題もあり，どの分野も避けるわけにはいかない。図表から実験データを読み取り，法則性を導く形式の問題が多い。型通りのパターン練習に留まらず，図解から試行錯誤する訓練を重ねておきたい。

学習のポイント

●各分野に計算問題の難問がある。基本的な扱いに充分に習熟し，さらにレベルの高い問題集で事前に十分な演習を積んでおこう。

来年度の予想と対策

ふだんの学習では，各分野の基礎的な知識は，ただ覚え込むのではなく，充分に理解し，使える知識としておくことが大切である。さらに，身近な場面を科学の目で見たり，科学館，図鑑などを見たりする機会を多くし，具体的な科学現象を実体験をまじえて知るようにしたい。時事的な出来事が取り上げられることもあり，新聞の科学的なニュースには普段から関心を持つようにしたい。

どの分野も計算問題が多いので，まずは典型題について充分に習熟し，さらにレベルが高めの問題集で解く練習をしておきたい。また，表やグラフからデータを読み取る形式の出題が多いので，考察を含む長めの良問を数多く解いて読解力と思考力を鍛えたい。問題文の中から知識と情報を見出して解答する訓練も積んでおきたい。

試験の時間は40分だが，考察問題や計算問題の数が多く，中には難しい問題も出題されるので時間的な余裕はない。難問に深入りする時間はない。過去問を利用して，あらかじめ時間配分のプランを練っておくのがよいだろう。

年度別出題内容の分析表 理科

（よく出ている順に，☆◎○の3段階で示してあります。）

	出 題 内 容	27年	28年	29年	30年	2019年	2020年	2021年	2022年	2023年	2024年
生物的領域	植物のなかま		☆			☆	◎		◎	◎	◎
	植物のはたらき			◎						◎	◎
	昆虫・動物			○		○		☆	☆		○
	人 体	☆			◎			☆	○		
	生態系				◎						○
地学的領域	星と星座			◎		◎					
	太陽と月			◎				☆			
	気 象		☆							☆	
	地層と岩石	☆			☆				☆		
	大地の活動						☆		○		☆
化学的領域	物質の性質					☆	☆		◎		○
	状態変化	○								○	
	ものの溶け方	☆								○	○
	水溶液の性質			◎	☆					◎	◎
	気体の性質	○	☆	◎				☆	○	○	○
	燃 焼										○
物理的領域	熱の性質										
	光や音の性質			○	☆			☆		☆	
	物体の運動					☆			☆		
	力のはたらき	☆	☆							○	☆
	電流と回路						☆				
	電気と磁石			☆							
その他	実験と観察	◎	◎	◎	◎	◎	◎	◎	◎	◎	◎
	器具の使用法		○			◎	◎			○	
	環 境		◎								
	時 事		○		○	○				○	
	その他						☆				

浅野中学校

2024年度 浅野中学校 合否を分けた問題 理科

●この大問で，これだけ取ろう！

1	植物と日光	標準	校内の森林を素材に，広範な知識が必要な問題であった。出てくる事象の域をよく考えたい。失点は2つ以内で。
2	地震のエネルギー	やや難	1つ1つの選択肢をていねいに検討する必要があり，案外に正解しにくい設問が並ぶ。失点は3つ以内で。
3	マグネシウムの化合物	標準	必要な知識は問題文にあるので，あとは過不足のある場合の化学計算をていねいに実行するのみ。失点は1つ以内で。
4	水槽に入れるおもり	標準	(6)までは確実に取りたい。(7)以降は想像力と思考力が必要な設問である。失点は2つ以内で。

●鍵になる問題は2だ！

本年も各分野からバランスよく出題された，各大問とも問題文が長く，小問数が多い。1，2では幅広い知識が必要で，3，4では計算量が多いため，時間内にすべてを解き上げるのはなかなか大変だったであろう。1のような植物の知識は，日ごろから実物や写真を見ながら1つでも多く頭に入れていきたい。また，3のような，量に過不足のある化学変化の典型的な応用題などは，充分に練習を重ねて短時間で解けるようにしておきたい。

2を取り上げる。地震に関する問題である。文選択の設問が多く，選択肢を1つ1つ検討していくと，思いがけなく試験時間を消費してしまう。

(1)は三浦半島の城ヶ島と思われる写真で，本校の受験生なら現地で実際に見た経験のある人も多かったであろう。本校の問題は，現物を見ている受験生が有利になる設問が時々出題される。

(2)は，振り子のおもりを振らせるのではなく，支点側を揺らしたことのある経験がないと想像しにくいだろう。物の動きを記録するときは，何か静止しているものを基準にするのが普通である。しかし，地震のときは地震計自体が揺れている。そこで，地震計の中に重いおもりを設置し，このおもりを不動点とみなして，地震計そのものの動きを記録するしくみがつくられている。また，地震は空間での動きだから，東西，南北，上下の3方向の動きを記録する必要がある。図2の記録紙の代わりに，現在主力の地震計では紙では電磁的な方法で記録されているが，基本的な原理は同じであり，3方向分の機能が備えられているのも同じである。

(4)は，初期微動継続時間が震源からの距離に比例することを思い浮かべやすいが，dの選択肢は単に「揺れが続いた時間」とあるだけで，初期微動継続時間のことではない。主要動は徐々におさまっていき，しばらくすると揺れが収まるため，揺れが終わった時刻を正確に見極めるのは難しいし，揺れた時間と震源からの距離には何の関係もない。cで，同じ時刻に揺れ始めた地点を結んだ線を等発震時線といい，ふつう震央を中心とする円に近い形になるので，ここから震央を推定できる。

(7)は，問題文から，マグニチュードが断層面の面積とずれの量の積で決まることを学ぶ必要がある。そのうえで，図5の断層の面積を求めなければならない。緯度と経度が示されているが，距離を知りたいときは，緯度を見る。経度は北極に近づくほど狭くなってしまうためである。緯度1°は，40000÷360で111kmだから，そこからおよその面積を知ることができる。

2023年度 浅野中学校 合否を分けた問題 理科

●この大問で，これだけ取ろう！

1	ダイズの特徴	標準	細かな知識がいくらか出てくるが，基本知識からの類推で正解できるものが大半である。失点は2つまで。
2	気象観測と台風	標準	図を根気よくていねいに読めば正解できるが，時間をかけすぎないように注意したい。失点は2つまで。
3	さまざまな洗浄剤	標準	A～Iの物質は早めに決めてメモしておきたい。(8)～(10)は案外に手間がかかるので注意。失点は3つまで。
4	動く音源からの音の伝わり方	標準	(4)以降は，(3)で描いた図を上手に利用できるかどうかで決まる。失点は2つまで。

●鍵になる問題は3だ！

本年も広い範囲から出題された。小問数が多く，小問ごとに考えなければならない項目が異なるので，時間配分も頭に入れておかなければならない。1はダイズ，2は気象観測，3は洗浄剤の化学，4は音のドップラー効果と，身近なテーマが扱われた。日ごろからの実体験や，科学への関心を大事にしてきた受験生にとっては，考えやすく有利であっただろう。知っているかどうか，だけでなく，問題文や選択肢の情報から上手に類推できるか，も高得点への重要な要素である。

3を取り上げる。家庭でも使われるさまざまな洗浄剤に関する問題である。

(2)は，いたるところに設置されていた手指の消毒液の濃さに関する設問である。世の中ではエタノール濃度が80%以上のものが使われているが，これは体積の%である。これを，理科や算数で学んでいる重さの%に直す内容である。密度を利用して，正しく重さに直したい。

(3)以降は，さまざまな洗浄剤に関する問題である。物質A～Eに選択肢があり，実験1のことから，物質AとBが炭酸水素ナトリウムと炭酸ナトリウムの組合せで特定できれば，他は容易である。以下，設問に出てきた洗浄剤の正体を簡単に解説しておく。

洗浄剤1はクエン酸である。クエン酸は食用にも使われるが，酸性の水溶液になるので，器具にこびりついた炭酸カルシウムの結晶など，いわゆる水垢を掃除するのに適している。

洗浄剤2は重曹(炭酸水素ナトリウム)である。純度の高いものは，ベーキングパウダーなど食用にも使われるが，アルカリ性の水溶液になるので，セッケンと同じように油汚れなどの除去や脱臭などに使われる。重曹の名前は，炭酸水素ナトリウムの古い名前の重炭酸ソーダから来ている。

洗浄剤3は，炭酸水素ナトリウムと炭酸ナトリウムを混ぜたもので，洗浄剤2よりもアルカリ性が強く，油汚れやタンパク質汚れを落とす用途に使われる。

洗浄剤4は，酸素系漂白剤である。炭酸ナトリウムと過酸化水素からできており，タンパク質の汚れをはじめ色のついた汚れの成分を強力に酸化し除去するはたらきがある。

洗浄剤5は，塩酸と界面活性剤(セッケンと同様の物質)からできたもので，塩化水素9%ほどのものが，トイレ用の洗剤として使われている。汚れをこすらずに酸を使って溶かし出す。

洗浄剤6は，塩素系の漂白剤で，塩素の持つ漂白作用を利用したものである。次亜塩素酸ナトリウムは酸性になると有毒な塩素が発生するので，水酸化ナトリウムなどを加えてアルカリ性に調製されている。

2022年度 浅野中学校 合否を分けた問題 理科

●この問題で，これだけは取ろう！

1	昆虫・動物・植物	基礎～標準	基本的な内容の問題である。蒸散量の計算もよく見る形の出題で，生物分野では多く正解したい。
2	岩石と地層	基礎～標準	写真や図を使った問題で，基礎知識が問われていた。地学分野でも得点を重ねたい。
3	気体の発生・量的関係	標準～やや難	過不足のある反応の量的関係の計算問題。難問もあり，基本問題で確実に得点したい。
4	力のつり合い	標準～やや難	線上のつり合いと面上のつり合いの問題であった。最後の問題はやや難問である。

●鍵になる問題は4の(5)，(6)だ！

(5)　[図3]の(A，4)の位置に40g，(G，1)の位置に20gのおもりをそれぞれ糸で吊しました。さらに，30gのおもり1個を用いて格子を水平につりあうようにするには，どの位置に吊るせばよいですか。(図は省略)

(6)　[図3]の(A，2)の位置に20g，(D，6)の位置に40g，(G，3)の位置に20gのおもりをそれぞれ糸で吊しました。さらに，10gのおもり1個を用いて格子を水平につりあうようにするには，どの位置に吊るせばよいですか。(図は省略)

【解説】

ともに考え方は同じである。支点を中心に支点より上側のつり合いと，支点の左右のつり合いをそれぞれ考える。

(5)　支点より上にマス目3つ分離れて40gのおもり，下に3つ分離れて20gのおもりが吊るされている。上下でつり合うには支点より下側に30gのおもりを吊るす。その位置を□とすると，40×3＝20×3＋30×□　□＝2となり，おもりの位置はFの線上にくることがわかる。左右のつり合いを考えると，40gのおもりは支点と同じ位置にくると見なせるので，30gのおもりは支点より右側にある。その位置を□とすると，20×3＝30×□　□＝2　支点より右側に2マスの位置にくるので，6の線上になる。これより，30gのおもりの位置は(F，6)である。

(6)　同様に，上下のつり合いでは40gのおもりが支点上にあり，20gのおもりが支点からそれぞれ3の位置にあるので，この状態で上下はつり合う。そのため，10gのおもりの位置は支点上，つまりDの線上にくる。左右のつり合いでは，図5の状態では右側に傾くので，10gのおもりは支点の左側にくる。その位置を□とすると，20×2＋20×1＋10×□＝40×2　□＝2　おもりは2の線上にくる。よって，(D，2)の位置になる。

浅野の社会
——出題傾向と対策　合否を分けた問題の徹底分析——

出題傾向と内容

2020年度までは大問数が3～4問，設問数は30～40問，大問1題で90～180字の説明問題という構成であったが，2021年度以降は大問数が2問，設問数は20数問，説明問題は字数に変化はないが，必ず1題は出題される形式になった。説明問題以外は主に記号選択問題となり，設問数も減少しているが，内容が濃い文章正誤問題や資料や地形図などの読み取りなどもあり，時間的な余裕はあまりないと思われる。

地　理　主に日本の国土や自然，産業に関するリード文を示して，地図，地形図，表，グラフなどのさまざまな図版を示して，それをもとにした読み取り問題など難易度はそれほど高くないものの，比較的広範囲な分野の出題がなされる。また一部の問題は，政治や時事問題との融合になっている場合もある。

歴　史　日本の歴史の全時代を通じた特定のテーマに基づいた文章を示して文章中の空欄補充の他，そのテーマに関連した文章選択や用語記述などの問題の出題がなされる。出題分野では時代別では古墳時代から平安時代および明治時代から現代までの時期，テーマ別では政治・法律や社会・経済に関するものが比較的多く出題されている。

政　治　時事問題を含めた比較的身近な出来事を題材とした文章を読ませて，文章中の空欄補充，文章選択，用語の記述や選択問題が出題されている。出題分野ではかつては憲法の原理や国の政治のしくみと働きが多かったが，近年では財政と消費生活，国際社会と平和などに関する出題もなされている。

本年度の出題項目は以下の通りである。

Ⅰ　総合　技術革新に関する問題

Ⅱ　地理　SDGsと消費者の行動に関する説明問題

学習のポイント

- ●地理では地図や統計資料に強くなろう！
- ●歴史では古代から現代までの流れをおさえよう！
- ●政治では時事問題と学習内容を関連づけるようにしよう！

来年度の予想と対策

大問の構成はともかく，問題処理能力が問われる地理，大きなテーマを通じて考察させる歴史，時事問題がらみの政治という本校の出題の趣旨は維持されると考えられる。また100字を超える説明問題は今後も継続されると思われ，従来から書く力を重視している本校の受験のためには，その準備を十分にしておく必要があるだろう。

地　理　グラフ・表などの資料の読み取り問題には，各分野の基本事項をおさえるとともによく使用される統計資料である『日本国勢図会』や『データでみる県勢』などにも注目しておきたい。また常に地図帳を参照しながら場所を確認していくことや地形図の読図のための練習もするようにするとよい。

歴　史　まず全体の大きな流れをおさえてから，細かい知識を身につけるようにしたい。歴史上の人物や事件，文化に注目しながら各時代の特色をまとめてみるのもよい。それと同時に歴史的な史料も合わせて確認するようにしよう。また日本国内の動きだけでなく，対外関係も忘れずに学習するようにしよう。

政　治　まずは日本国憲法や基本的人権，日本の政治のしくみと働きを中心にまとめるようにするとよい。しかし，日本の財政や国際社会と平和のような分野の学習も怠らないようにしよう。時事問題は，学習した内容と関連づけて理解するようにしよう。

年度別出題内容の分析表 社会

（よく出ている順に，☆◎○の3段階で示してあります。）

			出題内容	27年	28年	29年	30年	2019年	2020年	2021年	2022年	2023年	2024年
地理	日本の地理	テーマ別	地形図の見方		○	○	○	○				◎	
			日本の国土と自然	◎	○	○	◎	☆	○	○		○	○
			人口・都市	○	○	○	○		☆	○	○	○	
			農林水産業	○	○	○	○	○	○		○	○	○
			工　業		○			○	○	○		○	
			交通・通信	☆	○	○			○	○		◎	○
			資源・エネルギー問題	○	○			◎	○		☆	○	
			貿　易		○	○	○	○	○				
		地方別	九州地方									☆	
			中国・四国地方										
			近畿地方										
			中部地方										
			関東地方										
			東北地方										
			北海道地方										
	公害・環境問題				○	○			○	○	○		☆
	世界地理			◎	○	○	○	○			○		
日本の歴史	時代別		旧石器時代から弥生時代	○	◎	◎	○	○			○	○	
			古墳時代から平安時代	◎	◎	○	◎		◎	○	○		◎
			鎌倉・室町時代	○	○	○	☆	○	○	○	○	◎	○
			安土桃山・江戸時代	◎	◎	◎	○	◎	○	○	○	◎	○
			明治時代から現代	◎	○	◎	○	○	○	○	◎	◎	◎
	テーマ別		政治・法律	◎	◎	◎	◎	○	◎	○	◎	◎	○
			経済・社会・技術	◎	◎		☆	◎		◎	◎	☆	◎
			文化・宗教・教育	◎		◎	◎		○	○	○		○
			外　交	○	○	○						○	○
政治	憲法の原理・基本的人権			○	○	☆	○			◎	○	◎	
	国の政治のしくみと働き			○	○	◎	○	◎		◎		○	○
	地方自治				○			○					
	国民生活と社会保障			◎	☆	○	○		○	○	○		◎
	財政・消費生活・経済一般			◎	◎		◎	◎	◎	○	○	○	◎
	国際社会と平和			○					○		○	○	
時事問題					○					○	○	◎	
その他								○	○	○	○	○	○

浅野中学校

2024年度 浅野中学校 合否を分けた問題 社会

2

本問はSDGsと消費者の行動に関する理由について，設問中に提示された[資料1]～[資料4]を基にして日本の消費がかかえる課題と私たちが消費者として意識すべきことについて考察するものである。本問に解答する際に必要なことは，設問文中に「次にあげる資料を参考にして」と明記されているように，まずは示された[資料1]～[資料4]の内容をきちんと読み取ることが求められ，その読み取りに基づいて提示された2つの課題を説明することである。すなわち，その説明が[資料1]～[資料4]の内容から導けるものでなければ，たとえその説明内容が正しくとも正解にはならい。それらの諸点を念頭において，100字以内で試験時間内に説明するには相応の思考力や表現力が求められ，その点において本問の出来・不出来は合否を分けたと考えられる。以下に本問の解答に必要な主な点を示しておきたい。

まず文章の内容について，日本の消費がかかえる課題に関しては[資料1]と[資料2]から，①(日本の消費者は)環境保護を重視しないこと，②(商品選択の際に)価格を基準にすること，③(商品選択の際に)内容を基準にすること，④(価格や内容によって)商品を選ぶことが多いことの4ポイント，他方，私たちが消費者として意識すべきことに関しては[資料2]～[資料4]から，⑤(商品選択の際に)値段などに関係なくすること，⑥エコラベルやファアトレード認証ラベルがある商品の指摘，⑦(エコラベルなどがある)商品を積極的に購入すること，⑧環境に配慮した消費を心がけることの4ポイント，合わせて合計8ポイントを指摘することが必要と思われる。そのうえで本問の配点が14点(推定配点)であることを考慮すると，各ポイント2点ずつの配点で，前記8ポイントの内，7ポイントまでの指摘が必要と考えられる。

本問の解答の特徴は，提示された[資料]から解答すべき内容に必要とする情報をきちんと選び出すことができたか否かである。示された4つの資料は単に並べられているだけで，相互の関係を示すヒントなどは設問中には一切示されていない。したがって，そのような一見，雑然と並べられた資料を解答すべき内容に則して読み込み，解答に必要とする情報を選び出し，整理してきちんとまとめるという一連の作業が必要になる。本問のような設問は，近年特に指摘されている「思考力・判断力・表現力」を総合した学力を試すものとなっており，まさに新しい学力の判定にふさわしい問題といえよう。このような「思考力・判断力・表現力」を要する学力は単に暗記を中心とする学習では容易に身に着くものではなく，学習した知識を基礎にしてそれらの知識を求められた内容に適合するように自ら選択・整理して構成する力が必要となる。本学では毎年，そのような設問が出題されており，「思考力・判断力・表現力」が求められていることがかなり明確なので，その点をしっかり念頭に置いて日頃の学習に取り組むことが大切である。

2023年度 浅野中学校 合否を分けた問題 社会

1 問13

造船業，鉄鋼業，自動車工業について，それぞれ世界第2位の規模をもつ国の正しい組合せを選択する問題。「世界第2位」が問われることはまれで，意表をつかれた受験生も多いと思われる。ここでは，上位5位までの国を，実際の数値を示しながら確認しておきたい。

【造船業】

船舶竣工量(2020年)

1位　中国　2326万総トン(世界の39.9%を占める)
2位　韓国　1826万総トン(世界の31.3%を占める)
3位　日本　1294万総トン(世界の22.2%を占める)
4位　フィリピン　61万総トン(世界の1.0%を占める)
5位　ベトナム　58万総トン(世界の1.0%を占める)
※1位～3位で世界の約９割を占めているのが特色。

【鉄鋼業】

粗鋼生産量(2020年)

1位　中国　105300万トン(世界の57.6%を占める)
2位　インド　9957万トン(世界の5.4%を占める)
3位　日本　8319万トン(世界の4.5%を占める)
4位　ロシア　7340万トン(世界の4.0%を占める)
5位　アメリカ合衆国　7269万トン(世界の4.0%を占める)
※中国の生産が圧倒的に多く，世界の半分以上を占めているのが特色。

【自動車工業】(2020年)

自動車の生産台数

1位　中国　25225千台(世界の32.5%を占める)
2位　アメリカ合衆国　8822千台(世界の11.4%を占める)
3位　日本　8068千台(世界の10.4%を占める)
4位　ドイツ　3742千台(世界の4.8%を占める)
5位　韓国　3507千台(世界の4.5%を占める)
※中国の生産が多く，世界のほぼ3分の1を占めているのが特色。

2022年度 浅野中学校 合否を分けた問題 社会

2

本問は東日本大震災以降に地熱発電の発電量が大きく増えていない理由について，設問中に提示された[資料1]～[資料4]から地熱発電所の立地の特徴を踏まえて考察するものである。本問に解答する際に必要なことは，設問文中に「次の[資料1]～[資料4]をもとに」と明記されているように，まずは[資料1]～[資料4]の内容をきちんと読み取ることが求められ，その読み取りを土台として地熱発電の発電量が大きく増えていない理由を示すことである。すなわち，その理由が[資料1]～[資料4]の内容から導けるものでなければ，たとえその理由内容が正しくとも正解とはならないということである。それらの諸点を念頭において，100字以内で試験時間内に仕上げるには相応の思考力や表現力が求められるため，その点において本問の出来・不出来は合否を分けたと考えられる。以下に本問の解答に必要な主な点を示しておきたい。

まず文章の内容については，[資料1]の地熱発電所の分布に関しては，①(地熱発電所を)火山の近くに設置する必要があること，②(地熱発電所が)大都市から離れた場所にあることの2点，[資料2]の地熱発電の仕組みに関しては，③(地熱発電は)地中の熱を利用すること，④(地中の熱は)火山に関係するものであることの2点，[資料3]の発電方法ごとの発電設備建設に必要な期間に関しては，⑤(地熱発電所は)建設に長い年月を必要とすること，⑥(地熱発電所は)建設に多くの費用を必要とすること，⑦(長い年月や多くの費用は)他の発電設備に比べてのことであることの3点，[資料4]の地熱発電設備の新規建設数に関しては，⑧(地熱発電所の建設は)小規模なものであること，⑨(小規模なものが)新規建設の設備の大部分であることの2点を合わせて合計9ポイントを指摘することが必要と思われる。また本問には設問文中に「地熱発電所の立地の特徴を踏まえ」とあることから，文章の内容に加えて文章の文脈点があると考えられる。すなわち，⑩[資料1]と[資料2]を地熱発電所の仕組みをもとにした立地の条件で関係付けたことに1点，⑪[資料3]と[資料4]を建設条件で関係付けたことに1点の計2ポイントで，文章の内容の9ポイントと合わせて合計11ポイント，各ポイント1点ずつで合計11点(推定配点)と考えられる。

本問の解答の特徴は，各資料からわかる内容自体とそれらの内容を組み合わせることで総合的に「地熱発電の発電量が大きく増えていない理由」を述べるという二段構えになっていることである。すなわちそれぞれの資料の内容を正確に読み解いてそれらの内容を個別に独立させて並べるのではなく，本問の要求に沿うように文章全体を組み立てる必要があるということである。その意味で本問は[資料1]～ [資料4]までの各資料の内容を読み解く思考力，それらの読み解いた内容を設問要求に合わせて構成する表現力の両面を試した問題ということができるだろう。

――出題傾向と対策
合否を分けた問題の徹底分析――

出題傾向と内容

文の種類：文学的文章（読解）・説明的文章（読解）

読解問題は，例年，長文2題という出題構成，以前，作文の問題にも説明的文章が出て，長文3つとなった年もあった。随筆が出る年もあった。

記述形式：読解問題では今年は自由記述問題が3問，書き抜き問題はなかった。小説では人物の心情を，論説文では文章の論旨を問う問題であった。過去には，100字の自由記述の設問も出題されているので，今後も字数の多い記述問題が出題される可能性はある。

漢字：全部で10題，そのうち書きが8題，読みが2題である。書きが7題，読みが3題の年もある。書きにも読みにも中学で習う漢字や中学で習う読みが含まれる場合がある。手堅く得点できるようにしたい。

選択肢など：4択が中心である。正解と紛らわしい選択肢も含まれている。文脈を丁寧に追いながら読み，一つ一つの選択肢と文章を照らし合わせることが大切である。選択肢の問題が多いので，ここで手堅く得点することは，合格につながることになる。また例年，読解問題の中で，言葉の意味や言葉の知識，文法の知識なども出題されている。

出題頻度の高い分野

❶小説・随筆・論説文　❷心情の読み取り　❸要旨の読み取り　❹文章の細部の読み取り
❺表現（作文）　❻漢字の読み書き

来年度の予想と対策

過去には，長文読解2題と漢字，そして作文の出題という構成が多かったが，近年は作文の出題がなかった。読解は，例年通り，深い読み取りが要求される文章が出題されると思われる。また，表現作文や記述問題も出題が予想される。高いレベルでの読み込む力，考える力，文章表現能力が求められる。対策としては，まず語彙を十分に増やしておくことである。辞書を使う習慣を身につけるのは言うまでもないが，さまざまな文章に接することが肝要である。文章に接することで語彙は広がる。

学習のポイント

●漢字の読み書きを確実にする。
●小説・随筆・論説文について，選択肢の問題に慣れておく。
●要旨をまとめる練習，自分の考えを簡潔にまとめて書く練習をする。

年度別出題内容の分析表 国語

（よく出ている順に，☆◎○の3段階で示してあります。）

	出題内容	27年	28年	29年	30年	2019年	2020年	2021年	2022年	2023年	2024年
設問の種類	主題の読み取り	○	○	○	○	○	○	○	○	○	○
	要旨の読み取り	◎	◎	◎	◎	◎	◎	◎	◎	◎	◎
	心情の読み取り	☆	☆	☆	☆	☆	☆	☆	☆	☆	☆
	理由・根拠の読み取り	○	○	○	○	○	○	○	○	○	○
	場面・登場人物の読み取り	○	○	○	○	○	○	○	○	○	○
	論理展開・段落構成の読み取り										
	文章の細部表現の読み取り	☆	☆	☆	☆	☆	☆	☆	☆	☆	☆
	指示語			○							
	接続語					○					
	空欄補充	○	○	◎	○	○	○	○	○	○	○
	内容真偽										
	根拠　文章の細部からの読み取り	☆	☆	☆	☆	☆	☆	☆	☆	☆	☆
	根拠　文章全体の流れからの読み取り	◎	◎	◎	◎	◎	◎	◎	◎	◎	◎
設問形式	選択肢	☆	☆	☆	☆	☆	☆	☆	☆	☆	☆
	ぬき出し	○	○	○	○	○	○	○	○	○	
	記　述	◎	◎	◎	◎	◎	◎	◎	◎	◎	◎
記述の種類	本文の言葉を中心にまとめる	○	○	○	○	○	○	○	○	○	○
	自分の言葉を中心にまとめる		○	○	○	○	○	○	○	○	○
	字数が50字以内	○	◎	◎	◎	◎	◎	◎	◎	○	◎
	字数が51字以上									○	○
	意見・創作系の作文										
	短文作成										
語句・知識	ことばの意味	○	○		○	○	○				
	同類語・反対語										
	ことわざ・慣用句・四字熟語		○				○			○	○
	熟語の組み立て										
	漢字の読み書き	◎	◎	◎	◎	◎	◎	◎	◎	◎	◎
	筆順・画数・部首										
	文と文節		○					○	○		
	ことばの用法・品詞										
	かなづかい										
	表現技法										
	文学史										
	敬　語										
文章の種類	論理的文章(論説文，説明文など)	○	○	○	○	○	○	○	○	○	○
	文学的文章(小説，物語など)	○	○	○	○	○	○	○	○	○	○
	随筆文										
	詩(その解説も含む)										
	短歌・俳句(その解説も含む)										
	その他										

浅野中学校

2024年度 浅野中学校 合否を分けた問題 国語

一

★合否を分けるポイント（この設問がなぜ合否を分けるのか？）

読解問題の他に，漢字の書き・読みという基本問題を確実に得点することが，合格にとって大切であるため。

★この「解答」では合格できない！

（×） ② 複旧・腹旧

→「ふっきゅう」は，もと通りにすること。「復」には，もとどおりになる，という意味がある。

（×） ⑧ 射罪

→「しゃざい」は，罪やあやまちをわびること。「謝」には，わびを言う，という意味がある。

★こう書けば合格だ！

（○） ② 復旧　⑧ 謝罪

二 問一

★合否を分けるポイント（この設問がなぜ合否を分けるのか？）

選択式の読解問題が多く，正しい選択肢を確実に選べることが，得点につながる。まぎらわしい内容の選択肢もあるが，確実に得点したい。

★この「解答」では合格できない！

（×） ア

→ユキは，疎開に「行きたくない」と言い，「……なのに，もうお父さんにハンコつかれちゃった」「お父さんは無責任」と，不満をもらしている。この内容に，選択肢の文の「ユキちゃんは自分の望み通りに父親から承認をもらって疎開を決めた」は合っていない。

（×） イ

→「私」は，疎開に行きたくて「父と睨み合」っている。この内容に，選択肢の文「疎開には行きたくないという本音」は合っていない。

（×） ウ

→選択肢の文の「ユキちゃんの父親が……義務をはたさないほど無責任である」「『私』の父親は……疎開させるほど無責任」という内容は本文に書かれていない。

★こう書けば合格だ！

（○） エ

→ユキは，疎開に「行きたくない」と言い，「……なのに，もうお父さんにハンコつかれちゃった」「お父さんは無責任」と，不満をもらしている。一方「私」は，疎開に行きたくて「父と睨み合」うが，疎開を認められないでいる。この状況をふまえると，選択肢の文は正しい。

2023年度 浅野中学校 合否を分けた問題 国語

一

★合否を分けるポイント（この設問がなぜ合否を分けるのか？）

読解問題の他に，漢字の書き・読みという基本問題を確実に得点することが，合格にとって大切であるため。

★この「解答」では合格できない！

（×）① 各議

→「各地・各種」の「各」,「格式・人格」の「格」と「閣議・内閣」の「閣」を区別しておくこと。

（×）③ 不可

→「不可」は，よくないこと，という意味。問題文には「フカをかけたトレーニング」とあるので，負担となる仕事，という意味の「負荷」が合う。

★こう書けば合格だ！

（○）① 閣議　③ 負荷

三 問二

★合否を分けるポイント（この設問がなぜ合否を分けるのか？）

選択式の読解問題が多く，正しい選択肢を確実に選べることが，得点につながる。まぎらわしい内容の選択肢もあるが，確実に得点したい。

★この「解答」では合格できない！

（×）ア

→選択肢の文の，人間が「常に飢えに苦しむようになった」という内容は文章中には述べられておらず，——線部③の要因でもない。

（×）イ

→選択肢の文の，人間が「ばらばらに暮らすようになった」という内容は文章中には述べられておらず，——線部③の要因でもない。

（×）エ

→選択肢の文のように，人間が「お互いの結束を強めた」ということは，文章中からも読み取れるが，それだけが——線部③の要因というわけではない。

★こう書けば合格だ！

（○）ウ

→二つ前の段落に「自分ではなく，仲間が確かめて持ってきた食物を信じて，つまり仲間を信じて食べる行為」が生じたことが述べられ，次の段落で「これが人間の社会性の始まりだ」と述べられている。このことが，——線部③のような変化をもたらした要因である。

2022年度 浅野中学校 合否を分けた問題 国語

一

★合否を分けるポイント（この設問がなぜ合否を分けるのか？）

読解問題の他に，漢字の書き・読みという基本問題を確実に得点することが，合格にとって大切であるため。

★この「解答」では合格できない！

（×） ⑥ 複心・復心

→「腹」「複」「復」は形が似ているので注意。熟語に「腹心・腹痛」「複雑・複数」「復路・往復」など。

（×） ⑦ 名優

→「名優」は，演技のすぐれた役者，という意味。問題文は「二人はかつてメイユウであったが，今は敵対している」なので,「メイユウ」は，敵対しない関係を表す言葉であると判断できる。

（×） ⑩ だんじょ

→「男女」は普通「だんじょ」と読むが，問題文は「老若男女に人気のアーティスト」であり，「老若男女」という四字熟語の一部であることがわかる。

★こう書けば合格だ！

（○） ⑦ 腹心

→「腹心」は，心から信頼できる者，という意味。

（○） ⑦ 盟友

→「盟友」は，同志，という意味。「二人はかつてメイユウであったが，今は敵対している」という文に合う。

（○） ⑩ なんにょ

→「老若男女」は「ろうにゃくなんにょ」と読み，年齢や性別に関わらないあらゆる人々，という意味。

二 問四

★合否を分けるポイント（この設問がなぜ合否を分けるのか？）

長文問題において，読み取りの問題の他に文法や語句の知識問題も確実に得点することが，合格にとって大切であるため。

★この「解答」では合格できない！

（×） 神・髪

→「かみひとえ」という熟語であることはおさえられているが，漢字が誤っている。

（○） 紙

→「紙一重」は，紙一枚の厚さほどのわずかなへだたりのこと。この意味の通り「紙」が正解である。

大切なことはメモしておこうネ！

2024年度

★★★★★★★★★★★★★★★★★★★★★★★★

入　試　問　題

2024年度

浅野中学校入試問題

【算　数】（50分）　＜満点：120点＞

【注意】 定規・コンパス・分度器は机の上に出したり，使用したりしてはいけません。

1 次の ア ～ コ にあてはまる数または語句をそれぞれ答えなさい。
また，(5)の説明については，解答欄に説明を書きなさい。

(1) $77 \div \left\{(8.875 - \boxed{ア}) \times 9\frac{2}{15} - 16.25\right\} \times 23 = 2024$

(2) ある会場では，開場から20分後に来場者が4000人になり，30分後には5200人になり，90分後には11200人になりました。開場から20分後までの間，20分後から30分後までの間，30分後から90分後までの間，来場者はそれぞれ一定の割合で来場したとします。このとき，開場から イ 分後までの間の平均来場者数は毎分140人になります。

(3) 定価が1個350円の商品を販売（はんばい）します。最初は定価で販売しましたが，あまり売れなかったので300円に値下げして販売しました。その後，さらに値下げして170円で販売しました。その結果，商品は全部で50個売れて，売り上げは全部で10000円になりました。定価で売れた個数は ウ 個で，300円で売れた個数は エ 個です。

(4) 長方形ABCDと長方形PQRSがあり，AB＝PQ＝8cm，AD＝PS＝13cmです。点Bと点Pが重なるように2つの長方形を［図1］のように重ねました。このとき，ADとPSの交点を点Eとするとき AE＝6cm，BE＝10cmでした。ADとRSの交点を点F，CDとRSの交点を点Gとすると三角形DFGの面積は オ cm^2になります。また，2つの長方形が重なっている部分の面積は カ cm^2になります。

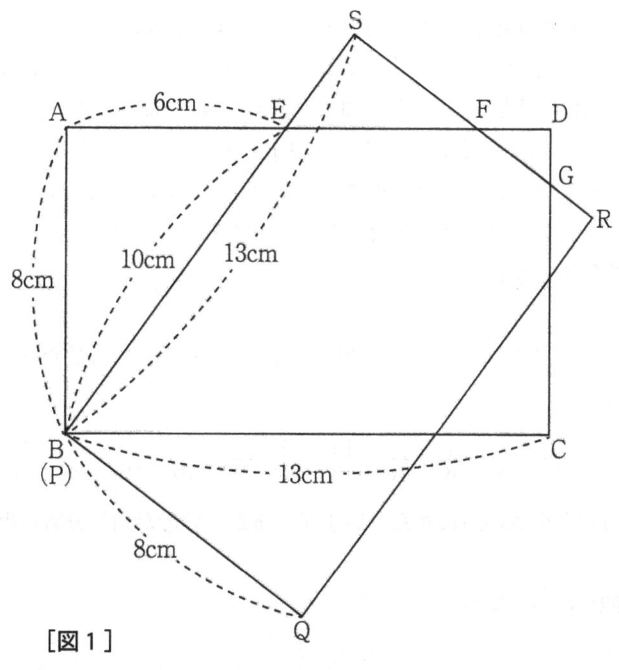

［図1］

(5) ［図２］のような，白色と黒色で塗られたマスが交互に並んでいる７×７マスのチェス盤があります。

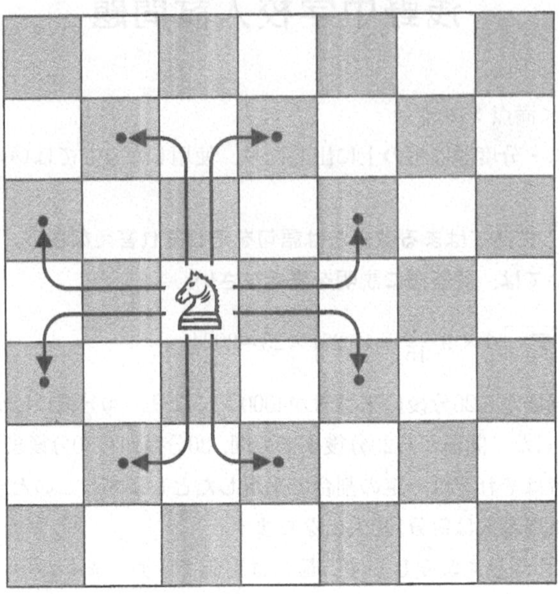

［図２］

チェスの駒の１つである［ナイト］（♘）は［図２］のチェス盤上を１回の移動で，

・縦方向（上または下）に２マスと横方向（左または右）に１マス

・横方向（左または右）に２マスと縦方向（上または下）に１マス

のいずれかの動かし方をすることができます。（［図２］では矢印のように８通りの動かし方があります。）

はじめにどの白色のマスに「ナイト」を置いても，１回目の移動後は必ず［ キ ］色のマスに止まり，２回目の移動後は必ず［ ク ］色のマスに止まります。

また，はじめにどの黒色のマスに「ナイト」を置いても，１回目の移動後は必ず［ ケ ］色のマスに止まり，２回目の移動後は必ず［ コ ］色のマスに止まります。

このことから，はじめに［図２］のチェス盤上のどのマスに「ナイト」を置いて移動させていったとしても，同じマスに２回以上止まることなくすべてのマスに１回ずつ止まり，その後，はじめに置いたマスに戻ることはできないと言えます。

下線部の理由を説明しなさい。

2 分母が２を２倍ずつした数で，分子が奇数である，１より小さい分数が，次のように左から順に規則的に並んでいます。

$\frac{1}{2}$, $\frac{3}{4}$, $\frac{1}{4}$, $\frac{7}{8}$, $\frac{5}{8}$, $\frac{3}{8}$, $\frac{1}{8}$, $\frac{15}{16}$, $\frac{13}{16}$, $\frac{11}{16}$, $\frac{9}{16}$, $\frac{7}{16}$, $\frac{5}{16}$, $\frac{3}{16}$, $\frac{1}{16}$, $\frac{31}{32}$, $\frac{29}{32}$, ……

ただし，分数は分母が小さい順に並んでいます。また，分母が同じ分数の場合は，分子が大きい順に並んでいます。

このとき，次の問いに答えなさい。

(1) $\frac{1}{1024}$は最初から数えて何番目にありますか。

(2) 並んでいる分数のうち，分母が1024である分数のすべての和を求めなさい。

(3) 最初から数えて2024番目にある分数を求めなさい。

(4) 最初から数えて２番目から2024番目までに並んでいる分数の中で，もっとも$\frac{1}{2}$に近い分数をすべて求めなさい。ただし，答えが２つ以上になる場合は，「2，3」のように，答えと答えの間に「,」をつけなさい。

3 点Ａと点Ｂを結ぶ長さが12㎝のまっすぐな線上を動く２点ＰとＱがあり，点Ｐは毎秒１㎝，点Ｑは毎秒３㎝の速さで常に動くものとします。

まず，点Ｐ，点Ｑはともに点Ａを出発し，点Ｂに向かって進みます。その後，点Ｑは点Ｂに到着(とうちゃく)すると，向きを変えて点Ａに向かって進みます。次に，点Ｑは点Ｐと出会うと，また向きを変えて点Ｂに向かって進みます。点Ｐが点Ｂに到着するまで，点Ｑはこの動きを繰(く)り返します。

このとき，次の問いに答えなさい。

(1) ２点Ｐ，Ｑが点Ａを出発したのちに，初めて出会うのは点Ｐが点Ａを出発してから何秒後ですか。

(2) ２点Ｐ，Ｑが点Ａを出発したのちに，２回目に出会うのは点Ｐが点Ａを出発してから何秒後ですか。

(3) ２点Ｐ，Ｑが点Ａを出発したのち，11.6秒後までに２点Ｐ，Ｑが出会う回数は何回ですか。

(4) (3)において２点Ｐ，Ｑが最後に出会うときまでに点Ｑが進んだ道のりの合計は何㎝ですか。

4 一辺の長さが30㎝の正方形を底面とし，高さが50㎝の直方体の形をした水そうがあります。この水そうに９本の直方体のブロックを並べます。

直方体のブロックの底面はすべて一辺の長さが10㎝の正方形で，高さは10㎝のものが１つ，20㎝のものが２つ，30㎝のものが３つ，40㎝のものが３つあります。ただし，同じ高さのブロックは区別しないものとします。ブロックを倒(たお)したり傾(かたむ)けたり重ねたりせず，水そうの中にすき間なく並べることを考えます。

たとえば，［図１］のようにブロックをすき間なく並べた場合，それを［図２］のように表すこととします。

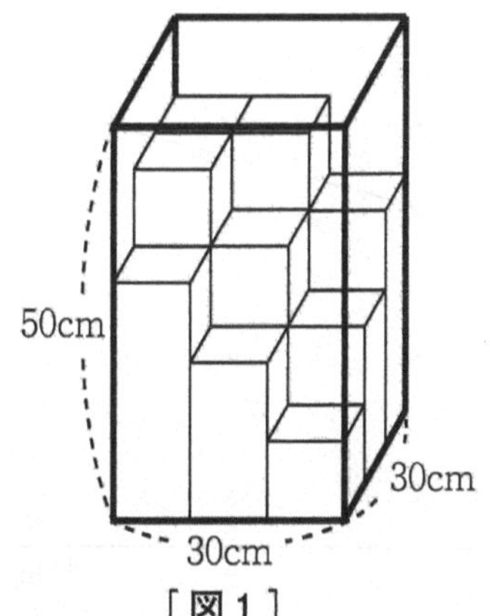

［図１］

40	40	30
40	30	20
30	20	10

［図２］

高さが10㎝のブロックの真上からこの水そうが満水になるまで，毎分１Ｌの割合で水を注ぎます。

ブロックを［図２］のように並べたとき，水を注いだ時間と水面の高さの関係をグラフに表すと，［図３］のようになります。ただし，水面の高さとは，水そうの底面から水そうの中でもっとも高い水面までの高さのことをいいます。

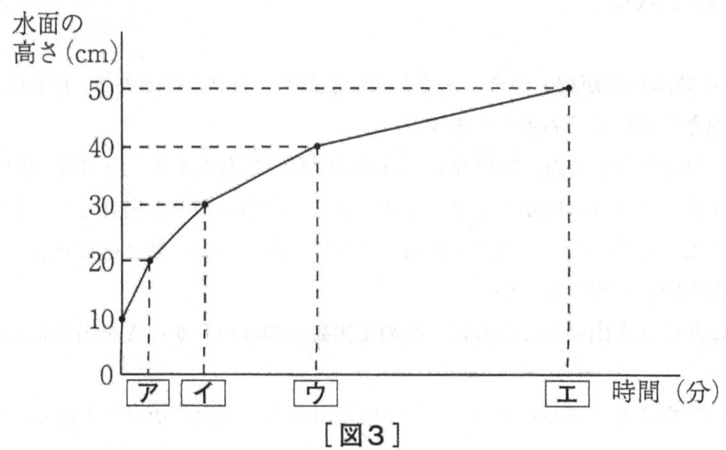

［図３］

このとき，次の問いに答えなさい。

(1) ［図３］の ア ～ エ にあてはまる数をそれぞれ求めなさい。

以下の問いでは，［図２］**の高さが10㎝のブロックの位置と水を注ぐ位置は変えず**に，それ以外のブロックの並べ方を変えていくことを考えます。

ただし，ブロックや水そうの辺どうし，面どうしの間から水はもれないものとします。

(2) ブロックを［図４］のように並べる場合，この水そうが満水になるまでの水を注いだ時間と水面の高さの関係を，［図３］のように解答用紙のグラフに書き入れなさい。

30	40	20
40	30	30
40	20	10

［図４］

水そうが満水になる前に，水面の高さが連続して変わらない時間がもっとも長くなるブロックの並べ方をしました。このとき，水を注いだ時間と水面の高さの関係をグラフに表すと，［図５］のようになります。

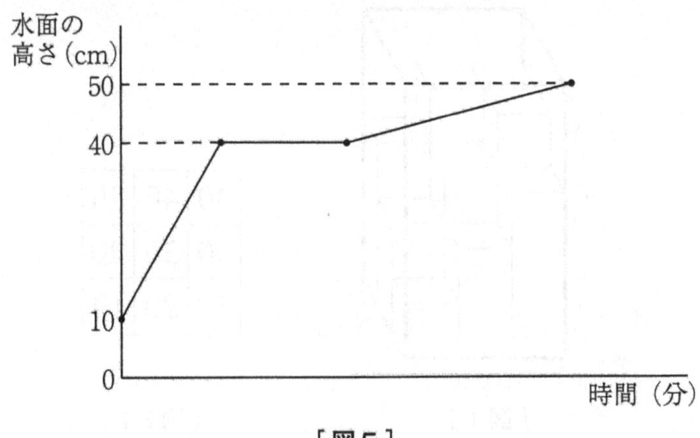

［図５］

⑶　前のページの［図５］のグラフになるようなブロックの並べ方の１つを，［図２］のように解答用紙のマス目に書き入れなさい。

⑷　前のページの［図５］のグラフになるようなブロックの並べ方は全部で何通りありますか。

5　一辺の長さが４cmの立方体ABCD-EFGHがあります。［図１］の点Ｉは正方形ABCDの対角線の交点です。［図２］の点Ｊは辺EH上でEJ：JH＝３：１となる点です。四角すいIEFGHと三角すいAEFJが重なっている部分を立体Ｘとします。

このとき，次の問いに答えなさい。

ただし，（角すいの体積）＝（底面積）×（高さ）×$\frac{1}{3}$で求められます。

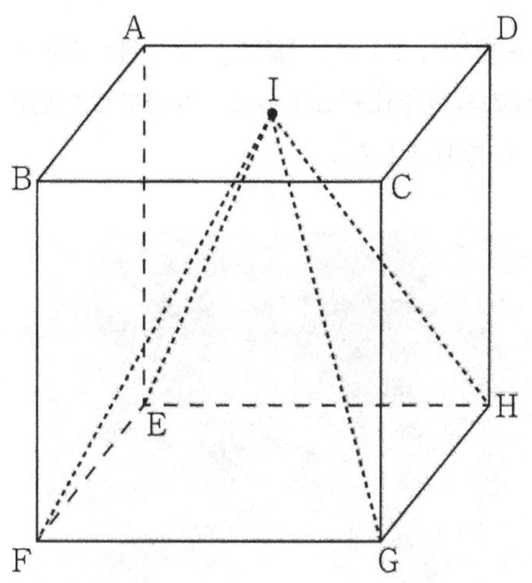

［図１］

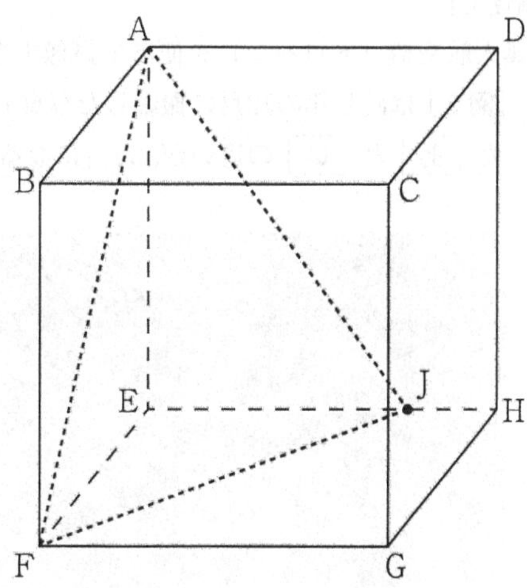

［図２］

⑴　EGとFJの交点を点Ｋとするとき，EK：KGをもっとも簡単な整数の比で答えなさい。

⑵　AKとEIは交わります。その交点を点Ｌとするとき，AL：LKをもっとも簡単な整数の比で答えなさい。

⑶　立方体の底面EFGHから点Ｌまでの高さは何cmですか。

⑷　立体Ｘの体積は何cm^{3}ですか。

【理　科】（40分）　＜満点：80点＞

1　次の文章を読んで，後の問いに答えなさい。

浅野中学校の校内には「銅像山」と呼ばれる山林があります。銅像山には多くの生物が生息しており，動物ではトカゲやアゲハチョウなどを観察することができます。銅像山の中心部ではさまざまな樹木が混在する①混交林がみられ，周辺部にはソメイヨシノやイチョウが分布しています。地面を見てみると，落ち葉を主食とする②ダンゴムシも多く生息していることが分かります。

浅野中学校の生物部では，研究の一環（いっかん）として銅像山の環境（かんきょう）を調査しています。調査の結果を［調査1］～［調査3］にまとめました。

［調査1］

無人航空機（ドローン）を使って銅像山を上空から撮影（さつえい）しました。［図1］は8月に撮影した写真，［図2］は同じ年の12月に撮影した写真です。2枚の写真を比較（ひかく）してみると8月では判別が難しかった あ と い の違（ちが）いが，12月になると明らかになりました。

［図1］

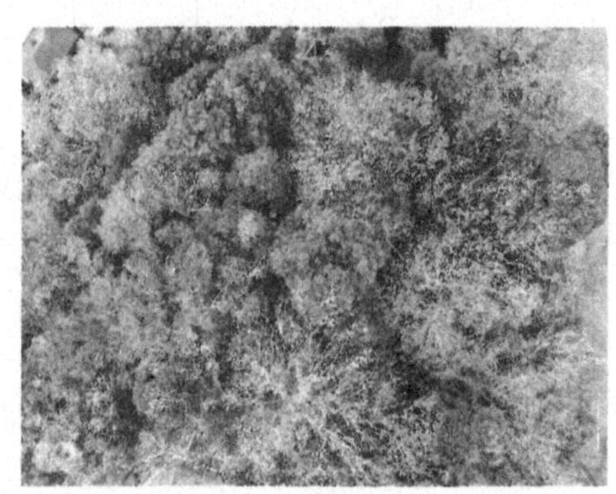

［図2］

［調査2］

［調査1］とともに樹木の胸高直径（きょうこうちょっけい）（地面から1.3mの位置にある幹の直径）の長さを巻き尺を用いて測定しました。③8月の胸高直径の値と比較すると，12月の胸高直径の値はほとんどの樹木で増加していることが分かりました。

［調査3］

図鑑（ずかん）を用いて銅像山にある樹木や生物部で育てている樹木の種類を調べ，［表1］のような あ ， い の2種類の樹木に分類しました。ただし，［図1］，［図2］には写っていない樹木も入っています。

［表1］

あ	④イチョウ、コナラ、ソメイヨシノ、ブナ
い	アラカシ、クロマツ、スダジイ、ヒマラヤスギ

また，銅像山の斜面（しゃめん）ではイヌワラビやスギゴケなどの植物も観察することができました。

(1)　下線部①について，混交林では強い光のもとで生育する樹木Xと，弱い光のもとでも生育できる樹木Ｙが共存しています。樹木Ｘと樹木Ｙの組み合わせとしてもっとも適切なものを，次の**ア**～**エ**の中から１つ選び，記号で答えなさい。

	樹木X	樹木Y
ア	クロマツ	コナラ
イ	コナラ	スダジイ
ウ	スダジイ	アラカシ
エ	アラカシ	クロマツ

(2) 下線部②について，ダンゴムシは節足動物に分類されます。また，節足動物はさらに昆虫(こんちゅう)類，多足類，クモ類，甲(こう)かく類などに分類されます。ダンゴムシが分類されるものとしてもっとも適切なものを，次の**ア**～**エ**の中から１つ選び，記号で答えなさい。

ア 昆虫類　**イ** 多足類　**ウ** クモ類　**エ** 甲かく類

(3) ［**調査１**］，［**調査３**］について，［あ］にあてはまる語句を**漢字**で答えなさい。ただし，どちらも同じ語句が入ります。

(4) 下線部③について，樹木などの植物は光合成を行うことで成長します。特に双子葉類(そうしようるい)や裸子植物(らししょくぶつ)に分類される植物は茎や根などに［う］をもっており，その［う］が年々大きく成長していくことで樹木になったと考えられています。［う］にあてはまる語句を**漢字**で答えなさい。

(5) ［**調査３**］について，観察した植物を［**図３**］のように分類しました。**B**，**C**，**D**にあてはまる語句の組み合わせとしてもっとも適切なものを，次の**ア**～**ク**の中から１つ選び，記号で答えなさい。

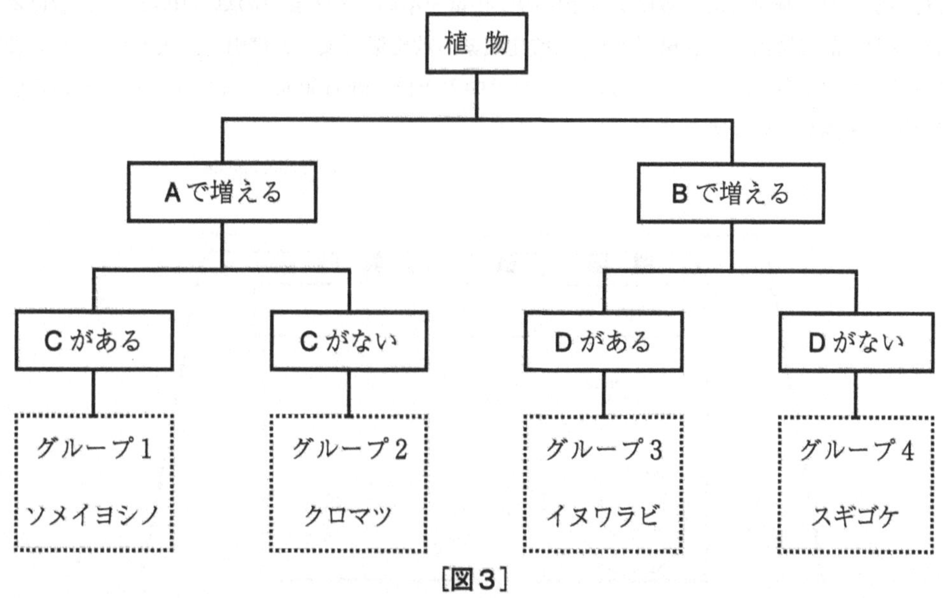

［**図３**］

	B	C	D
ア	種子	胚珠(はいしゅ)	維管束(いかんそく)
イ	種子	胚珠	葉緑体
ウ	種子	子房(しぼう)	維管束
エ	種子	子房	葉緑体
オ	胞子(ほうし)	胚珠	維管束
カ	胞子	胚珠	葉緑体
キ	胞子	子房	維管束
ク	胞子	子房	葉緑体

(6) 下線部④について，イチョウを［図3］のように分類したとき，イチョウが分類されるグループとしてもっとも適切なものを，次の**ア**～**エ**の中から1つ選び，記号で答えなさい。

ア グループ1　**イ** グループ2　**ウ** グループ3　**エ** グループ4

［調査1］～**［調査3］**の結果より，植物の種類によって光合成の能力に違いがないか疑問に思った生物部のメンバーは，校内にあるイチョウから葉を採集し，**［実験1］**を行いました。

［実験1］

［図4］のように透明(とうめい)な密閉できる容器の中にイチョウの葉（100cm²）と二酸化炭素濃度計(のうどけい)を入れ，密閉しました。容器の上部に水槽(すいそう)用の照明を設置し，光の強さ（1～5）で照射し，容器内の二酸化炭素濃度の変化量を測定しました。また，光の当たらない暗所（光の強さ0）でも同様の測定を行いました。測定した二酸化炭素濃度の変化量を用いてイチョウの葉（100cm²）における1時間当たりの二酸化炭素の吸収量（mg），二酸化炭素の放出量（mg）を算出し，次のページの**［図5］**のようなグラフを作成しました。なお，グラフ中の単位（mg/100cm²）は100cm²あたりの吸収量または放出量を表しています。

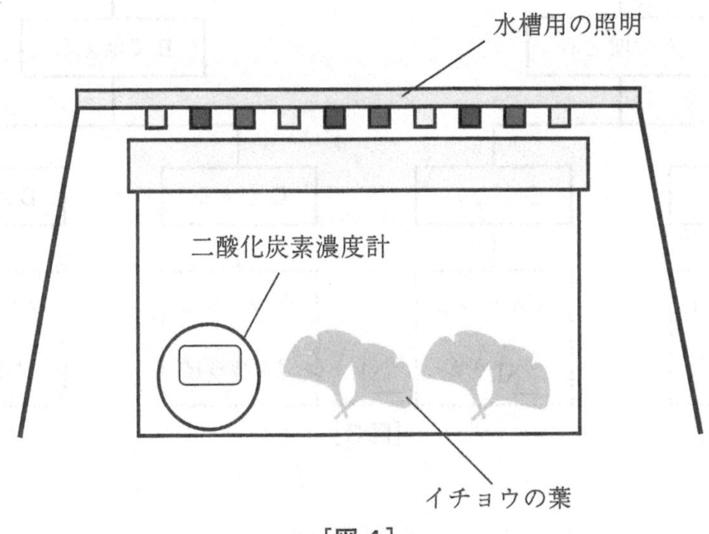

［図4］

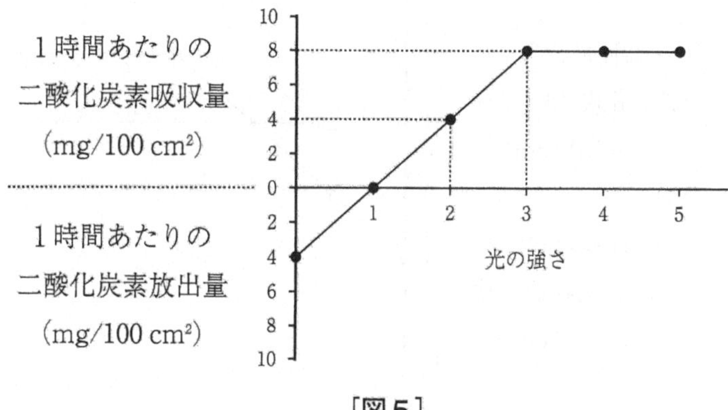

［図５］

(7) ［図５］について，光の強さを３にして２時間照射したとき，イチョウの葉が光合成によって実際に吸収した二酸化炭素の総量は100㎝²あたり何mgですか。

(8) ［図４］の密閉した容器を暗所に５時間置いた後，光の強さを１にして２時間照射しました。さらに光の強さを４にして３時間照射しました。暗所に置く前の容器内の二酸化炭素量と比べて容器内の二酸化炭素量はどのように変化したと考えられますか。もっとも適切なものを，次のア～オの中から１つ選び，記号で答えなさい。

ア　４mg増加した。　**イ**　16mg増加した。　**ウ**　４mg減少した。

エ　16mg減少した。　**オ**　変化しなかった。

(9) 今回使用したイチョウの下に生えていたイヌワラビの葉（100㎝²）を用いて，［実験１］と同様の測定を行いました。イヌワラビの二酸化炭素の吸収量と放出量のグラフ（点線---------）を［図５］に書き加えた図として，もっとも適切なものを，次のア～エの中から１つ選び，記号で答えなさい。

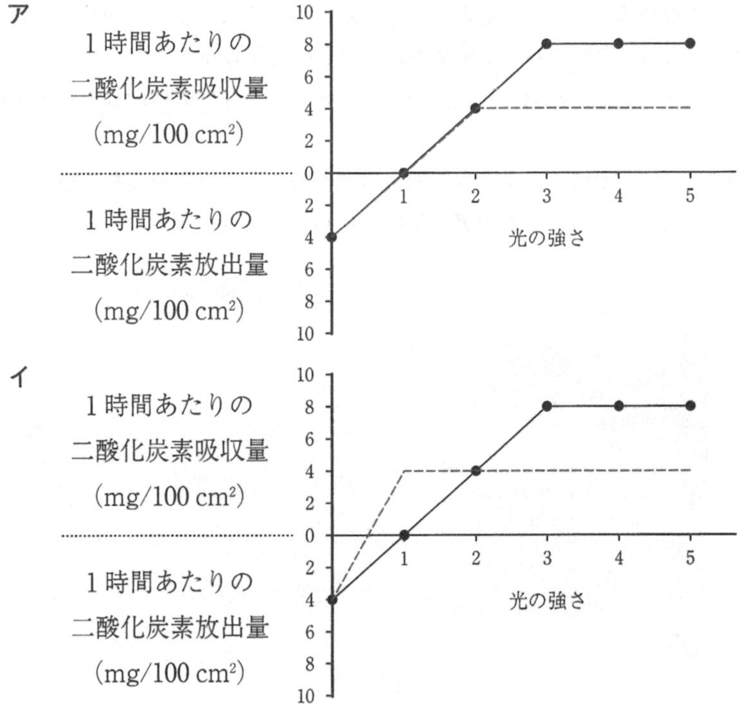

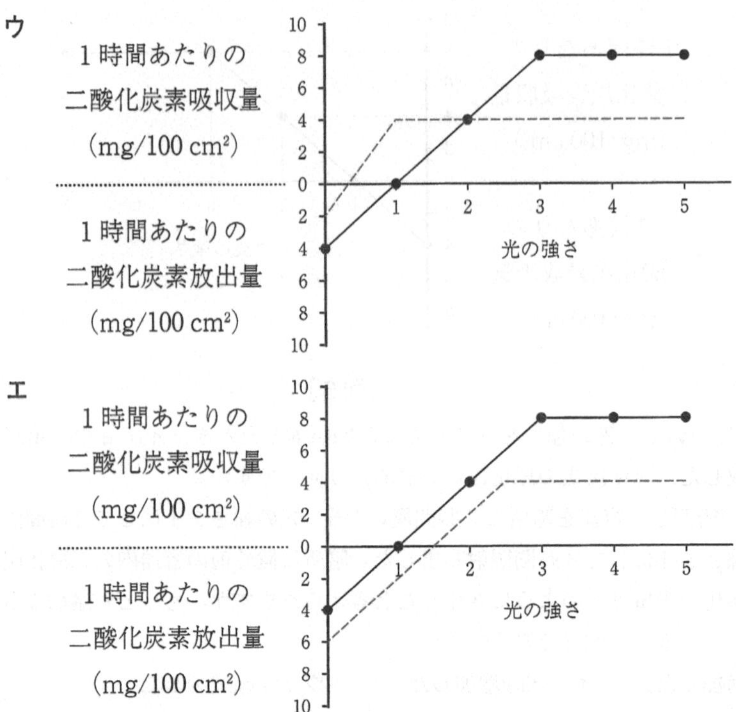

2 T君は，「地震（じしん）」について，理科の授業で学びました。次の［会話1］～［会話3］を読んで，各問いに答えなさい。

［会話1］

先生：先日も大きな地震が発生しましたが，地震がどのように発生するか知っていますか。

T君：地震は，①岩盤（がんばん）に力が加わって破壊（はかい）されたときに発生します。

先生：その通りです。岩盤が割れると地震が起こりますが，②地震のゆれを観測すると多くのことがわかります。

(1) 下線部①について，［図1］のような岩盤の破壊があったときに見られる構造について述べた文としてもっとも適切なものを，次のア～エの中から1つ選び，記号で答えなさい。

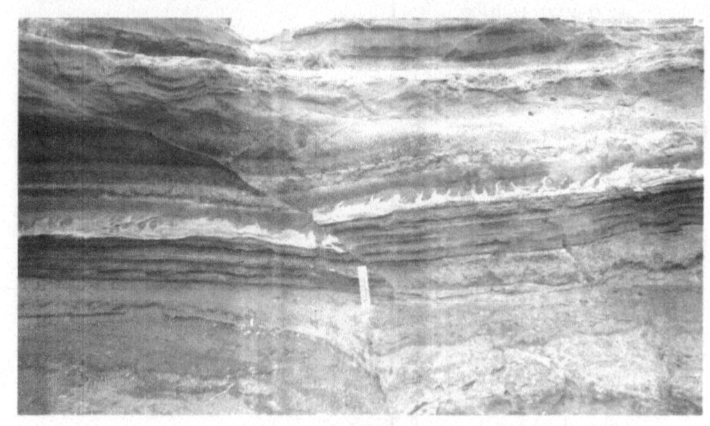

［図1］

ア　左右から押される方向に力が加わった，正断層である。
イ　左右から押される方向に力が加わった，逆断層である。
ウ　左右に引っ張られる方向に力が加わった，正断層である。
エ　左右に引っ張られる方向に力が加わった，逆断層である。

(2)　下線部②について，地震のゆれを観測するためには地震計を用います。授業では［図２］のような簡単な地震計を作りました。この地震計について述べたものとして正しいものを，次のア～キの中から**３つ**選び，記号で答えなさい。

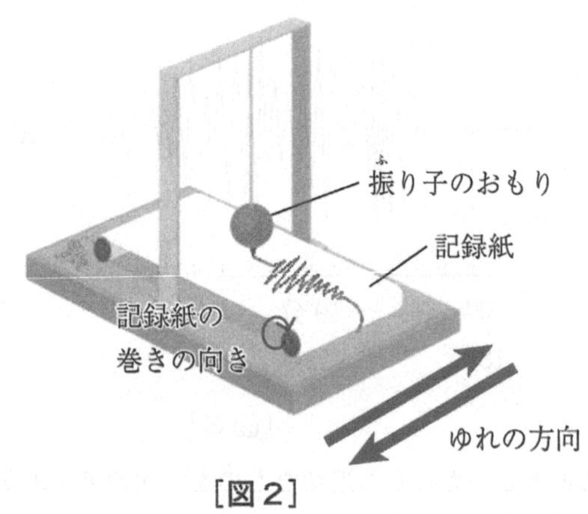

［図２］

ア　地震が起こると振り子のおもりがゆれて記録紙にゆれが記録されていく。
イ　地震が起こると振り子のおもりだけが動かずに記録紙にゆれが記録されていく。
ウ　紙の動きと平行な動きのゆれは正しく記録できない。
エ　振り子の長さが決まっていて，あるゆれが記録できたとき，そのゆれよりもゆったりとしたゆれは記録できるが，小刻みなゆれは記録することはできない。
オ　この地震計では，地面の動きと同じ向きに地震のゆれが記録されていく。
カ　この地震計では，電車が動き始めると，進みはじめた方向と逆向きに倒れそうになる原理と同じ原理が使われている。
キ　あらゆる方向のゆれを記録するためには，この地震計を90度回転させた地震計をもう１つ用意すればよい。

［会話２］
先生：地震計を作成して［図３］のように実際に２つの地震を計測できましたね。この地震計の記録からもいろいろなことがわかります。
Ｔ君：僕たちが作った地震計で震央は求められるのでしょうか。
先生：求められますよ。ただし，複数地点で地震を観測する必要があります。地震波が［　X　］性質を利用して，［　Y　］から求めることできます。

地震 A

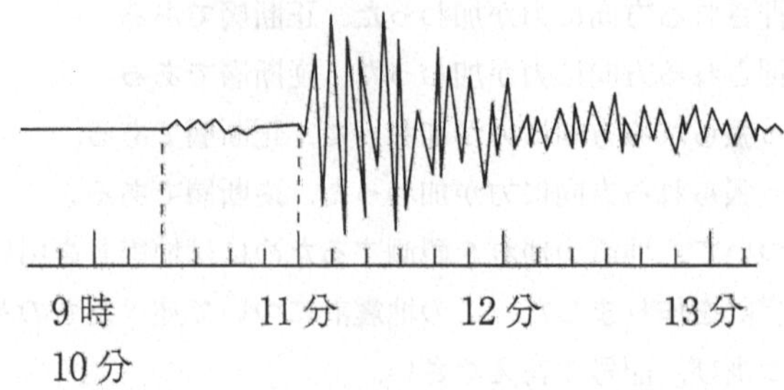

地震 B

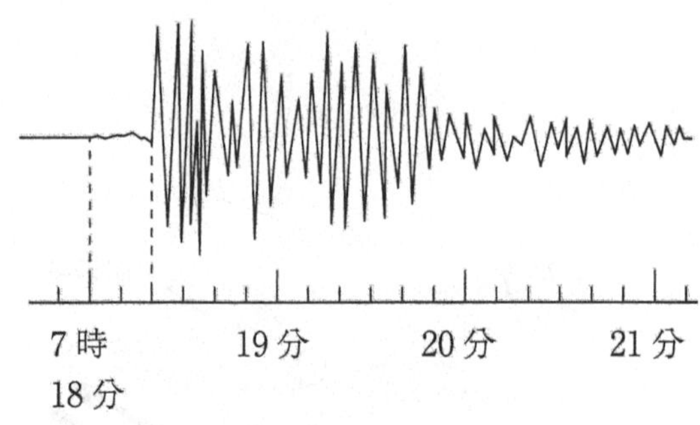

［図３］

(3) ［図３］からわかることとしてもっとも適切なものを，次の**ア**～**エ**から１つ選び，記号で答えなさい。

ア 地震Bのほうが振れ幅が大きいことからマグニチュードの大きい地震であったことがわかる。

イ 地震Aのほうが大きなゆれが続いている時間が短いため，震源の深さが浅いことがわかる。

ウ どちらの地震も小さなゆれのあとに大きなゆれが記録されていることから，震源で小さなゆれが起こってから大きなゆれが起こっていることがわかる。

エ どちらの地震も地震発生時刻と震源距離がわかれば，地震波のおよその速さを求めることができる。

(4) X と Y にあてはまる文の組み合わせとしてもっとも適切なものを，後の**ア**～**カ**から１つ選び，記号で答えなさい。

X　a：周期的に発生する
　　b：同心円状に伝わる

Y　c：各地点の地震のゆれが始まった時刻
　　d：各地点の地震のゆれが続いた時間
　　e：各地点の地震のゆれが終わった時刻

ア a・c　**イ** a・d　**ウ** a・e　**エ** b・c　**オ** b・d　**カ** b・e

［会話３］

Ｔ君：③地震の大きさを表す尺度には震度のほかにマグニチュードがありますが，これはどういう仕組みなのでしょうか。

先生：マグニチュードは地震の規模を表す尺度です。ちなみにマグニチュードは１大きくなると，エネルギーはどうなるか覚えていますか。

Ｔ君：マグニチュードは１大きくなるとエネルギーが約32倍，２大きくなると1000倍になります。そういえば地震の規模とはそもそも何ですか。

先生：④地震の規模とは，地震が起こった際に放出されたエネルギー量のことです。いろいろ求め方はありますが，例えば断層面の面積とずれの量と岩石のかたさの積から求められます。

Ｔ君：３つのデータの積からエネルギーが求められるのですね。

先生：そうして求められたものをマグニチュードで表しています。

Ｔ君：震源は地震速報などでわかりますが，断層面の面積はどのようにしてわかりますか。

先生：最初の大きな地震を本震といいますが，本震の後にも引き続き地震が起こることがあり，これを余震といいます。これらの地震の発生した領域を震源域といって，震源域の面積と震源となった断層の面積はほぼ等しいものとして考えることができます。

Ｔ君：１回の地震だけでなく，その前後に起こった地震まで観測することが大切なのですね。

(5)　下線部③について，地震の尺度について述べた文としてもっとも適切なものを，次の**ア**～**エ**の中から１つ選び，記号で答えなさい。

ア　震度は０～９の10段階で表される。

イ　震度０とは地震が生じていない状態である。

ウ　マグニチュードが３大きいとエネルギー量は約32000倍大きくなる。

エ　マグニチュードが大きい地震ほど，地震波の速さは速くなる。

(6)　**[図４]**は1961年～2010年に日本周辺で発生したマグニチュード５～８の地震の発生回数を表したグラフです。**[図４]**について後の問いに答えなさい。

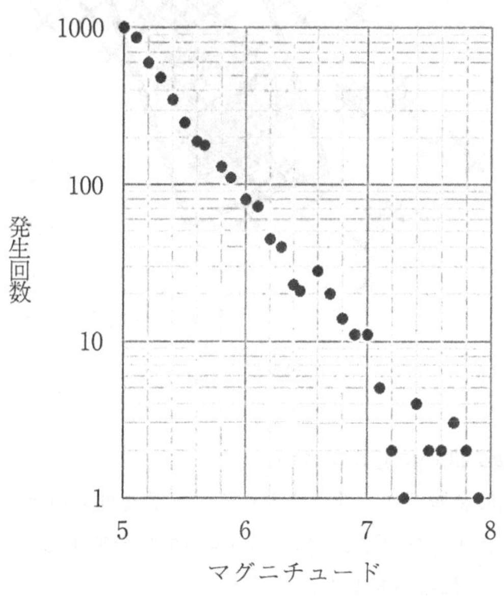

[図４]

(a)　マグニチュード５の地震が1000回起こる間にマグニチュード７の地震は何回起こっていますか。およその回数としてもっとも適切なものを，次の**ア**～**エ**の中から１つ選び，記号で答えなさい。

ア　１回　　**イ**　10回　　**ウ**　100回　　**エ**　1000回

(b) ［図４］のグラフの傾向(けいこう)より，マグニチュード９の巨大地震は何年に１回の頻度(ひんど)で発生すると考えられますか。年数としてもっとも適切なものを，次のア～エの中から１つ選び，記号で答えなさい。

ア　100年　イ　500年　ウ　1000年　エ　5000年

(7) 下線部④について，長さ60km，幅(はば)40kmの断層が2.1mずれたときの地震のマグニチュードが７であるとします。［図５］は2011年の３月上旬に発生した地震の震央を示した図であり，赤枠(わく)の長方形で囲った部分をマグニチュード９の東北地方太平洋沖地震の震源域とします。震源域のたてと横の長さの比は５：２，地球１周を４万km，岩石のかたさは一様だとすると，この地震の断層のずれはおよそどれくらいですか。会話文を参考にしてずれの数値としてもっとも近いものを，次のア～クの中から１つ選び，記号で答えなさい。

ア　2.1m　イ　5m　ウ　10m　エ　50m
オ　210m　カ　500m　キ　2100m　ク　5000m

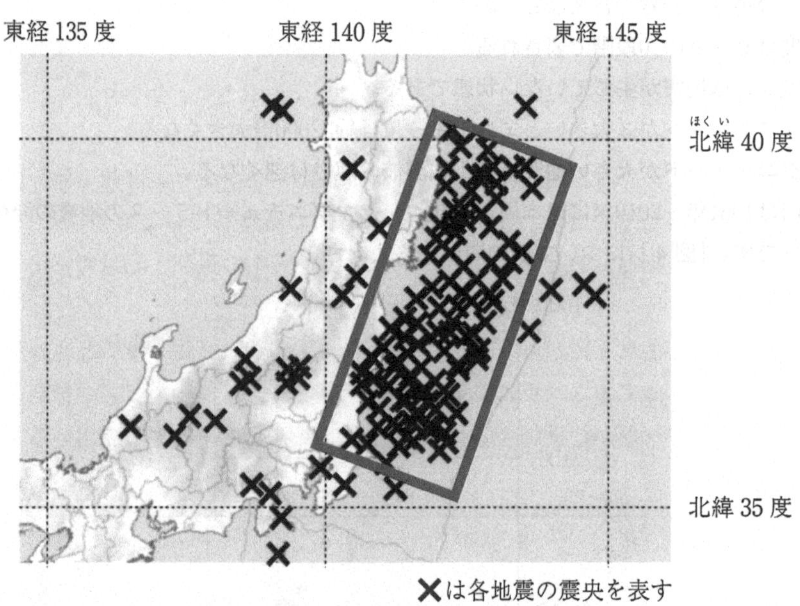

［図５］

3　次の文章を読んで，後の問いに答えなさい。

マグネシウムは銀白色の金属です。マグネシウムに塩酸を加えると，水素を発生し，塩化マグネシウムの水溶液(すいようえき)に変化します。マグネシウムに7.3%の塩酸を加えたとき，発生した水素の体積を調べたところ，［表１］のようになりました。

［表１］

マグネシウムの重さ（g）	0.12	0.60	1.60
7.3%の塩酸の重さ（g）	10.0	10.0	60.0
発生した水素の体積（mL）	120	240	あ

このようにマグネシウムと塩酸を反応させたとき，水溶液は塩化マグネシウムの水溶液になります。水分を蒸発させると，塩化マグネシウムの白い固体を取り出すことができます。

また，金属のマグネシウムの薄(うす)い板は，マッチなどでたやすく火をつけることができ，明るい白い光を放って燃え，酸化マグネシウムと呼ばれる白い粉になります。この酸化マグネシウムに塩酸を加えると反応し，塩化マグネシウムの水溶液に変化しますが，気体は発生しません。

(1) 金属のマグネシウム，酸化マグネシウム，塩化マグネシウムは身の回りのさまざまな場面で使われています。次の①～③の場面で使われているものはどれですか。もっとも適切な組み合わせを，後の**ア**～**カ**の中から１つ選び，記号で答えなさい。

① 海水に含まれ「にがり」とも呼ばれる。豆乳から豆腐(とうふ)を作るときに使う。

② 銅とともにアルミニウムに混ぜて軽い合金にし，飛行機などの材料に使う。

③ 塩酸とおだやかに反応する性質を用い，胃腸薬の一種として用いる。

	①	②	③
ア	金属のマグネシウム	酸化マグネシウム	塩化マグネシウム
イ	金属のマグネシウム	塩化マグネシウム	酸化マグネシウム
ウ	酸化マグネシウム	金属のマグネシウム	塩化マグネシウム
エ	酸化マグネシウム	塩化マグネシウム	金属のマグネシウム
オ	塩化マグネシウム	金属のマグネシウム	酸化マグネシウム
カ	塩化マグネシウム	酸化マグネシウム	金属のマグネシウム

(2) 7.3％の塩酸25.0 g と過不足なく反応するマグネシウムは，何 g になりますか。次の**ア**～**コ**の中から１つ選び，記号で答えなさい。

ア 0.03 g　**イ** 0.06 g　**ウ** 0.12 g　**エ** 0.30 g　**オ** 0.60 g
カ 1.20 g　**キ** 3.00 g　**ク** 6.00 g　**ケ** 12.00 g　**コ** 30.00 g

(3) ［**表１**］の **あ** にあてはまる数値を**整数**で答えなさい。

(4) マグネシウム1.20 g に十分な量の塩酸を加え，マグネシウムがなくなるまで反応させたとき，残った水溶液の水分を蒸発させてできた塩化マグネシウムの固体は4.75 g でした。［**表１**］の実験にある「マグネシウム1.60 g に7.3％の塩酸60.0 g を加えて反応させた」水溶液から水分を蒸発させてできた固体の重さは何 g ですか。もっとも近いものを，次の**ア**～**コ**の中から１つ選び，記号で答えなさい。ただし，マグネシウムが全て反応せずに一部が残っている場合には，できた塩化マダネシウムと反応しなかったマグネシウムの両方が固体に含まれるものとします。

ア 1.4 g　**イ** 1.5 g　**ウ** 2.8 g　**エ** 2.9 g　**オ** 4.7 g
カ 4.9 g　**キ** 5.7 g　**ク** 5.9 g　**ケ** 6.3 g　**コ** 7.3 g

(5) マグネシウム6.0 g を完全に燃やしたときにできる酸化マグネシウムは10.0 g となります。いま，マグネシウム12.0 g を燃やしたところ，燃え残りがあり，できた酸化マグネシウムと燃え残りのマグネシウムが混ざった固体の重さは15.2 g でした。

(a) 固体の中のマグネシウムの燃え残りは何 g ですか。

(b) この固体に塩酸を加え，残りのマグネシウムが全て反応してなくなるまでに発生する水素は何mＬですか。

4 **次の文章を読んで，後の問いに答えなさい。**

［図１］のような直方体の形をした水槽(すいそう)と，［図２］のような立方体の**おもりＡ～Ｆ**の６個を使って，浮力(ふりょく)に関する実験を行いました。水槽には高さ20㎝のところまで水が入っています。［表１］は**おもりＡ～Ｆ**の密度を表したもので，水の密度は1.00ｇ／㎤とします。なお，おもりを水に入れるときは，上面が水平になるようにし，おもりの上におもりを重ねるときは，おもりどうしの面がずれないように真上に乗せるものとします。また，水槽の面の厚さは考えないものとします。

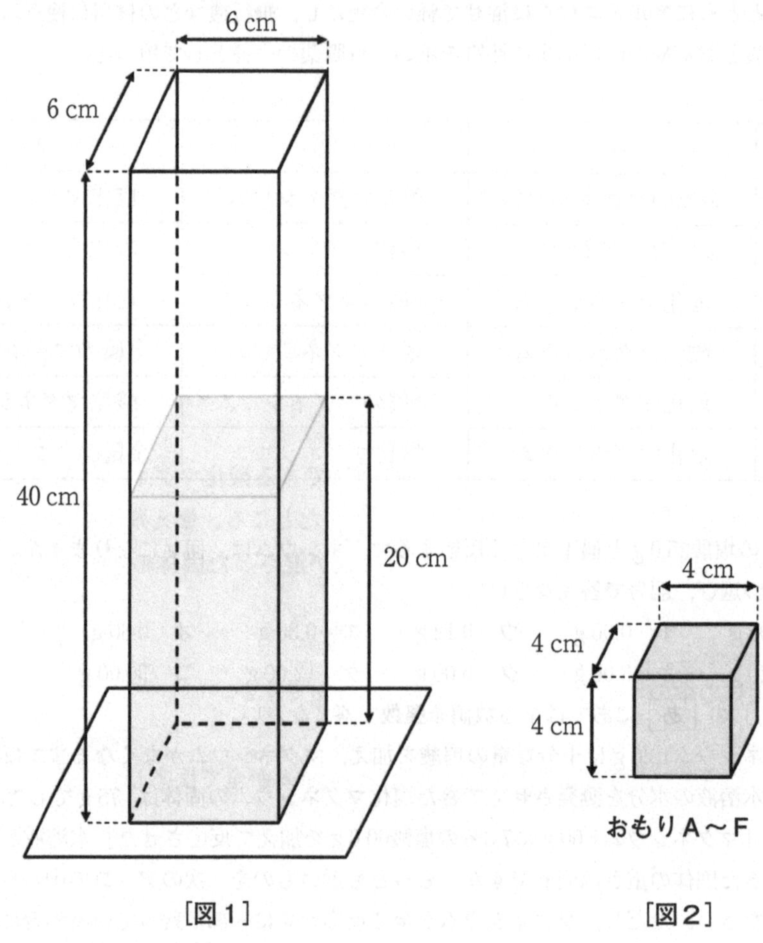

［図１］　［図２］

［表１］

おもり	Ａ	Ｂ	Ｃ	Ｄ	Ｅ	Ｆ
密度（g/cm³）	0.65	0.85	1.05	1.25	1.45	1.65

(1) おもりには，おもりが押(お)しのけた水の重さが浮力としてはたらきます。このことを発見した科学者にちなんで，何の原理と呼びますか。

(2) 完全に水面より下に沈んでいるおもりには，何ｇ分の浮力がはたらきますか。

(3) **おもりA**を水槽に入れて手をはなすと，しばらくして**おもりA**は水に浮いて静止しました。このとき，水面より上にあるのは**おもりA**の体積の何％ですか。

(4) **おもりA**の上に**おもりB**を乗せた状態で静止したとき，水面より上にあるのは**おもりA**と**おもりB**を合わせた体積の何％ですか。

(5) (4)からさらに，**おもりC**，**おもりD**…のように順番に乗せていくと，どのおもりを乗せたときに，おもり全体が完全に水面より下に沈みますか。もっとも適切なものを，**C**～**F**の中から１つ選び，記号で答えなさい。

(6) おもりをすべて取り出して，水槽に食塩を入れて食塩水にします。この後，**おもりC**のみを水槽に入れたときに，**おもりC**が完全に水面より下に沈まないようにするためには，少なくとも何ｇより多くの食塩を入れる必要がありますか。ただし，食塩を溶かしても，水の体積は変わらないものとします。

水槽とおもりを水で洗い，20㎝の高さになるまで水槽に水を入れ直しました。

(7) ［図３］は水槽を正面から見た図です。水槽に**おもりA**のみを入れると，**おもりA**が沈んでいる**X**（㎝）の部分の水が移動して，水面の高さが**Y**（㎝）だけ高くなります。上から見た水面とおもりの面積に注意して，**X**と**Y**の比を**もっとも簡単な整数比**で表しなさい。

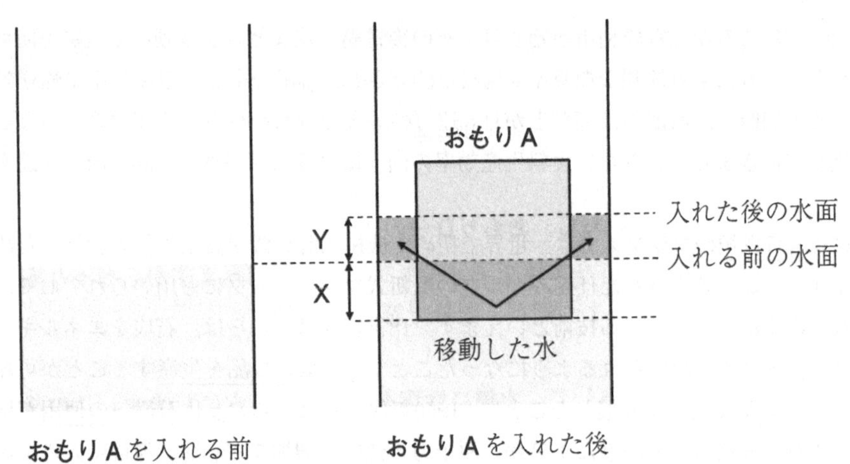

［図３］

(8) (7)より，**おもりA**を入れたときに，水面は何㎝上昇しますか。小数第２位を四捨五入して**小数第１位**まで答えなさい。

(9) **おもりA**～**F**のうち，おもりを２つ選んで水槽に入れて水面の高さをはかります。選んだ２つのおもりを入れる順番をかえても，水面の高さが同じになる組み合わせは何通りありますか。たとえば，**おもりA**を入れてから**おもりB**を入れたときの水面の高さと，**おもりB**を入れてから**おもりA**を入れたときの水面の高さが同じであるならば，**おもりA**と**おもりB**の組み合わせを１通りと数えます。

【社　会】（40分）　＜満点：80点＞

【注意】説明する問題については，句読点を１字に数えます。数字については，１マスに２ケタまで記入してもかまいません。

1　**次の文章を読んで，後の問いに答えなさい。**

近年，ChatGPTをはじめとする生成系AIとよばれるサービスが普及し始め，高度な文章や画像・映像を簡単に作成することが可能になってきました。AIだけでなく，仮想現実（VR）やナノテクノロジー，①バイオテクノロジーなど多くの技術が急速に発達する21世紀は「第４次産業革命」の時代であるとも言われ，これまで人が行っていた作業を機械が代替する場面が増えたり，今までは考えもしなかったことができるようになったりしています。

例えば車の自動運転技術は流通や②貿易の活性化をもたらすはずですし，VRデバイスの普及で③観光業は名所の見学より特産物を食べたり現地特有の④文化を経験したりなどの体験が一層重要視されるようになるはずです。またインターネット通信技術の発達でテレワークが普及し，都市から離れた地域での⑤働き方が選べるようになり，⑥通勤ラッシュや交通渋滞の軽減につながるかもしれません。より高性能なロボットクリーナーや食器洗い乾燥機，自動調理鍋の普及で家事が楽になれば，もっと男性も⑦女性も働きやすい社会となるはずです。

この「第４次産業革命」に限らず，歴史的に見ても技術の変化は人々の暮らしに大きな影響を与えてきました。

紀元前6000年ごろから銅の利用が始まり，その後青銅・鉄などのより硬い⑧金属が使えるようになりました。これにより便利な農具や⑨馬具が開発され，⑩米や小麦の生産効率や輸送効率が劇的に上昇すると同時に，武器の性能が上がり⑪遠方の地まで侵略を行う民族が出現するなど戦争の方法も変化していきました。さらに食料生産効率の向上により人口が増え，⑫経済の発達を促しました。

ほかには⑬17世紀のフランスでは，世界で初めて機械式計算機が貨幣単位の計算のために発明されています。そこで考案された仕組みが現在の最新式コンピュータにも用いられており，言うまでもなく我々の生活を支えている技術といえます。18世紀半ば頃からは，石炭をエネルギー源とした蒸気機関が⑭繊維業で用いられるようになったことで⑮大量の製品を生産することが可能となりました。しかしながら技術が発展したことで，1950年代以降はさらに⑯化石燃料の使用が増え，地球温暖化や生物多様性の喪失が進んだほか，原子力の使用の増加など⑰地球環境に大きな影響を与えることになってしまいました。

現在の技術革新にも同じことが言えます。例えばAI技術を活用することで，実際には存在しない映像が簡単に作成できるようになり悪用される事例が出てきました。このディープフェイクと呼ばれる技術は，アメリカ大統領⑱選挙の際にも使用されましたし，悪意をもって⑲災害情報のニュース動画を改変してSNSで拡散するなどの被害も確認されています。これまで以上に⑳情報の真偽を見極める力がこれからの時代を生きる私たちには求められ，技術を「使う責任」が高まっています。

最近㉑金融や株式取引でAIが専門家よりも多くの利益を生み出す事例が報告され驚きをもって受け止められました。機械が代替するのは単純な労働だけでなく頭脳労働の分野にも及んできています。労働力不足が問題となる現代においてAIをはじめとした最新技術の活躍は期待されるところですが，同時に機械に取って代わられることのない力を人間が身につけることも一層重要性が増しているといえるでしょう。

問１　下線部①について――。

バイオテクノロジーとその問題点についての文章として**適切でないもの**を，次の**ア～エ**の中から１つ選び，記号で答えなさい。

ア　バイオ燃料の登場は化石燃料の使用量を減少させる方策として注目されたが，飼料価格や穀物価格の高騰（こうとう），森林伐採（ばっさい）などの新たな問題を生んでいる。

イ　遺伝子を操作する技術は農業への応用だけではなくがん治療（ちりょう）など医療（いりょう）への応用も期待されているが，高額な医療費が必要になるなどの課題もある。

ウ　クローン技術は農業や畜産（ちくさん）において高品質な製品を生み出すのに役立つと考えられる一方で，ヒトへの応用に対しては常に議論が引き起こされている。

エ　プラスティックに代わり植物から抽出（ちゅうしゅつ）した材質で製造されたバイオマスプラスティックが利用されるようになったが，地球上の二酸化炭素量増加の一因にもなっている。

問２　下線部②について――。

貿易に関係した文章として**適切でないもの**を，次の**ア～エ**の中から１つ選び，記号で答えなさい。

ア　室町時代，堺や博多といった貿易港を通して，当時の中国の王朝であった明と貿易が行われ，陶磁器（とうじき）などを輸入して銅銭などを輸出した。

イ　琉球王国は，江戸時代の初めに薩摩藩に支配されたが，中国に対して定期的に船を派遣（はけん）して貿易を行った。

ウ　江戸時代初め，朱印船貿易の発展で日本人が海外へ出かけ，現在のタイにあたるシャムなど各地に日本人町がつくられた。

エ　1970年代の石油危機の後も，日本経済は省エネルギー志向の合理化を行い成長したが，1980年代に自動車分野で日米間の貿易摩擦（まさつ）が深刻化した。

問３　下線部③について――。

日本には多くの国や地域から多くの外国人がやってきますが，その目的は必ずしも観光だけでなく，ビジネス目的の場合もあります。次のページの［図１］は国籍（こくせき）別に日本に訪れた人の推移を示したグラフで，［図１］内の**A**と**B**はアメリカ合衆国かインドのいずれかであり，**C**と**D**は観光客かビジネス客かのいずれかを示したものです。インドからの観光客数を示したものを，後の**ア～エ**の中から１つ選び，記号で答えなさい。

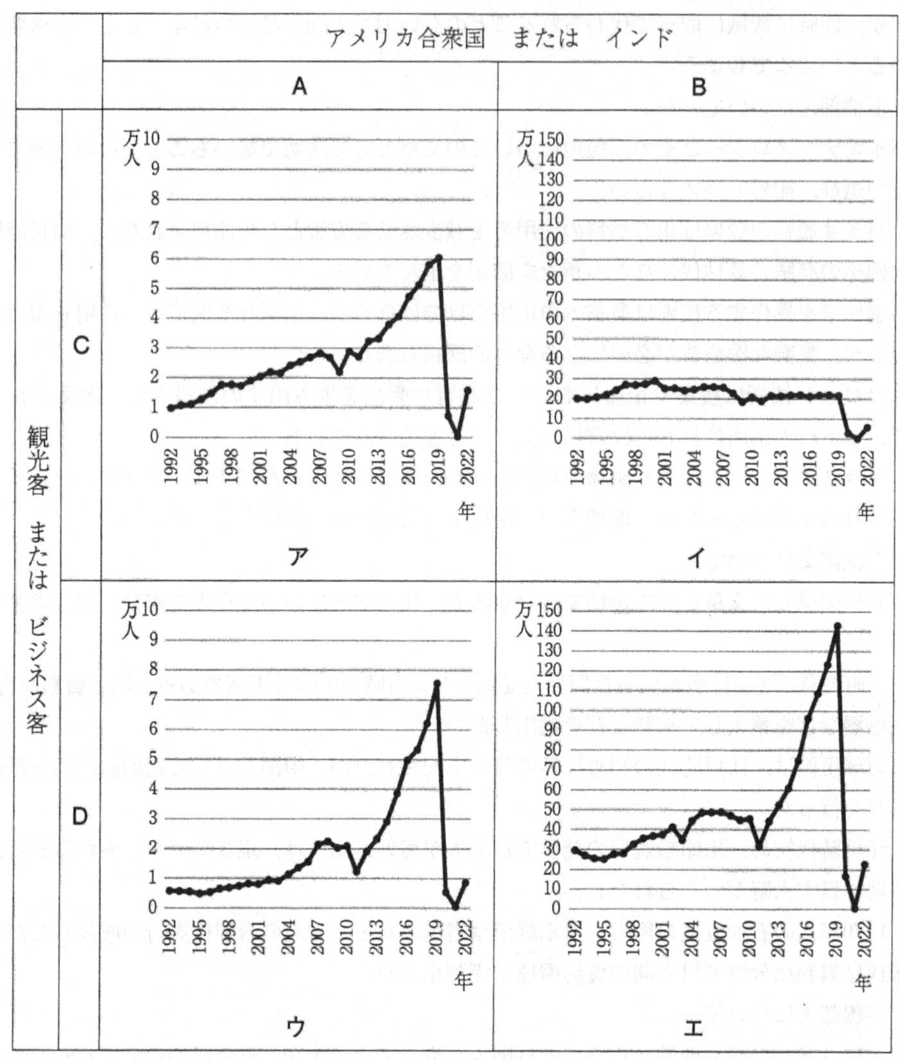

JNTO資料より作成

［図１］ 国籍及び目的別訪日外国人数の推移

問４　下線部④について――。

文化に関係して，10～11世紀の日本で発展した「国風文化」をめぐる［**資料１**］～［**資料３**］を読み，それらの資料から読み取れる内容として**適切でないもの**を，後の**ア**～**エ**の中から１つ選び，記号で答えなさい。

［**資料１**］　1939年の中学校歴史教科書の記述と，それに関する現代の歴史学者の解説「菅原道真の建議によって遣唐使は停止された。このため…（中略）…制度・宗教・文学，並びに美術・工芸に至るまで，いずれも日本独特の発達をとげた。それゆえ，平安時代の文化の大きな特色は…（中略）…国風文化の発達である。」

（渡辺世祐『新制中学国史　上級用　上巻』より。なお，わかりやすく書き改めたところがあります。）

【**解説**】「1937年まで，歴史教科書では国風文化という言葉は使用されてこなかった」

（吉村武彦・吉川真司・川尻秋生編『国風文化（シリーズ古代史をひらく）』をもとに作成）

［資料２］ 日本と中国の書についての資料

［図２］

［図２］のうち，上段が４世紀の中国の書家王羲之によるもので，彼の書法はその後，唐でも流行した。

また，中段と下段の二つがそれぞれ，日本人の書家によるものである。彼らは10～11世紀に活躍した，代表的な日本の書家を指す「三蹟」に含まれる。なお，宋の時代の中国の書家は，三蹟をまねた日本人による書をみて，「この作品は，まるで唐の人の作品のようだ。王羲之の作品に学んでいる」と述べている。

（吉村武彦・吉川真司・川尻秋生編『国風文化（シリーズ古代史をひらく）』をもとに作成）

［資料３］「唐物」についての資料

「894年に遣唐使停止の建議がなされ，907年に唐が滅亡した後も，大宰府を窓口として，中国を拠点とする民間商人（海商）との間の交易が行われ，中国からの物品（唐物）は日本に流入していた。

この時，中国から日本に流入した唐物の中には，お香，絹織物，絵画・文房具（紙・すずり・墨など），書物が含まれており，藤原道長は天皇に珍しい唐物を贈ることで，自らの権力を強化したとされる。」

（山内晋次『ＮＨＫさかのぼり日本史　外交篇［９］平安・奈良』をもとに作成）

ア　遣唐使が派遣されなくなった後も，中国の物品は日本で珍重されていた。

イ　教科書の「国風文化」という言葉は，戦時体制になって初めて登場した。

ウ　遣唐使廃止の結果，中国の影響が排除され，日本独特の国風文化が出来た。

エ　907年に唐が滅亡した後も，日本では唐の時代の中国文化が理想とされた。

問５　下線部⑤について――。

近年，日本では働き方が大きく変化しています。これについての文章として**適切でないもの**を，次の**ア～エ**の中から１つ選び，記号で答えなさい。

ア　少子高齢化の進行に伴い，育児休業や介護休業など育児や介護と両立できるような働き方を選択できるようになってきている。

イ　高齢者や障碍者を新たな労働力として積極的に雇用するべきであるという考え方に基づき，様々な取り組みがなされるようになっている。

ウ　30年ほど賃金水準がほぼ横ばいで，働き方改革の影響もあるため，他の先進各国と比べて労働時間が増加している。

エ　正社員と非正規雇用者の賃金格差を解消し働き方の多様性を確保するため，同一労働同一賃金の実現を目指すなどの取り組みがなされている。

問６　下線部⑥について――。

通勤ラッシュや交通渋滞を緩和する方法として**適切でないもの**を，次の**ア～エ**の中から１つ選び，記号で答えなさい。

ア　時間帯によって高速道路の料金や電車の運賃を変えることで，他の路線やピーク時間帯以外の使用を促す。

イ　多くの人が働く都心部に多くの駐車場を設置することで，都心への車通勤の利便性を高める。

ウ　道路や鉄道の立体交差を増やし信号や踏切を減らすことで，通行が停滞する箇所を減らす。

エ　道路の車線数増加や鉄道の複線化・複々線化を進めることで，同時に通行可能な車両の量を増やす。

問７　下線部⑦について——。

女性に関係した文章として**適切でないもの**を，次の**ア～エ**の中から１つ選び，記号で答えなさい。

ア　鎌倉時代，承久の乱で後鳥羽上皇が倒幕を企てた際，源頼朝の妻である北条政子は，御家人を説得して幕府の勝利に貢献したとされる。

イ　青鞜社を結成した平塚らいてうは，大正時代，女性参政権を要求する運動を行ったが，衆議院の選挙権は得られなかった。

ウ　卑弥呼という女王が支配していたとされる邪馬台国についての情報は，「魏志」倭人伝に記述されている。

エ　古代の班田収授の法においては，6歳以上の男女に口分田が与えられたが，租調庸といった税負担は男性に対してのみ課された。

問８　下線部⑧について——。

金属に関係した文章として**適切でないもの**を，次の**ア～エ**の中から１つ選び，記号で答えなさい。

ア　奈良時代の都である平城京の市では，武蔵国から銅が献上されたことをきっかけにつくられた富本銭とよばれる貨幣が使われた。

イ　1543年，ポルトガル人の乗る中国船が種子島に流れ着き，そのポルトガル人によって鉄砲が日本に伝わった。

ウ　第二次世界大戦中の日本では，物資の不足が深刻となった結果，金属資源として寺院の鐘が回収されることがあった。

エ　弥生時代の遺跡からは，中国や朝鮮半島から伝わったと思われる鉄器などが出土している。

問９　下線部⑨について——。

馬に乗って戦う武士の出現と台頭に関係した次の**ア～エ**の歴史的な出来事を古い順に並び替えたとき，3番目にくるものを記号で答えなさい。

ア　朝廷や貴族の争いに源氏や平氏が関わり，保元・平治の乱が起こった。

イ　白河上皇が院の警備のために北面の武士を設置した。

ウ　関東で平将門，瀬戸内海で藤原純友が反乱を起こした。

エ　平清盛が武士として初めて太政大臣となった。

問10　下線部⑩について——。

米は熱帯性の作物ですが，生産量の多い都道府県は北海道や新潟県となっており，この理由としては流通コストや地代（土地の賃料）の影響が大きいことが知られています。次のページの［**図３**］と［**表１**］は生産場所と作物価格と流通コストや地代の関係性を単純化して示したものです。

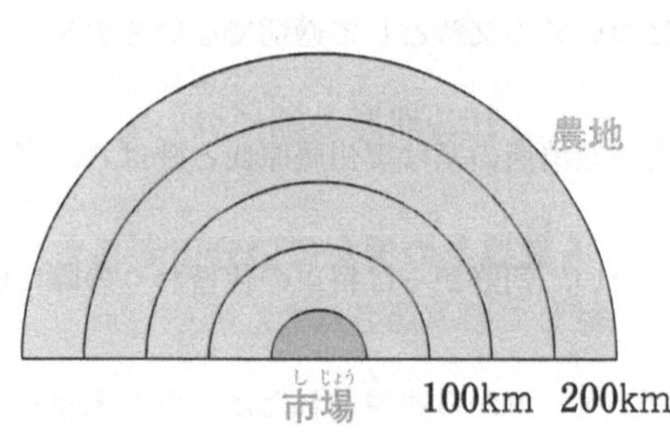

[図３]

［表１］

	市場での販売価格	1kgあたりの流通コスト
米	300 円/kg	1 円/km
白菜	600 円/kg	3 円/km
いちご	1500 円/kg	10 円/km

なお、これらの数値は架空の数値である。

(1)　必要経費として流通コストだけを考えた場合，100km地点で１kgあたりの利益が最も大きいのは［ A ］ですが，200km地点で利益が出るのは［ B ］だけとなります。

空欄［ A ］・［ B ］にあてはまる作物としてもっとも適切な組み合わせを，次のア～カの中から１つ選び，記号で答えなさい。

	ア	イ	ウ	エ	オ	カ
A	米	米	白菜	白菜	いちご	いちご
B	白菜	いちご	米	いちご	米	白菜

(2)　１ａあたりの地代が［図４］のような値であり，白菜の１ａあたりの収穫量は500kgでした。販売価格が［表１］の通りであった場合，白菜は市場から［ C ］kmより遠い地域の生産でないと利益が出ません。

空欄［ C ］にあてはまる整数を**５の倍数**で答えなさい。なお，経費としては地代だけを考え，流通コストや人件費などを考える必要はありません。

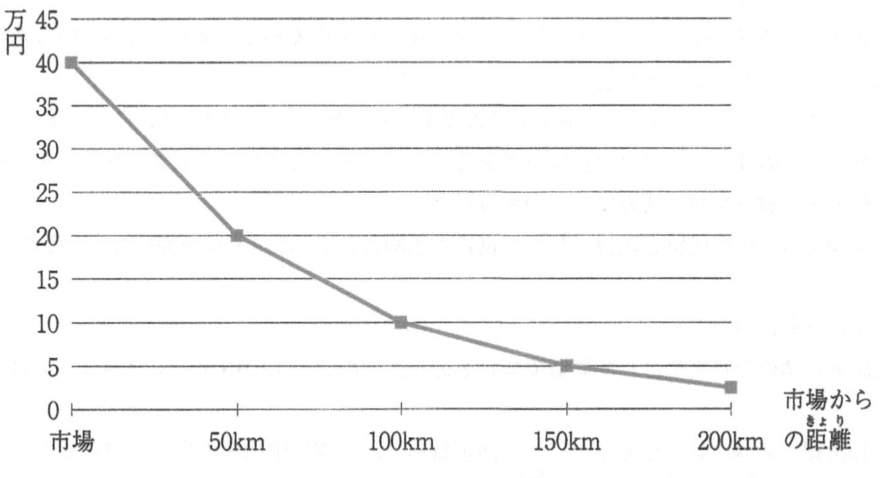

［図４］　１ａ あたりの地代

問11　下線部⑪について――。

歴史上，政治的中心地から遠方にあった地域についての文章として**適切でないもの**を，次の**ア～エ**の中から１つ選び，記号で答えなさい。

ア　東北での後三年の役において源義家が助けた清原清衡の家は奥州藤原氏と呼ばれ，岩手県の平泉に中尊寺金色堂を建立した。

イ　江戸幕府は，対馬藩を通じて朝鮮との貿易を行い，朝鮮からは将軍の代替(だいが)わりの際に朝鮮通信使という使節が送られることがあった。

ウ　1972年，田中角栄が首相であった時に沖縄はアメリカから返還(へんかん)されたが，今も米軍基地が残されている。

エ　明治期の北海道では政府が開拓(かいたく)を進め，元々住んでいたアイヌの人々は生活の場を奪(うば)われた他，日本語の使用も強制させられた。

問12　下線部⑫について――。

経済とは製品を生み出し売買などを通してそれを交換(こうかん)する一連の動きを指します。経済をめぐる動きについての文章としてもっとも適切なものを，次の**ア～エ**の中から１つ選び，記号で答えなさい。

ア　企業(きぎょう)は生産を通して経済活動を生み出す原動力となることから，各国の政府は企業に対する課税を行わないのが普通(ふつう)である。

イ　オークションサイトでは，人気のある商品を買いたい人が多くなると，その商品の価格は一時的に高くなる。

ウ　高度経済成長期の日本は常に生産と売買が活発な状態が続いていたが，第１次石油危機後の10年間は逆に前年の生産，売買を下回る年が続いた。

エ　政府は製品を生み出す活動は一切行わず，民間企業の提供する製品も一切消費していない。

問13　下線部⑬について――。

17世紀に起きた出来事についての文章として**適切でないもの**を，次の**ア～エ**の中から１つ選び，記号で答えなさい。

ア　現在の長崎県や熊本県で，重い年貢(ねんぐ)の取り立てとキリスト教に対する厳しい取り締(し)まりに反対し，幕府に対する一揆が起きた。

イ　井原西鶴が，当時の町人の生活をありのままに描(えが)いた『世間胸算用』という浮世草子を書いた。

ウ　松前藩との間の不公平な取引に不満を持ったアイヌの人々が，シャクシャインを指導者として松前藩と戦ったが，武力により抑(おさ)えられた。

エ　東海道の宿駅の風景を題材とした浮世絵木版画として，歌川広重が描いた『東海道五十三次』が人気を博した。

問14　下線部⑭について――。

繊維業に関係した文章として**適切でないもの**を，次の**ア～エ**の中から１つ選び，記号で答えなさい。

ア　16世紀，スペイン人らを相手にした南蛮貿易で，日本は中国産の生糸を輸入した。

イ　江戸時代，麻(あさ)などの商品作物が栽培(さいばい)された他，京都で絹織物の西陣織が生産された。

ウ　世界恐慌の後，アメリカに対する綿花の輸出の不振(ふしん)が日本の農村に打撃(だげき)を与えた。

エ　1872年にフランスの技術を導入して建てられた富岡製糸場では主に女性が働いた。

問15　下線部⑮について――。

大量生産の結果引き起こされることとして適切なものを，次の**ア**～**エ**の中から**すべて**選び，記号で答えなさい。

ア　その製品の単価が下がる。　　**イ**　その製品の品質が揃う。

ウ　その企業の利益が減る。　　**エ**　その企業で働く人の数が増える。

問16　下線部⑯について――。

［図５］は東京都区部におけるレギュラーガソリン１リットルの小売価格の推移を示したもので，価格は消費量と生産量の関係により変動します。［図５］中の**A**～**D**の時期について説明した文章として正しいものを，後の**ア**～**エ**の中から１つ選び，記号で答えなさい。

「小売物価統計調査」より作成

［図５］

ア　**A**の時期には，各国で石炭から石油へのエネルギー革命が進んだことに加え，中国やインドなどの新興国の著しい経済成長により石油消費量が増大したことで，価格が上昇した。

イ　**B**の時期には，環境問題への意識の高まりにより省エネが推進され石油消費量を抑えたほか，中東以外の地域での石油開発を進め石油供給量が増えたために，価格が下落した。

ウ　**C**の時期には，地球温暖化対策として原子力発電の使用が推進されたほか，アメリカで発生したリーマンショックにより不況となり石油消費量が減少し，価格が下落した。

エ　**D**の時期には，ウクライナ侵攻への経済制裁としてロシア産エネルギー資源輸入を制限し石油供給量が減少したことに加え，新型コロナによる外出制限で石油消費量も減ったことで，価格が上昇した。

問17　下線部⑰について――。

近年異常気象が増加し，これまでには見られなかったような猛暑や集中豪雨・寒波などが観測されるようになってきています。［図６］は熱中症により救急搬送された人数を地方別に示しています。［図６］とその背景について説明した文章として**適切でないもの**を，後の**ア**～**エ**の中から

１つ選び，記号で答えなさい。

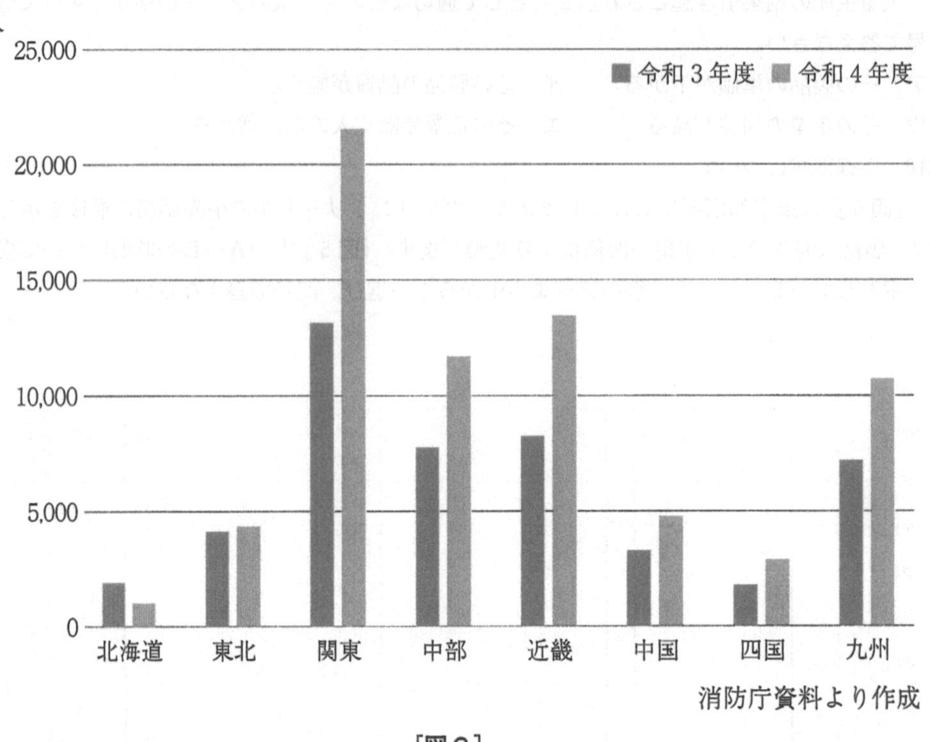

消防庁資料より作成

［図６］

ア　北海道や東北地方では高温になりにくいため熱中症発生件数が少ないが，冷房が設置されていない場所もあり熱中症となり搬送されることがある。

イ　関東地方の市街地はヒートアイランド現象により高温となりやすく，農村部もフェーン現象により極端な高温となる地域もあるため，熱中症による搬送が多い。

ウ　中国・四国地方は夏季に曇天の日が多い地域であるため熱中症になりにくいが，過疎地域が多いため病院までの搬送に時間がかかりやすい。

エ　全国的にみると令和３年度に比べ令和４年度の搬送人員数は増えたが，新型コロナによる外出制限が緩和され屋外の活動が増加したことが要因の一つである。

問18　下線部⑱について――。

日本の衆議院，参議院の選挙が同一の投票日で実施されたことを想定します。有権者が投票所で渡される用紙の枚数を数字で答えなさい。なお，投票所では種類ごとにすべて異なる用紙が渡されます。

問19　下線部⑲について――。

さまざまな災害が毎年のように発生していますが，どの種類の災害が発生しやすいかはその場所によって異なるため，その場所の特性に応じた減災設備を設置することが大切です。［図７］中の●印の箇所で発生しやすい災害の被害を軽減するための施設としてもっとも適切な防災施設の写真を，後のア～エの中から１つ選び，記号で答えなさい。

地理院地図より作成

［図７］

ア　イ

ウ　エ

問20　下線部⑳について――。

「神奈川県の高齢化」について調べている際に，ある文章作成AIに質問した時に得られた回答が以下の文章です。この回答に対する評価をした文章①～③について，正誤の組み合わせとしてもっとも適切なものを，後の**ア～ク**の中から１つ選び，記号で答えなさい。

神奈川県の高齢化について教えて

もちろんです。神奈川県も日本全体と同様に高齢化が進行しています。高齢化率は65歳以上の高齢者の割合を示し、神奈川県の高齢化率も上昇しています。これは長寿(ちょうじゅ)化が進み、出生率が低下したことが主な要因です。

高齢化に伴い、医療・介護ニーズの増加が顕著(けんちょ)です。神奈川県では高齢者の健康づくりや地域コミュニティの支援(しえん)、高齢者向けの施設やサービスの整備を進めています。また、多様な世代が共に暮らす地域づくりを推進し、高齢者の社会参加や交流の場を提供しています。

［評価］

① 神奈川県特有の原因が記されているため，現在生じている問題点や取るべき対策が明瞭(めいりょう)にわかる。

② 短時間で大まかな内容がわかり想定外の視点からの回答が含まれることもあるため，次に何を調べるかのアイデアを得ることができる。

③ 情報の出典が示されていないため，回答の内容が事実であるか自分で統計などを別途(べっと)確認する必要性がある。

	ア	イ	ウ	エ	オ	カ	キ	ク
評価①	正	正	正	正	誤	誤	誤	誤
評価②	正	正	誤	誤	正	正	誤	誤
評価③	正	誤	正	誤	正	誤	正	誤

問21 下線部㉑について――。

金融とは貸したい側と借りたい側が相互(そうご)にお金を融通しあうことを指します。日本銀行など各国の中央銀行が行う金融政策はこの動きに影響を与え，経済のバランスを保つために必要なもので，次の**A**～**D**にあげたような方法がとられています。景気が悪い場合，**A**～**D**のどのような金融政策が考えられるでしょうか。もっとも適切な組み合わせを，後の**ア**～**エ**の中から１つ選び，記号で答えなさい。

A お金を貸す際の利子の割合が高くなるように調整する。
B お金を貸す際の利子の割合が低くなるように調整する。
C お金の発行量を増やす。
D お金の発行量を減らす。

ア AとC　**イ** AとD　**ウ** BとC　**エ** BとD

2 **次の文章を読んで，後の問いに答えなさい。**

近年SDGsに対する理解が広まっていますが，その目標に近づくために消費者である私たちの行動を考える必要性が出てきています。次にあげる資料を参考にして，日本の消費がかかえる課題と，私たちが消費者として意識すべきことについて**100字以内**で説明しなさい。

［資料１］

「環境保護を支持している企業から商品を購入する」ことに「同意する」とした回答の割合

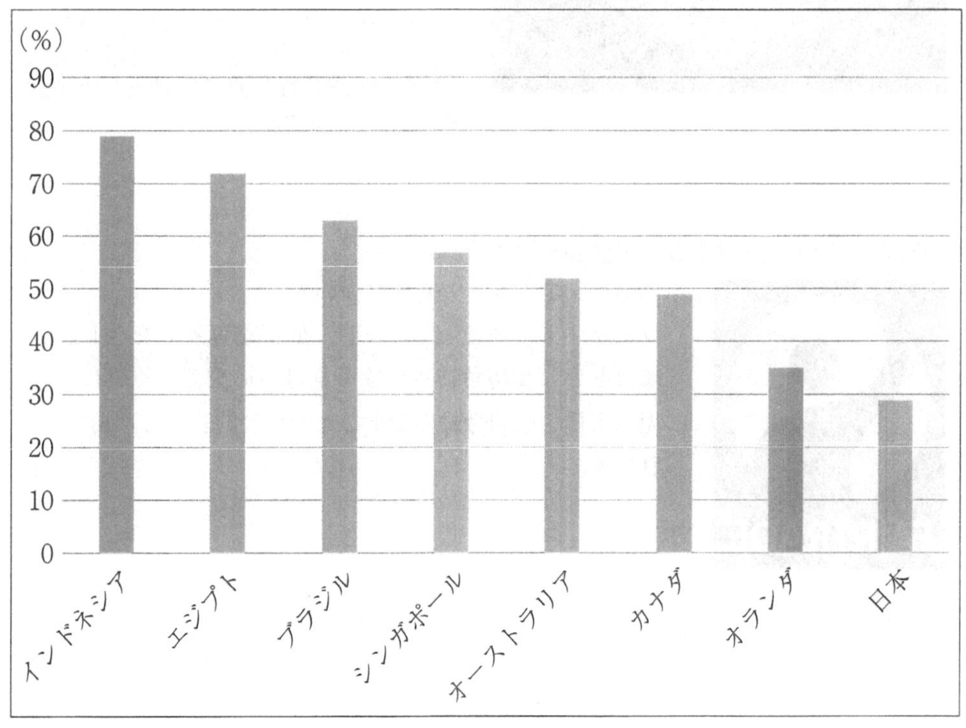

「世界の消費者意識 2021（3月）」（「PwC Japan」ホームページ）をもとに作成

［資料２］

小学生のＡ君の家では夏休みに家族旅行に出かけます。Ａ君とお父さんは宿泊するホテルを選ぶことになり，候補を出し合うことになりました。Ａ君は食事や設備の豪華さや価格で候補となるホテルを決めましたが，お父さんの選んだホテルはＡ君の選んだホテルとは少しちがいました。Ａ君がお父さんに理由を尋ねると，お父さんは「このホテルは単に高級な素材をそろえるのではなく，放し飼いなどストレスなく育てられた豚や鶏を仕入れているとわざわざ書いてある。せっかくだからそういう素材を使った料理を食べてみたくない？」と言いました。

［資料3］あるハンバーガーチェーン店の商品パッケージ

MSC-C-57384

この製品は、MSC（海洋管理協議会）の基準に則り認証された、持続可能で適切に管理された漁業で獲られた水産物です。www.msc.org/jp

［資料4］国際フェアトレード認証ラベル

※国際フェアトレード基準について

フェアトレードとは、「公平・公正な貿易」をさし、環境基準（環境負荷や生物多様性への配慮（はいりょ））以外に、児童労働・強制労働の禁止などの社会的基準も重視されます。

構わないということと解釈し、筆者は、朝、学問をしている人間も夜には死んでしまうことがあり、確固とした自分などというものはこの世のどこにも存在しないのだと解釈している。

イ 普通は、朝、学問をしている人がその日の夜にあっけなく死んでしまうこともあるように、この世界は常に変化していると解釈し、筆者は、朝、真理を聞くことができればその日の夜に死んでも悔いがないくらい、教養は大切なものだと解釈している。

ウ 普通は、朝、人間の生きるべき道を学ぶことができたならば、夕方死んでも心残りはないということと解釈し、筆者は、朝、学問をして人間がそれまでと全く違う人になるとそれは死んだのと同じようなことなのであると解釈している。

エ 普通は、人間の生きるべき道を聞いて会得できれば、夕方死んでも心残りはない、ということと解釈し、筆者は、先のことはわからないのだから偶然や変化に対応できるように常日頃から余裕を持っているべきであると解釈している。

問六 [A]・[D]・[E] に入れるのにもっとも適切な言葉を、次のア～オの中からそれぞれ選び、記号で答えなさい。なお、同じ記号を二度以上用いることはありません。

ア むしろ　**イ** あたかも　**ウ** さすがに
エ まして　**オ** けっして

問七 ――線部③「都会の人々は自然を『ない』ことにしています」とはどういうことですか。**三十字以上四十字以内**で説明しなさい（**句読点・記号も一字に数えます**）。

問八 ――線部④「子育てと仕事との間に原理的な矛盾がないわけです」とありますが、そう言えるのはなぜですか。本文全体をふまえ、その理由を**四十字以上五十字以内**で説明しなさい（**句読点・記号も一字に数えます**）。

問九 次の会話文は、本文を読んだ生徒たちが「わかるということ」をテーマに、話し合っている場面です。**本文の内容に合わない発言**を、次の**ア～エ**の中から一つ選び、記号で答えなさい。

ア 筆者が主張しているのは、体験学習の重要性なんじゃないかしらね。どれだけ本を読んでも、いくら言葉を尽くして説明してもらっても、実際に体験してみて学ぶことには及ばないわよね。百聞は一見にしかず、って昔から言うじゃない？

イ それに加えて、繰り返し体験することが大切、っていう話だよ。同じビデオ映画でも繰り返せば繰り返すほどそのたびごとに見逃した新しい発見がいろいろあるって言ってただろう？素人の見方から玄人の見方に、知は深まっていくんだよ。

ウ わかるということは暗記するというだけではなく、その意味を理解して応用できるということだと思うんだよ。変化に対応できるというのは生きていく上で大切なことって言っていたよね？　対応するためには応用できないと。

エ それからさ、自分が変わるためには、偶然を受け入れられるようにしておく必要があるとも言っているよね。筆者は、都市化のために偶然を受け入れることが難しくなってきたと考えているけれど、そうであれば、都市化によって「わかる」という体験を得にくくなっていると言えそうだね。

ところが田畑を耕して、種を蒔いている田舎の生活から考えたら、子どもがいるというのは、あまりにも当たり前のことです。人間の種を蒔いて、ちゃんと世話して育てる。育つまで「手入れ」をする。稲やキュウリと同じで、それで当たり前です。そういう社会では、④子育てと仕事との間に原理的な矛盾がないわけです。具体的にやることも同じです。「ああすれば、こうなる」ではなく、あくまで「手入れ」です。

（養老孟司『ものがわかるということ』による）

注1　**文武両道**～本文での「文」は「本を読んだり人と会ったりして頭に入力すること」、「武」は「入力情報を総合して出力すること、運動すること」の意味で使われている。

問一　筆者の考える「情報社会」とはどのようなものですか。本文の▼　▲ではさまれた部分をふまえ、その説明としてもっとも適切なものを、次の**ア～エ**の中から一つ選び、記号で答えなさい。

ア　多くの情報が絶えず流動的に変化し、その変化に合わせようと人間が変わり続ける社会。

イ　情報も人間もいっさい変わらないのに、絶えず大きく変化していると思いこまされる社会。

ウ　情報はそれほど変わらないけれど人間は変化し、一方で変化することを自ら嫌悪する社会。

エ　多くの情報に埋め尽くされるなかで、本来変わっていく人間の本質が意識されない社会。

問二　――線部①「日本の教養教育がダメになったのも『身につく』ことをしなくなったからでしょう」とありますが、この一文についての説明としてもっとも適切なものを、次の**ア～エ**の中から一つ選び、記号で答えなさい。

ア　日本の教養教育は知識の伝授に偏っていて、病気になったときのことを想像させるなどして危機意識を喚起しないことが問題である。

イ　日本の教養教育は知識の伝授に偏っていて、教育される人間の行動が変わるという段階まで至っていないことが問題である。

ウ　日本の教養教育は知識の伝授に偏っていて、武道やスポーツ、ダンスなどの体育教育が不十分であることが問題である。

エ　日本の教養教育は知識の伝授に偏っていて、学問体系の違いを身体表現とともに十分に教えていないことが問題である。

問三　[B]は、次の**ア～エ**の四つの文から構成されています。四つの文を論理的に並べかえ、その順番を、解答欄の形式に合わせて記号で答えなさい。

ア　知が技法に変わったからです。

イ　どういうふうに知識を手に入れるか、それをどう利用するかというノウハウに、知というものは変わってしまった。

ウ　技法というのはノウハウです。

エ　この本はなぜ売れたのか。

問四　[C]に入れるのにもっとも適切な**六字**の言葉を補い、「が落ちる」まで含めた慣用句を完成させなさい。

問五　――線部②「朝に道を聞かば夕べに死すとも可なり」とありますが、この言葉の「一般の解釈」と「筆者の解釈」の違いについての説明としてもっとも適切なものを、次の**ア～エ**の中から一つ選び、記号で答えなさい。

ア　普通は、朝、学問をすることができれば、夜になって死んだってろ空き地、空っぽなんですから。要するに木が生えている場所は、空き地に見える。そうすると、木のようなものは「ないこと」になってしまうわけです。

（中略）

岡山県の小さな古い神社で、宮司さんが社殿を建て直したいと思いました。その宮司さんが何をしたかというと、境内に生えている樹齢八百年のケヤキを切って売った。その金で社殿を建て直しました。八百年のケヤキを保たせておけば、二千年のケヤキになるかもしれません。大勢の人がそれを眺めて心を癒すことでしょう。でも、それを売ったお金で建てた社殿は、千年はぜったいに保ちません。これがいまの世の中です。

社会的・経済的価値のある・なしは、現実と深く関わっています。いまの社会では、自然そのものに価値はありません。観光業では自然を大切にしていると言いますが、それはお金になるからです。お金にならない限り価値がないということは、それ自体には価値がないということです。なぜ価値がないかというと、多くの人にとって、自然が現実ではないからです。現実ではないものに、私たちが左右されることはありません。つまり、現実ではない自然は、行動に影響を与えないのです。

不動産業者にとっても、財務省のお役人にとっても、地面に生えている木なんて、切ってしまうだけのものです。誰かに切らせて、更地にする。どうして切るかというと、本来「ない」はずのものだからです。

そこに木が生えているから、家の建て方を変えよう。川や森があるから、町のつくり方を工夫しよう。そう思うなら、木や川、森はあなたにとって現実です。でも、更地にする人にとっては、木は「現実ではない」。現実ではないのですが、実際には生えていますから、邪魔物扱いをして切ってしまう。まさしく木を「消す」のです。

頭の中から消し、実際に切ってしまって、現実からも消すのです。不動産業者もお役人も、自分が扱っているのは「土地そのもの」だと思っている。土地なんですから、更地に決まってるじゃないですか。 E 地面の下に棲んでるモグラや、葉っぱについている虫なんて、まったく無視されます。「現実ではない」からです。

こういう世界で、子どもにまともに価値が置かれるはずがありません。子どもの先行きなど、誰もわからないからです。子どもにどれだけの元手をかけたらいいかなんて計算できません。さんざんお金をかけても、ドラ息子になるかもしれない。現代社会では、そういう先が読めないものには、利口な人は投資しません。だから、自然と同じように、子どももいなくなるのです。

いや、子どもはいるじゃないか。たしかに、子どもはいます。しかし、それは空き地の木があるのと同じです。いるにはいるけれど、子どもそれ自体には価値がない。現実ではないもの、つまり社会的・経済的価値がわからないものに、価値のつけようはないのです。

木を消すのと同じ感覚で、いまの子どもは、早く大人になれと言われています。都市は大人がつくる世界です。都市の中にさっさと入れ。そうすれば、子どもはいなくなりますから。

都会人にとっては、幼児期とは「やむを得ないもの」です。はっきり言えば、必要悪になっています。子どもがいきなり大人になれるわけがない。でも、いきなり大人になってくれたら便利だろう。都会の親は、どこかでそう思っているふしがある。

分が変わったんです。つまり、知るとは、自分が変わることなのです。

自分が変わるとはどういうことでしょうか。それ以前の自分が部分的に死んで、生まれ変わっていることです。

『論語』の「②朝に道を聞かば夕べに死すとも可なり」という言葉があります。朝学問をすれば、夜になって死んでもいい。学問とはそれほどにありがたいものだ。普通はそう解釈されています。でも現代人には、ピンとこないでしょう。朝学問をして、その日の夜に死んじゃったら、何の役にも立ちませんから。

私の解釈は違います。学問をするとは、[C]が落ちること、自分の見方がガラッと変わることです。自分がガラッと変わると、どうなるか。それまでの自分は、いったい何を考えていたんだと思うようになります。

前の自分がいなくなる、たとえて言えば「死ぬ」わけです。わかりやすいたとえは、恋が冷めたときです。なんであんな女に、あんな男に、死ぬほど一生懸命になったんだろうか。いまはそう思う。実は一生懸命だった自分と、いまの自分は「違う人」なんです。一生懸命だった自分は、「もう死んで、いない」んです。

人間が変わったら、前の自分は死んで、新しい自分が生まれていると言っていいでしょう。それを繰り返すのが学問です。ある朝学問をして、自分がまたガラッと変わって、違う人になった。それ以前の自分は、いわば死んだことになります。それなら、夜になって本当に死んだからって、いまさら何を驚くことがあるだろうか。『論語』の一節は、そういう反語表現だというのが私の解釈です。正しいかどうかはわかりません。

確固とした自分があると思い込んでいるいまの人は、この感じがわからない。[D]変わることはマイナスだと思っています。私は私で、変わらないはず。だから変わりたくないのです。それでは、知ることはできません。

でも、先に書いたように、人間はいやおうなく変わっていきます。どう変わるかなんてわからない。変われば、大切なものも違ってきます。だから、人生の何割かは空白にして、偶然を受け入れられるようにしておかないといけません。後述しますが、人生は、「ああすれば、こうなる」というわけにはいきません。

現代の人たちは、偶然を受け入れることが難しくなっています。なぜか。都市化が進んできたからです。私の言葉で言えば「脳化」です。

戦後日本の特徴を一言で言えば、都市化に尽きます。戦後の日本社会に起こったことは、本質的にはそれだけだと言ってもいいくらいです。

③都会の人々は自然を「ない」ことにしています。

木や草が生えていても、建物のない空間を見ると、都会の人は「空き地がある」と言うでしょう。人間が利用しない限り、それは空き地だという感覚です。

空き地って「空いている」ということです。ところがそこには木が生えて、鳥がいて、虫がいて、モグラもいるかもしれない。生き物がいるのだから、空っぽなんてことはありません。それでも都会の人にとっては、そこは「空き地」でしかないのです。

それなら、木も鳥も虫もモグラも、「いない」のと同じです。なにしきだと思っている。そういう感覚がどんどん強くなってくるのが、いわゆる情報社会なのです。

どうしてか。現代社会は、「a＝b」という「同じ」が世界を埋め尽くしている社会だからです。記号や情報は作った瞬間に止まってしまうのです。

テレビだろうが動画だろうが、映された時点で変わらないものになる。それを見ている人間は、本当は変わり続けています。でも、「自分が変わっていくという実感」をなかなかもつことができない。それは、私たちを取り囲む事物が、情報や記号で埋め尽くされているからです。

困ったことに、情報や記号は一見動いているように見えて、実際は動いていない。だから余計に、人間は自分の変化を感じ取りにくくなるのです。▲

（中略）

私が大学に入学する頃、世間には大学に入るとバカになるという「常識」がありました。こうしたことを言うのは、世間で身体を使って働いている人たちでした。そうした発言の真の意味は、いまではまったくわからなくなってしまったと思います。座って本を読んでいると、生きた世間で働くのが下手になってしまう。これはそういう意味だったはずです。こうした記憶があるから、私はいまでも身体を多少でも動かすのです。

座って机の前で学べることもたしかにあります。しかし応用が利くことは「身についた」ことでしかあり得ません。

①日本の教養教育がダメになったのも「身につく」ことをしなくなったからでしょう。

私が東京大学出版会の理事長をしていた時、一番売れたのが『知の技法』という本です。知を得るのに [A] 一定のマニュアルがあるかのようなものが、東大の教養学部の教科書で出て、ベストセラーになりました。

[B]

しかし、教養はまさに身につくもので、技法を勉強しても教養にはなりません。ただ勉強家になるだけです。それを昔は「畳が腐るほど勉強する」と言いました。それでは運動をコントロールするモデルは脳の中にできあがりません。

知識が増えても、行動に影響がなければ、それは現実にはならないのです。江戸時代には陽明学というのがありました。当時の官学は朱子学で、湯島聖堂がその本拠地です。

林大学頭という東京大学総長のような先生がいて、畳の上に座って、先生の講釈を聞く。朱子学にはそんなイメージがあります。

陽明学はそれとは違います。知行合一を主張する。知ることと、行なうことは一つだ、一つでなければいけない。ここで言う知は文であり、行は武のことですから、[注1]文武両道と知行合一は同じことを言っています。

一般に、知ることは知識を増やすことだと考えられています。だから「武」や「行」、つまり運動が忘れられてしまう。

知ることの本質について、私はよく学生に、「自分ががんの告知をされたときのことを考えてみなさい」と言っていました。「あなたがんですよ」と言われるのも、本人にしてみれば知ることです。「あなた、がんですよ。せいぜい保って半年です」と言われたら、どうなるか。

宣告され、それを納得した瞬間から、自分が変わります。世界がそれまでとは違って見えます。でも世界が変わったのではなく、見ている自る一方で、父の作品には愛着を感じていたが、それを本人に伝えられなかったことに加え、見送りに来てくれた母とも素っ気ない形で別れたため、それぞれの親との別れ際に素直に感情を表していた子供たちの満ち足りた表情を見ることで、後ろめたい気持ちが生まれてきたから。

イ 意地っ張りな父と口論をしてまで自分の信念を貫いた結果として疎開することになったが、時代の波に流されて右往左往する周囲の大人たちや、そのような大人たちの言動を信じ切り、車内で楽しげにさわぐ子供たちの幼い様子を冷静に見ることで、今までの疎開に対する信念や、自分が生きている社会の行く末に対する疑問が生じてきたから。

ウ 疎開の希望は通ったものの、それは父が持論を変えて時局に応じた結果であるため、失意を感じていたのに加え、周りの子供たちがそれぞれの親の存在を支えにして慣れない土地での共同生活に期待を持ち、車内ではしゃいでいるように見えるのとは異なり、理解し合えたという実感を持てないままに自分の親と別れたことが心残りだったから。

エ 強情な父が最後に折れることによって疎開は実現したが、音楽活動を続ける父や、見送りの時に銘仙を着ていた母の姿が思い出され、都内に残した親の安否が気になる一方で、それぞれの親との別れを忘れて旅行気分で車内で遊ぶ子供たちを見ると、銃後で国を支える役割をみんなで協力して果たすことができるのかどうかが不安になったから。

三 **次の文章を読んで、後の問いに答えなさい。**

▼情報社会と言うと、絶えず情報が新しくなっていく、変化の激しい社会をイメージする人が多いかもしれません。しかし、私の捉(とら)え方はまったく逆です。情報は動かないけれど、人間は変化する。これを理解するために、私がよくもち出すのがビデオ映画の例です。

たとえば同じビデオ映画を、二日間で十回見ることを強制されたとしましょう。一種類の映画を二日間にわたって、一日五回、続けて十回見る。そうすると、どんなことが起こるでしょうか。

一回目では画面はどんどん変わって、音楽もドラマティックに流れていく。映像は動いていると思うでしょう。二回目、三回目あたりは、一度目で見逃(みのが)した、新しい発見がいろいろあるかもしれません。そして「もっと、こういうふうにしたら」と、見方も玄人(くろうと)っぽくなってきます。

しかし四回目、五回目になると、だんだん退屈(たいくつ)になるシーンが増えてくる。六、七回目ではもう見続けるのが耐(た)えがたい。「なぜ同じものを何度も見なきゃいけないんだ」と、怒(おこ)る人も出てくるでしょう。

ここに至ってわかるはずです。映画はまったく変わらない。一回目から七回目まで、ずっと同じです。では、何が変わったのか。見ている本人です。人間は一回目、二回目から七回目まで、同じ状態で見ることはできません。

ここまで書けば、もうおわかりでしょう。情報と現実の人間との根本的な違いは、情報はいっさい変わらないけれど、人間はどんどん変わっていくということです。

しかし、人間がそうやって毎日、毎日変わっていくことに対して、現代人はあまり実感がもてません。今日は昨日の続きで、明日は今日の続り下げたこと。

エ　当初は家族の同居が子どものためになると考え、集団疎開に否定的であったが、娘の将来を真面目に考えた結果として従来の考えを改めたこと。

問五　――線部④「浮薄な蝶」とありますが、その具体的な説明としてもっとも適切なものを、次のア～エの中から一つ選び、記号で答えなさい。

ア　時代の中で人々から非難をうけてでも自分が美しいと信じる曲を作ることは早々にやめ、人々の戦意を高めて国家体制を支える作曲で生計を立てることに重きを置き、軽やかに現実に順応した父の様子を蝶にたとえている。

イ　戦時下で人々に評価される人気の高い曲よりも芸術性の高い曲を作ることしか関心を持たず、世間の人たちに支持されるような作曲活動に背を向ける現実離れした父の姿をふわふわ飛ぶ虫にたとえている。

ウ　音楽家としての生き方を譲(ゆず)らず軍歌であっても自分の望む出来を追求していた父が、戦争のための曲が求められていく時代に流されて、作曲を通じた音楽の理想の実現をあきらめて現状を容認してしまう様子を皮肉っている。

エ　世間からもてはやされ、戦時下の国家のためになる曲で収入を得て戦時下でも豊かな生活を求めると同時に、音楽として自分が「すばらしい」と心底思える曲を作ることも追求するようなどっちつかずの父を鋭(するど)く批判している。

問六　――線部⑤「しかしまあ、よく飽きもせずに練習するね」とありますが、このときの「父」についての説明としてもっとも適切なものを、次のア～エの中から一つ選び、記号で答えなさい。

ア　戦時下の音楽をとりまく状況をよしとしていなかった父は、時局に合わない曲を演奏する息子に対して表面上はあきれた風をよそおいつつも、音楽の美しさを追い求める姿勢に実は共感を覚えている。

イ　軍歌に親しんで戦時体制に順応している娘とは対照的に、芸術家としての本分にこだわる父は、時局におもねらずに軍歌そのものの演奏技術の向上に努める息子に対して違和感を覚えている。

ウ　人々が熱狂する軍歌などにはわき目もふらず専門性の高い曲の練習にひたすら打ち込む息子に、芸術としての音楽をひたすら追求しつづける自分の後継者(こうけいしゃ)としての姿を見出し安心感を覚えている。

エ　時代の流れの中で娘が楽しそうに軍歌を歌う姿も、芸術家としてバイオリンの演奏に精を出して自分の道を追い求める息子も、それぞれの立場で音楽を愛している状態に対して幸福感を覚えている。

問七　A・Bに入る言葉としてもっとも適切なものを、次のア～エの中からそれぞれ一つずつ選び、記号で答えなさい。

A　ア　正義　イ　世間体　ウ　大義名分　エ　自主性

B　ア　不本意ながら　イ　善きもの　ウ　非国民　エ　そもそも

問八　――線部⑥「私は、なぜかその輪には入ることができず」とありますが、なぜですか。その理由としてもっとも適切なものを、次のア～エの中から一つ選び、記号で答えなさい。

ア　疎開に異議を唱え続けていた父の冷たい態度に対して反発心があ

問一 ――線部①「泣きたいのは私の方なんだよ」とありますが、なぜですか。その理由としてもっとも適切なものを、次の**ア**～**エ**の中から一つ選び、記号で答えなさい。

ア 「私」が父親と意見が合わずに言い争いをして疎開を決められないでいる間に、先にユキちゃんは自分の望み通りに父親から承認をもらって疎開を決めたことがねたましかったから。

イ ユキちゃんは疎開には行きたくないという弱音を吐くことで気持ちを晴らすことができるが、「私」はユキちゃんに対してであっても疎開には行きたくないという本音を言えないから。

ウ ユキちゃんの父親が子どもだけ疎開させて、親としての義務をはたさないほど無責任である以上に、「私」の父親は娘の思いを無視して自分の考えだけで疎開させるほど無責任だから。

エ ユキちゃんは家族と離れて疎開などしたくないと思っているのに勝手に父親に疎開を決められて苦しんでいるが、「私」は「私」で父親から疎開することが認められなくて困っているから。

問二 本文の▼　▲ではさまれた部分から読み取れる、父親に対する娘の心情をまとめたものとしてもっとも適切なものを、次の**ア**～**エ**の中から一つ選び、記号で答えなさい。

ア 父親がこだわっているのは、娘の安全などではなく自らの体面であり、心の底では何が何でも命だけは助けてほしいと願っている娘の本心を無視して論理をふりかざす父親の姿勢に娘はさびしさを感じている。

イ 父親が、受け売りの言葉を使う娘に対して、理屈に基づいた持論を展開することで冷静な判断を求める一方で、娘はその父親の言葉に冷たくあしらう姿勢を感じ取って疎外感といらだちを感じている。

ウ 父親は、娘のことを誰よりも愛していると言っても結局は他人を言い負かすことを優先し、娘は、受け売りの言葉を借りてでも国のために役立ちたいという思いを父親がくみとってくれないことにいきどおっている。

エ 父親が、他人の意見をあらゆる角度から検討し折り合いをつけるふりをしても、論破することだけに集中するあまり、娘の主張に全く耳を傾けず娘の言葉を無視し続けることに対して、娘は無性に腹が立っている。

問三 ――線部②「低く絞り出す父の声には、私の体を切り裂いても足らぬほどの怒りがにじんでいるように思えた」とありますが、このときに「父」はどのようなことに対して「怒り」を覚えていますか。**五十字以上六十字以内**で答えなさい（**句読点・記号も一字に数えます**）。

問四 ――線部③「父は、負けたのだ」とありますが、このときの「父」の「負け」とはどういうことですか。その説明としてもっとも適切なものを、次の**ア**～**エ**の中から一つ選び、記号で答えなさい。

ア 親として子どもを手放す気がなく、都内で同居し続けようとしたのに、子どものためには集団疎開を認めるべきという主流の意見を受け容れざるをえなかったこと。

イ 都内で家族が同居することの正当性にあくまでこだわり、集団疎開をすすめる学校関係者に理解させようとしたが、説得力のある曽根先生の発言に降参したこと。

ウ 家族の同居のためには周囲に働きかけようとは考えていたが、落ち着きのない表情をした曽根先生の立場を心配し、持論の主張を取み、耳で覚えた伴奏を父のピアノでじゃんじゃか弾き鳴らしたりしていた。中には知らず知らず、父の作った曲を歌っていたこともあったかもしれない。

父の憂鬱をそっと汲んでいたのは兄だった。父が仕事から戻るころになると、兄はさりげなくラジオを消した。私が抵抗すると、「課題があるから」と言って、バイオリンを取り出した。兄にバイオリンを取り出されてしまうと、うちではもう術がない。パガニーニ、メンデルスゾーン、サン＝サーンス、サラサーテ、そして父が帰宅するときにはいつもうっすらと、兄の奏でる様々な曲が家の中に流れていた。「⑤しかしまあ、よく飽きもせずに練習するね」と父は苦笑いしながら着替えを済ませ、幸福そうに居間の揺り椅子に身を沈めていた。

私の集団疎開の件において、父は今度こそ「　A　」というものが実にどこまで貫けるのか、試してみようとしていたのかもしれないが、最後はやはりあっけなく、「　B　」という鎮痛薬に手をかけた。戦わずして負ける苦々しさは知っていたかもしれないが、逆らって、いじめられて、無駄死にしても悔いはないと言い切れるほどの強固な思惑が父の内側にないこともすでに明らかだった。そして、「東京が火に飲まれたとき、せめて我が子だけでも助けるための親の愛」という名目のもとに合意したのだろうが、私は望み通り疎開地行きの汽車に乗れたにもかかわらず、父に捨てられたような気がしていた。

いつの間にか日は暮れ、客車の中は興奮のるつぼと化していた。行先は宮城県の山あいの村と聞いていた。森や田んぼや美しいせせらぎに囲まれて、川では手づかみで魚が獲れ、山にはあちこちに木の実がなり、温泉が湧き出す場所もあるという。誰もが父母と別れた感傷も忘れ、大掛かりな修学旅行に出かけて行くような気分だった。さっきまで母親にしがみついていたユキちゃんでさえ、家から持たされたビスケットをうれしげに配りながら、小鳥のような声を上げて友人ともみ合っている。一晩中おしゃべりしよう。向こうに着くまで絶対に寝ない。朝まで起きてられるもの。いや寝るね、いや寝ないね、寝たらどうする？　これよりもっといいものあげる。いいものって何。いいものはいいもの――⑥私は、なぜかその輪には入ることができず、ひとり通路を隔てた座席の窓際で、うとうとしはじめた。レールの上を廻る車輪が、終わらないワルツのようなリズムを刻んでいる。

（西川美和「うつろいの秋」による）

注1　**銃後**～直接戦闘に加わっていない一般国民。または、戦場となっていない国内。
注2　**牽制**～相手に圧力をかけて押さえつけること。
注3　**銘仙**～安価で丈夫な絹織物。
注4　**樟脳**～防虫剤などに用いられる薬剤。
注5　**鼓舞する**～はげまし、奮い立たせる。
注6　**身を挺する**～自ら進んで自分の身体を差し出す。
注7　**忌避も傾倒も**～嫌がることも熱中することも。
注8　**納戸**～衣類・調度品などをしまっておく部屋。
注9　**ブラームスやシューベルト**～有名な西洋の音楽家。パガニーニ、メンデルスゾーン、サン＝サーンス、サラサーテも同様。
注10　**国威発揚**～国の威力を盛んにして周囲の国に示すこと。
注11　**諦観**～あきらめること。

社の人たちに頼まれて、やってみましょう、と引き受けた。猛々しく血なまぐさい歌詞も、父にとっては音とリズムの並びでしかなく、それに対する忌避[注7]も傾倒もとくにない様子だった。曲を書けばそれなりのお金になって、良い副収入となった。母は建具屋さんを呼び、開閉がむつかしくなっていた納戸[注8]の戸を直し、父は前の年に歯医者の表で盗まれたまま諦めていた自転車を新調した。

はじめのうちは、単純なものだ、僕などにも書けるのだから、と父は笑っていた。

「そもそも難しくしてはならないんだ。そういうものを求められていないのだから」

自分の本分は別にあると思っていたのだ。演奏会に出て、時が止まったようにブラームス[注9]やシューベルトを弾く。

しかし、いくつも曲を書く仕事を重ねていくうちに、父の中にも片手間にできなくなる瞬間がやってきた。作曲に工夫を凝らし、基本に立ち返り、自分の思う理想を創り上げようとする欲求がめらめらと立ち昇ってきたのだ。それはしかし、レコード会社の役員たちにはことごとく不評で、「伝わりづらい」「もっとわかりやすく、激しく胸を突くメロディを」と修正を求められた。

父は、自分が歴史に名を残すような芸術家でないことくらい知っていた。何も軍歌に変革を起こそうなどと大それたことを考えたわけもないだろう。ただ、ものをこしらえる人の内側には、我が手で編み出すものを自らの信じる「善きもの」へと導かずにはいられない、あどけないほどの渇望と、まっ白な衝動がある。自らの目が、耳が、ひとたび「否」と暴いてしまえば、誰にどんなに喝采を浴びたとしても、その手に立ち戻り、終止符を打つことは耐えがたいのだ。

父はすっかりそれら時局的な音楽の仕事に、光を失ってしまった。自身が信じる「善きもの」と、求められるものの圧倒的な溝の深さに失望し（また、その溝を決して埋めることの叶わない、父自らの作曲の手腕に対しても）、軍歌そのものを単純だなどと評することもなくなった代わりに、自分がこしらえたものについて私たちに語ることもなくなった。それでも頼まれた作曲や演奏の仕事は続けていたようだ。それは、我が家にまだ直さなければならない建具があるからではなく、もう一台自転車が必要だったからでもない。ただ父は、抗うことの煩わしさに背を向けたのだ。音楽のことしか考えてこなかった自分のような人間が、大きな流れのさまたげになることなどできないと思い込んでいた。さまたげて抗うには、あまりに軽すぎる。弱すぎる。ただ、美しい音の調べの行き来しか知らない、④<u>浮薄な蝶</u>。

あらゆる娯楽や芸術が贅沢で不徳なものとして敵視されていく世相のどさくさで、音楽人たちは「この国の音楽の灯を絶やさぬために」という殺し文句を発明した。国威[注10]発揚のための音楽の量産や演奏に協力するのは（断じて金儲けではなく）音楽家共通の責務である、という大義名分が完成されていく中で、父は反発も拒絶も試みぬままに、ただ、自分の本意ではないものを、人から無理に押し付けられているという弱々しい幻想に浸っていた。しかし、退屈で、やりがいがなく、誇りを傷つけられる日々と引き換えに、そんな目にあうのは自分のせいではなく、不本意ながらそうせざるを得ない状況のせいだという、気楽な諦観[注11]を手に入れたのだ。

そんな父をよそに、私はラジオから聞こえてくる軍歌を揚々と口ずさ私たちをすし詰めにして、汽車は動き出した。

見送りのホーム側の窓から子供たちが身を乗り出して、客車は片側の車輪が線路から浮くのではないかと思うほど傾いていた。私の頭上でめちゃくちゃに帽子を振る子の肘で突つかれながらちらりと外を見ると、万歳をくり返す人だかりの中の母がじっと私だけを見つめていた。私は目の玉を寄せ、舌の先をあごにつくほど長く伸ばして母に手を振って見せた。寄せていた目を戻したころには、群衆の影はもう遠くなり、母の姿はわからなくなっていた。鼻の奥に、注3銘仙にしみついた注4樟脳の匂いがつんとよみがえった。

結局父は、私の説得によってではなく、しめ切りがすぎて三日後の夕方に家にやってきた担任の曽根先生の説得に応じるかたちで申請書に判子をついた。各家庭の自主性に任せる、というのが単なる建前だということは、ブラウスを汗でぐっしょり濡らして玄関に立った曽根先生の差し迫った顔をみれば明らかだった。押し黙った両親の前でとぎれとぎれに語る先生の若い声は、客間の壁越しに聞き取るにはか細すぎたが、誰かからふきこまれたらしい「愛情のしるし」という言葉だけが幾度か鮮明に発されたのはわかった。

父は、国の勝利のためでもなく、東京を戦火から守る気迫もなく、まして曽根先生の説得に心を打たれたからでもなく、ただかたちどおりに私への愛を試されて、自らの考えを転がした。安全な疎開地に我が子を送り込まないのは、親としての愛がない、と喉元に細い刃を当てられたのが決め手になった。「私には私の愛が」と言い返すことはなかった。

③父は、負けたのだ。

けれど父の敗北は、その時はじまったことではない。

父は音楽学校で西洋音楽の講師をしながら、交響楽団やレコード録音で演奏するピアノやクラリネットの奏者であった。敵性音楽として英米由来の音楽に規制がかかりはじめた後も、クラシック音楽の多くは同盟ドイツ、イタリアの作曲家のものが多いため、父は変わらず教壇に立ち、演奏会にも出て、その生活に大きな変化は起こらないように思えた。しかし、開戦以来私たちの気分に寄り添い、注5心を摑んでいたのは、父の専門分野ではなくもっぱら行進曲や軍歌、戦いを鼓舞する流行歌だった。ラジオをつければ、映画館に行けば、著名な作家による歌詞や曲に、人気の歌手が声を張り上げ、はるか遠くの戦況について教えてくれ、英雄たちをたたえた。沸き立つような高揚と一体感。自分たちはひとつ。同じ目標に向かって難局を突破し、弱きものと立ち上がり、虐げられたものを救い出し、注6身を挺する仲間同士、と思うと、自然に口が動き、リズムを取り、涙があふれ出ていた。劇場で隣り合わせた見知らぬ人とも手を取ってひしと抱き合いたいような気持ちだ。世界が今まさに変わりつつある。自分たちが、変えて行く。すすめ。すすめ。すすめ。私はなんていい時代に生まれたんだろう、と脳みそが痺れた。誰から歌えと強いられたわけじゃない。もっと、もっともっと、もっと歌いたい。もっと激しい、もっと震える感動を！　そんな私たちの渇きに応えるように、軍歌は次々と量産された。音楽は私たちをひとつにする。音楽は役に立つ。音楽は儲かる。レコード会社は競い合い、新聞社は高い賞金を掲げて歌詞を公募した。そのうち名の知られた作曲家ばかりでは追いつかなくなり、父のところにも作曲の依頼がくるようになった。

父は反戦論者などではなかった。お世話になった先輩や、レコード会私の方なんだよ。

▼「これは強制ではないんだから。あくまで各家庭の自主性に任せられている。集団疎開したいのでお願いします、と頼む家が申請を出すんだ」

「それはお父さんの考え。あたしはお願いしたいのです」

その晩、食卓を挟んでまたもや私は父と睨み合った。

「すると何があってももう人のせいにはできなくなる。自ら選んだことだから」

「人のせいになんてする気ないもの。この国が勝つまでのたった半年のことじゃないですか。少国民は聖戦完遂のために疎開をするの。アジアの仲間を欧米列強の毒から解放して、大東和共栄圏を守るため、私はみんなと一緒に、注1銃後で鍛錬する疎開戦士になりたいの」

「そういう受け売りの言葉は僕にはわからない。ソカイセンシ、とはなんだ。肥の匂いのする田舎できみは何と戦う。カエルと相撲でも取るかい」

父の言葉はゆっくりとして静かなままだが、瞳は私を射抜くように見つめ、その白い額の皮膚には、脈打つように血管が浮いている。父は私を注2牽制するとき、名前や「おまえ」と呼ぶのをやめ、冷たく「きみ」と言った。父にそう呼ばれると私の肌はあわだった。

「お父さん、じゃあそれをそのまま先生の前で言ってよ。私たちは学校でそういうふうに習っているの。教えられたように考えないと、先生に怒られちゃうの。うちのお父さんがこんなふうに言いますから、なんて言ったら、おまえの家族は非国民だ、なんてみんなの前で言われて、大変なことになるの。そしたらあたしはどうしたらいいの？　お父さんは楽だわ。あたし一人を相手に、家の中で皮肉を言えばいいだけだもん」

「……そうだな。それは言う通りだ。きみたちは難しい時代に生きている」

そう言って父は、目を伏せた。▲

自分はまるでその時代に生きていないように、ひと事らしくものを言う父が憎らしかった。しかし私も本音を言えば、すべて自分の体裁の問題なのである。あの泣きみそのユキちゃんですら、集団疎開組なんだもの。そのユキちゃんに、行くって言ってしまったんだもの。だからいまさら実は東京に残るとか、縁故を頼るだなんて、とてもじゃないけど言えません――とは言えなくて、

「みんなで共倒れになるよりは、と思わないの？」

と、ついでにもう一つ受け売りの言葉。

父の顔が歪んだ。しまった。これは口が滑った。

「あなたを私たちと共倒れにさせようなんて、思っちゃいないわ」

横から母がたまらず言葉を挟んだ。違う、これは私が思ったことじゃなく、ユキちゃんのお家の人が――けれど私の口は、滑りはじめると止まらない。

「あたしだって、何かの役に立ちたいんです。男の子に産んでくれれば、兵隊になれたのに。お国のために立派に死ねるのに」

「そういうことを言うおまえこそ、僕たち親を裏切っている」

②低く絞り出す父の声には、私の体を切り裂いても足らぬほどの怒りがにじんでいるように思えた。

【国　語】（五〇分）〈満点：一二〇点〉

【注意】 問題文には、原文（原作）の一部を省略したり、文字づかいや送りがなを改めたりしたところがあります。

一 **次の――線部①〜⑧のカタカナの部分を漢字で、⑨・⑩の漢字の部分をひらがなで書きなさい。いずれも一画一画をていねいに書くこと。**

参列者が氏名を①**キチョウ**する。

電源の②**フッキュウ**作業を行う。

本の③**インゼイ**を受け取る。

電車の運転士が④**ケイテキ**を鳴らす。

地図の⑤**シュクシャク**が大きい。

お⑥**ミヤゲ**に果物を持参する。

⑦**ネンピ**の良い車を買い求める。

被害者に対する⑧**シャザイ**の気持ちを表す。

昔の⑨**名残**をとどめる。

早朝の⑩**快**い風を全身に浴びる。

二 **次の文章を読んで、後の問いに答えなさい。**

戦争が泥沼化し緊迫の度を増してくるなか、「私」（琴子）の通う都内の学校では集団疎開についての緊急の集会が開かれ、疎開の申請期限は二日間とされた。疎開とは空襲による被害を少なくするため、都会に集中している住民を地方に分散することである。

「疎開に行くって決めた？」

翌朝ユキちゃんがうちに訪ねてきて、わざわざ私を表に呼び出した。

「あたりまえじゃない」

私はうそをついた。

「集団疎開？」

「それ以外何があるのよ。ユキちゃん、もしかして迷ってんの？」

「わたし、行きたくないのよ。田舎は不便だし、蛇口からお水も出ないっていうよ。蛇や虫も苦手だし、すぐお腹はゆるんじゃうし、嫌なのよ」

「あんた……そんなこと言って、大丈夫？」

私がさも大げさに四方を見回すと、ユキちゃんは怯えたようにうつむいて、もんぺのひもの端を指先でつまんで、落ちつかぬ様子でしごきはじめた。

「兵隊さんがどんな思いで戦ってるか知ってるの？　うちのお兄ちゃんだってね――」

「そりゃ悪いと思ってるけど、お母さんや弟と離れるなんて、考えられないよ。わたしだけ助かったって、お家や家族が焼けちゃったら、生きていけるわけないもの。なのに、もうお父さんにハンコつかれちゃった」

衝撃が走った。先を越された。うちのゴタゴタを知っていて、自慢しにきたのか？

「みんなで共倒れになるよりは由岐子だけでも、だなんて、お父さんは無責任」

そう言ってユキちゃんはふにゃふにゃと泣き出した。①泣きたいのは

MEMO

2024年度

解　答　と　解　説

《2024年度の配点は解答欄に掲載してあります。》

＜算数解答＞ 《学校からの正答の発表はありません。》

1 (1) ア 7　(2) イ 55分後　(3) ウ 4個　エ 6個
(4) オ $1.5cm^2$　カ $72.5cm^2$　(5) キ 黒色　ク 白色　ケ 白色
コ 黒色　説明 解説参照

2 (1) 1023番目　(2) 256　(3) $\frac{47}{2048}$　(4) $\frac{1023}{2048}$, $\frac{1025}{2048}$

3 (1) 6秒後　(2) 9秒後　(3) 4回　(4) 33.75cm

4 (1) ア 1　イ 4　ウ 10　エ 19　(2) 解説参照　(3) 解説参照
(4) 60通り

5 (1) 3：4　(2) 7：6　(3) $1\frac{11}{13}$cm　(4) $3\frac{9}{13}cm^3$

○推定配点○
各4点×30　計120点

＜算数解説＞

1 **(四則計算，割合と比，平均算，消去算，数の性質，平面図形，相似，論理)**

(1) $□=8.875-(77\times23\div2024+16.25)\div\frac{137}{15}=8.875-17.125\times\frac{15}{137}=7$

重要 (2) 20分後までの毎分の平均来場者…4000÷20＝200(人)
20分後から30分後までの平均来場者…(5200－4000)÷10＝120(人)
30分後から90分後までの平均来場者…(11200－5200)÷60＝100(人)(個)
ア＝イ＋ウ…右図より，ウ＝60×20－20×10
＝1000(人)
したがって，求める時刻は20＋10＋1000÷40
＝55(分後)

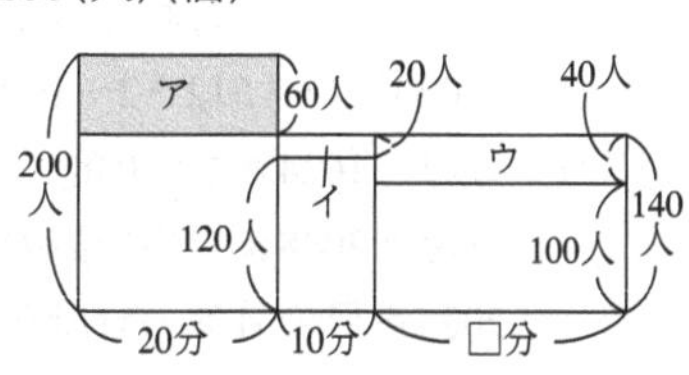

重要 (3) 350円・300円・170円のそれぞれの売れた個数
…ウ・エ・コで表す
売り上げ…350×ウ＋300×エ＋170×コ＝10000
35×ウ＋30×エ＋17×コ＝1000　－A
売れた個数…ウ＋エ＋コ＝50
17×ウ＋17×エ＋17×コ＝17×50＝850　－B
A－B…18×ウ＋13×エ＝150
13×エ＝2×(75－9×ウ)
75－9×ウ…13の倍数
したがって，75－9×4＝39＝13×3より，ウ＝4(個)，
2×39÷13＝6より，エ＝6(個)

重要 (4) 各三角形の3辺の比

…図1より，3：4：5

三角形DFGの面積

…$2\times1.5\div2=1.5(\text{cm}^2)$

長方形ABCDの面積

…$8\times13=104(\text{cm}^2)$

したがって，重なっている部分は

$104-\{(8\times6+4\times3)\div2+1.5\}=72.5(\text{cm}^2)$

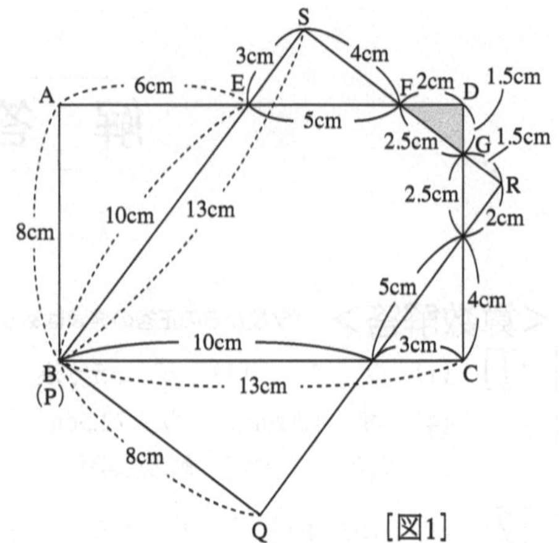

[図1]

(5) キ…図2より，黒色

ク…図2より，白色

ケ…白色

コ…黒色

7×7マスのチェス盤のどのマスに「ナイト」を置いて移動させても，すべてのマスに1回ずつ止まり，初めのマスに戻ることはない理由

…解答例：すべてのマスの数49は奇数であり，初めのマスに戻るとき，そのマスは50番目になり，初めのマスと色と最後のマスの色は異なり，「ナイト」が初めのマスに戻ることはないから。

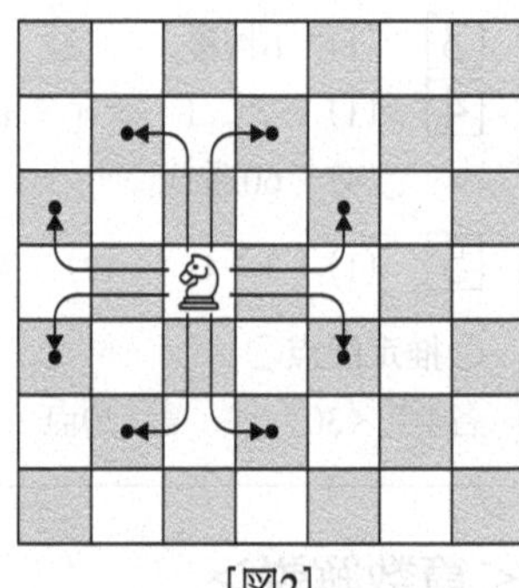
[図2]

重要 **[2] (数の性質，規則性，植木算)**

(1) 分母が4までの分数の個数…$4-1=3$(個)

分母が8までの分数の個数…$8-1=7$(個)

したがって，求める番数は$1024-1=1023$(番目)

【別解】 $1+2+4+\sim+512=S$,

$S\times2-S=1024-1=1023$より，1023番目

$\frac{1}{2}$,

$\frac{3}{4}$, $\frac{1}{4}$,

$\frac{7}{8}$, $\frac{5}{8}$, $\frac{3}{8}$, $\frac{1}{8}$,

$\frac{15}{16}$, $\frac{13}{16}$, $\frac{11}{16}$, $\frac{9}{16}$, $\frac{7}{16}$, $\frac{5}{16}$, $\frac{3}{16}$, $\frac{1}{16}$,

$\frac{31}{32}$, $\frac{29}{32}$, ……

(2) 分母が1024の分数の個数…512個

したがって，これらの分数の和は

$(1023+1)\times512\div2\div1024=256$

(3) 分母…$1024\times2=2048$

分母が2048までの分数の個数…(1)より，2047個

2024番目の分数…分母が2048の分数のうち，最後から$2047-2024+1=24$(番目)

したがって，分子は$2\times24-1=47$

(4) $2048\div2=1024$より，求める分数は$\frac{1023}{2048}$, $\frac{1025}{2048}$

[3] (速さの三公式と比，旅人算，割合と比，規則性)

ABの長さ…12cm

P…Aを出発して秒速1cmでBへ進む

Q…同時にAを出発して秒速3cmでBへ進み，Bで折り返してPと出合うたびに向きを変える

基本 (1) $12\times2\div(1+3)=6$(秒後)

重要 (2) 1回目に出合ったときのQBの長さ…(1)より，$12-1\times6=6$(cm)

したがって，2回目に出合う時刻は$6+6\times2\div(1+3)=6+3=9$(秒後)

(3)　3回目に出合う時刻…(2)より，9＋(6－1×3)×2÷4＝9＋1.5＝10.5(秒後)
4回目に出合う時刻…6＋3＋1.5＋0.75＝11.25(秒後)
したがって，求める回数は4回

(4)　(3)より，3×11.25＝33.75(cm)

重要 **4** **(立体図形，平面図形，割合と比，グラフ，場合の数，単位の換算)**

毎分の給水量…1000cm³　給水位置…左端前列

(1)　ア…10×10×10÷1000＝1(分)
イ…1＋100×3×10÷1000＝4(分)
ウ…4＋100×6×10÷1000＝10(分)
エ…10＋100×9×10÷1000＝19(分)

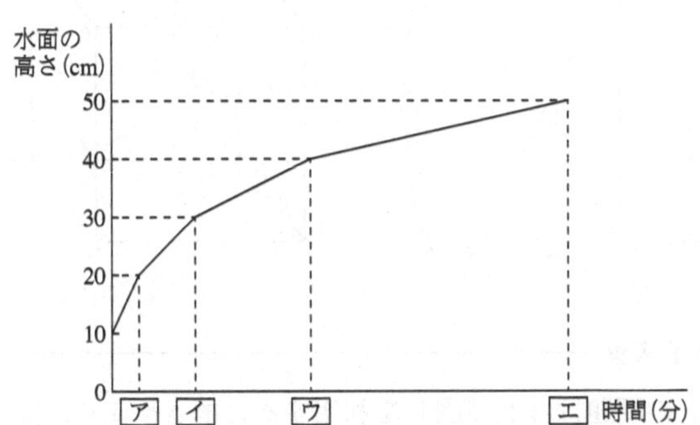

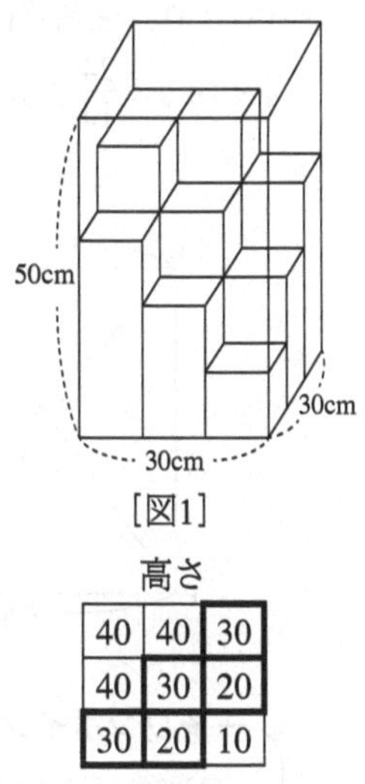

(2)　高さ20cm…100×10÷1000＝1(分)
高さ30cm…1＋100×2×10÷1000＝3(分)
高さ30cmのままの時間…100×1÷1000＝1(分)
高さ40cm…3＋1＋100×5÷1000＝9(分)
高さ40cmのままの時間…1分
高さ50cm…9＋1＋100×9÷1000＝19(分)
したがって，グラフは右図のようになる。

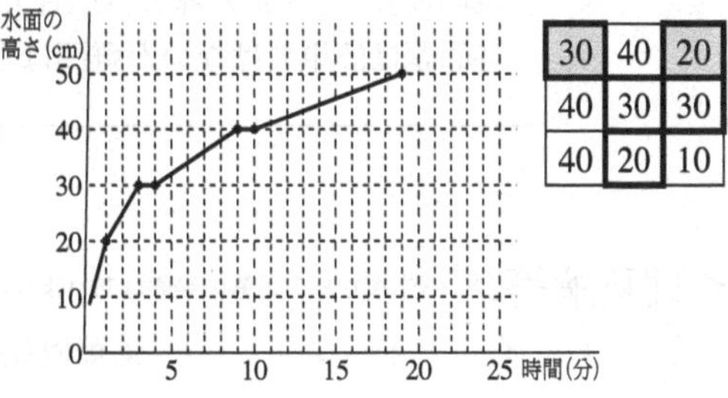

(3)　右図…高さが10cmのブロックを高さが40cmのブロックで囲むように並べればよく右のような例がある。

30	30	30
20	40	40
20	40	10

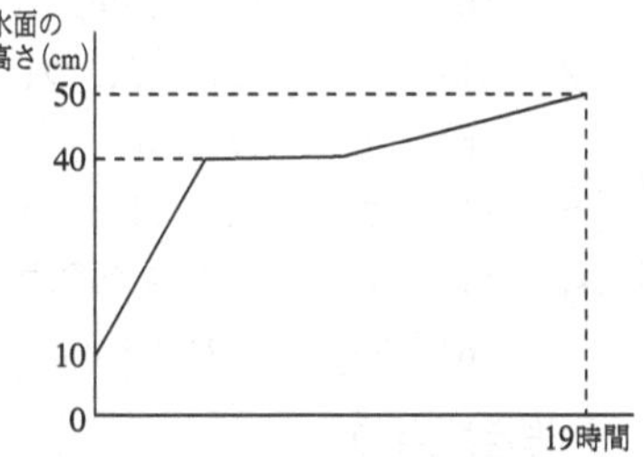

(4)　右図…6つの位置に高さが40cmのブロックを1個，20cmのブロックを2個，30cmのブロックを3個並べる。
したがって，並べ方は6×5×4÷2＝60(通り)

サ	シ	ス
セ	ソ	40
タ	40	10

5 **(立体図形，平面図形，相似，割合と比)**

基本 (1)　EK：KG
…次ページの図アより，3：4

重要 (2)　EG
…(1)より，(3＋4)×2＝14とする。
EK
…14÷(3＋4)×3＝6
したがって，次ページの図イより，

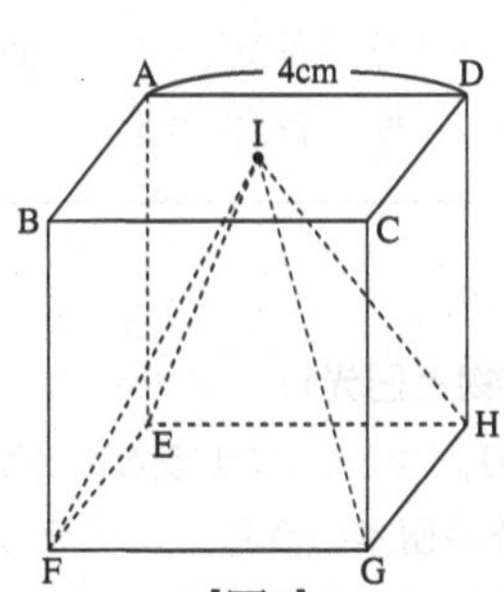

[図1]

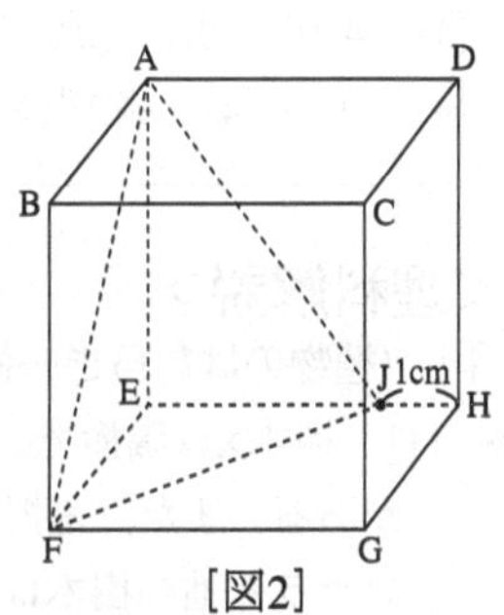

[図2]

AL：LKはEK：EOに等しく(14÷2)：6＝7：6

(3)　Lの高さ

…(2)より，$4\div(7+6)\times6=\frac{24}{13}$(cm)

やや難　(4)　Xの体積(図ウ)

…(3)より，三角錐L－EFJは

$4\times3\div2\times\frac{24}{13}\div3=\frac{48}{13}$(cm³)

図ア

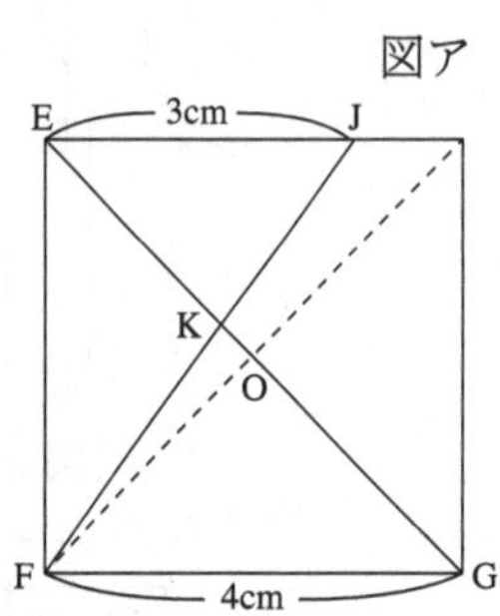

図イ

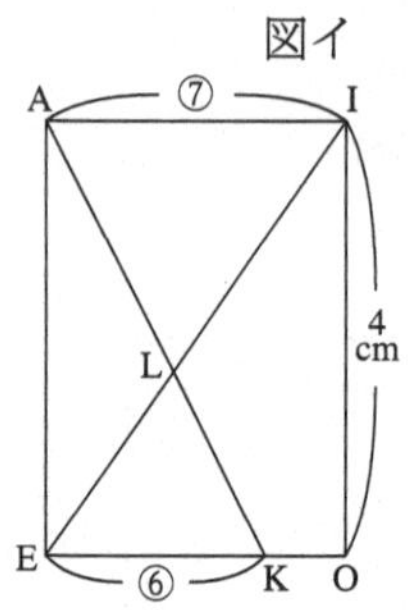

図ウ

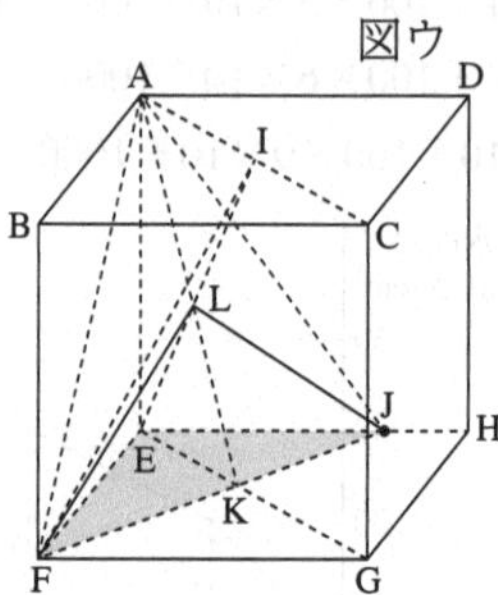

★ワンポイントアドバイス★

1 (2)「平均来場者数」の問題は「面積図」を利用すると解きやすく，2「分数と規則性」，3「旅人算と規則性」，4「ブロックと水面の高さ」，5「立体図形」の各問題は簡単ではないが難問はなく，取り組み順を自分で判断しよう。

＜理科解答＞《学校からの正答の発表はありません。》

1　(1)　イ　(2)　エ　(3)　落葉樹[落葉広葉樹]　(4)　形成層　(5)　キ
(6)　イ　(7)　24mg　(8)　ウ　(9)　ウ

2　(1)　イ　(2)　イ，ウ，カ　(3)　エ　(4)　エ　(5)　ウ　(6)　(a)　イ
(b)　イ　(7)　エ

3　(1)　オ　(2)　オ　(3)　1440　(4)　ク　(5)　(a)　7.2g　(2)　7200mL

4　(1)　アルキメデスの原理　(2)　64g分　(3)　35%　(4)　25%　(5)　E
(6)　36g　(7)　5：4　(8)　1.2cm　(9)　7通り

○推定配点○

1　各2点×9　2　(1)～(3)　各2点×3　他　各3点×5　3　各3点×6
4　(1)～(4)　各2点×4　他　各3点×5　計80点

＜理科解説＞

1　(植物のはたらき－植物と日光)

重要　(1)　樹木Xは陽樹であり，マツ，コナラなどがある。一方，樹木Yは陰樹であり，シイ，カシなどがある。また，選択肢の樹木のうち，コナラは落葉樹で，他は常緑樹なので，冬の写真をみれば，コナラと他の樹木ははっきり区別できる。

(2) ダンゴムシは甲殻類の一種である。甲殻類は，エビ，カニ，ミジンコなど水中生活をする節足動物に多いが，ダンゴムシは珍しい陸上の甲殻類である。

(3) 「あ」の樹木は，冬季に葉を落とす落葉樹で，すべて広葉樹である。一方，「い」は冬季も葉をつけたままの常緑樹で，そのうちマツとスギは針葉樹，他は広葉樹である。

(4) 茎や根の中にあって，細胞分裂がさかんで茎を太くするはたらきをする部分を形成層という。単子葉類には形成層はない。

基本 (5) 被子植物のソメイヨシノと裸子植物のクロマツは，どちらも花粉と胚珠から種子をつくる。両者のちがいは，被子植物には子房があって果実ができるが，裸子植物には子房がないことである。一方，シダ植物のイヌワラビと，コケ植物のスギゴケは，どちらも種子をつくらず胞子でふえる。両者のちがいは，シダ植物には維管束があって根から吸水するが，コケ植物には維管束はなく，体の表面全体から吸水することである。なお，葉緑体は4グループすべてにある。

(6) イチョウは裸子植物であり，マツと同じグループに入る。

重要 (7) 図5では，光の強さが3のときの1時間，100cm²あたりの二酸化炭素吸収量は8mgと読める。これは呼吸で放出した二酸化炭素4mgを自分で吸収したうえで，さらに100cm²あたり8mg吸収したのだから，実際の吸収量は4＋8＝12(mg)である。2時間の場合に吸収した総量は，12×2＝24(mg)となる。

(8) 暗所に5時間置くと，容器内の二酸化炭素は4×5＝20(mg)増える。次に，光の強さを1にしている間は呼吸量と光合成の量が同じで，容器内の二酸化炭素は増減しない。さらに光の強を4にして3時間照射すると，容器内の二酸化炭素は8×3＝24(mg)減る。結果的に，容器内の二酸化炭素は24－20＝4(mg)減る。

(9) シダ植物のイヌワラビは，日陰に多く生息する植物である。少ない光量でも生きていくため，呼吸量と光合成量がつりあうときの光が少なくて済む。イチョウの場合は光の強さが1のときにつりあったが，イヌワラビでは1未満でつりあう。また，呼吸量，光合成量とも小さい。

2 (大地の活動―地震のエネルギー)

(1) 図1では，左側のブロックに対し右側のブロックが乗り上げている。これは，左右から圧縮の力がかかって，上側のブロックがずり上がった逆断層である。

やや難 (2) 地震計は地面に固定されているので，地震の時は地震計も動く。しかし，地震計の中にある重いおもりは，慣性の法則により地震のときも空中で動かない。すると，おもりを基準に地震計自体の動きが記録できる。図2で，地震計が右奥に揺れたとき，紙には左手前向きの線が記録されるように，記録紙に記録された動きは，揺れの向きと逆向きである。また，図2は記録紙の巻きの動きと垂直な揺れだけを記録する。また，地震の揺れは立体方向に動くので，地震を正しく記録するには，東西方向，南北方向，上下方向の3台が必要である。

(3) ア：誤り。ある1地点での振れ幅を比較しただけでは，震源からの距離がちがっている場合に，マグニチュードの大小を判断することはできない。　イ：誤り。大きな揺れの時間を見ても，震源までの距離や深さを知ることはできない。小さい揺れの時間からは，震源までの距離が推定できるが，深さまではわからない。　ウ：誤り。震源では小さな揺れを起こす波と，大きな揺れを起こす波が，同時に発生している。波の速さが違うので，大きな揺れが遅れて観測される。
エ：正しい。距離と時間から速さが計算できる。

(4) 地震は，震源から四方八方に同心円状に伝わる。そのため，多くの観測点での記録をもとに，地震の揺れが始まった時刻の同じ場所を結んでいくと円形となり，その円の中心が震央と推定できる。小さい揺れだけの時間からは，震源までの距離が推定できるが，dのように揺れ全体の時間からは何もわからない。

(5)　ア：誤り。震度は0～7のうち，5と6が強弱に分かれた10階級で表される。　イ：誤り。震度0は人体で感じない揺れで，地震計が記録しているものである。　ウ：正しい。マグニチュードが1大きいとエネルギーは約32倍，2大きいと約1000倍である。よって，マグニチュードが3大きいとエネルギーは32×1000＝32000(倍)程度である。　エ：誤り。エネルギーが大きくても小さくても，波の速さは変わらない。

(6)　(a)　図4を読むと，マグニチュード5の地震は約1000回，マグニチュード7の地震は約10回起こっている。

(b)　図4では，マグニチュードが1多くなると，発生回数が10分の1になる関係が読み取れる。マグニチュード7は10回，マグニチュード8は1回，マグニチュード9は0.1回ということになる。図4は50年間の発生回数を示しているので，マグニチュード9の地震は50年間あたり0.1回となる。つまり，500年間に1回程度発生する計算になる。

やや難 (7)　問題文のように，マグニチュードで示される地震の規模は，断層面の面積とずれの量と岩石のかたさの積から求められる。岩石のかたさが一様なら，断層面の面積とずれの量の積で決まる。マグニチュード7の場合は，この積が60×40×0.0021＝5.04である。マグニチュード9のエネルギーは，マグニチュード7のエネルギーの約1000倍なので，この積が5040程度になる。

図5の地図では，緯度経度が5°ごとに引かれている。経度の5°は，赤道から北極に向かって小さくなっていくので，何kmなのか正しく知るのは難しい。しかし，緯度の5°は，どこでも等しく，40000÷360×5＝555(km)である。よって，問題の断層域の面積は，たてがおよそ500km，横がおよそ200kmとみてよい。ずれの大きさは，500×200×□＝5040より，□＝0.05km程度，つまり50m程度となる。

3　(水溶液の性質―マグネシウムの化合物)

(1)　①　豆乳のタンパク質を固めるのが塩化マグネシウム(にがり)である。海水中の塩類で最も多いのは塩化ナトリウム(食塩)であり，2番目が塩化マグネシウムである。

②　ジュラルミンは，マグネシウムと銅とアルミニウムを混ぜた合金であり，高い強度が特徴で，貴重品を入れる容器や飛行機などの材料に使われる。

③　胃の中は塩酸により酸性だが，酸性が強すぎて胃痛が起こるとき，胃腸薬に含まれる酸化マグネシウムや炭酸水素ナトリウムで中和すると症状を和らげる。

重要 (2)　表1で，マグネシウムを0.12gから0.60gへ5倍に増やしても，発生した水素は120mLから240mLへ2倍にしか増えていない。このことから，7.3％の塩酸10.0gと過不足なく反応するマグネシウムの量は，0.12gの2倍の0.24gである。よって，7.3％の塩酸25.0gの場合は，10.0：0.24＝25.0：□で，□＝0.60gのマグネシウムが過不足なく反応する。

(3)　(2)でみたように，過不足なく反応するときの量比は，マグネシウム：塩酸：水素＝0.24g：10.0g：240mLである。そこで，マグネシウム1.60gと塩酸60.0gを反応させた場合は，マグネシウムが余り，塩酸が不足する。つまり，発生する水素の量は塩酸の量で決まる。求める値は，10.0：240＝60.0：□　で，□＝1440mLとなる。

(4)　マグネシウムと塩酸は，0.24g：10.0gの両比で反応するので，塩酸60.0gと反応するマグネシウムの量は，0.24：10.0＝□：60.0　より，□＝1.44gであり，余ったマグネシウムは1.60－1.44＝0.16(g)である。マグネシウムが塩化マグネシウムになるときの量比は，マグネシウム：塩化マグネシウム＝1.20g：4.75gだから，マグネシウム1.44gからできる塩化マグネシウムの量は，1.20：4.75＝1.44：△　より，△＝5.70gである。以上より，最後の固体の重さは，できた塩化マグネシウム5.70gと，余ったマグネシウム0.16gの合計で，5.70＋0.16＝5.86(g)であり，四捨五入により5.9gとなる。

重要 (5) (a) マグネシウム6.0gを完全に燃焼させたとき，酸化マグネシウムが10.0gできるので，結びついた酸素は10.0−6.0＝4.0(g)である。マグネシウム12.0gを燃焼させて15.2gになったとき，増加した15.2−12.0＝3.2(g)は酸素の重さである。このとき反応したマグネシウムの重さは6.0：4.0＝□：3.2　より，□＝4.8gである。よって，燃え残りのマグネシウムの重さは，12.0−4.8＝7.2(g)である。　(b) 酸化マグネシウムは塩酸と反応しても水素は発生しないので，7.2gのマグネシウムが溶けたときに発生する水素の量を求めればよい。(2)で考えた比を使って，マグネシウム：水素＝0.24：240＝7.2：□　より，□＝7200mLとなる。

4 (力のはたらき—水槽に入れるおもり)

(1) 風呂であふれる湯のエピソードが有名である。

基本 (2) おもり1個の体積は，4×4×4＝64(cm^3)である。このおもりが押しのける水の体積も64cm^3であり，その水の重さは1.00×64＝64(g)である。よって，おもりにはたらく浮力は64gである。

(3) おもりAの密度は水の密度の0.65倍である。そのため，おもりAの0.65倍の体積の水の重さがおもりAの重さと等しい。つまり，おもりAの体積の0.65倍が水面下にあれば浮く。水面の上にある体積の割合は1−0.65＝0.35より35％となる。

(4) おもりAとBの平均の密度が水の密度の0.75倍なので，おもりAとおもりBの体積の合計の0.75倍が水面下にあれば浮く。よって，水面の上にある体積の割合が1−0.75＝0.25より25％となる。

(5) おもり全体が完全に沈むには，浮力が重さよりも大きくなればよい。つまり，おもりの平均の密度が1.00g/cm^3より大きい場合に沈む。A～Cの密度の平均は0.85g/cm^3なので一部が浮く。A～Dの密度の平均は0.95g/cm^3なので一部が浮く。A～Eの密度の平均は1.05g/cm^3なのですべて沈む。

重要 (6) おもりCの密度が1.05g/cm^3なので，食塩水の密度が1.05g/cm^3よりも大きければ，重さよりも浮力が上回り，おもりCは一部が水面上に浮く。水槽の水の体積は6×6×20＝720(cm^3)であり，その水の重さは1.00×720＝720(g)である。これを密度1.05g/cm^3の食塩水にすると，重さが1.05×720＝756(g)である。よって，加える水の重さは，756−720＝36(g)より大きくなければならない。

(7) 水槽の底面積は6×6＝36(cm^2)である。おもりを入れたとき，おもりの底面積は4×4＝16(cm^2)であり，水槽とおもりの間のすきまの部分の底面積は36−16＝20(cm^2)である。図3では。おもりAを入れたとき，16×Xの体積の水が押しのけられて，20×Yの体積におさまっている。つまり，16×X＝20×Yであり，X：Y＝5：4となる。

(8) おもりAを浮かべたとき水面下にある体積は4×4×4×0.65＝41.6(cm^3)である。よって，水面下の高さは，41.6÷16＝2.6(cm)である。これが図3のX＋Yにあたる。水面が上昇した分はYなので，2.6cmを5：4に分けた4の方の長さを求めればよい。Y＝2.6÷9×4＝1.15…で四捨五入により1.2cmとなる。

やや難 (9) 2つのおもりを入れる順番を変えても，2つのおもりがくっついている状態であれば，重さの合計は変わらず，浮力の合計も変わらないので，水面の高さも変わらない。これは，2つのおもりがともに水に浮く場合か，ともに沈む場合であり，AとBの1通りの組み合わせ，そしてC～Fのうち2つずつの6通りの組み合わせの，計7通りの場合である。逆に，一方が浮いて一方が沈む組み合わせの場合，重いほうが下になると2つのおもりは離れてしまい，浮力は合計ではなくそれぞれで計算することになるので，水面の高さが変わってしまう。

★ワンポイントアドバイス★

知識事項はバラバラに覚えるのではなく，なぜそうなるのかを理解しながら，体系的に頭に入れていこう。

＜社会解答＞ 《学校からの正答の発表はありません。》

1 問1 エ 問2 ア 問3 ウ 問4 ウ 問5 ウ 問6 イ 問7 エ
問8 ア 問9 ア 問10 (1) オ (2) 25(km) 問11 ウ 問12 イ
問13 エ 問14 ウ 問15 ア・イ 問16 イ 問17 ウ 問18 5(枚)
問19 ア 問20 オ 問21 ウ

2 (例) 日本の消費者は，環境保護よりも価格や内容によって商品を選ぶことが多い。値段などに関係なく，エコラベルやフェアトレード認証ラベルなどがある商品を積極的に購入して，環境に配慮した消費を心がけるようにする。

○推定配点○
1 各3点×22(問15完答) 2 14点 計80点

＜社会解説＞

1 (総合一技術革新に関する問題)

問1 バイオマスプラスティックは，すでに地上にある植物を原料としている。そのためバイオマスプラスティックを燃やすことで大気中に排出された二酸化炭素は，光合成によって再び植物に吸収されることになり，地球上の二酸化炭素の増減に影響を与えない材料とされる。したがって，「バイオマスプラスティックが利用されるようになったが，地球上の二酸化炭素増加の一因にもなっている」ということはない。

基本 問2 室町時代に中国にあった王朝である明(1368～1644年)との間で行われた日明(勘合)貿易において，銅銭は日本から輸出されたものではなく，日本が明から輸入したものである。なお，日明貿易で日本から輸出されたものは，銅・硫黄・刀剣などである。

重要 問3 図1中のグラフのAとBのグループについて，日本にやって来る人の数は，観光客，ビジネス客ともにBのグラフの方が圧倒的に多くなっている。日本を訪れる外国人の多くは日本の近隣のアジア諸国やアメリカ合衆国なので，Bのグラフの方がアメリカ合衆国，Aの方がインドからの日本の訪問客の数を示したものとなる。

次いでグラフCとDのグループについて，ある国を訪れる外国人の客は何らかの規制しない限り，ビジネス客よりも観光客の方が多いのが一般的であり，日本は基本的に観光客を規制するような政策を行っていない。Aのグラフのインドでも，Bのグラフのアメリカ合衆国でも，Cに比べてDの方が訪問数は多くなっているので，Cがビジネス客，Dが観光客を示していることがわかる。これらの点から，インドからの観光客数を示したものは，AかつDのグラフ(図1のウ)となる。なお，図1のアはインドからのビジネス客数，イはアメリカ合衆国からのビジネス客数，エはアメリカ合衆国からの観光客数を示したものである。

問4 遣唐使が廃止された後の中国の影響について，[資料3]には「894年に遣唐使停止の建議がなされ，907年に唐が滅亡した後も，中国を拠点とする民間商人(海商)との間の交易が行われて，中国からの物品(唐物)が日本に流入していた。」とある。したがって，「遣唐使廃止の結果，中国の影響が排除され」ということはない。また国風文化について，[資料1]には「菅原道真の建議によって遣唐使は停止された。このため・・(中略)・・制度・宗教・文学，並びに美術・工芸に至るまで，いずれも日本独特の発展をとげた。それゆえ，平安時代の文化の大きな特色は・・(中略)・・国風文化の発達である」とあり，ここでは遣唐使の停止による国風文化の「発達」については記されているが，そのことで国風文化ができたとは記されていない。したがって，遣唐使廃止の結果，「日本独特の国風文化ができた」ということはない。

問5　働き方改革にはいくつかの目標があるが，その1つが長時間労働を改めることである。2020(令和2)年の調査によると，日本人労働者の1週間の労働時間が49時間以上の人の割合は18.3%であった。この割合はアメリカ合衆国，イギリス，フランスなどの他の先進各国と比べても多く，過労死や精神疾患を起こす可能性もある。そのため働き方改革によって2019年に労働基準法が改正され，時間外労働の上限(月45時間，年360時間まで)が設定され，それに違反した場合には罰則が適用されるようになった。したがって，「働き方改革の影響もあるため，他の先進各国と比べて労働時間が増加している」ということはない。

基本　問6「多くの人が働く都心部に多くの駐車場を設置することで，都心への車通勤の利便性を高める」ことは，都心部へ通勤する人に対して車で通勤することを促し，より多くの車が都心部へ向かうことを意味するので，交通渋滞はそれまでよりも大変なことになることが予想される。したがって，この方法は通勤ラッシュや交通渋滞を緩和する方法としては適切ではない。

問7　古代の班田収授法において，6歳以上の男女に口分田が与えられた。しかし税負担について，男性に対してのみ課されたものは，租調庸ではなく「調庸」である。「租」は男女の農民に課され，税率は稲の収穫高の約3%を納めることであった。

問8　奈良時代の都である平城京の市で使われた，武蔵国から銅が献上されたことをきっかけつくられた貨幣は，富本銭ではなく和同開珎である。富本銭は，7世紀後半の天武天皇の時代に日本で最初につくられた貨幣であるが，どの程度使われていたのかは明らかではない。

問9　アの保元・平治の乱が起こったのは，1156年と1159年のこと，イの白河上皇が北面の武士を設置したのは1095年のこと，ウの関東で平将門，瀬戸内海で藤原純友が反乱を起こしたのは939年のこと，エの平清盛が太政大臣になったのは1167年のことである。これらの出来事を古い順に並び替えると「ウ→イ→ア→エ」となり，3番目にくるのは選択肢アの出来事となる。

重要　問10　(1)　A　表1中のそれぞれの作物の100km地点で1kgあたりの利益を計算すると，米は200(300－1×100)円，白菜300(600－3×100)円，いちご500(1500－10×100)円となる。したがって，100km地点で利益が最も大きいのは「いちご」となる。　B　表1中のそれぞれの作物の200km地点で1kgあたりの利益を計算すると，米は100(300－1×200)円，白菜0(600－3×200)円，いちご－500(1500－10×200)円となる。したがって，200km地点で利益が出るのは「米」だけとなる。

(2)　白菜1aあたりの収穫量は500kg，表1から白菜の販売価格は「600円/kg」なので，ここでの白菜の利益は30万(600×500)円となる。この状態で白菜の利益が出るようにするためには，1aあたりの地代を30万円以下になるようにする必要がある。図3から1aあたりの地代が30万円の場所は，市場から50kmまでの間にあることがわかる。その場所は，市場の場所が地代40万円，50kmの地点が地代20万円であることから，市場と50kmの地点の中間の25kmの地点ということになり，それよりも遠い場所なら地代は30万円を下回ることになる。したがって，白菜は市場から25kmより遠い地域の生産でないと利益が出ないことになる。

問11　1972年5月に沖縄がアメリカ合衆国から返還されたが，その時の首相は田中角栄ではなく佐藤栄作(任1964年11月～1972年7月)である。田中角栄は，佐藤栄作の後に首相(任1972年7月～1974年12月)となった政治家である。

問12　オークションとは，ある商品を売りたい人が複数の買いたい人から買い取る時の価格の希望を出してもらい，最も高い価格を付けた人を最終的な買い手として選ぶ販売方法のことである。したがって，オークションサイトで，人気のある商品を買いたい人が多くなると，その商品の価格は一時的に高くなることになる。　ア　各国の政府は企業に対する課税を行わないことはなく，例えば，日本では企業に法人税などが課税されている。　ウ　第1次石油危機(1973年)後の10年間は前年の生産，売買を下回る年が続いたのではなく，高度経済成長期よりも成長率は低下(低成長）したが，前年の生産，売買を上回る年が続いた。　エ　政府は製品を生み出す活動は一切行わないことはなく，公共事業により民間企業が供給しにくい道路・鉄道・上下水道などの社会資本の建設や整備を行っている。また，政府が民間企業の提供する製品を一切消費していないこともない。

問13　歌川広重（1797～1858年）が『東海道五十三次』（1833年頃）を描いたのは18世紀末～19世紀初めの化政文化の時期であり，17世紀（1601～1700年）の出来事ではない。なお，アの現在の長崎県や熊本県で幕府に対する一揆が起きたのは1637年，イの井原西鶴（1642～1693年）が『世間胸算用』を書いたのは1692年，ウのアイヌの人々がシャクシャインを指導者として松前藩と戦ったのは1669年のことである。

基本　問14　世界恐慌の後，アメリカ合衆国に対する綿花ではなく，生糸の輸出が不振になった。このことにより，生糸の原料である繭の価格も大きく下がったために養蚕農家は壊滅的な影響を受け，日本の農村に打撃を与えた。

問15　大量生産とは，同様の製品を大量につくる方式である。そのため生産された製品の数が増えることで製品の供給量が多くなり，その製品の単価が下がることになる。また同様の製品を生産するので，製品の品質にバラツキが生じにくくなり，製品の品質が揃うことになる。　ウ　大量生産の製品は製品の単価が下がることから販売数が増加することが見込まれるので，その企業の利益が減ることはない。　エ　大量生産は製品の生産工程が均質化され，働く人に高度な技術を求めることもないので，その企業で働く人の数が増えるとはいえない。

重要　問16　図5のBの時期（1985～1999年）には，国連環境開発会議（1992年）や地球温暖化防止京都会議で京都議定書（1997年）が採択されるなど，環境問題への意識が高まった。また北海油田やロシアの油田などの中東以外の地域での石油開発も進んだことで，石油供給量が増加し，その価格が下がった。　ア　エネルギー革命は1960年代のことであり，Aの時期（1973～1983年）ではない。
ウ　リーマンショックは2008年のことであり，Cの時期（2014～2016年）ではない。　エ　Dの時期（2021～2023年）に新型コロナによる外出制限で石油消費量が減ったことは確かであるが，そのことで価格が上昇したことはない。

問17　中国・四国地方の瀬戸内地方では，夏季には夏の季節風を四国山地が遮るので，晴天の日が多く，温暖で雨が少なくなる。そのため曇天の日が多いことはなく，熱中症になりにくいということもない。

問18　衆議院議員総選挙では，小選挙区選挙・比例代表選挙・最高裁判所裁判官国民審査の3つの投票が行われるので，有権者が投票所で渡される用紙はそれぞれ1枚ずつの合計3枚になる。他方，参議院議員通常選挙では，選挙区選挙・比例代表選挙の2つの投票が行われるので，有権者が投票所で渡される用紙はそれぞれ1枚ずつの合計2枚になる。したがって，衆議院，参議院の選挙が同一の投票日で実施された場合，有権者には投票所で合計5枚の用紙が渡されることになる。

問19　図7中の「●」印の箇所は，北と西側に等高線が確認できるので山が迫っており，南と東には市街地や学校があることから，山地と平野の中間地点であることがわかる。そのような場所で発生しやすい災害は，集中豪雨などによって発生する土石流や土砂崩れなどである。土石流や土砂崩れは泥・砂・岩などが，時には水などもとともに一挙に山の斜面を流れ下ってくるので，そのような災害の被害を軽減するための防災施設は砂防ダム（図版ア）である。砂防ダムは河川において上流から流れてくる土砂を貯めたり，すでに川底に溜まった土砂の流出を防ぐためのダムである。なお，図版イは噴火対策シェルター，ウは水屋，エは津波避難タワーである。

重要　問20　①「これは長寿化が進み，出生率が低下したことが主な要因です」とあるが，これは神奈川県特有の原因ではなく，日本全体の高齢化の原因である。　②「神奈川県では高齢者の健康づくりや地域コミュニティの支援，高齢者向けの施設やサービスの整備を進めています」の部分は，神奈川県の高齢化についての短時間で大まかな内容がわかる内容となっている。 ③「神奈川県の高齢化率も上昇しています」の情報については，この情報の出典が示されていないので，回答の内容が事実であるかを自分で統計などを使用して確認する必要がある。

問21 日本銀行などの各国の中央銀行が行う金融政策には，①公定歩合操作，②公開市場操作，③預金準備率操作の3つがある。他方，景気が悪い(不景気)とは世の中に流通しているお金の量が少なく，経済活動が停滞している状態なので，そのような時には世の中に流通しているお金の量を増やす政策を行う。この場合の金融操作には，まず中央銀行が一般の銀行にお金を貸す際の利子の割合が低くなるように調整して，世の中のお金の量を増やすことである。中央銀行が一般の銀行にお金を貸す際の利子の割合は「公定歩合」と呼ばれ，この「公定歩合」を操作することで世の中に流通するお金の量を調整するので，この政策を公定歩合操作という。なお，現在「公定歩合」は「基準割引率及び基準貸付利率」と名称が変更されている。

次いで景気が悪い場合には，お金の発行量を増やすという政策もある。これは中央銀行が一般の銀行から債権である国債を買い取って，世の中に流通するお金の量を増やすことである。このような政策を公開市場操作と呼び，現在ではこれが金融政策の中心となっている。また，特に一般の銀行から債権である国債を買い取ることを「買いオペ」という。

さらに，本設問の選択肢には入っていないが，一般の銀行はある一定の量の金額を中央銀行に預けなければいけないことになっているが，景気が悪い場合には中央銀行がその預金の量を減らすことで世の中のお金の量を増やすようにしている。一般の銀行がある一定の量の金額を中央銀行に預けることを預金準備率と言い，その量を調節することを預金準備率操作というが，1991年以降にこの政策は行われていない。なお，Aのお金を貸す際の利子の割合を高くなるように調整すること，Dのお金の発行量を減らすことは，いずれも景気が良い場合の金融政策である。

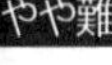

2 (地理―SDGsと消費者の行動に関する説明問題)

[資料1]の「環境保護を支持している企業から商品を購入する」ことに「同意する」とした回答の割合からは，そこで比較されている欧米やアジア・アフリカの国々の8ヵ国の中で，日本は30%に満たずに最下位であることが確認できる。このことから，日本の消費者は商品を購入する際に，他国と比べて環境保護やSDGs(持続可能な開発目標)に配慮する意識が高いとは言えないことがわかる。

[資料2]のA君の夏休みの家族旅行の際に，A君とお父さんが宿泊するホテルを選ぶことについての文章からは，A君は食事や設備の豪華さ，価格をもとにしてホテルの候補を選んだが，お父さんは高級な素材だけでなく，その素材の状況にも目を向けてそのような素材を使用したホテルを候補に選んだ。このことから，ある商品を購入する時には専ら価格や商品の内容のみを基準として選ぶ場合と，価格や状態などのその商品の状態だけでなく，その商品の素材や生産された背景も考慮に入れて選ぶ，2種類の方法があることがわかる。

[資料3]のあるハンバーガーチェーン店の商品パッケージからは，近年の日本ではSDGsを意識した環境に配慮した商品が販売されていることがわかる。また[資料4]の国際フェアトレード認証ラベルからは環境問題だけでなく，その商品を生産する国や地域の労働状況などの生産体制にも配慮した商品も販売されていることがわかる。

これらのことに基づいて，日本の消費がかかえる課題と私たちが消費者として意識するべきことを考える。まず[資料1]のデータと[資料2]のA君の商品の選択方法から，日本の消費者は商品を選ぶ時にその内容や価格は検討するが，環境問題やSDGsに対して配慮する意識は決して高くないことがわかる。このような状態を受けて，[資料2]のA君のお父さんの商品の選択方法，および[資料3]

と[資料4]のそれぞれのラベルの貼られた商品から，今後，SDGsに対する理解をより深めるために，私たちは消費者として商品を購入する際に，これらのラベルが貼られた商品を積極的に選ぶようにするように意識することが大切であるといえる。

★ワンポイントアドバイス★

これまでの1は記号選択中心，2はやや長めの説明問題という形式に変化はないが，両大問ともに図版・グラフ・資料などを用いた考察問題も多いので，落ち着いて慎重に解答するようにしよう。

＜国語解答＞《学校からの正答の発表はありません。》

一　① 記帳　② 復旧　③ 印税　④ 警笛　⑤ 縮尺　⑥ 土産　⑦ 燃費　⑧ 謝罪　⑨ なごり　⑩ こころよ

二　問一　エ　問二　イ　問三　(例) 娘を生かしたいという親の気持ちに反し，娘が世相に影響を受けて，男に生まれていたらお国のために立派に死ねると言ったこと。
問四　ア　問五　ウ　問六　ア　問七　A　エ　B　ア　問八　ウ

三　問一　エ　問二　イ　問三　エ(→)ア(→)ウ(→)イ　問四　目からうろこ
問五　ウ　問六　A　イ　D　ア　E　エ　問七　(例) 都会において，人間が利用しない自然は，何もない空っぽだと考えられるということ。　問八　(例) 子育ても，農耕という仕事も，社会的・経済的価値に関係なく，育つまで「手入れ」をすることだから。
問九　イ

○推定配点○

一　各2点×10　二　問三　10点　問七　各2点×2　他　各5点×6　三　問六　各2点×3　問七・問八　各10点×2　他　各5点×6(問三完答)　計120点

＜国語解説＞

基本　一 (漢字の読み書き)

①「記帳」は，帳簿・帳面に記入すること。②「復旧」は，もと通りにすること。③「印税」は，著作権者が著作権使用料として出版者などから受ける金銭。④「警笛」は，注意を促すために鳴らす笛。⑤「縮尺」は，地図上での長さと実際の地表上での長さの比。⑥「土産」は，旅先で求め帰り人に贈るその土地の産物，あるいは，人の家を訪問する時に持っていく贈り物。⑦「燃費」は，1リットルの燃料で車が何キロメートル走れるかを示す燃料消費率。⑧「謝罪」は，罪やあやまちをわびること。⑨「名残」は，物事の過ぎ去ったあと，なおその気配や影響などの残ること。⑩ 送り仮名のつけ方に注意する。

二 (小説―内容理解，表現理解，心情理解，空欄補充，主題)

問一　ユキは，疎開に「行きたくない」と言い，「……なのに，もうお父さんにハンコつかれちゃった」「お父さんは無責任」と，不満をもらしている。一方「私」は，疎開に行きたくて「父と睨み合」うが，疎開を認められないでいる。この状況をふまえると，エがふさわしい。

問二　父は，疎開に行きたい理由を述べる「私」に対して，「そういう受け売りの言葉は僕にはわからない」と言っている。また，「私」は父の言葉や様子に対して，「瞳は私を射抜くように見つめ，……冷たく『きみ』と言った。父にそう呼ばれると私の肌はあわだった」と，疎外感を感じている。

重要 問三　――線部②の直前の，父と「私」の会話の内容をふまえて，解答をまとめる。

問四　――線部③を含む段落全体の内容をふまえて考える。

問五　「浮薄」は，浅はかで軽々しいこと。「父は反戦論者などではなかった。お世話になった先輩や，……」以降に書かれている，戦時中の父のふるまいに注意して，「浮薄」に込められた「私」の父に対する見方をとらえる。

問六　「父の憂鬱をそっと汲んでいたのは兄だった」とある。戦争という時局には関係のない「パガニーニ，メンデルスゾーン，……サラサーテ」などの曲を弾く息子に，父は内心，共感を抱いていることがうかがえる。

問七　娘を疎開に行かせたくないという「自主性」を，父は貫くことができず，「不本意ながら」娘の疎開を承諾したのである。

やや難 問八　「私」は，「望み通り疎開地行きの汽車に乗れたにもかかわらず，父に捨てられたような気がしていた」と，失意を感じている。また，親へのこうした思いを周囲の子供たちとは共有できず，一人の世界にこもっている。

三　**（論説文—内容理解，空欄補充，文の整序，慣用句，要旨）**

問一　「『a＝b』という『同じ』が世界を埋め尽くしている」「人間は自分の変化を感じ取りにくくなる」という，現代の「情報社会」の特徴をとらえる。

問二　「しかし，教養はまさに身につくもので，技法を勉強しても教養にはなりません。……」以降の内容に注目。「知識が増えても，行動に影響がなければ，それは現実にはならないのです」という筆者の考えをふまえると，イが正解である。

問三　まず，エの文が問いかけになっていることに注目し，これに対する答えがアであることをとらえ，四つの文の順番を考える。

問四　直後の「自分の見方がガラッと変わる」という内容に合う言葉を考える。「目からうろこが落ちる」は，あることをきっかけとして，急に物事の真相や本質がわかるようになること。

問五　「一般の解釈」は，――線部②の直後に書かれており，「筆者の解釈」は，「私の解釈は違います。……」以降の段落に書かれている。

基本 問六　A 「あたかも」は，まるで，という意味。　D 「むしろ」は，どちらかといえば，という意味。　E 「まして」は，いうまでもなく，という意味。

問七　――線部③の直後の三つの段落の内容をふまえて，解答をまとめる。

やや難 問八　最後の五つの段落の内容をふまえて考える。

重要 問九　イの発言は，本文の第三段落～第五段落の内容をふまえた内容になっているが，筆者は「繰り返し体験することが大切」とは言っていない。よって，イは本文の内容に合わない。

★ワンポイントアドバイス★

読解には選択肢の問題が多いが，読み取った内容を40～60字で記述する問題があり，これを落とすことはできない。ふだんからいろいろなジャンルの文章にふれておくことや，要旨を簡潔にまとめるなどの力をつけておくことが大切！

大切なことはメモしておこうネ！

T.G

2023年度

★★★★★★★★★★★★★★★★★★★★★★★

入　試　問　題

2023年度

浅野中学校入試問題

【算　数】（50分）〈満点：120点〉

【注意】定規・コンパス・分度器は机の上に出したり，使用したりしてはいけません。

1 次の ア ～ キ にあてはまる数をそれぞれ求めなさい。
また， ク ， ケ にあてはまる辺などの名称（めいしょう）， コ にあてはまる文章をそれぞれ答えなさい。

(1) $\left\{\left(\frac{5}{8}+5.375\right)\times 26\frac{2}{3}-\boxed{\text{ア}}\right\}\times 13\frac{2}{9}=2023$

(2) 子どもたちにみかんを配ります。1人に3個ずつ配ると10個余り，5個ずつ配ると最後の1人はいくつか足りませんでした。
　このとき，最初にあったみかんの個数は イ 個または ウ 個です。

(3) 点Oを中心とする大小2つの円があり，小さい円の周上に点A，大きい円の周上に点Bがあります。はじめは，［図1］のように3点O，A，Bが一直線上に並んでいて，2点A，Bは時計回りに円周上をそれぞれ一定の速さで回り，Aは10秒で1周，Bは36秒で1周します。
　このとき，A，Bが出発してからはじめて3点O，A，Bが一直線上に並ぶのは，出発してから エ 秒後です。
　また，Bが1周する間に3点O，A，Bが一直線上に並ぶのは，出発時を除いて オ 回あります。

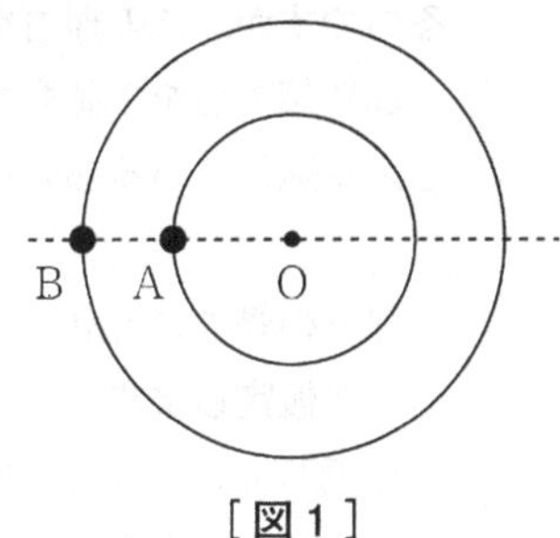

［図1］

(4) あるクラスで算数のテストを行ったところ，平均点は64点でした。
　最高点のAさんを除いた平均点は63.2点，最低点のBさんを除いた平均点は65点，AさんとBさんの得点差が63点であるとき，クラスの人数は カ 人で，Bさんの得点は キ 点です。

(5) 点Aから点Bまで結ぶまっすぐな線のことを線分ABといいます。

ここで，偶数(ぐうすう)個の異なる点を2個ずつに分け，それらを線分で結ぶことを考えます。ただし，どの3点も同じ直線上にないものとします。

例えば，**[図2]**のような6個の点は**[図3]**のような結び方が考えられます(他の結び方もあります)。

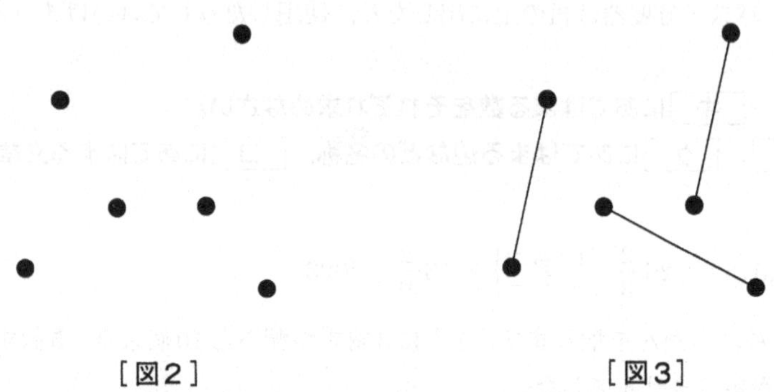

[図2]　　　　**[図3]**

このように偶数個の点を2個ずつ線分で結ぶとき，**線分どうしが交差しない結び方が必ずある**のですが，この理由を考えます。

偶数個の点を2個ずつ線分で結ぶとき，線分の長さの合計がもっとも短くなる結び方をすると，交差している部分がないことが次のようにしてわかります。

線分の長さの合計がもっとも短くなる結び方にしたとき，線分どうしが交差している部分があると**仮定します。**

交差している部分を取り出して，ここでは**[図4]**のように線分ABと線分CDが点Eで交差しているとします。

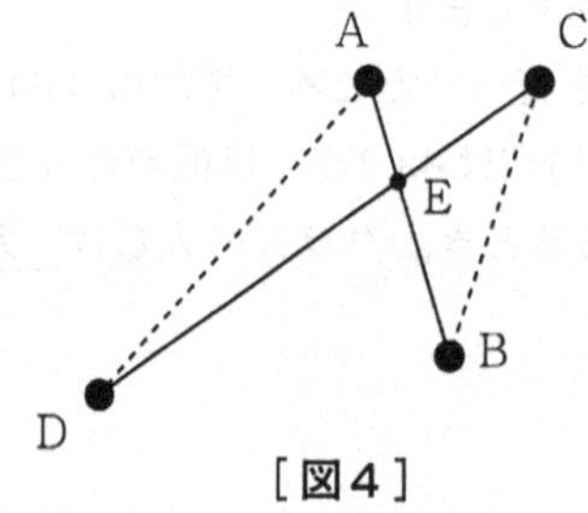

[図4]

このとき，三角形において「2辺の長さの和は残る1辺の長さより長い」ことに注目すると，辺[ク]は辺AEと辺DEの長さの和よりも短く，辺[ケ]は辺CEと辺BEの長さの和よりも短くなることがわかります。

このことから，線分[ク]と線分[ケ]の長さの和は線分ABと線分CDの長さの和よりも短くなり，この結び方が[コ]ことに反します。

したがって，線分の長さの合計がもっとも短くなる結び方は，交差している部分がないことがわかります。

2 **次の ア ～ オ にあてはまる数をそれぞれ求めなさい。**

1000人に1人の割合(0.1%)で人間に感染しているウイルスがあります。Aさんは，このウイルスに感染しているかどうか検査を受けたところ，陽性と判定されました。Aさんの受けた検査の精度は，感染者のうちの70%の人が正しく陽性と判定され，また，非感染者のうちの99%の人が正しく陰性(いんせい)と判定されるものとします。

このとき，Aさんが実際に感染している可能性について考えてみます。

Aさんの住んでいる都市の人口が10万人であるとします。

このうち実際に感染している人は ア 人で，この人たちが全員検査を受けたとすると イ 人が正しく陽性と判定されます。

また，感染していない人が全員検査を受けたとすると，この中で ウ 人が間違(まちが)って陽性と判定されます。

したがって，陽性と判定される人はこの都市の人口のうち全部で エ 人いることになります。このうちの実際の感染者は イ 人です。

このことから，Aさんが実際に感染している可能性は オ %であると考えられます。ただし， オ は小数第2位を四捨五入して求めなさい。

3 ある数XをY個かけ合わせた数を(X, Y)と表すことにします。

例えば，(2, 3)＝2×2×2＝8，(3, 4)＝3×3×3×3＝81 となります。ただし，(X, 1)＝X とします。

このとき，次の問いに答えなさい。

(1) (2, A)が7で割って2余るとき，Aにあてはまる整数は1から100までの中に全部で何個ありますか。

(2) (3, B)が7で割って5余るとき，Bにあてはまる整数は1から100までの中に全部で何個ありますか。

(3) (2, C)＋(3, D)が7で割り切れるとき，CとDにあてはまる整数の組の選び方は全部で何通りありますか。ただし，C, Dは1から100までの整数とします。

4 直方体から三角すいを2個切り取ったところ，［図1］のような展開図になる立体Xができました。

このとき，次の問いに答えなさい。

ただし，同じ印をつけた辺の長さは，等しいものとします。

また，(角すいの体積)＝(底面積)×(高さ)×$\frac{1}{3}$で求められます。

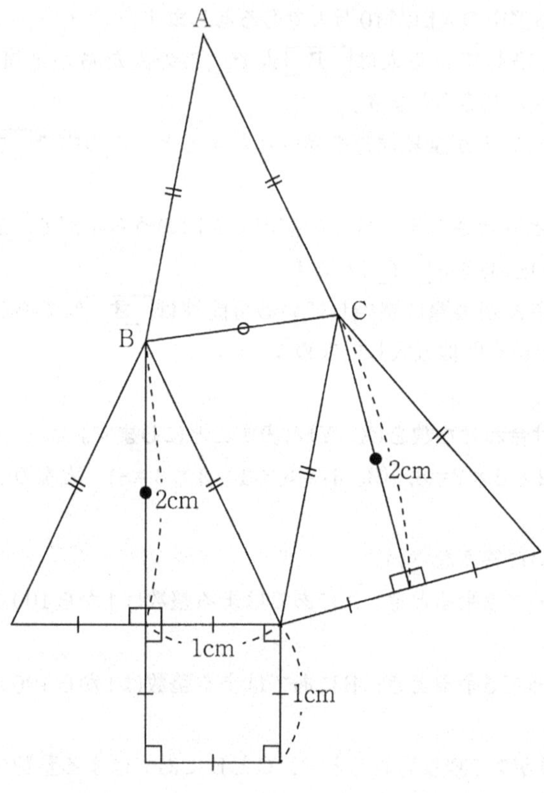

［図1］

(1) 立体Xの展開図に**ならない**ものを，次の**ア**～**エ**の中から1つ選び，記号で答えなさい。

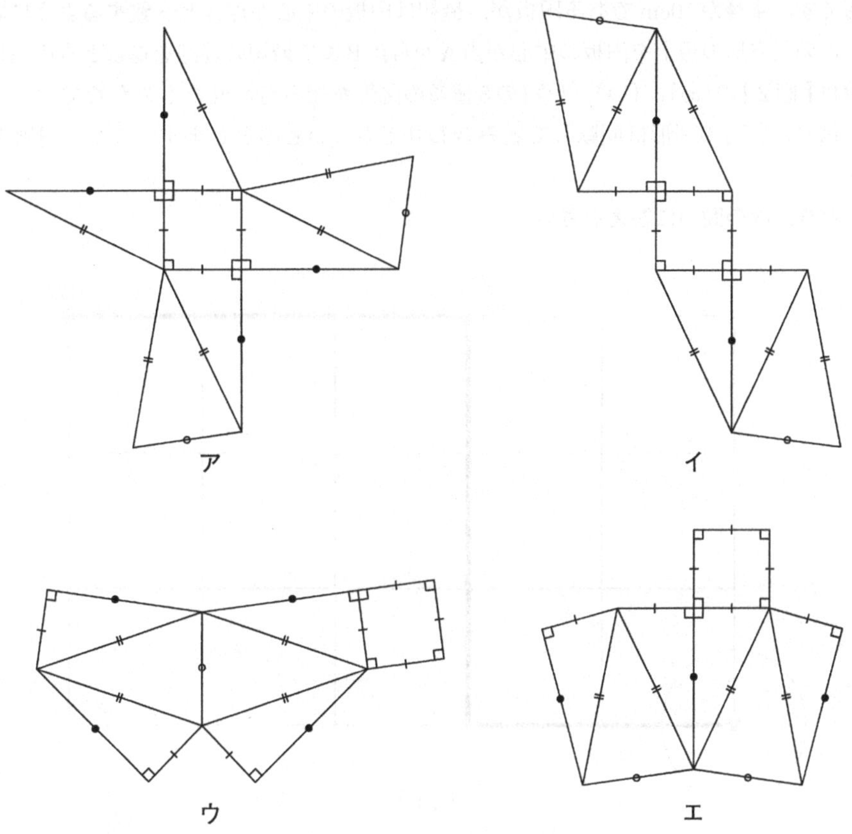

(2) 立体Xの体積は何cm^3ですか。

(3) **[図1]**の三角形ABCと同じ三角形4枚でできる三角すいYの体積は，立体Xの体積の何倍ですか。

5 **[図1]**のような15個の正方形からなるマス目があります。各マス目は一辺の長さが20cmの正方形です。半径が10cmである円板が，最初は円板の中心が点Aと一致するように置かれています。この正方形の辺上を円板の中心が点Aから点Bまで最短の経路を進むときの円板の通過する部分は**[図2]**の(あ)，(い)，(う)の3種類の図形を組み合わせたものからできています。ただし，(い)，(う)の図形は回転して組み合わせてもよいものとします。また，円周率は3.14とします。

このとき，次の問いに答えなさい。

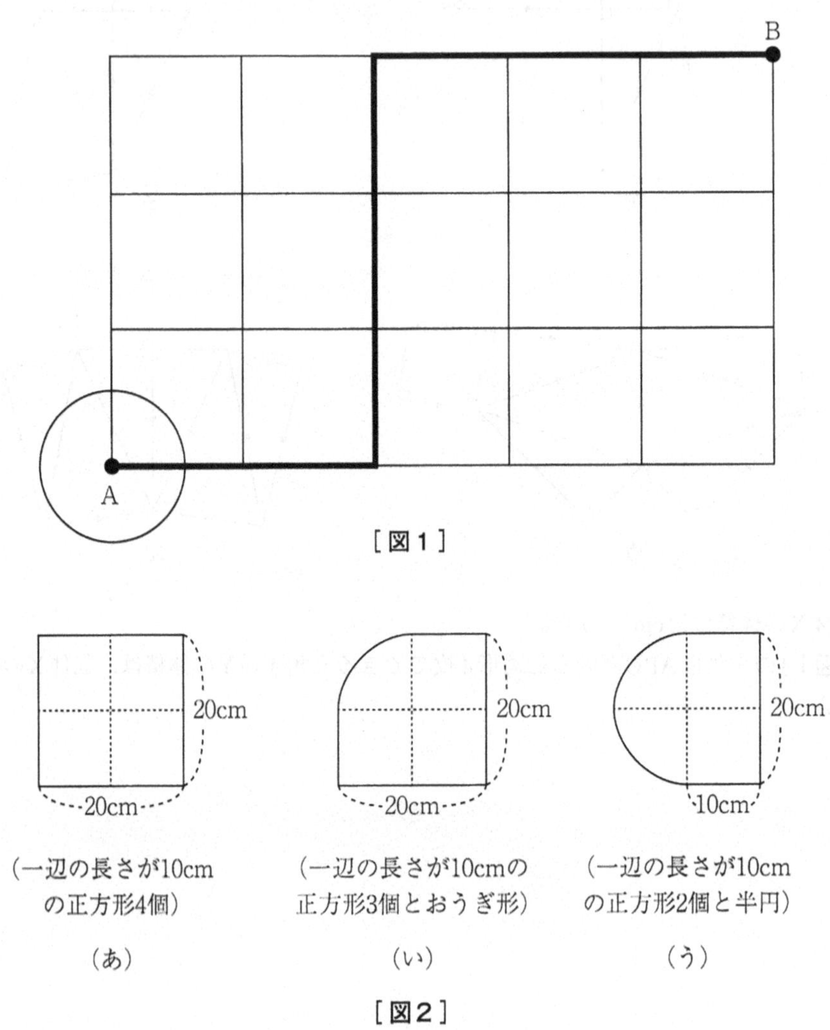

[図2]

(1) 円板の中心が[**図1**]の太線の経路を進んだとき，円板の通過する部分は，[**図2**]の(あ)の図形が **ア** 個，(い)の図形が **イ** 個，(う)の図形が **ウ** 個からできているので，円板の通過する部分の面積は **エ** cm^2 です。

このとき， **ア** ～ **エ** にあてはまる数をそれぞれ求めなさい。

(2) 円板の通過する部分の面積がもっとも小さくなるとき，その面積は何 cm^2 ですか。

(3) 円板の通過する部分の面積がもっとも小さくなるとき，円板の中心が進む経路は全部で何通りありますか。

（下書き用）

【理　科】（40分）〈満点：80点〉

1 **次の文章を読んで，後の問いに答えなさい。**

今日，2月3日は節分です。立春を前に，「鬼は外，福は内」と唱えながら福豆を撒く習慣があります。福豆は地域によって異なりますが，関東地方ではダイズの種子を炒ったものであることが多いです。

関東地方では，ダイズの種まきは6月に行われます。ダイズは［あ］で，開花は日長の影響を受けます。開花の時期は7月と8月で，成熟した種子を収穫するのは10月です。ダイズの生育時期と合わせて，秋に作付けを行う［い］との二毛作が行われる場合もあります。ダイズの花は①他のマメ科植物と同じようなつくりをしており，［　う　］。

ダイズの種子は栄養成分として［え］をもっとも多く含み，畑の［お］と呼ばれます。収穫を終えた時期のダイズを掘り出して根をみてみると，［図1］のように，根のところどころにコブのようなものがみられます。これを根粒といい，この中には根粒菌という微生物がすみ着いています。②ダイズは根粒菌に養分を与える代わりに，根粒菌は空気中の［か］を取り込み［か］を含む化合物をつくりダイズに与えます。このためダイズは多くの［え］をつくることができるのです。根粒菌だけでなく，畑の土には多くの微生物がすみ，物質の循環に大切なはたらきをしています。

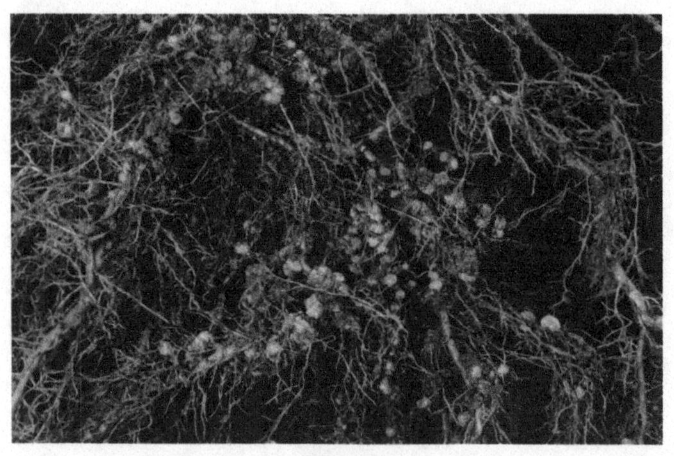

［図1］

農文協『ダイズの大百科』より引用

（1）　下線部①について，図はアズキ，インゲン，ソラマメ，ダイズ，ラッカセイの種子をそれぞれ同じ倍率で撮ったものです。ただし，写真の順番はこのとおりではありません。ダイズの種子を，次の**ア〜オ**の中から1つ選び，記号で答えなさい。

(2) 水を吸ったダイズの種子の断面で，胚(はい)の部分をすべて黒く塗(ぬ)りつぶした図としてもっとも適切なものを，次の**ア～オ**の中から1つ選び，記号で答えなさい。

(3) あ にあてはまる語句としてもっとも適切なものを，次の**ア～ウ**の中かつ選び，記号で答えなさい。

ア 長日植物　　**イ** 短日植物　　**ウ** 中生植物

(4) い にあてはまる作物としてもっとも適切なものを，次の**ア～エ**の中から1つ選び，記号で答えなさい。

ア コメ(イネ)　　**イ** ムギ　　**ウ** トウモロコシ　　**エ** サツマイモ

(5) う にあてはまる文としてもっとも適切なものを，次の**ア～オ**の中から1つ選び，記号で答えなさい。

ア おしべとめしべがむき出しになっていて，主に虫によって受粉します
イ おしべとめしべがむき出しになっていて，主に風によって受粉します
ウ おばなにはおしべが，めばなにはめしべがあり，主に虫によって受粉します
エ おばなにはおしべが，めばなにはめしべがあり，主に風によって受粉します
オ おしべとめしべが花びらで包まれていて，主に自家受粉をします

(6) え と お にあてはまる語句の組み合わせとしてもっとも適切なものを，次の**ア～エ**の中から1つ選び，記号で答えなさい。

	え	お
ア	タンパク質	肉
イ	脂肪(しぼう)	油
ウ	炭水化物	米
エ	無機質	海苔(のり)

(7) か にあてはまる語句としてもっとも適切なものを，次の**ア～エ**の中から1つ選び，記号で答えなさい。

ア 酸素　　**イ** 窒素(ちっそ)　　**ウ** 二酸化炭素　　**エ** 水

(8) 下線部②について，ダイズと根粒菌のような関係を何と呼びますか。**漢字2文字**で答えなさい。

(9) ダイズからは多くの食品がつくられています。次の**ア～カ**に示した食品のうち，一般的にダイズが**使われていないもの**を1つ選び，記号で答えなさい。

ア きなこ　　**イ** とうふ　　**ウ** しょうゆ
エ こんにゃく　　**オ** なっとう　　**カ** みそ

クリップに1cm×2cmのろ紙をはさみ，フェノールフタレインを加えた0.04%の水酸化ナトリウム水溶液を染み込ませました。これを畑の土の上に立てた後，［図２］のように300mLのコップを縁からの気体の出入りがないようしっかりとかぶせて，ろ紙の色の変化を観察しました。畑の土の上では，ろ紙の色は5分ちょうどでピンク色から白色に変わりました。同じ実験を気温などの条件が変わらない砂場の砂の上で行ったところ，ろ紙の色は20分ちょうどでピンク色から白色に変わりました。

[図2]

(10)　畑の土の上の方が，砂場の砂の上よりも，ろ紙の色の変化が速くみられた理由としてもっとも適切なものを，次の**ア〜エ**の中から1つ選び，記号で答えなさい。

ア　畑の土の表面には光合成をする微生物がいるため，二酸化炭素の吸収より酸素の放出の方が上まわるから。

イ　畑の土の表面には光合成をする微生物がいるため，見かけ上，二酸化炭素の吸収が抑えられるから。

ウ　畑の土の方が隙間が多く，二酸化炭素を多く吸収しているから。

エ　畑の土の方が微生物が多く，二酸化炭素を多く放出しているから。

同じ実験を，［図３］のように，畑の隅の雑草が生えているところで，晴れている昼と夜に行いました。ただし，昼と夜で気温に差はないものとします。

［図３］

(11)　ろ紙の色の変化は，昼と夜とでどのようになりましたか。もっとも適切なものを，次の**ア〜カ**の中から1つ選び，記号で答えなさい。

ア　昼はどれだけ時間がたっても，ろ紙はピンク色のままだったが，夜は5分より速く白色に変わった。

イ　昼はどれだけ時間がたっても，ろ紙はピンク色のままだったが，夜は5分で白色に変わった。

ウ　昼はどれだけ時間がたっても，ろ紙はピンク色のままだったが，夜は5分より遅く白色に変わった。

エ　夜はどれだけ時間がたっても，ろ紙はピンク色のままだったが，昼は5分より速く白色に変わった。

オ　夜はどれだけ時間がたっても，ろ紙はピンク色のままだったが，昼は5分で白色に変わった。

カ　夜はどれだけ時間がたっても，ろ紙はピンク色のままだったが，昼は5分より遅く白色に変わった。

2 **気象に関する次の文章を読んで，後の問いに答えなさい。**

横浜市に住む太郎君は，学校の授業で気象について勉強しています。ある日の授業で，①降水量を測定する実習を行いました。その後の授業で，気象には天気だけでなく，気温や湿度(しつど)，気圧，風などいろいろな要素があることを知りました。そこで，太郎君は，装置を理科室で自作し，いくつかの気象要素について自宅で調べてみることにしました。ただし，理科室と太郎君の自宅の標高は0mです。

まず，太郎君は，温度計を2つ組み合わせて **[図1]** のような乾湿計(かんしつけい)をつくりました。湿球の先端(せんたん)を常に湿(しめ)らせておくため，水を吸わせたガーゼを巻き付けてあります。**[表1]** は湿度表で，乾湿計の表示した温度と照らし合わせて湿度を読み取るものです。

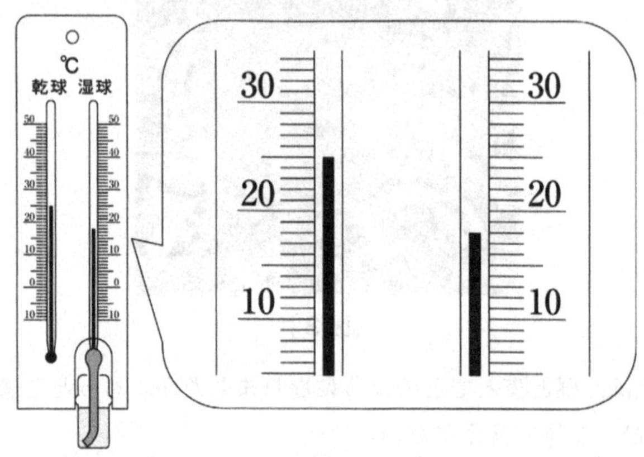

[図1]

[表1]

		乾球と湿球の温度の差(℃)				
		4	**5**	**6**	**7**	**8**
乾球の温度(℃)	**26**	69	62	55	48	42
	25	68	61	54	47	41
	24	68	60	53	46	39
	23	67	59	52	45	38
	22	66	58	50	43	36
	21	65	57	49	42	34
	20	64	56	48	40	32
	19	63	54	46	38	30
	18	62	53	44	36	28

次に，太郎君は，透明(とうめい)なビン，細い透明なストロー，粘土(ねんど)，着色した水を使って，**[図2]** のような気圧計をつくりました。ビンの内部の気圧と外部の気圧の差が1hPaにつき，ストロー内の水位が1目盛りずつ変化する仕組みになっています。この気圧計をつくったとき，理科室のデジタル気圧計は，1015hPaを示していました。

太郎君は，自作した乾湿計と気圧計を自宅に持ち帰り，後日湿度と気圧を測定しました。②乾湿計は［図１］の温度を示し，③気圧計は［図３］の水位を示しました。ただし，ストロー内の水位が変化しても，ビン内の水位は変わらないものとします。

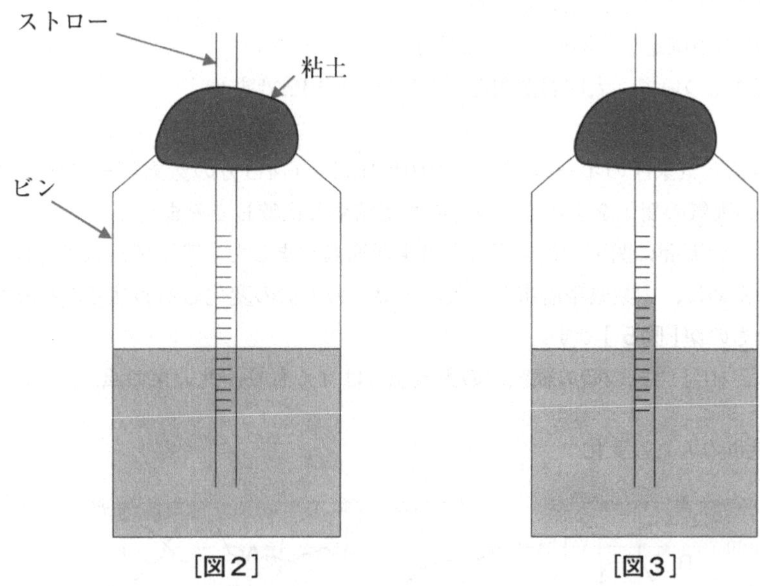

［図２］　［図３］

（１） 下線部①について，太郎君は雨が降っている日の降水量をはかるため，**［図４］**のような透明なビンを庭に置きました。1時間後にビンをみると，雨水が9mmたまっていました。1時間当たりの降水量は何mmですか。降水量とは，降った雨がどこにも流れることなく，その場所にたまった場合の水の深さのことです。また，ビンは直径5cmの円筒（えんとう）形で，口の部分は直径3cmの円になっています。

［図４］

（２） 下線部②について，次の問い**(a)**，**(b)**に答えなさい。

(a) 乾球と湿球で表示される温度が異なります。これと似た現象として適切なものを，次の**ア～エ**の中から**すべて**選び，記号で答えなさい。

ア 汗(あせ)をかくと，体が冷える。

イ 空気が気流に乗って上昇すると，空気の温度が下がる。

ウ 氷水に食塩を加えると，水の温度が下がる。

エ 打ち水をすると，涼(すず)しくなる。

(b) 太郎君が測定した湿度は何%ですか。

(3) 下線部③について，太郎君が測定した気圧は何hPaですか。

太郎君は，気象庁のホームページで10月10日から4日分の気象データをダウンロードし，④横浜市の天気の変化をまとめ，自分の測定結果と比較(ひかく)してみました。

また，この期間に関東付近を巨大(きょだい)な台風が通過しました。そこで，太郎君は，⑤台風の特徴(とくちょう)を調べるために，山梨県甲府市と千葉県千葉市の天気の変化もあわせてまとめました。これらを表したものが**[図5]**です。

ただし，10月10日12時の横浜市の天気記号は「くもり，北北東の風，風力3」と読みます。

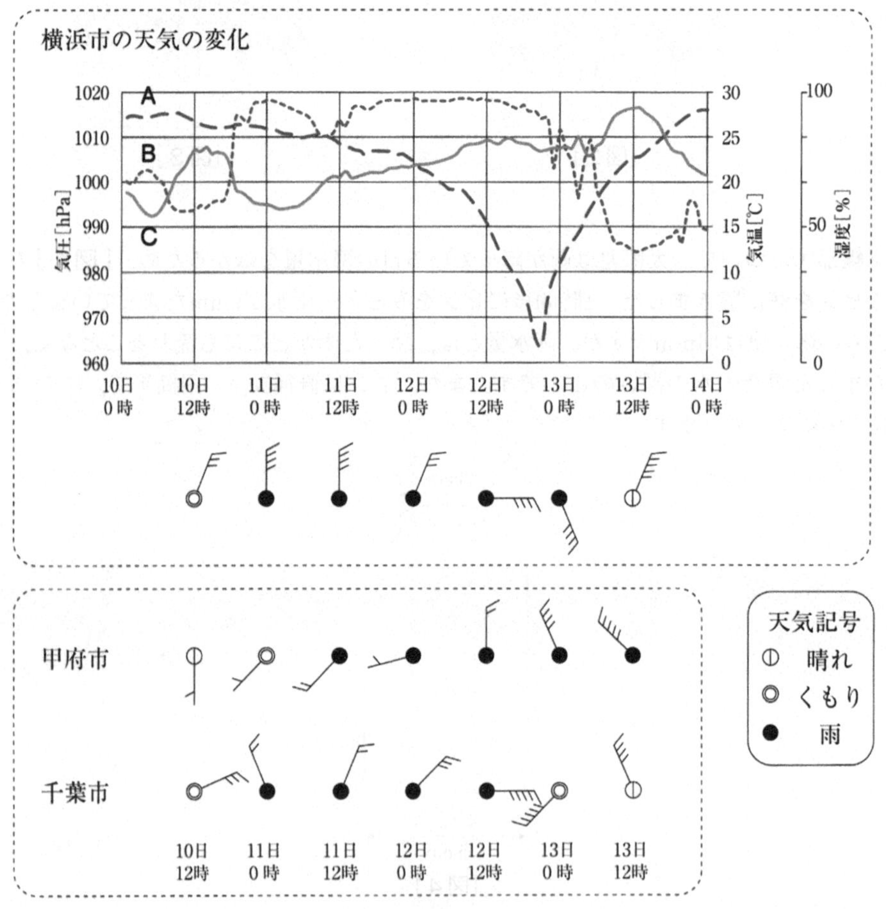

[図5]

(4)　[図5]のA～Cは，気温，湿度，気圧の変化のいずれかを表しています。もっとも適切な組み合わせのものを，次の**ア～カ**の中から1つ選び，記号で答えなさい。

	A	B	C
ア	気温	湿度	気圧
イ	気温	気圧	湿度
ウ	湿度	気温	気圧
エ	湿度	気圧	気温
オ	気圧	気温	湿度
カ	気圧	湿度	気温

(5)　太郎君が(2)，(3)における湿度および気圧の測定を行った日時としてもっとも適切なものを，次の**ア～エ**の中から1つ選び，記号で答えなさい。

ア　10月10日19時
イ　10月11日10時
ウ　10月12日16時
エ　10月13日17時

(6)　下線部④について述べた文としてもっとも適切なものを，次の**ア～エ**の中から1つ選び，記号で答えなさい。

ア　天気の変化を調べた4日間で，湿度が50%を下回ったことはない。
イ　雨が降った日の夜は，大きな気温の低下は見られなかった。
ウ　台風が最接近したのは，11日0時ごろである。
エ　台風が通過した翌日の天気はくもりであったものの，気温は上昇(じょうしょう)した。

(7)　下線部⑤について，次の問い(a)，(b)に答えなさい。

(a)　地表付近における台風の周辺の風の吹き方としてもっとも適切なものを，次の**ア～エ**の中から1つ選び，記号で答えなさい。

ア

イ

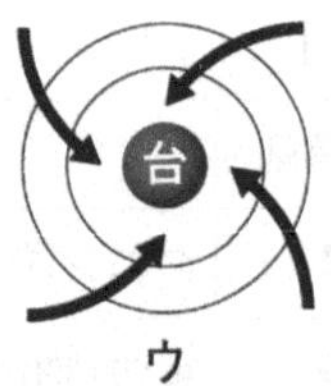

ウ

エ

(b)　台風が通過した道筋としてもっとも適切なものを，**[図6]**の**ア～エ**の中から1つ選び，記号で答えなさい。

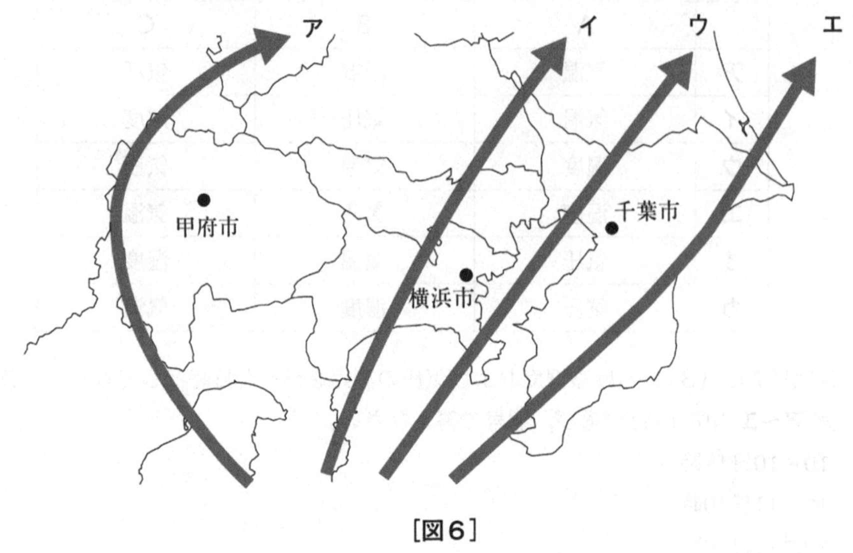

[図6]

3　**次の文章を読んで，後の問いに答えなさい。**

私たちは手を洗うときに①セッケンやハンドソープを使います。最近では，COVID－19の感染を防止するため，②手をエタノールで消毒することも多いです。

セッケンや合成洗剤(せんざい)を用いると，水と油のように本来は混じり合わないものどうしを混ぜ合わせることができ，油汚(よご)れを洗浄(せんじょう)することができます。このようなはたらきをもつ物質を界面活性剤といいます。

キッチンや浴室，トイレなどを見渡してみると，様々な洗浄剤が使われていることに気がつきます。**[表1]**は，100円ショップやホームセンターなどで売られている洗浄剤**1～6**について，含まれている主な物質をまとめたものです。

[表1]

洗浄剤	含まれている主な物質
1	クエン酸
2	重曹(じゅうそう)(**物質A**)
3	セスキ炭酸ソーダ(**物質A**と**物質B**)
4	過炭酸ソーダ(**物質B**と**物質C**)
5	**物質D**，界面活性剤
6	**物質E**，次亜(じあ)塩素酸ナトリウム，界面活性剤

物質A～Eは，塩化水素，過酸化水素，水酸化ナトリウム，炭酸ナトリウム，炭酸水素ナトリウムのいずれかです。**物質A～E**に関して，以下の**[実験１]**～**[実験４]**を行いました。

[実験１]

物質Aを加熱すると，**物質B**と水と**気体F**が生じました。

[実験２]

物質Cの水溶液に二酸化マンガンを加えると，水と**気体G**が生じました。

[実験３]

物質Dの水溶液にアルミニウムや鉄を加えると，溶(と)けて**気体H**が生じました。

[実験４]

物質Eの水溶液にアルミニウムを加えると，溶けて**気体H**が生じました。しかし，鉄を加えても反応は起こりませんでした。

(1) 下線部①について，セッケンについて述べた文として**誤っているもの**を，次の**ア～オ**の中から1つ選び，記号で答えなさい。

ア セッケンの原料は天然の油である。

イ セッケンをつくるときはアルカリを加える。

ウ セッケンは水だけでなく油にも溶けやすい。

エ セッケンを水に溶かすと泡(あわ)が立ちやすくなる。

オ セッケンを水に溶かすと弱酸性を示す。

(2) 下線部②について，ある消毒用エタノール(以下，消毒液)の濃度(のうど)は体積の割合で80%です。つまり，消毒液100mL中にエタノール80mLが含まれています。消毒液の密度は0.85g/mLで，エタノールの密度は0.80g/mLです。消毒液の濃度を重さの割合で表すと何%になりますか。小数第1位を四捨五入して**整数**で答えなさい。

(3) **物質B**を次の**ア～オ**の中から1つ選び，記号で答えなさい。

ア 塩化水素　**イ** 過酸化水素　**ウ** 水酸化ナトリウム

エ 炭酸ナトリウム　**オ** 炭酸水素ナトリウム

(4) 洗浄剤の容器のラベルには，「混ぜるな危険」と記されているものがあります。洗浄剤**6**に酸性を示す洗浄剤を混ぜると，危険な**気体I**が生じます。酸性を示す洗浄剤を**1～5**の中から**2つ**選び，番号で答えなさい。

(5) **気体I**を次の**ア～オ**の中から1つ選び，記号で答えなさい。

ア アンモニア　**イ** 塩素　**ウ** 一酸化炭素

エ 二酸化窒素　**オ** 二酸化硫黄(いおう)(亜硫酸(ありゅうさん)ガス)

(6) **気体I**の性質として**誤っているもの**を次の**ア～オ**の中から1つ選び，記号で答えなさい。

ア 有色である　**イ** 臭(にお)いをもつ　**ウ** 水に溶けない

エ 空気より重い　**オ** 有毒である

(7) **[実験１]**について，**気体F**を発生させて集める装置の図としてもっとも適切なものを，次の**ア～エ**の中から1つ選び，記号で答えなさい。

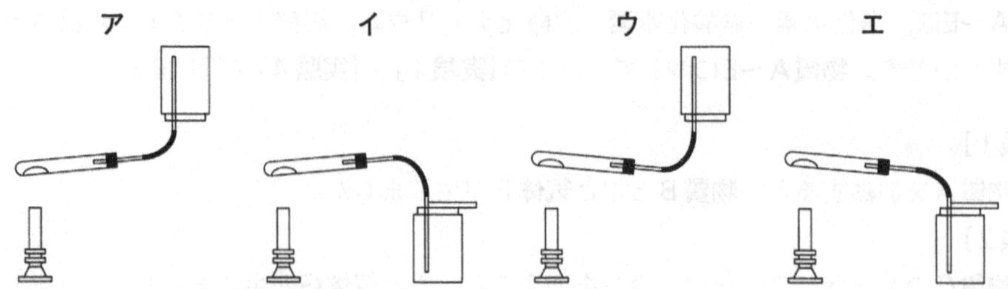

(8) **[実験1]**について，**物質A**の重さを変えて十分に加熱し，完全に反応させました。生じた**物質B**の重さと**気体F**の体積を調べたところ，**[表2]**のようになりました。

[表2]

物質Aの重さ(g)	0.84	1.68	2.52	3.36
物質Bの重さ(g)	0.53	1.06	1.59	2.12
気体Fの体積(L)	0.12	0.24	0.36	0.48

物質A8.40gをある程度加熱したところ一部が反応し，残った固体(**物質A**と**物質B**)の重さは6.54gでした。生じた**気体F**の体積は何Lですか。

(9) **[実験2]**について，**物質C**の水溶液の濃度と重さ，および二酸化マンガンの重さをそれぞれ変えて反応させました。生じた**気体G**の体積を調べたところ，**[表3]**のようになりました。ただし，濃度は重さの割合で表したものです。

[表3]

物質Cの水溶液の濃度(%)	3.4	3.4	6.8	6.8
物質Cの水溶液の重さ(g)	25	50	50	75
二酸化マンガンの重さ(g)	1	2	4	6
気体Gの体積(L)	0.3	0.6	1.2	1.8

10.2%の**物質C**の水溶液125gに二酸化マンガン8gを加えて反応させました。生じた**気体G**の体積は何Lですか。

(10) **[実験3]**と**[実験4]**について，アルミニウム2.7gをそれぞれ溶かすのに，**物質D**の水溶液は300g，**物質E**の水溶液は100g必要で，いずれも**気体H**が3.6L生じました。次に，**物質D**の水溶液と**物質E**の水溶液の重さをそれぞれ変えて混ぜ合わせ，BTB液を加えて色を調べたところ，**[表4]**のようになりました。

[表4]

物質Dの水溶液の重さ(g)	100	100	200	200
物質Eの水溶液の重さ(g)	100	200	100	200
BTB液を加えたときの色	緑	青	黄	緑

物質Dの水溶液300gと**物質E**の水溶液100gを混ぜてから，アルミニウム5.4gを加えて反応させました。生じた**気体H**の体積は何Lですか。ただし，**物質D**の水溶液は全て同じ濃度で，**物質E**の水溶液も同様です。

4 **音に関する次の文章を読んで，後の問いに答えなさい。ただし，空気中を伝わる音の速さは毎秒340mとします。**

太鼓(たいこ)をたたくと，太鼓の膜(まく)が振動(しんどう)していることがわかります。太鼓のように音を出しているもの(音源という)は細かく振動しており，この振動がまわりの空気を振動させ，その振動があらゆる方向に広がっていくことによって音は伝わります。したがって真空中では，音は［　あ　］。

音の広がりを**[図1]**のように平面で考えてみましょう。中心に音源があり，1秒前と2秒前に出た音が，現在どれくらいまで進んでいるかを表しています。音の速さは毎秒340mなので，それぞれの時間のぶんだけ空気中をあらゆる方向に進むことを考えると，進んだ音は**[図1]**のように円で表すことができます。この円のことを「波面」といいます。

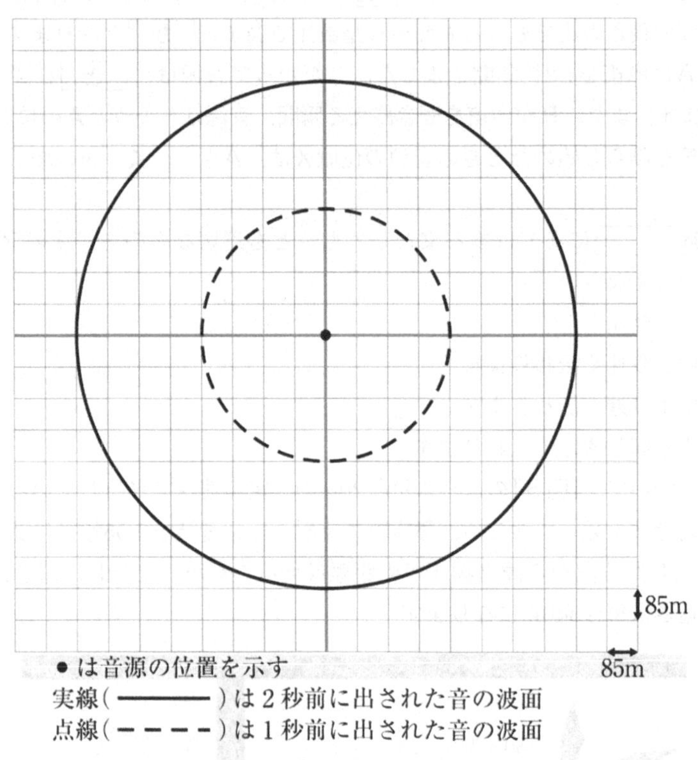

[図1]

音が伝わる現象を利用している動物がいます。例えばコウモリは，①人間にはほとんど聞き取れない超(ちょう)音波とよばれる音を出して対象物に当て，はね返ってきた音を聞き取ることで，対象物の位置などを瞬時(しゅんじ)に把握(はあく)できると考えられています。コウモリ以外ではイルカも同じようなことができます。

音が伝わる現象を利用して，次のようなことを考えてみましょう。**[図2]**のように，観測者**A**と**B**が真っすぐな線路沿いに2000m離れた位置にいて，**B**から**A**に向かって毎秒85mの一定の速さで新幹線が動いています。汽笛を鳴らす装置(音源)がXを通過した瞬間に，汽笛を一定時間鳴らしたとします。

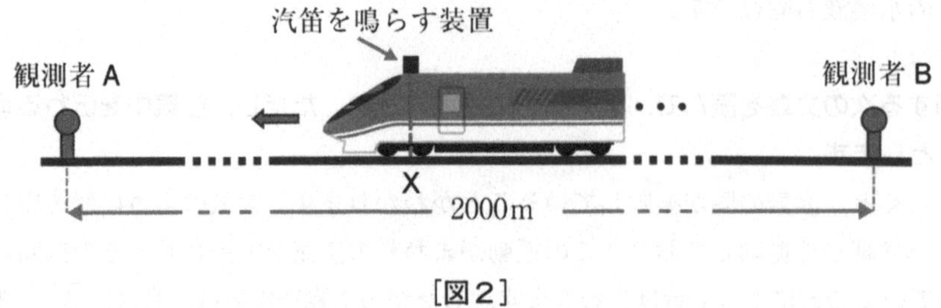

[図2]

②音源が動いているので，Aが聞く汽笛の音の高さは，音源が鳴らす汽笛の音の高さよりも[い]くなり，汽笛を聞く時間は，音源が汽笛を鳴らしている時間よりも[う]くなります。また，Bが聞く汽笛の音の高さは，音源が鳴らす汽笛の音の高さよりも[え]くなり，汽笛を聞く時間は，音源が汽笛を鳴らしている時間よりも[お]くなります。Aが汽笛を聞く時間の長さと，Bが汽笛を聞く時間の長さの比をもっとも簡単な整数比で表すと[か]となります。

観測の結果，Aは汽笛を4.2秒間聞きました。したがって音源は，[き]秒間汽笛を鳴らしていたことがわかります。また，Bが汽笛を聞き終える瞬間，音源はちょうどAの位置を通過しました。したがって，汽笛を鳴らし始めたときの音源の位置Xは，Aから[く]mの場所であることがわかります。

(1) [　　あ　　]にあてはまる文としてもっとも適切なものを，次の**ア～エ**の中から1つ選び，記号で答えなさい。

ア　伝わりません
イ　空気中より速く伝わります
ウ　空気中より遅く伝わります
エ　空気中と同じ速さで伝わります

(2) 下線部①について，**[図3]**のように毎秒20mの一定の速さで飛行しているコウモリが障害物に向かって超音波を発したところ，障害物で反射した超音波を0.05秒後に認識しました。最初に超音波を出した位置から障害物までの距離は何mですか。ただし，超音波も音の一種なので，伝わる速さは毎秒340mになります。

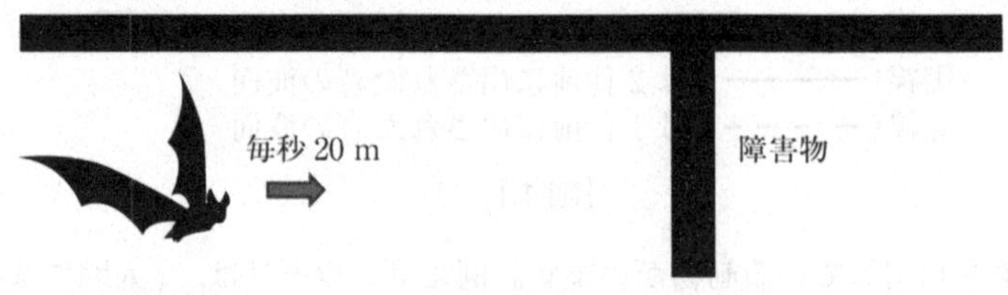

[図3]

(3) 下線部②について，音源が動いている場合でも，ある瞬間に出された音はその位置から毎秒340mの速さであらゆる方向に広がっていきます。音源が**[図2]**の位置Xを通過してから2秒後の位置を現在の位置として，1秒前と2秒前に音源から出た音の現在の波面を，**[図1]**を参考にしてかきなさい。ただし，1秒前に出された音の波面は**点線(ー ー ー ー)**，2秒前に出された音の波面は**実線(――――)**でかきなさい。

(4) い ～ お にあてはまる語句の組み合わせとしてもっとも適切なものを，次の**ア～エ**の中から1つ選び，記号で答えなさい。

	い	う	え	お
ア	低	短	高	長
イ	低	長	高	短
ウ	高	短	低	長
エ	高	長	低	短

(5) か にあてはまる比を，もっとも簡単な整数比で答えなさい。

(6) き にあてはまる数値を答えなさい。

(7) く にあてはまる数値を答えなさい。

【社　会】（40分）〈満点：80点〉
【注意】説明する問題については，句読点を1字に数えます。

1　次の文章を読み，後の問いに答えなさい。

Aくんの通っているX高校では2つのコースに分かれて修学旅行を実施します。今年度は，①長崎市を中心とした②九州地方コースと，もう一方の③中国地方コースのどちらかを選択することになりました。なお，九州地方コースでは往復の交通手段として④飛行機を利用するそうです。

1時間目の学級活動の冒頭に，担任の先生から修学旅行で学習することの意味，さらに⑤コロナ禍で修学旅行を実施するうえでの注意点や考えておくべきことについて話がありました。⑥観光業を中心に受け入れてくださる地域の方々の努力に感謝すること，感染予防についてはできることをしっかりおこなうこと，などが確認されました。

次に，コース選択のための調べ学習をおこないました。あらかじめ決めておいた行動班を基本単位に，インターネットや図書館の書籍を利用しつつ調べ学習をおこないます。来週は班員同士で情報を共有し，班としての意思を決定します。Aくんは九州コースの長崎市を調べる担当であるため，図書館の書籍，長崎市や長崎県のウェブサイトを中心に⑦情報を集めました。すると，歴史的な⑧港町である長崎市には四つの特徴があるとわかりました。

一つ目は，⑨西洋文化の窓口であるということです。⑩江戸時代における数少ない海外との交流の地であったことや，キリシタン関連の史跡が多く残っていることがそれを示しています。この点から派生する二つ目の特徴としては，⑪中国からの文化的影響が色濃いということです。新地中華街，長崎孔子廟などの場所があることに加え，精霊流し*やペーロン**といった個性的な行事にもその影響が見受けられます。

三つ目は，幕末以降の日本の近代化に密接にかかわった街だという点です。日本初の商社と呼ばれる亀山社中を創設した⑫坂本龍馬ゆかりの地や，「明治日本の産業革命遺産」として世界遺産に登録されている⑬三菱長崎造船所関連施設やグラバー邸，軍艦島の愛称で親しまれる⑭端島の炭坑などが点在しています。

最後の四つ目は，⑮国際平和都市としての側面です。1945年8月9日，長崎市に⑯原子爆弾が投下され多くの人々の命が失われました。平和祈念像や長崎原爆資料館を中心に市民ボランティアの方々が訪れる人々へガイドをおこない，平和への想いや祈りを次世代へと伝えています。

同じ日の地理の授業では，担当の先生が⑰地形図を用いて長崎市周辺の地形の特徴について話してくれました。それによると，山々が海までせまっており市街地には平坦な土地が少なく，すり鉢状の地形になっているのが特徴のようです。

その日の放課後，修学旅行実行委員でもあるAくんは各クラスの委員が集まって⑱話し合う実行委員会に参加しました。この日の議題は，「修学旅行中のスマートフォンの利用に関する⑲ルール作り」でした。担当の先生から示された原案をもとに，生徒の⑳代表として実行委員が意見を出し合い，ルールも含めて時間をかけて作り上げていくねらいがあるようです。Aくんは自分とは異なる立場からの委員の意見に耳を傾けつつ，自分の意見を理由とともに発言することができました。

帰宅後，宿題を終えたAくんは実行委員としての仕事の一つである情報誌の作成にとりかかりました。担当は九州の「お土産」であるため，ウェブサイトやSNSから情報を集めました。調べる中で，コロナ禍で外食や旅行が制限されインターネット通販やお取り寄せビジネスが好調であること，㉑広告宣伝の手段としてSNSが注目されていることなどがわかりました。情報誌には，そのあたりも含めて紹介記事を作成することにしました。作業中，Aくんは間近に迫ってきた修学旅行に思いをはせるのでした。

*長崎でお盆に行われている死者の魂を弔う伝統行事。

**竜などの装飾が施された船を用いて行われる競漕行事。長崎では古くから行われている。

問1　下線部①について——。

次の**[表1]**は，人口40万～50万人のいくつかの都市について，それぞれ人口増加率，第2次産業就業者の割合，65歳以上人口の割合を示したもので，**A～C**は，愛知県豊田市，長崎県長崎市，兵庫県西宮市のいずれかに該当します。**A～C**と都市名との正しい組み合わせを，後の**ア～カ**の中から1つ選び，記号で答えなさい。

[表1]

（単位：%）

	人口増加率	第2次産業就業者の割合	65歳以上人口の割合
A	－0.5	18.3	24.6
B	－0.1	46.0	23.3
C	－4.7	17.3	32.7

統計年次は2020年。

『国勢調査』より作成

	ア	イ	ウ	エ	オ	カ
A	豊田市	豊田市	長崎市	長崎市	西宮市	西宮市
B	長崎市	西宮市	豊田市	西宮市	豊田市	長崎市
C	西宮市	長崎市	西宮市	豊田市	長崎市	豊田市

問2　下線部②について——。

九州地方に所在する史跡について説明した文章としてもっとも適切なものを，次の**ア～エ**の中から1つ選び，記号で答えなさい。

ア　縄文時代末期から弥生時代にかけての遺跡とされており，集落の周りにほりをめぐらせた跡を確認できる。

イ　菅原道真が流された地には，奈良時代に九州の支配を担当した役所の跡があるが，この役所は外交には関与できなかった。

ウ　この地に築かれた古墳は日本最大級であり，渡来人と結びつきを強めて各地の王を従えた勢力があったことを示している。

エ　この地に築かれた石塁は，元軍がはじめて日本に来襲することに備えて北条時宗がつくらせたものである。

問3　下線部③について——。

次の**[図1]**は中国地方の岡山市，鳥取市と九州地方の長崎市の月別平均降水量を示しています。**A**～**C**に該当する都市の組み合わせとして正しいものを後の**ア**～**カ**の中から1つ選び，記号で答えなさい。

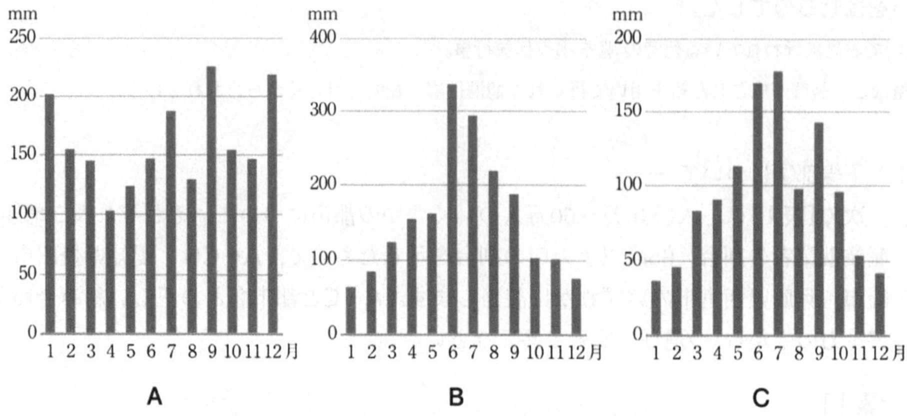

気象庁ホームページより作成

[図1]

	ア	イ	ウ	エ	オ	カ
A	長崎市	長崎市	岡山市	岡山市	鳥取市	鳥取市
B	岡山市	鳥取市	長崎市	鳥取市	長崎市	岡山市
C	鳥取市	岡山市	鳥取市	長崎市	岡山市	長崎市

問4　下線部④について――。

次の**[図2]**は，日本のいくつかの都市やその近隣（きんりん）にある主な空港*間の年間旅客数**を示したものであり，**ア**～**エ**は，大阪，札幌，長崎，新潟のいずれかです。長崎に該当するものを，**ア**～**エ**の中から1つ選び，記号で答えなさい。

*大阪は伊丹（いたみ）空港，札幌は新千歳空港，東京は羽田空港，長崎は長崎空港，新潟は新潟空港。

**定期航空路線の直行便のみ。

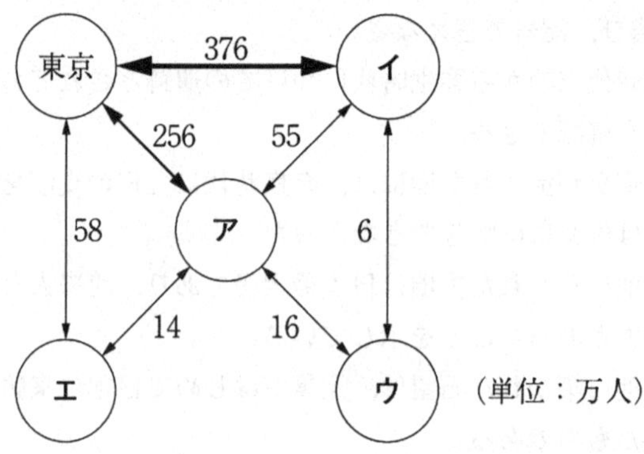

統計年次は2021年。

『航空輸送統計年報』より作成

[図2]

問5 下線部⑤について――。

コロナ禍は，人々の消費行動に大きな変化を引き起こしました。総務省『家計調査年報』において，2019年と比べ2021年の年間支出額(二人以上の世帯)が増加した品目として適切なものを，次の**ア**～**エ**の中から1つ選び，記号で答えなさい。

ア タクシー

イ 婦人服

ウ 口紅

エ 生鮮肉

問6 下線部⑥について――。

コロナ禍以前に，外国人観光客を増やすために日本政府が取り組んできたこととして**適切でないもの**を，次の**ア**～**エ**の中から1つ選び，記号で答えなさい。

ア ビザ発給要件の緩和(かんわ)

イ 免税店の拡大のための制度改正

ウ 円高への誘導

エ 空港における国際線の発着枠(わく)の拡大

問7 下線部⑦について――。

情報収集のために利用できるメディアや調査方法について説明した文章として適切なものを，次の**ア**～**エ**の中から**すべて**選び，記号で答えなさい。

ア 取材やインタビューは，専門家やたずさわる人々に直接に話を聞くことで深い考察を得られやすい一方で，取材相手への配慮(はいりょ)から事前準備を入念におこなう必要がある。

イ 書籍は，情報の信頼性が高く深い分析(ぶんせき)がなされているものが多い一方で，最新の情報が反映されにくく情報自体やテーマが古くなっていることもある。

ウ 新聞は，情報の速報性が高く専門紙や地方紙まで活用すれば様々な情報が得られる一方で，信頼性ではテレビなど他のメディアに比べると劣ることがある。

エ インターネットは，場所の制約をあまり受けずに世界中から最新の情報を集められる一方で，信頼性の低いものも多く情報の価値を判断する力が求められる。

問8 下線部⑧について――。

次の**[表2]**中の**A**～**C**は，釧路，長崎，焼津のいずれかの港における出荷量(生鮮と冷凍の合計)の上位3魚種とその割合を示したものです。**A**～**C**に該当する港の組み合わせとして正しいものを，後の**ア**～**カ**の中から1つ選び，記号で答えなさい。

[表2]

(単位：%)

	A		B		C	
1位	かつお	64.9	まいわし	93.8	まあじ	39.9
2位	まぐろ類	28.8	たら	4.0	さば類	32.2
3位	さば類	5.2	するめいか	1.7	ぶり類	21.0

統計年次は2020年。

『水産物流通調査』より作成

	ア	イ	ウ	エ	オ	カ
A	釧路	釧路	長崎	長崎	焼津	焼津
B	長崎	焼津	釧路	焼津	釧路	長崎
C	焼津	長崎	焼津	釧路	長崎	釧路

問9　下線部⑨について――。

西洋文化が日本に与えた影響について説明した文章として**適切でないもの**を，次の**ア**～**エ**の中から1つ選び，記号で答えなさい。

ア　南蛮貿易がはじまると，ボタンやコップといったオランダ語をもとにした日本語が生まれた。

イ　18世紀なかごろには蘭学がさかんになり，医学・天文学・地理学などが広まった。

ウ　明治時代に電信・電話が通じたり，ランプやガス灯がともったりしたのは大都市が中心であった。

エ　明治時代に太陽暦を採用することが政府によって命令された。

問10　下線部⑩について――。

江戸時代の外交について説明した文章として**適切でないもの**を，次の**ア**～**エ**の中から1つ選び，記号で答えなさい。

ア　徳川家康は西国の大名や堺の商人らに朱印状を与えて，積極的に海外との交易をおこなった。

イ　薩摩藩の支配下に入った琉球王国は，将軍の代替わりの際に使節を江戸へ送った。

ウ　江戸幕府は対馬藩を通じて朝鮮と国交をもったが，貿易はおこなわなかった。

エ　日米和親条約の交渉において，アメリカ側は貿易開始も求めたが，日本側は拒否(きょひ)した。

問11　下線部⑪について――。

中国との様々なつながりがもたらした変化について説明した文章としてもっとも適切なものを，次の**ア**～**エ**の中から1つ選び，記号で答えなさい。

ア　卑弥呼は魏の皇帝から「親魏倭王」の称号と鉄製の武器を受け取り，倭国を統一した。

イ　遣隋使船に乗って来日した鑑真によって，日本の寺や僧の制度が整備された。

ウ　貿易を通じて宋銭がもたらされると，鎌倉時代には売買の手段として宋銭が使われた。

エ　足利義政が将軍のころ，明に渡った観阿弥・世阿弥によって能が日本に持ち込まれた。

問12　下線部⑫について――。

坂本龍馬と関わりの深い場所について説明した文章としてもっとも適切なものを，次の**ア**～**エ**の中から1つ選び，記号で答えなさい。

ア　坂本龍馬が暗殺された地に幕府が開かれたころ，平等院鳳凰堂に代表される文化が花開いた。

イ　坂本龍馬が暗殺された地は，足利尊氏が幕府を開くと再び日本の都となった。

ウ　坂本龍馬の出身地は，戦国時代においては島津氏の領国だった。

エ　坂本龍馬と同じ出身地の人物は，明治時代に自由党を結成して初代党首となった。

問13 下線部⑬について――。

日本の造船業は1956年に船舶竣工(しゅんこう)量が世界一となり，1990年代まで世界の竣工量の4割以上を占めていましたが，現在では中国が世界1位となり，日本は3位です。ほかにも中国が世界生産1位，日本が3位の工業として，鉄鋼業や自動車工業が挙げられます。それぞれの工業の世界生産で2位に該当する国の組み合わせとして適切なものを，後の**ア**～**カ**の中から1つ選び，記号で答えなさい。

	ア	イ	ウ	エ	オ	カ
造船業	アメリカ	アメリカ	インド	インド	韓国	韓国
鉄鋼業	インド	韓国	アメリカ	韓国	アメリカ	インド
自動車工業	韓国	インド	韓国	アメリカ	インド	アメリカ

※アメリカ合衆国は「アメリカ」と表記。
統計年次は2020年。

『データ・ブック・オブ・ザ・ワールド2022』より作成

問14 下線部⑭について――。

日本における石炭の主な用途の一つに火力発電用の燃料があります。次の**[図3]**は日本の火力発電の燃料構成割合を示したもので，2つのグラフは1980年と2020年のどちらか，**X**，**Y**，**Z**は石炭，石油*，天然ガスのいずれかを示しています。2020年のグラフと石炭の組み合わせとして正しいものを後の**ア**～**カ**の中から1つ選び，記号で答えなさい。

*石油にはLPG等を含む。

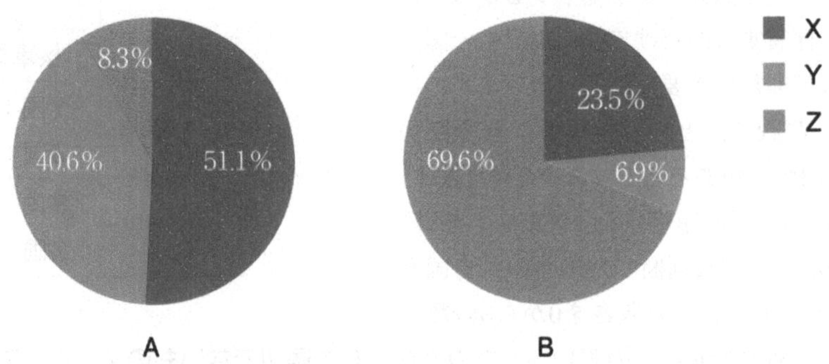

『エネルギー白書 2022』より作成

[図3]

	ア	イ	ウ	エ	オ	カ
2020年	A	A	A	B	B	B
石炭	X	Y	Z	X	Y	Z

問15　下線部⑮について――。

（1）　日本国憲法の柱の一つとして平和主義があげられます。日本国憲法第9条に関する日本政府の立場を示す記述としてもっとも適切なものを，次の**ア**～**エ**の中から1つ選び，記号で答えなさい。

ア　憲法第9条のもと，自衛権を否認しており集団的自衛権は行使できない。

イ　自衛隊は自衛のための必要最小限度の実力であり，戦力ではない。

ウ　近隣国が攻撃用の兵器を開発している場合，先制攻撃をおこなうことができる。

エ　非核三原則は憲法に明記されており，憲法改正の手続きをせずに廃止することはできない。

（2）　国際平和を実現するための国際連合の組織についての説明としてもっとも適切なものを，次の**ア**～**エ**の中から1つ選び，記号で答えなさい。

ア　総会では，1国1票の投票権をもち，国際連合の前身である国際連盟についての反省から全会一致による意思決定を原則としている。

イ　安全保障理事会は，5か国の常任理事国と10か国の非常任理事国から構成され，常任理事国のうち1か国でも反対すれば，決議は成立しない。

ウ　国際司法裁判所は，国と国との間の紛争（ふんそう）を裁くのが主な仕事で，日本と韓国の間の領土問題について調停をおこなっている。

エ　NGOは，地球規模の問題に取り組む組織で，UNESCOやWHOと同じく経済社会理事会の傘下（さんか）である専門機関の一つである。

問16　下線部⑯について――。

核の軍備を拡大するか縮小するかは，核兵器を保有する国だけでなく世界中の国々にとって非常に重要な問題となります。ここに，Y国とZ国という軍事的な緊張（きんちょう）関係にある2か国があるとします。右の**[表3]**に示すのは，「核軍縮」か「核軍拡」をY国とZ国がそれぞれ判断した場合の，自国からみたメリットの大きさを0から3の数字で表したものです。この表についての文章として**適切でないもの**を，次の**ア**～**エ**の中から1つ選び，記号で答えなさい。

[表3]

		Z国が	
		核軍縮	核軍拡
Y国が	核軍縮	Y国：2 Z国：2	Y国：0 Z国：3
	核軍拡	Y国：3 Z国：0	Y国：1 Z国：1

ア　Y国にとって望ましいのは，Z国が「核軍縮」を選択した場合に，「核軍拡」を選択することである。

イ　Y国にとって望ましいのは，Z国が「核軍拡」を選択した場合に，「核軍拡」を選択することである。

ウ　自国の利益を最優先にした場合，相手の選択にかかわらず「核軍拡」を選択することが望ましい。

エ　自国の利益を最優先に判断すれば，お互いにとって最も望ましい選択が自然と達成される。

問17 下線部⑰について――。

次の長崎市周辺の地形図(2万5千分の1)を見て，後の問いに答えなさい。

（1） 次の写真は，長崎市の市街地を撮影したものです。この写真を撮影した地点を地形図中の地点**ア**～**エ**の中から1つ選び，記号で答えなさい。

（2） この地形図に関連することがらについて説明したものとして，もっとも適切なものを，**ア**～**エ**の中から1つ選び，記号で答えなさい。

ア 浦上川河口付近の［大黒町］の西に位置する長崎駅は，福岡市の博多駅から新幹線が乗り入れるようになった。

イ 浦上川河口付近の［弁天町］は，江戸時代初期に外国人居留地として許可された地区で，多くのオランダ人が居住していた。

ウ 長崎湾西岸の［三菱重工業長崎造船所］は，三角州の上に立地しており，ここはかつて水田地帯であった。

エ 長崎湾東岸の［水辺の森公園］は，かつて海であったが，その後，埋め立てられて陸地になった。

問18 下線部⑱について――。

話し合いの機関や仕組みについて説明した文章として**適切でないもの**を，次の**ア**～**エ**の中から1つ選び，記号で答えなさい。

ア 室町幕府の将軍は，管領や侍所の長官を交代でつとめる有力守護とともに軍事などの重要事項を決定した。

イ 江戸時代の村は，幕府によって任命・派遣された名主などの村役人による話し合いで運営された。

ウ 帝国議会の一部である貴族院は，皇族・華族や天皇が任命する者，多額納税者らによって構成された。

エ 20世紀末から温暖化防止に対して世界的に取り組む会議が開かれるようになり，日本では1997年に京都で開かれた。

問19 下線部⑲について――。

国政におけるルール作りは国会の役割ですが，国会に関する文章としてもっとも適切なものを，次の**ア**～**エ**の中から**すべて**選び，記号で答えなさい。

ア 法案が法律になるためには，両議院が可決するだけでなく，天皇による助言と承認が必要である。

イ　法律案が衆議院で可決され参議院で否決された場合，衆議院で再可決するには，出席議員の3分の2以上の賛成が必要である。

ウ　憲法の改正には，両議院で総議員の3分の2以上の賛成による発議と国民投票での過半数の賛成による承認が必要である。

エ　国会議員は，国会の会期中は原則的に逮捕（たいほ）されないが，現行犯や所属議院の承諾があれば会期中でも逮捕される。

問20　下線部⑳について――。

国民の代表を決める制度の一つに国政選挙がありますが，2022年7月に参議院議員通常選挙がおこなわれました。この回の選挙制度について述べた文章としてもっとも適切なものを，次の**ア**～**エ**の中から1つ選び，記号で答えなさい。

ア　欠員を補充（ほじゅう）する選挙区を除いて，改選数は124であった。

イ　選挙区選挙において，選挙区の数は47であった。

ウ　比例代表選挙において，投票用紙に書けるのは政党名のみであった。

エ　投票率は約52%と戦後最低の水準となった。

問21　下線部㉑について――。

公衆の面前にふれる広告物について性的な表現を規制すべきという意見がありますが，「価値観の多様性」を重視する立場から表現の自由を制約すべき決定的な根拠（こんきょ）として考えられるもっとも適切なものを，次の**ア**～**エ**の中から1つ選び，記号で答えなさい。

ア　性差別の助長

イ　性犯罪の誘発（ゆうはつ）

ウ　「見たくない，または読みたくない」という感情への配慮

エ　青少年の健全な成長への悪影響

2 次の文章を読み，後の問いに答えなさい。

1930年代の日本では，陸軍が次第に力を強めていきました。近年の研究によると，そこには大正時代からの陸軍による宣伝政策があったことが指摘されています。そこで**[資料1]**～**[資料4]**を読み取り，1920年代の陸軍による宣伝政策の背景とその特徴，陸軍宣伝に対する民間企業の反応について**120字以内**で説明しなさい。

[資料1] 国家財政にしめる軍事費の割合

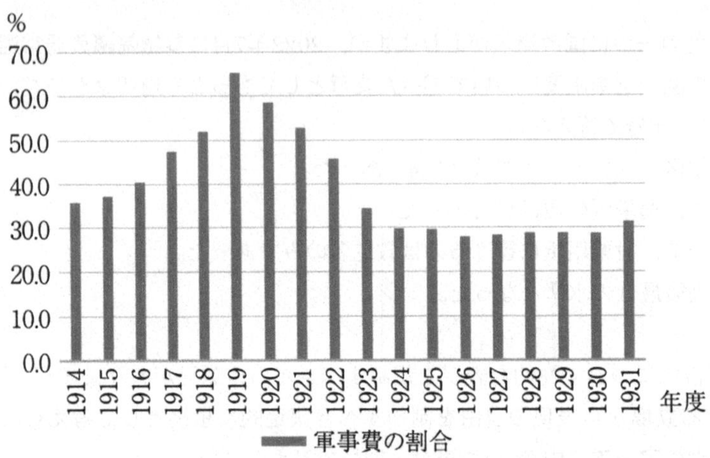

帝国書院ホームページより作成

[資料2]

（1） 1921年の国内有力紙の記事には，「ヨーロッパにおける戦争の範囲や損害が大規模となった原因をなくすために，諸国の軍備を最小必要限度に制限して世界の平和を永遠に保障することこそ人類のまさに努力すべきところだ」とある。

（2） 1922年の国内有力紙に掲載された陸軍軍人の証言によると，「軍人に対する国民の眼は近時憎悪から侮蔑へと大きく変った。（中略）関西のある都市周辺では，子どもが言う事を聞かない場合，親が叱る際に『今に軍人にしてやるぞ』と怒鳴り立てる。軍人が車を呼べば，運転手は『冗談じゃない。歩いたらどうですか』と怒鳴る」とあり，当時の軍人が置かれていた状況をうかがい知ることができる。

[資料3]

【資料の説明】
この資料は，東京のある映画館で1926年に配布されたものの一部である。『軍神橘中佐』は，日露戦争での戦死によって「軍神」とされた陸軍軍人である橘周太の生涯を描いた作品である。

［資料４］

【図の説明】

このポスターは，1928年(昭和3年)3月の陸軍記念日にあわせて東京三越呉服店(現在の日本橋三越本店の前身)で実施された，陸軍展覧会を宣伝するものである。この展覧会は，陸軍記念日に際して百貨店が主催した。

こんで暮らしていた人間が、言葉を使うようになって、それまでのように自然界の生物たちと会話する力を失ったことで、それらを恐れる気持ちが強まり自然を押さえつけて支配するという発想になった、ということ。

エ さまざまな動物たちの行動や意志を直観的に把握して、自然と対等な立場で共存して生活していた人間が、言葉を使うようになってから、神という絶対的な信仰の対象を見出し、その神が作った自然を敬い保護しようという考えにいたった、ということ。

問八 ――線部⑧「言葉というものはそもそもすごく安っぽいもので、だから、本当は信用できないコミュニケーションなのではないか」とありますが、これはなぜですか。その理由としてもっとも適切なものを、次の**ア**～**エ**の中から一つ選び、記号で答えなさい。

ア 言葉を正確に用いて誤解なく他人に物事を伝えられる人は少ないから。

イ 言葉を用いて物事を正確に伝えることはできても思いは伝えられないから。

ウ 言葉は物事の要素の一部を取り出して伝えるものに過ぎないから。

エ 言葉は情報量の多さという点で映像には及ばないから。

問九 ――線部⑨「私はゴリラとの付き合いから、言葉を持たない会話が、いかに互いの信頼を紡ぐものであるかということを感じました」とありますが、これはなぜですか。その理由としてもっとも適切なものを、次の**ア**～**エ**の中から一つ選び、記号で答えなさい。

ア 言葉による人間同士のコミュニケーションでは相手の言葉にだまされる恐れがあるが、言葉を用いないゴリラとの付き合いでは相手にだまされる心配がないため、安心して付き合うことができるから。

イ ゴリラとの言葉を持たない会話は、身体的感応により一体感を感じる、という人間が言葉を持つ前に行っていたコミュニケーションそのものであり、もともと人間が持っている感覚にもっとも適した方法であるから。

ウ 人間同士で行われる言葉を用いたコミュニケーションと変わらないくらい、ゴリラとの身体を用いたコミュニケーションは信頼関係を築くのに有効であるため、この二つの方法に優劣は存在しないから。

エ 人間は言葉を獲得して以来、言葉を用いたコミュニケーションを重視してきたが、大事なのは言葉ではなく心であり、たとえゴリラとであっても、相手を信頼する心があれば、十分に信頼関係を築くことができるから。

イ　しかし、今では、人間の子供は乳歯のまま離乳しますから、大人と同じものが基本的には食べられません。
ウ　また、ゴリラもチンパンジーも離乳する頃には永久歯が生えており、大人と同じものを食べることができるようになっています。
エ　ところが、人間の子供に永久歯が生えるのは六歳頃ですから、もともと人間はその頃まで授乳していたと考えられます。

問五　――線部⑤「人間の脳は、恐らく道具を使い始めてから大きくなりました」とありますが、これはなぜですか。その理由としてもっとも適切なものを、次の**ア～エ**の中から一つ選び、記号で答えなさい。

ア　道具を製作する、使用する、という行為を通して、人間はより手先を使うようになり、それによって脳が刺激されたから。
イ　道具の登場は、より便利な道具を発明しようという人間の欲求を加速させ、人間の創造力を進展させたから。
ウ　道具の発明によって生産性が上がり、食物が行きわたったことで、人間は十分な栄養を取ることができるようになったから。
エ　道具が実際的な使用目的以外にもさまざまな意味を持つようになり、人間がより高度なやり取りを行うようになったから。

問六　――線部⑥「人間は時間と空間というものを、言葉によって自由自在に操ることができるようになった」とありますが、なぜ「人間」は「時間と空間」を「自由自在に操ることができるようになった」のですか。その理由としてもっとも適切なものを、次の**ア～エ**の中から一つ選び、記号で答えなさい。

ア　人間は、言葉を操ることによって自然界の法則を変化させる力を手に入れ、自然や動物を支配するようになったから。
イ　人間は、今見ていない他の場所での出来事や、過去や未来の事象について、言葉で表したものを真実とみなすようになったから。
ウ　人間は、言葉によって神と契約を結び、神から世界を与えられたことで、神の言葉を真実だと考えるようになったから。
エ　人間は、言葉で世界の事象を把握するというやり方を応用して科学を発達させ、時間や空間を自在に操る力を得たから。

問七　――線部⑦「ここから人間独自の世界観や環境観が始まります」とありますが、その説明としてもっとも適切なものを、次の**ア～エ**の中から一つ選び、記号で答えなさい。

ア　さまざまな動物たちと対等な関係で共存し、自然と一体となって暮らしていた人間が、言葉を使うようになって、神の存在や神との契約を信じるようになった結果、自然を人間の従属物であるとみなして人間のために利用するようになった、ということ。
イ　いろいろな生物と感応して、自然の一部として生活していた人間が、言葉を使うようになってから、言葉を持たない他の生物たちを自分たちより下等なものであるとみなすようになり、自然を人間たちの都合のよいように改変するようになった、ということ。
ウ　いろいろな生物たちとある種の会話を行いながら自然に溶け

常につながるとは限らないということです。

（山極寿一・小原克博『人類の起源、宗教の誕生』による）

注1　**授乳**～母親が子供に母乳を与えること。「授乳期」はその期間。
注2　**離乳**～授乳期が終わり、子供が母親の母乳を飲まなくなること。
注3　**骨盤**～腰やお尻を形作っている骨。
注4　**胎児**～母親のお腹の中（＝胎内）にいて、まだ出産されていない状態の子。
注5　**ケア**～世話。
注6　**媒体**～仲立ちをするもの。
注7　**介在**～間に置くこと。
注8　**ビビッドな**～生き生きとした。
注9　**陳腐化**～ありふれて価値のないものになること。
注10　**エビデンス**～ある事柄を裏づける証拠。

問一　――線部①、②について、なぜ「ゴリラやチンパンジー」と「人間」とではこのような違いが生じるのでしょうか。その原因となる両者の特徴を対比する形で、**七十字以上八十字以内**で答えなさい**（句読点・記号も一字に数えます）**。

問二　――線部③「想像を共有することによって、人間は活動範囲を広げ、恐らく人間の社会的なつながりに新しい変化をもたらした」とありますが、このような変化をもたらした要因として、もっとも適切なものを、次の**ア～エ**の中から一つ選び、記号で答えなさい。

ア　人間が食物の分散している森の外に出たために、常に飢えに苦しむようになったこと。

イ　人間が熱帯雨林を離れた後、集団としてまとまることなくばらばらに暮らすようになったこと。

ウ　人間が行動範囲を広げたために、仲間が持ち帰った食料を食べざるを得なくなったこと。

エ　人間がゴリラやチンパンジーと違った場所で暮らすようになり、お互いの結束を強めたこと。

問三　――線部④「なぜそんな状態で生まれてくるようになったのか」とありますが、その理由を説明した次の文章の［A］～［E］にあてはまる言葉を本文から抜き出して答えなさい。なお解答に際して、**空欄内の字数指定に従うこと（句読点・記号も一字に数えます）**。

人間は［A（一字）］の大きさの割に［B（二字）］が狭いため、出産時の危険を避けるために、赤ちゃんが胎内で十分に成育するのを待たずに出産し、［C（十六字）］という方法を採用するようになった。そのため人間の赤ちゃんは、その方法に必要な［D（二字）］をまかなうために［E（五字）］をたくわえて、ひ弱な状態で生まれてくることとなった。

問四　［X］は、次の**ア～エ**の四つの文から構成されています。四つの文を正しい順番に並べかえ、その順番を、解答用紙の形式に合わせて記号で答えなさい。

ア　つまり、離乳食を食べさせる必要があるわけですが、農耕牧畜以前の長い長い狩猟採集の時代、子供用にわざわざ柔らかいフルーツなどを採ってくるのは、大変なコストだったはずです。

過去の事実も言葉によって伝えられますから、本当に起こったかどうかなんて、誰にもわかりません。私はそれが宗教の出発点だと思っています。ですから、言葉が最初にある、それはまさに宗教の真実だと思います。

人間は、サルや類人猿とも共通に持ち、祖先から受け継いだ五感を言葉に預けてしまったということです。それはロゴス、すなわち論理の世界ですが、しかし、人間は未だにロゴスからこぼれ落ちたものをたくさん持っています。しかも、それによって人間のビビッド[注8]な生命観がつくられています。例えば愛情、これは言葉になりません。好き、愛していると言っても、それは気持ちを端的に表しただけであって、一体好きとは何なのか、愛とはどういうものなのかということを、全部説明できるわけではありません。それは、会って、手で触れて、嗅ぎ合って、同じものを食べて、同じものを見て、という身体的な接触の中で紡ぎだされるもので、そうやってお互いの一体感を楽しむということを、人間は未だにやっているわけです。

ところが今、人間は言葉を離れ、情報をやり取りし始めました。それによって、言葉がどんどん安っぽいものになってきています。私がゴリラと付き合って感じたのは、⑧言葉というものはそもそもすごく安っぽいもので、だから、本当は信用できないコミュニケーションなのではないか、ということです。

言葉は情景を描いたり、物事を伝えるということに関しては、非常に便利で効率的なものです。しかし、我々が五感で感じた風景や音声を言葉にして伝える場合、それは非常に抽象化したシンボルにつくり変えられています。ですから、自分が感じた風景や音そのものは、本当には伝えられないのです。それが文字になると、さらに抽象的になります。言葉で伝えているうちはまだ個性が伴っていても、文字で書かれた文章は化石化した言葉となって、具象化して復元する際に様々な付属物がつきます。具象化の過程で、受け取る側の思いが入り、伝える側の思いとは全く別のものが広がってしまうわけです。それが今の時代に、さらに加速しています。

例えば、今は映像を情報化して流すことができます。しかし、映像は言葉と同じように、そこに詰まっている情報を、見る側が見る側の思いで加工修正して広げていきます。ですから、情報通信機器が発達すればするほど、情報が氾濫し、それによって情報が信じられなくなってきています。例えば、政治家が言ったことがすぐ話題になって、非難されたりしていますが、本当はそんな意味のことを言ったのではなかったかもしれません。それは言葉の修練が足りないせいだという言い方もあるでしょうが、何よりも言葉自体が陳腐[注9]化しているということです。

政治家やタレントが言ったことは信用できないから、他のエビデンス[注10]がほしいと思っても、他のエビデンスだって、本当に信用できるかどうかわからなくなっています。これは言葉や情報の性質ですが、それらがだんだん人間の身体性から離れ、自由に一人歩きをし始めたということです。⑨私はゴリラとの付き合いから、言葉を持たない会話が、いかに互いの信頼を紡ぐものであるかということを感じました。言葉によって情報を得て、理解は進むかもしれませんが、信頼は置き去りにされています。物事を理解することが、物事を信頼することに、新たな社会関係が始まります。

結果的に、人間の移動を頻繁にさせ、人間の集団自体を拡大させました。⑤人間の脳は、恐らく道具を使い始めてから大きくなりました。それが意味するのは、人間の活動範囲が増え、人間同士の関係が道具を注7介在させることによって、あるいは物を介在させることによってより複雑化したということです。これが人間の言葉の発生前に起こった現象で、これが言葉につながっていったのだと思います。そして、言葉ができたことによって、人間はさらに新たな領域に入りました。

言葉というのは、重さを持たないコミュニケーションの道具です。それまでは物を使ってしか、あるいはジェスチャーを使ってしかコミュニケーションできなかったものが、言葉という全く重さのない音声によって伝えられるようになったことは、非常に大きなことです。つまり、⑥人間は時間と空間というものを、言葉によって自由自在に操ることができるようになったわけです。

この世界は言葉によって始まった、言葉は神であったと聖書に記されたように、言葉をしゃべり始めた人間の前には、全く新しい地平が開かれました。つまり、現実のものよりも、言葉を信じるようになったわけです。初めのうちは、言葉の真実を目で見て確かめるということを伴っていたと思いますが、次第にそれを見ずして、言葉によって場面や事態を想像して、それで済ますことができるようになりました。つまり、視覚や聴覚よりも言葉が主力になっていったということです。

人間はサルや類人猿と共通の祖先を持っていますから、サルや類人猿のような五感を使って、つまり視覚優位で真実を把握するようにできています。まずは視覚、次に聴覚、ところが嗅覚、味覚、触覚は個人的な感覚で、他者とはなかなか共有できません。しかし、言葉が視覚と聴覚を乗っ取り、見える世界、聞こえる世界を言葉によって人間は共有できるようになりました。

言葉がない時代、人間は言葉を持たないいろいろな生物と感応することが、簡単に言えば、会話することができました。鳥の声を聞いて鳥の気分がわかり、他の動物の声を聞いて、あるいは他の動物の姿を一瞬でも見るだけで、その動物が何をしようとしているかを直観で理解しながら、その動物たちと共存できるようにふるまうことが、人間にはできていました。そこでは、人間と他の動物は対等でした。ところが、人間にとっては言葉によってつくられる世界の方がよりリアリティを持ってしまい、人間は次第にそちらの方を信じるようになりました。それが神の言葉です。

神の言葉は最初に、お前たちにこの世界を管理する権利を与える、しかしその代わりに収穫物の一部をよこせですとか、そういうことを言っています。そして契約をするわけです。その契約はまさに、言葉によってつくられた世界を人間に与えるもの、すなわち、人間は言葉を持つことによって、この世界の主人公に、もはや動物と対等ではないものになったということです。⑦ここから人間独自の世界観や環境観が始まります。家畜が生まれ、栽培植物が生まれて、人間は食料を生産するようになりました。そして、それが人間の活動自体を定めるようになります。

一番大きなことは未来を予測するようになったことです。時空を飛び越えて、先のことを予測することができるようになりました。また、場所にいて、子供は小さく母親が軽々と運び歩くことができますし、子供の方も自力で母親に摑まる能力を持っていますから、少なくとも授乳期[注1]は母親一人で子供を育てることができます。一方で、人間の子供は非常にひ弱なまま生まれてきます。また、ゴリラの子供が一・六キログラムほどなのに対し、人間の赤ちゃんはその二倍ほどあります。④なぜそんな状態で生まれてくるようになったのかというと、それはやはり人間がゴリラやチンパンジーと違って、肉食獣に襲われる可能性の高い、サバンナや草原に出てきたからです。森を出てすぐ、人間の乳幼児死亡率は高まったことでしょう。そのため、人口が激減しないために、たくさんの子供を産む必要が出てきました。

（中略）

人間の母親は毎年でも子供を産む能力を持っています。ところが、ゴリラもチンパンジーも四年か五年おきにしか子供を産めません。

[X] それでも子供を早く離乳[注2]させたのは、やはり子供をたくさん産む必要があったからだと思います。

また、二〇〇万年前に脳が大きくなり始めたものの、すでに直立二足歩行が完成していたことにより骨盤[注3]の形が変化して、あまり産道を広げることができなくなっていました。ですから、なるべく小さな頭の子供を産み、難産を回避した上で、脳は生まれた後に急速に発達させるという方法が選ばれました。しかし、脳を胎児[注4]の速度で発達させるには多大な栄養が必要となります。そのため、栄養が不足しないよう、体に分厚い脂肪をまとわりつかせて生まれてくるようになりました。

この戦略により体が大きく重くなった結果、頭でっかちでひ弱な、成長の遅い子供がたくさん生まれることになりました。こうなると母親一人ではとても手が足りません。そこで、子供が離乳した母親や男たちが寄ってたかって子供を集団で、つまり共同保育するようになりました。しかも、保育の対象である人間の子供は未熟でひ弱で、いろいろなケア[注5]が必要ですから、大人同士の間でも大人と子供の間でも、気持ちを的確に読んで行動する必要が出てきます。ここで、お互いに調整し合うために、どうふるまえばよいのかという、食物によってもたらされたのとは別の共感力が高まったのだと思います。

この、共感力の増加によって、ゴリラやチンパンジーにはない、離れた仲間に思いを馳せ、見えない者に想像力を働かせることができるようになりました。さらに人間は道具を発達させました。石器が初めて登場するのは、二六〇万年前で、これは人間の脳が大きくなる少し前に当たります。道具は手の延長、足の延長、指の延長としての機能を持つものですから、道具があるだけでまだ起こっていない活動を想像することができます。そのことが、まだ見ていない世界をお互いが共有するという結果につながりました。ですから、道具の出現もまた、人間に新たなコミュニケーション能力をもたらしただろうと思います。

逆に言えば、道具から人間を見ることができるということです。例えば、食物の量を増やしたり、食物の分配を変えたりすることによって人間関係が変わりますから、食物自体も道具として作用し、人間関係を調整する媒体[注6]となりえます。また、道具の使い方をあらかじめ予想し、あるいは道具が貸し借りして使われることによって、社会的な場面で人間関係を調整するきっかけにもなりえます。つまり、物を介して人と人がコミュニケーションできるようになる。それによって、に二度と戻ることができません。離れても数時間、あるいは数日ぐらいであればいいかもしれませんが、一週間、二週間離れてしまった個体は、その集団の中で死んだも同然という位置づけになります。つまり、ゴリラにとってもチンパンジーにとっても、集団の仲間であるという意識は、常に持続的に、視覚や聴覚でお互いの存在を認知し合っているということから生まれているわけです。ところが、人間はそこからだんだん離れていきました。ある程度会わなくても、仲間であるという認識を持つようになったのです。これによって、②いったん集団を離れた仲間が再び集団に戻れるという特徴を身につけました。

この社会性を持ったことが、ゴリラやチンパンジーとは違った、人間の社会の出発だったのではないかと思っています。

（中略）

きっかけは、人間が行動範囲を広げたこと、それによって集団が常にまとまって動くことができなくなったことです。チンパンジーは一つの集団が常にまとまっているわけではありませんが、行動域は限られています。しかし、人間は進化の過程で、ゴリラやチンパンジーが住み続けている熱帯雨林を離れ、行動域を広げざるをえませんでした。なぜそうなったかについては、まだわかっていないことが多いのでここでは問いません。しかし、いずれにしても、私たちの祖先が熱帯雨林を離れたことは確かです。

その時、大きな壁にぶつかりました。一つは、森の外は食物が分散していて、集団が一つにまとまって動いていては、食料を賄いきれなかったということ。これによって、食物を分配するだけではなく、遠くまで探しに行って採集し、仲間のもとに持って戻ってきて、それから分配して一緒に食べるという行為が必要になりました。人間が食物を運搬するようになったことにより、それを待っている人間にとっては、仲間がどこか知らないところで採って、持ち帰った食料を食べるという行為が生まれました。これは、自分ではなく、仲間が確かめて持ってきた食物を信じて、つまり仲間を信じて食べる行為です。

（中略）

これが人間の社会性の始まりだと思います。そのときに、新たなコミュニケーションが芽生える必要が生まれました。それは、相手が見たことのない場所や、由来のわからない食物の安全性を説明する、あるいは、待っている人にとっては、自分が食べたいものを想像し、自分が見ていない場所で活動している仲間の姿を想像することです。これによって見えないものを想像する能力が生まれました。

③想像を共有することによって、人間は活動範囲を広げ、恐らく人間の社会的なつながりに新しい変化をもたらしたのだと思います。つまり、ある程度欠落した時間があっても、仲間として認めることができるような、そして、それを想像力によって埋め合わせることができるような社会になりました。これが最後には言葉に結びついていくコミュニケーションです。このようなコミュニケーションの発達は共感力の増大によってもたらされました。仲間は何をしているか、仲間が一体どういう気持ちで自分のことを見ているかということを想像し、仲間の気持ちを、心を読むという行為が必要になりました。

また、新たなコミュニケーションは、子育てを共同することによっても出現しました。ゴリラやチンパンジーは、熱帯雨林という安全な

　ることを理解し、自分もチームの一員だと認めてほしくなったから。

問六　――線部⑤「朱理とまひろのスタンスの違い」とありますが、悠馬のリハビリで何を最優先と考えているか、朱理とまひろのそれぞれについて、**十字以上十五字以内で「こと。」につながる形**で答えなさい。

問七　――線部⑥「バツが悪そうに」とありますが、悠馬がこのようになった理由を**三十字以上四十字以内**で答えなさい（**句読点・記号も一字に数えます**）。

問八　――線部⑦「今まで信じてきたものがなくなってしまうような心細さ」とありますが、このときの玲子についての説明としてもっとも適切なものを、次の**ア〜エ**の中から一つ選び、記号で答えなさい。

ア　太一に相談すれば、以前の助言が今度も返ってくるだろうが、太一の助言に従ったために自分の成長が止まったことに気づき、何をよりどころにしたらよいかわからなくなっている。

イ　まひろは玲子に期待しているからこそ厳しくしていることに気づかず、まひろから浴びせられた言葉の激しさを気にするあまり、自分は職場で孤立無援の状態だと思いこんでいる。

ウ　太一に相談すれば、太一はまひろの肩をもつだろうから、まひろとの関係の改善の見通しが立たない現状では、自分の味方になってくれる人が誰もいないことに気づきはじめている。

エ　自分よりもまひろのほうが太一の信頼を得ていることを認めざるをえなくなって、患者のためを思ってチームの中での役割を果たしてきた自分の存在意義が失われる不安を抱いている。

問九　本文についての説明としてもっとも適切なものを、次の**ア〜エ**の中から一つ選び、記号で答えなさい。

ア　地の文（会話以外の文）では、玲子の習慣に従って登場人物を名前で呼んでいるのがほとんどだが、客観的な記述が求められる場面では、名字で呼んでいる箇所がいくつかある。

イ　太一と朱理が登場する場面はなく、玲子とまひろの会話のなかで語られるだけであり、二人の行動が語られた通りでないことは、注意深く読むとわかるようになっている。

ウ　一人称（「わたし」など）の語り手が設定されているわけではないが、玲子が見聞きしたり感じたりしたことが書かれ、他の人物の発言や行動の記述は玲子の見聞きした範囲に限られている。

エ　語り手が誰であるかは明らかにされていないが、どの登場人物の心の中にも入り込める語り手として設定されていて、その結果どの登場人物が考えていることも読者に伝わるようになっている。

三

次の文章は、人類学者であり、ゴリラの研究で知られている山極寿一氏の書いたものである。この文章を読んで、後の問いに答えなさい。

①ゴリラもチンパンジーも、いったん集団を離れた個体は、その集団

たから。

エ 公私のけじめをしっかりつけようとするまひろに反発して「朱理」と名前で呼んでみたが、さすがにそれはやりすぎだと思ったから。

問二 ――線部②「大きく冷たい鼓動が頬を赤く火照らせている」とありますが、このときの玲子についての説明としてもっとも適切なものを、次の**ア〜エ**の中から一つ選び、記号で答えなさい。

ア 朱理を守るためにまひろに何か言えるのは自分しかいないという緊張から身体は熱くなっているが、そんな自分を観察する冷静さももっている。

イ まひろと対決してもお互いのためにならないと考えて問題を先送りにしようとするずるさがある一方で、そんな自分を許せない純粋さももっている。

ウ 朱理の方針を無視するまひろには冷静な反論を考える一方で、経験豊富な相手に対して緊張している上に、個人的な怒りの感情が自然と身体に現れてしまっている。

エ 心の中ではまひろを冷淡に切り捨てようとしているが、もともとは優しい性格なので冷淡になりきれず、朱理への配慮が足りないことへの怒りで身体は熱くなっている。

問三 [A]に入るひらがな三字の言葉を答えなさい。

問四 ――線部③「そうするにはまひろの言葉は玲子にとって衝撃的過ぎた」とありますが、その理由としてもっとも適切なものを、次の**ア〜エ**の中から一つ選び、記号で答えなさい。

ア 悠馬の状態について予想もしなかった見解をまひろが示したのに対し、その見解が正しいのだとしたら、悠馬の右手の機能を回復させることは絶望的だと思ったから。

イ 朱理が悠馬の担当から外されること自体を予想していなかったのに加え、そのことで朱理が受けるショックをまひろがまったく想像できていないことにあきれてしまったから。

ウ まひろのことはもともと快く思っていなかったが、カンファレンスに参加するより自分ともっと話すべきだというまひろの今回の態度は、あまりにも非常識でついていけなかったから。

エ 朱理を悠馬の担当から外すことを一方的に言われただけでもショックなのに加え、悠馬のためと思ってしてきたことが悠馬のためになっていないとは、考えてもみなかったことだから。

問五 ――線部④「この前はすみませんでした」とありますが、まひろが態度を変えた理由としてもっとも適切なものを、次の**ア〜エ**の中から一つ選び、記号で答えなさい。

ア 玲子が看護師としてきちんと働いているのを知り、対等の同僚として方針の違いを説明すべきだったことに気づいたから。

イ 玲子が悠馬のリハビリには欠かせない存在であることに気づき、機嫌を損ねないようにしなくてはいけないと思ったから。

ウ 方針の違いは朱理と話し合うべきことだったのに、その段階を経ないで異なる職種の玲子に八つ当たりをしてしまったから。

エ 玲子がチームで支え合うことの大切さを重んじている人であ

「このくらいの太さの物でなら書けるようになってきていて。細いのはまだ無理だけど」

「すごいじゃない。すごいよ」

悠馬のできることが増えていくことは、玲子にとって本当に嬉しいことだった。

「でも、そろそろ寝ないと」

悠馬は頷いて、マジックを置くと、左手で右手を揉み始めた。そして、その手をじっと見ながら、そっと話し始めた。

「こっちの手、使えないかもって思っていたけど、もしかしたら、できるかなって」

悠馬の表情は不安そうでもあり、前向きな希望に満ちているようでもあった。その二つの入り混じった空気が部屋の中に満ちていて、玲子はそれを強く感じられるように大きく息を吸い込んだ。

「大迫さん、怖いけど、大迫さんのリハビリ受けた後は手が動きそうな感じっていうのがわかるんです。あ、右手がもう少ししたら動くなって。それはすごく嬉しいことで。僕、まだ右手良くしたいんです。無理なら諦めるけど、でも、出来そうな感じ、あるんです」

そう言って横になった悠馬の部屋の電気を消して、その部屋から出ると、暗い廊下を戻る自分がうつむき加減なのを玲子は自覚していた。

「あの人に負けた？」

悠馬の希望の言葉は、玲子を勇気づけながら玲子を責めているように思えてきて、でも、今、悠馬に希望を与えられているのはまひろだということは認めざるを得なかった。すると、あの最初の頃のまひろの厳しい口調が、否応なしに玲子の中に蘇った。

「筋活動が出始めていることすら判断もできないなら黙っていて」

太一に相談したい、と玲子は思ったが、小さく首を振った。すると、⑦今まで信じてきたものがなくなってしまうような心細さがこみ上げてきて、玲子は慌てて光の点るナースステーションに駆け込むと、一つ息を吐くのだった。

（川上途行『ナースコール！　戦う蓮田市リハビリ病院の涙と夜明け』による）

注1　**カンファレンス**～打ち合わせ。
注2　**反芻**～心の中でくりかえすこと。
注3　**一瞥**～ひと目ちらっと見ること。
注4　**城咲**～病院のスタッフの一人。
注5　**看過できない**～見過ごせない。
注6　**健側**～半身に障害がある場合の、障害がない側の身体。
注7　**ラウンド**～見回り。

問一　――線部①「朱理、深沢さん」とありますが、玲子がそう言ったのはなぜですか。その理由としてもっとも適切なものを、次の**ア～エ**の中から一つ選び、記号で答えなさい。

ア　まひろはこの病院に来て日が浅いので、「朱理」と名前で呼ぶだけでは誰のことかわからないと思って配慮したから。

イ　ふだんの習慣で「朱理」と名前で呼んでしまったが、仲間うちの言葉づかいでやりとりをする場面ではないことに気づいたから。

ウ　この職場の習慣に従って「朱理」と名前で呼んだが、まひろはこの職場の習慣に従おうとしない人だったことを思い出しまひろから、この前話した時ほどの威圧感も、自分に対する「見切り」のようなものも感じられなかったので、玲子は少し不思議な気持ちになっていた。

「ごめんなさい。あなたの野呂さんのカルテを見て、南さんが本当に彼を早く学校生活に戻したいんだということがわかりました。だから、ちゃんと説明すべきだと考え直したんです」

玲子は、目の前のまひろから、なんだか懐かしい雰囲気を感じていた。しかし、それがどうしてなのか、まだ全くわかっていなかった。

「でも、私は、やはり南さんや深沢さんのやり方は間違っていると思います。ご飯を食べる、字を書く、着替えをする。もちろん、左手でもできるようにはなるでしょう。その方が早いし、現実的かもしれない。でも、それがリハビリだとは、治療だとは、私は思いません。彼の右手を、極限までよくするのが私の仕事です。それが最も優先されるべきだと思います」

「それはわかります。でも、それが難しい場合は、注6健側の練習をするしか仕方ないし、それもリハビリじゃないんですか？」

⑤朱理とまひろのスタンスの違いは、こうして言葉にしてしまえば明確だった。患者さんを、野呂悠馬を良くしたいという気持ちは一緒なのに、何を良くするかが違うのだ。

「そこのプロは私なので、私に判断させてください」

その言葉に冷静に反応できるほど、玲子の考えは成熟していなかった。自分がこれまで、自分なりに全力で取り組んできたやり方を、そう簡単に覆されるわけにはいかないと思っていた。それは玲子だけの問題ではないのだ。太一や、さおりや、そして何より、今は悠馬のリハビリを自分の手ではできない朱理のことを考えたら、ここだけは引き下がってはいけないと思えてくるのだった。

「それは、違うと思います。それはみんなで話し合って、最後には小塚先生が判断することだと思います」

「小塚先生とは話しました。多分、ご納得されていると思います。少なくとも、野呂さんに関してのことは」

その言葉は、玲子にとっては何より重かった。そして、まひろがそのように思っていないであろうことが、ますます玲子の勝ち目のなさを物語っていた。

まひろが立ち去った後、玲子は一層重くなった腰を上げて、注7ラウンドに向かった。病院の消灯時間は早い。蓮田市リハビリテーション病院のそれは二十一時だった。廊下も小さな非常灯だけが灯され、病室もメインの照明は消される。それでも、カーテンに仕切られた各々のベッドでは、スタンドライトを点けて起きている患者さんもいた。玲子たちは手分けして全ての患者さんのもとに出向き、その安全を確認すると、玲子は最後に悠馬の入院している個室に向かった。

ノックをしてから、そっと扉を開けると、病室の中はまだ明るかった。悠馬はベッドに腰掛けた状態でサイドテーブルに向かっていた。

「練習していたの？」

玲子の問いかけに、悠馬はなぜだか⑥バツが悪そうに笑った。

「ごめんなさい」

「謝ることじゃ、ないよ」

悠馬の右手には柄の太いマジックが握られていて、テーブルの上には彼が書いた、まだ字とは言えないたくさんの線が残っていた。

子を含めた看護師のみになる。ほとんどの患者さんも自分の病室に戻るので廊下は閑散とし始めていた。

玲子は、いつものように患者さんの寝る前の身支度や、薬を配る業務に追われていた。日勤帯よりも少ない看護師で行うので準夜勤は忙しくて、余計なことを考えている暇はなかった。けど、ふと立ち止まると、何とも言えない心の重さを自覚して、普段ならすぐに動き出せるところでも、足が前に出ないような感覚があった。そして、それは久しぶりのように思った。

仕事が楽しくないということではないにせよ、そういった類の感情に悩まされることは最近少なくなっていたのだと、玲子は改めて気づいた。自分の周りには、太一や朱理、さおり、注4城咲たちがいて、何か問題があっても一人で抱えないといけないことは減っていたのだ。

「一人分やれれば十分」

かつて太一に言われた言葉は、今も玲子の心の引き出しの中にあった。自分は看護師として、そのチームの中に居場所を確保していたと思っていた。逆に言えば、自分はその人たちに支えられて働いてきたのだ。

「朱理、大丈夫かな」

自分だけのことだったら、玲子はきっともっとまひろの言うことを受け入れられたのだと思う。玲子自身は、まひろのように強くないし、事実、これまでもいろんな人の言葉に影響されてきたのだから。しかし、玲子が今回なぜこんなにまひろに拒否反応を起こしているのかと考えれば、自分ではなく、仲間を否定されたからだ。それは玲子にとって、自分のことを否定されるよりもずっと注5看過できないことだった。

玲子がカルテを書くためにナースステーションに戻ると、そこにはまひろがいた。一瞬たじろいだ玲子を尻目に、まひろは悠馬のカルテを熱心に読んでいた。カルテを書いている玲子とカルテに目を落としているまひろ。同じ空間にいる二人が言葉を交わしたのは、まひろが悠馬のカルテを閉じ、ラックに戻した時だった。

「夜勤、お疲れ様です」

「大迫さんこそ、遅くまで大変ですね」

「いえ、会議とかがあると、患者さんの情報を取れるのがこの時間になってしまって」

玲子は何かをまひろに伝えたいと思っていたが、いざこうして彼女を目の前にすると、自分の意気地のなさだけがむくむくと顔をもたげてきて、何も言えなかった。仕方なく次の患者さんのカルテを書こうとした時に、もう一度まひろが口を開いた。

④「この前はすみませんでした。言い過ぎました。正確には、ちゃんと伝えるためには不適切な言い方でした」

「いや、そんなこと」

「いえ、同じ作業療法士である私と深沢さんの間ですら、治療に対する考え方の違いがあるのだから、ましてや職種の違う南さんに、理解を求めるのは間違っていました」

まひろの淡々とした、しかし反論の余地のない物言いに、玲子はやはり聞くしかなかった。

「リハビリには、いろんな目標があります。もちろん、早く社会復帰させることは目標の一つです」

しているうちに、自分の中におよそ仕事中には相応しくない感情が込み上げてきて、幾分大きな声で答えた。

「①朱理、深沢さんとは相談しました。それ以外に誰かの許可が必要ですか?」

まひろは、小さく一つ頷いて、それでも表情は変えなかった。

「深沢さんと話しているのね。なら、まだいいけど」

自分の②大きく冷たい鼓動が頬を赤く火照らせているのがわかった。その相反する不思議な感覚の中で、玲子が忘れかけていた呼吸を一つついた時、まひろは口を開いた。

「これからは私に言ってもらえますか? リハビリのやり方に関わることなので。深沢さんは、ご存じの通り、今、休みがちなので、私の方が野呂さんの状態を把握していますし。こういう行き違いがあるといけないから、今日から正式に担当を変えることにします。今後はよろしくお願いします」

そう言って、まひろが立ち去ろうとしたのを玲子は思わず呼び止めた。

「え、ちょっと待ってください。朱理と話もせずに、担当変えるんですか?」

「今でもほとんど私がやっているし、実質的には変わらないですよ」

まひろは、玲子に呼び止められたことに少し驚いたようだったが、それだけ言い残して、今度こそ部屋を出ようと振り返った。その手を玲子が掴んだのは、悠馬のリハビリのことで思い悩む朱理の表情が思い浮かんだからだった。

「朱理の、深沢さんの話を聞いてからにしてください。彼女は一生懸命、悠馬君のことを考えているのに、突然、担当外されたら可哀想じゃないですか」

玲子を見るまひろの目は、ナースステーションに入ってきた当初と違って怒っていなかった。むしろ、先ほどまでは過剰なまでの圧力を纏っていたまひろの視線が、もうその役割を終えたかのように、ただ本来の、玲子を見るだけのそれに変わっていた。

「一生懸命考えるのは当たり前でしょ。私からしたら、可哀想なのは彼女じゃなくて、野呂さんです」

もはや一向に戻ってこない玲子に［A］を切らして、向こうではカンファレンスが始まっていた。早く戻らないといけないとわかってはいたが、③そうするにはまひろの言葉は玲子にとって衝撃的過ぎた。問い返すことすらできずに、玲子は続けざまに浴びせられるまひろの言葉を聞くだけだった。

「どうして、あなたたちは左手の練習を始めたの? 野呂さんの右手は今どのような状態だかわかっている?」

まひろは、玲子を注3一瞥して言葉を続けた。

「筋活動が出始めていることすら判断もできないなら黙っていて。あと、あなたたちの仲良しごっこに患者さんを巻き込まないで」

玲子には、もうまひろを引き留めることはできなかった。

> 数日が経過。その間にまひろは太一に悠馬の治療方針を説明し、了解をとった。

その日、玲子は準夜勤だった。夜八時を過ぎると、医師や療法士も徐々に病棟から姿を見かけなくなっていき、病棟で働いているのは玲

【国語】〈五〇分〉〈満点：一二〇点〉

【注意】問題文には、原文（原作）の一部を省略したり、文字づかいや送りがなを改めたりしたところがあります。

一 次の――線部①～⑧のカタカナの部分を漢字で、⑨・⑩の漢字の部分をひらがなで書きなさい。いずれも一画一画をていねいに書くこと。

総理大臣は①カクギを開き、今後の対応について話し合った。

新しい試みをするのが②ゼンエイ芸術だ。

③フカをかけたトレーニングによって記録向上を目指す。

国の④カイカクを進めて将来を明るいものにしたい。

⑤テツボウで逆上がりの練習をする。

⑥トウセイのとれた隊列に舌を巻く。

宝石を五つの⑦トウキュウに分けて価格を調整した。

⑧キョウゴウする企業を買収し一つの組織にした。

⑨己の後ろすがたを鏡に映して見たことがありますか。

あなたはその⑩危うさに気づかないのですか。

二 次の文章を読んで、後の問いに答えなさい。

看護師の南玲子はリハビリテーション専門病院に勤務している。その病院に中学三年生の野呂悠馬が、脳出血の治療を受けた病院から転院してきた。主治医の小塚太一、理学療法士（足のリハビリを受け持つ）の黒木さおり、作業療法士（手のリハビリを受け持つ）の深沢朱理と玲子の四人が悠馬の担当になったが、体調がすぐれず休みがちな朱理の代わりを、新しくこの病院にやって来た経験豊富な作業療法士の大迫まひろが務めることが多くなっていた。

「南さん、あなた、野呂悠馬さんの担当よね？」

まひろの圧力に戸惑いながらも、玲子はなんとか頷きながら答えた。

「ええ。そうですけど」

「なんで、利き手交換やっているの？」

「利き手交換？」

昼休み明けは、その日に勤務している看護師全員で注1カンファレンスを行う時間なので、玲子以外のみんなは円卓に座って、カルテを開いたり、自分用のメモ帖を開いて午後の業務内容を確認したりしながら、その開始に備えていた。彼女たちには部屋の離れたところで話す玲子とまひろの会話は、おおよそは聞こえているはずで、いずれにしても玲子が戻ってこないとカンファレンスが始められないので、なんとなく見守られているような感じだったが、まひろはそのようなことを気にする素振りも見せず、整った眉をひそめて、小さくため息をついた。

「左で字を書く練習をしているんでしょ？」

「あ、はい。ええ。それが何か問題でも？」

「誰の許可でそんなことしているの？」

許可？　病棟で字を書く練習をするのに、許可が必要なのか。玲子は初めて言われることに最初はただ戸惑っていたが、その言葉を注2反芻

MEMO

大切なことはメモしておこうネ！

T.G

2023年度

解　答　と　解　説

《2023年度の配点は解答欄に掲載してあります。》

＜算数解答＞ 《学校からの正答の発表はありません。》

1　(1)　ア　7　(2)　イ　28個　ウ　31個　(3)　エ　$6\frac{12}{13}$秒後　オ　5回

(4)　カ　36人　キ　29点　(5)　ク　AD　ケ　BC　コ　解説参照

2　ア　100人　イ　70人　ウ　999人　エ　1069人　オ　6.5%

3　(1)　34個　(2)　16個　(3)　1666通り

4　(1)　ウ　(2)　$1\frac{1}{3}$cm^3　(3)　0.5倍

5　(1)　ア　5個　イ　2個　ウ　2個　エ　3471cm^2　(2)　3385cm^2　(3)　4通り

○推定配点○

1, 2　各4点×15　他　各5点×12　計120点

＜算数解説＞

1　(四則計算，過不足算，速さの三公式と比，旅人算，平均算，割合と比，平面図形，論理)

(1)　$\square=6\times\frac{80}{3}-2023\times\frac{9}{119}=160-153=7$

重要　(2)　イ…(10＋2)÷(5−3)＝6(人)より，3×6＋10＝28(個)

ウ…(10＋4)÷2＝7(人)より，3×7＋10＝31(個)

(3)　A1秒の角度…360÷10＝36(度)

B1秒の角度…360÷36＝10(度)

エ…$180\div(36-10)=6\frac{12}{13}$(秒後)

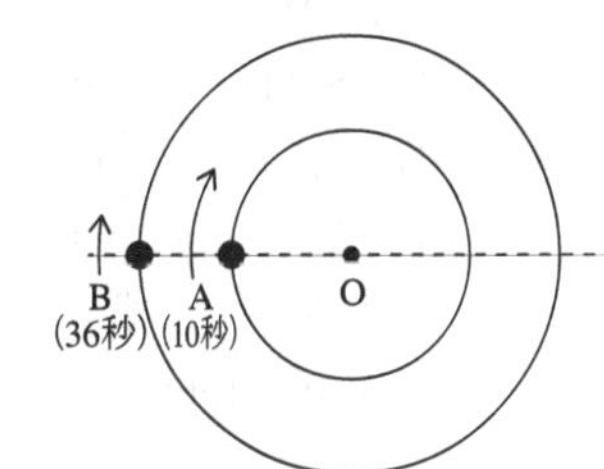

オ…エより，$36\div6\frac{12}{13}=5.2$(回)すなわち5回

やや難　(4)　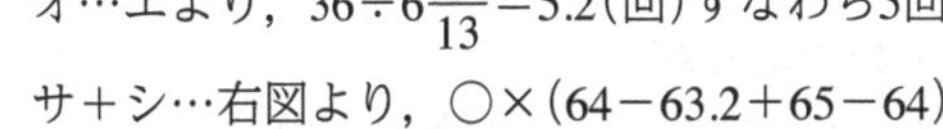サ＋シ…右図より，○×(64−63.2＋65−64)

＝○×1.8＝63(点)

カ…クラスの人数は63÷1.8＋1＝36(人)

サ：シ…0.8：1＝4：5

キ…Bさんの得点は64−63÷(5＋4)×5＝29(点)

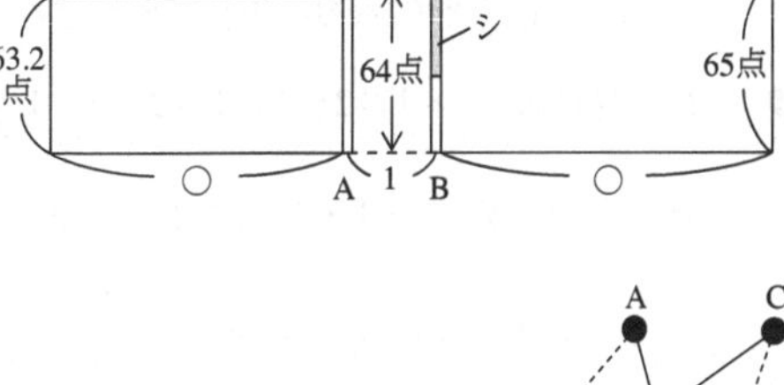

(5)　ク…三角形ADEにおいて辺「AD(DA)」

は他の2辺の和よりも短い

ケ…三角形BCEにおいて辺「BC(CB)」

は他の2辺の和よりも短い

コ…(解答例)線分の長さの和の合計がもっとも

短くなる(ことに反する)

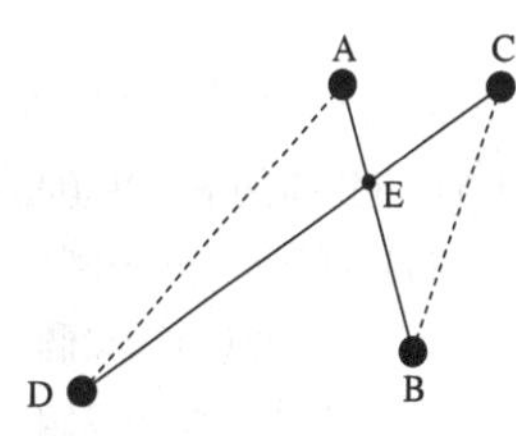

※「交差する結び方」→線分の長さの和の合計が「もっとも短くならない」ことを示す。

重要 **2** **(割合と比，概数)**

ア…感染しているのは100000×0.001＝100(人)

イ…感染している人のうち陽性判定になるのは100×0.7＝70(人)

ウ…感染していない人のうち陽性判定になるのは，アより，(100000－100)×0.01＝999(人)

エ…陽性判定になるのは，イ・ウより，70＋999＝1069(人)

オ…イ・エより，70÷1069×100≒6.5(％)

重要 **3** **(演算記号，数の性質，規則性，場合の数)**

(1) (2，1)…2÷7＝0余り2　(2，4)…16÷7＝2余り2　(2，7)…128÷7＝18余り2

したがって，(2，A)のAは，1＋3×33＝100より，34個

(2) (3，5)…243÷7＝34余り5

(3，6)＝(3，3)×(3，3)…27÷7＝3余り6より，6×6÷7＝5余り1

(3，7)＝(3，3)×(3，4)…81÷7＝11余り4より，6×4÷7＝3余り3

(3，8)＝(3，4)×(3，4)…81÷7＝11余り4より，4×4÷7＝2余り2

(3，9)＝(3，4)×(3，5)…4×5÷7＝2余り6

(3，10)＝(3，5)×(3，5)…5×5÷7＝3余り4

(3，11)＝(3，5)×(3，6)…5×1÷7＝0余り5

したがって，(3，B)のBは，5＋6×15＝95より，16個

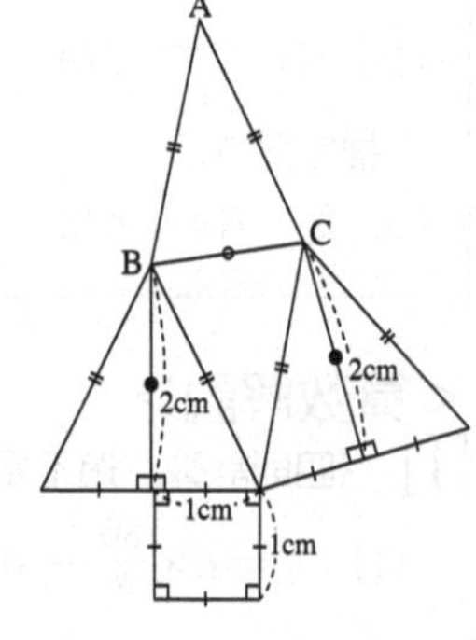

(3) (2，C)

C…1，4，7，～，97，100のとき，余りは2→34個

C…2，5，8，～，98のとき，余りは4→33個

C…3，6，9，～，99のとき，余りは1→33個

(3，D)

D…5，11，～，95のとき，余りは5→16個

D…1，7，～，97のとき，余りは3→17個

D…3，9，～，99のとき，余りは6→17個

したがって，求める組み合わせは34×16＋33×17×2＝34×49＝1666(通り)

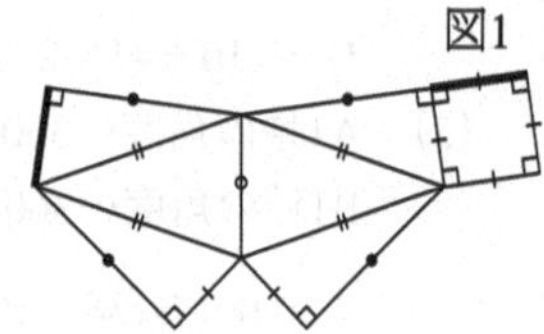

4 **(立体図形，平面図形)**

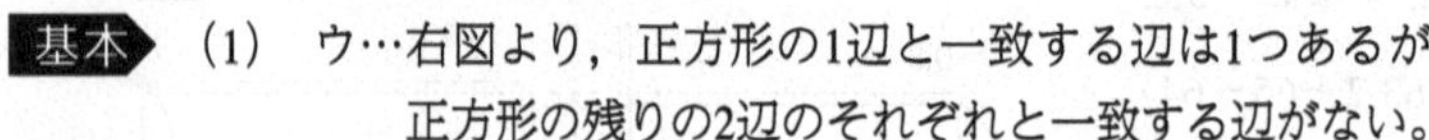

基本 (1) ウ…右図より，正方形の1辺と一致する辺は1つあるが正方形の残りの2辺のそれぞれと一致する辺がない。

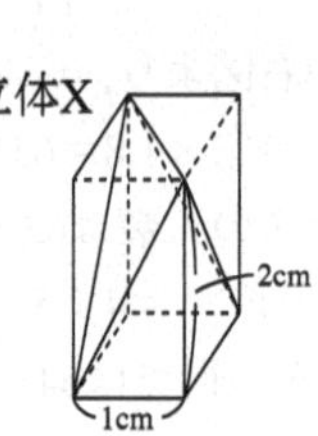

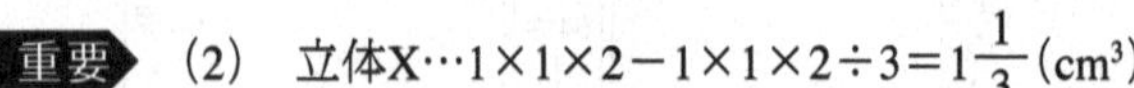

重要 (2) 立体X…$1\times1\times2-1\times1\times2\div3=1\frac{1}{3}$(cm³)

(3) 三角錐Y…$1\times1\times2-1\times1\times2\div3\times2=\frac{2}{3}$(cm³)

したがって，求める割合は$\frac{2}{3}\div\frac{4}{3}=0.5$(倍)

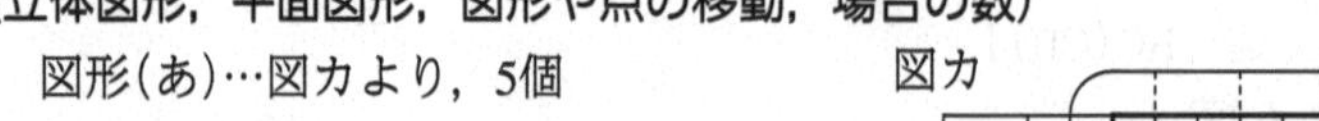

重要 **5** **(立体図形，平面図形，図形や点の移動，場合の数)**

(1) 図形(あ)…図カより，5個

図形(い)…2個

図形(う)…2個

面積…20×20×(5＋1＋1.5)＋10×10×3.14×1.5＝3000＋471＝

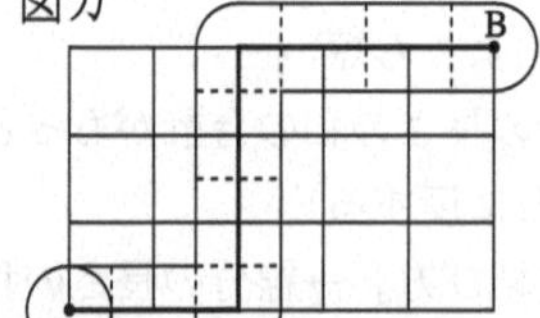

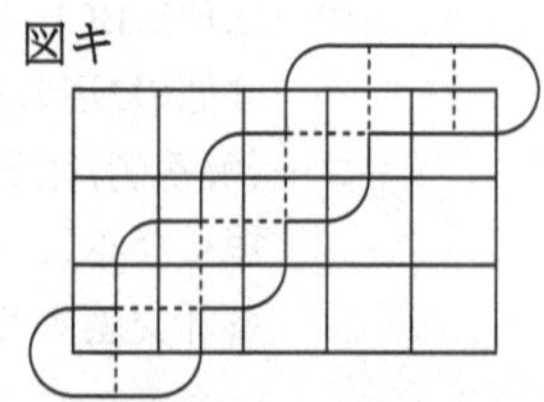

3471(cm²)

(2) 図キ…方向を変える回数が多くなる経路を選択すると，面積は20×20×(0.5×2＋0.75×6＋1)＋10×10×3.14×(0.5×2＋0.25×6)＝2600＋785＝3385(cm²)

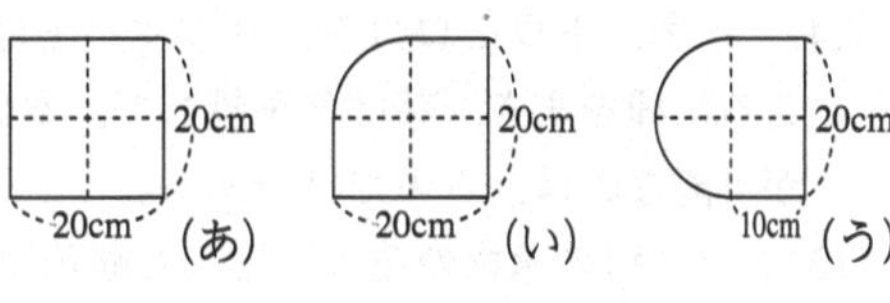

(3) 場合の数…図キより，横に延びる経路が4本あるので4通り

★ワンポイントアドバイス★

1 (4)「クラスの平均点」の問題は，最高点と最低点の得点差が「クラスの人数－1」の何倍になるのかをわかることがポイントになる。(5)「2点の結び方」の「コの説明」，3「陽性判定」は，それぞれ問題文の読み取りが重要になる。

＜理科解答＞ 《学校からの正答の発表はありません。》

1 (1) ウ (2) オ (3) イ (4) イ (5) オ (6) ア (7) イ
(8) 共生 (9) エ (10) エ (11) ア

2 (1) 25mm (2) (a) ア，エ (b) 47%
(3) 1010hPa (4) カ (5) エ (6) イ
(7) (a) ウ (b) イ

3 (1) オ (2) 75% (3) エ (4) 1，5
(5) イ (6) ウ (7) エ (8) 0.72L
(9) 4.5L (10) 2.4L

4 (1) ア (2) 9m (3) 右図 (4) ウ
(5) 3：5 (6) 5.6 (7) 876

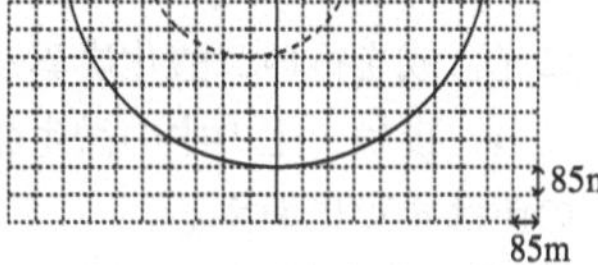

○推定配点○

1 各2点×11　2 各2点×9　3 各2点×10　4 (1) 2点　他 各3点×6
計80点

＜理科解説＞

1 (植物のなかま―ダイズの特徴)

(1) アはアズキで，大きさ4～5mmが多い。イはインゲンマメで，大きさは10mmを超え，20mmを超える品種もある。ウはダイズで，大きさ5～7mmくらいで，白色，緑色，黒色など球に近い形である。エはラッカセイで，20mm程度の細長い形をしている。オはソラマメで，20mm以上の大きさがあり，やや平べったい形をしている。

重要 (2) ダイズなどマメ科の植物の種子には胚乳がないので，種皮の内側はすべて胚である。ウは，のちに本葉や茎，根になる部分(幼芽，胚軸，幼根)であり，エは栄養分が蓄えられている子葉である。そして，ウとエをあわせたオが胚である。

(3) 問題文にあるように，ダイズの開花の時期は7月と8月であり，夏至(6月)よりも後である。つまり，昼の長さが短くなっていき，夜の長さが長くなっていく時期に開花する。開花が日長の影響を受けているのだから，短日植物といえる。

(4) イネ，トウモロコシ，サツマイモは，春～夏に植え付け，秋に収穫する。一方，ムギは11月ごろに種をまき，芽は冬を越して，春に収穫する。よって，ダイズと同じ土地で栽培する二毛作が可能なのは，ムギだけである。

(5) マメ科の植物の花は，雄花と雌花に分かれておらず，1つの花におしべとめしべがある。花びらは5枚(大1枚，中2枚，小2枚)ある。マメ科の植物の多くは，1つの花の中で花粉がめしべにつく自家受粉をおこなう。

(6) ダイズの種子は，タンパク質を多く含む食品であり，畑の肉とよばれる。ふつう，タンパク質は肉や魚，卵や牛乳といった動物性のものが多いため，植物性のタンパク質が多く含まれるダイズは重要で，さまざまな食品に加工されている。

(7) ダイズにつく根粒菌は，空気中の窒素を利用して窒素化合物をつくるはたらきがあり，ダイズがアミノ酸やタンパク質をつくる助けをしている。他の生物には，空気中の窒素を利用する能力はない。なお，ア，ウ，エはどの植物も利用しているが，根粒菌は光合成をおこなわない。

(8) ダイズは根粒菌に，光合成でつくった栄養分の一部を与えている。根粒菌はダイズに，空気中の窒素から作った化合物を与え，アミノ酸の原料になっている。このように，ダイズと根粒菌は，双方が得をする共生の関係にある。

(9) こんにゃくは，サトイモ科の植物であるコンニャクの茎の一部に栄養分が蓄えられた「いも」を原料につくられた食品である。他は，ダイズが原料である。

(10) フェノールフタレイン液は，アルカリ性で赤色になり，中性や酸性では無色になる。畑の土の上では，フェノールフタレイン液を染み込ませたろ紙の色が消えたので，土から二酸化炭素が多く放出され，ろ紙の水に溶け込んで中和していると考えられる。つまり，土の中に微生物が多く，呼吸をおこなっていることがわかる。

重要 (11) 図3では，コップの内側に緑色の植物の葉が多数入っているので，昼間は呼吸よりもさかんに光合成を行い二酸化炭素を消費する。そのため，昼間はフェノールフタレイン液の色が消えにくい。夜は，土の中の微生物だけでなく緑色の植物も呼吸を行うので，フェノールフタレイン液の色はすぐに消える。

2 (気象―気象観測と台風)

重要 (1) 直径3cmの円内に降った雨が，直径5cmのびんに9mmの深さまでたまった。これを，直径3cmの柱の形のびんの深さに直す。底面積の比が(3×3)：(5×5)＝9：25なので，同じ水の量となる深さの比は25：9である。よって，直径3cmのびんであれば，水は25mmまでたまり，雨量は25mmである。

(2) (a) 湿球温度計の液だめのまわりには，湿ったガーゼが巻き付けてあり，水が蒸発するときに熱を奪い，温度計の示す温度が下がる。同じように，水が蒸発するときに熱を奪う現象は，アとエである。イは気圧が下がって空気が膨張するためであり，ウは水の融点よりも水溶液の融点の方が低いためである。

(b) 図1では乾球温度計の読みが25.0℃，湿球温度計の読みが18.0℃で，その差は7.0℃である。表1で，乾球が25℃，差が7℃を読み取ると，湿度は47％である。

(3) 気圧計をつくったときのビンの外側の気圧が1015hPaだったので，図2でビンの内側の気圧も1015hPaである。その後，ビンの外側の気圧は変化するが，ビンの内側の気圧はずっと変わらない。図3では外側の空気とつながっているストローの液面が5目盛り上昇しているので，ビンの内側の気圧に比べ，ビンの外側の気圧の方が5hPa低い。よって，図3のときのビンの外側の気圧は1015－5＝1010(hPa)である。

重要 (4) 図5で横浜市のグラフを見ると，Aは12日午後に大きく下がってから上がっている。このときの天気は雨なので，湿度が大きく下がることはなく，10月の横浜で気温が5℃未満まで大きく変化するのもおかしい。つまり，Aは気圧であり，12日21時ごろに台風の中心が接近したことがわかる。台風通過後の13日12時ごろを見ると，天気は晴れであり，Bは低い値になっているので湿度で，Cは高い値になっているので気温である。

(5)　(2)・(3)の結果，気圧は1010hPa，気温は25℃，湿度は47％である。これにあてはまるのは，13日の17時である。

(6)　ア：誤り。13日にはBの湿度が50％を下回っている時間帯がある。

イ：正しい。11日と12日の夜が雨であり，Cの気温のグラフはあまり下がっていない。

ウ：誤り。Aの気圧のグラフが急激に下がっている12日21時ごろに台風が接近した。

エ：誤り。台風が通過した翌日の13日は晴れであり，気温は28℃くらいまで上昇した。

(7)　(a)　台風は，熱帯低気圧のうち風速が速いものである。北半球の低気圧は，上から見て左回りに空気が吹き込む。

(b)　図5で，台風が通過した前後の12日12時や13日0時の風向を見ると，横浜市と千葉市では似た傾向を示しているが，甲府市では異なる変化をしており，台風は横浜市と甲府市の間を通過したと推定される。ちなみに，この台風は2019年の台風第19号であり，中部，関東，東北地方を中心に，全国的に大雨や洪水の被害が甚大であった。

3 (水溶液の性質―さまざまな洗浄剤)

(1)　セッケンは，油とアルカリ性の水溶液からつくられ，脂肪酸とアルカリが結びついたつくりをしている。そのため，脂肪酸の部分は油になじみやすく，アルカリの部分は水になじみやすい。この性質によって，汚れの油とセッケンが結びついたまま，水に流すことができる。セッケンの水溶液は弱いアルカリ性である。

重要　(2)　消毒液100mLの重さは0.85×100＝85(g)である。一方，エタノール80mLの重さは，0.80×80＝64(g)である。よって，重さの割合で表した濃度は，64÷85＝0.752…で，四捨五入により75％となる。

(3)　物質Aは重曹つまり炭酸水素ナトリウムである。実験1で，これを加熱すると二酸化炭素と水が発生し，炭酸ナトリウムが残る。よって，物質Bは炭酸ナトリウムである。

(4)　実験3でアルミニウムと鉄が溶けることから，物質Dは塩化水素で，水溶液は塩酸であり，気体Hは水素である。なお，実験4でアルミニウムは溶けるが鉄は溶けないことから，物質Eは水酸化ナトリウムである。よって，酸性の洗浄剤は，クエン酸の1と塩酸の5である。

(5)　洗浄剤6は，次亜塩素酸ナトリウムが含まれている塩素系の漂白剤であり，通常は物質Eの水酸化ナトリウムを混ぜてアルカリ性に調製されている。この塩素系の漂白剤に酸性の水溶液を混ぜると，有毒な気体の塩素が発生する。過去に命を失った人もおり，「混ぜるな危険」は，塩素の発生を警告している。

(6)　塩素はうすい黄緑色の気体で，ツンとした刺激臭がある。空気より重く，水によく溶ける。漂白作用や殺菌作用がある。

(7)　実験1で，物質A(重曹，炭酸水素ナトリウム)を加熱すると，気体Fの二酸化炭素が発生する。固体を試験管で加熱するときは，できる液体が加熱部に触れないように，底を上げて口を下げる。また，二酸化炭素は空気よりも重いので，下方置換で集める。

やや難　(8)　表2から，8.40gの物質Aを充分に加熱すると，5.30gの物質Bができて，固体の重さは8.40－5.30＝3.10(g)減少する。このとき，気体Fは1.2L発生する。しかし，設問では一部だけ反応しているので8.40－6.54＝1.86(g)減少している。よって，気体Fの発生量は，3.10：1.2＝1.86：□　より，□＝0.72Lとなる。

(9)　実験2で，物質Cは過酸化水素であり，気体Gは酸素である。過酸化水素と二酸化マンガンを混ぜたとき，二酸化マンガンは反応を助けるだけで自身は反応しない。よって，物質C(過酸化水素)の量にだけ着目すればよい。「10.2%，125g」の物質Cの水溶液は，「3.4%，25g」の物質Cの水溶液に比べ，濃度が3倍，水溶液の重さが5倍なので，含まれる物質Cの重さは3×5＝15(倍)である。よって，発生する気体Gの体積も15倍で，0.3×15＝4.5(L)となる。

重要 (10)　表4から，物質D(塩化水素)の水溶液と，物質E(水酸化ナトリウム)の水溶液は，重さの比1：1で混ぜると，BTB液が緑色になり，ちょうど中和している。よって，物質Dの水溶液300gと物質Eの水溶液100gを混ぜると，100gずつが中和し，物質Dの水溶液が200g残る。設問文から，アルミニウムと物質Dの水溶液が反応して気体H(水素)が発生するときの量の比は，2.7g：300g：3.6Lだから，アルミニウム5.4gと物質Dの水溶液200gの場合は，アルミニウムが余る。そのため，発生する気体Hの量は，物質Dの水溶液の量で決まり，300：3.6＝200：□　より，□＝2.4Lとなる。

4　(音の性質―動く音源からの音の伝わり方)

(1)　真空中では振動するものがないため，音は伝わらない。

重要 (2)　0.05秒間に超音波が障害物に当たって戻ってくるまでに進んだ長さは340×0.05＝17(m)であり，コウモリが進んだ長さは20×0.05＝1(m)である。つまり，コウモリが最初に超音波を出した位置から障害物までの往復の長さは，17＋1＝18(m)である。よって，距離は18÷2＝9(m)である。

(3)　1秒前に出された音の波面は，▲を中心とした半径340mの円(点線)である。また，2秒前に出された音の波面は，●を中心とした半径340×2＝680(m)の円(実線)である。それぞれ，半径4目盛り，半径8目盛りを描けばよい。

(4)　(3)の図を見ると，音源が進む向き(左側)では波面の間隔が小さくなり，音源が動いた後ろ側(右側)では波面の間隔が小さくなっている。図2では，音源はAに向かって動いているので，Aでは狭い間隔に振動が押し込められ，1秒あたり振動数が多く，高い音が短時間だけ聞こえる。また，音源はBから離れる向きに動いているので，Bでは広い間隔に振動が広げられ，1秒あたり振動数が少なく，低い音が長時間に聞こえる。

(5)　(3)の図で，1秒前に出された音の波面と2秒前に出された音の波面の間隔は，A側では3目盛りぶん，B側では5目盛りぶんである。そのため，AとBのそれぞれの位置で音を聞く時間の比は，3：5である。

やや難 (6)　(3)の図で，波面の間隔はA側では3目盛りぶんである。一方，音源が動いていない図1では，波面の間隔は4目盛り分である。つまり，音源が1秒間＝4目盛りぶんの音を出したときに，Aでは3目盛りぶん(0.75秒)の時間だけ音が聞こえる。よって，Aで4.2秒間の音が聞こえたとき，音源が音を出している時間は，3：4＝4.2：□　より，□＝5.6秒間である。

(7)　音源が音を鳴らし終わった瞬間の位置をYとすると，YからAに向かって音源が毎秒85mで進み，YからBに向かって音は毎秒340mで進んで，AとBに同時に到着した。このことから，YAの長さとYBの長さの比は，85：340＝1：4である。ABの長さは2000mなので，YAの長さは400m，YBの長さは1600mと分かる。また，(6)のことから音源はXYの間を5.6秒間で動いているので，XYの長さは85×5.6＝476(m)である。以上より，XAの長さは，XYとYAの長さの和で，476＋400＝876(m)となる。

★ワンポイントアドバイス★

時間内で考えなければならない項目がたいへん多い。問題文に印をつけたり，上手にメモを取ったりして，効率よく解き進めよう。

＜社会解答＞ 《学校からの正答の発表はありません。》

1 問1 オ　問2 ア　問3 オ　問4 エ　問5 エ　問6 ウ　問7 ア・イ・エ
問8 オ　問9 ア　問10 ウ　問11 ウ　問12 エ　問13 カ　問14 イ
問15 (1) イ　(2) イ　問16 エ　問17 (1) エ　(2) エ　問18 イ
問19 イ・ウ・エ　問20 ア　問21 ア

2 (例) 1920年代に入ると国家財政にしめる軍事費の割合は低下した。一方，新聞は軍備の制限を主張し，国民の軍人に対する感情も悪化した。このため，陸軍は，映画や展覧会を利用して，軍に有利なように世論を操作しようと試み，民間企業もこれに積極的に協力した。

○推定配点○

1 各3点×23(問7，問19各完答)　2 11点　計80点

＜社会解説＞

1 (総合—長崎市を題材にした地理，歴史，政治など)

問1 まず，豊田市は，日本を代表する工業都市。自動車工業が高度に発達し，第2次産業就業人口の割合が高い。よって，Bである。次に，長崎市は，主要な産業である造船業が衰え，人口が減少するとともに，高齢化も進んでいる。よって，Cである。残ったAが西宮市で，大阪市や神戸市のベッドタウンであるため，65歳以上人口の割合は豊田市と同様にやや低い。

問2 アは佐賀県の吉野ヶ里遺跡の説明。吉野ヶ里遺跡は，佐賀県神埼郡吉野ヶ里町と神埼市にまたがる遺跡で，1986年以来の発掘で弥生時代の大規模な環濠集落や墳丘墓などが発見された。
イ 菅原道真が流されたのは大宰府。大宰府は九州を管轄し，外交や国防を受け持った。
ウ 日本最大級の古墳は，大阪府堺市にある大山古墳。また，「各地の王を従えた勢力」は畿内を本拠地とした。 エ 石塁は，2度目の元軍の襲来(弘安の役)に備えて築かれた。

基本 問3 鳥取市は，日本海側に位置し，冬季，降雪が多い。よって，A～Cの中で，冬季の降水量が最も多いAが鳥取市である。岡山市は，中国山地，四国山地が季節風を防ぐため，年中降水量が少ない。よって，A～Cの中で，年降水量が最も少ないCが岡山市である。残ったBが長崎市で，夏季を中心に降水量が多いことが特色である。なお，B，Cで降水量の目盛りが異なることに注意が必要である。

重要 問4 まず，イは東京との間の旅客数が突出して多いことから札幌である。次に，アはイ(札幌)に次いで東京との間の旅客数が多いことから大阪である。さらに，ウは東京との間の旅客数がみられないことから，距離的に近く，新幹線の利用者が多数を占める新潟である。残ったエが長崎である。

問5 コロナ禍によって外食の機会が減り，自宅で食事をつくる機会が増えた。このため，生鮮肉の年間支出額は増加した。一方，タクシー，婦人服，口紅は，コロナ禍によって外出の機会が減ったことから，いずれも年間支出額は減少した。

重要 問6 円高が進むと，日本を訪れる外国人は，自国の通貨を両替したときに得られる円の金額が減少してしまう。このため，円高は，外国人旅行者を減らす方向に作用する。

問7 ア 取材相手のプライバシーにも配慮する必要がある。 イ 書籍は，普通，出版までに数か月～数年の準備が必要である。 エ 情報の価値を判断する力(メディア・リテラシー)が求められる。 ウ 一般に，新聞は，テレビに比べると速報性には劣るが，信頼性は高いとされる。

問8 焼津は，かつお，まぐろ類のような高級魚が中心。よって，Aである。釧路は，オホーツク海や北太平洋のような寒海を漁場とするため，たらの漁獲が多い。よって，Bである。残ったCが長

崎で，東シナ海で漁獲の多い，まあじ，さば類などが中心である。

基本 問9　南蛮貿易は，南蛮人(ポルトガル人，スペイン人)を貿易相手とした貿易。また，ボタンは，ポルトガル語由来の言葉である。

問10　江戸幕府は，対馬藩を通じて貿易をおこなった。貿易はプサン(釜山)の倭館で行われ，主な輸出品は銀・銅など，主な輸入品は朝鮮人参や中国産の生糸，薬材など。

問11　宋銭は，中国の宋の時代に鋳造された銅銭。平安時代末期から室町時代にかけて大量に輸入され，国内通貨として用いられた。　ア「鉄製の武器」ではなく，「銅鏡」。　イ「遣隋使船」ではなく，「遣唐使船」。　エ　観阿弥，世阿弥は明に渡っていない。

問12　坂本龍馬は土佐出身。同じ土佐出身の板垣退助は，1881年，自由党を結成し，初代党首となった。　ア　平等院鳳凰堂が造営されたのは平安時代中期。　イ　京都は，794年～1867年の間，ほぼ一貫して日本の都であった。　ウ　島津氏ではなく，長宗我部氏。

やや難 問13　2020年現在，造船業は，中国，韓国，日本の順に船舶竣工量が多い。同年，鉄鋼業は，中国，インド，日本の順に粗鋼生産量が多い。また，同年，自動車工業は，中国，アメリカ，日本の順に生産台数が多い。

やや難 問14　火力発電の燃料構成比は，1980年では石油が約7割を占めていた。しかし，2020年では，クリーンエネルギーの代表である天然ガスが半分ほどを占め，これに約4割の石炭が次いでいる。石油は1割弱とごく少ない。

問15　(1)　日本政府は，自衛隊について，自衛のための必要最低限度の実力であり，戦力にはあたらないという説明を繰り返している。　ア「自衛権」ではなく，「交戦権」。　ウ「開発」の段階では，先制攻撃はできない。　エ　非核三原則は憲法には明記されていない。　(2)　国連の安全保障理事会は，5か国の常任理事と10か国の非常任理事国から構成されて，常任理事国のうち1か国でも反対すれば，決議は成立しない。このような常任理事国だけに認められている権限を「拒否権」という。　ア「全会一致」ではなく「多数決」。　ウ　国際司法裁判所は，2023年2月現在，日本と韓国の間の領土問題について調停は行っていない。　エ　NGO(非政府組織)は，経済社会理事会の傘下の専門機関ではない。

やや難 問16　自国の利益を最優先に判断すれば，Y国，Z国とも「核軍拡」を選択することになり，自国のメリットはいずれも1である。しかし，お互いに最も望ましい選択は，Y国，Z国とも「核軍縮」を選択することで，この場合，Y国，Z国とも自国のメリットは2となる。よって，「お互いにとって最も望ましい選択が自然に達成される」とはいえない。

問17　(1)　湾の見え方や，海岸線の形状に注目して考える。　(2)「水辺の森公園」付近の海岸線の形状から，埋立地であると判断できる。　ア　2022年9月に開業した西九州新幹線は，武雄温泉駅(佐賀県)と長崎駅の間。福岡県の博多駅から新幹線が直接乗り入れてはいない。　イ「弁天町」ではなく，「出島町」。　ウ　三角州はみられない。

問18　名主などの村役人は，それぞれの村ごとに決められた。幕府によって任命・派遣されたわけではない。

問19　イは日本国憲法第59条②，ウは日本国憲法第96条①，エは日本国憲法第50条にそれぞれ明記されている。　ア「助言と承認」ではなく，「公布」。

問20　参議院議員の定数は248人。参議院議員は3年ごとに半数が改選されるので，改選数は124人。　イ　鳥取県と島根県で1つの選挙区，高知県と徳島県で1つの選挙区としているので，選挙区の数は45。　エ　過去4番目の低さであった。

やや難 問21　広告物による性的な表現が，性別に基づく有害なステレオタイプ(固定概念)を助長し，結果として性別に基づく不平等につながっているのではないか，という考え方がある。

2 (日本の歴史―多くの資料を使用した陸軍の宣伝活動に関する論述問題)

資料1から，1920年代に入ると国家財政にしめる軍事費の割合が低下したことが読み取れる。また，資料2の(1)から，新聞は軍備の制限を主張したこと，資料2の(2)から，国民の軍人に対する感情が悪化したことが読み取れる。さらに，資料3，資料4から，陸軍は，映画や展覧会を利用して，軍に有利なように世論を操作しようと試み，民間企業もこれに積極的に協力したことが読み取れる。

★ワンポイントアドバイス★

地形図を用いた問題が出題されている。地図記号や等高線，縮尺，方位などを正しく確認しておくなど，十分な対策が必要である。

＜国語解答＞ 《学校からの正答の発表はありません。》

一 ① 閣議 ② 前衛 ③ 負荷 ④ 改革 ⑤ 鉄棒 ⑥ 統制 ⑦ 等級 ⑧ 競合 ⑨ おのれ ⑩ あや

二 問一 イ 問二 ア 問三 しびれ 問四 エ 問五 ア
問六 (朱理) (例) 早く左手を使えるようにする(13字) (まひろ) (例) 右手を極限までよくする(11字) 問七 (例) 玲子たちの方針とは違う，右手の練習をしていたことが，玲子に悪いと感じたから。(38字) 問八 エ 問九 ウ

三 問一 (例) 行動域が限られたゴリラやチンパンジーは，常に持続的に視覚や聴覚で仲間を認知するが，行動範囲の広い人間は，集団を離れて食物を運んでくる人間も仲間と認知するから。(79字) 問二 ウ 問三 A 脳 B 産道 C 脳は生まれた後に急速に発達させる D 栄養 E 分厚い脂肪 問四 ウ(→)エ(→)イ(→)ア 問五 エ
問六 イ 問七 ア 問八 ウ 問九 イ

○推定配点○

一 各3点×10 二 問六 各5点×2 問七 10点 他 各3点×7 三 問一 13点 他 各3点×12(問四完答) 計120点

＜国語解説＞

一 (漢字の読み書き)

① 「閣議」は，内閣がその職権を行うために開く会議。 ② 「前衛」は，芸術運動で，最も先駆的なグループのこと。 ③ 「負荷」は，負担となる仕事。 ④ 「改革」は，改めかえること。 ⑤ 「棒」の字形に注意する。 ⑥ 「統制」は，一つにまとめておさめること。 ⑦ 「等級」は，上下の位。 ⑧ 「競合」は，きそいあうこと。 ⑨ 「己」は，自分自身のこと。 ⑩ 「危」には「あぶ(ない)」「あや(うい)」という訓がある。

二 (小説―内容理解，表現理解，空欄補充，慣用句，心情理解，主題)

問一 ――線部①のあとでも玲子は，「朱理の，深沢さんの話を聞いてからに……」のように言っている。思わず普段の慣れ合いの呼び方で「朱理」と言ってしまったが，まひろの前では，「深沢さん」とかしこまった言い方に直したのである。

問二 玲子と朱理が決めた方針をまひろに否定されそうになって，玲子は緊張しているが，その一方で，――線部②を含む文の文末が「……のがわかった」となっており，玲子が自分を冷静に観

察していることが読み取れる。

基本 問三 「しびれを切らす」は，待ちくたびれる，という意味。

問四 まず，玲子にとって，「今日から正式に担当を変えることにします」と告げられたことがショックである。さらに，まひろの「私の方が野呂さんの状態を把握していますし」「可哀そうなのは彼女じゃなくて，野呂さんです」という言葉に，衝撃を受けている。

問五 あとの「ごめんなさい。あなたの野呂さんのカルテを見て，南さんが本当に彼を早く学校生活に戻したいんだということがわかりました。だから，ちゃんと説明すべきだと考え直したんです」というまひろの言葉に注目。

問六 「左手でもできるようにはなるでしょう。その方が早いし，現実的」というのが玲子たちのスタンス，「彼の右手を，極限までよくする」というのがまひろのスタンスである。

やや難 問七 「悠馬の右手には柄の太いマジックが握られていて，……線が残っていた」とあるように，悠馬は右手の練習をしていた。玲子たちの方針とは違うことをしていたことで，悠馬は玲子に悪いと感じたのである。

問八 前の場面でのまひろの言葉「小塚先生(太一)とは話しました。多分，ご納得されていると思います」をふまえて考える。

重要 問九 「わたし」のような一人称の語り手は出てこない。「自分の大きく冷たい鼓動……がわかった」「玲子には，もうまひろを引き留めることはできなかった」のように，玲子の内面に入り込んだ表現はあるが，たとえば〝まひろは自分の鼓動がわかった〟のような，玲子以外の人物の内面に入り込んだ表現は出てこない。

三 **(論説文一内容理解，空欄補充，文の整序，要旨)**

やや難 問一 初めの四つの段落から「ゴリラやチンパンジー」と「人間」の違いをとらえる。

問二 前の二つの段落から，人間が「想像を共有する」ようになったきっかけをとらえる。

重要 問三 ――線部④の理由について，二つあとの段落で詳しく述べられている。

問四 ア～エの文それぞれの初めの接続語，また，空欄の直後の「それでも」に注意して，文の順番を考える。

問五 「道具があるだけでまだ起こっていない活動を想像することができます」のように，実際の使用目的を超えて，「道具」は人間に影響をもたらすものになったということ。

問六 「言葉によって場面や事態を想像して，それで済ますことができるようになりました」「時空を飛び越えて，先のことを予想することができる」「過去の事実も言葉によって伝えられる」などの表現に注目。

問七 直前の段落と，――線部⑦を含む段落の全体を読んで考える。「家畜」や「栽培植物」はアの文の「人間の従属物」にあたる。

問八 直後の「言葉は……効率的なものです。しかし，我々が五感で感じた風景や音声を言葉にして伝える場合，それは非常に抽象化したシンボルにつくり変えられています」に注目。「抽象化」とは，事物の或る側面や性質だけを取り出して把握することである。

重要 問九 ――線部⑨の直前にあるように，筆者は，「言葉や情報」が「人間の身体性から離れ，自由に一人歩きし始めた」ことを問題視している。これに対して，ゴリラとの「言葉を持たない会話」は，人間が言葉を持つ前に行っていたコミュニケーションなのである。

★ワンポイントアドバイス★

読解には選択肢の問題が多いが，読み取った内容を15～80字で記述する問題があり，これを落とすことはできない。要旨を簡潔にまとめるなどの力をつけておくことや，ふだんからいろいろなジャンルの文章にふれておくことが大切！

MEMO

2022年度

★★★★★★★★★★★★★★★★★★★★★★★★

入　試　問　題

2022年度
浅野中学校入試問題

【算　数】（50分）　＜満点：120点＞

【注意】 定規・コンパス・分度器は机の上に出したり，使用したりしてはいけません。

1　次の ア ～ ク にあてはまる数をそれぞれ求めなさい。また，(5)の問いに答えなさい。

(1) $\left(\boxed{\text{ア}} \div 0.025 + 2\frac{1}{2} \right) \div \frac{11}{12} \times \left(11\frac{1}{3} \times 2 - \frac{1}{5} \right) = 2022$

(2) ［図１］のような時計があり，長針，短針ともに常に一定の速さで動いています。

　10時と11時の間で，この時計の長針と短針のつくる角度が90°となる時刻は，10時 イ 分と，10時 ウ 分の２回あります。

［図１］

(3) ［図２］のように大きさの異なる円Ｘと円Ｙの一部分が重なってできた図形があり，全体の面積は143cm²です。重なっている部分の面積は円Ｘの面積の$\frac{1}{3}$で，円Ｙの面積の$\frac{2}{7}$です。このとき，円Ｘの面積と円Ｙの面積の比を，できるだけ簡単な整数の比で答えると エ ： オ で，円Ｘの面積は カ cm²です。

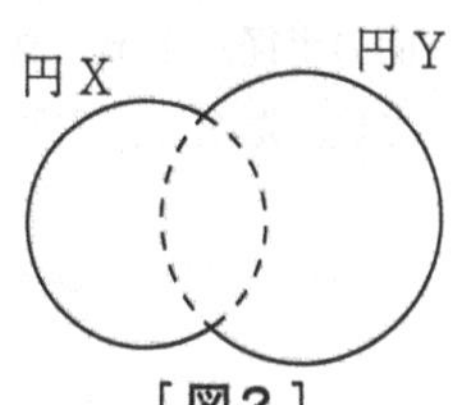

［図２］

(4) 一定の速さで流れる川の下流にＡ地点が，上流にＢ地点があります。Ａ地点からモーターボートで川を上ってＢ地点に行き，またモーターボートで川を下ってＡ地点に戻(もど)ってくることになりました。

　Ａ地点からエンジンをかけてＢ地点に向かった10分後にエンジンが故障したので，エンジンを切って修理したところ，ボートは川の流れに従いＡ地点の方に流されました。５分後，修理が終わったので，再びエンジンをかけてＢ地点に向かったところ，７分でＢ地点に到着(とうちゃく)しました。帰りは故障もなくＡ地点に向かったところ，５分でＡ地点に到着しました。

　川の流れの速さは静水時におけるモーターボートの速さの キ 倍であり，エンジンが故障しなければＡ地点からＢ地点まで ク 分で到着できます。ただし，静水時におけるモーターボートの速さは一定であるとします。

(5) ［図３］のように長方形の２本の対角線が交わった点をＰとし，点Ｐを通る直線を引くことによって長方形を２つの部分に分割します。もとの長方形は点Ｐに関して点対称(たいしょう)な図形であるので，長さを測ることなく，分割された２つの部分の面積は等しいとわかります。このことを用いて，後の問いに答えなさい。

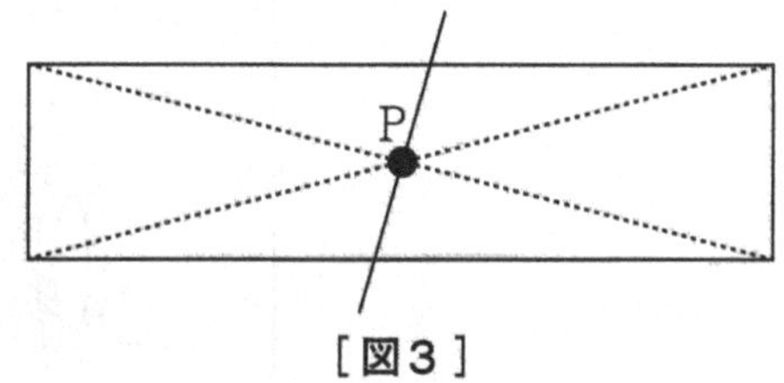

［図３］

［図４］のような図形の面積を二等分する１本の直線を，必要な補助線も含めて解答用紙の図に描き入れなさい。ただし，補助線は点線……，面積を二等分する直線は実線――で描くものとします。

また，描き入れた方法で面積を二等分することができる理由を説明しなさい。

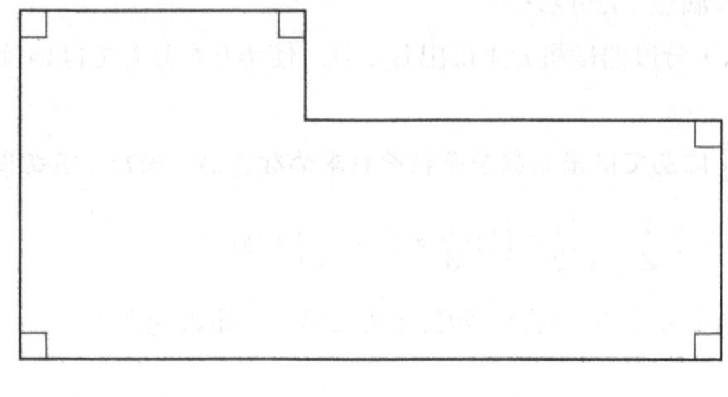

［図４］

2 ［図１］のように底面の半径が６㎝，高さが６㎝の円柱の形をした容器の深さ４㎝のところまで水が入っています。この水の中に［図２］のような底面の半径が２㎝，高さが６㎝の円柱から，底面の半径が１㎝，高さが６㎝の円柱をくり抜いた立体Aを入れます。このとき，後の問いに答えなさい。ただし，円周率は3.14とします。

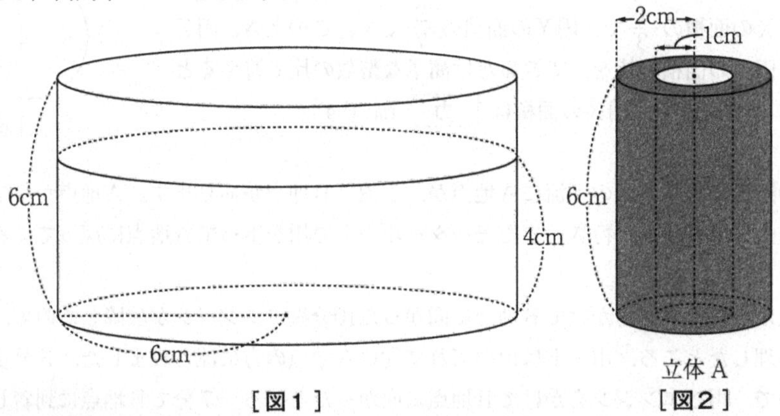

［図１］　［図２］

(1)　立体Aの体積は何㎤ですか。

(2)　［図３］のように，水の中に立体Aを横に倒して沈めます。このとき，水面の高さは何㎝になりますか。

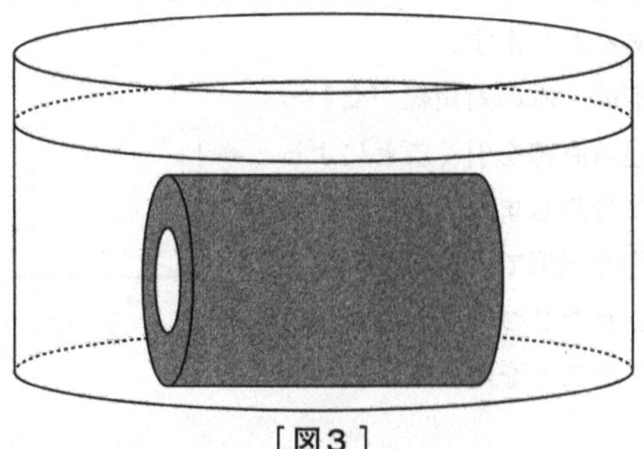

［図３］

(3) 水の中に立体Aを縦にして，くり抜いた部分にも水が入るようにゆっくりと沈めていき，［図4］のように立体Aの底面が容器の底面についた状態に立てます。このとき，水面の高さは何cmになりますか。

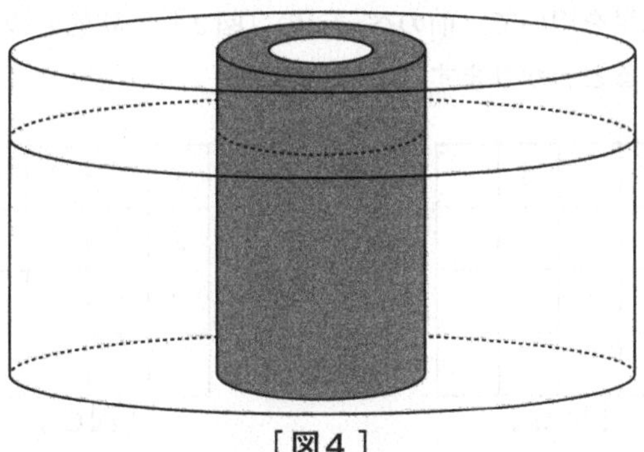

［図4］

3 縦4個，横4個の合計16個のマス目のそれぞれに，1，2，3，4いずれかの数字を入れていきます。このマス目の横の並びを行といい，縦の並びを列といいます。どの行にも，どの列にも同じ数字が1回しか現れない入れ方が何通りあるかについて考えます。

［図1］はこの入れ方に従って数字を入れた一例です。

1列目	2列目	3列目	4列目	
3	1	4	2	…1行目
2	4	1	3	…2行目
4	3	2	1	…3行目
1	2	3	4	…4行目

［図1］

まず，［図2］のように，1行目に左から1，2，3，4の順に数字が入っている場合について考えます。

続いて1列目の残りの3つのマス目に，［図3］のように，上から順に2，3，4と数字を入れます。

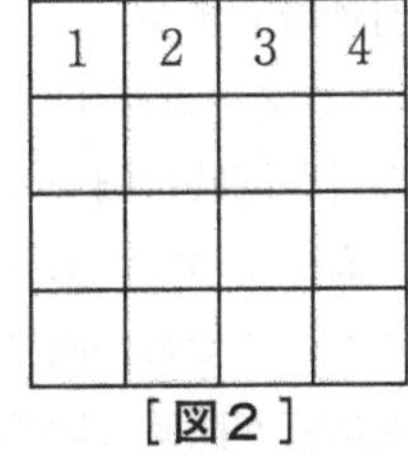

［図2］

1	2	3	4
2			
3			
4			

［図3］

(1) ［図4］のように2行2列目に1を入れたとき，残り8マスの数字の入れ方は2通りあります。この2通りの数字の入れ方を解答用紙の2つの図のマス目に書き入れなさい。

1	2	3	4
2	1		
3			
4			

［図4］

以下，［ア］～［キ］にあてはまる数をそれぞれ求めなさい。

(2) ［図５］のように２行２列目に３を入れたとき，残り８マスの数字の入れ方は［ア］通り，［図６］のように２行２列目に４を入れたとき，残り８マスの数字の入れ方は［イ］通りあります。このことと(1)の結果を用いて，前のページの［図３］の状態の残り９マスの数字の入れ方は全部で［ウ］通りあるとわかります。

1	2	3	4
2	3		
3			
4			

［図５］

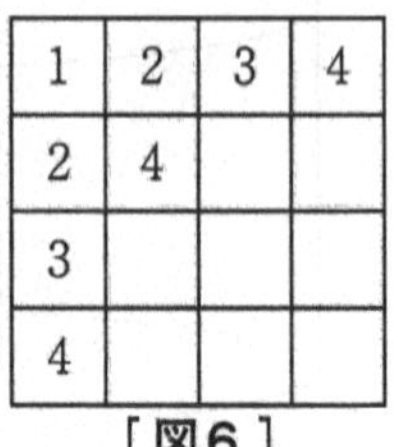

1	2	3	4
2	4		
3			
4			

［図６］

(3) (2)のようにして16マスすべて埋まった数字の並びのそれぞれについて，１行目は動かさずに，２～４行目だけを行ごと入れ替えることで，異なる数字の並びを作ることができます。

２，３，４の３つの数字を一列に並べる並べ方は［エ］通りあるので，これらのことと(2)の結果を用いて，［図２］の状態の残り12マスの数字の入れ方は全部で［オ］通りあるとわかります。

(4) すべてのマス目が空白の状態のとき，１行目の４つのマス目に１，２，３，４の数字を同じ数字が１回しか現れないように入れる入れ方は全部で［カ］通りあります。このことと(3)の結果を用いて，この16個のマス目の数字の入れ方は全部で［キ］通りあるとわかります。

4 いくつかのメトロノームがあります。メトロノームとは，一定の時間ごとに音を鳴らし続けることができる音楽の練習用の器具です。１分間にA回の割合で音が鳴るメトロノームを【♩＝A】で表すことにします。例えば，【♩＝30】であれば，１分間に30回，すなわち２秒に１回のペースで音が鳴るということを表します。次の問いに答えなさい。

(1) 【♩＝80】と【♩＝100】の２種類のメトロノームが１つずつあります。この２つのメトロノームの音が同時に鳴ったとき，次に音が同時に鳴るのは何秒後ですか。

(2) 【♩＝80】と【♩＝100】と【♩＝144】の３種類のメトロノームが１つずつあります。この３つのメトロノームの音が同時に鳴ったとき，次に３つの音が同時に鳴るのは何秒後ですか。

(3) 【♩＝［ア］】と【♩＝144】の２種類のメトロノームが１つずつあり，
【♩＝［ア］】は【♩＝144】よりもゆっくりとしたペースで音が鳴ります。
この２つのメトロノームの音が同時に鳴ったとき，次に音が同時に鳴るのは５秒後です。
このとき，［ア］にあてはまる整数をすべて答えなさい。ただし，答えが２つ以上になる場合は，「２，３」のように，答えと答えの間に「,」をつけなさい。

5 次のページの［図１］のような１辺の長さが10cmの立方体Xを27個用意し，これを次のページの［図２］のように平らな床の上に積み重ねて１辺の長さが30cmの立方体Yを作りました。そして，立方体Yの頂点Aの真上40cmのところにある電球Pでこの立方体を照らしました。このとき，後の問いに答えなさい。ただし，電球Pはすべての方向を照らすものとし，電球の大きさは考えないものとします。

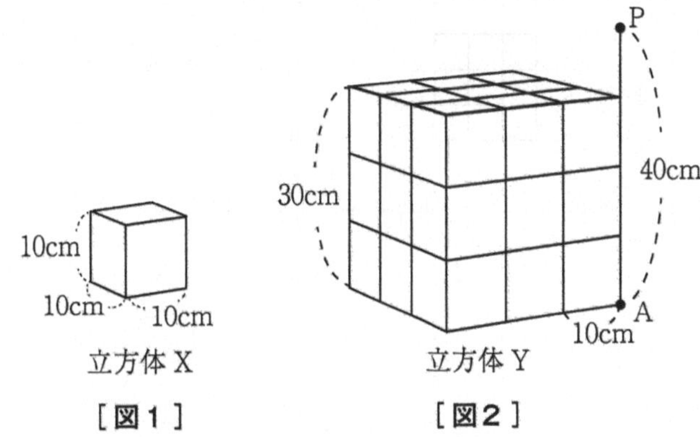

［図１］　　［図２］

(1) 電球Pによって床の上にできる立方体Yの影（かげ）の面積は何cm²ですか。

以下，［ア］～［エ］にあてはまる数をそれぞれ求めなさい。

(2) ［図２］の立方体Yの上段から立方体Xを２個取り除いた［図３］のような立体を作り，［図２］と同じ場所にある電球Pによってこの立体を照らしました。このとき，床の上にできる点Bの影は，点Aから［ア］cmのところにあります。また，床の上にできるこの立体の影の面積は，(1)で求めた影の面積よりも［イ］cm²小さくなります。

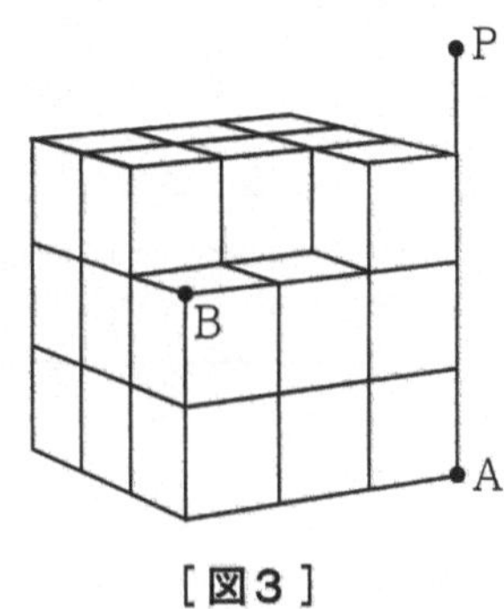

［図３］

(3) ［図２］の立方体Yの上段には立方体Xが全部で９個あります。このうち１つだけを取り除いてできる９種類の立体に対して，それぞれ［図２］と同じ場所にある電球Pによって立体を照らし，床の上にできる影の面積を考えます。このとき床の上にできる影の面積は，大きさが同じものを１通りと考えると全部で［ウ］通りあり，そのうち面積が最大のものと最小のものの差は［エ］cm²となります。

（作図用のマス目は次のページにあります）

< 作図用 >

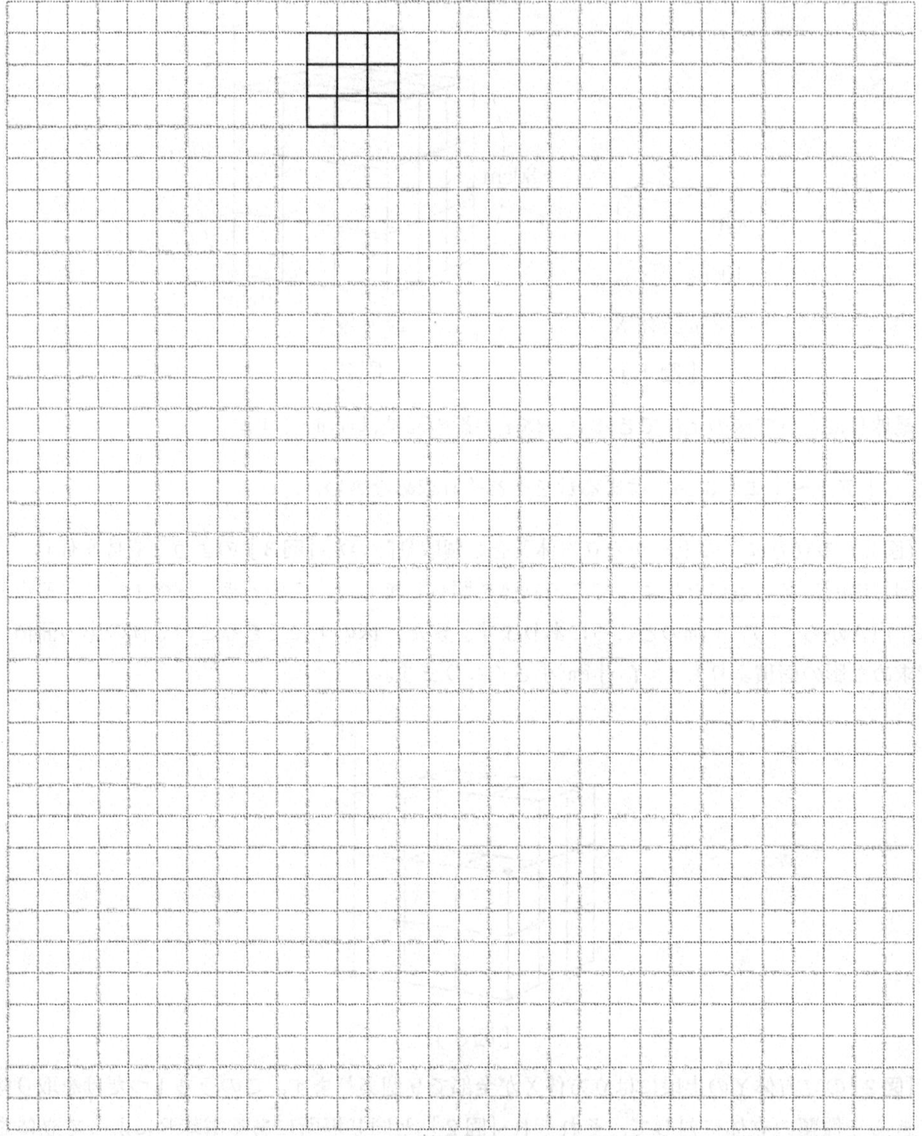

（作図用のマス目は次のページにもあります）

< 作図用 >

【理　科】（40分）　＜満点：80点＞

1　**次の文章を読んで，後の問いに答えなさい。**

浅野中学校の校内には，様々な植物や動物が生息する銅像山と呼ばれる小さな山があります。銅像山には，①サクラやコナラ，シイなどの樹木やシダやササなどの草本も多く観察することができます。動物ではタヌキやウグイスなどに加え，チョウやクワガタ，セミなどの昆虫(こんちゅう)も多く生息しています。チョウのように卵からかえった幼虫がさなぎを経て，成虫へと姿を加えることを［あ］といいます。春になると，柑橘系(かんきつけい)の樹木の葉では，チョウのなかまであるナミアゲハの幼虫をたくさん観察することができます。

(1) 下線部①について，サクラのように花びらが１枚ずつ離(はな)れている花を何と呼びますか。

(2) ［あ］にあてはまる語句を答えなさい。

(3) **ア〜キ**に示した生物はどれも銅像山でみられる昆虫です。［あ］をおこなう生物として適切なものを，次の**ア〜キ**の中から**２つ**選び，記号で答えなさい。

ア　トノサマバッタ　　**イ**　アブラゼミ　　**ウ**　オオカマキリ　　**エ**　クロナガアリ
オ　ショウジョウバエ　　**カ**　アキアカネ　　**キ**　チャバネゴキブリ

［実験１］

銅像山で採取したホウセンカの茎(くき)・葉を用いて蒸散に関する実験を行いました。［**図１**］のように100ｇの水が入っている同じ大きさの試験管を４本用意し，次の操作を行ったホウセンカと，ホウセンカの茎と同じ太さ，長さのガラス棒(ぼう)を試験管にさし入れました。ただし，葉の大ささや枚数，茎の太さや長さがほぼ等しいホウセンカを用いました。

A…何も処理をしなかったホウセンカをさし入れた試験管
B…葉の表側にワセリンをぬったホウセンカをさし入れた試験管
C…葉の裏側にワセリンをぬったホウセンカをさし入れた試験管
D…ガラス棒をさし入れた試験管

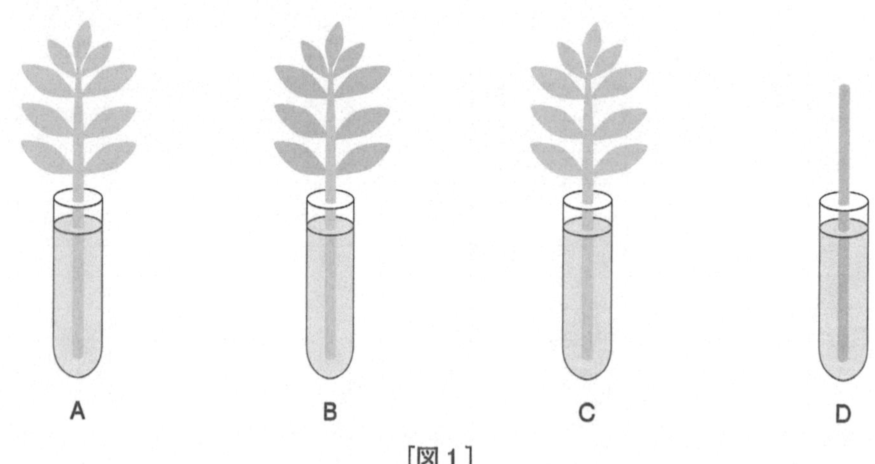

［図１］

試験管Ａ～Ｄの４本を日のよく当たる場所に置き，８時～14時における水の量（ｇ）を２時間おきに測定しました。その結果を次のページの［**表１**］にまとめました。また，［**表１**］の結果から得られた考察の一部を示しました。

[表1]

	A	B	C	D
8時	100	100	100	100
10時	88	91	94	99
12時	65	73	83	97
14時	47	59	74	95

(単位はg)

[実験1]において，蒸散がもっとも活発に行われたと考えられる時間帯は［い］でした。また，試験管A～Dの水の量を比較(ひかく)すると，茎からも水分の放出が行われていることが分かりました。［い］の時間帯における茎からの水分の放出量は，［う］gと求めることができます。

(4) [実験1]について，［い］にあてはまる時間帯としてもっとも適切なものを，次のア～ウの中から1つ選び，記号で答えなさい。

ア　8時～10時　　イ　10時～12時　　ウ　12時～14時

(5) [実験1]について，［う］にあてはまる数値を答えなさい。

(6) [実験1]について，10時～12時のとき，葉の裏側からの蒸散量は葉の表側からの蒸散量の何倍になるか答えなさい。

浅野中学校の生物教室では，[実験1]のような実験や銅像山で採集した生物の飼育に加え，海や川で採集した魚類の飼育も行っています。なかでも，様々な品種のメダカの飼育，繁殖(はんしょく)に取り組んでいます。このメダカを用いて，以下の実験を行いました。

[実験2]

メダカとその受精卵を用いて，水温とふ化までの時間の関係について調べました。以下に，実験ノートの記録の一部を示しました。なお，実験は毎日同じ時刻に行いました。

[表2]

日付	その日の出来事
1月20日	メダカのオスとメスのペアをつくり、**水槽(すいそう)E**で飼育を始めた。**水槽E**の中には、卵を産み付けられる産卵床(さんらんしょう)を用意した。
2月1日	**水槽E**の産卵床に新しくできていた受精卵をすべて水温18℃の**水槽F**へ移した。
2月2日	**水槽E**の産卵床に新しくできていた受精卵をすべて水温25℃の**水槽G**へ移した。
2月3日	**水槽E**の産卵床に新しくできていた受精卵をすべて水温32℃の**水槽H**へ移した。
2月12日	水温25℃の**水槽G**の受精卵がすべてふ化した。

(7) メダカの受精卵は水温によってふ化するまでの時間が異なります。メダカのふ化にかかる時間は，水温18℃～32℃の条件のとき，「水温（℃）×日数＝250」になると言われています。よって，水温25℃の**水槽G**では10日ほどでふ化すると予測することができます。［**実験2**］より，水温18℃の**水槽F**の受精卵がすべてふ化すると予想される日付は，水温32℃の**水槽H**の受精卵がすべてふ化すると予想される日付の約何日後と考えられますか。**整数**で答えなさい。

［**実験3**］

メダカの体内の構造を調べるために，メダカ（メス）の解ぼうを行い，［**図2**］のようにスケッチしました。

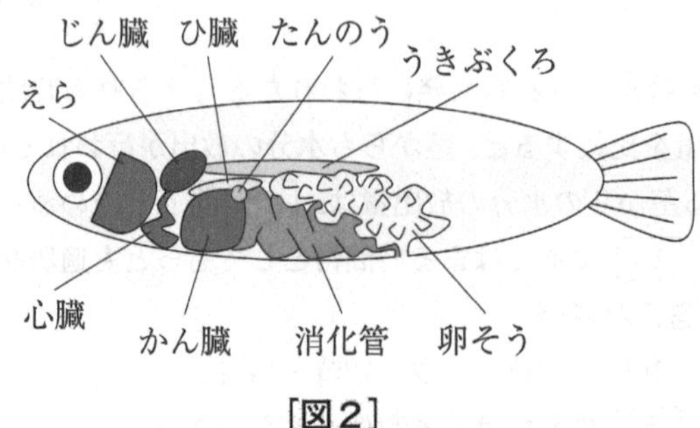

［図2］

(8) ［**実験3**］について，メダカにおける消化の仕組みを調べることにしました。また，メダカとヒトの消化の仕組みを比較するために，ヒトの消化器官を［**図3**］に示しました。［**図4**］のヒトの腹囲の水平断面は，［**図3**］の点線の位置で切ったものを，矢印側から見たものです。後の文章の［え］と［お］に入る臓器として適切なものを，［**図4**］の**ア～オ**の中からそれぞれ1つずつ選び，記号で答えなさい。ただし，［**図4**］の臓器の中には，消化以外に関わる臓器も含まれています。

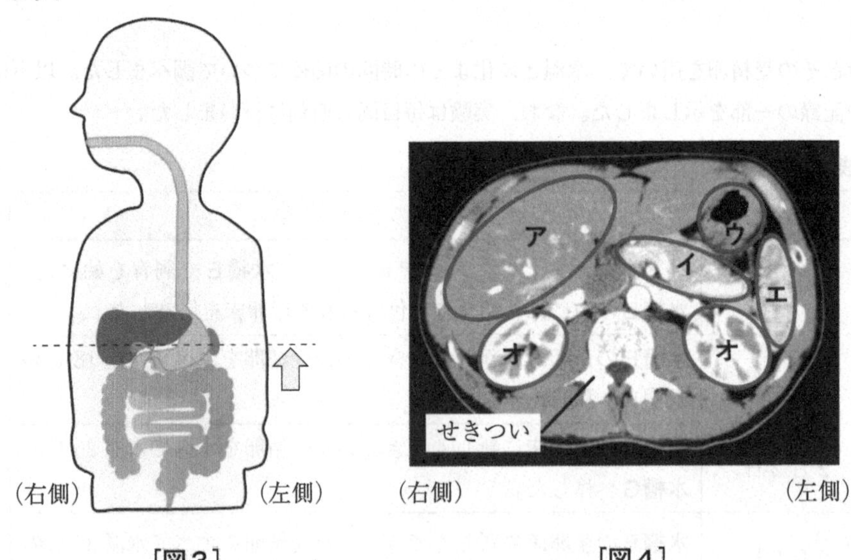

［図3］　　**［図4］**

メダカを解ぼうしてみると，消化器官の中に［え］が存在しないことに気づきました。調べてみると，1本の長い消化管（腸）を用いて消化を行っていることが分かりました。ヒトが行う消化の仕組みと比べてみると，［え］をもたないメダカは，［え］から分泌（ぶんぴつ）される消化酵素（こうそ）（ペプシン）は使わず，［お］から分泌される消化酵素（トリプシン）を用いることで，消化のはたらきを助けているということも分かりました。

2 **次の文章を読んで，後の問いに答えなさい。**

浅野中学校の地学部では，地形の成り立ちや地層についての知識を深めるために，地層を観察することができる近くの山（標高85m）へ実習に出かけました。

山の入り口から通ったルート，観察できた地層とその各地点（地点①～⑥）を［**図1**］のようにまとめました。［**図2**］は**地層A**，次のページの［**図3**］は**地層B**を表しています。**地層C**と**地層D**はともに火山灰でしたが，**地層C**の火山灰は粘（ねば）り気があり，**地層D**の火山灰はサラサラとしていて，手触（てざわ）りに違（ちが）いがみられました。地点⑤と地点⑥では，これまでの地点①～④で見てきた地層と見た目の似ている地層が見られ，地点⑤を**地層E**としました。地点①～⑤では，それぞれ１種類の地層しか観察できませんでしたが，地点⑥では２種類の地層が同時に観察できたので，下から**地層F**，**地層G**としました。

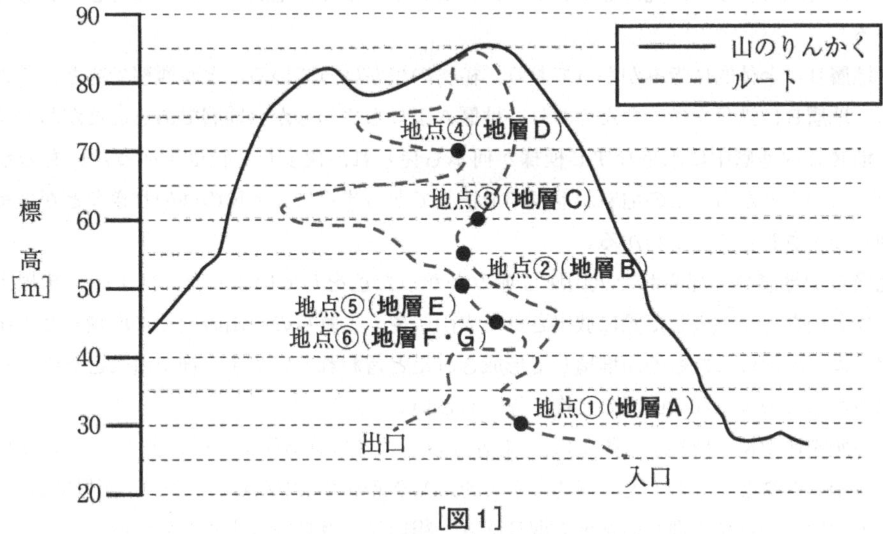

［図1］

［図2］

[図３]

⑴　**地層A**と**地層B**を観察した結果，わかることとして**適切でないもの**を，次の**ア～エ**の中から１つ選び，記号で答えなさい。

ア　**地層A**は青みがかった灰色をしており，表面にはコケも見られた。このことから，地層中の粒(つぶ)が非常に細かいので水を通しにくく，コケが生育するのに良い湿(しめ)り気があることがわかる。

イ　**地層A**を触ってみると，粘土(ねんど)質で非常に細かい粒からできていた。また，顕微(けんび)鏡で観察すると粒は0.05㎜程度で，丸みを帯びていた。このことから，**地層A**は泥(どろ)からできていることがわかる。

ウ　**地層B**は全体的に赤みがかっており，植物の根がはっていることが観察できた。このことから，**地層B**は鉄分を多く含んでおり，**地層A**よりもやわらかい地層であることがわかる。

エ　**地層B**は地層中に水平なすじ模様が何本も見られ，含まれる粒は平べったいものが多かった。このことから，この地層が地表で堆積(たいせき)してからすぐに，大量の砂やれきなどが堆積して，押しつぶされたことがわかる。

⑵　**地層C**や**地層D**で見られた火山灰は赤みがかった色をしていました。富士山や箱根山，浅間山，榛名(はるな)山などが噴火(ふんか)した際に放出された火山灰や，これらの火山の近くに堆積した火山灰が風などによって運ばれたものが堆積して形成されたと言われています。神奈川県とその周辺の地域に見られるこのような火山灰の名称を答えなさい。

⑶　火山灰を顕微鏡で観察する際には，「わんがけ」と呼ばれる作業を行います。「わんがけ」について説明した文としてもっとも適切なものを，次の**ア～エ**の中から１つ選び，記号で答えなさい。

ア　火山灰中から粒の細かい粘土を取り除き，粗い粒だけを取り出すために行う。

イ　火山灰の形を整えるために，指の腹でおわんのかべをこするようによくこねる。

ウ　火山灰に含まれるガラスを割って，粒を観察しやすくする。

エ　火山灰を指でよくこねてから，１度だけ水をかけて洗い流す。

⑷　次のページのⅠとⅡは顕微鏡で観察した**地層B**の砂と**地層C**の火山灰の写真です。火山灰の写真はⅠとⅡのどちらですか。記号で答えなさい。また，そのように考えられる理由について述べた文としてもっとも適切なものを，次の**ア～エ**の中から１つ選び，記号で答えなさい。

ア　火山灰の粒の方が大きさがそろっている。

イ　火山灰の粒の方が透明(とうめい)な粒が多く含まれている。

ウ　火山灰の粒の方が角張っている。

エ　火山灰の粒の方が黒や緑，茶色など色のついた粒が多く含まれている。

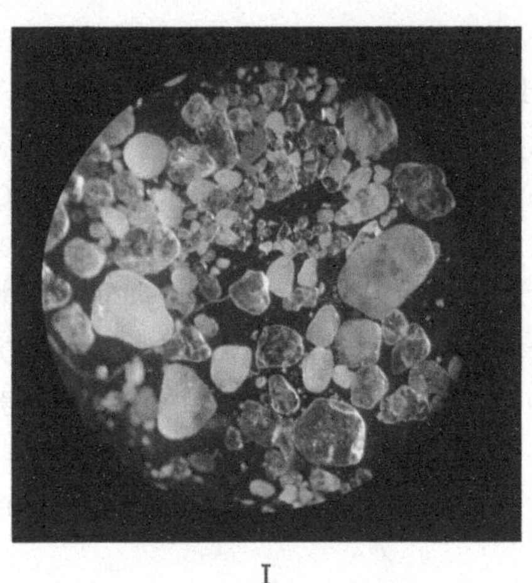

Ⅰ

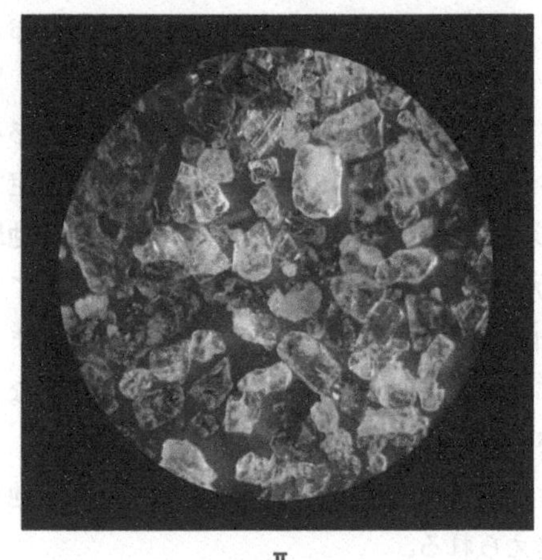

Ⅱ

(5) 火山灰について述べた文としてもっとも適切なものを，次の**ア〜エ**の中から１つ選び，記号で答えなさい。

ア　火山灰層中に見られる植物由来の暗い色の地層は，火山活動が一時的に休止していた期間がある証拠になる。

イ　日本列島において火山灰は偏西風の影響を受けるため，火山の西側に火山灰は積もりやすい。

ウ　火山噴火の際に発生する火砕流は危険だが，火山灰は人間生活に支障をきたすことはない。

エ　砂岩や泥岩の地層と比べて，火山灰中には生物の化石が含まれていることが多い。

(6) 調査を行った山の地層をより詳しく調べるために，地点⑤で観察した地層よりも東側の地点Ｘ（標高80m）と西側の地点Ｙ（標高65m）の２地点で円筒状に地層を掘り出して，**［図４］**のような柱状図を作成しました。その結果，今回調査した山は「サラサラとした火山灰層」，「粘土質の火山灰層」，「砂やれきからできている層」，「泥岩層」の４種類の地層からできていることがわかりました。調査結果や柱状図から読み取れることとして**誤っているもの**を，後の**ア〜エ**の中から１つ選び，記号で答えなさい。

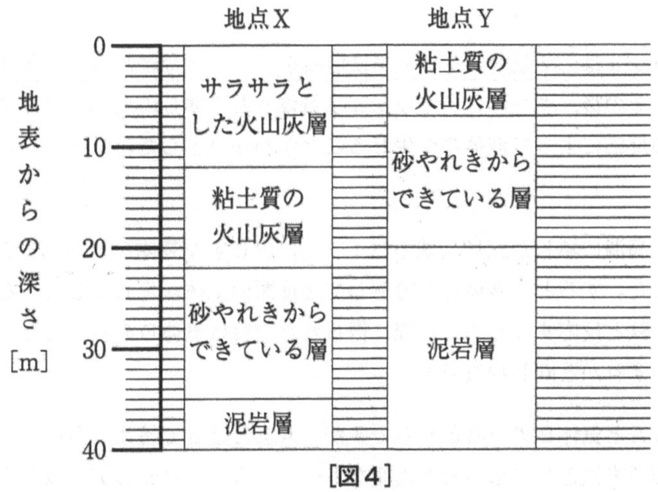

［図４］

ア　地層の観察結果と柱状図からは地層の逆転は見られない。

イ　地層の重なりから，この地域の地層はおよそ水平に堆積していると推測できる。

ウ　調査地の標高56mの地層を観察すると，「粘土質の火山灰層」が観察できる。

エ　**地層**Ｂと**地層**Ｅと**地層**Ｇは同じ地層であると考えられる。

(7)　今回観察した地層の形成された年代を測定すると，**地層**Ａは約100万年前，**地層**Ｂは約30万年前に形成されたことがわかりました。また，**地層**Ａが堆積してから**地層**Ｂが堆積するまでの間の約70万年間は，堆積が中断したことがわかっています。**地層**Ｃと**地層**Ｄは約30万年前から継続(けいぞく)的に火山灰が降り積もってできたことがわかりました。これらのことから，この地域の地層の成り立ちについて説明した文としてもっとも適切なものを，次の**ア～エ**の中から１つ選び，記号で答えなさい。

ア　**地層**Ａが堆積した当時の環境よりも，**地層**Ｂが堆積した当時の環境の方が水深は深かったと考えられる。

イ　**地層**Ａが堆積して**地層**Ｂが堆積するまでの間，地球の寒冷化か地殻(ちかく)変動があったと考えられる。

ウ　**地層**Ｄはよりも**地層**Ｃの粒の方が粘土質であることから，火山灰を降り積もらせている火山は少しずつ遠ざかっていると考えられる。

エ　**地層**Ａが堆積してから**地層**Ｂが堆積するまでの約70万年間は，侵食(しんしょく)も堆積も起こらないおだやかな気候であったと考えられる。

3　**18世紀にヨーロッパの科学者たちによって行われた実験は，どれも近代科学の土台を築くきっかけとなった重要なものです。以下の実験の説明を読んで，後の問いに答えなさい。**

［実験１］

空気中で銅を加熱すると銅が黒色の固体に変化しますが，空気中で水銀を加熱したときも同じような反応が進み，水銀が赤色の固体に変化します。プリーストリは，この赤色の固体をさらに高温で熱すると逆の反応が進み，赤色の固体がもとの水銀に戻り，同時に**気体Ａ**が得られることを発見しました。

［実験２］

キャベンディッシュは，①亜鉛(あえん)などの金属に塩酸を加えると金属が溶(と)けて**気体Ｂ**が発生することを発見しました。その後，キャベンディッシュは**気体Ａ**と**気体Ｂ**の反応を試みました。その結果，**気体Ａ**と**気体Ｂ**の反応によって**液体Ｃ**が生じることがわかりました。

［実験３］

ラボアジエは，高温に熱した銃身(じゅうしん)（鉄のパイプ）に少しずつ**液体Ｃ**を加えることによって**液体Ｃ**の分解を試みました。すると，**液体Ｃ**が分解して２種類の気体が生じました。ただし，このうち一方の気体は銃身の鉄と反応するため，実際に得られた物質は**気体Ｄ**のみでした。なお，**気体Ｄ**は**気体Ａ**と**気体Ｂ**のいずれかと同じ物質です。

(1)　**気体Ｄ**は**気体Ａ**と**気体Ｂ**のうちどちらですか。**Ａ**または**Ｂ**で答えなさい。

(2)　**気体Ｄ**を集める方法としてもっとも適切なものを，次のページの**ア～ウ**の中から１つ選び，記号で答えなさい。

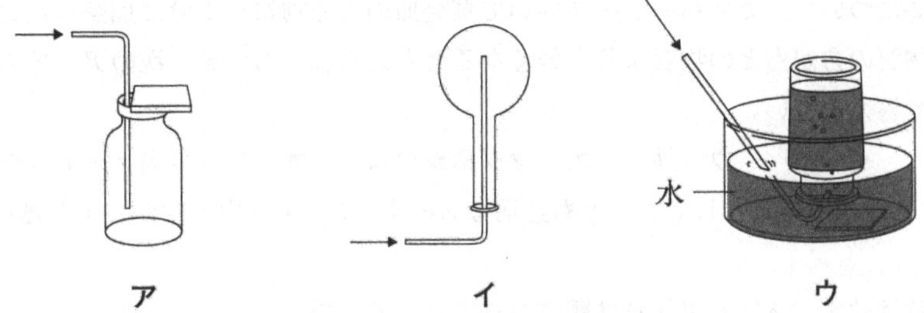

(3) **気体D**の性質としてもっとも適切なものを，次の**ア～カ**の中から１つ選び，記号で答えなさい。

ア 石灰水に通じると白くにごる。

イ 火のついた線香を入れると線香が激しく燃える。

ウ 特有の刺激臭がある。

エ 酸化銅とともに加熱すると金属の銅が得られる。

オ 湿らせた青色リトマス紙を赤色に変える。

カ 湿らせた赤色リトマス紙を青色に変える。

(4) 下線部①に関連して，亜鉛に塩酸を加える実験を行いました。以下の［**表１**］は，ある重さの亜鉛に加えた塩酸の体積と，その時発生した**気体B**の体積，水を蒸発させたあとに残った固体の重さを示したものです。［**表１**］の あ と い にあてはまる数値を，それぞれ**小数第１位**まで答えなさい。

［**表１**］

加えた塩酸の体積（mL）	発生した**気体B**の体積（L）	残った固体の重さ（g）
0	0.0	65.0
100	2.4	あ
300	7.2	86.3
1200	い	136.0

次に，「加熱による物質の変化」について考えてみると，②物質によって加熱後に残った物質が加熱前より軽くなるものと重くなるものがあり，18世紀の科学者たちは「物質の変化」がどのようにして起こっているのか，解釈に悩んでいました。そこで，加熱による物質の変化のうち，特に酸化や燃焼について興味をもったラボアジエは「密閉した容器」を用いる実験を試みました。以下の［**実験４**］は，当時の実験をもとにして，内容を出題のために変えたものです。

［**実験４**］

栓ができる頑丈なガラス容器に亜鉛6.5 g を入れてから，空気の出入りが無いように容器を密栓しました。栓をした後に容器全体の重さをはかると500.0 g でした。この容器を加熱したところ，容器内の亜鉛の一部が酸化して酸化亜鉛が生じました。加熱後，容器を加熱前の温度まで冷ました後に容器全体の重さをはかると う gでした。次に，栓を開けたところ え 。十分に時間が経った後，再び栓をして容器全体の重さをはかると お gでした。

⑸ 下線部②について，ガスバーナーを用いて蒸発皿の上で物質を十分に加熱したときに，加熱後に残った物質の方がもとの物質よりも軽くなると考えられるものを，次の**ア**～**オ**の中から１つ選び，記号で答えなさい。

ア 木炭　**イ** 銅　**ウ** 鉄　**エ** マグネシウム　**オ** 食塩（塩化ナトリウム）

⑹ [え] にあてはまる文としてもっとも適切なものを，次の**ア**～**ウ**の中から１つ選び，記号で答えなさい。

ア 特に音はせず，気体の出入りは観測されませんでした

イ 「プシュ」と音が鳴り，気体が容器の中に入り込みました

ウ 「プシュ」と音が鳴り，気体が容器の外へ出ていきました

⑺ ［**実験４**］の後，容器内の固体（亜鉛と酸化亜鉛）をすべて取り出し十分な量の塩酸を加えたところ，**気体Ｂ**が1.8Ｌ発生しました。[う] と [お] にあてはまる適切な数値を，それぞれ**小数第１位**まで答えなさい。

ただし，亜鉛6.5ｇを空気中で十分に加熱すると，8.1ｇの酸化亜鉛になります。また，亜鉛と塩酸によって発生する**気体Ｂ**の量は⑷と同じものとします。このとき，酸化亜鉛と塩酸は反応しても**気体Ｂ**を発生しません。なお，加熱前と後で容器の体積には変化がなく，固体の物質（亜鉛と酸化亜鉛）の体積変化は無視できるものとします。

4 **棒や格子（こうし）のつりあいに関する文章を読んで，後の問いに答えなさい。**
ただし，おもりを吊（つ）るす糸の重さは考えないものとします。

［図１］のように，重さを考えなくてよい軽い棒に20ｇと40ｇのおもりを糸で吊るして，棒をつりあわせました。支点を中心に，20ｇのおもりが反時計回りに棒を回転させようとするはたらきと，40ｇのおもりが時計回りに棒を回転させようとするはたらきが同じなので棒はつりあいました。

このように，棒を回転させようとするはたらきを力の [あ] といいます。

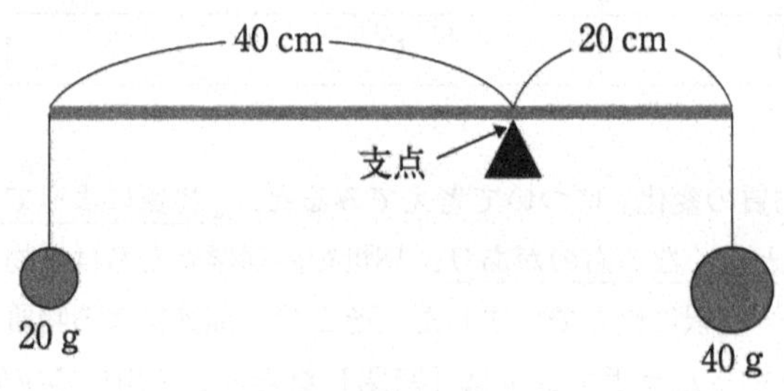

［図１］

次に，軽い棒の代わりに，重さのある棒を用いた場合について考えます。棒の太さが一様であるとすると，棒の真ん中が [い] で，ここに棒全体の重さが集まっていると考えることができます。

⑴ [あ] と [い] にあてはまる語句を，[あ] は**カタカナ**，[い] は**漢字**で答えなさい。

⑵ ［図１］の軽い棒を，同じ長さで太さが一様な重さ40ｇの棒にとり替（か）えて，棒がつりあうようにするには，支点の位置を20ｇのおもりがある側の端（はし）から何cmのところにすればよいですか。ただし，20ｇと40ｇのおもりの位置は変えないものとします。

［図２］のように，糸で吊るした60cmと30cmの軽い棒に，10ｇと15ｇと［う］ｇの３つのおもりを糸で吊るして，２本の棒がつりあうようにしました。

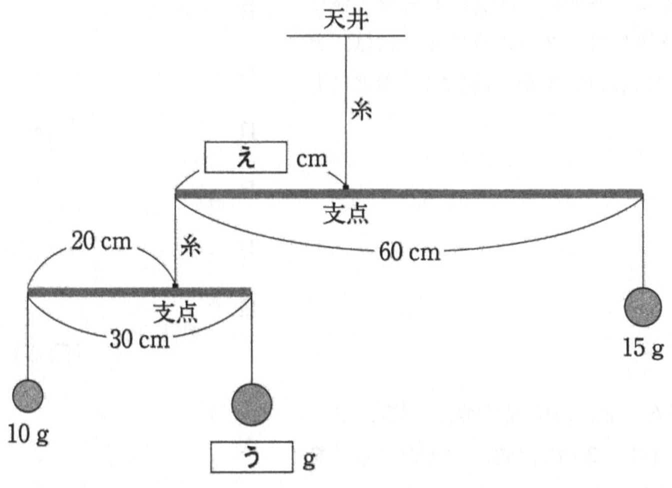

［図2］

(3) ［う］にあてはまる数値を答えなさい。

(4) ［図２］の２本の軽い棒を，同じ長さで重さのある棒にとり替えて，２本の棒がつりあうように，それぞれの棒の支点の位置を移動しました。上を太さが一様で重さ40ｇの棒，下を太さが一様で重さ15ｇの棒にとり替えた場合，［え］にあてはまる数値はいくつに変わりますか。ただし，３つのおもりの重さと位置は変えないものとします。

次に，［図３］のような等間隔（かんかく）の格子をつくり，棒と棒の交点を（Ａ，１）のように表します。そして，格子の中心（Ｄ，４）の位置に糸をつけて吊り上げたら，格子は水平につりあいました。また，棒と棒の交点にだけ，おもりを吊るすことができます。

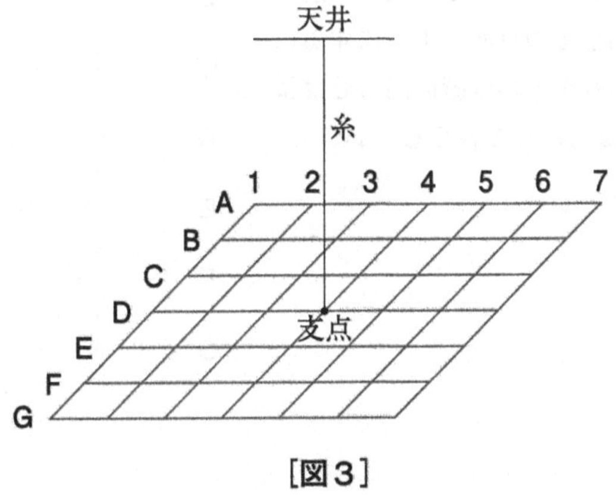

［図3］

(5) 前のページの［図３］の（A，４）の位置に40g，（G，１）の位置に20gのおもりをそれぞれ糸で吊るしました。さらに，30gのおもり１個を用いて格子を水平につりあうようにするには，どの位置に吊るせばよいですか。［図４］を参考にして答えなさい。

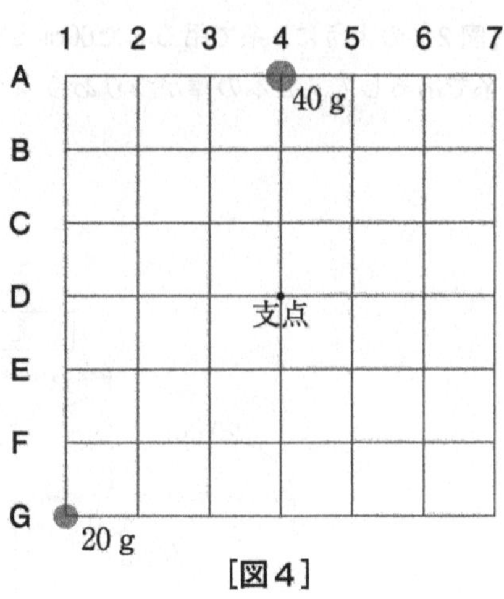

［図４］

(6) ［図３］の（A，２）の位置に20g，（D，６）の位置に40g，（G，３）の位置に20gのおもりをそれぞれ糸で吊るしました。さらに，10gのおもり１個を用いて格子を水平につりあうようにするには，どの位置に吊るせばよいですか。［図５］を参考にして答えなさい。

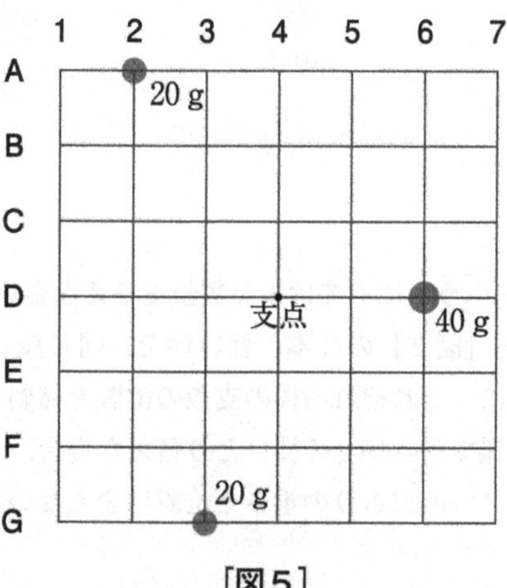

［図５］

(7) ［図３］の（A，４）の位置に20g，（D，７）の位置に40gのおもりをそれぞれ糸で吊るしました。さらに，５gと35gのおもりを１個ずつ別々の位置に吊るして，格子をつりあうようにするには，５gと35gのおもりをどの位置に吊るせばよいですか。［図６］を参考にして答えなさい。

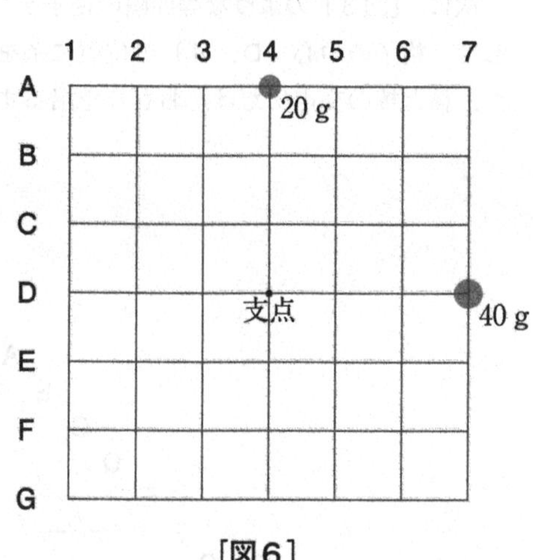

［図６］

【社　会】（40分）　＜満点：80点＞

【注意】 説明する問題については，句読点を１字に数えます。

1　**次の文章を読み，後の問いに答えなさい。**

もうすぐ21世紀の４分の１を迎えようとしている現在，自然環境に対する意識を持ちつつ経済活動を行うことは当然のこととなりました。一方で経済をとりまく環境も大きく変化しています。こうした中，改めて①「持続可能な社会」に注目が集まっています。ここでは，エネルギーとさまざまな産業に注目してみましょう。

人類とエネルギーとの関係を歴史的に考えた際，最初の「エネルギー革命」といえるのが，火の使用です。火によって，狩猟（しゅりょう）・採集で獲得した食料の新しい調理法がうまれ，また粘土（ねんど）を焼いて②土器などをつくれるようになりました。さらに，火で暖をとることが可能となり，寒冷な地域への人類の③移住もうながされました。

④農耕は，人類と自然環境との関係性を大きく変えました。農耕は太陽光，水，空気中の⑤二酸化炭素を利用した⑥植物の光合成機能の活用といえます。農耕により，貯蔵したエネルギーを多くの人に分配することが可能となり，⑦人口が増大し，分業にもとづく社会が発展していくことになりました。

農耕と関連して，家畜の利用がすすみ，⑧農業生産力の向上につながりました。土を深く耕すという点では鉄製農具が重要で，火を利用した⑨金属の精錬（せいれん）技術によって開発がすすみました。他方，こうした鋭利（えいり）な道具は，⑩森林資源の伐採を助長することにもなりました。

また，人力や畜力以外のエネルギーとして，人類は，古くから水力や風力を利用してきました。古代ローマでは水車自体は知られていたものの，奴隷の労働力が豊富にあったため，中世ほどは活用されませんでした。ところが，時代が下るにつれて，⑪労働力不足も背景となって技術革新がすすみ，水車が重要な動力として位置づけられ，穀物をひく製粉などに活用されました。

人類史において，ふたたび大きな「エネルギー革命」となったのが，石炭の利用とそれにともなう⑫蒸気機関の技術革新でした。最初の「産業革命」を展開したイギリスでは，安価な労働力が求められるようになり，女性や子どもも⑬長時間労働に従事させられました。当時の工業社会において，⑭環境問題に対する配慮（はいりょ）が不十分であったのと同様，⑮労働者の権利を守るための法規制も不十分だったのです。後者については，やがて⑯工場法が制定され，労働時間の短縮などがすすめられていきました。

江戸時代の日本では石炭利用がすすみました。⑰幕末におけるペリー率いる黒船の来航を，エネルギーという観点からとらえてみると，日米和親条約の第２条で，アメリカ船に薪水（しんすい），食料とならんで石炭を供給することが定められているのに気づきます。また，明治維新後の近代日本の産業とエネルギーの関係を考えるうえでは，⑱世界遺産の「明治日本の産業革命遺産　製鉄・製鋼，造船，石炭産業」が参考になります。

さらに革新的な「エネルギー革命」となったのが，⑲石油の利用です。石油の商業生産は19世紀後半のアメリカで始まりました。その後，電気や石油も利用した「産業革命」が展開しました。ガソリンを燃料とする自動車は19世紀末には開発されていましたが，その時点ではまだ蒸気自動車や電気自動車が多く生産されていました。電気自動車の製作者の中にはガソリン車の煙の害を説き，⑳クリーンエネルギーを提唱した人もいたのです。しかし，その後はガソリン車が普及して自動車市場を支配します。

こうした石油需要の増大にともない，欧米諸国は中東やアフリカなどの各地で石油開発に乗りだし，20世紀なかばには石油がエネルギーの主役になりました。石油は，自動車以外にも，船や飛行機などの燃料のもととなり，現代の生活に欠かせないものといえます。ところが，1970年代に生じた㉑石油危機（オイルショック）の歴史的経験からわかるように，エネルギーが常に安定して供給されつづけるという固定観念にはリスクがともないます。石油危機後，日本でも脱石油政策がとられ，原子力発電所の建設が加速していくことになりました。しかし，2011年３月の東北地方太平洋沖地震に伴い㉒福島第一原子力発電所で発生した事故は㉓原子力利用に関する課題を人々に突きつける結果となりました。さまざまなエネルギーシステムには，それぞれ長所と短所があるのです。エネルギーの消費者である私たち一人ひとりが，広い視野からエネルギー問題に関心をもち，地球との共生を考えていくことが求められています。

問１　下線部①について――。

日本は女性の社会進出の面で国際社会から遅れをとっていると指摘されることがあります。次にあげるSDGs*の目標のうち，この点にもっとも関係が深い目標を，次のア～エの中から１つ選び，記号で答えなさい。

*将来にわたって世界の人々が豊かに暮らしていける持続可能な社会をつくっていくための世界共通の目標のこと。2015年に国連で採択。

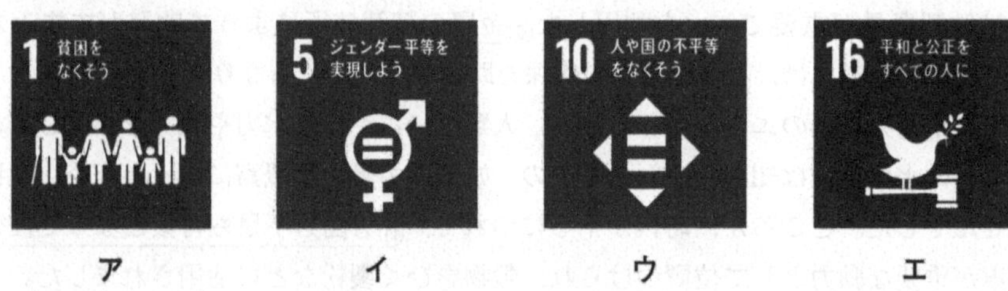

問２　下線部②について――。

縄文時代や弥生時代の日本における土器についての説明として**適切でないもの**を，次のア～エの中から１つ選び，記号で答えなさい。

ア　縄文土器の中には，炎が燃え上がっているようにみえるものがある。
イ　弥生土器は，縄文土器に比べて高温で焼かれており，うすくてかたい。
ウ　モースの発見した大森貝塚からは，多くの土器が出土している。
エ　吉野ヶ里遺跡は縄文時代を代表する遺跡で，多くの土器が出土している。

問３　下線部③について――。

現在でも人の移住はさまざまな要因から起こりますが，その要因は「移住する人を送り出す側の要因」と，「受け入れる側の要因」に大きく分けられます。「受け入れる側の要因」として適切なものを，次のア～エの中から**すべて選び**，記号で答えなさい。

ア　ある地域では，都心に直通する新規鉄道路線の整備計画が持ち上がった。
イ　ある地域では，土地の区画整理が進み分譲住宅の建設がさかんになった。
ウ　ある町では，18歳以下の医療費が全額自治体の負担となった。
エ　ある町では，大型のショッピングモールが閉店することになった。

問４　下線部④について――。

鎌倉時代の日本の農耕についての説明として適切なものを，次の**ア～エ**の中から**すべて**選び，記号で答えなさい。

ア　草木灰が肥料として使われた。

イ　牛耕がおこなわれた。

ウ　踏車（ふみぐるま）と呼ばれる，足踏みの小型水車が使われた。

エ　稲と麦の二毛作がおこなわれた。

問５　下線部⑤について――。

二酸化炭素などの温室効果ガスの排出（はいしゅつ）が地球温暖化の大きな原因になっています。それゆえ温室効果ガスの排出を減らす国際的な取り組みが段階的に行われてきました。温室効果ガスの排出削減（さくげん）についての国際的な合意もしくはその成果としてもっとも新しいものを，次の**ア～エ**の中から１つ選び，記号で答えなさい。

ア　国連人間環境会議で採択された人間環境宣言

イ　国連気候変動枠組（わくぐみ）条約締約国（ていやくこく）会議で採択されたパリ協定

ウ　地球温暖化防止京都会議（ＣＯＰ３）で採択された京都議定書

エ　国連総会の決議にもとづいて設立された国連環境計画

問６　下線部⑥について――。

植物に関係する日本の歴史上の出来事として**適切でないもの**を，次の**ア～エ**の中からすべて選び，記号で答えなさい。

ア　大化の改新において，租・調・庸の税が定められた。そのうち，庸については，稲の収穫高の約３％を納めることとされた。

イ　平安時代以降，田植えのときに豊作をいのっておどる田楽が演じられた。田楽は，能の成立に影響（えいきょう）を与えることになる。

ウ　室町時代末期，岡山藩で出された差別的な倹約令に対して，渋染一揆がおこった。

エ　明治時代以降，多くの日本人がサトウキビ農園ではたらくための労働者として，ハワイに移住した。

問７　下線部⑦について――。

次のページの［**図１**］・［**図２**］は，ともに2100年までの人口の推移を５年ごとに示したグラフです。［**図１**］は世界の人口を地域ごとに示したもので，［**図２**］は日本の人口を示したものです。［**図１**］・［**図２**］から説明できることとしてもっとも適切なものを，次の**ア～エ**の中から１つ選び，記号で答えなさい。

ア　新型コロナウイルス感染症のワクチン接種を，早期に開始した北米やヨーロッパの人口は増加に転じると予測される。

イ　今後人口が大きく増える地域はアフリカで，2100年には人口が減少する日本を含むアジアをはるかに超えると予測される。

ウ　世界の人口は増加しても100億人を超えることはないが，一方で日本の人口は急激に減少すると予測される。

エ　今後2100年までの間，日本の人口は減少するが，アジア全体の人口は増加した後ゆるやかに減少すると予測される。

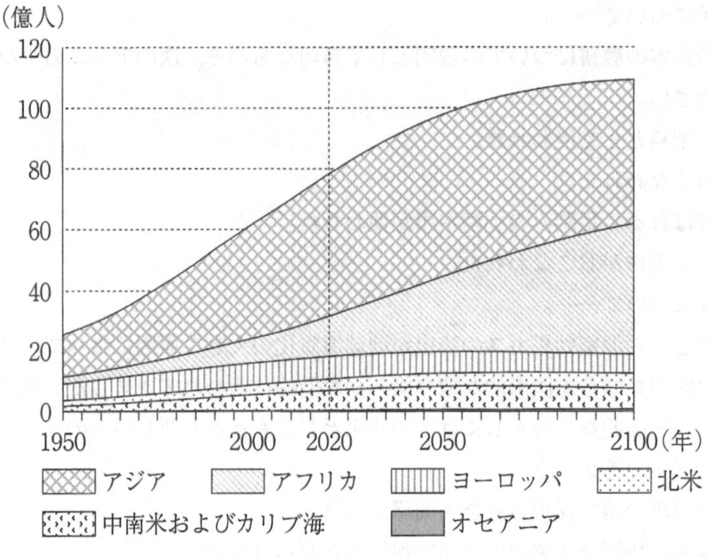

ただし、2025年以降は推計値。

国連の統計により作成

[図1]

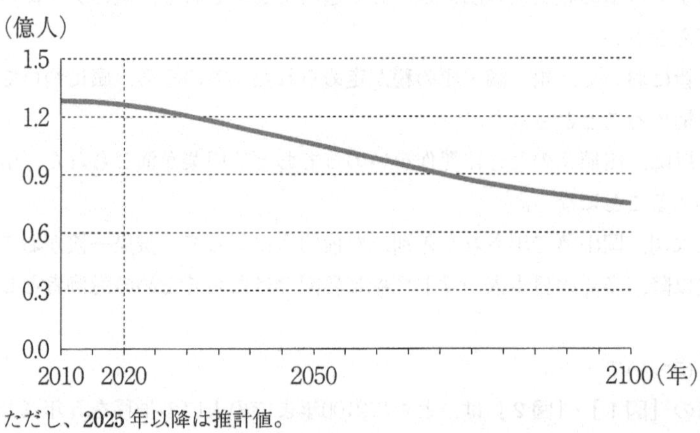

ただし、2025年以降は推計値。

国連の統計により作成

[図2]

問8　下線部⑧について——。

次のページの［図3］は，４つの道県における４つの農作物（米，麦類，花き*，いも類）の農業産出額特化係数**を表したものであり，A・Bは米，麦類のいずれか，C・Dは北海道，茨城県のいずれかです。このうち，北海道と米の組合せとして適切なものを，後のア～エの中から１つ選び，記号で答えなさい。

* 見て楽しむような美しい花をつける植物のこと。

**各都道府県の農業がどれだけその農作物に偏(かたよ)っているかを示すものであり，この値が１を超えて大きくなるほど，他の都道府県に比べて偏りが大きくなるといえる。

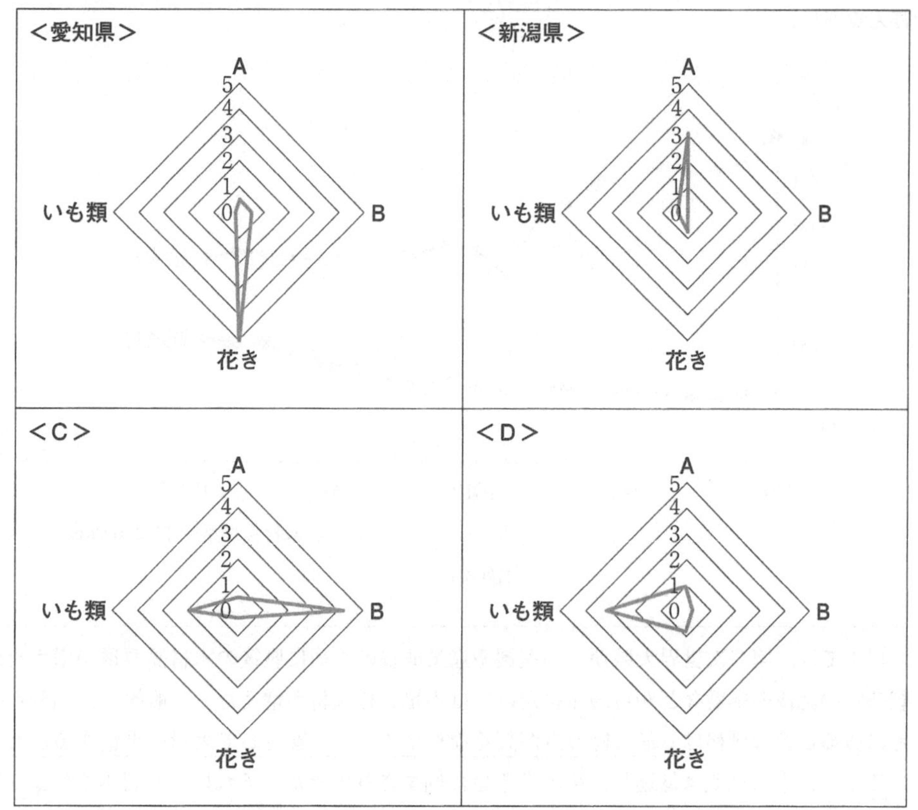

統計年次は2019年。

「生産農業所得統計」により作成

［図3］

	ア	イ	ウ	エ
米	A	A	B	B
北海道	C	D	C	D

問9　下線部⑨について——。

金属に関係する日本の歴史上の出来事として**適切でないもの**を，次の**ア～エ**の中から1つ選び，記号で答えなさい。

ア　青銅器や鉄器は，古墳時代の日本に大陸からはじめて伝来した。

イ　聖武天皇の命によってつくられた大仏の材料には，金だけでなく，銅，すずなどもふくまれていた。

ウ　豊臣秀吉は，金箔（きんぱく）をはった茶室をつくらせた。

エ　南蛮貿易では，日本は銀を輸出していた。

問10　下線部⑩について——。

次のページの［図4］は，日本の木材供給について，国産材と輸入材の推移を表したものです(2000～2019年)。また，あとの文章は［図4］とそれに関連することがらについて説明したものです。文章中の下線部の内容に**誤りがあるもの**を，次のページの**ア～オ**の中から**2つ**選び，記号で答えなさい。

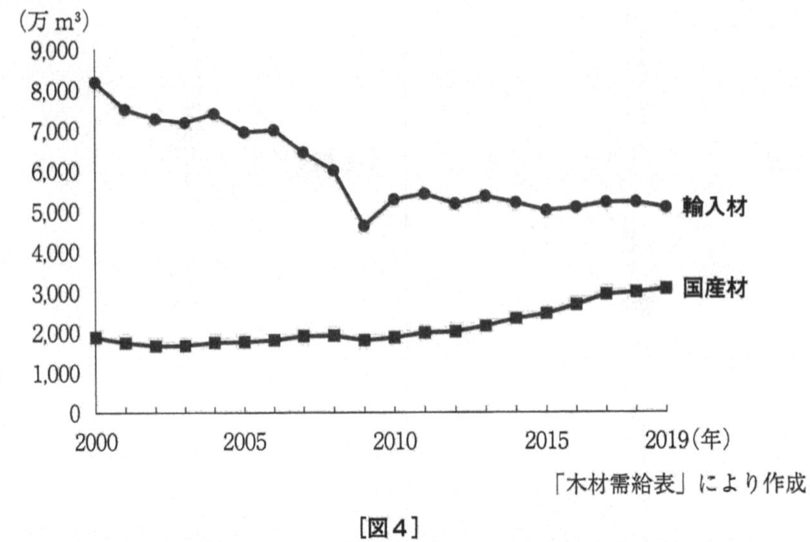

「木材需給表」により作成

[図4]

> 日本では，第二次世界大戦からの復興や産業成長のために戦後の木材需要量が増えたが，戦時中の乱伐(らんばつ)の影響などから国産材だけでは不足し輸入材が増えた。一般的に，消費者の手元に渡るときの価格は$_{ア}$輸入材の方が高くなりやすいが，安定して大量に供給することができるため日本の林業は低迷し，後継者(こうけいしゃ)不足に悩(なや)まされてきた。それにより日本では$_{イ}$森林の整備が十分に行われなくなりさらに林業が難しくなるという悪循環(あくじゅんかん)におちいっている。
> しかし，1950年代に始まった大規模な植林から半世紀以上が経過し，利用可能な人工林が増えてきたことなどから$_{ウ}$2010年代には国産材の供給量が少しずつ増えてきている。近年では$_{エ}$住宅建設の減少など木材消費量自体が少なくなってきていることもあって，2019年の日本の$_{オ}$木材自給率は50%を超えている。また，近年は中国や韓国などでスギやヒノキなどの日本産木材の人気が高まっており，日本の木材輸出量も伸びてきている。

問11　下線部⑪について——。

労働力不足を補う技術革新は現在でも進んでいます。その例として**適切でないもの**を，次の**ア**～**エ**の中から1つ選び，記号で答えなさい。

ア　回転ずしチェーン店の入り口に，利用客が来店時に受付するための機械が設置されている。

イ　飲食店では新型コロナウイルス感染症の感染予防措置(そち)として，高性能の空気清浄機が設置されている。

ウ　鉄道の主要駅には，交通系ICカードをかざすだけで通過できる自動改札機が設置されている。

エ　配送業者の倉庫には，宅配物を配送先ごとに仕分けしてくれるシステムが導入されている。

問12　下線部⑫について——。

蒸気機関などを用いた明治時代の日本における工場についての説明として**適切でないもの**を，次の**ア**～**エ**の中から1つ選び，記号で答えなさい。

ア　官営工場の多くは民間に払い下げられ，財閥の形成をうながした。

イ　渋沢栄一らにより，大阪紡績(ぼうせき)会社がつくられた。

ウ　群馬県の富岡に，官営の綿紡績工場がつくられた。

エ　大阪紡績会社では，イギリス製の紡績機械が使用された。

問13　下線部⑬について――。

最近の日本では「働き方改革」が進められています。その影響を受けて起きた出来事を説明した文章として**適切でないものを**，次の**ア～エ**の中から１つ選び，その記号で答えなさい。

ア　最近のコロナ禍による感染拡大への懸念も加わり，通勤をやめて自宅からリモートで仕事を行うテレワークを選ぶ人が増えた。

イ　文部科学省が始めたツイッター「＃教師のバトン」というプロジェクトには，教員の長時間労働を訴える悲痛な叫びが寄せられた。

ウ　働く時間を固定せず，自分の都合に合わせて仕事の開始や終了などの労働時間を決められるフレックスタイム制が強化された。

エ　正社員と非正規雇用労働者の雇用条件に厳格な差を設け，同一の労働であっても両者が同一の賃金とならないようになった。

問14　下線部⑭について――。

東京のホテルに宿泊したところ，［図５］のような注意書きを見かけました。ここで呼びかけられている内容が，なぜ環境保護に協力することとなるのでしょうか。それについて説明した次の文の空欄にあてはまる言葉としてもっとも適切なものを，後の**ア～エ**の中から１つ選び，記号で答えなさい。

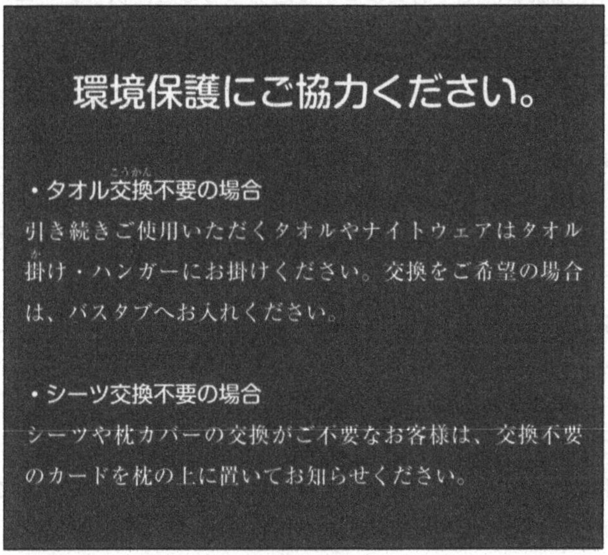

環境保護にご協力ください。

・タオル交換不要の場合

引き続きご使用いただくタオルやナイトウェアはタオル掛け・ハンガーにお掛けください。交換をご希望の場合は、バスタブへお入れください。

・シーツ交換不要の場合

シーツや枕カバーの交換がご不要なお客様は、交換不要のカードを枕の上に置いてお知らせください。

［図５］

タオルやシーツを交換することは，【　　　　　　　　　　　　　　　　　　　　】から。

ア　それらを廃棄することとなり，大量のごみとなって回収する業者の経営を圧迫してしまう

イ　それらを使用する宿泊客の気持ちをリフレッシュさせ，環境への意識を高めてもらえる

ウ　それらを洗濯するために使用される水の量を増やし，かつ余分な洗剤を消費してしまう

エ　それらを機械で縫い直すこととなり，その作業をおこなう従業員の労働を増やすことになる

問15　下線部⑮について――。

現在，労働者として，また国民としての権利は憲法などで守られています。憲法や法律で保障されている権利の内容として**適切でないもの**を，次の**ア～エ**のうち１つ選び，記号で答えなさい。

ア　SNS上で自分を誹謗中傷（ひぼうちゅうしょう）した内容を投稿（とうこう）した相手を，裁判所に訴えた。

イ　18歳になったので，指定された投票所で衆議院議員選挙の投票を行った。

ウ　男性の多い職種だが女性も活躍できると思い，採用試験を受けた。

エ　市の公共サービスの内容に不満があるので，地方税の減額を申し出た。

問16　下線部⑯について――。

次の史料は，日本で1911年に公布された工場法の抜粋（ばっすい）です（なお，問題作成の都合上，一部表記を改めています）。（　）に入る漢数字として適切なものを，後の**ア～エ**の中から１つ選び，記号で答えなさい。

第二条　工業主は（　　　）歳未満の者をして工場において就業せしむることを得ず。ただし本法施行（しこう）の際十歳以上の者を引続き就業せしむる場合はこのかぎりにあらず……

第三条　工業主は十五歳未満の者および女子をして一日につき十二時間を超えて就業せしむることを得ず……

ア　十　**イ**　十二　**ウ**　十五　**エ**　十六

問17　下線部⑰について――。

ペリー艦隊の日本来航と，その前史について適切なものを，次の**ア～エ**の中から１つ選び，その記号で答えなさい。

ア　アメリカの太平洋戦略には，燃料などにつかわれる鯨油（げいゆ）（クジラの油）の需要が背景にあった。

イ　ペリー艦隊は，途中で燃料を補給しながら，太平洋を東から西へ横断して日本へ来航した。

ウ　アメリカは，中国と戦争して1842年に勝利し，つづいて日本の攻略を計画していた。

エ　ペリーは，日本来航に際し，開国をせまる国王からの手紙をたずさえていた。

問18　下線部⑱について――。

この世界遺産に**ふくまれないもの**を，次の**ア～エ**の中から１つ選び，記号で答えなさい。

ア　品川台場　　**イ**　八幡製鉄所

ウ　韮山反射炉　**エ**　高島炭鉱

問19　下線部⑲について――。

日中戦争・太平洋戦争期に，石油資源にとぼしい日本がとった対応として**適切でないもの**を，次の**ア～エ**の中から１つ選び，記号で答えなさい。

ア　国民に対してガソリンの使用を制限，禁止した。

イ　石油などの資源を得るために，東南アジアに軍隊をすすめた。

ウ　終戦まで，アメリカから石油を輸入しつづけた。

エ　国民に対してさまざまな物資が配給制となった。

問20　下線部⑳について――。

クリーンエネルギーの一つである天然ガスについての説明として適切なものを，次のページの**ア～エ**の中から１つ選び，記号で答えなさい。

ア　天然ガスを燃焼させたとき，地球温暖化や酸性雨の原因物質は一切排出されない。

イ　近年は日本海沿岸でもシェールガスの採掘(さいくつ)が始まっており，新潟県は全国有数の天然ガス産出県となっている。

ウ　日本は天然ガスの輸入を液体の状態で行っており，輸入には海底パイプラインを利用していることが多い。

エ　天然ガスは自動車の燃料としても利用されており，日本ではトラックや軽自動車を中心に利用されている。

問21　下線部㉑について――。

1970年代前半における石油危機は，ある戦争が背景となりました。その戦争に関する説明として適切なものを，次の**ア～エ**の中から１つ選び，記号で答えなさい。

ア　イラクのクウェート侵攻に対して，多国籍軍が派遣された。

イ　アメリカが中心となってイラクを攻撃し，フセイン政権を打倒した。

ウ　イラン革命の混乱に乗じて，イラクがイランに侵攻した。

エ　エジプトやシリアのイスラエルに対する攻撃で戦争がはじまった。

問22　下線部㉒について――。

福島第一原子力発電所事故から10年以上たちましたが，いまだに事故の影響は続いています。そのことに関する説明として**適切でないもの**を，次の**ア～エ**の中から１つ選び，記号で答えなさい。

ア　事故後に放射性物質による汚染が原因で住民が避難せざるを得なくなった地域のうち，放射線量が高いところは原則立ち入り禁止の帰還困難区域とされ，現在でも一部がその状況にある。

イ　昨年の東京2020オリンピックは「復興五輪」ともいわれ，聖火リレーのスタート地点が福島県となったが，福島県ではオリンピック・パラリンピックの競技は一切開催(かいさい)されなかった。

ウ　飛散した放射性物質により汚染された土壌(どじょう)などを除染した結果，大量の除染廃棄物が生じてしまったが，それを最終的に県外のどこで処分するかについてはいまだに確定していない。

エ　核燃料を冷却するために使用された水など放射性物質を含む汚染水を，日本政府は昨年，海洋に放出すると表明したところ，国内外から強い懸念の声や批判が寄せられることとなった。

問23　下線部㉓について――。

原子力を軍事利用したものが，核兵器です。その歴史についての説明として適切なものを，次の**ア～エ**の中から１つ選び，記号で答えなさい。

ア　アメリカとソ連が対立する中，ソ連も核兵器を開発した。

イ　1954年，アメリカによる原子爆弾の実験で，日本の漁船（第五福竜丸）が被ばくした。

ウ　原子爆弾は，1945年８月６日に長崎，８月９日に広島へ投下された。

エ　現在，ヨーロッパ諸国で核兵器を保有している国は存在しない。

2 **次の文章を読み，後の問いに答えなさい。**

東日本大震災以降，政府は再生可能エネルギーの普及（ふきゅう）に取り組んでいますが，地熱発電による発電量は大きく増えていません。この理由について，次の［資料1］～［資料4］（次のページ）をもとに地熱発電所の立地の特徴を踏（ふ）まえ，100字以内で述べなさい。

［資料1］地熱発電所の分布

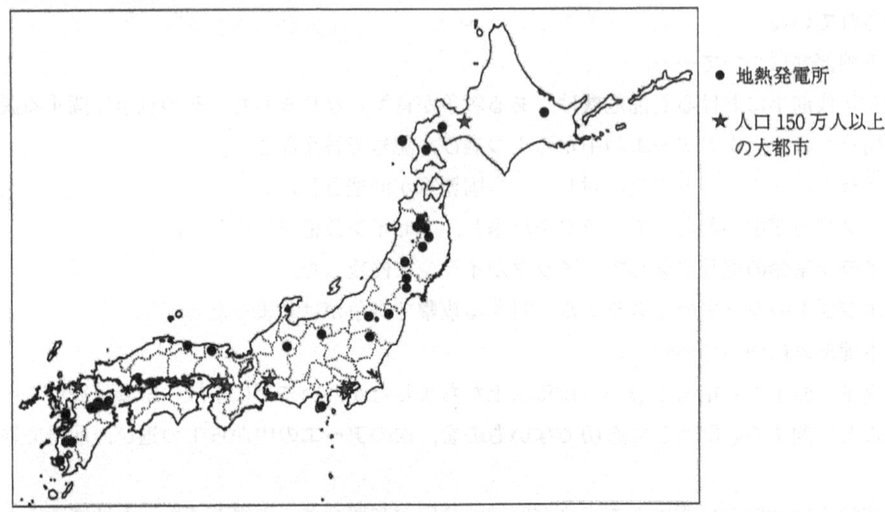

地熱発電所がない地域の島しょ部は省略した。
統計年次は、地熱発電所の分布が2019年3月末、都市人口が2020年。

「地熱発電の現状と動向2019年」および国勢調査の結果をもとに作成

［資料2］地熱発電の仕組み

発電機
蒸気
高温の水がたまっているところ
マグマだまり

地中から高温の蒸気を取り出して発電する。

資源エネルギー庁の資料をもとに作成

［資料３］発電方法ごとの発電設備建設に必要な期間

	発電設備の建設計画から運転開始までの期間
太陽光発電（家庭用を除く）	1年前後
バイオマス発電	1年半～4年程度
風力発電	4～5年程度
地熱発電	9～13年程度

内閣府の資料をもとに作成

［資料４］地熱発電設備の新規建設数

	2012年～2020年の間に新しく建設された発電設備の数
大規模な地熱発電設備*	1基
小規模な地熱発電設備*	68基

*ここでは、出力15000kW以上を大規模、15000kW未満を小規模と分類した。

日本地熱協会の資料をもとに作成

字以内で答えなさい**（句読点・記号も一字に数えます）**。

問八　次の会話文は、本文を読んだ生徒たちが同調圧力によって起こる行為をテーマに、話し合っている場面です。**本文の趣旨に合わない発言**を、次の**ア～オ**の中から一つ選び、記号で答えなさい。

> **ア**　同調圧力でスマホを持つこともあるんじゃないかな。周りのみんながスマホでやりとりをしていると、自分もスマホを持たないといけない気分になるよ。
>
> **イ**　スポーツの先輩・後輩の関係もそうだよね。練習メニューなんかをもう少し合理的にしようと提案したら、うちの伝統だと反対されるのもそうかな。
>
> **ウ**　いい部分もあるって言っていたね。多くの人が率先してマスクをしているのは、同調圧力の影響とも考えられるよ。マスクの着用率が高いことが海外の人から驚かれているんだってさ。
>
> **エ**　他にも治安の良さや礼儀正しさがいい部分なんじゃない。日本だと、落とした財布が自分の手元に戻る可能性が高いって、僕も海外の人から聞いたよ。
>
> **オ**　犯罪率の低さも監視の目があるからかしら。でも募金した有名人がネットで偽善だと売名だと大勢からたたかれることがあるのは、同調圧力の悪いところね。

問九　**〔文章1〕・〔文章2〕**から読み取れる内容としてもっとも適切なものを、次の**ア～エ**の中から一つ選び、記号で答えなさい。

ア　日本では周囲と同じように行動するように強いる空気から、差別やバッシングが起きるのに加え、他国同様、ムラ意識の強さにより専門家の意見を一つにまとめて政治の中枢と密接に連携することがさまたげられる。しかし、専門家の意見は未来のデザインのために必要になるはずだ。

イ　日本では「空気を読め」という風潮によって、異論を許さない息苦しさが国全体を包んでいるとはいえ、社会的同調圧力によるプラスの効果である現場のがんばりや人々の絆で、専門家なしでも今後も問題は解決していくことだろう。したがって、この先の日本社会や組織は希望に満ちている。

ウ　日本では食べ物の貸し借りが自然に行われるなど、隣近所の論理が身内である人々の生活を守ってくれる反面、この論理は、その道でうまくやっていくという専門的技能を身につけるには不適切である。したがって、今後は組織や世間を大きく作り変える努力が不可欠になっていくことだろう。

エ　日本では警察が機能しないような危機的状況になったとしても、同調圧力により世間に治安が保たれる一方で、そのような同調圧力が強力であるあまり、専門的知見を用いることが阻害される。しかし、専門的知見は、問題解決や将来の在り方を考えていくのにたいへん重要である。

なるはずである。

これは、課題に事後的に対応する場合だけではなく、この先の組織や社会をどうデザインしていくかについても大きな役割を果たすはずだ。

(佐倉統(さくらおさむ)『科学とはなにか　新しい科学論、いま必要な三つの視点』による)

注3　**知見**……知識や見識のこと。

注4　**ワン・ボイス**……ここでは「統一された意見」のこと。

注5　**普遍的**……全てのものに当てはまること。

問一　――線部①「『空気を読め』の風潮」とありますが、〔文章2〕ではこれをどのように言っていますか。〔文章2〕から二十字で探し、**初めと終わりの三字を抜き出して答えなさい（句読点・記号も一字に数えます）**。

問二　――線部②「コロナは、」とありますが、この表現がかかっている部分としてもっとも適切なものを、次の**ア**～**エ**の中から一つ選び、記号で答えなさい。

ア　存在する　**イ**　あいまいにしていた

ウ　突きつけた　**エ**　気がします

問三　――線部③「感染者やその家族に向けられた差別やバッシング」とありますが、それが日本で起こるのはなぜだと考えられていますか。その理由を**四十字以上五十字以内**で答えなさい（**句読点・記号も一字に数えます**）。

問四　[A]・[B]に入れるのにもっとも適切な**漢字二字**をそれぞれ答えなさい。

問五　――線部④「日本人は『世間』に住んでいるけれど、『社会』に住んでいない」とありますが、それはどういうことですか。その説明としてもっとも適切なものを、次の**ア**～**エ**の中から一つ選び、記号で答えなさい。

ア　日本人は、略奪や暴動を恐れるあまり、知らない人たちとの関係を避け、身近な人びとと世界を形成しているということ。

イ　日本人は、近しい人たちとは挨拶をし、付き合いをしても、そうでない人たちとは関係を築こうとはしていないということ。

ウ　日本人は、非常時でも自然発生的にルールを作る能力に優れ、欧米人のように法律でルールを決めて行動していないということ。

エ　日本人は、文化的に成熟していないので、自分とは無縁の人びととのつながりを大切にする社会をまだ作っていないということ。

問六　――線部⑤「僕らが今言っている世間・社会論」とありますが、それはどのような考え方ですか。その説明としてもっとも適切なものを、次の**ア**～**エ**の中から一つ選び、記号で答えなさい。

ア　世間のウチ側の人間に対しては非常に親切にするが、ソト側の社会の人間に対しては徹底(てってい)的に排除するものだという考え方。

イ　自分と身内が所属している世間のソトにも世間があって、そのたくさんの世間が集まることで社会ができるという考え方。

ウ　世間とは人間をウチとソトに分けるので排他性を持ち、社会とは人間のつながりを横断的に一つにつなぐものだという考え方。

エ　自分と関係のある人間からなるウチの世間と、無関係の人々からなるソトの社会は互いに排除し合う、緊張感ある関係だという考え方。

問七　――線部⑥「社会の話」とありますが、対談者の一人である佐藤さんが考える「社会」とはどのような場ですか。**二十五字以上三十五**

たとえば、ぼくがこれを書いているのは二一世紀に入って二〇年が過ぎたころ、豪雨や猛暑、寒波などの異常な気象現象が増え、経済格差が広がって社会の分断が広まり、[B]未聞の感染症（COVID-19）に世界中がおののいているときだ。二〇一一年には、東日本大震災と福島第一原発事故もあった。いずれも、専門家の知見を政治や社会の対応に反映させる際に、さまざまな不具合が生じた。

新型コロナ感染症に関していえば、日本に限らず世界中で同じ問題が露呈した。アメリカには疾病対策予防センター（CDC）という司令塔があり、イギリスには政府の首席科学顧問がいる。いずれも、権限を集中させて専門家の中での意見のバラツキによって混乱しないよう[注4]「ワン・ボイス」を発信し、それを政治の中枢と密接に連携して具体的な対応に落とし込んでいくためのしくみだ。しかし、うまく機能しなかった。

日本も、専門的知見の活用がうまくいっていないことにかけては最右翼だ。そもそも日本には、首相の科学顧問もいなければ、その分野の専門的知見を集約している集中センターもない。なにか事が起こるたびに、そのつど臨時で当該分野の専門家を集めた会議体が形成されて、権限も責任もあいまいなまま、対応が進んでいく。

なかばボランティアのようにして関係省庁や関係者たち（新型コロナ感染症でいえば、保健所や病院などの医療従事者たち）がものすごいがんばりを見せ、どうにかこうにか難局を乗り切っていく。毎回こういうパターンだ。

日本らしいといえば日本らしいが、もう少し専門知をうまく活用することを考えないと、これから先、さらに大規模な未知の災害が生じたときに、対応しきれなくなって破局を招いてしまうのではないか。専門知を活用する制度をある程度整えてきた欧米諸国ですら、新型コロナ感染症では機能しなかったのだ。ましてそれらの制度の整っていない日本にはこの先、さらに良くない状況が生じるのではないか。

日本社会は社会的同調圧力——ムラ意識——が強いのと、前にも述べた公的空間と私的領域の境目があいまいなことから、専門的技能を公共のために使うことに、あまり熱心ではないところがある。

（中略）

新型コロナ感染症への対応がうまくいったのは、韓国や台湾など、少し前に重症急性呼吸器症候群（SARS）、中東呼吸器症候群（MERS）などのコロナウイルスによる感染症で打撃を受け、その際の失敗から体制を整えて準備ができていた国か、あるいはニュージーランドのように首相のリーダーシップが明確で成功した国である。つまり、専門的知見があるかないかではなく、それを活用できるかできないかが、分かれ目なのだ。

今まで自分たちがやってきたやり方のまま進んでいくならば、専門的技能はいらない。むしろ、組織に入ってから、そこでの仕事をこなしながら身につけていくことこそが、その道でうまくやっていくための「専門性」だったのかもしれないが、異業種・異文化間での人と情報のやりとりが圧倒的に多数になっている今、そのような内輪の論理だけではもはや立ち行かない状況になっているのは明らかだ。

文化や文脈に依存する暗黙知的な「場の力」は、それはそれで強力ではあるけれども、それだけではなく、[注5]普遍的な場面でも効力を発揮する科学や技術の専門的知見をどれだけ有しているかが、なによりの資産に

「公共」と訳されていて、公共というのは公共事業とか、公共団体とか国家とか、そうしたものを意味する。しかし、パブリックの本来の意味は社会に属する概念で、しかも国とか、オフィシャルなものと対立する人びとのつながり。それが公共、パブリックなんですよ。これは「世間」全体を横断的につなぐ原理です。ところが日本では、「世間」のウチとソトの意識が強いため、共通の原理であるパブリックが成立しにくい。

鴻上　パブリックとは、すぐに国家だと思っちゃうわけですね。

佐藤　⑥「社会」の話に戻りますと、欧米では殺し合いを避けるために法律ができた。アメリカは訴訟社会と言われるわけですが、法律以外に頼るもの、基準となるものがないんです。あれだけ多民族社会になって、宗教も違うし、物の考え方も違うし、目の色も違う。そういう人間が集まったときに、最終的に解決する方法は法律しかない。となれば、「社会のルール」というのは「法のルール」なわけです。ルール・オブ・ロー(rule of law)と言いますが、「法の支配」という意味です。

東日本大震災のときに海外メディアが避難所に避難している被災者の冷静さを見て、絶賛したという話をしましたが、では、欧米ではどうなのか。アメリカではハリケーンなどが起きると、スーパーマーケットが襲われたりするわけです。

（中略）

ところが日本の場合、なぜ被災者があんなに冷静に行動できたのかといえば、「みんな同じ」ような悲惨な状況に置かれた場合、「みんな同じ」という同調圧力が働く。自分がこういう状況でも「しかたがない」と考える。「世間のルール」が働くんですね。だから、避難所に来ると、「おまえはトイレ掃除」とか「おまえは食事担当」とか、そういうかたちで任務分担をしちゃうわけですよね。これは国家や政治権力のような、上から降りてきて法律や暴力によって命令し、抑圧するような権力とは違うわけです。「世間」の関係性がもたらす権力というか、フーコー(Michel Foucault)は「網の目としての権力」という言い方をしていますが、それに近いかもしれないです。

だいたい、小学校、中学校で生徒に学校の清掃をさせるというのは日本だけでしょう。

（中略）

そういうかたちで、小さいころから「世間のルール」を学んでくる。そうしたルールを学ぶことで、強い同調圧力が形成される。警察が機能しなくなって「法のルール」が崩壊しても、結局、「世間のルール」が働いて、略奪も暴動も起きない。これが、日本が世界中で一番治安がよくて安全な国と言われていることの理由だと思うんですね。

でも、それは果たして良いことなのか、後で話したいと思います。

（鴻上尚史・佐藤直樹『同調圧力　日本社会はなぜ息苦しいのか』による）

注1　バッシング……度を越して非難すること。

注2　SNS……ツイッター、フェイスブック、ラインやインスタグラムのように、登録した利用者同士がインターネット上で交流できる会員制サービスのこと。

〔文章２〕

複雑きわまる現代の社会は問題が山積みだから、これらの問題を解決するために、科学の専門的な知見[注3]をどのように使っていくのかは緊急の課題だ。

上げているとか。同じ「世間」の人ではないからですね。

佐藤　欧米の人はホテルの廊下ですれ違った際にも挨拶をしてきますね。

鴻上　何で僕が「世間」と「社会」の違いを言い続けているかというと、今は「世間」というものが中途半端に壊れてしまっていると考えてもいるからなんです。たとえば江戸時代――いや、明治から大正、昭和の終戦前後まで含めてもいいと思っているのですが、隣近所とお米とかしょうゆの貸し借りが都会でも当たり前のようにおこなわれていました。まだ「世間」が充分に機能していたんですね。「世間」がいわゆる「セイフティーネット」の役割を担っていて、同じ「世間」に生きる人を守ってもくれていたのです。

ところが、「世間」が中途半端に壊れてきた今は結局、守ってくれるものが中途半端なかたちでしか存在しない。だから、僕たちがつながらなければいけないというか、手を伸ばさなければいけないのは、「社会」という自分とは無縁の人たちの世界で、その人たちとどう関係をつくっていくか。そこにしか日本人の未来はないんじゃないかと思っているのです。

（中略）

鴻上　では、よく言われる、「ウチとソト」と「世間と社会」の違いというのは、佐藤さんはどう説明していますか。

佐藤　僕はこう言うんですよ。社会というのは、原理的に一つしかないんです。一つしかないものにはウチもソトもないわけですよ。たった一つしかないものにはウチもソトもない。だから社会はあまり排他的にならない。ところが「世間」というのは、小さいやつから大きいやつまで、たくさんあるんですね。たくさんあるから、外側と内側の区別がお互いの世間の間でできてくる。排他性も生まれてきたりするわけです。

鴻上　僕が世間と社会の説明をすると、「それはつまり、ウチとソトのことでしょう。ウチが世間で、ソトが社会なんでしょう」とよく言われたりするんですよ。

佐藤　日本ではね。

鴻上　そう、日本では。日本人だと、ウチソト論というものが結構有名じゃないですか。自分が関係している世界をウチと呼び、それ以外をソトと呼ぶ。ウチソト論と、⑤僕らが今言っている世間・社会論とは、どこが違うと思いますか。

佐藤　基本的に「世間」のあるところでは、「世間」の内側は身内ということですよね。「世間」の外側は何かというと、赤の他人。

鴻上　うん、ソトですね。

佐藤　赤の他人とか、ソトの人を「外人」という言い方もしますね。結局、世間の内側の人間に対しては非常に親切にするけど、外側の人間に対しては無関心か排除する。これが基本的な構図です。それで、日本人は社会に生きていないから、「世間」のソトにもやはり違う「世間」があって、そこでもウチとソトをつくっている関係じゃないですかね。

「世間」の外側が社会になっているということではなく、たくさんの「世間」があって、それがお互い島宇宙みたいな感じで存在している。

鴻上　つまり、ウチとソトという単純な二分法ではないということですか？

佐藤　うん。つまり、こういうことなんです。例えばパブリック（Public）という言い方があるじゃないですか。パブリックというのは、日本ではズ（Thomas Hobbes）の言葉ですが、人間は法も国家もない「自然状態」になると、お互い殺し合いになるような状況になるという意味です。

鴻上　実際、すさんできましたよね、世の中が。[注2]ＳＮＳも、ネットニュースのコメント欄も、人を一方的に罵倒したり、非難したりするなど攻撃的なコメントがより目立つようになりました。間違いなくコロナの影響だと思います。

佐藤　そこで考えていかなければならないのは、同調圧力と相互監視によって支えられる「世間」の問題です。

鴻上　いよいよ本題に近づいてきました。

　こうした同調圧力を生み出す「世間」とは、いったい何なのか。コロナによって炙り出された風景は、「世間」とどうつながるのか。佐藤さんとじっくり議論していきたいと思っています。

佐藤　「自粛」と聞いて僕がすぐに思い出したのは、二〇一一年の東日本大震災直後に人の姿が消えた異様な街の風景でした。あのとき、被災地に大挙して入ってきた外国メディアから絶賛されたのは、海外だったらこうした無秩序状態でおこりうる略奪も暴動もなく、被災者が避難所できわめて冷静にかつ整然と行動していたことです。

　今回の自粛もそうですが、命令があったわけでもないのに、いったいなぜこういった行動を取れるのでしょう。僕の答えは簡単で、日本には海外、とくに欧米には存在しない「世間」があるからです。震災で「法のルール」がまったく機能を失っても、避難所では被災者の間で自然発生的に「世間のルール」が作動していたんですね。ところが欧米には社会はあるが、「世間」がないために、震災などの非常時に警察が機能しなくなり、社会のルールである「法のルール」が崩壊すると、略奪や暴動に結びつきやすい。アメリカなどで災害時にスーパーなどが襲われ、商品が略奪されるのはそのためです。

鴻上　肝心なのはそこです。「世間」と「社会」はどこが違うのか。

佐藤　それがきわめて重要です。日本においては、「世間」と「社会」の違いこそが、ありとあらゆるものの原理となっているのですから。

鴻上　おそらく学者である佐藤さんと、作家である僕では、語るべき言葉の質が違うと思います。まずは僕からその違いについて説明させてください。僕がいつも単純に説明しているのは、「世間」というのは現在及び将来、自分に関係がある人たちだけで形成される世界のこと。分かりやすく言えば、会社とか学校、隣近所といった、身近な人びとによってつくられた世界のことです。そして「社会」というのは、現在または将来においてまったく自分と関係のない人たち、例えば同じ電車に乗り合わせた人とか、すれ違っただけの人とか、映画館で隣に座った人など、知らない人たちで形成された世界。つまり「あなたと関係のある人たち」で成り立っているのが「世間」、「あなたと何も関係がない人たちがいる世界」が「社会」です。ただ、「何も関係がない人」と、何回かすれ違う機会があり、会話するようになっても、それはまだ「社会」との関係にすぎませんが、やがてお互いが名乗り、どこに住んでいるということを語り合う関係に発展すれば、「世間」ができてくる。

佐藤　④日本人は「世間」に住んでいるけれど、「社会」には住んでいない、ということですね。

鴻上　はい、昔からよく言われますね。エレベーターなどで知らない人と同乗すると、日本人はお互いに何の会話もしないまま、光る数字を見

三　次の〔文章1〕・〔文章2〕を読んで、後の問いに答えなさい。

〔文章1〕

鴻上　二〇二〇年の前半はコロナ禍によってさまざまな風景が現れました。「自粛警察」「マスク警察」といった言葉に代表される、監視や排除の心情、あるいは差別と偏見。そうしたものが一気に炙り出されたと思います。なかでも、より分かりやすいかたちで可視化されたのが、日本社会の同調圧力だったのではないでしょうか。

同調圧力とは、少数意見を持つ人、あるいは異論を唱える人に対して、暗黙のうちに周囲の多くの人と同じように行動するよう強制することです。こうしたものに、僕はいまも、息苦しさを感じています。コロナが怖い、確かにその通りなのですが、それ以上に、何かを強いられることが、そして異論が許されない状況にあることが、何よりも怖い。

もちろんコロナ以前にもさまざまなかたちでの同調圧力は存在しました。たとえば学校や会社のなかで先輩や上司に言われたことはどんなにムチャな命令でも黙って従うべきだとか、会社が苦しいんだからいまは我慢しろとか、さまざまな理不尽を受け入れるしかない空気がありました。僕が以前からくりかえし述べている①「空気を読め」の風潮です。それが、コロナによって、明確に、そして狂暴になって現れてきたように感じるんです。②コロナは、確かに存在するくせに日本人および日本社会があいまいにしていたものを私たちに突きつけた気がします。

（中略）

社会の中に感染者を差別、排除しようとする強い空気を感じます。そこには病者への気遣いも同情も見えない。ウイルスは人を選ばないのだから、誰であっても感染する恐れはありますよね。本来、頭を下げて謝るようなことではないと思います。感染者、なかでも若年層の感染者に対しては、この非常時に自粛することなく遊びまわっていたから悪いのだ、と考える人が多いからでしょうが、まさに非難と中傷が同調圧力となって感染者に襲いかかる。

佐藤　僕は最近ずっと、加害者家族に対する「バッシング問題」[注1]を考えています。日本では、殺人などの重大犯罪が犯された場合、加害者の家族がひどい差別やバッシングを受けます。これは、コロナ感染者に対する差別やバッシングと非常によく似ていると思いました。日本人の間に「犯罪加害者とその家族は同罪」といった意識が浸透しているからです。犯罪被害者への同情や正義感でもありますが、「敵」とみなした相手を一斉にバッシングする排除の論理が働いているのでしょう。一種の処罰感情とも言えます。この同調圧力が、加害者家族を苦しめます。ただし加害者家族に対するバッシング問題は、深刻ではあるけれど、いくつかの例外を除けば、大きな問題として一般に認知される機会はこれまでありませんでした。ところが、加害者家族に対するバッシングとまったく同質の問題が、いま、コロナ禍をきっかけに大挙して噴き出てきたわけです。③感染者やその家族に向けられた差別やバッシングというかたちで。感染者が悪くもないのに謝罪するのも、そうした圧力があるからですね。

鴻上　コロナがやっかいなのは、無症状の感染者が少なくないことですね。誰が感染しているのか、あるいは自分が感染しているかもしれないといった恐怖と不安が常につきまとう。

佐藤　だからこそ人びとは［A］暗鬼になり、他人が信じられなくなり、「万人の万人に対する戦い」のなかに叩き込まれます。これはホッブ

エ　スランプに陥って勝てなくなった国芳は、人々から注目されなくなるのは引退したも同然であると思っている。

問六　――線部④「この人は、知っているのだ」とありますが、何を知っているのでしょうか。もっとも適切なものを、次の**ア**～**エ**の中から一つ選び、記号で答えなさい。

ア　国芳がすでに盛りを過ぎた棋士だと噂を流しているのは小平だということ。

イ　兼春が画面の向こうで、国芳の戦いぶりを冷静な目で見続けていること。

ウ　タイトルを失い続けることで、世の中に国芳の悪口を言う者がいること。

エ　試合にいくら負けたとしても、国芳を応援する人がたくさんいること。

問七　――線部⑤「取材者の言葉に、初めて国芳が微かに表情を和らげた」とありますが、この時の国芳の気持ちの説明としてもっとも適切なものを、次の**ア**～**エ**の中から一つ選び、記号で答えなさい。

ア　呼び方まで知らずに失礼なことばかりするような取材者であったが、かわいい弟子をほめる言葉を聞いて気持ちが落ち着いた。

イ　勝負の厳しさを思い知らせる言葉をかけてきた取材者が、話題を弟子に振ったことで、勝ち負けだけでない対局の喜びが心に浮かんできた。

ウ　取材者の話し方にすばらしい対局だったという思いが感じられて、負けた悔しさも多少はなだめられたように感じている。

エ　「恩返し」は自分のねらった結果であり、自慢の弟子に花をもたせることができたことをうれしく思っている。

問八　――線部⑥「兼春は一つ息をつき、刃先を、まだ何も刻まれていない木の欠片へと押し込んだ」とありますが、この時の兼春の思いを説明したものとしてもっとも適切なものを、次の**ア**～**エ**の中から一つ選び、記号で答えなさい。

ア　駒が選ばれなかったことにいつまでも納得できずにこだわっていては、師匠の駒の何が優れているか分からないことに気づき、自分は自分のやり方で師匠を超える駒を彫ろうとあらためて決意を固めている。

イ　棋将戦の対局に自分の駒が選ばれなかったのは、使いこまれた風を装って角を取ったからなのであり、これからは自分は自分のやり方で新たな駒を彫ること以外に師匠を超える方法はないと思っている。

ウ　国芳のような常軌を逸した棋士の気にいる駒は、よくよく考えをめぐらせて彫らなければ狙えないことに気づくとともに、自分なりの工夫でも国芳に選ばれた駒を超えるようなものは彫れるはずだと考えている。

エ　将棋の駒にあらかじめ目指すべき理想があると思い込んで、何が師匠に及ばないのかに思いなやんでいたが、師匠はそんなことを超越していたことに気づき、あらためて駒彫りに精進しようとしている。

問九　最終的に兼春は、国芳が白峯の駒をなぜ選んだと考えていますか。**三十五字以上四十五字以内**で説明しなさい（**句読点・記号も一字に数えます**）。

押し込んだ。

（芦沢央「恩返し」による）

注1　**字母紙**……字を記した紙のこと。これを木地にはり、その上から彫っていく。

注2　**定年を迎えている歳**……会社や役所の勤め人が、一定の年齢で退職することが求められる、その年齢のこと。

注3　**3七桂**……「同銀」「歩打ち」「8二玉」「1六香」などと同様に将棋の駒をどのように動かしたのかの記録。

注4　**対局前検分**……対局者が実際の対局室で、空調や照明・座布団やひじかけ・駒や盤などを確認すること。

注5　**面取り**……駒の角を少し削ること。

問一　――線部①「これ以上自分が気に病み続けるのが馬鹿げていることはたしかだった」とありますが、なぜ気に病み続けることが馬鹿げているのですか。もっとも適切なものを、次の**ア**～**エ**の中から一つ選び、記号で答えなさい。

ア　小平の言うとおり、弟子との勝負にこだわった国芳が縁起を担いで師匠の白峯の駒を選んだのだと分かったから。

イ　兼春の彫った駒が選ばれなかったことになやむのは、国芳の決断を非難することになりかねないと気づいたから。

ウ　調子のよい小平の言葉は信用のおけないものだけに、真に受けてもプラスにならないことに気づいたから。

エ　自分の駒が選ばれなかった理由にこだわっているよりも、自分の技をひたすら磨くべきだと分かったから。

問二　――線部②「そうであるがゆえに異様だった」とありますが、どうしてですか。もっとも適切なものを、次の**ア**～**エ**の中から一つ選び、記号で答えなさい。

ア　失礼なのは取材者なのに、「こちらこそ」と皮肉で返した国芳は並の勝負師ではないから。

イ　将棋への情熱は並々ならぬものなのに、冷静に答えている国芳の態度は普通ではないから。

ウ　場の空気が凍りつくような言葉にも、会釈ですますほど国芳は勝負に集中しているから。

エ　負けた悔しさから、取材者の言い間違いひとつでも見すごせない国芳はまともではないから。

問三　[A]に入れるのにもっとも適切なものを、次の**ア**～**オ**の中から一つ選び、記号で答えなさい。

ア　愉快な　**イ**　残酷な　**ウ**　不可思議な　**エ**　馬鹿げた　**オ**　横暴な

問四　[B]に入れるのにもっとも適切なことばを**漢字**で答えなさい。

問五　――線部③「国芳は、躊躇いも気負いも感じさせない口調で言った」とありますが、どのような思いでこのように言ったのでしょうか。もっとも適切なものを、次の**ア**～**エ**の中から一つ選び、記号で答えなさい。

ア　今までの自分のやり方を大きく変えてまで勝負に向かった国芳は、敗北を受けいれながら今後を考えている。

イ　異様な世界だと人々から言われるような将棋界で生きる国芳は、何事にも心を動かされることはないと思っている。

ウ　弟子と対戦しても無残に負けてしまった国芳は、すでに勝負の世界は自分の生きる世界ではないと考えている。

だから、周囲には到底追いつけないような速さで会話が成り立つのだ。

兼春としても、対局自体よりもむしろわかりやすい形で彼らの超人ぶりがうかがえる感想戦を中継で見るのは好きだった。だが、今は記者会見の場であり——そもそも、この対局の感想戦は先ほど既に終わっているのだ。

おそらく、この会見のために感想戦を早く切り上げることになり、検討し足りなかった部分が局面を思い返したことで噴出してきてしまったのだろう。

しかし、周囲にいる人間のほとんどが理解できない言葉を饒舌に語る国芳の姿は、二十二年もの間、将棋界の頂点に君臨し続け、絶対王者として神格化さえされてきた大ベテランのものではなかった。

少なくとも兼春の記憶にある国芳英寛は、常に穏やかで理知的な人格者として振る舞い続けてきた。

今は弟子とのタイトル戦の直後ということもあり、精神が高揚しているのだろう。ただ、それでもこれは——きっと、ずっと彼の核にあった姿なのだ。

将棋が好きで好きで好きすぎて、一般的な社会人が歩む道をすべて切り捨てて将棋にのめり込み、頂点に立って何年経とうが満たされることも飽きることもなく、まだ新しい一手にここまで目を輝かせられる人間。

これだけプレッシャーがかかる立場に置かれていながら、勝敗に飲み込まれることなく、将棋を愛し続けていられる異常な精神。

国芳には、目的も目標も必要がない。ただ将棋の可能性をもっと自らの目で見たいというだけで、自分を、戻るべき足場を躊躇いなく壊せる。

その熱量が、狂気でなくて何なのか。

〈では、今回の対局は、素晴らしい恩返しだったと〉

取材者がまとめるように言うと、国芳はしゃべりすぎたことに気づいたのか、恥じるように目を伏せ、〈ええ、そうですね〉とわずかに上ずった声のまま答えた。

〈これ以上の恩返しはないでしょう〉

国芳が、隣の生田と視線を合わせた瞬間、待ちに待ったようにフラッシュとシャッター音が溢れ返る。

それでは次に、初戴冠となった生田新棋将に、という司会のアナウンスと同時に、兼春は席を立った。

大股でリビングを出ながら、だからだったのだ、と思う。

だから自分は、国芳英寛に駒を選び直されたことに、あれほど揺さぶられたのだ。

心に引っかかり続けていたのは、なぜ選ばれなかったのかではなかった。

この、誰もがかなわないほどの将棋への狂気を持った男が、自分の駒を選び、そして手放す間に、何を見ていたのか。

兼春は、工房として使っている自室に入る。

作業台の上にあった彫り途中の駒を奥へよけ、新しい駒木地を取り出す。

椅子を引き、座りながら印刀と彫り台を手に取った。

途端に、波が引いていくように、心が静かに透き通っていく。

⑥兼春は一つ息をつき、刃先を、まだ何も刻まれていない木の欠片へと

さらに兼春の脳裏に、小平の笑顔が蘇る。

『いやあ、この駒で指すだけで将棋が上手くなった気がしますよ』

小平は、国芳はまだ弟子に勝ちは譲らないと、タイトルを守り抜くのだという決意のために、師匠の駒を選んだのではないかと言った。

だが――それは、逆だったのではないか。

国芳は、それまでに長い時間と労力をかけて積み上げてきた自分の将棋を壊そうとしていた。

『道具は使い手が育てるんですよ。どんどん使う人の手に馴染んで、色合いも良くなっていく』

だから師匠の駒は、自分の駒に比べて面取りが浅い。立った角は、指に刺激となって引っかかる。

まだ使い込まれていないことを、これから育っていくことを象徴するように。

〈もう一度、自分を鍛え直します〉

国芳は、真っ直ぐに前を向いて言った。

フラッシュが、それまでよりもさらに激しく、その顔を照らす。

〈今回、お弟子さんである生田七段が「恩返し」をされたわけですが、今の率直なお気持ちをお聞かせ願えますか〉

⑤取材者の言葉に、初めて国芳が微かに表情を和らげた。

〈彼とこうして本気で指すのは久しぶりでした。いや、ここまで一局に長い時間をかけて指したのは初めてかもしれません。タイトル戦という最高の舞台で、全力でぶつかり合えたことを嬉しく思います〉

――全力で、と言いきるのだ。

力を出しきれなかったと、そうでなければ結果は違ったかもしれないと仄めかすのではなく。

〈本当に、楽しい時間でした〉

国芳は、取材者に答えるというより、ひとりごちるように遠い目をした。

〈いや、あそこで同銀と来るとは、まったく予想もしなかったんですよ。だけど指されてみればなるほど、なんです。あれで八手前の歩打ちが意味を持ってくる。本譜は8二玉でしたが　〉

徐々に口調が速くなり、声のトーンが上がっていく。

そのまま、ほとんどまくし立てるように符号を口にし続け、途中で一瞬言葉を止め、隣にいる生田に〈1六香は〉と投げかけた。生田は報道陣をちらりと見てほんの少し戸惑いを表したものの、口頭で手を返し、国芳がさらに符号を積み重ねていく。

まるで、唐突に感想戦が始まってしまったかのようだった。

敗着はどこにあったのか、どの手を変えていればどう盤上の光景が変わったか。無数の分岐に光を当て、対局者自身がたった今終えたばかりの戦いについて検討する――それは将棋における伝統の一つだが、考えてみれば異様な行為だ。

対局中は各々の頭脳に閉じ込めていた思考を解放し、敗者の傷を抉りながら協力して可能性を掘り起こす。

何手目について考えよう、と話し合うこともなく、暗黙の了解のように問題の局面に戻り、片方が本譜と異なる手を指せば瞬く間にその後の展開が盤上に編み上げられていく。

彼らの頭の中には、棋譜だけでなく、対局中に思考に浮かんだ分岐までもが完全に記憶されている。

その上に、[注4]対局前検分で響き続けていたシャッター音が重なった。

きっと、この会見場には、あのときよりもたくさんの報道陣が詰めかけているのだろう。二十二年ぶりの無冠というニュースを伝えるために、無数のカメラのレンズが、国芳へ向けられている。

〈来るべきときが来たのだろうと感じています。でも、私はこれで終わるつもりはありません〉

③国芳は、躊躇いも気負いも感じさせない口調で言った。

兼春の脳裏で、小平の言葉が反響する。

『口さがない将棋ファンの中には、さすがに国芳棋将の時代もこれで終わりだろうなんて言うやつもいるんですよ』

――④この人は、知っているのだ。

ぶるりと、背筋に悪寒のようなものが走った。

国芳は、自分について世間がどんなことを言っているのか、理解している。――世間が自分に何を見て、何を期待しているのか。

夢や希望を託され、羨望や妬みを向けられ、一つタイトルを失冠するごとに落胆や激励や安堵や嘲笑の声を聞きながら、それでも盤の前に座り続けてきた。

たった一人の人間が背負うには、あまりに重すぎるものの中心に立ち続けた二十二年間。

これまでだってそれらを撥ねのけて結果を出してきたのだから、大丈夫なのだろう、きっと常人では想像もつかないような精神力があるのだ、と片付けるのは短絡的だ。

日々成長し、絶頂期へと上り詰めていく間と、そこから下降していくときの精神が同じであるはずがない。

自分はもう終わりへ向かっているのか――それはおそらく、誰よりも国芳自身が考えてきたことなのではないか。

〈最近将棋ソフトを研究に使っておられるという話を聞いたのですが〉

質問を重ねたのは、先ほどとは別の取材者だった。

〈はい、使っています〉

国芳は短く答える。

そこで口を閉ざしたので、もう答えは終わりだろうかと兼春は思ったが、数秒して、国芳は再び口を開いた。

〈ただし、まだ使い慣れていません。それなのに、長く使い込んだような振りをしようとしていたと、第二局の直前に気づきました〉

第二局の直前――国芳の言葉に、何かを考えるよりも早く、身体の内側が強張る。あの、対局前検分の頃――そう考えた瞬間だった。

ふいに、ぞろりと内臓を撫で上げられたような落ち着かなさを感じる。

何だろう。これは。何かを自分は知っている。この言葉――自分は、これとよく似た言葉を、耳にしたことがある。

『新しいうちから長く使い込んだような振りをする必要はない』

とん、と頭上から降ってくるように響いたのは、師匠の声だった。

ああ、そうだ。

靄が晴れるように、鮮明にその映像が浮かび上がる。

師匠は、[注5]面取りを深くして駒の滑りを良くしようとする自分に対し、この言葉を口にしていた。

そして、あのとき、国芳は駒を選び直す直前に、駒の角を指でなぞっていた。

その後に続けられる言葉を取材者は待ったようだったが、国芳棋将はもう答えることは答えたというように、唇を閉じている。取材者は、ええと、と口ごもってから、「国芳棋将は」と落ちた沈黙を破った。

しかし、国芳棋将は穏やかとも言える空気をまとったまま、

〈私はもう棋将ではありません〉

と言った。

場の空気が凍ったのが、画面越しにも伝わってくる。

大変失礼いたしました、と頭を下げる取材者に、国芳棋将——国芳英寛は、〈こちらこそ〉と会釈をした。

その、怒気を感じさせない優雅な素振りは、②そうであるがゆえに異様だった。兼春は、背筋が冷えていくのを感じる。

この人は、本当に取材者に対して怒っているわけではないのだとわかった。だが、それでも訂正せずにいられない激しさが、この人の中にはある。

あの、今の、率直なお気持ちをお聞かせいただけますか、と取材者は恐る恐る尋ね直した。おそらく、どう呼べばいいのかわからなかったのだろう。発言の前に不自然な間がある。

実際のところ、兼春としても彼についてどう呼称するのがふさわしいのかわからなかった。

複数のタイトルで永世称号を持っているはずだが、永世称号は原則的に引退後に名乗ることが可能になるものだ。前例から言えば、前棋将を名乗ることも許されるけれど、本人がどういう意思でいるのかわからない。段位が九段であることは間違いないとはいえ、長くタイトルを持ち続けていたために、もはや国芳九段という響き自体に違和感がある。

——タイトルの有無によって呼称が変わるというのは、何と［A］ことだろう。

周囲としてはそのつもりがなくても、まるで手のひらを返したような印象すら受ける。

そして、それは将棋の歴史において、幾度となく繰り返されてきたことなのだ。

かつて、華々しいデビューからわずか三年でタイトルを三つ奪取し、国芳英寛と七大タイトルを分け合う二強時代を築いて将棋ブームまで巻き起こした宮内冬馬も、その翌年には防衛を果たせずにタイトル戦の舞台から姿を消し、順位戦でも二度降級するというスランプに陥った。

そのまま八年が経ち、話題に上ることもなくなっていた彼が、再び注目されるようになったのは、今から二年前——将棋ソフトの活用によって低迷期を抜け出したとされる宮内は、まるで忘れ去られていた時期などなかったかのように、将棋界の中心人物としてもてはやされている。

強ければ、誰からも一目置かれる。そして、勝てなくなれば、否応なく向けられる目は減っていく。

あるいはそれは、将棋が誰にでもできる、運の要素が介在しないゲームだということも関係しているかもしれない。スポーツと違って、ルールさえわかれば誰にでも指すことができる。すべては盤上で明らかにされ、ただ、手を読む頭脳だけが問われる。だからこそ、その先で広がる差が途轍もなくシビアに横たわるのだ。

そして、この男は、そうしたほとんど狂気とも［B］一重の世界の中で、頂点に君臨し続けてきた。

画面に映る国芳の顔は、フラッシュの光で間断なく照らされている。

えた。駒を何度も指し比べながら、駒自体よりも、自分自身の何かを見定めようとするかのような――

兼春は、どこか狐につままれたような気持ちになりながらも、工房へ戻った。中断していた作業を再開するために、席に座り、彫り台と印刀を持って構える。

小平の解釈が真実だとしても、まったくの的外れだとしても、①これ以上自分が気に病み続けるのが馬鹿げていることはたしかだった。とにかく自分は、自分の信じる道を進み続けるしかない。

意を決して、印刀を字母紙[注1]に押し当てる。力が入りすぎないように意識しながら刃先を滑らせ――そこで手を止めた。

――やはり、勘は戻っていない。

いくら心理的な問題だったからといって、気にかかっていたことへの答えが与えられたくらいでは、急には元に戻らないということだろう。

だが、ここで考えを巡らせていても仕方ない。結局のところ、身体に覚え込ませた勘は、身体を動かすことでしか取り戻せないのだ。

兼春は新しい駒木地を取り出し、一から工程をやり直すことにした。商品を作るためではなく、技術の鍛錬として、一つ一つの工程を丁寧になぞり直していく。

刃先が迷い、指が震えるたびに、よくやった方だ、という甘い声が浮かんだ。そもそも目標自体が大それていたのだ。自分には望外とも言えるほどの結果を出せたではないか。

すぐに焦点がぶれる老眼をこすると、もう世間的にはとっくに定年[注2]を迎えている歳なのだということが思い出された。何も、恐怖に飲み込まれるほど自分を追い詰めることはない。もっと気楽に、人生を楽しめばいい――それでも、せめてこれまで通りに戻せるまではと続けてふた月が経った頃、棋将戦七番勝負が終了した。

結局、勘は完全には戻らなかった。けれど、戻らないなら戻らないなりに、身体には新たな感覚が刻まれてきている。

棋将戦の約三ヵ月にも及ぶ激しい戦いを制したのは――国芳棋将ではなく、弟子の生田拓海だった。

国芳棋将は、実に二十二年ぶりに、すべてのタイトルを失冠したのだった。

兼春は、将棋中継ではなく、夕方のニュース番組で、その報を知った。そして、妻と共に、無言のまま、国芳棋将の記者会見を観た。

対局直後の国芳棋将の身体は、まるでこの二日間を飲まず食わずで過ごしていたかのように縮んで見えた。白髪交じりの頭は乱れ、背は丸まっている。

だが、その表情は、どんな感情も悟らせないほど静かだった。疲れ果てて生気を失っているわけでも、敗北への屈辱に強張っているわけでもない。

ただ、淡々と、他人の対局について解説するかのように、〈力不足でした〉と告げた。

最後までどうなるかわからない接戦だったと思いますが、と取材者はフォローするように言ったが、〈3七桂[注3]の時点で、もうかなり難しかったと思います〉と低く答える。

別の、どうやら将棋専門の記者ではないらしい取材者が、これで二十二年ぶりの失冠となるわけですが、と躊躇いがちに切り出すと、〈そうですね〉とうなずいた。

【国　語】〈五〇分〉〈満点：一二〇点〉

【注意】問題文には、原文（原作）の一部を省略したり、文字づかいや送りがなを改めたところがあります。

一 **次の——線部①～⑧のカタカナを漢字で、⑨・⑩の漢字の読みをひらがなで書きなさい。いずれも一画一画をていねいに書くこと。**

前途①**ヨウヨウ**たる若者達が語り合う。

乱れた国を②**チュウコウ**する。

自信作だと③**ムネ**を張る。

体調をくずして④**フクヤク**する。

トラックが到着して⑤**シュウカ**の作業をする。

⑥**フクシン**の部下が活躍する。

二人はかつて⑦**メイユウ**であったが、今は敵対している。

友人が⑧**ベンゴ**してくれた。

幼い子供の笑顔で場が⑨**和**む。

老若⑩**男女**に人気のアーティスト。

二 **次の文章を読んで、後の問いに答えなさい。**

長年棋士として活躍してきた国芳は「棋将」という名称のタイトル保持者である。国芳は弟子の生田と、「棋将」の座をかけて師弟対決をすることになる。その棋将戦の対戦に使われる駒は、駒職人の兼春（春峯）の彫った駒か、兼春にとって駒彫りの師匠である白峯の駒のどちらかであった。選ぶのは国芳である。最終的に国芳が選んだ駒は、白峯の彫った駒であった。兼春はなぜ自らの駒が国芳に選ばれなかったのかとなやんだ。そこで、駒選びの場にも立ち会っている小平から話を聞く。なお、「恩返し」とは将棋用語で、弟子が力をつけて師匠と戦い、弟子が勝って「指導のおかげ」だと頭を下げることである。

	師匠	弟子
棋士	国芳	生田
駒職人	白峯	兼春＝春峯

小平は手を叩き合わせる。

「恩返しですよ。で、私はこう思ったわけです。もしかしたら、国芳棋将は春峯さんと白峯さんのやり取りを聞いて、自分はまだまだ恩返しをさせるわけにはいかないと思ったんじゃないか、ここで、駒師の師弟戦で弟子を勝たせるのは縁起が悪いと思ったんじゃないかって」

「縁起？」

はい、と小平は顎を引いた。

「つまり、国芳棋将は白峯さんと春峯さんの関係に、自分と弟子の関係を重ねて見たんじゃないかと思うんですよ。それで、絶対にここは譲らない、という自分への戒めというか、決意表明のために、師匠である白峯さんの駒を選び直したんじゃないかって」

小平が帰ってからも、残された言葉は兼春の頭の中で渦巻き続けていた。

あれは、国芳棋将の決意表明だった。

その解釈は、妙に納得できるもののような気がした。

たしかに、あのとき国芳棋将は何かを決意しようとしているように見

2022年度

解答と解説

《2022年度の配点は解答欄に掲載してあります。》

＜算数解答＞《学校からの正答の発表はありません。》

1 (1) ア 2 (2) イ $5\frac{5}{11}$分 ウ $38\frac{2}{11}$分 (3) エ 6 オ 7 カ 78cm^2

(4) キ $\frac{4}{9}$倍 ク 13分 (5) 解説参照

2 (1) 56.52cm^3 (2) 4.5cm (3) $4\frac{4}{11}$cm

3 (1) 解説参照 (2) ア 1通り イ 1通り ウ 4通り

(3) エ 6通り オ 24通り (4) カ 24通り キ 576通り

4 (1) 3秒後 (2) 15秒後 (3) 12，60，84，132

5 (1) 13500cm^2 (2) ア 60cm イ 1800cm^2 (3) ウ 4通り エ 1600cm^2

○推定配点○

4，5 各5点×8 他 各4点×20(1(3)エオ，(5)，4(3)各完答) 計120点

＜算数解説＞

1 （四則計算，速さの三公式と比，時計算，流水算，割合と比，平面図形，論理）

(1) $\square=\left(2022\times\frac{15}{337}\times\frac{11}{12}-2.5\right)\div40=80\div40=2$

基本 (2) イ…$(90-60)\div\frac{11}{2}=\frac{60}{11}$(分)

ウ…$(300-90)\div\frac{11}{2}=\frac{420}{11}$(分)

[図1]

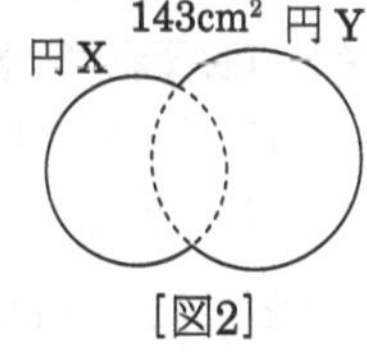

[図2]

重要 (3) 円XとYの面積比…3：3.5＝6：7

円Xの面積が6のとき，重なった部分の面積は6÷3＝2

したがって，円Xは143÷(6＋7－2)×6＝78(cm^2)

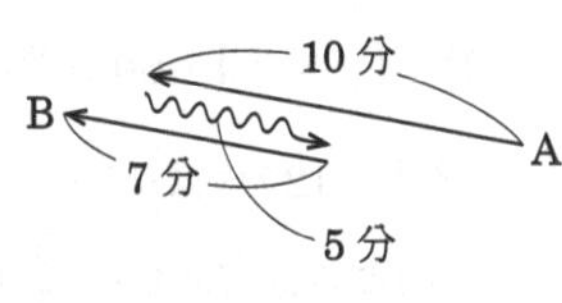

やや難 (4) ボートの静水時における速さを1，流速を△にする。

ボートが川を上った距離…(1－△)×(10＋7)－△×5＝17－△×22

ボートが川を下った距離…(1＋△)×5＝5＋△×5

これらの距離が等しいので，△×(22＋5)＝△×27が17－5＝12

に相当し，△は$12\div27=\frac{4}{9}$(倍)…キ

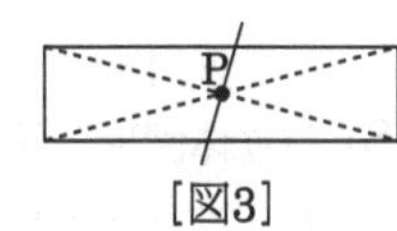

[図3]

下りの速さと上り速さの比は(9＋4)：(9－4)＝13：5

したがって，上りの時間は13分…ク

重要 (5) 図3をヒントにすると，右図のように，

図形の面積を2等分する直線を描ける。

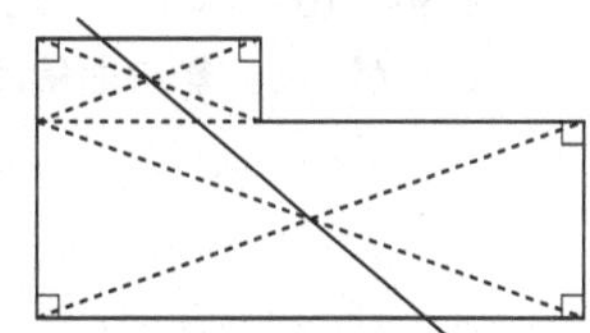

理由：解答例　長方形の中心を通る直線により，長方形が合同な図形に2等分されるから。

2 (平面図形，立体図形)

基本 (1)　$(2\times2-1\times1)\times3.14\times6=3\times6\times3.14=18\times3.14=56.52(\text{cm}^3)$

重要 (2)　(1)より，$4+18\times3.14\div(6\times6\times3.14)=4.5(\text{cm})$

(3)　右図より，容器の底面積から立体の底面積を引くと，(1)より，$(36-3)\times3.14=33\times3.14(\text{cm}^2)$

したがって，水深は$6\times6\times3.14\times4\div(33\times3.14)=\dfrac{48}{11}(\text{cm})$

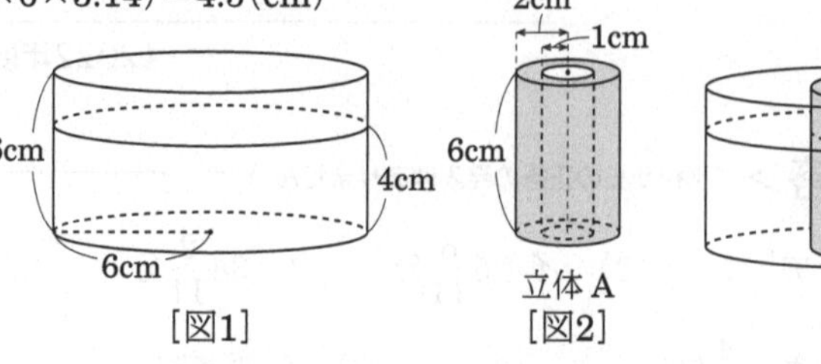

[図1]　[図2]

3 (場合の数，平面図形)

基本 (1)　残りの数の入れ方は，右図のようになり，1と2の位置について2通りになる。

1	2	3	4
2	1	4	3
3	4	1	2
4	3	2	1

1	2	3	4
2	1	4	3
3	4	2	1
4	3	1	2

基本 (2)　図5において，各行の数の並べ方が1通りずつあり，全体で1通り…ア

図6において，同様に1通り…イ

したがって，(1)より，$2+1\times2=4$(通り)…ウ

1	2	3	4
2	3		
3			
4			

[図5]

1	2	3	4
2	4		
3			
4			

[図6]

重要 (3)　$3\times2\times1=6$(通り)…エ

(2)より，全体で$6\times4=24$(通り)…オ

つまり，1列目の2～4行目の数字の並び方が6通りあり，2行2列目の数字によって2行～4行・2列～4列の9マスの並び方が4通りあった，という意味。

(4)　$4\times3\times2\times1=24$(通り)…カ

したがって，(3)より，$24\times24=576$(通り)…キ

4 (演算記号，割合と比，数の性質，単位の換算)

基本 (1)　【♩＝80】$=60\div80=0.75$(秒)　【♩＝100】$=60\div100=0.6$(秒)

したがって，0.75と0.6の最小公倍数より，3秒後

重要 (2)　【♩＝144】$=60\div144=\dfrac{5}{12}$(秒)　したがって，(1)より，3と5の最小公倍数，15秒後

やや難 (3)　【♩＝ア】$=60\div$ア$=\dfrac{5}{イ}$(秒)より，イ＝1のとき，ア$=60\div5=12$

また，12の約数にふくまれる2，3，4，6，12の倍数を除き，イ＝5のとき，ア$=60\div1=60$，イ＝7のとき，ア$=60\div\dfrac{5}{7}=84$，イ＝11のとき，ア$=60\div\dfrac{5}{11}=132$

…アは144より小さい整数

5 (立体図形，平面図形，相似)

重要 (1)　次ページの図において，直角三角形PFCとPアAは相似であり，それぞれの三角形の2辺の比が30：10＝3：1　　アAの長さは$40\times3=120(\text{cm})$

したがって，影の面積は$120\times120-30\times30=13500(\text{cm}^2)$

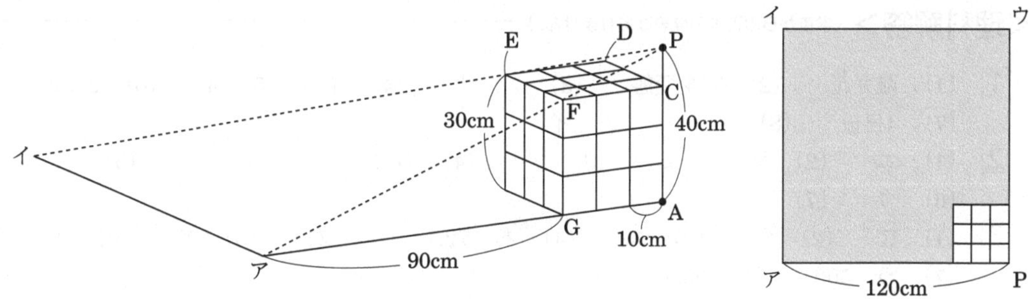

(2)　下図において，直角三角形LGAとシサAの相似比は2：1　　シサは20cm
(1)より，直角三角形LGAとスアAの相似比は30：120＝1：4　　スアは40cm
したがって，台形スアサシの面積は(40＋20)×60÷2＝1800(cm²)

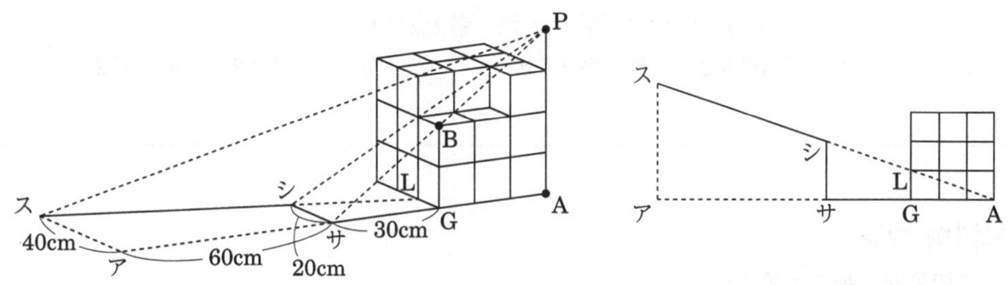

やや難　(3)　上段の9個の立方体のうち，X，Y，Z以外の立方体を除いても床にできる影の面積は変化がない。X，Y，Zのうち，Zを除くと影の面積が最小になる。
下図より，直角三角形PENとPAMの相似比は1：4
右図より，ウQは20×4＝80(cm)，Qイは120－80＝40(cm)
したがって，(1)の図と右下図の面積の差は40×40＝1600(cm²)

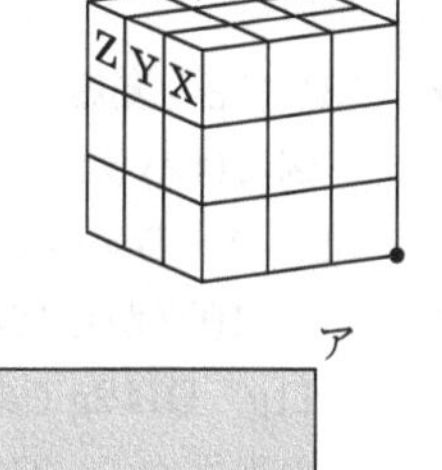

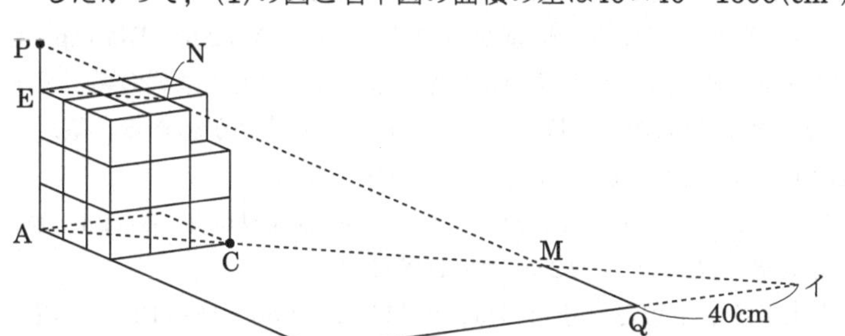

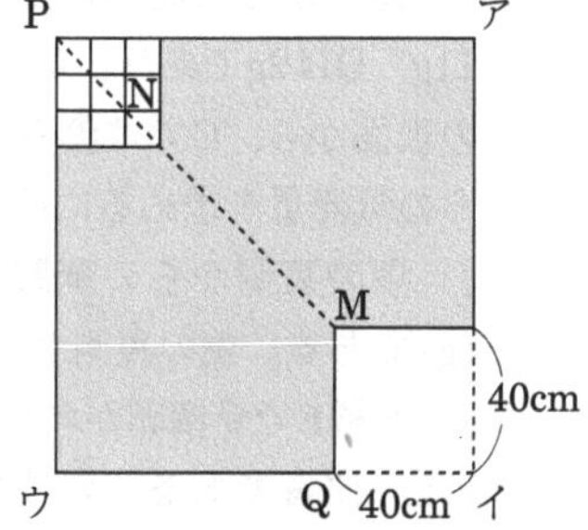

★ワンポイントアドバイス★

基本問題，応用問題，これらより難しい問題を見極めて，自分にとって解きやすい問題から着実に解いていくのがポイントである。[1](4)「ボートの上りの時間」，[3](3)「12マスの数の配列」，[4](3)「メトロノーム」の問題は簡単ではない。

<理科解答>《学校からの正答の発表はありません。》

1 (1) 離弁花 (2) 完全変態 (3) エ，オ (4) イ (5) 4 (6) 2.4倍
(7) 4日後 (8) え ウ お イ

2 (1) エ (2) 関東ローム (3) ア (4) 写真 Ⅱ 理由 ウ (5) ア
(6) ウ (7) イ

3 (1) B (2) ウ (3) エ (4) あ 72.1 い 24 (5) ア (6) イ
(7) う 500 お 500.4

4 (1) あ モーメント い 重心 (2) 36cm (3) 20 (4) 21
(5) (F，6) (6) (D，2) (7) 5g (B，1) 35g (F，1)

○推定配点○

1 (3) 4点(完答) 他 各2点×8

2 (2)，(4)，(6) 各4点×3((4)完答) 他 各2点×4

3 (4)い，(7)お 各3点×2 他 各2点×7 4 (7) 各3点×2 他 各2点×7

計80点

<理科解説>

1 (生物全般―動物・植物)

基本 (1) 花びらが1枚ずつ離れている花を離弁花，くっついている花を合弁花という。

基本 (2) サナギの時期を経て成虫になる昆虫を完全変態，サナギの時期を経ないものを不完全変態という。

基本 (3) 完全変態の例には，カブトムシ，チョウ，ハチ，アリ，カ，ハエなどがあり，不完全変態の例にはバッタ，カマキリ，セミ，トンボ，ゴキブリなどがある。

(4) A～Dすべてにおいて，水の減少量の最も多い時間帯は10時から12時の間である。

重要 (5) 10時から12時の時間帯におけるそれぞれの試験管からの蒸発量は，Aは23g，Bは18g，Cが11g，Dは2gである。Aでは葉の表＋裏＋茎＋水の表面から水が蒸発する。Bでは葉の裏＋茎＋水の表面から，Cでは葉の表＋茎＋水の表面から，Dでは水の表面からの蒸発が起きる。茎だけからの蒸発量を求めるには，B＋C－A－Dより18＋11―23－2＝4(g)である。

(6) 葉の裏側からの蒸散量はA－Cより23－11＝12(g)，表側からの蒸散量はA－B＝23－18＝5(g)である。葉の裏側からの蒸散量は表側からの12÷5＝2.4(倍)になる。

(7) 水槽Fで受精卵がすべてふ化すると予想される日付は，2月1日より250÷18＝13.88≒14日後の2月15日である。水槽Hでは，2月3日から250÷32＝7.81≒8日後の2月11日である。よって，Hのふ化予定日の4日後にFでふ化すると予想される。

(8) え メダカの消化器官に胃がないことがわかる。 お トリプシンはすい臓でつくられるすい液に含まれる分解酵素である。図4では，胃はウ，すい臓はイの部分である。アは肝臓，エはひ臓，オは腎臓である。

2 (地層と岩石―地層と岩石の観察)

(1) 粘土質の地層は水を通しにくい。堆積岩のうち直径が2mm以上のものをレキ，2mm～$\frac{1}{16}$mmのものを砂，$\frac{1}{16}$mm以下のものを粘土と区別している。砂や礫が平べったいのは，堆積して

圧力を受けたためではなく，風化して平べったくなった岩石が堆積したからである。

重要 (2) 富士山や関東周辺の火山の噴出物が堆積してできた火山灰の名称を，関東ロームという。

(3) わんがけとは，椀と呼ばれる皿状の器を用いて粘土などの細かい粒を水で洗い流し，粗い粒の鉱物を取り出す方法である。

基本 (4) 火山灰の特徴は，風化を受けずに堆積したため粒が角張っていることである。写真Ⅱはその特徴を示している。

(5) 火山灰の地層中に植物由来の地層があるので，火山活動が一時休止し，その間に植物が繁茂し，これが地層になったと思われる。偏西風の影響を受けると，火山灰は火山の東側により多く積もる。火山灰は微小な粒で，吸い込むと体に良くない影響を及ぼす。また，電子機器などに悪い影響を及ぼすこともある。さらに，火山灰中には生物の化石は含まれない。

重要 (6) 図1の地層と柱状図の地層の積み重なり方は一致しており，地層に逆転は見られず水平に堆積している。柱状図より，標高56mの地層は砂やレキからできている層である。地層B(55m)，E(50m)，G(45m)は砂やレキからできている層で，同じ地層であると考えられる。

(7) Aは泥岩層，Bは砂やレキを含む地層なので，Aが堆積したときの方が水深は深かった。寒冷化で氷河などに覆われると，その間堆積が起きない。また，地点⑥で2種類の地層が同時に観察されているので，何らかの地殻変動が生じたと思われる。火山灰の種類が異なるのは，マグマに含まれる二酸化ケイ素という物質の量が多いほど粘性が強く，少ないとサラサラとした火山灰になるためであり，異なる火山の噴火による火山灰の堆積と思われる。

3 **(物質の性質―気体の発生・量的関係)**

基本 (1) 気体Aは酸素，Bは水素，液体Cは水，気体Dは水素である。

基本 (2) 水素は水に溶けないので水上置換で集める。

基本 (3) 水素は加熱した酸化銅から酸素を奪い取り，もとの銅に戻す働きをする。アは二酸化炭素，イは酸素の性質を示す。

やや難 (4) 加えた塩酸の体積が100mLの時，発生する水素は2.4Lであり，300mLのとき7.2Lである。ここで塩酸の量と水素の量が比例しているので，加えた塩酸がすべて反応することがわかる。初めにあった亜鉛の重さは65.0gであり，その一部もしくはすべてが反応して，塩化亜鉛という物質に変化する。加えた塩酸が300mLのとき亜鉛から塩化亜鉛への変化で増加する重さは，86.3−65.0＝21.3(g)である。加えた塩酸が100mLでは，重さの増加量はその3分の1の7.1gになる。よって(あ)の値は65.0＋7.1＝72.1(g)になる。加えた塩酸が1200mLの時，同様に塩酸がすべて反応したなら，重さの増加量は4倍になり，4×21.3＝85.2(g)となり，残った固体の重さは85.2＋65＝150.2(g)になるが，実際は136.0gであった。これは，加えた塩酸のうち反応せずに残ったものがあり，初めにあった亜鉛がすべて反応したためである。初めと比べて重さの増加量は136.0−65.0＝71.0(g)で，これは塩酸100mLを加えたときの増加量の10倍になる。よって1200mLのうち，亜鉛と反応した塩酸は1000mL分であり，その時発生する水素は2.4×10＝24(L)である。

(5) 木炭は燃焼すると二酸化炭素や水蒸気が気体になって出ていき，あとに残る物質の重さは初めより軽くなる。銅，鉄，マグネシウムは燃焼すると酸素と結びつき，初めより重くなる。食塩は加熱すると溶けて液体になるが，状態が変化するだけで重さは変わらない。

(6) 亜鉛は容器の中の酸素と反応する。そのため，容器内の気体の量が減少し圧力が小さくなる。栓を開けると外から空気が勢いよく流れ込むので，「プシュ」と音がする。

やや難 (7) (う) 栓を閉じて反応させたので，物質は容器から出入りできない。そのため，容器内の物質は別の物質に変化するが，全体の重さは変化しない。 (お) 反応せずに残った亜鉛が塩酸と反応して1.8Lの水素を発生する。表1より，初めの亜鉛65.0gは塩酸1200mLを加えたときすべて反応し，その時24Lの水素が発生した。これより，1.8Lの水素を発生した亜鉛の重さは，$65.0\times\frac{1.8}{24}=4.875$(g)である。よって6.5gの亜鉛のうち，6.5−4.875＝1.625(g)が酸化亜鉛に変化した。亜鉛から酸化亜鉛への変化により6.5gから8.1gに重さが変わるので，1.625gの亜鉛が酸化亜鉛に変化するとその時の重さの増加量は，$1.625\times\frac{8.1-6.5}{6.5}=0.4$(g)になる。反応後は栓を開けて十分時間がたっているので，容器の中の気体は反応前と同じ重さに戻っているので，容器全体の重さは500.0＋0.4＝500.4(g)になる。

4 **(力のはたらき―てんびん)**

(1)　物体を回転させようとする働きを，力のモーメントという。物体の重さの中心を重心と呼ぶ。

重要　(2)　重心は棒の中心にあり，支点は重心より右側にある。20gのおもりの位置から□cmのところに支点があるとして，20×□＋40×(□−30)＝40×(60−□)　100×□＝3600　□＝36(cm)

(3)　おもりの重さを□gとして，10×20＝□×10　□＝20(g)

(4)　上の糸の左端には，10gと20gのおもりと15gの棒の合計45gの重さがかかる。上側の棒の重心は棒の中心にくるので，㋝の長さを□cmとして，45×□＝40×(30−□)＋15×(60−□)　100×□＝2100　□＝21(cm)

(5)　支点の上下のつり合いと左右のつり合いを別々に考える。30gのおもりを支点から下側に□の距離のマス目とすると，40×3＝30×□＋20×3　□＝2　よっておもりはFの線上ある。また，30gのおもりが支点から右側に□の距離のマス目とすると，20×3＝30×□　□＝2　よって，おもりは6の線上にある。これより，おもりの位置は(F，6)である。

(6)　(5)と同様に，10gのおもりを支点から左側に□の距離のマス目とすると，20×2＋20×1＋10×□＝40×2　□＝2　よっておもりは2の線上にある。上下のつり合いは10gのおもりをつるす前にすでにつりあうので，10gのおもりはDの線上にくる。おもりの位置は(D，2)になる。

やや難　(7)　35gのおもりをEの線上(支点から1の距離)において，5gのおもりの位置を支点から□として上下のつり合いを考えると，20×3＝35×1＋5×□　□＝5　これではマス目の中に納まらない。同様に，35gのおもりをFの線上におくと，5gのおもりは支点より□上側にくるので，20×3＋5×□＝35×2　□＝2となり，5gのおもりはBの線上にくる。35gのおもりがGの線上では，20×3＋5×□＝35×3　□＝9となり条件に合わない。よって，35gのおもりはFの線上にある。左右に関しても同様に，35gのおもりが1の線上にあるとすると，35×3＋5×□＝40×3　□＝3　この時5gのおもりは1の線上にくる。　35gのおもりが2の線上では，35×2＋5×□＝40×3　□＝10　3の線上では，35×1＋5×□＝40×3　□＝17となり，35gのおもりは1の線上にくることがわかる。これより，35gのおもりは(F，1)，5gのおもりは(B，1)となる。

★ワンポイントアドバイス★

化学・物理分野の計算問題に難しい問題がある。時間配分を考えて，解ける問題から確実に得点するようにしたい。

＜社会解答＞《学校からの正答の発表はありません。》

1 問1 イ　問2 エ　問3 ア・イ・ウ　問4 ア・イ・エ　問5 イ
問6 ア・ウ　問7 エ　問8 ア　問9 ア　問10 ア・オ　問11 イ
問12 ウ　問13 エ　問14 ウ　問15 エ　問16 イ　問17 ア
問18 ア　問19 ウ　問20 エ　問21 エ　問22 イ　問23 ア

2 (例) 火山の地中の熱を利用する地熱発電所は火山の近くに設置する必要があり，大都市からは離れた場所になる。また他の発電設備に比べ建設に長い年月と多くの費用が必要で，新規建設の設備の大部分が小規模のものだから。

○推定配点○
1 各3点×23(問3，問4，問6，問10各完答)　2 11点　計80点

＜社会解説＞

1 (総合—エネルギーとさまざまな産業に関する問題)

問1 ジェンダーとは性別に基づいた社会的に求められる役割などの社会的性差のことで，「ジェンダー平等」とはあらゆる場所における全ての女性や女児に対するいかなる種類の男女差別をなくそうとすることである。したがって，「日本は女性の社会進出の面で国際社会から遅れをとっていると指摘されること」は，SDGsの目標5の「ジェンダー平等を実現しよう」(選択肢イ)にもっとも関係が深い。　ア 目標1の「貧困をなくそう」は，あらゆる場所におけるあらゆる形の貧困を終わらせることである。　ウ 目標10の「人や国の不平等をなくそう」は，国内や国家間での格差をなくそうとすることである。　エ 目標16の「平和と公正をすべての人に」は，平和な社会を進め，すべての人に裁判へのアクセスを可能にすることである。

基本 問2 吉野ヶ里遺跡は，佐賀県神埼郡吉野ヶ里町と神崎市にまたがる縄文時代ではなく，弥生時代を代表する大規模な環濠集落跡である。この遺跡の集落が存在した時代は，稲作が広まった時代でもある。

重要 問3 移住の要因の中で「受け入れる側の要因」としては，その地域に1)就職先や仕事があるなどの就業環境が整っていること，2)学校などの教育環境が整っていること，3)住宅や店舗などの生活環境が整っていること，4)鉄道・バスなどの交通網が不便でないこと，5)病院などの医療施設が整っていることなどがある。その中でアの「都心に直通する新規鉄道路線の整備計画が持ち上がった」ことは要因の4)，イの「土地の区画整理が進み分譲住宅の建設がさかんになった」ことは上記の要因の3)，ウの「18歳以下の医療費が全額自治体の負担になった」ことは要因の5)にあたる。他方，エの大型のショッピングモールが閉店することになった」ことは要因の3)の生活環境が不便になったことを意味するので，「移住する人を送り出す側の要因」となる。

問4 ア 草木灰とは草や木を燃やした後に残る灰のことで，カリウムと石灰分を含む肥料となり，日本では鎌倉時代から使用された。　イ 牛耕(牛馬耕)は牛や馬を利用して田おこしや代かきなどの農作業を行うことで，西日本を中心に鎌倉時代に普及した。　ウ 踏車とは水車の羽を人が踏むことで水を引き上げるようにした装置のことで，このような踏車が付いた足踏みの小型水車を竜骨車という。竜骨車が使われたのは，鎌倉時代ではなく江戸時代である。　エ 二毛作とは，同じ耕地で表作と裏作のように1年間で種類が異なる2種類の作物を作ることである。鎌倉時代から稲の裏作に麦を栽培する二毛作が西日本一帯で行われるようになった。

問5 パリ協定とは，フランスのパリで開かれた第21回気候変動枠組条約締約国会議(COP21)にお

いて，2015年12月12日に採択された国際的な協定である。この協定は京都議定書(1997年，選択肢ウ)以来の気候変動に関する国際的な枠組みであり，気候変動枠組条約に加盟している196ヵ国すべてが参加し，先進国だけでなくすべての国が温室効果ガスを削減することが決められ，2020年以降の地球温暖化対策が定められている。なお，アの人間環境宣言の採択とエの国連環境計画が設立されたのはいずれも1972年のことである。したがって，これらの中ではパリ協定がもっとも新しいものとなる。

問6　ア　租・調・庸の中の庸とは稲の収穫高の約3%を納めることではなく，21歳以上の男子に課された10日の労役であったが，多くは労役に替えて1人につき約8mの布を納めたものである。稲の収穫高の約3%を納めることは租である。　ウ　渋染一揆は，1856年に岡山藩の差別規制強化に反対してえた身分の人々が起こした一揆である。したがって，この一揆が起こったのは，室町時代末期ではなく江戸時代末期である。

問7　設問中の[図2]より，2010年から2100年にかけて日本の人口が減少しているので，今後2100年までの間，日本の人口が減少することが確認できる。他方[図1]より，1950年から2100年までにアジア全体の人口は増加しているが，2050年頃から増加の勢いはゆるくなっており，2100年にはほとんど増えなくなっている。したがって，2100年以降にアジア全体の人口はゆるやかに減少すると予想される。　ア　[図1]より2020年から2100年までの間に北米やヨーロッパの人口はほぼ横ばいであり，人口が増加に転じるとは予想できない。　イ　[図1]より2100年のアジアとアフリカの人口はともに約50億人程なので，アフリカの人口がアジアの人口をはるかに超えるとは予想できない。　ウ　[図1]より世界の人口は2060年頃にはすでに100億人に達しているので，「世界の人口は増加しても100億人を超えることはない」ということはない。

重要　問8　[図3]中の〈新潟県〉の図から，他の作物と比べてAの農業産出額特化係数のみが約3と非常に高いことからAの作物は米であり，そのためBは麦類とわかる。また図〈C〉は農業産出額特化係数がいも類は2，麦類は約4と両方ともそれなりに高くなっていることから，図Cは北海道，図Dが茨城県とわかる。

基本　問9　弥生時代には，前4世紀ごろに青銅器や鉄器などの金属器が大陸からはじめて日本に伝えられた。鉄器は主に農具・工具・武器として，青銅器は祭礼具などとして広く使用された。したがって，青銅器や鉄器が日本に大陸からはじめて伝来したのは，古墳時代(3～7世紀)ではない。

問10　ア　第二次世界大戦後，日本では大量の木材が必要とされたことで国産材だけでは不足し，木材を海外からの輸入に頼るようになった。輸入材は国産材よりも安く，安定して供給することができるので，1950年代後半の木材輸入の自由化以降に急速に増大した。したがって，「輸入材の方が高くなりやすい」ということはない。　オ　1970年には初めて輸入材が国産材の生産量を上回ったため，国産材の生産量は減っていった。そのため木材自給率は1960年に80%であったが，2000年代初めには20%以下になった。しかし2000年代後半からは国産材の生産量が少しずつ回復し，2019年には国産材の木材自給率は約38%(37.8%)となっているが，「2019年の日本の木材自給率は50%を超えている」ということはない。

問11　「労働力」とは工場や店などの施設で働く人のことで，そのため「労働力不足」とはそのような施設で働く人の数が足りない状態のことである。他方，「技術革新」とは生産技術などをはじめとした様々な技術が進むこと，またはそれによって引き起こされる状態のことである。そのため設問文中の「労働力不足を補う技術革新」とは，それまでやっていた仕事が以前よりも少ない人数でできるようにすることを目的として，技術を進歩させることである。したがって，飲食店に高性能の空気清浄機を設置するのはある意味で「技術革新」ともいえるが，新型コロナウイルス感染症の予防措置は「労働力不足を補う」ということではないので，「新型コロナウイルス感染症の予防措置として，高性能の空気清浄機を設置されている」ことは「労働力不足を補う技術革新」とはいえない。

基本 問12　明治時代に群馬県の富岡につくられた工場は，官営の綿紡績工場ではなく製糸場である。富岡製糸場は，1872年に群馬県の富岡に造られた官営模範工場で，フランスから機械を買い入れ，技術者を呼んで，政府が経営した。

問13　「働き方改革」には長時間労働の解消，正社員と非正規雇用労働者の格差を無くすこと，労働人口不足(高齢者の就業を進めること)の3つの課題がある。その中で正社員と非正規雇用労働者の格差を無くすことには，主に非正規雇用労働者のキャリアアップによる正社員化をすすめて正社員と非正規雇用労働者の雇用条件の差を少なくしていくこと，正社員と非正規雇用労働者のいずれの場合でも同一の労働には同一の賃金とすることで，両者間の賃金格差を無くすことが主な方策である。したがって，「正社員と非正規雇用労働者の雇用条件に厳格な差を設け，同一の労働であっても両者が同一の賃金とならないようになった」ことは，「働き方改革」の影響で起きた出来事ではない。

問14　ホテルにおいてタオルやシーツを交換することは，主にそれらを洗濯して清潔に保つためである。洗濯するには水や洗剤を使用することになり，洗濯物の量が多くなれば，使用する水や洗剤の量も多くなるので，そのことで水の汚染などの環境に影響を与えることになる。したがって，汚れが少なく交換不要な物の洗濯を減らすことができれば，それだけ使用する水や洗剤を減らすことができ，環境保護にも協力することになる。　ア　タオルやシーツ交換は，それらを廃棄することではない。　イ　タオルやシーツ交換することで宿泊客の気持ちをリフレシュさせることはできるが，そのことは具体的な環境保護の活動ではない。　エ　タオルやシーツ交換は，それらの物を機械で縫い直すことではない。

問15　現在の憲法や法律で保障されている権利には，自由権，平等権，社会権，基本的人権を守るための権利などがある。他方，憲法や法律で定められた義務には納税の義務，勤労の義務，教育の義務があり，地方税を納めるのも納税の義務にあたる。したがって，「市の公共サービスの内容に不満があるので，地方税の減額を申し出た」ことは権利ではない。　ア　「SNS上で自分を誹謗中傷した内容の投稿をした相手を，裁判所に訴えた」のは基本的人権を守るための権利の裁判権である。　イ　「18歳になったので，指定された投票所で衆議院議員選挙の投票を行った」のは，基本的人権を守るための権利の参政権である。　ウ　「男性の多い職種だが女性も活躍できると思い，採用試験を受けた」のは，自由権の中の経済の自由(職業選択の自由)である。

重要 問16　1911年に公布された工場法の第二条には，「工業主は十二歳未満の者をして工場において就業せしむることを得ず。」とある。この工場法は1916年に施行され，最低入職年齢を12歳にしたこと，15歳未満の者および女子の長時間労働や深夜労働の禁止を主な内容とした。

問17　アメリカでは19世紀になると産業革命が及んだことで灯油用の燃料油や機械用の潤滑油などに使われる鯨油(クジラの油)の需要が増えた。そのため北太平洋で行われていた捕鯨が活発になり，捕鯨船への食料と燃料の補給と緊急時に避難できる寄港地が必要とされた。ペリー艦隊の日本来航などのアメリカの太平洋戦略には，そのような背景があった。　イ　ペリー艦隊は太平洋を東から西に横断したのではなく，アメリカ東部のノーフォークを出港して大西洋とインド洋を経由して日本に来航した。　ウ　中国と戦争して1842年に勝利したのは，アメリカではなくイギリスである。　エ　ペリーは日本来航に際し，開国をせまる国王ではなく大統領の手紙をたずさえていた。

問18　世界遺産の「明治日本の産業革命遺産　製鉄・製鋼・造船・石炭産業」は，山口・福岡・佐賀・長崎・熊本・鹿児島・岩手・静岡の8県にわたる全部で23の資産で構成されている。その中には八幡製鉄所(選択肢イ，福岡県，製鉄・製鋼)，韮山反射炉(選択肢ウ，静岡県，製鉄・製鋼)，高島炭鉱(選択肢エ，長崎県，石炭産業)がある。他方，品川台場は江戸時代末期の1853年にペリー艦隊が来航した際に，脅威を感じた幕府が現在の東京湾内に江戸を守るために築いた海防のための施設である。したがって，品川台場は「明治日本の産業革命遺産　製鉄・製鋼・造船・石炭産業」には含まれていない。

基本　問19　日本は日中戦争を継続するために石油などの資源を持つ南方への進出を目指して，1941年7月にフランス領インドシナ連邦の南部に進出した。これに対してアメリカは日本に対する石油の輸出を全面的に禁止した。したがって，日中戦争・太平洋戦争期に終戦まで，アメリカから石油を輸入しつづけたことはない。

問20　天然ガスを燃料とした自動車には天然ガスのみを燃料とした天然ガス専焼車や天然ガスとガソリンを切り替えることができるバイフューエル車，天然ガスエンジンと電気モーターを組み合わせたハイブリット車などがあり，日本ではバス・トラック・軽自動車などに利用されている。　ア　天然ガスを燃焼させた時に地球温暖化や酸性雨の原因物質となる二酸化炭素の排出量は化石燃料の中で最も低いが，一切排出されないことはない。　イ　シェールガスの採掘は1990年代以降にアメリカ合衆国で行われているが，日本は地質年代が新しいのでシェールガスの商業採掘は期待できない。したがって，日本海沿岸でシェールガスの採掘が行われていることはない。　ウ　日本は天然ガスの産地とパイプラインで結ばれておらず，天然ガスの輸入は液体の状態で行われているので，海底パイプラインではなくLNG(液化天然ガス)を運ぶためのタンカーで輸入している。

問21　1970年代前半における(第1次)石油危機は，1973年10月に発生した第4次中東戦争(十月戦争)が背景となった。この戦争は，アラブ側のエジプト軍やシリア軍がイスラエルに攻撃をしかけたことで始まった。当初はアラブ側が優勢であったが，アメリカ合衆国から武器援助を受けたイスラエル側が盛り返したので，2週間程で停戦となった。　ア　イラクのクウェート侵攻に対して，多国籍軍が派遣されたのは湾岸戦争(1991年)である。　イ　アメリカが中心となってイラクを攻撃し，フセイン政権を打倒したのはイラク戦争(2003年)である。　ウ　イラン革命の混乱に乗じて，イラクがイランに侵攻したのはイラン・イラク戦争(1980～1988年)である。

問22　2021年に開催された東京2020オリンピックは，招致活動では「復興五輪」ともいわれた。しかしその後の新型コロナウィルスの感染症の発生・拡大や五輪の延期により，開催意義が「人類がウィルスに打ち勝った証し」から「世界の団結の象徴」と変更された。また福島県ではオリンピック・パラリンピックの競技が一切開催されなかったのではなく，原則的に無観客という条件で，野球とソフトボールの競技が開催された。

基本　問23　第二次世界大戦後，アメリカとソ連を中心とした陣営が対立する中で，ソ連は1949年に最初の原爆実験，1953年に最初の水爆実験を行って核兵器を開発した。　イ　1954年に日本の漁船(第五福竜丸)が被ばくしたのは，アメリカによる原子爆弾ではなく水素爆弾の実験である。
ウ　原子爆弾は1945年8月6日に長崎ではなく広島，8月9日に広島ではなく長崎に投下された。
エ　現在，ヨーロッパ諸国のうち，イギリス(1952年に原爆実験，1957年に水爆実験)とフランス(1960年に原爆実験，1968年に水爆実験)は核兵器を保有している。

やや難　**2**　**(日本の地理―地熱発電の発電量が大きく増えていない理由)**

[資料1]の地熱発電所の分布から，いずれの地熱発電所も人口150万人以上の大都市から遠い場所に位置しており，大消費地からは離れた場所に設置されていることが確認できる。[資料2]の地熱発電の仕組みからは，地熱発電は火山活動によるマグマだまりの地熱によって地下で高温になった水から作られた蒸気を用いて発電機を動かすことで発電することがわかる。そのため地熱発電所は

そのような条件がそろっている火山の近くに設置する必要があり，そのため設置場所は大都市から離れた場所になる。[資料3]の発電方法ごとの発電設備に必要な期間からは，地熱発電は発電設備の建設計画から運転開始までの期間が，太陽光発電などの他の発電方法と比べて長いことがわかる。このことは[資料1]と[資料2]からも明らかなように，地熱発電所は大都市から離れた火山のある場所という，他の発電設備と比べると困難で危険な場所に建設する必要があることから，その発電を軌道に乗せるためには他の発電方法より時間と費用が多くかかることを意味する。[資料4]の地熱発電設備の新規建設数からは，2012年～2020年の間に新しく建設された地熱発電設備は全69基の中で大規模な設備は1基のみで，他は全て小規模な設備であることがわかる。これは地熱発電設備の建設は長い時間がかかることから，設備の規模を小さくすることでその建設のための時間を少しでも短くするための工夫であると考えられる。これらのことから地熱発電は火山活動の地熱を利用するために火山の近くに設置する必要があり，そのような場所は日本の主要な大都市からは離れているという立地条件の問題，および地熱発電は設備建設に長い時間や多くの費用を必要とすることから，その設置のためには規模を小さくせざる得ないという建設条件の問題という主な2つの理由によって，東日本大震災後に政府が再生可能エネルギーの普及に取り組んだものの，地熱発電による発電量が大きく増えていない状態になっている。

★ワンポイントアドバイス★

1は全てが記号選択，2はやや長めの説明問題という形式である。説明問題以外は全て記号選択問題という形式は昨年度からであるが，1にはやや難易度の高い図版・グラフを使用した問題もあるので注意しよう。

＜国語解答＞《学校からの正答の発表はありません。》

一　① 洋洋　② 中興　③ 胸　④ 服薬　⑤ 集荷　⑥ 腹心　⑦ 盟友
⑧ 弁護　⑨ なご　⑩ なんにょ

二　問一 エ　問二 イ　問三 イ　問四 紙　問五 ア　問六 ウ　問七 イ
問八 イ　問九 (例) 今後自分を鍛え直し，自分が育っていくということを，面取りの深くない駒によって自覚するため。

三　問一 文化や～の力」　問二 ウ　問三 (例) 当事者やその家族など，「敵」とみなした相手を一斉にバッシングする排除の論理が働いているから。
問四 A 疑心　B 前代　問五 イ　問六 ウ　問七 (例) さまざまな世間の全体を横断的につないでいる，ウチとソトのない一つの場。　問八 ウ　問九 エ

○推定配点○

一　各3点×10　二　問七・問八　各6点×2　問九　10点　他　各3点×6

三　問三・問七　各10点×2　問八・問九　各6点×2　他　各3点×6　計120点

＜国語解説＞

一 (漢字の読み書き)

① 「前途洋洋」は，将来が広々とひろがった様子。　② 「中興」は，いったん衰えたことを再び

盛んにすること。 ③「胸」は,「匈」の部分の形に注意。 ④「服薬」は,薬をのむこと。 ⑤「集荷」は,荷を集めること。 ⑥「腹心」は,心から信頼できる者。 ⑦「盟友」は,同志のこと。 ⑧「弁護」は,その人の利益となることを主張して助けること。 ⑨「和む」は,おだやかになること。 ⑩「老若男女」は「ろうにゃくなんにょ」と読む。

二 (小説―心情理解,内容理解,空欄補充,主題)

問一 直前に「小平の解釈が真実だとしても,まったくの的外れだとしても」とあり,兼春は,国芳が自分の駒を選ばなかった理由を,これ以上考えていても仕方がないと考えていることがわかる。

問二 二つあとの文の「この人は,本当に取材者に対して怒っているわけではないのだとわかった。だが,それでも訂正せずにいられない激しさが,この人の中にはある」に注目。将棋に対する過剰な意識を抱えながらも,冷静に答えている様子が「異様」なのである。

問三 直後の「まるで手のひらを返したような」に,残酷さが読み取れる。

基本 問四 「紙一重」は,紙一枚の厚さほどのわずかなへだたりのこと。

問五 あとの「国芳は,……自分の将棋を壊そうとしていた」と,傍線部の直前の「私はこれで終わるつもりはありません」に注目する。

問六 直前に「将棋ファンの中には,さすがに国芳棋将の時代もこれで終わりだろうなんて言うやつもいる」つまり,国芳の悪口を言う人もいることが言われている。こういうことを国芳自身が自覚しているということ。

問七 傍線部のあとから,国芳が勝ち負けのことでなく,対局の面白さを述べていることに注目する。

重要 問八 「面取りを深くして駒の滑りを良くしようとする」のを以前から師匠からいさめられていたことと,「あのとき,国芳は駒を選び直す直前に,駒の角を指でなぞっていた」こととが,兼春の頭の中で結びついたのである。

やや難 問九 「あのとき,国芳は駒を選び直す直前に,駒の角を指でなぞっていた」「道具は使い手が育てる」「立った角は,指に刺激となって引っかかる。……これから育っていくことを象徴するように」などに注目する。国芳は,角の立った駒を選ぶことで,これから「自分を鍛え直し」「育っていく」ことを自覚しようとしたのである。

三 (論説文―内容理解,係り受け,空欄補充,要旨)

問一 〔文章2〕には,「社会的同調圧力」「ムラ意識」「内輪の論理」などの言葉もあるが,これらは指定字数に合わない。

問二 「コロナは――突きつけた」とすると,意味がつながる。

問三 佐藤氏の言葉に注目。

基本 問四 A 「疑心暗鬼」は,「疑心暗鬼を生ず」の略で,疑心が起ると,ありもしない恐ろしい鬼の形が見えるように,何でもないことまでも疑わしく恐ろしく感じるということ。

B 「前代未聞」は,これまでに聞いたことのないこと。

問五 直前の鴻上氏の言葉からとらえる。

問六 「世間」「社会」という言葉の出てくる部分に注意して,あとの佐藤氏の発言からとらえる。

やや難 問七 「社会というのは,原理的に一つしかない……一つしかないものにはウチもソトもない」という説明や,「パブリックの本来の意味は社会に属する概念」であり,「『世間』全体を横断的につなぐ原理」であることなどをとらえる。

問八 ウの「いい部分もあるって言っていた」は,誤りである。

重要 問九 日本では「警察が機能しなくなって『法のルール』が崩壊しても,結局,『世間のルール』

が働いて，略奪も暴動も起きない」(〔文章1〕)けれど，「文化や文脈に依存する暗黙知的な『場の力』」だけでなく「普遍的な場面でも効力を発揮する科学や技術の専門的知見」が大切(〔文章2〕)であるという内容を読み取る。

★ワンポイントアドバイス★

読解には選択肢の問題が多いが，読み取った内容を35～50字で記述する問題が複数あり，これを落とすことはできない。要旨を簡潔にまとめるなどの力をつけておくことや，ふだんからいろいろなジャンルの文章にふれておくことが大切！

大切なことはメモしておこうネ！

2021年度

★★★★★★★★★★★★★★★★★★★★★★★★

入　試　問　題

2021年度
浅野中学校入試問題

【算　数】（50分）　＜満点：120点＞

【注意】 定規・コンパス・分度器は机の上に出したり，使用したりしてはいけません。

1 次の［ア］～［コ］にあてはまる数または語句をそれぞれ答えなさい。
また，(4)の説明については，解答欄に説明を書きなさい。

(1) $\left\{\left(18-\dfrac{21}{25}\right)\div 0.13-\boxed{\text{ア}}\right\}\times 15\dfrac{2}{3}=2021$

(2) 全部で［イ］本の木があります。A地点からB地点までの道沿いに一定の間隔（かんかく）で［イ］本の木を植えたいと思います。A地点から植え始めて15m間隔で木を植えていくとすると，B地点まで植えることはできず，最後に植える木はB地点より119m手前に植えることになります。また，A地点から植え始めて20m間隔で木を植えていくとすると，B地点まであと９mのところまで植えることができ，３本の木が余ってしまいます。

そこで，A地点から植え始めて［ウ］m間隔で木を植えていくとすると，A地点から植え始めてぴったりB地点で植え終えることができます。

(3) 濃度（のうど）30％の砂糖水を砂糖水Aとします。砂糖水Aを水でうすめて，濃度12％の砂糖水を作ろうと思います。45ｇの砂糖水Aに，水を105ｇ入れてうすめたところ，予定より濃度のうすい砂糖水が150ｇできました。

そこで，この砂糖水に［エ］ｇの砂糖水Aを追加すれば，濃度12％の砂糖水になります。

(4) 円周率とは，［オ］の長さが［カ］の長さの何倍かを表す数のことをいいます。ただし，［オ］，［カ］はそれぞれ漢字２字で答えなさい。

次に［図１］のように，半径１cmの円と一辺の長さが１cmの正六角形をかきました。［図１］を参考にして，円周率が３より大きい理由を説明しなさい。

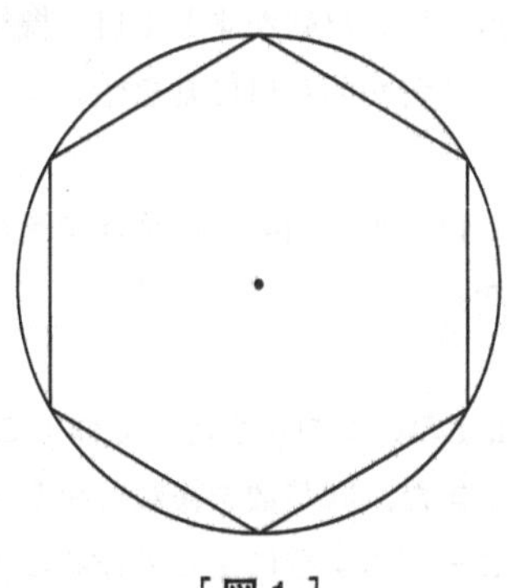

［図１］

(5) 1221のように一の位が０でなく，一の位から逆の順番で読んでも元の数と等しい数を回文数といいます。４桁（けた）の整数で３の倍数となる回文数は全部で［キ］個あります。

また，４桁の整数で11の倍数となる回文数は全部で［ク］個あります。

(6)　一辺の長さが４cmの正方形ＡＢＣＤの対角線を半径とする円の面積は［ケ］cm^2です。

また，正方形ＡＢＣＤの隣に同じ大きさの正方形ＥＦＧＨが［図２］のように辺ＤＣと辺ＥＦがぴったり重なるように並んでいます。このとき，［図２］の状態から正方形ＡＢＣＤのまわりをすべらずに正方形ＥＦＧＨが時計回りに回転し，はじめて［図３］の状態になるまでに辺ＥＦが通過した部分の面積は［コ］cm^2です。ただし，円周率は3.14とします。

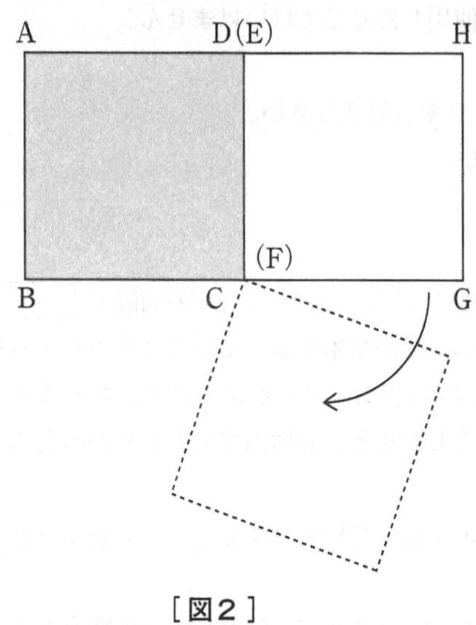

［図２］

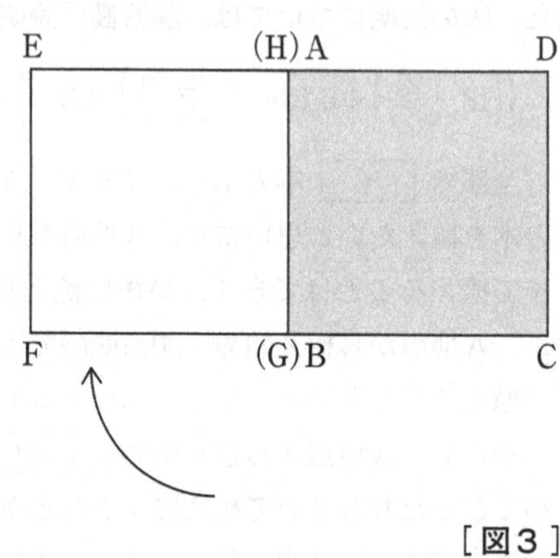

［図３］

２　ある工場でマスクを製造しています。機械Ａと機械Ｂの２台で作ると１日で22万枚を作ることができ，機械Ａと機械Ｃの２台で作ると１日で26万枚を作ることができ，機械Ｂと機械Ｃの２台で作ると１日で24万枚を作ることができます。３台の機械が１日に作るマスクの枚数はそれぞれ一定であるとして，次の問いに答えなさい。

(1)　機械Ａ，機械Ｂ，機械Ｃでそれぞれ１日に何万枚のマスクを作ることができますか。

(2)　３台の機械は，それぞれ決まった日数動かすと，１日止めて点検作業をする必要があります。機械Ａは２日動かすと１日，機械Ｂは３日動かすと１日，機械Ｃは１日動かすと１日，それぞれ機械を止めなくてはいけません。３台が同じ日に動き始めました。12日間で何万枚のマスクを作ることができますか。

(3)　(2)のように，３台の機械が同じ日に動き始め，点検作業を行うものとするとき，1000万枚のマスクが完成するのは何日目ですか。

３　１から15までの整数は，1，2，4，8のいくつかを足して作ることができます。ただし，1，2，4，8の１つのみで作る場合も含みます。また，同じ数を複数回足して作ってはいけないものとします。

例えば，３は１＋２，７は１＋２＋４のように足して作ることができます。ただし，３を１＋１＋１，５を１＋２＋２，７を１＋２＋２＋２のように足して作ってはいけないものとします。

次に［図１］（次のページ）のように，縦，横が２マスずつの枠を用意し，左上のマスに１，右上のマスに２，左下のマスに４，右下のマスに８を対応させ，この４個のマスに「○」，「×」を書き込むことで１から15までの整数を表します。

例えば，３は１＋２より［**図２**］のように表され，７は１＋２＋４より［**図３**］のように表されます。

このとき，後の問いに答えなさい。

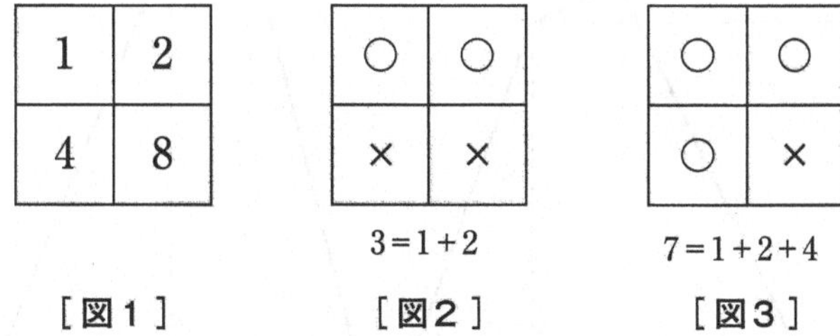

［**図１**］　［**図２**］　［**図３**］

(1)　10を，解答用紙の図に「○」，「×」を記入し表しなさい。

次にこの方法と同じようにして，縦，横が３マスずつの枠を用意し，上から一段目の左から右に1，2，4を，上から二段目の左から右に８，16，32を，上から三段目の左から右に64，128，256を９個のマスに対応させます。この９個のマスに「○」，「×」を書き込むことで整数を表します。

(2)　このとき表すことができる整数で，最も大きな数を求めなさい。

(3)　432を，解答用紙の図に「○」，「×」を記入し表しなさい。

(4)　［**図４**］の（ア）で表される数と（イ）で表される数の和を，解答用紙の図に「○」，「×」を記入し表しなさい。

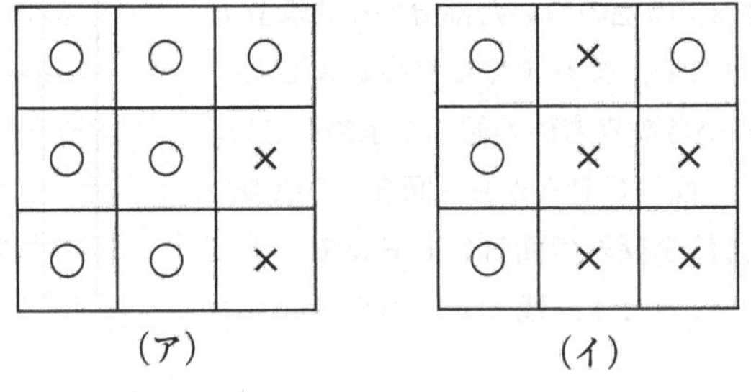

［**図４**］

4　Ａ君は自転車に乗ってＰ駅を出発し，線路沿いの道を一定の速さでＱ駅に向かいました。Ａ君がＰ駅を出発してから３分後に，電車がＰ駅を出発してＱ駅に向かいました。電車がＡ君の４倍の速さでＰ駅とＱ駅の間を何回か行ったり来たりし，各駅に着くと５分間停車するものとします。

次のページの［**図１**］のグラフは，Ａ君がＰ駅を出発してからＱ駅にたどり着くまでの時間と，Ａ君と電車との間の距離（きょり）の関係を表したものです。このとき，次の問いに答えなさい。

ただし，線路や道は一直線で，道の幅（はば）や自転車，電車の長さは考えないこととします。

(1)　Ａ君が電車に初めて後ろから追い越（こ）されるのは，Ａ君がＰ駅を出発してから何分後ですか。

(2)　Ａ君がＱ駅にたどり着いたのは，Ａ君がＰ駅を出発してから何分後ですか。

(3)　Ａ君が電車と初めて正面から出会うのは，Ａ君がＰ駅を出発してから何分何秒後ですか。

(4)　［**図１**］の（ア）にあてはまる数と（イ）にあてはまる数の比を求めなさい。

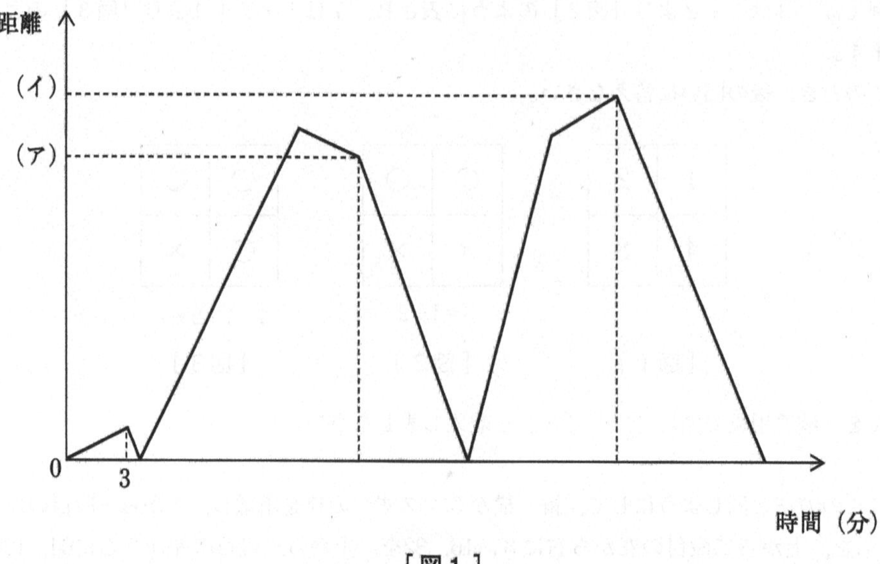

［図１］

5　216個の同じ大きさの小さな立方体をすき間なくはりつけて大きな立方体を作り，［図１］のように点A～Hを定めます。このとき，次の問いに答えなさい。

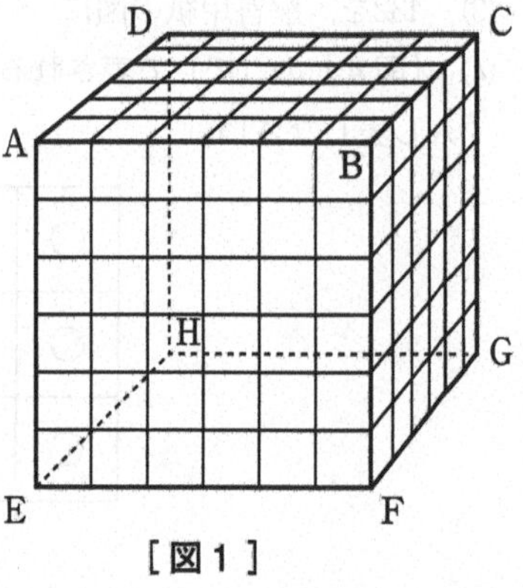

［図１］

(1)　面ＡＢＦＥから［図２］の色のついた部分の小さな立方体を反対の面ＤＣＧＨまで，まっすぐくり抜きました。このとき，残っている小さな立方体の個数を求めなさい。

(2)　(1)でくり抜いた後に，面ＤＣＢＡから［図３］の色のついた部分の小さな立方体を反対の面ＨＧＦＥまで，まっすぐくり抜きました。このとき，残っている小さな立方体の個数を求めなさい。

(3)　(1)，(2)でくり抜いた後に，面ＢＣＧＦから［図４］の色のついた部分の小さな立方体を反対の面ＡＤＨＥまで，まっすぐくり抜きました。このとき，残っている小さな立方体の個数を求めなさい。

(4)　(1)，(2)，(3)でくり抜いた後に，大きな立方体を点D，C，E，Fを含む面で切断しました。このとき，この切断によって切断された小さな立方体の個数を求めなさい。

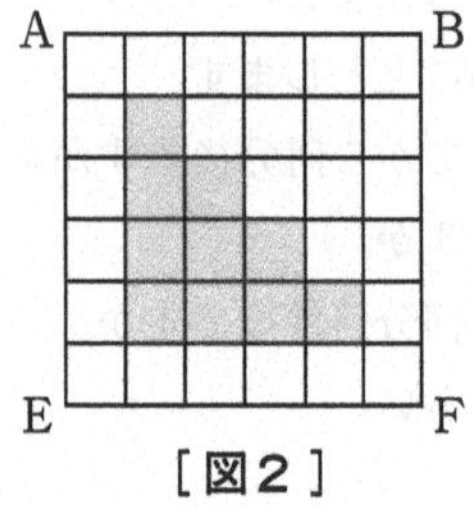

［図２］

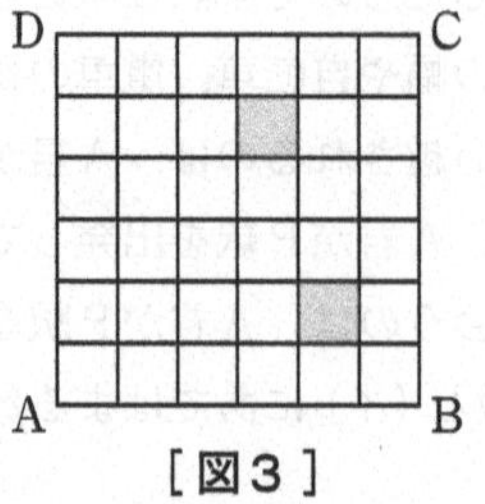

［図３］

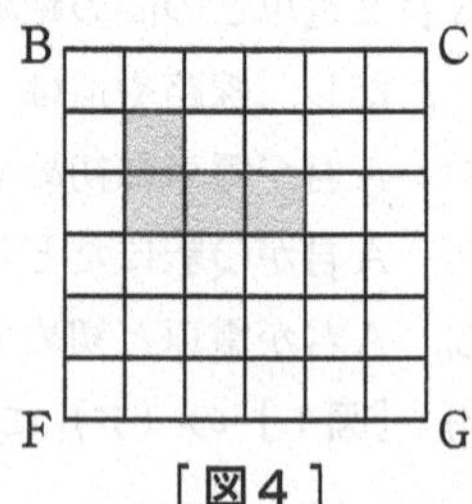

［図４］

（下書き用）

【理　科】（40分）　＜満点：80点＞

1　次の文章を読んで，後の問いに答えなさい。ただし，地球は完全な球とします。

私たちの住む地球はその誕生から約46億年が経ち，私たち人類の祖先は今から約700万年前に出現したと考えられています。人類が文明を築（きず）いたのを今から約１万年前として，地球の誕生から現在までを１年（365日）とするならば，人類が文明を築いてから現在に至るまでは約［A］ということになります。その歴史の中で①科学を通して地球についての様々なことがわかってきました。地球の形や大きさ，そして太陽系の成り立ちなどは紀元前の古代ギリシャの時代から議論されてきました。現在は人工衛星などの発明により，地球を外からみることができますが，このような文明の利器を用いずとも天体の動きを実験から確かめることができます。１日の太陽の動きを**［実験１］**のようにして確かめました。

［実験１］

次の**［図１］**のように透明（とうめい）半球を用意し，中心にペンの先の影（かげ）がくるような位置を探して，●印をつけ，その時刻を記録しました。実験は８時～17時の間で行いました。その後，実験を行った日の太陽の通り道をわかりやすくするために●印をなめらかな線でつなぎ，透明半球のふちまで線をのばしました。ただし，実験は**日本**で行いました。

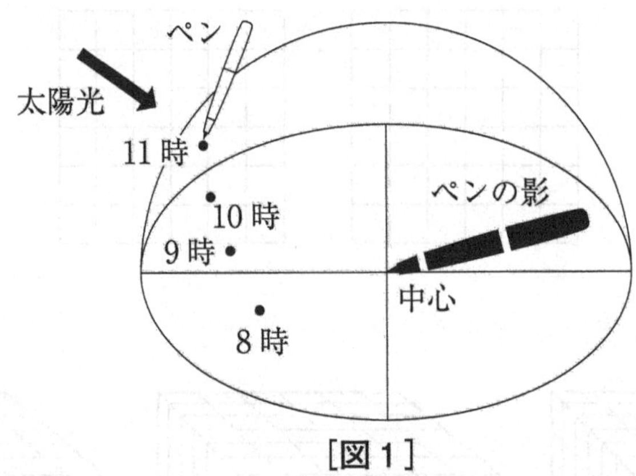

［図１］

2020年６月には日食が起こりました。このように日食や月食という現象を活用すると，太陽の大きさや月の大きさなども求めることができます。例えば，②月食では地球の大きさ（直径）と月の大きさ（直径）を比べることができます。月食の際の地球の円形の影は実際の地球の直径よりも月の直径１つ分小さいとします。月食の際に月がかけ始めたのが20時57分，皆既（かいき）月食が始まったのが22時２分，皆既月食が終わったのが23時49分，月食自体が終わったのが０時54分とします。これらの情報から月と地球の大きさの関係を求めることができます。③地球の大きさは紀元前３世紀頃にエラトステネスが太陽の南中高度と２地点間の距離（きょり）を用いて推定したのが科学的な測量の始まりと言われています。地球にいながら，壮（そう）大な宇宙について知る観測や実験はこのほかにもたくさんあります。現在の科学は人類の探求の蓄積（ちくせき）なのです。

(1)　文章中の［A］にあてはまる時間としてもっとも適切なものを，次の**ア～エ**の中から１つ選び，記号で答えなさい。

ア　9日　　**イ**　3時間　　**ウ**　8分　　**エ**　1分

(2)　下線部①について，実際の太陽と月の大きさは違いますが，現在地球から見るとほぼ同じ大きさに見えます。月は年間数㎝ずつ地球から遠ざかっており，地球誕生後に月が形成されましたが，当時の月の見かけの大きさは現在より20倍近く大きく見えたと考えられています。このときには地球から観測することができなかったと考えられる現象を，次の**ア**～**エ**の中から１つ選び，記号で答えなさい。

ア　皆既日食　　**イ**　金環日食　　**ウ**　部分日食　　**エ**　部分月食

(3)　太陽の動きについて述べた文としてもっとも適切なものを，次の**ア**～**エ**の中から１つ選び，記号で答えなさい。

ア　日の出の時刻は，いつも関東地方よりも関西地方のほうが遅い。

イ　横浜で観測を行った場合，南中時刻は12時よりも遅い。

ウ　日本で西の空に上弦の月が見えるとき，太陽は南の空に見える。

エ　南中高度は経度によって決まる。

(4)　**［実験１］**について，日本が冬至の日に**南半球**で実験を行ったとすると，このときの太陽の通り道としてもっとも適切なものを，次の**ア**～**エ**の中から１つ選び，記号で答えなさい。

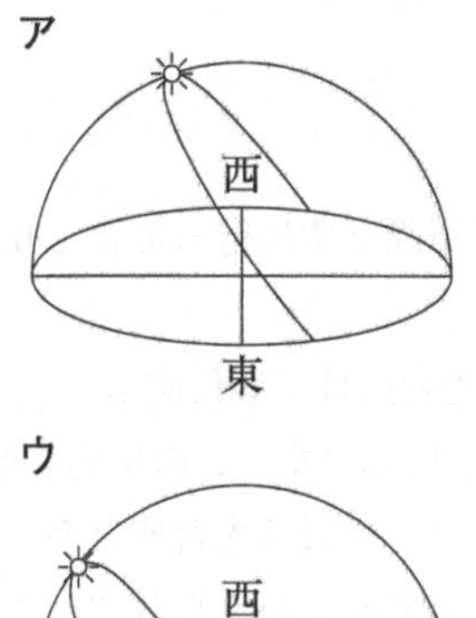

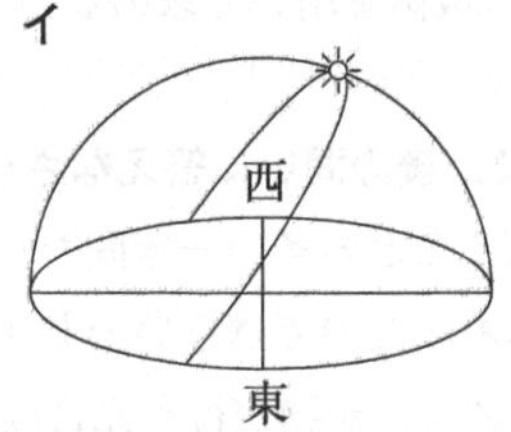

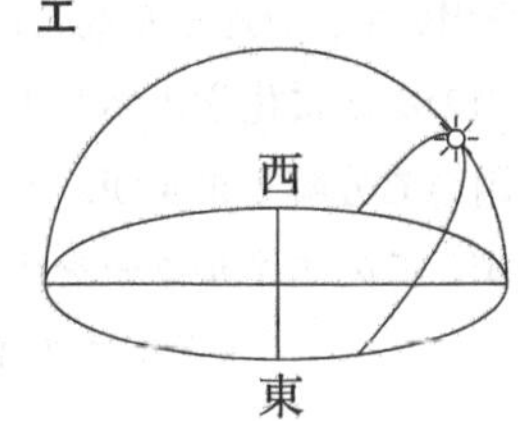

(5)　**［実験１］**について，透明半球のふちから８時の●印までの長さが5.25㎝，17時から反対側の透明半球のふちまでの長さが2.68㎝で，透明半球上の太陽の通り道の全長は21.43㎝でした。このとき，日の出と日の入りが透明半球のふちだとすると，観測を行った日の日の出は何時何分ですか。ただし，太陽の動く速さは一定であるとします。

(6)　下線部②について，地球の大きさは月の大きさの何倍ですか。文章中の数値を用いて，小数第２位を四捨五入して**小数第１位**まで答えなさい。ただし，月食の際には月は地球の影の中心を通ったものとして考えること。

(7)　月の表面には隕石が衝突して形成されたすり鉢状の地形が数多く見られます。この地形を何といいますか。

(8)　下線部③について，南中高度のかわりに，緯度と経度を用いて地球の大きさを容易に測定することができます。横浜を基点にして地球の大きさを測るとき，四則演算のみで簡単に求めるためには次のページの**［図２］**のどの地点と比べればよいですか。**［表１］**を参考にして，**［図２］**の**ア**～**エ**の中から適切なものを１つ選び，記号で答えなさい。

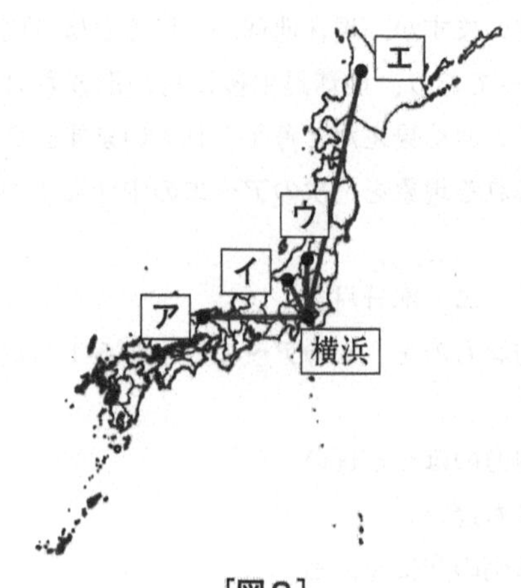

[図2]

[表1]

地点	緯度（北緯）	経度（東経）	横浜からの距離
横浜	35.49°	139.66°	
ア	35.49°	134.66°	451 km
イ	36.49°	138.66°	143 km
ウ	37.49°	139.66°	220 km
エ	44.20°	142.19°	1000 km

(9) 太陽が一定の速さで動いて見えるのは，地球が一定の速さで自転しているためです。太陽が1日にちょうど一回転して見えるとすると，地球の赤道上では時速何kmで自転していることになりますか。［表1］の数値を用いて求めなさい。

2 次の文章を読んで，後の問いに答えなさい。

マスクをして過ごすことの多い一年間だったと思います。ふだんは意識せずに行ってきた呼吸について考えることもあったのではないでしょうか。

呼吸を理解するために，植物が行う光合成について考えてみます。光合成は二酸化炭素と［ A ］から，光エネルギーを用いて，でんぷんなどの有機物と酸素を作り出す反応です。この反応を通じ，光エネルギーが有機物のなかに化学エネルギーとしてたくわえられます。呼吸は光合成と逆の反応で，有機物を酸素を用いて分解しますが，その際，化学エネルギーとしてたくわえられていたエネルギーが放出されます。このエネルギーを用いて私たちは生命活動を行っています。

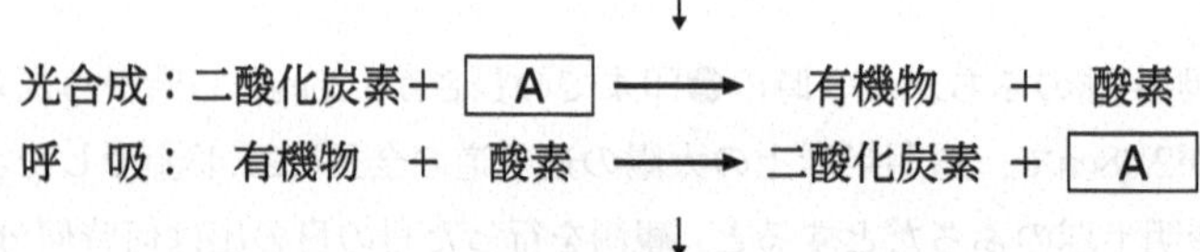

生命活動に必要なエネルギー

安静時の1回の呼吸における空気の出し入れが400mL，ヒトの吸気に含まれる酸素は21%，呼気に含まれる酸素は16%とします。4秒に1回の呼吸をすると，1時間あたり［ B ］Lの酸素を消費する計算になります。この酸素は生命活動に必要なエネルギーを取り出すために使われます。

①動物の中には発達した呼吸器官をもたず，体表面のみで酸素を取り入れるものもいます。ただし，そのような動物は比較的（ひかくてき）小型のものに限られます。ヒトは肺を持ちますが，②昆虫（こんちゅう）のなかまや③魚類はヒトとは異なる呼吸器官を持ちます。私たちが鼻や口から吸った空気は気管を通り，20回を超える分岐（ぶんき）を経て肺胞（はいほう）という小さな袋（ふくろ）が集まった部位に届きます。ヒトの肺胞の表面積の合計は$70m^2$を超え，④体重60kgのヒトの肺胞の表面積の合計を$72m^2$とすると，体重1kgあたりに必要なガス交換（こうかん）のための面積は$1.2m^2$となります。

(1) A にあてはまる語句を答えなさい。

(2) B にあてはまる数値を整数で答えなさい。

(3) 下線部①について，体表面のみで酸素を取り入れる生物を，次のア～クの中から１つ選び，記号で答えなさい。

ア コウモリ　イ ニワトリ　ウ ヘビ　エ ヤモリ

オ イモリ　カ カエル　キ ミミズ　ク アサリ

(4) 下線部②について，セミのぬけがらを半分に切り，内側を観察すると，［図１］のように白い繊維(せんい)状の呼吸器官をみることができます。この器官の名称(めいしょう)を答えなさい。

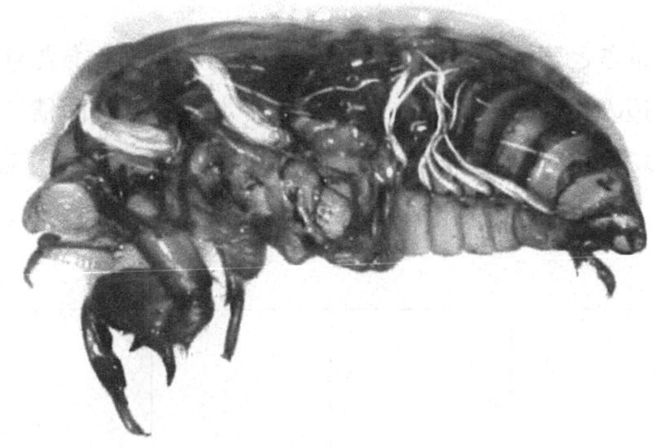

［図１］

(5) 下線部③について，魚類はえらでガス交換をします。［図２］はフナの模式図で，線の部分で切ったものを［図３］に示しました。フナがガス交換をするときの水の流れとして正しいものを，次のア～カの中から１つ選び，記号で答えなさい。

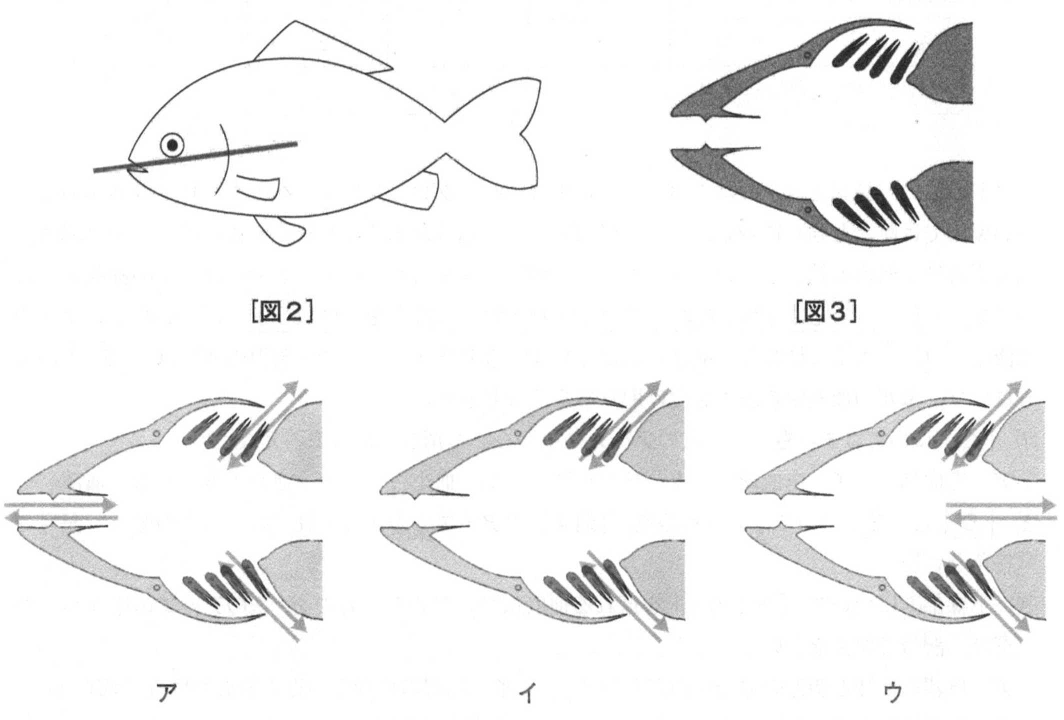

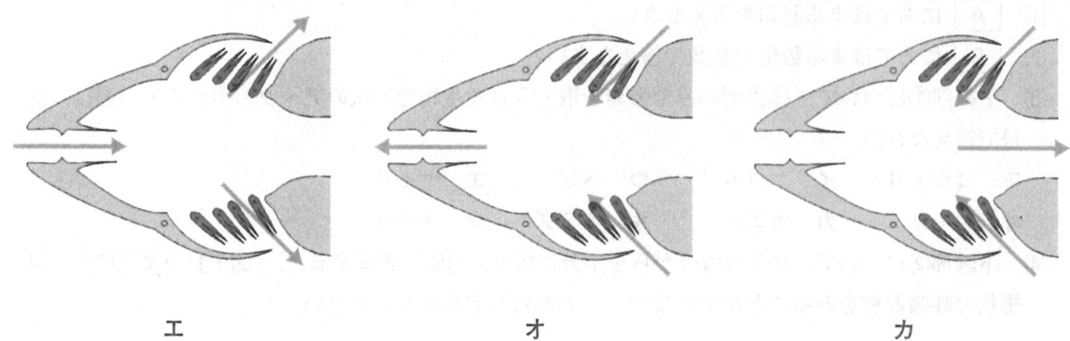

(6) 下線部④について，重さと表面積の関係を考えてみます。1gあたりの体積は1㎤とします。図はすべて立方体で，辺の長さ，表面積，重さ，1gあたりの表面積の関係は［**表1**］のようになります。体表面でのみガス交換をする立方体状の生物の，体重1㎏あたりに必要な面積が1.2m^2であるとすると，1辺は何㎝になりますか。［**表1**］を参考にして答えなさい。

［表1］

辺の長さ（cm）	1	2	3	4
表面積（cm^2）	6	24	54	96
重さ（g）	1	8	27	64
1gあたりの表面積（cm^2）	6	3	2	1.5

ヒトの体内で酸素を運ぶのは［ C ］に含まれるヘモグロビンです。ヘモグロビンは酸素の量が多い場所では酸素と強く結合し，少ない場所ではその結合が弱くなります。次のページの［**図4**］は酸素の量と酸素と結合しているヘモグロビンの割合を表したもので，**a**の線はヒトの動脈血のものです。⑤ヒトの胎(たい)児は「へそのお」でつながり母親から酸素を受け取りますが，妊娠(にんしん)中の女性の血液は［ D ］のようになり，酸素を放出しやすくなります。一方で，胎児の血液は［ E ］のようになり，母親の血液から酸素を受け取りやすくなります。

(7) ［ C ］にあてはまるものを，次の**ア**～**カ**の中から1つ選び，記号で答えなさい。

ア 赤血球　**イ** 白血球　**ウ** リンパ球　**エ** 血小板　**オ** 血しょう　**カ** 血清

(8) ［ D ］と［ E ］にあてはまるものを，［**図4**］の**ア**～**エ**の中からそれぞれ1つずつ選び，記号で答えなさい。

(9) 下線部⑤について，「へそのお」を流れる血液について正しいものを，次の**ア**～**エ**の中から1つ選び，記号で答えなさい。

ア 母親の血液と胎児の血液が混ざりあう。　**イ** 母親の血液と胎児の血液が別々に流れる。

ウ 母親の血液のみが流れる。　**エ** 胎児の血液のみが流れる。

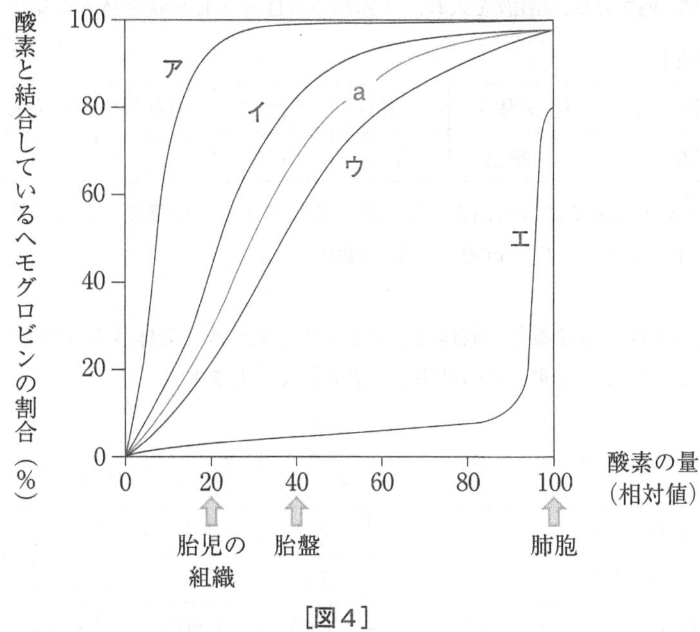

［図４］

3　**５種類の気体Ａ～Ｅに関する文章を読んで，後の問いに答えなさい。ただし，気体を水に溶かしても，溶液の体積は変化しないものとします。**

次の［**表１**］は，５種類の気体Ａ～Ｅの作り方や特徴について書かれています。

［**表１**］

気体	作り方や特徴
A	亜鉛に塩酸を加える。
B	過酸化水素水に二酸化マンガンを加える。
C	石灰石に塩酸を加える。
D	気体Aと窒素を反応させる。肥料の原料などに使われる。
E	気体Aと塩素を反応させる。水に溶けやすく、その溶液は塩酸とよばれ、鉄を溶かし、気体Aを発生する。

(1)　水酸化ナトリウム水溶液を加えると気体Ａを発生する金属を，次の**ア～オ**の中から１つ選び，記号で答えなさい。

ア　鉄　　**イ**　銅　　**ウ**　金　　**エ**　銀　　**オ**　アルミニウム

(2)　気体Ｂと気体Ｃのどちらにも**あてはまらないもの**を，次の**ア～オ**の中から１つ選び，記号で答えなさい。

ア　石灰水に吹き込むと，溶液が白くにごる。

イ　水上置換で集めることが多い。

ウ　ものを燃やすはたらきがある。

エ　空気中で燃焼して水ができる。

オ　水に少し溶けて，その溶液は青色リトマス紙を赤く変化させる。

次の［**表２**］は，純水にBTB溶液を入れ，５種類の気体A～Eを吹き込んだ結果を表しています。

［**表２**］

気体の種類	気体A	気体B	気体C	気体D	気体E
溶液の色	緑色	緑色	黄色	**あ**	黄色

⑶　［**表２**］の **あ** にあてはまる色を，次の**ア～エ**の中から１つ選び，記号で答えなさい。

ア　赤色　　**イ**　青色　　**ウ**　黄色　　**エ**　緑色

気体Aと気体Bを反応させると，液体Xができます。気体Aと気体Bの体積を変えて反応させると結果①～④のようになります。その結果を［**表３**］に示します。

［**表３**］

	結果①	結果②	結果③	結果④
気体Aの体積（L）	2.0	2.0	3.0	5.0
気体Bの体積（L）	1.0	2.0	2.0	3.0
液体Xの重さ（g）	1.60	1.60	**い**	4.00
反応しないで残った気体の体積（L）	0	1.0	0.5	**う**

⑷　［**表３**］の **い** ， **う** にあてはまる数値をそれぞれ答えなさい。

気体E3.0Lを水１Lに溶かして溶液Yを作りました。溶液Yにいろいろな重さの水酸化ナトリウムを加えて完全に溶かした後，BTB溶液で溶液の性質を調べました。次に，その混合溶液を加熱し，水などを完全に蒸発させて，残った固体の重さを測定しました。その結果を次の［**表４**］に示します。

［**表４**］

加えた水酸化ナトリウムの重さ（g）	2.00	3.00	5.00	7.00	8.50
溶液の色	黄色	黄色	緑色	青色	青色
残った固体の重さ（g）	2.92	**え**	7.30	9.30	**お**

⑸　［**表４**］の **え** ， **お** にあてはまる数値をそれぞれ答えなさい。

⑹　溶液Yに水酸化ナトリウムを6.50ｇ加えた溶液を中性にするためには，気体Eをあと何L溶かせばよいですか。

溶液Yにアルミニウムを加えると，気体Aが発生しました。溶液Yの体積とアルミニウムの重さを変えて発生した気体Aの体積を調べたら，次の［**表５**］のようになりました。

［**表５**］

溶液Yの体積（mL）	50	200	250	500
アルミニウムの重さ（g）	0.10	0.20	0.40	0.60
発生した気体Aの体積（mL）	80	240	**か**	720

(7) ［表5］の か にあてはまる数値を答えなさい。また，アルミニウムがどうなるかを，次のア～ウの中から1つ選び，記号で答えなさい。

ア すべて溶ける　**イ** 一部溶けないで残る　**ウ** まったく溶けないで残る

4 **光に関する次の文章を読んで，後の問いに答えなさい。**

太陽から地球に届く光はいろいろな現象を引き起こし，古くから人々の関心をひきつけてきました。私たちの身近なところにも，光が関係するいろいろな現象があります。例えば，金魚の入った水そうを横から見ると，①金魚が水面の上にもいるように見えます。また，②コップに入れたストローやコインを上から見ると，コップに水を入れる前と後で見え方が変化します。その他，夏の暑い日に離れた地面に水があるように見える「逃げ水」という現象があります。

ガラスなどを通って空気中に出た太陽光がスクリーンに当たると，スクリーンが色づいて見えることがあります。これは［図1］のように，③光の色によって屈折角度が少しずつ異なることが原因です。④ガラス製の器具Aから屈折して別々の方向に出てきた色の光を⑤再び器具Aを通して1か所に集めると，白色の光に戻ります。これは虹ができる仕組みでもあります。虹は［図2］のように，太陽光と視線のなす角度が約42°の方向に見られます。［図2］では色による屈折角の違いを表していませんが，実際は⑥水滴に入った太陽光が反射と屈折を経ることで，光の色に角度の差ができ，空が色づいて見えます。

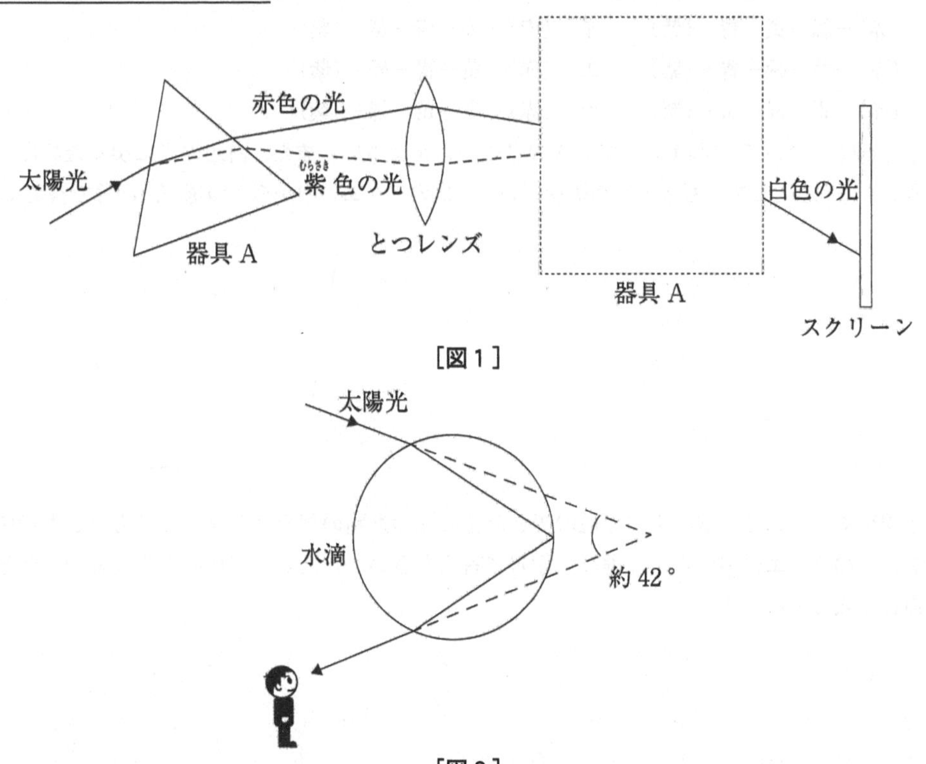

［図1］

［図2］

(1) 下線部①に関係する現象としてもっとも適切なものを，次のア～エの中から1つ選び，記号で答えなさい。

ア 全反射　**イ** 乱反射　**ウ** 屈折　**エ** 分散

⑵　下線部②について，もっとも適切なものを，次の**ア～エ**の中から１つ選び，記号で答えなさい。

ア　ストローは折れ曲がって長く見え，コインはより深い位置に見える。

イ　ストローは折れ曲がって長く見え，コインはより浅い位置に見える。

ウ　ストローは折れ曲がって短く見え，コインはより深い位置に見える。

エ　ストローは折れ曲がって短く見え，コインはより浅い位置に見える。

⑶　下線部③について，［図１］から分かることとしてもっとも適切なものを，次の**ア～エ**の中から１つ選び，記号で答えなさい。

ア　光が空気からガラスに進むときは赤色の光の方がよく曲がり，ガラスから空気に進むときも赤色の光の方がよく曲がる。

イ　光が空気からガラスに進むときは赤色の光の方がよく曲がり，ガラスから空気に進むときは紫色の光の方がよく曲がる。

ウ　光が空気からガラスに進むときは紫色の光の方がよく曲がり，ガラスから空気に進むときは赤色の光の方がよく曲がる。

エ　光が空気からガラスに進むときは紫色の光の方がよく曲がり，ガラスから空気に進むときも紫色の光の方がよく曲がる。

⑷　下線部④について，［図１］の赤から紫に向かう色の順番としてもっとも適切なものを，次の**ア～カ**の中から１つ選び，記号で答えなさい。

ア　(赤)－緑－黄－青－(紫)　　**イ**　(赤)－緑－青－黄－(紫)

ウ　(赤)－黄－緑－青－(紫)　　**エ**　(赤)－黄－青－緑－(紫)

オ　(赤)－青－緑－黄－(紫)　　**カ**　(赤)－青－黄－緑－(紫)

⑸　下線部⑤について，［図１］の器具Ａの名称を答えなさい。また，白色の光に戻すために□に置く器具Ａの向きとして，もっとも適切なものを，次の**ア～エ**の中から１つ選び，記号で答えなさい。

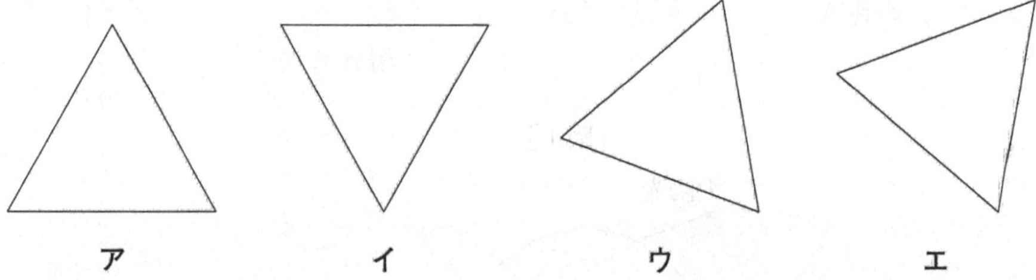

⑹　下線部⑥について，水滴中の赤色の光と紫色の光の進路の組み合わせとしてもっとも適切なものを，次の**ア～エ**の中から１つ選び，記号で答えなさい。ただし，赤色の光を実線で，紫色の光を点線で表しています。

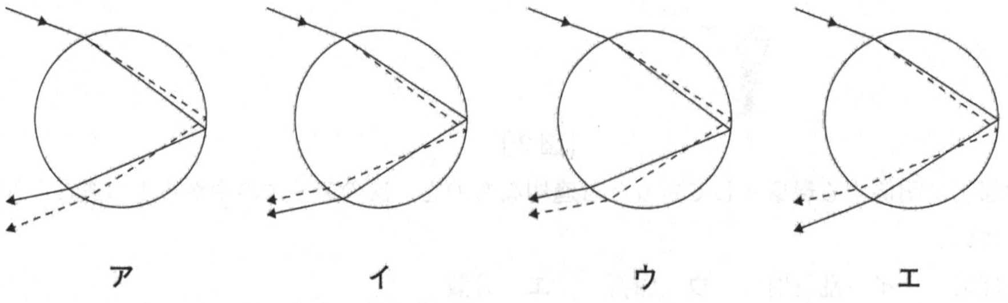

(7) 虹に関して**適切でないもの**を，次の**ア**～**エ**の中から１つ選び，記号で答えなさい。

ア 朝方は西の空に虹を見ることができる。

イ 南中高度の高い夏の正午付近は大きな虹が見える。

ウ 滝(たき)の近くでは雨上がりでなくても虹を見ることができる。

エ 日本では正午付近の南の空に虹を見ることはできない。

上空で水滴が十分に冷やされると，氷の結晶(けっしょう)(氷晶)になって落ちてくることがあります。**［図３］**のように，水平な状態のまま落ちてくる氷晶を太陽光が通って私たちの目に入ると，「逆さ虹」というめずらしい現象をみることができます。この仕組みを考えてみましょう。**［図３］**の拡大図のように，太陽光は氷晶の上面に入射して側面で屈折して出てくるものとします。虹の原理と同じように，光の色によって屈折する角度が異なるため，赤色の光がくる方向の空が赤色に，紫色の光がくる方向の空が紫色に色づき，逆さまの虹のように見えます。

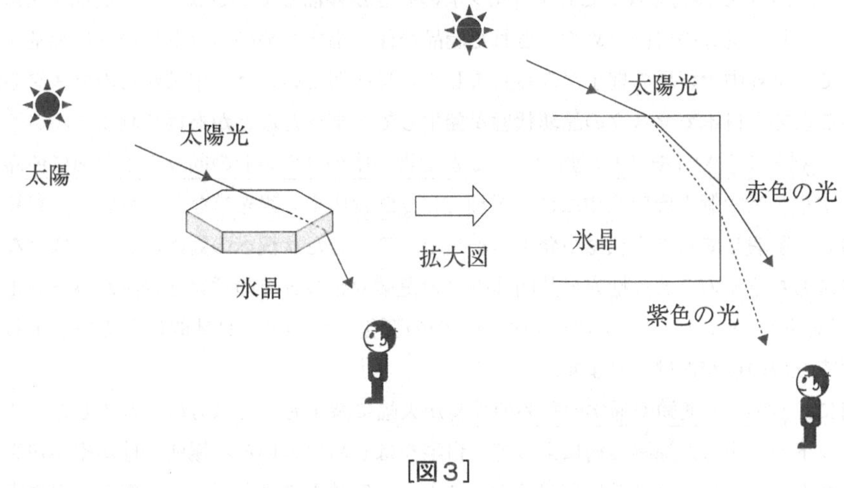

［図３］

(8) **［図３］**で観測される「逆さ虹」としてもっとも適切なものを，次の**ア**～**エ**の中から１つ選び，記号で答えなさい。ただし，次の図は観測者が太陽に正面を向いたものとします。

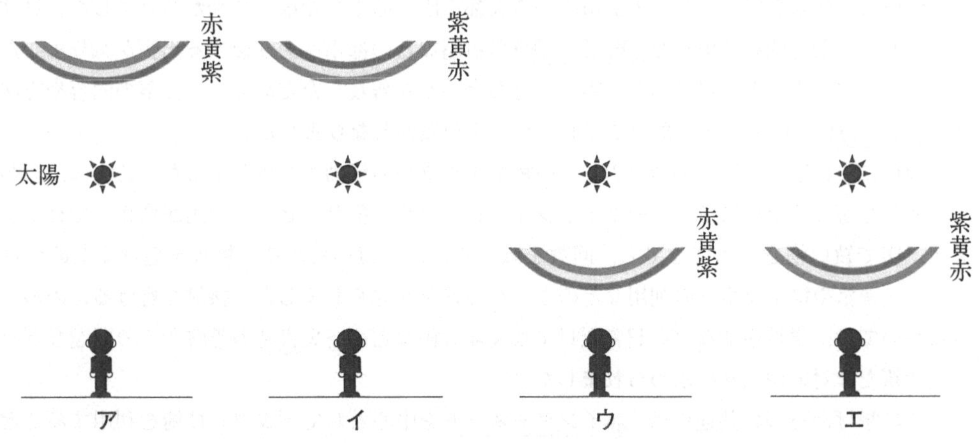

【社　会】（40分）　＜満点：80点＞

【注意】 説明する問題については，句読点を１字に数えます。

1　**次の文章を読み，後の問いに答えなさい。**

2020年，新型コロナウイルスの感染が世界規模で拡大しました。その拡大は①経済的な貧富の差，気候による生活環境の違いを問わず，国内外の「ヒト」「モノ」「カネ」の移動に大きな変化を生じさせました。

まず，各国政府は人々の②健康と安全を守るために，「ヒト」の移動を制限しました。国と国を行きかう人々の出入りを厳しく管理するのはもちろん，③国内の移動でも厳しい制限が課されました。日本では，外出を自発的にひかえることを政府からお願いする方法がとられましたが，諸外国では④強制力をもって都市を封鎖したり⑤個人の行動を制限したりする方法がとられたりもしました。

そして，「ヒト」が移動しないことで「モノ」の動きが停滞していきました。商品を生産する⑥工場が止まったり，世界中にはりめぐらされた商品を作り出すためのネットワークに混乱が生じたりすることで，世界中で貿易の縮小がみられました。具体例でいえば，中国からのマスクの輸入量が減少することで，日本でマスクの品薄状態が発生してしまったことがあげられます。

さらに，⑦「ヒト」や「モノ」が動かないことで世の中の「カネ」の回り方が急速に停滞していきました。中小企業や個人商店を中心に，業種では⑧飲食店や⑨観光業などにおいて，売り上げや利益が急減し，困窮してしまう状態が発生しました。こうした状況への対応として，様々な政策について政府はもちろんのこと，地方公共団体の長の提案やＳＮＳでの活発な議論がみられました。

次に，「ヒト」「モノ」「カネ」の移動そのものの変化について，具体的にみていきましょう。大きく分けて三つの点があげられます。

一つ目に，⑩平日の通勤や通学のための移動が大幅に減少もしくは分散されました。これは，インターネットを利用した遠隔技術によって，自宅をはじめいろいろな場所で仕事や学習をおこなう機会が増えたためです。在宅時間が長くなることで，家族との関係性，⑪仕事と家事や育児のバランス，体調管理のための行動，在宅で完結する娯楽の広がりといった点があらためて注目を集めました。

二つ目に，仕事を目的とした大都市圏から大都市圏への中長距離の移動が減りました。具体的には，新幹線や飛行機を利用した⑫東京・大阪・名古屋などの都市圏を往復する出張が減りました。これは，インターネットを経由して遠隔での打ち合わせが普及したためです。仕事の内容や方法を含めた⑬働き方について，あらためて見直しがすすむ機会となりました。

三つ目に，自宅から近い場所での⑭買い物をするための移動が減少しました。これは，いわゆる「三密」を避けるためにインターネットショッピングや宅配サービスの利用が増えたためです。加えて，店で買い物をするにしても，回数を減らすための買いだめや，接触を避けるためのキャッシュレス決済や電子マネーの利用などのさらなる普及が見られました。接触を避けるための行動様式については，学校生活などの日常だけでなく⑮大雨などの⑯災害時の避難所での問題など，様々な面で新たな対応が人々に求められました。

ここに挙げた三つの共通点は，⑰インターネットを中心としてデジタル技術を利用することで，移動の制約に対応していることです。今後も「三密」を避ける人々の意識や，在宅勤務，デリバリーサービスが普及することで，「ヒト」「モノ」「カネ」の移動の総量は，⑱感染拡大前の水準まで回復しないかもしれません。⑲環境問題をはじめとして社会の持続可能性について⑳一人ひとりの行動が問われる現代においては，「ヒト」「モノ」「カネ」の移動の全体量を増やすことで経済成長が達成され社会が発展していく，そうしたわかりやすい社会の図式は成立しなくなるかもしれません。

むしろ，「ヒト」「モノ」の移動の減少を機会ととらえて㉑「カネ」の移動が活性化されたり，社会の持続可能性についての議論が活発になったりする，そんな新しいサービスや考え方が次々と生まれてくる社会が，すぐそこにやってきているのかもしれません。

問１　下線部①について――。

経済的な貧富の差を縮める効果がある政策としてもっとも適切なものを，次のア～エの中から１つ選び，記号で答えなさい。

ア　相続税の税率を上げる。　　　イ　高額納税者の所得税率を下げる。

ウ　生活必需(ひつじゅ)品の消費税率を上げる。　　エ　法人税の税率を下げる。

問２　下線部②について――。

［図１］は横浜市内の人口分布と病院の分布を示したものです。なお病院は地域の中心となる「中核病院」とその他の一般の「病院」とで区分しています。また後の文ア～エは［図１］のA～Dのいずれかの地区について説明したものです。［図１］のBの説明としてもっとも適切なものを，後のア～エの中から１つ選び，記号で答えなさい。

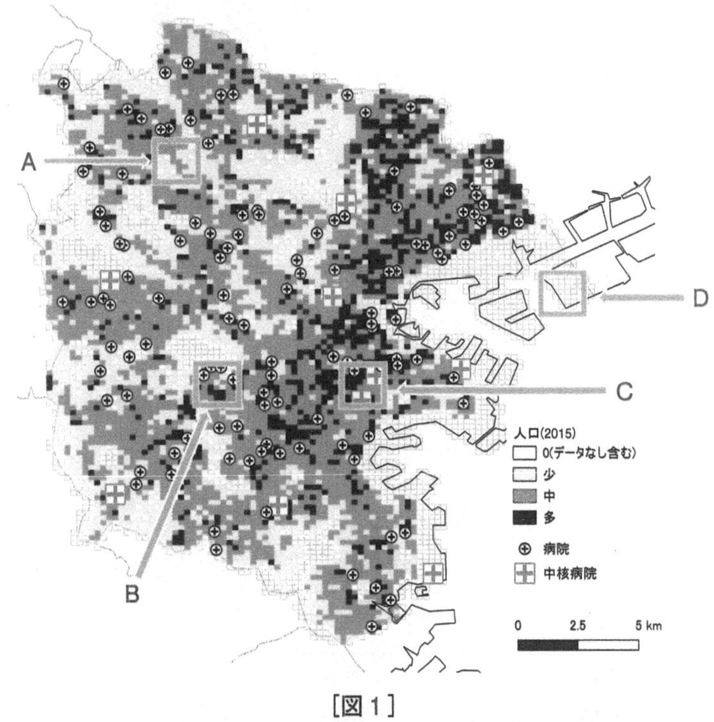

［図１］

「横浜市」ホームページより作成

ア　この地区は，工場地帯が広がっており人口規模が少ないが，工場での事故に備えた医療(いりょう)体制が必要である。

イ　この地区は，市の中心部であり高度な医療を提供できるが，軽症(けいしょう)の際に行くと待ち時間が長くなるため症状に応じ診療所(しんりょう)を利用することが望ましい。

ウ　この地区は，住宅街であり一般の病院は多いものの，夜間に重症者の救急搬送(はんそう)が必要な場合には受け入れ可能な病院まで時間がかかりやすい。

エ　この地区は，農地が広がり人口規模は少ないため，周囲に病院が少ないことで医療サービスが不足している可能性がある。

問３　下線部③について――。

「ヒト」や「モノ」の移動の方法にはさまざまな種類が存在します。**［図２］**は2017年度の国内移動における各交通機関の占める割合を示しており，**E・F**は貨物・旅客のいずれかです。また**［図３］**は鉄道と自動車について1990年度の貨物輸送量を100としたときの1960年度と2017年度の値を示したもので，**G・H**は鉄道と自動車のいずれかです。**E**と**G**にあてはまる組み合わせを，後の**ア～エ**の中から１つ選び，記号で答えなさい。

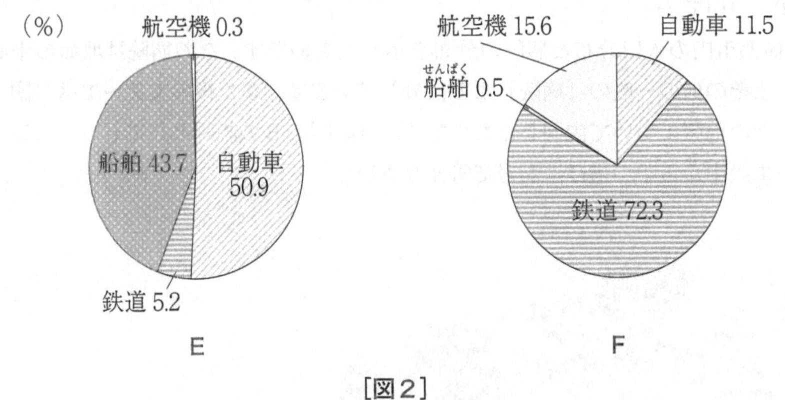

［図２］

「国土交通省」ホームページより作成

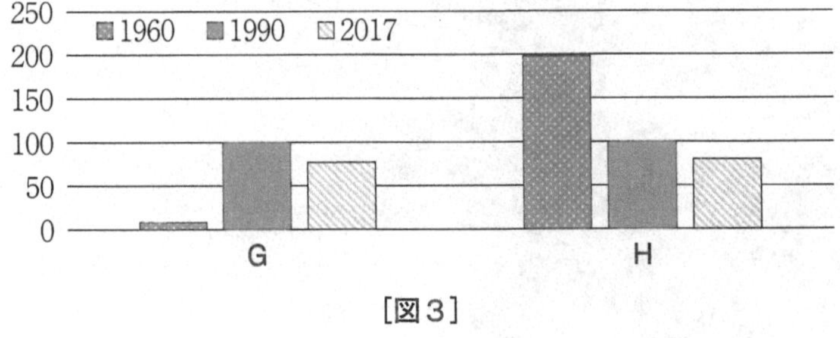

［図３］

「国土交通省」ホームページより作成

	ア	イ	ウ	エ
E	貨物	貨物	旅客	旅客
G	鉄道	自動車	鉄道	自動車

問４　下線部④について――。

この場合の「強制力」にあてはまるのは法律や条例などの法ですが，法律を制定する国会についての説明として**適切でないもの**を，次のページの**ア～エ**の中から１つ選び，記号で答えなさい。

ア　国会は，主権者である国民を代表する「国権の最高機関」とされている。

イ　国会は，法律案の議決に加えて予算の議決や条約の承認などの権限がある。

ウ　任期や解散の有無で衆議院は参議院より民意を強く反映させるため，いくつかの優越事項（ゆうえつじこう）がある。

エ　国会で成立した法律は，内閣総理大臣によって国民に公布される。

問５　下線部⑤について――。

日本において，個人の行動を制限した時代として，太平洋戦争の時期があげられます。この時代の国民生活の説明として**適切でないもの**を，次の**ア～エ**の中から１つ選び，記号で答えなさい。

ア　地方の小学生は，空襲の被害を避けるために都市へ集団疎開（そかい）させられた。

イ　軍隊で使う品物や兵器を作るために，鍋（なべ）や釜（かま），銅像などが集められた。

ウ　戦争に反対する新聞や出版物などが厳しく取り締（し）まられた。

エ　多くの中学生や女学生は，兵器工場に動員された。

問６　下線部⑥について――。

新型コロナウイルスの感染拡大により2020年には多くの国の自動車工場も生産休止となりましたが，自動車製造は多くの国で重要な産業となっています。［図４］は1960年から2018年までの世界の自動車生産台数の推移を示したもので，［図４］のＩ～Ｋはアメリカ合衆国，中国，日本のいずれかを示しています。［図４］のＩ～Ｋと国名との正しい組み合わせを，後の**ア～カ**の中から１つ選び，記号で答えなさい。

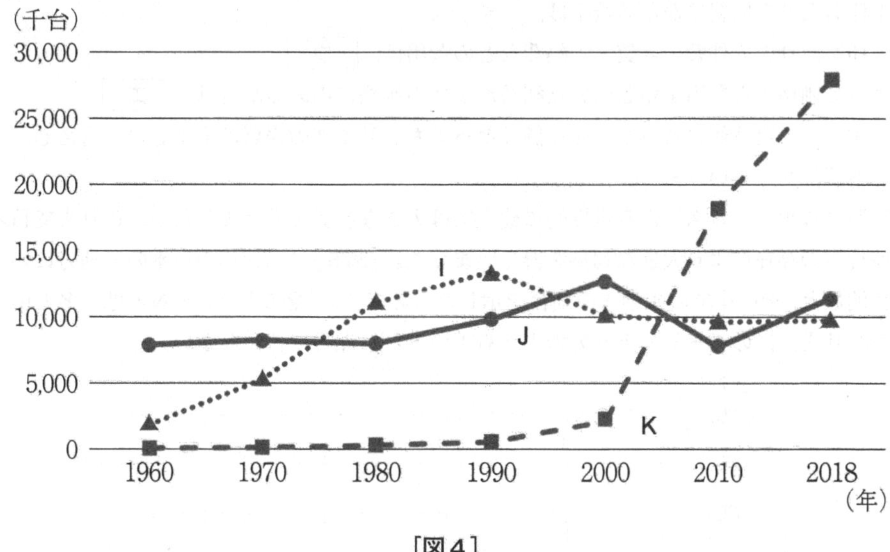

［図４］

『日本国勢図会』より作成

	ア	イ	ウ	エ	オ	カ
Ｉ	アメリカ合衆国	アメリカ合衆国	日本	日本	中国	中国
Ｊ	日本	中国	アメリカ合衆国	中国	アメリカ合衆国	日本
Ｋ	中国	日本	中国	アメリカ合衆国	日本	アメリカ合衆国

問7　下線部⑦について——。

これとは逆に，江戸時代末期に「鎖国」が終わると，「ヒト」「モノ」「カネ」は新たな動きを始め，国内経済に大きな影響を与えました。これについての説明として**適切でないもの**を，次の**ア**～**エ**の中から１つ選び，記号で答えなさい。

ア　輸出品の中心だった繭(まゆ)が国内で不足し，値段が大幅に上がった。

イ　外国産の安い綿織物が入ってきたため，国内の綿織物業が成り立たなくなった。

ウ　日本と外国では金と銀の交換(こうかん)比率が異なるため，日本の金が大量に流出した。

エ　江戸幕府が質の悪い金貨を作って流通させたため，物価が上がった。

問8　下線部⑧について——。

持ち帰る商品を買うために喫茶(きっさ)店に立ち寄ったところ，右のような表示がありました。この表示から考察できる次の４つの文のうち，「**Ｓサイズとｌサイズで比較してもあまり変わらない**」があてはまる空欄としてもっとも適切なものを，次の**ア**～**エ**の中から１つ選び，記号で答えなさい。

ホットコーヒー		
Ｓサイズ	240mL	280円
Ｌサイズ	480mL	380円

買う側の視点

・１杯あたりの価格と容量についての割安感は，［ア］。

売る側の視点

・１杯あたりの原料にかかる費用は，［イ］。

・１杯あたりの人件費・家賃・光熱費などの費用は，［ウ］。

・よって価格から費用を差し引いた利益が１杯の価格に占める割合は，［エ］。

したがって，買う側にとっても売る側にとってもＬサイズの売買は望ましいと言える。

問9　下線部⑨について——。

新型コロナウイルスにより世界的に観光業は大きな影響を受けましたが，これまで日本は外国人旅行客の存在により大きな利益を得ていました。［**図５**］は2018年の日本の各地方における外国人宿泊数と，その中での韓国人の割合を示したものです。［**図５**］の**Ｌ**～**Ｎ**と地方名との正しい組み合わせを，次のページの**ア**～**カ**の中から１つ選び，記号で答えなさい。

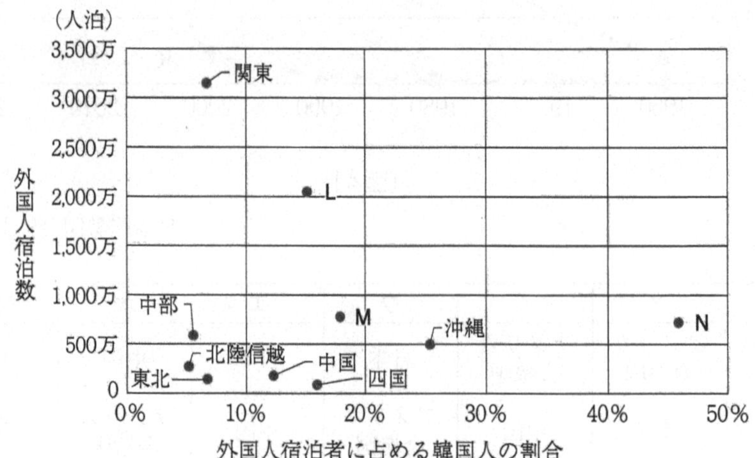

［図５］

「平成30年宿泊旅行統計調査」より作成

	ア	イ	ウ	エ	オ	カ
L	北海道	北海道	近畿	近畿	九州	九州
M	近畿	九州	北海道	九州	北海道	近畿
N	九州	近畿	九州	北海道	近畿	北海道

問10　下線部⑩について――。

自宅でも仕事ができるようになると通勤時間を考えなくてよくなるため，郊外(こうがい)に自宅を求める人が増えてくる可能性があります。現在とは違う理由ですが，過去にも都心から離れた郊外に住む人が増えた時期が長く続きました。1960～1990年代の東京大都市圏における郊外化についての説明として**適切でないもの**を，次の**ア～エ**の中から１つ選び，記号で答えなさい。

ア　高度経済成長期以降，都心の地価が急激に上がったことで地価の安い郊外への移動が増えた。

イ　太平洋戦争終了直後に生まれた団塊(だんかい)の世代が子育て世代になったことで，郊外の広い住宅を求めるようになった。

ウ　都心部は施設(しせつ)が老朽(ろうきゅう)化したことで魅力(みりょく)が下がり，郊外に建築された新しい住居の人気が高まった。

エ　バブル経済の崩壊(ほうかい)により地価が下落したことで，ニュータウンの建設が相次ぎ，郊外への人口流出は終息した。

問11　下線部⑪について――。

Ａ中学校の社会科の授業では「平等権」をテーマにレポートを書くことになりました。Ｘくんは「女性と男性が対等に働くにはどうすればよいか」を問題意識としてもちながら，「日本の女性と男性の間には働く環境における差があるのではないか」という仮説をたてました。その仮説の正しさを確認するうえで直接的に必要なデータとして適切なものを，次の**ア～エ**の中から**すべて選び**，記号で答えなさい。

ア　各国の男女別の第三次産業への就業率

イ　各国の男女別の年齢別労働力率

ウ　各国の男性の賃金を100としたときの女性の賃金

エ　各国の企業における管理職に占める女性の割合

問12　下線部⑫について――。

これらの３つの都市はいずれも江戸時代には城下町として発達しており，その立地場所には共通点が見られます。次のページの［**図６**］のデジタル標高地形図を参考にしながら，これらの城の共通点についての説明として**適切でないもの**を，次の**ア～エ**の中から１つ選び，記号で答えなさい。

ア　いずれも河川が近くにあり，交易に便利で大都市として発達した。

イ　いずれも標高の低い場所を避けており，水害から逃れることができた。

ウ　いずれも台地の端にあり，防衛しやすい場所に城があった。

エ　いずれも周囲に扇状地が広がり，その平地に城下町が広がった。

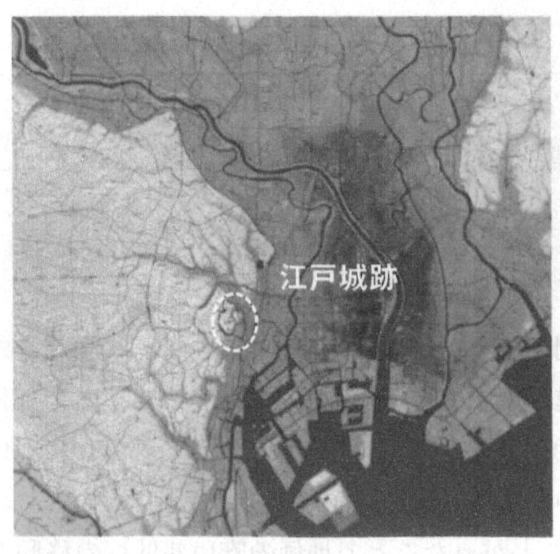

江戸城周辺

名古屋城跡

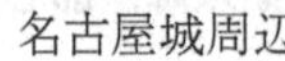
名古屋城周辺

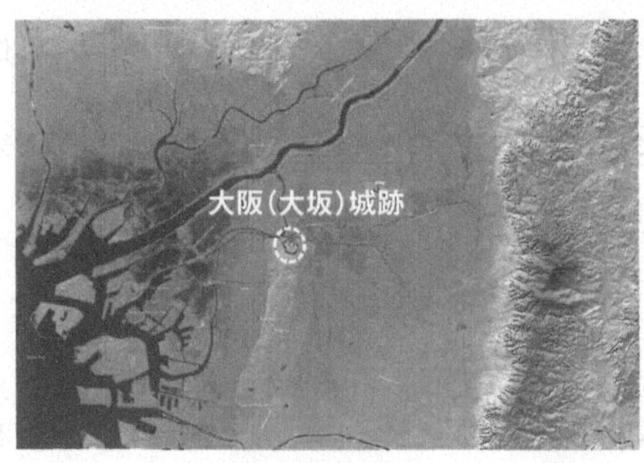

大阪(大坂)城周辺

[図6]

「デジタル標高地形図」より作成

問13　下線部⑬について――。

近年の日本の労働環境についての説明としてもっとも適切なものを，次の**ア**～**エ**の中から１つ選び，記号で答えなさい。

ア　少子高齢化による労働力人口の減少により，失業率は諸外国と比較して高い水準である。

イ　派遣労働者など非正規雇用の労働者が増加しており，契約社員との賃金格差が問題になっている。

ウ　仕事の成果ではなく，労働時間に応じて賃金を支払うフレックスタイム制を導入する企業が増えてきている。

エ　労働時間は徐々に減少しているが，有給休暇や育児休暇の取得率は諸外国と比較して低い水準である。

問14　下線部⑭について――。

近年，コンビニエンスストア（以下コンビニ）の店舗数は増加しており，いろいろなコンビニチェーンが競い合っています。しかし，コンビニの立地を見ると次のページの［図７］の地図中に示されるとおり，同じコンビニチェーンが既存の店舗のすぐ近くに出店しているケースもしばしば見られます。このような出店を行う理由として**適切でないもの**を，次の**ア～エ**の中から１つ選び，記号で答えなさい。

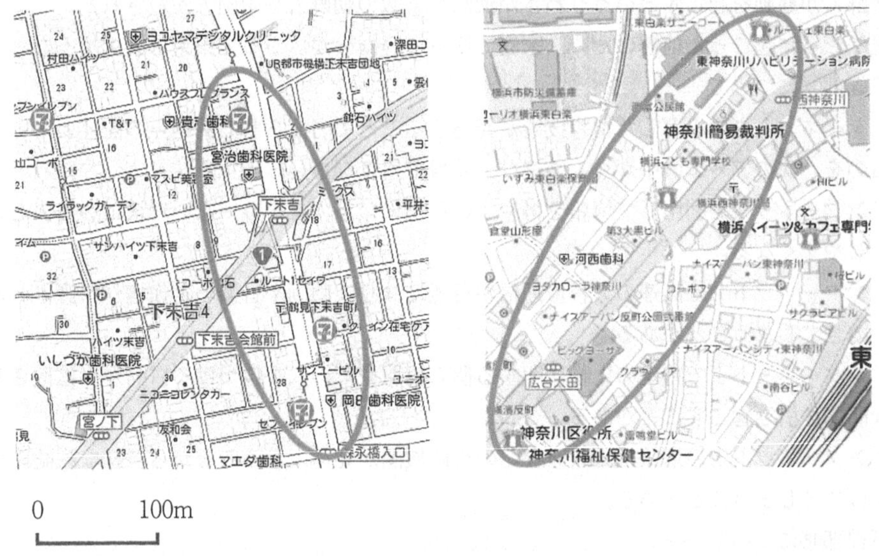

［図７］

「セブンイレブン」「ローソン」ホームページより作成

ア　大きな道路に面した出店であることから車での来店者も多いので，入店しやすいように両方の車線沿いに出店を行っているから。

イ　コンビニの集客圏はとても狭(せま)いので，店舗どうしが近接していても客の奪(うば)い合いが生じることはないから。

ウ　コンビニは店舗面積が狭く在庫を抱えることができないので，一日に何度も商品を配送する必要があり輸送の効率性を高める必要があるから。

エ　集中して出店することで知名度が上がり他のコンビニチェーンが出店しにくくなるので，その地域からの売り上げを独占(どくせん)できるから。

問15　下線部⑮について――。

2020年７月には九州を中心に広い地域で豪雨(ごうう)災害に見舞(みま)われ，多くの人が感染症対策を行いながらの避難所での生活を余儀なくされました。洪水被害を減らすための取り組みとして**適切でないもの**を，次の**ア～カ**の中から**すべて**選び，記号で答えなさい。

ア　川幅を広げるとともに川底を掘り下げて，下流への排水量を増やす。

イ　多くの支流を１カ所で合流させることで，下流への排水量を増やす。

ウ　市街地全域をコンクリート化することで，排水のスピードをあげる。

エ　蛇行(だこう)する河川を直線に付け替え，排水のスピードをあげる。

オ　洪水が発生した際に一時的に水をためる遊水池を設置する。

カ　洪水が発生した際に避難先を明らかにするハザードマップを作成する。

問16　下線部⑯について――。

近代における大きな災害として，関東大震災がありました。これについての説明として**適切でないもの**を，次のページの**ア～エ**の中から１つ選び，記号で答えなさい。

ア　大正時代に起きた地震であった。

イ　関東大震災で経済が打撃を受けた後，第一次世界大戦が起きて日本の輸出は落ち込んだ。

ウ　朝鮮人が暴動を起こすといううわさが流れ，多数の朝鮮人や中国人が殺された。

エ　正午ごろに起こった地震のため，家庭で使っていた火が広がって東京は大火災となった。

問17　下線部⑰について――。

インターネットを中心とした情報技術が発達することで考えられる問題点の記述として**適切でないものを**，次の**ア～エ**の中から１つ選び，記号で答えなさい。

ア　インターネットを利用して情報を得やすい環境にいる人とそうでない環境にいる人との格差が生じやすくなる。

イ　インターネットでは高速の大容量通信が可能になり，映画や音楽の著作権が保護されないで入手できてしまうことがある。

ウ　インターネット上で特定の人物に関する個人情報やその人を傷つける言動が，拡散され社会的な問題を引き起こすことがある。

エ　インターネット上の情報は，政府などの行政機関が発信できることから多様な議論の可能性をせばめてしまうことがある。

問18　下線部⑱について――。

感染拡大を防ぐ対策は，人権をおびやかす危険性もあります。プライバシーの権利について注意が必要な例としてもっとも適切なものを，次の**ア～エ**の中から１つ選び，記号で答えなさい。

ア　特定の業種の飲食店について，営業時間を短くしたり座席数を減らしたりすることを，行政が各店舗に要請する。

イ　感染症の陽性者との接触の可能性を近接通信機能のデータ履歴から検知し，スマートフォンのアプリで連絡する。

ウ　感染症の陽性者に対して，指定された医療機関に２週間ほど滞在させて経過を観察する。

エ　マスクが市中に流通するのを促すため，政府がマスクを生産・配布したり，民間業者の不当な買い占めと転売を規制したりする。

問19　下線部⑲について――。

工場が稼働したり，自動車を使用したりすることで，多くの物質が大気中に排出されます。非常に小さな粒子であるＰＭ2.5も大気中にただよい，呼吸器系に健康上の悪影響をもたらすことがわかっています。次のページの［**図８**］は世界全域における2019年と2020年の３月末におけるＰＭ2.5の飛散状況を示したものです。［**図８**］について説明した次の文章の下線部**ア～エ**の中から**適切でないものを**１つ選び，記号で答えなさい。

［図８］から2019年には<u>ア赤道付近を中心に多くのＰＭ2.5が排出されていた</u>ことがわかる。特に排出が多いのはアフリカや東アジア地域であり，<u>イ北アメリカやヨーロッパでは環境問題への意識の高さから元々排出量は少ない</u>。多くの工場が稼働していなかった2020年には，全世界的に劇的にＰＭ2.5の飛散状況が改善したが，一部残っている場所では，<u>ウ火山や海塩，土ぼこりなどの自然由来のものも含まれている</u>。またいずれの年を見ても<u>エ大気汚染は東西方向へ伸びており，これは偏西風などの影響によるものである</u>ことが見て取れる。感染症への対策を行ったことにより地球環境が改善したことは皮肉な結果であるが，全世界が一丸となれば環境問題を解決できる証拠であるとも言えるだろう。

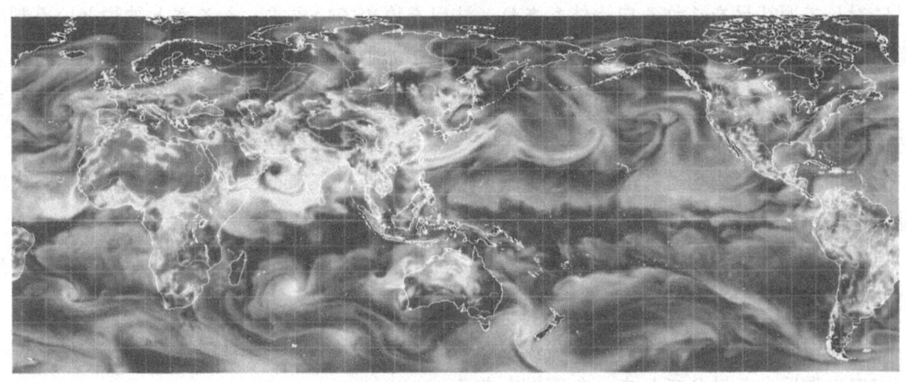

2019 年 3 月 31 日

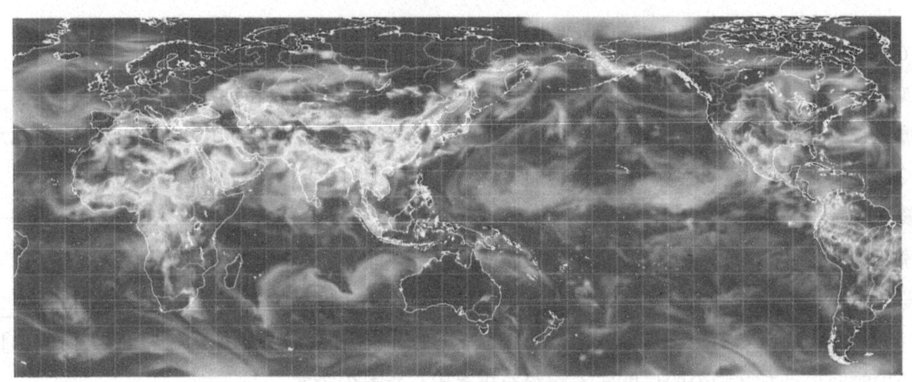

2020 年 3 月 31 日

少 ━━━━━━━━ 多

[図８]

「earth」より作成

問20　下線部⑳について――。

一人ひとりの行動が政治に反映される機会として，選挙があります。「選挙の投票率を上げるために，投票しなかった有権者に罰金(ばっきん)を科す」という政策案に反対する意見として適切なものを，次の**ア～エ**の中から**すべて**選び，記号で答えなさい。

ア　投票しなかった有権者の有無を調べることは，選挙の秘密が守られなければならないという選挙を実施するうえでの大切な原則を守れなくなる。

イ　罰金をおそれて投票をする人が増え，政策についてよく考えず知名度の高い候補者や政党への安易な投票が増えてしまう危険性がある。

ウ　日本国憲法では投票は義務ではなく権利として明記されているうえに，投票しない判断も政治に対する態度として自由に認められるべきである。

エ　すべての世代の投票率が上がることで，よりいっそう特定の年代や組織の声が政治に反映されやすくなり，公平性が保たれなくなってしまう。

問21　下線部㉑について――。

都市部から地方への「カネの移動」として，ふるさと納税という制度があります。これは，自分が応援(おうえん)したい自治体に寄付を行うと，居住地で納める所得税や住民税が軽減される制度です。

寄付に対して返礼品をくれる自治体もあり，注目を集めています。ふるさと納税という制度への否定的な説明として**適切でないもの**を，次の**ア〜エ**の中から１つ選び，記号で答えなさい。

ア　本来，行政サービスを受ける人が税を負担するという基本的な原則がゆがめられてしまう危険性がある。

イ　その地域の特産物を返礼品として全国に無料でアピールすることになってしまい，生産物の地産地消が妨げられて地方の経済に打撃を与えている。

ウ　自治体間の地方税収入の奪い合いであり，都市部では税収が減る自治体がでてきて，良質な公共サービスの提供が妨げられる危険性がある。

エ　自治体の間で寄付金を呼び込むための返礼品競争が激化し，返礼品が地域の特産物でないなど本来の趣旨から外れてしまった事例もある。

2　**次の文章を読み，後の問いに答えなさい。**

2020年は新型コロナウイルスの影響で，移動の自由が制約された特別な年だったと言えます。日本の歴史に目を向けてみると，この「移動の自由への制約」は，「関所」を設置して行われた時代が長くありました。［**資料A**］と［**資料B**］は，各時代の「関所」に関連する資料です。

［資料A］

・室町時代には陸上，海上を問わず多数の関所がありました。兵庫北関は瀬戸内海を航行する船が入港を義務づけられていた①兵庫湊に置かれた海上関所ですが，運営していた②東大寺は1445年，通行する船を一隻ごとに記録しました。［**図１**］はその帳簿の写真で，［**表１**］はその帳簿のうち２つの船に関する記録を抜き出したものです。

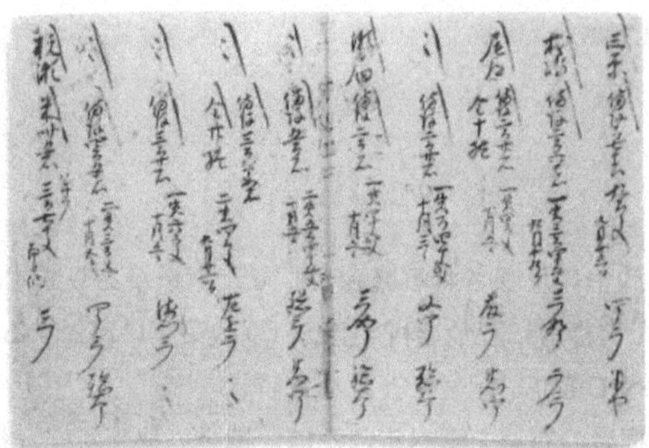

［図１］

［表１］

入港した日付	船の所属地	積み荷の内容	収入
二月五日	三原	塩九十石	三百四十文
七月二十二日	鞆	莚二百枚	百四十五文

注　石…当時の体積の単位。
　　文…当時の貨幣の単位。
　　莚…わらなどで編んだしきもののこと。

・織田信長の家臣が書いた伝記『信長公記』には，以下のように書かれています。
「信長は，天下のため，また往来する旅人を気の毒に思って，領国中に数多くある関所を撤廃した。」

［資料Ｂ］

・江戸時代初頭，箱根の芦ノ湖畔に箱根関所ができました。現在は，［図２］のように幕末の史料に基づいて復元されています。また［図３］は，江戸時代の箱根関所のようすを再現したものです。

［図２］

［図３］

問１　下線部①について――。

「兵庫湊」はかつて「大輪田泊」と呼ばれていました。12世紀にここを拠点に行われたのは中国のどの王朝との貿易ですか。もっとも適切なものを，次の**ア～エ**の中から１つ選び，記号で答えなさい。

ア　隋　　**イ**　唐　　**ウ**　宋　　**エ**　元

問２　下線部②について――。

「東大寺」は，どのような目的に基づいて建てられた寺院と言えますか。もっとも適切なものを，次の**ア～エ**の中から１つ選び，記号で答えなさい。

ア　古墳に代わって豪族の力を示すために建てられた。

イ　疫病や反乱で乱れる国を仏に守ってもらうために建てられた。

ウ　密教を取り入れた僧を保護するために建てられた。

エ　幕府の弾圧に対抗するために建てられた。

問３　**［資料Ａ］**の関所の役割と，**［資料Ｂ］**の関所の役割の違いを，織田信長の政策と，**［図２］**・**［図３］**の写真の意味にもふれながら，**110字以内**で説明しなさい。

にあう形で、十字以上十五字以内で答えなさい（句読点・記号も一字に数えます）。

製紙工場の煙を見た筆者の経験が、［　　　　　　　　　　　　］から。

問七　D は、次のア～オの五つの文から構成されています。五つの文を正しい順番に並べかえ、その順番を、解答用紙の形式に合わせて記号で答えなさい。

ア　十條製紙が引き継いだというその工場は、なんと僕が生まれる二年も前に閉鎖（へいさ）されていた。

イ　親や近所のおじさんおばさんがそう言っているのを、鵜呑（うの）みにしていたのだろう。

ウ　いつも友達と「王子製紙の工場がさあ」と言い合っていたのは、どうも僕たち共通の勘違（かん）いだったようだ。

エ　つまり、煙突から煙なんて出ているはずがなかったのだ。

オ　何だ、あれは十條製紙の工場だったのかと、この原稿（げんこう）を冒頭（ぼうとう）から書き改めようとして、また驚いた。

問八　――線部⑤「ここは敢えて調べないことにして、せっかく手に入った魅力的な謎を、しばらくこねくりまわしてみようと決めた」とありますが、筆者はどうしてこのように考えたのですか。〔文章2〕をふまえてその理由を考え、二十字以上三十字以内で答えなさい（句読点・記号も一字に数えます）。

問九　「働く」ということに関して、〔文章1〕・〔文章2〕からそれぞれ読み取れる内容をまとめた文として、もっとも適切なものを、次のア～エの中から一つ選び、記号で答えなさい。

ア　〔文章1〕では、子どもでも大人でもない「哲学者」になることで「働く」ということを対象化できると指摘（してき）している。一方、〔文章2〕では、子どもの頃に思い描く「働く」ことのイメージは、実際には誤った認識であることが多く、リアリティに欠けると述べている。

イ　〔文章1〕では、仕事が順調な大人ほど「働くとは何か」という問いかけを軽視しがちであると指摘している。一方、〔文章2〕では、大人になって実際に仕事に従事する経験を持つことで、「働くとは何か」という問いかけに答えることができるようになると述べている。

ウ　〔文章1〕では、実際に仕事に従事した経験のない子どもにとって「働く」ということを対象化して理解することは難しいと指摘している。一方、〔文章2〕では、「働く」ことのイメージを形成する際に、子どもの頃の原体験が様々な作用をもたらす可能性について述べている。

エ　〔文章1〕では、「働く」ことに対する子どもと大人のイメージを、完全に一致させることは難しいと指摘している。一方、〔文章2〕では、大人になった後で取り組んだ仕事を通じて、多くの子どもに「働く」ことの楽しさを伝えられる可能性について述べている。

イ　仕事に専念して成果をあげなければならないという強迫観念に捉われずに済む楽観的な発想は、子どもにしかないから。

ウ　すでに仕事に従事している大人とは違い、将来の職業選択の前に仕事の多様性について考える必要性は、子どもにしかないから。

エ　日々の仕事をこなすことだけに専念せずに、ものごとの根源的な疑問に立ち返って考えられる状況は、子どもにしかないから。

問二　――線部②「明確な答えをもつような問いではないばかりか、問いの意味さえ、定かではない」とありますが、どういうことですか。その説明としてもっとも適切なものを、次のア～エの中から一つ選び、記号で答えなさい。

ア　哲学の設定する課題はいずれも簡単に解決できるものではないのに加え、そもそも課題の内容をあらわす言葉そのものがとても難解な表現になってしまう傾向があるということ。

イ　哲学においては設定した課題に対する答えを導き出すことがとても難しいのに加え、課題を設定することそのものについても考え続けなければならないということ。

ウ　哲学は設定される課題が一般的にとても難解であり、答えに辿り着くまでに時間がかかるので、そのような課題を設定すること自体に意味があるのがどうか疑問が残るということ。

エ　哲学では答えを導くことが絶対に不可能な課題が設定されるので、そのような課題に取り組むことにどれほどの有益性があるのか分からなくなることが多いということ。

問三　[A]に入れるのにもっとも適切な言葉を、次の**ア**～**エ**の中から一つ選び、記号で答えなさい。

ア　穏やか　イ　細やか　ウ　軽やか　エ　鮮やか

問四　[B]・[C]に入れる言葉としてもっとも適切な組み合わせを、次の**ア**～**エ**の中から一つ選び、記号で答えなさい。

ア　B　物理　C　心理

イ　B　具体　C　抽象

ウ　B　形式　C　実体

エ　B　精神　C　身体

問五　――線部③「先生は『先生』だし」とありますが、どういうことですか。その説明としてもっとも適切なものを、次の**ア**～**エ**の中から一つ選び、記号で答えなさい。

ア　筆者にとって、「先生」は社会的に必要な存在だという認識があったので、日常生活の中でその存在意義について改めて考える必要がなかったということ。

イ　筆者にとって、家族のような近い距離にいるわけではない「先生」に対して、仕事内容について日常的に親しく質問することは難しかったということ。

ウ　筆者にとって、「先生」は子どもと同じ発想でものごとを考えるという印象が強かったので、自立した大人の職業として理解することは難しかったということ。

エ　筆者にとって、「先生」は当たり前のように日常生活の中にいる存在であり、数多くある職業の一つに従事している大人として認識していなかったということ。

問六　――線部④「あの煙には感謝しなければならない」とありますが、なぜですか。**〔文章２〕**をふまえてその理由を考え、次の説明文の[　]

れることがよくある。いつもアレコレ頭をひねりながら言葉を返すのだが、じつのところ腹の中では「きっかけくらいで小説家になれたら世話ないよ」なんて考えている。でも、ひょっとしたら、小学校時代に見たあの製紙工場の煙は、きっかけの一つだったのかもしれない。見えない人たちを想像して心動かされるというのは、小説とそっくりだ。

当時は小説なんて読んだこともなかったけれど、いまこうして思い返してみると、小説を読んでいるときに見える景色と、あの煙を眺めながら胸の中に浮かんだ景色は、リアルさの質が、よく似ている気がする。だとしたら、④あの煙には感謝しなければならない。

と、ここまで書いたところで、ふと思い立って王子製紙のことを調べてみた。

すると驚いたことに、王子製紙は王子に工場を持っていなかった。いや、昔はあったのだが、会社が分裂した際、注1十條製紙がその工場を引き継いだらしい。

D

――？

僕たちが眺めていたあの煙は、いったい何だったのだろう。あのにおいは、はたして何のにおいだったのだろう。僕が生まれて初めて思い描いた「働く大人」は、いったいどこの誰だったのか。僕はいったい誰に、何に、きっかけをもらったのか。

インターネットのおかげで調べ物が楽になり、大抵の疑問はすぐに解決できるようになった。この疑問だってきっと、答えを知ろうと思えば簡単にできるのだろう。でも、⑤ここは敢えて調べないことにして、せっかく手に入った魅力的な謎を、しばらくこねくりまわしてみようと決めた。コンピューターの操作方法を覚えることが「使いこなす」ことだと思っていた時期が僕にもあったが、「使いこなす」というのはたぶん、こういうことなのだろう。最近ようやくわかるようになった。

それにしても、時間というのは本当に過ぎ去るらしい。小学校時代に謎の煙をかぎながら、初めて思い描いた「働く人」に、いつのまにか自分もなっている。人生の大先輩たちに比べたら、まだ経験は浅いけれど、気づけば二十年近く――小説家として働きはじめてからを数えても、十一年。

自分の書いた「見えない人たち」も、誰かに何かのきっかけを与えてくれているだろうか。そんなことがあってくれたら嬉しい。彼らは本物の人間と違って歳をとらないし、全国に出張もしてくれるけれど、誰かがページをひらいてくれないかぎり、絶対に出会うことができない。あの頃、否応なしに僕たちの目に入り、鼻に飛び込んできた謎の煙と、自分の小説と、どちらがたくさんの人にきっかけを与えているだろう。

（道尾秀介「煙の謎」による）

注1 **王子製紙・十條製紙**～製紙会社の名前。
注2 **老舗**～昔から代々続いている店舗や企業。

問一 ――線部①「子どもにしか哲学はできない」とありますが、なぜですか。その理由としてもっとも適切なものを、次の**ア**～**エ**の中から一つ選び、記号で答えなさい。

ア 目の前に興味深い現象が現れた時に、時間をかけてその状況を観察することに熱中できるような好奇心は、子どもにしかないから。

がない人には労働のなんたるかはとらえられないが、しかし働くことに没入している人もまた、労働を客観的に見ることができない。働くことと働かないことのどちらか一方だけに身を沈め、そこから出ていくことのできない者には、「働く」ということそのものを対象化することはできないのである。哲学は、私たちの営みを、その実践に参加している者の視点からだけでなく、その実践の外にいる者の視点からもとらえるよう、要求してくる。自分がいまとっている視点にこだわるのではなく、自由にさまざまな視点からものごとをとらえなくてはならない。そして、子どもはそんなフットワークを身につけてはいない。だから、子どもには哲学はできない。

　子どもにしか哲学はできない。しかし、子どもには哲学はできない。この逆説の中に、哲学者たちはいる。彼らは、大人でもない、子どもでもない。

哲学者なのだ。

（野矢茂樹編『子どもの難問』による）

〔文章２〕

東京都北区、王子の町で育ったので、子供の頃は王子製紙注1の工場から立ちのぼる白い煙をいつも眺めて過ごしていた。

　王子製紙は明治時代からつづく製紙会社の老舗注2。当時の製紙工場から排出されていた煙には独特のにおいがあり、さほど刺激的ではないのだが、鼻の奥まで届き、［B］的ダメージよりも［C］的ダメージのほうが大きく、はっきり言えばおならにそっくりなにおいだった。いまは臭気を抑える技術が取り入れられているようだけど、あの頃は違い、風向きによって僕たちの校庭に煙のにおいが届くと、「こいただろ」「お前がこいただろ」と、そばにいた相手とお決まりのやりとりをしていたものだ。

　あの日、体育の時間、先生がポートボールか何かの説明をしているのを聞き流しながら、僕は煙突の煙を眺めていた。眺めながら、働く大人のことを思った。あの製紙工場の煙の下では、たくさんの大人が働いている。あんなにおいの中心で働くのはさぞ大変に違いない。――そんなことを思いながら、自分もいつか大人になって働くのだなあと、たぶん生まれて初めて意識した。

　子供時代は、働いている大人を見ることがほとんどなかった。共働きだった両親が家にいるのは働いていないときだし、③先生は「先生」だし、八百屋さんも魚屋さんもスーパーの店員さんも、「そういう人」という認識しかなかった。申し訳ないけれど、働いているという発想自体がなかったのだ。なのに製紙工場の煙を見て「働く大人」を思い、自分の将来のことまで想像したのはどうしてか。

　きっと、その場所で働いている人の姿を、一度もこの目で見たことがなかったからだろう。目の前で働いている大人たちは、働いているように見えないのに、会ったこともない人たちに関しては働いている姿を想像できるというのは、奇妙なものだ。

　僕を含めて世の中には小説が大好きという人が多いけれど、実はここに秘密があると思っている。小説というのは考えてみれば、絶対に会わない人たちの話を読んでいるわけで、だからこそ、その人たちの考えていることや、見ている景色や、一人きりでいるときの横顔まで、リアルに想像できる。

　インタビューなどで「小説家になったきっかけは何ですか？」と訊か

に沈んで疲れ切ってしまったから。

問九 本文の内容と一致するものとしてもっとも適切なものを、次の**ア**～**エ**の中から一つ選び、記号で答えなさい。

ア 今の「若葉」の家族は、「父」の仕事が充実してきたことで経済的に恵まれた生活を送ることができている一方で、互いに自分の思いを素直に伝えあうことができておらず、それぞれの関係性にすれ違いが生じてしまっている。

イ ルロイが死んだ直後から、「若葉」はルロイが左手に巻き付いてくるかのような不思議な感覚を覚えるようになったが、新しい家に引っ越してからもその感覚は続き、「若葉」だけは死んでしまったルロイの思い出をずっと忘れ去ることができずにいる。

ウ 昔の「若葉」の家は雑然とした下町にあり、懐かしい思い出がたくさん詰まった場所であるが、今の「若葉」の家はのどかな田園風景の広がる街にあり、空や田畑にも鮮やかな色の美しさが感じられる素晴らしい環境で、「若葉」は昔の家よりも気に入っている。

エ 昔の「若葉」の家族は、狭いからこそ家族がにぎやかに会話を交わすことのできる家の中で、ささやかながら幸せな生活を送っており、「若葉」はまさかルロイが死んでしまうとは予想もせず、ルロイと一緒にずっと幸せな生活が送れるものだと思っていた。

三 次の〔文章1〕・〔文章2〕を読んで、後の問いに答えなさい。

〔文章1〕

私たちの多くは、たえず前に進むことを強いられている。そして哲学は、私たちを立ち止まらせようとする。

たとえばひとは野菜を作ったり、書類を書いたり、パワーショベルを操作したり、商品を売ったりする。そのとき、どうすれば渋滞を避けて時間通りに取引先の会社に着けるかは考えても、「なぜひとは働くのか」とは問わない。どうすれば売れ行きを伸ばすことができるかは考えても、「働くとはどういうことなのか」と考えこんだりはしないだろう。そんなことを考えていては、約束の時間に間に合わなくなるし、売れるものも売れなくなってしまう。仕事が順調にいっている人ほど、そういう「余計なこと」は考えないにちがいない。

だが、哲学の問いは問う者を立ち止まらせる。「働くとは何か」と考えて、ほかにこれといって何も働こうとしない。それは、「前に進め」という圧力に縛られた者の目からは、ちょうど蟻の行列に目を奪われてその場を動けなくなってしまった子どものような姿にも見えるだろう。哲学の問いは、「前に進め」という声から自由な者だけに許されている。だから、①子どもにしか哲学はできない。

しかし、同時に、子どもには哲学はできない。「なぜ働くのだろう」と問い続けているだけでは哲学とは言えない。そもそも、たんに「なぜ働くのだろう」と口にするだけでは、まだ問いにさえ到達していない。それはたぶん、何かため息のようなものにすぎない。

哲学の問いは、②明確な答えをもつような問いではないばかりか、問いの意味さえ、定かではない。問いの答えが何であるかと、そもそも自分が問うている問いの意味は何かを、同時に手探りしていかなければならない。哲学の問いを問うにも、独特の技術と力を必要とする。それは子どもにはまだ難しいにちがいない。

さらに、哲学はいわば「 A 」でなければならない。働いたことる自己中心的な性格で、強い言葉で一方的に相手の話をさえぎってしまうので、「若葉」の気持ちを理解できずにいる。

イ　自分はきちんと身だしなみを整えていないのに、他人の生活態度は口うるさく注意する「母」の性格を、「若葉」は腹立たしく思っているが、「母」にさらに厳しく注意されることを恐れ、自分の気持ちを率直に伝えるのを控えておとなしくしている。

ウ　「若葉」の左手のしぐさを不審に思った「母」は、「若葉」の本当の気持ちを探ろうと努力しているが、自分の世界に閉じこもって思わせぶりに左手を隠し、本当の気持ちをはっきり示さない「若葉」に対して、不満といらだちを感じている。

エ　周りから見るとちぐはぐなことをしてるのに、自分の考え方をかたくなに変えない「母」の性格を、「若葉」は苦々しく思っているが、一方で「若葉」自身も同じような性格の持ち主であることを自覚しているので、「母」だけでなく自分自身にも嫌気がさしている。

問五　[B]に入れるのに適切な表現を考え、**四字以内**で答えなさい（**句読点・記号も一字に数えます**）。

問六　[C]・[D]に入れるのにもっとも適切な言葉を、次の**ア**〜**エ**の中からそれぞれ選び、記号で答えなさい。

C　**ア**　野生の馬の強さと美しさに嫉妬する
イ　野生の馬からすごすごと後ずさる
ウ　野生の馬を追って颯爽と走っていく
エ　野生の馬におずおずと近づく

D　**ア**　色の名前を生み出していく
イ　世の中の全ての色を知っている
ウ　自在に色を使い分けている
エ　無数の色で大空に絵を描いている

問七　――線部②「はっと胸を衝かれた感じがした」とありますが、「若葉」はこの時、「千夏」の言葉からどのようなことに気づいたと考えられますか。**二十五字以上三十五字以内**でわかりやすく説明しなさい（**句読点・記号も一字に数えます**）。

問八　――線部③「涙は止まってしまった」とありますが、なぜですか。その理由としてもっとも適切なものを、次の**ア**〜**エ**の中から一つ選び、記号で答えなさい。

ア　「父」は「若葉」のためにルロイに似た仔猫を連れてきたのだが、「父」のあまりに楽しそうな様子からは本当に「若葉」のためを思っているとは感じられず、ただの自己満足のように思われてしまい、素直に喜べなかったから。

イ　死んでしまったルロイとの思い出から抜け出せずに苦しんでいた「若葉」にとって、ルロイの存在をすっかり打ち消してしまうような「父」の言動がまったく理解できず、ルロイの死を悲しめる状態ではなくなってしまったから。

ウ　「父」は「若葉」がルロイの死ときちんと向き合い、悲しみを受け止められるようになることを期待して、新しい仔猫を買ってきて元気づけようとしたのだが、そうした「父」の楽観的な発想にいらだちを覚えると同時に、考える気力を失ってしまったから。

エ　ルロイの死と向き合って徹底的に悲しんだ後、「若葉」はルロイへの思いを断ち切ろうと考えていたのに、「父」がルロイに似た仔猫を連れてきたことで、かえってルロイのことを思い出し、深い悲しみそれっきり③涙は止まってしまった。考えることも、思うことも、あまりに多すぎて、頭も心も、ショートしてしまったような感じだ。

仔猫はもちろん可愛かった。父も母も兄も、特にこだわる様子もなく、新しい猫をルロイと呼び始めていた。だが若葉はどうしても、その名前を口にすることが出来ない。

迷いを晴らしたくて、部活に熱中するようになった。ある日、オーボエの管を羽根を使って掃除していたら、ふと、左手にまとわりつく猫の気配を感じた。ルロイだ、とすぐに分かった。ルロイはこの羽根が本当に大好きで、仔猫の頃など、振り回してみせると疲れて倒れるまで遊んでいたからだ。

忘れないで、と言われたような気がした。それで若葉は、二匹目に別の名前をつけようと思い立ったのだ。ルロイの弟だから、「おとうと」から二文字取って、トト、と名付けた。

それから、ルロイは時々現れるようになった。生きていた頃と同じように、若葉の左手に、ふわふわの暖かい前足を巻き付けてくるのだ。

（香月夕花「左手のルロイ」による）

注1 **癇性**～神経質で、ひどくきれい好きな性格。
注2 **三和土**～セメントや砂などで固めた、玄関などの土間。
注3 **古文**～江戸時代以前の文章、およびそれらを扱う国語の授業のこと。
注4 **悄然と**～元気がなさそうな様子のこと。

問一 ――線部①「だから、の三文字を」とありますが、この表現がかかっている部分としてもっとも適切なものを、次の**ア**～**エ**の中から一つ選び、記号で答えなさい。

ア 言い聞かせる　**イ** はっきり三つの音に
ウ 区切って　**エ** まくしたて始めた

問二 [A] に入れるのにもっとも適切な表現を、**六字以上十字以内で**本文から探し、抜き出して答えなさい（**句読点・記号も一字に数えます**）。

問三 ▼　▲ではさまれた部分の描写から読み取れる「兄」についての説明としてもっとも適切なものを、次の**ア**～**エ**の中から一つ選び、記号で答えなさい。

ア 「兄」は陽気でいたずら好きな性格の持ち主で、悲観的なことばかり考えている他の家族に対して冗談ばかり言ってからかっているので、他の家族からはあきれられている。

イ 「兄」は気持ちのこもっていない不愛想な受け答えばかりをして家族を見くだしているが、不思議なことに他の家族には好意的に受けとめられ、一定の関係性が保たれている。

ウ 「兄」は他の家族の状況を落ち着いて見つめる心の余裕を持っており、「父」や「母」とも一定の距離を保ちつつ、自然体でコミュニケーションを取ることができる。

エ 「兄」はいがみあう家族同士を結び付けることに心をくだき、「父」と「母」に対しては常に優しい言葉をかけ、反抗的な性格の「若葉」にもとても親身な姿勢で接している。

問四 ▼　▲ではさまれた部分の描写から読み取れる「母」と「若葉」についての説明としてもっとも適切なものを、次の**ア**～**エ**の中から一つ選び、記号で答えなさい。

ア 左手に違和感を覚えている「若葉」は、「母」に自分の状態を伝えようと必死になっているが、「母」は何でも自分で判断しようとすまってしまった。

「どうしたの？」

少し先の方で、千夏が振り向く。

「なんでもない、今行く！」

我に返って、若葉は立ちこぎになり弾みをつけた。

（中略）

正真正銘のルロイ――一匹目の猫がやってきたのは、今からもう七年も前、若葉が九つの時のことだ。

その頃、若葉達が暮らしていたのは、線路際に小さな家の建ち並ぶ下町だった。隣の家の友達と、窓を開けただけで話が出来る。電車が通ると会話は途切れ、まけじと大きな声を張り上げれば、どこかの窓が音を立てて閉ざされるような、無遠慮だけれども寛容さには乏しい、時に懐かしいけれども、あまり帰りたいとも思えない町。

ルロイを連れてきたのは父だった。いつだって若葉に何かを買ってやりたくても叶わず、その無念さを全部、もらってきた仔猫が背負っているみたいだった。母はおかんむりだったが、棄ててこいと言われて若葉が大泣きしたために、仔猫は命拾いすることになった。

（中略）

状況が一変したのは、若葉が六年生になった頃のことだ。父の商売が急に勢いづいて、それまで住んでいた家を出、もっと大きな家を借りることになった。音楽好きな父は若葉に楽器をやらせるのが夢だったので、防音室つきの今の家を紹介されるなり、その日のうちに決めてしまった。勿論、ルロイも一緒だ。ルロイはまだ若い猫だし、この家でずっと一緒に暮らせるだろうと、若葉は何の疑いもなく信じ込んでいた。

当然そうなるだろう、と思っていると、いきなり足をすくわれるものだと思い知らされたのは、去年のことだ。若葉が中学三年の五月、ちょうど一年前に、ルロイは六歳で死んでしまった。急な心臓の発作だったらしい。生きているものがこんなにあっけなくいなくなるものなのかと、若葉はしばらくショックで涙も出ず、ようやく泣けるようになってからは、一ケ月くらい、目が溶けそうなほど泣きに泣いた。

泣き止んだのは、哀しみが去ったからではなかった。驚かされて、泣いている場合ではなくなってしまったからだ。若葉をビックリさせることが大好きな父の思いつきで。

ある日、楽器の練習も出来ないまま、部屋にこもって泣いていたら、父がノックをして入ってきた。ひき結んだ唇が、今にも笑い出しそうに緩みかけている。何て顔だろう、と眉をひそめた若葉の目の前に、父は思わぬものを差し出して見せた。

仔猫だ。それもルロイとほとんど同じ毛並み、同じ柄の。

驚いて声も出ない若葉に、父は、すごく探したんだぞ、と誇らしげな顔をして見せた。

――喜んでるみたいにみえるんだろうか？

若葉はひどく混乱した。二度と帰ってこないはずだった愛おしいものと、泣きに泣いて、必死でお別れしようとしていたのに。まだ、泣き終わってもいなかったのに。

「いいか、ルロイは死んでない。この通り、またお前の所に帰ってきた。哀しいことは何も起きなかったんだ。嫌なことは全部忘れて、今日からこいつと楽しく暮らせばいい」

（中略）

とハッキリ言う。なのにちっとも嫌な感じがしないのは、話し方の真っ直ぐな響きのせいだろうと若葉は思った。自分を大きく見せようとしないかわりに、かばい立てすることもない。

千夏の活き活きとした黒い髪が、ポニーテールに結われて、若葉の目の端で揺れている。草の原を一直線に駆けていく五月の馬。千夏はそういう美しい生き物に似ていた。若葉はそのしっぽを追いかけながらずっと追いつけずにいるような、そんな気分になってくる。

「安西さん、古文好きなの?」

［C］みたいに、若葉は問いかける。うん、と千夏はまたしてもきっぱりうなずいた。

「古い色の名前がすごくきれいで、それで好きになったの」

「色の名前?」

「例えば、同じ青色でも、天色、紺碧、水浅葱……、微妙に違う色に、ちゃんと別の名前がついてるの」

はりのある澄んだ声が、なめらかに色の名前を読み上げていく。

「きれい」

「素敵な名前でしょう?」

横並びになった彼女が、誇らしげに微笑むのが見えた。誇っているのは自分のことではなくて、彼女自身も何かまばゆいものを見上げているのだと、なんとなく分かった。

「じゃあ、私が何か指さしたら、安西さん、色の名前を答えられる?」

いいわよ、と、ちょっとしたゲームを始めるような調子で千夏は言った。とはいえ、辺りに見えるものと言えば空と雲と田畑、たまに珍しい色合いの家を見かけても、自転車ではすぐに行き過ぎてしまう。若葉はちょっと迷って、あれは? と、空の眩しくない辺り——少し西寄りの雲のきわを指さしてみた。

「あの辺は、縹色かな……? ううん、薄藍色の方がいいかもしれない」

「じゃあ、そこの栗林の下にはえてる草は?」

「光の加減で今は黄色っぽいから、萌黄色かな」

「すごい、じゃあ、あの雲は?」

「卯の花……、白練……、ううん、ちょっと青みがかって見えるから、白花色がいいかもしれない」

その声は、まるで千夏が［D］みたいに響いた。何か大切なものに呼びかけるように、千夏は次々に色に命を吹き込んでいくのだ。若葉だって空を見る、雲を見る。けれどもいままでこんなにたくさんの色は感じなかった。目の前の世界が一気に鮮やかになったようだ。

「すごい! なんでそんなに知ってるの?」

千夏はふふ、と笑って、

「名前をつけなくちゃ、その色を区別できないから」

と、とっておきのものを取り出してみせるような調子で言った。

「名前を呼ばないと、その色はないのと同じになっちゃうでしょう? なんとなく違う気がするって思っても、別々の色だってはっきりと分からなくなってしまう。だから名前を覚えて、ちゃんと呼んであげるの。他の色と一緒にされたりしないように」

②はっと胸を衝かれた感じがした。

ペダルをこぐ足がいつのまにか止まり、千夏からどんどん遅れていく。いつしか手が勝手にブレーキレバーを握って、若葉は注4悄然と立ち止た。そっちの方がよっぽど可哀相じゃないか、と思えてならないのだ。

そう思った途端に、また左手にふわりと何かが巻き付くのを感じた。若葉はそれを抱きかかえるように、肘から先に右の手を添えてやる。

空になったおやつの袋を名残惜しげにかじっていた猫が、ふっと顔を上げて、耳をそばだてた。ややあって、玄関のチャイムが鳴る。迎えの車がやってきたらしい。父は電話を切り上げて、ソファの背にかけた上着に袖を通しながら、

「おい、誰か一緒に乗ってくか」

とダイニングに向かって声をはりあげた。

「私、自転車で行くから」

そっけなく答えて、若葉は洗面所へ向かった。背後で兄が、「あ、俺乗るわ」と答えるのが聞こえる。歯磨きの前に二人を見送ろうと、若葉は玄関で立ち止まった。もう大学の二年生だというのに、兄は未だにぎりぎりまで家を出ようとしない。鞄をかついで慌ただしく廊下をかけてきたと思うと、注2三和土に飛び降り、靴をつっかけながら振り向きざま、

「お前、あんまり母さん怒らせると蜂の巣にされるぞ。巻き添えはいやだからな」

ひょうひょうとそう言って、父のあとについていった。ドアが閉まる前の一瞬に手を振って、ふと、以前住んでいた家の玄関を思い出す。傷だらけの上がりかまちにボロボロの引き戸。見送る仕草は今も同じなのに、全然別の光景だ。▲

（中略）

少しのんびりし過ぎた、と若葉は慌てて自転車を出した。

住宅街をしばらく走ると、最近開通したばかりの広い街道に出る。ここを十分ばかり行けば、道路沿いに学校のグラウンドが見えてくるのだ。緩い上り坂の向こうに、目がくらみそうに大きな空が広がっている。道の両側にはまだ畑や緑地がそこここに残っていて、五月のこの時期にはまぶしいような緑が広がるのだった。

少し走ったところで、道路の端に、片足をついて止まっている自転車が見えた。振り向いて手を振る娘は、若葉と同じ制服を着ている。

「おはよう！」

はつらつとした声が、朝の空気をふるわせた。安西千夏だ。

「ごめんね、待った？」

若葉が追いつくよりわずかに早いタイミングで、千夏もゆっくりとこぎ始めた。千夏とはいつもこの場所で落ち合う。今日みたいに千夏の方が待っていることもあれば、彼女が横合いの路地から出てくるのを若葉が待つこともある。若葉達の高校は遠方から電車で通う生徒がほとんどだから、自転車通学はあまり多くない。千夏は数少ない自転車仲間なのだ。

「今日、一限から小テストなの、注3古文の」

千夏がちらりと振り向いて言った。クラスも部活も違うから、共通の話題はあまりない。

「忘れてた。うちのクラスも今日だ」

何の準備もしていなかった。部活の練習にかまけて忘れていたのだ。

「私、古文って苦手だな……。あんなの憶えられないよ」

しおれたような若葉の声に、千夏は、

「私、得意なの」

と、きっぱり答えた。彼女は［B］をしない。得意なものは得意だ

「母さん、何やってるの。服が汚れるよ」

パンをほおばりながら、兄がキッチンカウンターの向こう側を覗きこんだ。

「お掃除の人に入ってもらったら、引き出しの中がぐちゃぐちゃになっちゃったのよ。並びを変えられちゃ困るわ」

「気にしなきゃいいじゃないか。自分でやる時間なんかないんだから」

「こういうとこ、人に触られるの嫌なのよ」

ふーん、と兄は気のない返事をした。引き出しの中を勝手に並べ替えられたら自分だっていやだな、と若葉はサンドイッチの切れ端を口の中に押し込みながら思う。自分の性格の厄介なところは全部この人に似ているな、としみじみ感じて、淡い色のスーツを汚してでも片付けをしたがる母が急に疎ましく思えてきた。

ねえ、困ったよねえ、と、左手にまとわりつく微妙な重みをあやすように揺らしながら、目には見えない気配に向かって若葉は呼びかける。人に言えない気持ちを抱えてしまったときには、いつだってこうしてきたのだ。

リビングの話し声がいつのまにか収まっている。やっと電話を切り上げたか、と思ったら、待ち構えていたようにまた呼び出し音がなった。父の口調が、険しい感じに切りかわる。今度は仕事の電話なのだろう。と、話し声に押しかぶせるように、うわあおん！　とギョッとするほど大きな猫の声が響いた。

とたんに、若葉の左手にまとわりついていた気配が、ふっとかき消える。

半開きになっていたドアから、猫がするりと入ってきた。「よう、ルロイ」と兄が呼びかける。部分長毛の、身体のとても大きな猫で、白黒の斑の毛並みがつやつや輝いている。緑色の目がはっとするほど澄んでいて、オスなのに表情がどこか愛らしい。若葉もこの子が大好きだ。なのに、顔を見るたび気が重くなる。

猫はキッチンカウンターの下に歩み寄ると、餌用の深皿を前足で揺すぶりながら、いっそう大きな声で鳴き出した。これまた良く通る声なので、猫のくせに父に似たのではないかと思うくらいだ。と、当の父がつかつかとやってきて

「おい、なにか食い物をやってルロイを黙らせてくれよ。これじゃ電話にならん」

と、早口でささやきかけた。若葉はそっと左手を持ち上げて、感覚を確かめてみる。今はもう、何も感じない。どこか寂しい気持ちのまま立ち上がって、スティック型のおやつを戸棚から取り出すと、封を切り、猫の目の前に差し出した。

「ト、ト、食べな」

猫は途端に鳴きやんで、おやつにむしゃぶりついた。目を細めて一心に食べるその顔を、若葉はつい、別の誰かと比べてしまう。

猫が食べ終えるのを待って、自分の皿をキッチンへ持って行った。引き出しの片付けを終えたのか諦めたのか、母はもう辺りを片付けて手を洗っている。若葉が近づくと声を潜めて、

「ちゃんとルロイって呼ばなきゃ可哀相でしょう」

と、釘を刺した。

（中略）

でも若葉はどうしても、この子を「ルロイ」と呼ぶことが出来なかっ

【国　語】（五〇分）〈満点：一二〇点〉

【注意】 問題文には、原文（原作）の一部を省略したり、文字づかいや送りがなを改めたところがあります。

一 **次の——線部①～⑧のカタカナを漢字で、⑨・⑩の漢字の読みをひらがなで書きなさい。いずれも一画一画をていねいに書くこと。**

校長先生の①**コウワ**を聞き、中学生としての自覚を持った。

君の将来の②**テンボウ**を聞かせてください。

古くなった屋根を③**ホシュウ**する。

世界の平和を④**キキュウ**する。

ヘリコプターで農薬を⑤**サンプ**する。

友人は⑥**リロ**整然と自らの主張を述べた。

しっかり勉強して、入学試験に⑦**ソナ**える。

春から地元の企業（きぎょう）に⑧**ツト**める。

⑨**定石**どおりに計画を進める。

ここ一年のあなたの成長は、⑩**著**しい。

二 **次の文章を読んで、後の問いに答えなさい。**

①だから、の三文字を、いつも若葉（わかば）に言い聞かせる時のように、はっきり三つの音に区切って、父は電話にまくしたて始めた。

「だから、思い出すとつらいって言うんなら、そういうことは忘れちまえばいいんだよ。はじめっからなかったことにするんだ。……え？　そりゃ、そうはいかないときだってあるけどさ、気の持ちようだよ。それくらい上手（うま）くやりなよ、いい年なんだから」

若葉は右手だけ使ってサンドイッチを食べながら、テラスの向こうのリビングで忙（せわ）しなく歩き回っている父の様子を盗（ぬす）み見た。電話の相手はたぶん祖母だろう。何か愚痴（ぐち）っているらしいのは雰囲気（ふんいき）で分かる。父があまり話を聞かずに、むやみに励（はげ）まそうとするのもいつもどおりだ。

[A]されるのって、一体どんな気持ちだろう。

ぼんやり考えるうちに、薄（うす）切りのトマトが零（こぼ）れ落ちそうになったのを、若葉はあわてて口で受けた。左手は動かさない。今はだめだ。

▼父の声は広いテラスを回り込（こ）んで、ダイニングの側まで筒（つつ）抜けになっていた。この家に引っ越（こ）してからというもの、元から大きい声がさらに大きくなった気がする。やたらに広くて部屋数が多いから、声を張り上げなければ届かないのだ。初めのうちはそれが嬉（うれ）しくて、みんなやたらに大声を出したものだった——と昔のことに気を取られたとたん、テーブルの下に隠（かく）したままの左手が、ふいにずっしり重たくなった気がした。

「若葉、左手どうしたの。高校生にもなってみっともない」

キッチンでしゃがみ込んだまま母が言った。もう仕事用のスーツに着替（きが）えているのに、引き出しの中の鍋（なべ）やフライパンを注1癇性（かんしょう）な仕草で並べ替えている。若葉は頑（がん）として左手を動かさずに、なんでもない、とはぐらかした。母がまなじりをつり上げて何か言いかける。と、狙（ねら）いすましたように階段を駆（か）け下りる足音が響（ひび）いて、兄が姿を現した。どうやら寝坊（ねぼう）したらしい。

「朝飯、なんでもいいや。すぐに食えるものない？」

自分でやって、と母はしゃがんだままトーストの袋（ふくろ）を指さした。兄は一枚取り出すと、焼きもせずにハムとバターをたっぷりのせ、半分に折って、立ったままでかぶりつく。

大切なことはメモしておこうネ！

T.G

2021年度

解　答　と　解　説

《2021年度の配点は解答欄に掲載してあります。》

<算数解答> ≪学校からの正答の発表はありません。≫

1 (1) ア 3　(2) イ 35　ウ 18.5　(3) エ 25　(4) オ 円周
カ 直径　(説明)解説参照　(5) キ 30　ク 90　(6) ケ 100.48　コ 50.24

2 (1) 機械A 12万枚　機械B 10万枚　機械C 14万枚　(2) 270万枚
(3) 45日目

3 (1) 解説参照　(2) 511　(3) 解説参照　(4) 解説参照

4 (1) 4分後　(2) 52分後　(3) 27分12秒後　(4) 31：39

5 (1) 156個　(2) 147個　(3) 132個　(4) 21個

○推定配点○

各5点×24(1(4)オ・カ，2(1)各完答)　計120点

<算数解説>

1 (四則計算，差集め算，割合と比，平面図形，図形や点の移動，数の性質，場合の数，論理)

(1) $\square=(1800-84)\div13-2021\times\frac{3}{47}=132-129=3$

やや難 (2) イ…15m間隔ですべての木を植えるとき，最後の木から15m離れた位置からB地点までは119−15＝104(m)足りない。

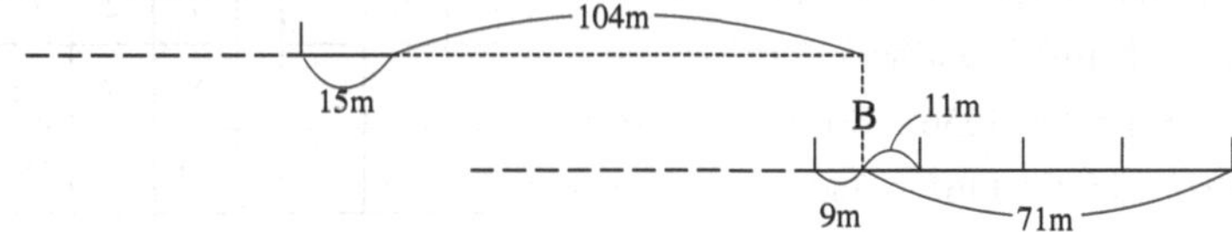

20m間隔ですべての木を植えるとき，最後の木から20m離れた位置はB地点から20×4−9＝71(m)行き過ぎる。したがって，木の本数は(104＋71)÷(20−15)＝35(本)

ウ…イより，AB間の距離は20×35−71＝629(m)　したがって，等間隔で最後の木をB地点に植える間隔は629÷(35−1)＝18.5(m)

重要 (3) 濃度30％の食塩水45gに水を加えて45＋105＝150(g)にすると，濃度は$30\times\frac{45}{150}=9$(％)になる。したがって，右図において色がついた部分の面積は等しく，濃度30％の食塩水を150×(12−9)÷(30−12)＝25(g)

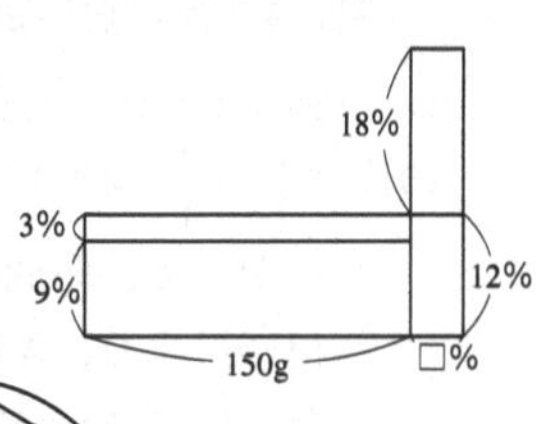

基本 (4) 円周率…オ円周の長さがカ直径の長さの何倍かを表す。

説明…右図において，正六角形の周の長さは直径の1×6÷(1×2)＝3(倍)であり，円周は正六角形の周の長さより長いから。

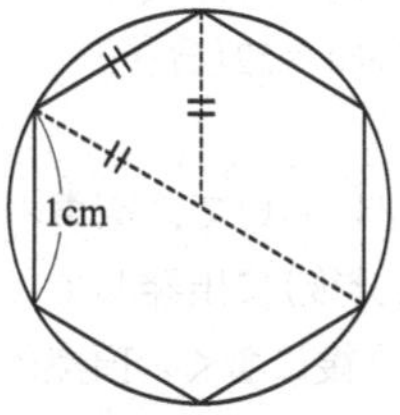

基本 (5) 3の倍数となる回文数…各位の数の和が3の倍数であり，以下のキ30個がある。
1221・1551・1881　2112・2442・2772　3003・3333・3663・3993　4224・4554・4884
5115・5445・5775　6006・6336・6666・6996　7227・7557・7887　8118・8448・8778
9009・9339・9669・9999
11の倍数となる回文数…以下のキ90個がある（1001＝11×7×13）。
1001・1111・1221・～・1991の10個の千の位と一の位が1～9になる数

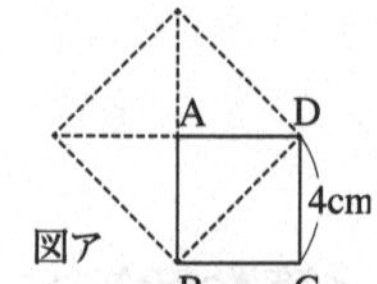

図ア

重要 (6) 円の面積…図アより，半径×半径は4×4×2＝32(cm²)
したがって，円の面積は32×3.14＝100.48(cm²)
辺EFが通過した部分…図イにおいて，部分ケを移動させると，図アより，4×4×3.14÷2＋(32－16)×3.14÷2＝16×3.14＝50.24(cm²)

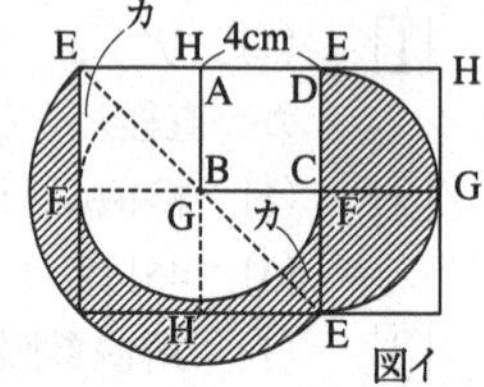

図イ

重要 ② (割合と比，仕事算，消去算，規則性)

(1) 各機械の1日のマスク製作量をA，B，Cで表す…A＋B＝22　B＋C＝24　C＋A＝26　したがって，A＋B＋Cは(22＋24＋26)÷2＝36より，Aは36－24＝12(万枚)，Bは22－12＝10(万枚)，Cは26－12＝14(万枚)

(2) 右表と(1)より，12×2×4＋10×3×3＋14×6＝96＋90＋84＝270(万枚)

A○○×○○×○○×○○×
B○○○×○○○×○○○×
C○×○×○×○×○×○×

(3) (2)より，1000÷270＝3…190　270×4＝1080　したがって，(1)より，36＋22＝58，58＋24＝82であり，12×4－1＝47(日目)の1080から1080－1000＝80減るのは，2日前の47－2＝45(日目)

③ (数の性質，平面図形)

基本 (1) 10＝2＋8…図A

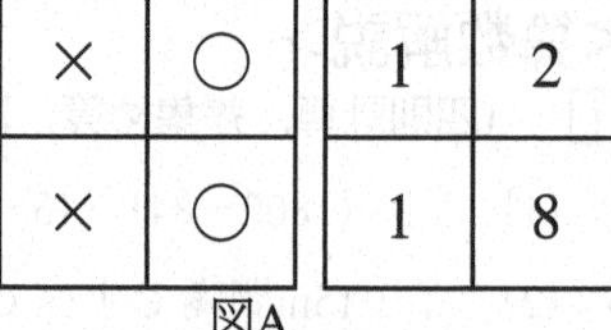

図A

基本 (2) 1＋2＋4＋8＋16＋32＋64＋128＋256＝Sとすると，S×2－Sは512－1＝511

重要 (3) (2)より，511－432＝79＝64＋1＋2＋4＋8
したがって，図Bのように記入される。

(4) (2)より，511×2－{(256＋32)×2＋2＋16＋128}＝1022－(576＋146)＝300＝256＋32＋4＋8　したがって，図Cのように記入される。

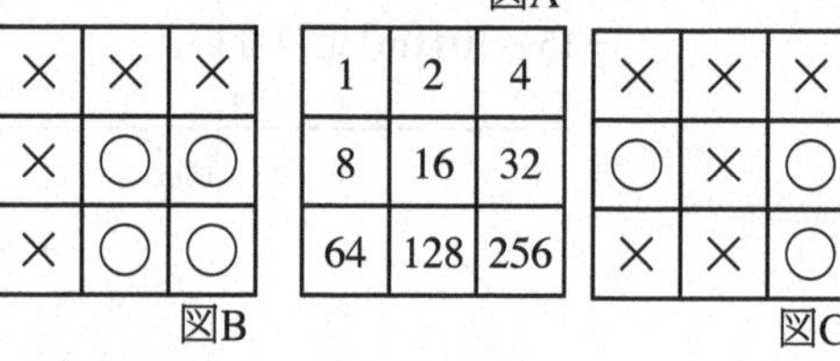

図B　図C

重要 ④ (速さの三公式と比，グラフ，平面図形，相似，単位の換算)

(1) A君と電車の速さの比は1：4，A君が電車に追い越されるまでの時間の比は4：1である。したがって，出発時刻の差が3分のとき，A君は4分後に追い越される。

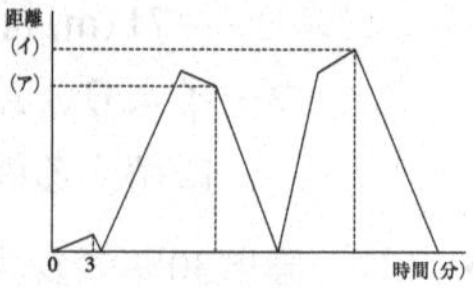

(2) 下図において，A君と電車が進んだ距離の比は1：3，これらの時間の比は$\frac{1}{1}:\frac{3}{4}$＝4：3である。
したがって，時間の差3＋5×2＝13(分)より，A君がQ駅に着いたのは13×4＝52(分後)

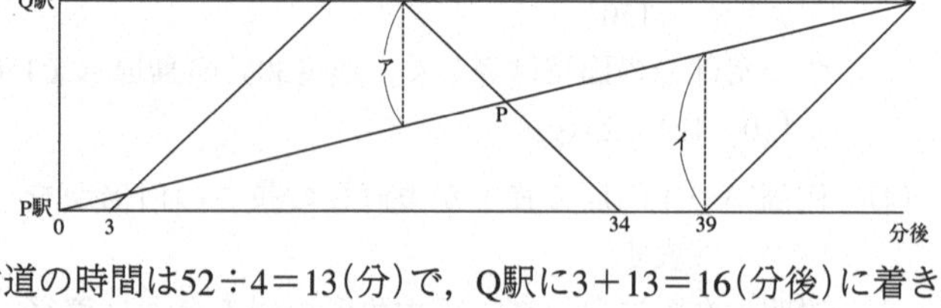

(3) (2)のグラフにおいて，電車の片道の時間は52÷4＝13(分)で，Q駅に3＋13＝16(分後)に着き，16＋5＝21(分後)に出発してP駅に21＋13＝34(分後)に着き，再度，34＋5＝39(分後)に出発してQ駅に52分後に着く。頂点Pを共有する2つの相似な三角形の対応する辺の比は34:31である。

したがって，Pの時刻は21＋(34－21)÷(34＋31)×31＝27.2(分後)すなわち27分12秒後

(4) (2)のグラフにおいて，辺アを含む直角三角形と辺イを含む直角三角形は相似であり，対応する辺の比が31：39である。したがって，(ア)と(イ)の数の比は31：39である。

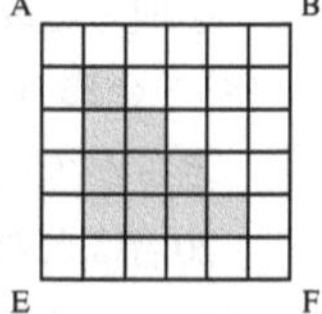

5 (立体図形，平面図形)

基本 (1) 右図より，$\{6\times6-(1+2+3+4)\}\times6=156$(個)

重要 (2) 上から1段目，2段目，～，6段目の図は以下のようになり，$(36-2)\times2+6\times5-2+6\times4-2+6\times3-1+6\times2=68+6\times(5+4+3+2)-5=147$(個)

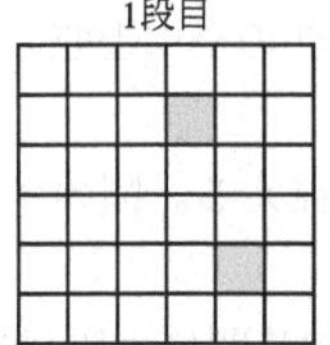

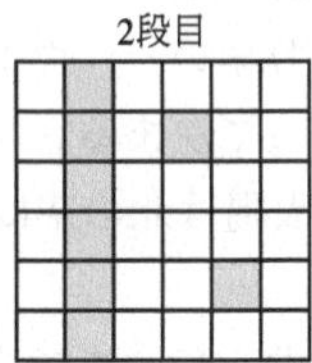

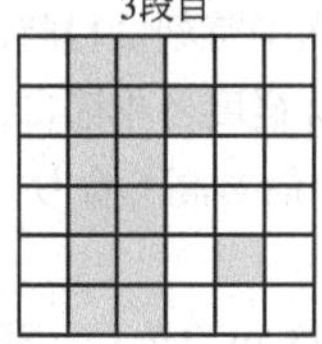

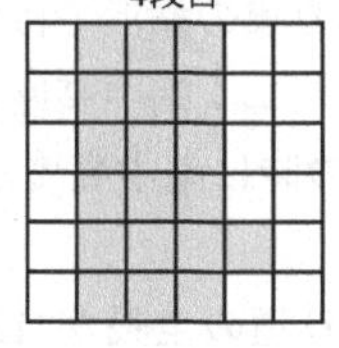

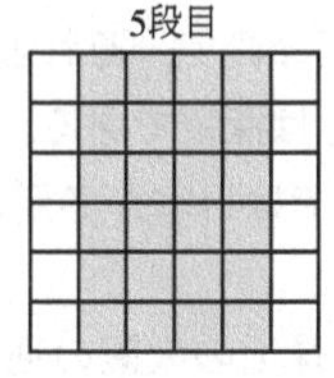

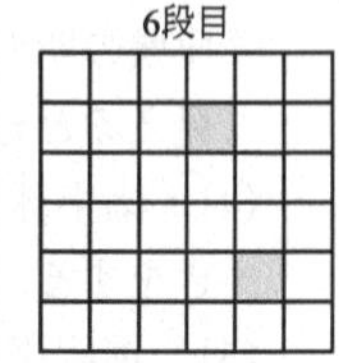

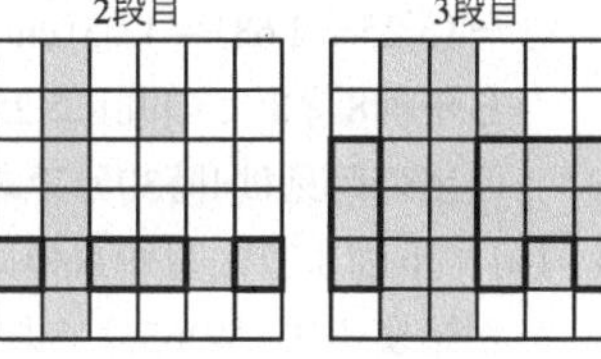

(3) 右図と(2)より，$147-(4\times4-1)=132$(個)

(4) (2)・(3)と下図より，各段の切断される立方体の個数は以下の通りである。

1段目…6個　2段目…4個

3段目…0個　4段目…3個

5段目…2個　6段目…6個

したがって，全部で

$6\times2+4+3+2=21$(個)

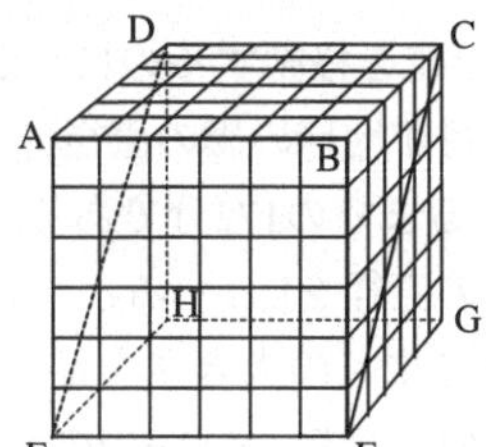

★ワンポイントアドバイス★

1(2)「差集め算」が簡単そうで間違いやすく，4「A君・電車」のグラフに関する問題で差がつきやすいが，難しい問題はない。4はA君と電車のグラフを描いてしまうと計算しやすく，5「立方体」は各段ごとに計算するとよい。

<理科解答> ≪学校からの正答の発表はありません。≫

1 (1) エ　(2) イ　(3) ア　(4) イ　(5) 4時30分　(6) 3.6
(7) クレーター　(8) ウ　(9) 1650

2 (1) 水　(2) 18　(3) キ　(4) 気管　(5) エ　(6) 0.5　(7) ア
(8) D ウ　E イ　(9) エ

3 (1) オ　(2) エ　(3) イ　(4) い 2.40　う 0.5
(5) え 4.38　お 10.80　(6) 0.9　(7) か 400　記号 イ

4 (1) ア　(2) エ　(3) エ　(4) ウ　(5) (名称) プリズム　(向き) ウ
(6) エ　(7) イ　(8) イ

○推定配点○

1 (5)・(9) 各3点×2　他 各2点×7　2 各2点×10

3 (6)・(7)か 各3点×2　他 各2点×8　4 各2点×9　計80点

<理科解説>

1 (太陽と月ー太陽の動き)

(1) 地球の誕生から現在までの時間が46億年で，文明が築かれてから今日まで約1万年なので，比を取って4600000000：10000＝365×24×60(分)：□(分)　□＝1.09≒1分になる。

(2) 金環食は太陽の光が月の回りに環のようになって見える日食のことである。月の見かけの大きさが太陽より小さいので，隠し切れずに周りの光が見える。月ができたころの大きさは現在の20倍ほどだったので，完全に太陽を覆い金環食は観測されなかった。

重要 (3) ア：関西地方は関東地方より西にあるので，日の出の時刻は遅い。　イ：日本の標準時は兵庫県の明石なので，それより東の横浜では南中時刻は12時より早い。　ウ：西の空に上弦の月が見えるときは深夜である。　エ：南中高度は経度と季節によって決まる。

(4) 南半球では日本が冬至の時に南中高度が最も高くなり，太陽は北の空に見える。図のイの動きをする。

(5) 透明半球上の太陽の通り道の全長が21.43cmであり，8時から17時までの9時間に太陽は21.43－(5.25＋2.68)＝13.5(cm)移動するので，1時間当たりでは13.5÷9＝1.5(cm)移動する。日の出から午前8時までの間に5.25cm移動するので，この間にかかった時間は5.25÷1.5＝3.5(時間)で，日の出の時刻は4時30分であった。

やや難 (6) 下図より，月が月の直径分の距離を移動するのにかかる時間は月が欠け始めてから皆既月食が始まるまでの65分である。また月が地球の影の直径分の距離を移動するのにかかる時間は，月が欠け始めてから皆既月食が終わるまでの172分である。移動した距離とかかった時間は比例するので，月の直径をℓ，地球の影の直径をLとすると，ℓ：L＝65：127≒1：2.64となる。実際の地球の大きさは，地球の影の大きさに月の大きさを足した分なのでℓ＋Lとなる。よって月と地球の大きさは1：(1＋2.64)＝1：3.64となり，約3.6倍の大きさである。

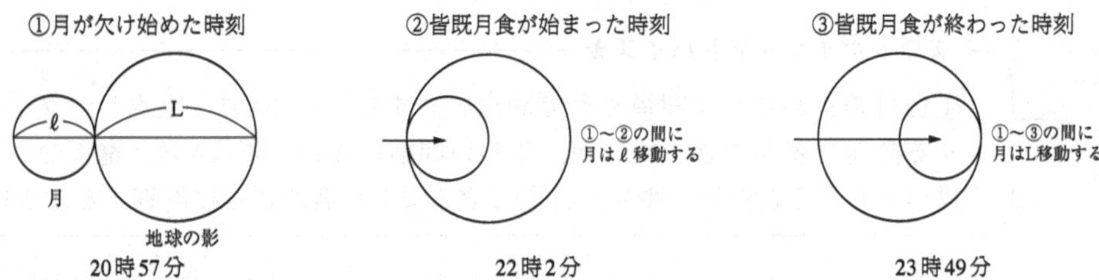

(7) 月の表面のすり鉢状の地形をクレーターと呼ぶ。

(8) ウと横浜は経度が同じで，この2地点を通る円は地球の両極を通過する円となる。2地点間の緯度の差が2°で，この間の距離が220kmなので，地球の大きさを□kmとすると，2：360＝220：□　□＝39600kmとなる。

(9) 24時間で39600kmを移動するので，時速は39600÷24＝1650(km)である。

2 (動物のなかまー呼吸)

基本 (1) 植物は二酸化炭素と水から太陽のエネルギーを用いて有機物と酸素をつくり出す。これを光合成という。

(2) 1回の呼吸で空気から21－16＝5(％)の酸素を取り入れる。4秒で1回呼吸し，400mLの空気を取り入れるので，1秒当たりに酸素を取り入れる量は400×0.05÷4＝5(mL)。1時間では5×60×60＝18000(mL)＝18(L)である。

基本 (3) カエルは皮膚呼吸もするが，主に肺呼吸である。アサリはえら呼吸，ミミズが肺呼吸である。

基本 (4) 昆虫は体の横にある気管と呼ばれる穴から空気を取り入れて呼吸をする。

(5) 魚のえらには毛細血管が通っており，口から取り入れた水がえらを通るとき水の中に含まれる酸素が吸収される。

(6) $1m^2$の面積は$10000cm^2$に相当するので，体重1kgあたりに必要な面積が$1.2m^2$であるとき，1gあたりでは$12cm^2$の面積が必要になる。表1より，辺の長さと1gあたりの表面積が反比例することがわかるので，1gあたりの表面積が$12cm^2$のときの辺の長さは1÷2＝0.5(cm)である。

基本 (7) 人の体内で酸素を運ぶのは，赤血球に含まれるヘモグロビンである。

(8) 母親の体内では酸素を胎児に渡すので，酸素と結びついたヘモグロビンの割合が低下しDのグラフとなる。逆に胎児の血液中では酸素を受け取り，酸素と結びついたヘモグロビンの割合が多くなるためEのグラフとなる。

(9) へその緒の中の血液は胎児の血液であり，母親の血液は混ざっていない。そのため母親と胎児の血液型が違っても血液が凝固することがない。

3 (気体の性質―気体の発生と性質・量的関係)

基本 (1) 多くの金属は水酸化ナトリウム水溶液と反応しないが，アルミニウムや亜鉛は反応して水素を発生する。

重要 (2) 気体Aは水素，Bは酸素，Cは二酸化炭素，Dはアンモニア，Eは塩化水素である。アは二酸化炭素の性質，イの水上置換で集める気体は水素と酸素，ウは酸素，エは水素，オは酸性の気体の二酸化炭素と塩化水素の性質である。どちらにも当てはらまないのはエの記述である。

基本 (3) アンモニア水はアルカリ性で，BTB溶液はアルカリ性で青色を示す。

重要 (4) 結果①よりAと Bは体積比1：1でちょうど反応する。いでは水素と酸素が3：2の比であり，ちょうど反応するときより酸素が多い。そのため水素がすべて反応する。結果①の1.5倍の水素が反応するので，発生する液体Xは1.60×1.5＝2.4(g)である。結果④では5.0Lの水素とちょうど反応する酸素が2.5Lなので，反応しないで残る酸素は0.5Lである。

(5) BTB溶液が緑色になったところで，塩酸と水酸化ナトリウム水溶液がちょうど反応する。えではBTB溶液の色が黄色で酸性を示すので，塩酸が反応せずに残り，加えた水酸化ナトリウムはすべて反応した。5.00gの水酸化ナトリウム水溶液から固体が7.30g生じるので，3.00gからは5.00：7.30＝3.00：□　□＝4.38(g)生じる。おではBTB溶液が青色なのでアルカリ性であり，塩酸はすべて反応するが水酸化ナトリウムは残る。このとき反応で生じた物質の重さは7.30gであり，未反応の水酸化ナトリウムは8.50－5.00＝3.50(g)である。これも水が蒸発すると固体として出てくるので，残った固体の重さは7.30＋3.50＝10.8(g)である。

(6) 3Lの塩酸とちょうど反応する水酸化ナトリウムが5.00gなので，6.50gでは，3.0：5.00＝□：6.50　□＝3.9　よって，あと塩酸を3.9－3.0＝0.9(L)溶かせばよい。

やや難 (7) 0.10gのアルミニウムがすべて反応して80mLの気体Aが発生したのなら，240mLの気体Aが発生するにはアルミニウムは3倍の0.30g以上必要である。しかし，加えたアルミニウムは0.20gである。よって0.10gのアルミニウムは一部が反応せずに残ったことがわかる。逆に溶液Y50mLがすべて反応したなら，気体A240mLが発生するとき溶液Yは150mL以上あればよい。それで1番目の組み合わせでは50mLの溶液Yがすべて反応した。2番目の組み合わせでは，溶液Yが必要量(150mL)より多く，0.20gのアルミニウムがすべて反応している。つまり，溶液Y150mLとアルミニウム0.20gが過不足なく反応し，気体A240mLが発生する。3番目の組み合わせでは，アルミニウム0.40gと溶液Y 300mLが過不足なく反応するが溶液Yは250ｍＬしかないので，アルミニウムの一部が反応せずに残る。250mLの溶液Yから発生する気体Aは，150：240＝250：□　□＝400mLである。

4 (光や音の性質―光の性質)

(1) 水槽を横から見ると，金魚からの直接の光とともに水面で全反射された光が目に達するので，水面に浮かんで上下逆向きの金魚の姿が見える。

重要 (2)　水中からやってくる光は水面で屈折して目に達する。しかし観察者には光がまっすぐやってくるように見えるので，ストローは折れ曲がり，コインは実際より浅い場所にあるように見える。

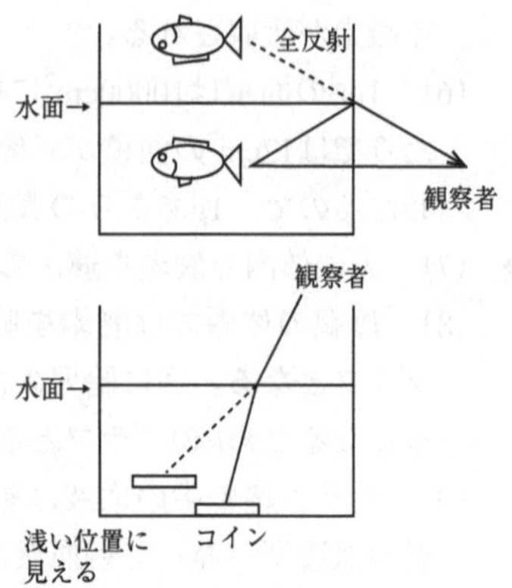

(3)　図1より，光がガラスに入ると屈折する。紫色の光の方が赤色より大きく曲がっていることが図からわかる。また，ガラスから出るときも紫色の光の方がより大きく屈折する。

(4)　虹の七色の順に赤色から紫色にかけて屈折する角度が大きくなる。色の順番は，赤―黄－緑－青―紫の順である。

基本 (5)　器具Aに名前はプリズム。凸レンズに対してプリズムを対称な位置に置くと，分かれた光が再び一つにまとまる。

(6)　水滴に入った光は紫が赤より屈折する角度が大きく，出るときも紫が大きい。

(7)　虹は光が斜めにやってくるときに見える。太陽の高度が50°以上になると虹はできない。南中高度の高い夏の正午頃には虹は見えない。

(8)　逆さ虹は，太陽より上の空に氷を含む雲があるときに生じる。虹の形は太陽を中心とした円を描くのではなく，太陽が虹の円の外側にある。紫が最も屈折するのでイのように一番曲がって見える。

★ワンポイントアドバイス★

計算問題にやや難しい問題がある。時間配分を考えて，解ける問題から確実に得点するようにしたい。

＜社会解答＞ ≪学校からの正答の発表はありません。≫

1　問1　ア　問2　ウ　問3　イ　問4　エ　問5　ア　問6　ウ　問7　ア
問8　ウ　問9　ウ　問10　エ　問11　イ・ウ・エ　問12　エ　問13　エ
問14　イ　問15　イ・ウ　問16　イ　問17　エ　問18　イ　問19　ア
問20　イ・ウ　問21　イ

2　問1　ウ　問2　イ　問3　(例)　室町時代には寺社などが通行税をとる役割があったので，織田信長は物流の活性化のためにこれを廃止した。江戸時代には江戸の警備と警察という役割があったので，幕府が塀や門を備えた施設を設けて，人馬や荷物などの検査を実施した。(108字)

○推定配点○

1　各3点×21(問11・問15・問20各完答)　2　問1・問2　各3点×2　問3　11点
計80点

＜社会解説＞

1　(総合―「ヒト」「モノ」「カネ」の移動の変化に関する問題)

問1　相続税とは，財産を受け継いだ人に課される税金であり，亡くなった人が持っていた財産から葬式の費用や非課税のものなどを差し引いた残金にかけられる。このような相続税の目的の1つが「富の再配分」によって，特定の人に財産が集中することを防ごうとするものである。かつての日本では，特定の貴族や武家などに富が集中し，貧しい人たちはどんなに働いても貧困から抜け出すことができない状況にあった。このような現状を改めて，経済的な貧富の差を縮める効果のある政策の1つが，「富の再配分」の機能がある相続税の税率を上げることである。　イ　所得税率は所得が多い人ほど税率が高くなる累進課税が採用されているので，高額納税者の税率を下げると所得の多い人を優遇することになり，貧富の差は広がる。　ウ　消費税はそれを買った人は皆同じ金額の税金を負担することになるので，所得の少ない人ほど税負担感が高くなる。そのため生活必需品の消費税率を上げると，所得の少ない人の負担が増えるので貧富の差を縮めることにはならない。　エ　法人税は人ではなく会社などの所得にかけられるので，貧富の差を縮める効果のある政策とは直接関係はない。

重要　問2　［図1］Bの地区は，人口分布が「中」から「多」となっている部分が多くなっている。また病院については一般の「病院」が多いが，「中核病院」はない。このことからこの地区は住宅地であると考えられ，一般の病院はそれなりにあるので，通常の医療サービスに困ることはない。ただし「中核病院」がないことから重症者が出た場合，「中核病院」のある地区まで搬送する必要があり，そのような場合には受け入れ可能な病院に行くまでの時間がかかることが予想される。そのような説明にあたるのは，文「ウ」である。　ア 「工場地帯が広がっており，人口規模が少ない地区」であることから，沿岸部で人口規模が少ない地区Dである。　イ 「市の中心部であり，高度な医療が提供できる」ことから，人口規模が多く，「中核病院」がある地区Cである。エ 「農地が広がり，人口規模が少なく，周囲に病院も少ない」ことから，〔図1〕中の4つの地区でもっとも内陸にある地区Aである。

問3　［図2］：グラフEは自動車と船舶による輸送がそれぞれ全体の約半数を占めていることから，国内移動における貨物の輸送に占める割合を示したものである。したがって，グラフFは旅客の輸送に占める割合を示したものである。　［図3］：グラフGは1960年から1990年にかけて大きくその輸送量を拡大したが，近年は1990年に比べるとやや輸送量の割合が減少しているので，自動車の貨物輸送量の変化を示したものである。自動車による貨物輸送は，1960年代からの国内の道路網の整備と1970年代後半に宅配便の開始などにより拡大した。しかし近年はトラック輸送などの運転手不足により輸送の需要に応じることが困難になり，その輸送量は伸び悩んでいる。他方，鉄道の貨物輸送量の変化(グラフH)は，トラックによる貨物輸送の拡大により1970年代以降に輸送量が減少していったが，近年の深刻な運転手不足やエネルギー効率の良さから鉄道貨物の輸送が見直されており，減少の割合は小さくなっている。

基本　問4　法律案は，国会の衆議院と参議院の両院で決議されることで法律として成立する。国会で成立した法律は，内閣総理大臣ではなく天皇によって国民に公布される。

問5　疎開とは，日本では太平洋戦争末期に攻撃目標となりやすい都市に住む児童，女性，老人，あるいは都市にある産業などを地方に避難させた政策である。当時の小学校の児童に対して政府は親戚を頼った「縁故者への疎開」を奨めたが，学校ごとの「集団疎開」も行われた。したがって，アを正しくすると，「都市の小学生は，空襲の被害を避けるために地方へ集団疎開させられた」となる。

問6　現在の自動車生産台数の順位は，中国(図4のK)，アメリカ合衆国(図4のJ)，日本(図4のI)，である。中国は2009年以降，自動車生産台数で世界一である。その理由は中国では国民の収入が増えたことで自動車の需要が増え，また先進国のメーカーが中国に製造拠点を設けたことによる生産台数の増加，さらに現地メーカーによる生産も拡大したことなどがある。アメリカ合衆国では1990年代に生産台数が1000万台を超え，2000年代に一時1000万台を下ったが，現在では再び，1000万台を超えている。日本は1980年代に生産台数が1000万台を超えて1990年代半ばまで世界一の水準にあったが，2000年代以降はほぼ1000万台を維持する状態になっている。

問7　幕末の貿易は1859年から横浜，長崎・函館の3港で始まったが，輸入額では横浜が，貿易相手国ではイギリスが圧倒的に多かった。日本からの輸出品は生糸が約80%であり，次いで茶・海産物などの食料品や半製品が多かった。輸出の中心となった生糸は，それまで国内で必要とされる量しか生産されていなかったため，輸出が急に増えたことで，国内での生糸が不足するようになり，そのため値段が大幅に上がった。したがってアは「輸出品の中心だった繭」ではなく，「輸出品の中心だった生糸」となる。

重要　問8　ホットコーヒー1杯あたりの人件費・家賃・光熱費などの費用は，ホットコーヒーを売っている喫茶店に関する費用である。そのためその店の商品であるホットコーヒー自体に直接影響するものではないので，ホットコーヒーの「SサイズとLサイズで比較してもあまり変わらない」ということになる。　ア　Sサイズが1杯240mlでLサイズは480mlなので，LサイズはSサイズの2倍あることになる。価格はSサイズが1杯280円なので，普通ならSサイズの2倍あるLサイズの価格はSサイズの2倍である560円となる。しかし実際はLサイズの価格は380円なので，180円安い設定になっている。したがって，「Lサイズの方がSサイズより割安感がある」ことになる。　イ　LサイズはSサイズの2倍の量があるので，普通はLサイズ1杯あたりの原料にかかる費用はSサイズの2倍かかることになる。したがって，「Lサイズの方がSサイズより多い」ということになる。

エ　例えば，1杯あたりの原料の費用が100円，1杯あたりの人件費・家賃・光熱費などの費用が50円と仮定すると，Sサイズ1杯のこれらの費用は150円，Lサイズの費用は250円となる。そのためSサイズ1杯の利益は130円(280－150)，Lサイズ1杯の利益は130円(380－250)である。したがって，利益が1杯の価格に占める割合はSサイズが約46.4%，Lサイズが約34.2%となるので，「Lサイズの方がSサイズより少ない」ということになる。

問9　韓国から日本への旅行客の特色として，20歳代までの若年層が多いこと，短期間の滞在者が多いことがある。そのため訪問地としては東京都をはじめとした関東や大阪府を中心とした近畿地方への訪問者が多く，近年は北海道や沖縄などを訪問する観光客もいる。他方，九州については関東や近畿と比べて訪問者が多いわけではないが，韓国から地理的に近いこともあり，短期滞在の訪問には適しているので，外国人旅行客の中で韓国人の割合は高くなる。これらのことから，[図5]中のLは近畿，Mは北海道，Nは九州となる。

問10　日本におけるニュータウンは，1950年代から1980年代までに東京都市圏や大阪都市圏の郊外を中心に新設の鉄道駅周辺や既存の鉄道駅から離れた郊外に造られた，計画的に建設された新都市であり，東京の多摩，大阪の千里，横浜の港北などがその代表である。他方，バブル経済の崩壊により地価が下落したのは，1990年代以降のことである。したがって，バブル経済の崩壊により地価が下落したことで，ニュータウンの建設が相次ぐことはない。またニュータウンは郊外に建設されるので，その建設によって郊外への人口流出が終息することはない。

重要　問11　日本の女性と男性間の働く環境における差には，勤続年数要因，賃金格差，管理職要因の3つがある。勤続年数要因とは，就職後に各人がどのくらいの年月勤めたのかということであるが，この点を他国と比べるには，イの各国の男女別の年齢別労働力率のデータから各年齢層で男女がどの程度の割合で働いているのかを比べることで明らかにできる。賃金格差については，ウの各国の男性の賃金を100としたときの女性の賃金のデータから女性の賃金の数値を他国の女性の賃金の数値と比べることでわかる。管理職要因に関しては，エの各国の企業における管理職に占める女性の割合のデータからの数値を他国を比べることで，その状況を確認することができる。

ア　各国の男女別の第三次産業への就業率のデータからは第三次産業において男女がどの程度働いているのかはわかるが，女性と男性間の働く環境における差を明らかにすることはできない。

重要 問12　扇状地は山地を流れる川が運んできた砂や小石などが，川が山地から平野・盆地になる場所で扇状に堆積した地形である。他方，〔図6〕の江戸城周辺，名古屋城周辺，大阪(大坂)城周辺はいずれも海から比較的近い場所にあり，このような海から近い場所に扇状地が広がっていることはない。

問13　日本の年間の労働時間は1995年の1900時間から2014年には1700時間余りに徐々に減少しているが，有給休暇や育児休暇の取得率は諸外国に比べて低い水準になっている。その理由は「みんなに迷惑がかかるから」，「後で忙しくなるから」，「職場の雰囲気で取得しづらい」などのことがある。その中で「みんなに迷惑がかかるから」という理由が圧倒的に多く，周囲への迷惑を考える日本人独特の横並びの意識があるとされる。　ア　日本は少子高齢化による労働力人口の減少が懸念されているが，失業率が諸外国と比較して高い水準にあることはない。　イ　派遣労働者と同様に契約社員も非正規雇用の労働者である。賃金格差が問題となっているのは，非正規雇用の労働者と正社員などの正規雇用の労働者との間である。　ウ　フレックスタイム制とは一定の時間ではなく，企業の時間帯の中で勤務時間を自分の都合で自由に変更できることで，労働時間に応じて賃金を支払うことではない。

問14　コンビニエンスストアの集客圏がとても狭いことは確かであるが，店舗どうしが近接していると客の奪い合いが生じることがあり，そのことによっていずれの店舗も十分な売り上げを確保することができず，共倒れになることもある。　ア　大きな道路に面した場所の場合は車での来店を想定しているので，入店しやすくするために車線沿いの両側に出店することがある。　ウ　一軒ごとのコンビニエンスストアの店舗面積は決して広いわけではないので，在庫を抱えることができないため，なるべく店舗を近くに置くことで商品の配送の効率性を高める必要がある。
エ　集中して出店することでそのコンビニエンスストアの知名度を上げ，その地域での売り上げをなるべく多くしようとする戦略である。

重要 問15　イ　多くの支流を1カ所で合流させると，豪雨時にはそれらの支流の水が合流させた1カ所に集中させることになり，合流場所の水位が一気に上昇して河川から水があふれて洪水を引き起こしやすくなるので，洪水被害を減らすための取り組みとしては適切ではない。　ウ　市街地全域をコンクリート化すると，豪雨時に降った雨水のほとんど全てが地下にしみ込むことなく，一気に排水溝に流れ込むことになる。そのため排水溝の容量を超え，排水溝から水があふれ出すことで洪水を引き起こすことになるため，市街地全域をコンクリート化することは洪水被害を減らすための取り組みとしては適切とはいなない。　ア　川幅を広げたり，川底を掘り下げたりすることは，河川の流水量を増やすことになり，洪水被害を減らすことになる。　エ　河川が蛇行していると，その蛇行箇所から河川の氾濫が起こりやすいので，河川を直線に付け替えることで蛇行をなくすことは，洪水被害を減らすことにつながる。　オ　一時的に水をためる遊水地を設置することは，豪雨時に河川の下流への流量を一時的にでも小さくすることで，洪水になることを防ごうとするものである。　カ　ハザードマップの作成は大規模な構造物の建築などを伴う洪水の「ハード対策」に対して，洪水予測などとともに「シフト対策」と呼ばれる方法である。

基本 問16　関東大震災が発生したのは1923年，第一次世界大戦は1914～1918年のことである。したがって，第一次世界大戦は関東大震災よりも前の出来事であり，関東大震災で経済が打撃を受けた後，第一次世界大戦が起きたということはない。

問17　インターネット上の情報は，政府などの行政機関の他に民間の企業や団体，個人も発信することができる。そのため政府などの行政機関のみの議論だけでなく，多方面からの多様な意見に触れることができるので，多様な議論の可能性を広げることができ，せばめてしまうことはない。

基本 問18　プライバシーの権利とは，私生活をみだらに公開されず，他人にわずらわされることなく幸福を追求する権利のことである。この権利は，個人に関する情報を個人が管理する権利として主張されるようになったものである。したがって，感染症の陽性者との接触の可能性をデータ履歴から検知してアプリで連絡することは，送信ミスなどにより無関係な人にデータを送ってしまうことになる。そのような事態はその人の私生活の一部を許可なく他人に公開することになるので，十分に注意する必要がある。　ア　特定の業種の飲食店について，営業時間を短くしたり座席数を減らしたりすることを行政が各店舗に要請することは，経済活動の自由の制限にあたる。
ウ　指定された医療機関に2週間ほど滞在させて経過を監察することは，身体の自由の制限にあたる。　エ　政府がマスクを生産・配布したり，民間業者の不当な買い占めと転売を規制したりすることは，経済活動の自由の制限にあたる。

問19　2019年に多くのPM2.5が排出されていたのは赤道付近を中心ではなく，中国やインドなどを中心とした北半球の地域である。

基本　問20　イ「投票しなかった人に罰金を科す」ようにすると，事実上，投票が義務化されることになる。そのような措置は投票率の上昇をもたらす効果はあるが，他方，投票する意欲に欠ける有権者が罰金を恐れて，罰金を取られないようにするためだけに投票する事態も考えられる。そのような有権者は政策についてよく考えず，また候補者のことも十分に知らずに，単に知名度の高い候補者や政党へ投票してしまうということが起こりうる。そのような事態はたとえ投票率が上昇したとしても，よい政治が行われることを意味するものではない。　ウ　日本国憲法の第15条では投票は権利であることが明記されており，義務とはされていない。また権利とは，ある物事を自分の意志によって行ったり，他人に要求することができる能力や資格のことで，その中には自らの意志である行為を行わないという選択も含まれる。したがって投票に関しても投票する行為と同様に，投票しないことも個人の政治に対する姿勢として認められるべきということになる。
ア　選挙の秘密とは，各有権者が誰に投票したのかを他人に知られないことであり，有権者の投票の有無を調べることではない。　エ　すべての世代で投票率が上がると，人口が多い特定の年代の人々の意見が政治に反映されやすくなるのは事実である。しかしそのことはその国や社会の実情であり，むしろその実情をきちんと反映することになるので，そのことで公平性が保たれなくなることはない。

問21　ふるさと納税の返礼品としての特産物が全国に知られることで，その特産物の知名度が上がり，そのことによってその特産物の生産が増え，その地方の特産物の生産に携わっている産業を活性化することに繋がっている。また地産地消は，地域で生産された農林水産物をその生産された地域で消費するものであるが，それは特産物を対象としたものではない。したがって，特産物が返礼品として全国に無料でアピールされることで，生産物の地産地消が妨げられ，地方の経済に打撃を与えていることはない。

2　(日本の歴史―移動の自由への制約に関する問題)

基本　問1　大輪田泊は現在の神戸港の一部で，平清盛が宋(960～1276年)との貿易のために修築を行って，日宋貿易の拠点となった。なお，アの隋は581～618年，イの唐は618～907年，エの元は1271～1368年に存在した王朝なので，いずれも12世紀(1101～1200年)のことではない。

問2　東大寺が建てられた奈良時代は疫病や反乱によって国が乱れることも多かったので，朝廷は仏教の力で国を守ろうとする鎮護国家の考えによって仏教を保護し，そのために平城京に次々と大寺院が建設された。特に聖武天皇は国ごとに国分寺・国分尼寺の建てることを命じ，都には総国分寺としての東大寺を建立した。　ア　古墳に代わって豪族が寺院を建てたのは，飛鳥時代(592～710年)のことである。　ウ　密教が日本に入ってきたのは，平安時代(794～1185年)ことである。
エ　東大寺が幕府から弾圧されたことはない。

やや難 問3　室町時代の関所(資料A)は朝廷，武家政権，有力寺社などの勢力が独自に関所を設置して通行税を徴収するという，経済的な役割が中心であった。この時代には京都に入る七つの街道に関所が設置され，そこに入るにはいずれかの関所を通らざる得ない状態であった。この時代の関所は交通における最大の障害であったが，関所を設置した勢力は通行税を納めた通行者に対する安全を保障する義務を負っていた。戦国時代になって各地の戦国大名が領国の支配を強化すると，領国内での商工業の発展を促すために様々な勢力が関所を設置することは否定されるようになった。そのような政策に力を入れたのが織田信長であり，彼は物流を活性化させるために関所の廃止を徹底した。他方，江戸時代の関所(資料B)は江戸幕府が，江戸の警備と警察のために本街道の要所に設けた，政治・軍事上の役割が中心であった。その代表的な関所は東海道の箱根，中山道の碓氷峠，甲州街道の小仏などで，塀や門を備えた施設を整え(図2)，旅人の通行手形や荷物など取り調べ，時には身体検査(図3)も実施した。とりわけ，入鉄砲(江戸への武器の持ち込み)と出女(人質として江戸に住まわせた大名の妻子の逃亡)は厳しく取り締まられた。関所の検査を十分に受けないで通過したり，関所を避けて間道を通ったりすることは，「関所破り」として厳罰に処された。

★ワンポイントアドバイス★

第1問は全てが記号選択の形式であるが，4文選択問題の他に図版・グラフ・地図を使用した読み取り問題となっているので落ち着いて取り組むようにしよう。第2問の長文の説明問題は論理的に文章を組み立てるようにしよう。

<国語解答>

≪学校からの正答の発表はありません。≫

一　① 講話　② 展望　③ 補修　④ 希求　⑤ 散布[撒布]　⑥ 理路
⑦ 備　⑧ 勤　⑨ じょうせき　⑩ いちじる

二　問一 ウ　問二 なかったことに　問三 ウ　問四 エ　問五 (例) 謙遜
問六 C エ　D ア　問七 (例1) 二匹の猫を別の名前で呼ぶことは，それぞれの存在を認めることであること。(35字)　(例2) ものを別々の名前で呼ぶことは，一つ一つの存在を尊重することであること。(35字)　問八 イ　問九 ア

三　問一 エ　問二 イ　問三 ウ　問四 ア　問五 エ
問六 (例1) 小説家になるきっかけになった(14字)　(例2)小説の世界に結びついている(13字)　問七 ウ(→)イ(→)オ(→)ア(→)エ　問八 (例)謎を簡単に解決せず，謎を通して小説について深く考えたいから。(30字)　問九 ウ

○推定配点○

一　各3点×10　二　問二・問五　6点×2　問七　10点　他　各3点×7
三　問七　9点　問六・問八　各10点×2　他　各3点×6　計120点

<国語解説>

一　(漢字の読み書き)

① 「講話」は，講義して説き聞かすこと。　② 「展望」は，見通し，という意味。　③ 「補修」は，補いつくろうこと。　④ 「希求」は，願いもとめること。　⑤ 「散布」は，ふりまくこと。　⑥ 「理路」は，物事や話のすじみち。　⑦ 同訓異字「そな(える)」は，「雨に備える行動」

「仏前に花を供える」のように使い分ける。 ⑧ 同訓異字「つと(める)」は，「会社に勤める」「司会を務める」「問題の解決に努める」のように使い分ける。 ⑨ 「定石」は，物事を処理する時のきまった仕方のこと。 ⑩「著しい」は，はっきりとわかる，という意味。

二 **(小説—係り受け，空欄補充，内容理解，心情理解，主題)**

問一 「三文字を——区切って」というつながり。

問二 父が電話で，祖母に何を言っているのかに注目。

問三 兄は，「母さん，何やってるの，服が汚れるよ」「気にしなきゃいいじゃないか」などと家族を気遣う言葉を言ったあとに，「ふーん」と「気のない返事」をしたり，出かける直前になって若葉に「お前，あんまり母さんを怒らせると……」といったアドバイスをしたりと，他の家族と一定の距離を保ちつつ，自然体でコミュニケーションをとっている。

問四 「自分の性格の厄介なところは全部この人(＝母)に似ているな，としみじみ感じて，淡い色のスーツを汚してでも片付けをしたがる母が急に疎ましく思えてきた」という複雑な若葉の気持ちに注目する。

問五 直後の「得意なものは得意だとハッキリ言う」に合う言葉を考える。

問六 C エの「おずおず」は，おびえたり自信がなかったりしてためらう様子。

D 直後の文の「千夏は次々に色に命を吹き込んでいくのだ」に合うものを選ぶ。

やや難 問七 直前の「名前を呼ばないと，その色はないのと同じになっちゃう」「名前を憶えて，ちゃんと呼んであげるの。他の色と一緒にされたりしないように」という千夏の言葉から，若葉は，「ルロイ」「トト」という二匹の猫を別の名前で呼ぶことは，それぞれの存在を認めることであることだと気づいたのである。

問八 「二度と帰ってこないはずだった愛おしいものと，泣きに泣いて必死でお別れしようとしていた」若葉に対しての，父の「ルロイは死んでいない」と言う言葉は残酷なものといえる。

重要 問九 今は経済的に豊かで「やたらに広くて部屋数が多い」家に暮らしているが，若葉と母とのやりとりはうまくいっておらず，父は若葉の気持ちを勝手に判断して，二匹目の猫を連れてくるなど，それぞれの関係性にすれ違いが生じている。

三 **(論説文—内容理解，空欄補充，文の整序，要旨)**

問一 直前に「哲学の問いは，『前に進め』という声から自由な者だけに許されている」に注目して，これに合うものを選ぶ。

問二 直後に「問いの答えが何であるかと，そもそも自分が問うている問いの意味は何かを，同時に手探りしていかなければならない」とある。この内容がイに合致する。

問三 Aを含む段落全体の内容に注目。哲学をするのは，「自分がいまとっている視点にこだわるのではなく，自由にさまざまな視点からものごとをとらえなくてはなら」ず，そのような「フットワーク」がなければならないと述べられている。これに合うものを選ぶ。

問四 「さほど刺激的ではないのだが，鼻の奥まで届」く，「おならにそっくりなにおい」であることをふまえて考える。

問五 当時の筆者にとって「先生」は，学校に行けば会える，あくまで自分にとっての「先生」であり，「働いている大人」という認識はなかったということ。

重要 問六 前の段落に「小学校時代に見たあの製紙工場の煙」が，筆者が小説家になった「きっかけの一つだったのかもしれない」とあることに注目。

問七 ア～エの文の接続語や指示語に注意して，順番を考える。イの「そう言っている」の「そう」は，ウの「王子製紙の工場がさあ」を指している。

やや難 問八 前の段落の「僕が生まれて初めて思い描いた『働く大人』は，いったいどこの誰だったのか。

僕はいったい誰に，何に，（小説家になる）きっかけをもらったのか」に注目。筆者は，謎を簡単に解決せず，謎を通して小説について深く考えたいのである。

問九　〔文章1〕に「働いたことがない人には労働のなんたるかはとらえられない」とある。また，〔文章2〕では，働くことのイメージの形成として，筆者自身の子供時代の経験が述べられている。これらの内容に合うのはウである。

★ワンポイントアドバイス★

読解には選択肢の問題が多いが，読み取った内容を10～35字で記述する問題があり，これを落とすことはできない。要旨を簡潔にまとめるなどの力をつけておくことや，ふだんからいろいろなジャンルの文章にふれておくことが大切！

大切なことはメモしておこうネ！

T.G

2020年度

★★★★★★★★★★★★★★★★★★★★★★★

入　試　問　題

2020年度

浅野中学校入試問題

【算　数】（50分）　<満点：120点>

【注意】　定規・コンパス・分度器は机の上に出したり，使用したりしてはいけません。

1　次の ア ～ キ にあてはまる数をそれぞれ求めなさい。また，(5)の説明については，解答欄に説明を書きなさい。

(1)　$\left\{7.68 \div \left(1\frac{4}{25}+2.68\right) \times \boxed{\text{ア}} - 5\right\} \div \frac{3}{4} = 2020$

(2)　原価が400円の品物に520円の定価をつけて売りました。仕入れた品物の個数全体の75％より2個多く売れたとき，売り上げた金額は仕入れた金額に等しくなりました。このとき，仕入れた品物の個数は［イ］個です。

(3)　［図１］のような長方形ABCDがあり，ＥＦはADに平行です。また，GHはABに平行です。いま，点Ｐは秒速２㎝で点Ｇから点Ｄまで，点Ｑは秒速16㎝で点Ｆから点Ｅまで，点Ｒは秒速７㎝で点Ｈから点Ｂまで矢印の方向に同時に出発し線上を動きます。このとき，［図１］のように，初めて３点Ｐ，Ｑ，Ｒが一直線上に並ぶのは，３点が出発してから［ウ］秒後です。

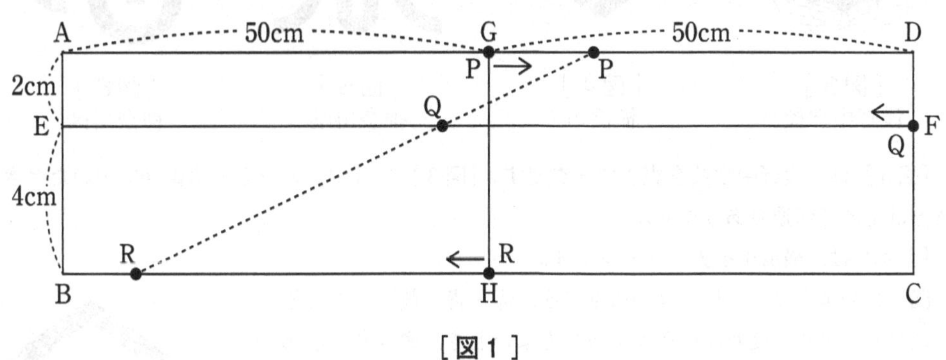

［図１］

(4)　はじめに黒玉と白玉がそれぞれ１個ずつあります。次の操作Ａ，操作Ｂを何回か行い，玉の個数を変えていきます。

操作Ａ：すべての黒玉をそれぞれ黒玉１個と白玉１個に変えます。

操作Ｂ：すべての白玉をそれぞれ黒玉１個と白玉１個に変えます。

例えば，はじめの状態から操作Ａを１回，次に操作Ｂを１回行うと，

●○→●○○→●●○●○のように，黒玉３個と白玉２個になります。

はじめの状態から操作Ａを続けて３回，次に操作Ｂを続けて５回行うと，黒玉は［エ］個，白玉は［オ］個になります。さらにこの状態から操作Ａを続けて［カ］回行うと，白玉が2020個になります。

(5)　一辺の長さが１㎝の正三角形の辺または内部に２つの点を置くとき，この２つの点の距離（きょり）がもっとも長くなるような，その距離の長さは，［キ］㎝です。

次に，［図２］のような一辺の長さが２cmの正三角形を考えます。この三角形の辺または内部のどこに５つの点を置いても，それらのうち，距離が１cm以下になる点の組が必ず１組以上あることを［図２］を用いて説明しなさい。

ただし，説明は「どこに５つの点を置いても，……」に続くような文で，解答欄に書きなさい。

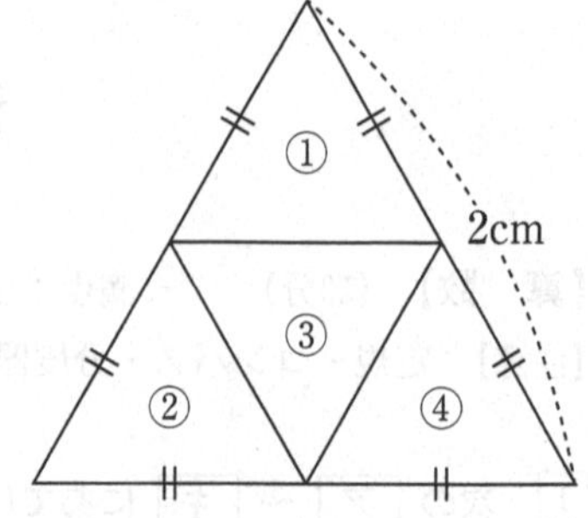

①、②、③、④はすべて一辺の長さが1cmの正三角形です。

［図２］

2 神奈川県横浜市神奈川区にある浅野中学校は今年で創立100周年を迎えます。浅野中学校にゆかりのあるマークを集めてみました。このとき，次の問いに答えなさい。

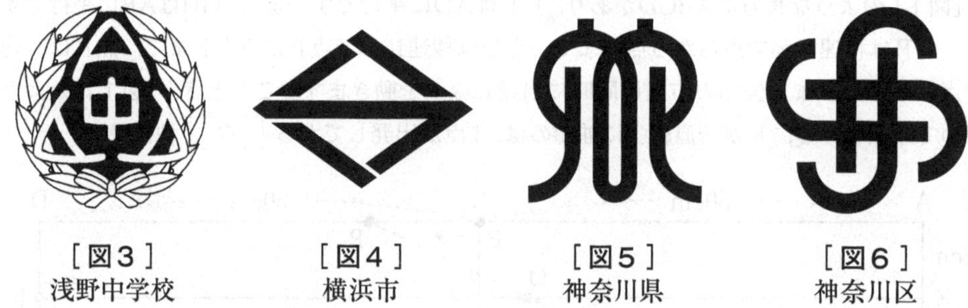

［図３］浅野中学校　［図４］横浜市　［図５］神奈川県　［図６］神奈川区

(1) ［図３］は，浅野中学校を表すマークです。［図３］の「中」の形を一筆書きで書いたとき，書き方は全部で何通りありますか。

(2) ［図４］は，横浜市を表すマークです。

［図７］のようにＡ～Ｄの４つの部分を，赤・青・黄・緑の４色で塗り分けます。使わない色があってもよいとき，塗り方は全部で何通りありますか。ただし，ＡとＣや，ＡとＤのように隣り合う部分は異なる色を塗るものとします。

A　D　B　C

［図７］

(3) ［図５］は神奈川県を表すマークで，1948年11月３日水曜日に制定されました。浅野中学校の創立日は1920年１月20日ですが，この日は何曜日ですか。ただし，現在の暦では，うるう年（２月が29日までの年）は次の①，②のように決められています。

① 西暦年号が４で割り切れる年をうるう年とする。

② ①の例外として，西暦年号が100で割り切れて400で割り切れない年はうるう年ではないとする。

(4) 次のページの［図８］は，［図６］の神奈川区のマークを元に描いた図形です。［図８］の ア にあてはまる数を求めなさい。ただし，［図８］は，点Ｐに関して点対称になっています。点Ｐを中心として90°回転しても，もとの図形とぴったり重なるものとします。

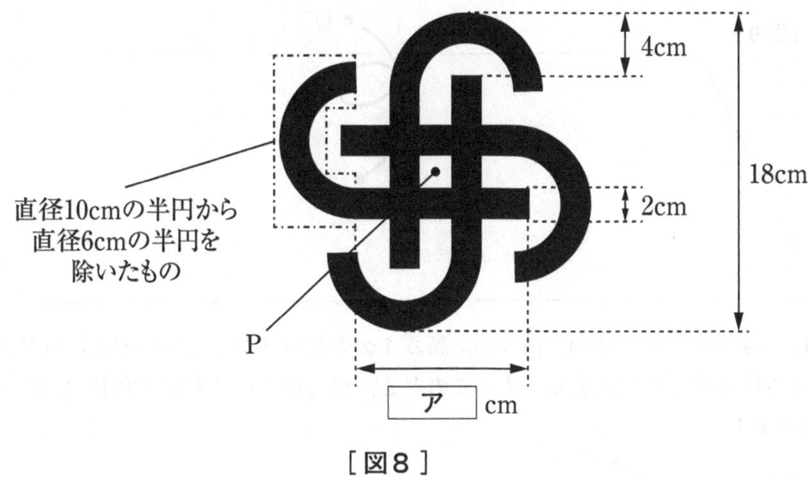

［図８］

(5)　(4)の［図８］の黒い部分の面積は何cm^{2}ですか。ただし，円周率は3.14とします。

3　容積が200Ｌの２つの水そうＡ，Ｂがあり，水そうＡに120Ｌの水が入っています。この水そうＡに毎分６Ｌの割合で水を入れるのと同時に，ポンプ１台で水を抜き続けると，40分で水そうＡから水があふれはじめました。このとき，次の問いに答えなさい。ただし，ポンプ１台が抜く水の量はどれも同じで一定の割合であるとします。

(1)　ポンプ１台が１分間に抜く水の量は何Ｌですか。

(2)　水そうＡに毎分６Ｌの割合で水を入れるのと同時に，ポンプ４台で水を抜き続けると，何分後に水そうＡが空になりますか。

(3)　水そうＡに毎分６Ｌの割合で水を入れるのと同時に，はじめはポンプ９台で水を抜き続けていましたが，途中（とちゅう）でポンプ３台が同時に壊（こわ）れたので，水そうＡが空になるまでに５分20秒かかりました。水を抜き始めてから何分後にポンプは壊れましたか。

(4)　水そうＡに毎分６Ｌの割合で水を入れるのと同時に，はじめはポンプ１台で水を抜き続けていき，その後５分ごとにポンプを１台ずつ追加して水を抜き続けていきます。水そうＡからポンプで抜いた水をすべて同時に空の水そうＢに移していくとき，水そうＡと水そうＢに入っている水の量が同じになるのは，水を抜き始めてから何分後ですか。

4　長さが３cmの１本の細いひもがあり，その両端（りょうたん）を点Ｐ，点Ｑとします。このとき，次の［ア］～［ウ］にあてはまる数をそれぞれ求めなさい。

ただし，球の体積は，(半径)×(半径)×(半径)×(円周率)×４÷３　で求められ，円周率は3.14とします。また，ひもは太さを考えず，伸（の）び縮みしないものとします。

(1)　次のページの［図９］のように，点Ｐを平らな床（ゆか）の面に固定します。このとき，点Ｑが動ける範囲（はんい）の体積は，(［ア］×3.14)cm^3 となります。

［図９］

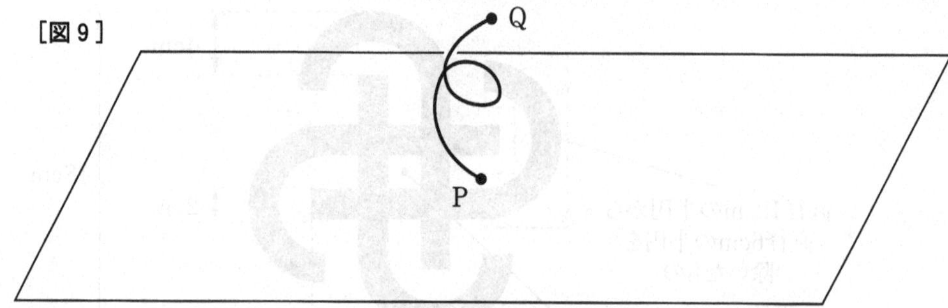

⑵ ［図10］のように，たて３㎝，横３㎝，高さ４㎝の直方体が平らな床の面に置かれています。点Ｐを直方体の頂点Ａに固定します。このとき，点Ｑが動ける範囲の体積は，(イ ×3.14) ㎝^{3} となります。

［図10］

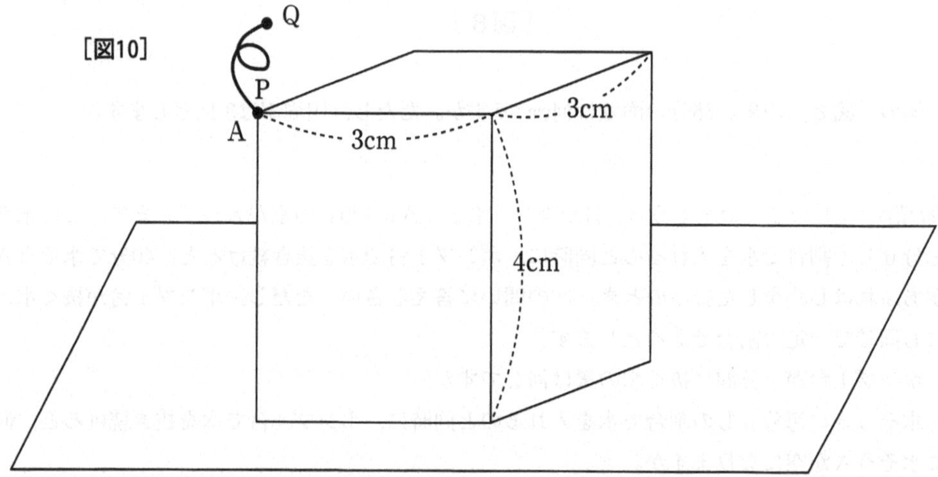

⑶ ［図11］のように，たて３㎝，横３㎝，高さ４㎝の直方体が平らな床の面に置かれています。点Ｐを辺ABの上で動かします。このとき，点Ｑが動ける範囲の体積は，(ウ ×3.14)㎝^{3} となります。

［図11］

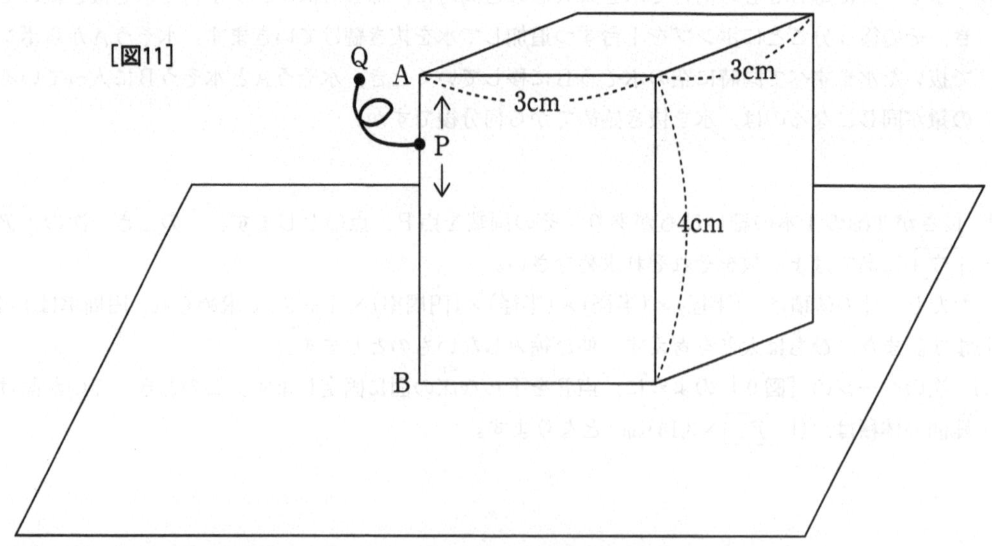

5 **円周上に書かれた点を順に結んでできる星形の多角形について，次の問いに答えなさい。**

(1) ［図12］のように，円周上に異なる5個の点1，2，3，4，5を反時計まわりに取り，1→3→5→2→4→1と点1から反時計まわりに，2つ先の点を順に結んでできる星形の多角形を$\frac{5}{2}$角形とよぶことにします。［図12］のような$\frac{5}{2}$角形の印のついた角の和を$\left\{\frac{5}{2}\right\}$と書くことにするとき，$\left\{\frac{5}{2}\right\}$を求めなさい。

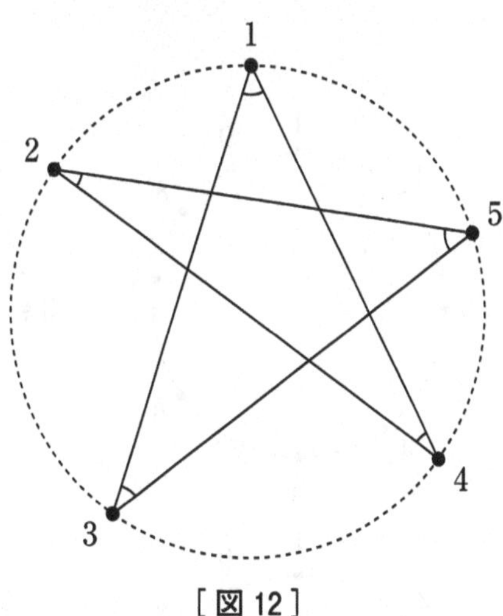

［図12］

(2) (1)と同じように，円周上に異なるX個の点1，2，3，…，Xを反時計まわりに取り，点1から反時計まわりに，Y個先の点を順にすべての点を結んで星形の多角形ができるとき，できる星形の多角形を$\frac{X}{Y}$角形とよぶことにします。また，$\frac{X}{Y}$角形の角の和を$\left\{\frac{X}{Y}\right\}$と表すことにします。

［図13］のような$\frac{7}{3}$角形の印のついた角の和$\left\{\frac{7}{3}\right\}$を求めるために，［図14］のように，点3と点5を結んでみます。すると，$\left\{\frac{7}{3}\right\} = \left\{\frac{5}{\boxed{ア}}\right\} = \boxed{イ}$ 度となることがわかります。

$\boxed{ア}$，$\boxed{イ}$ にあてはまる数をそれぞれ求めなさい。

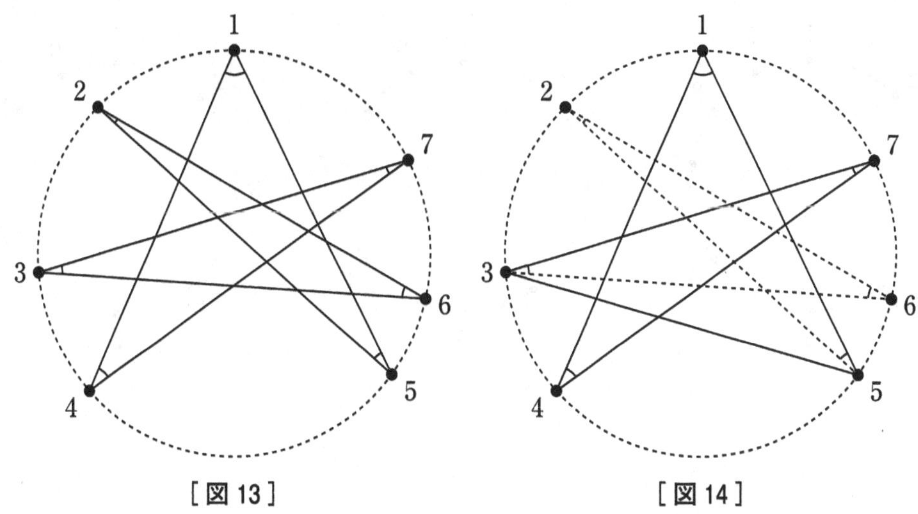

［図13］　［図14］

(3) $\left\{\frac{9}{2}\right\}$を求めなさい。

(4) $\left\{\frac{9}{\boxed{ウ}}\right\} = 180$度となる数 $\boxed{ウ}$ をすべて求めなさい。ただし，答えが2つ以上になる場合は，「2，3」のように，答えと答えの間に「，」をつけなさい。

（下書き用）

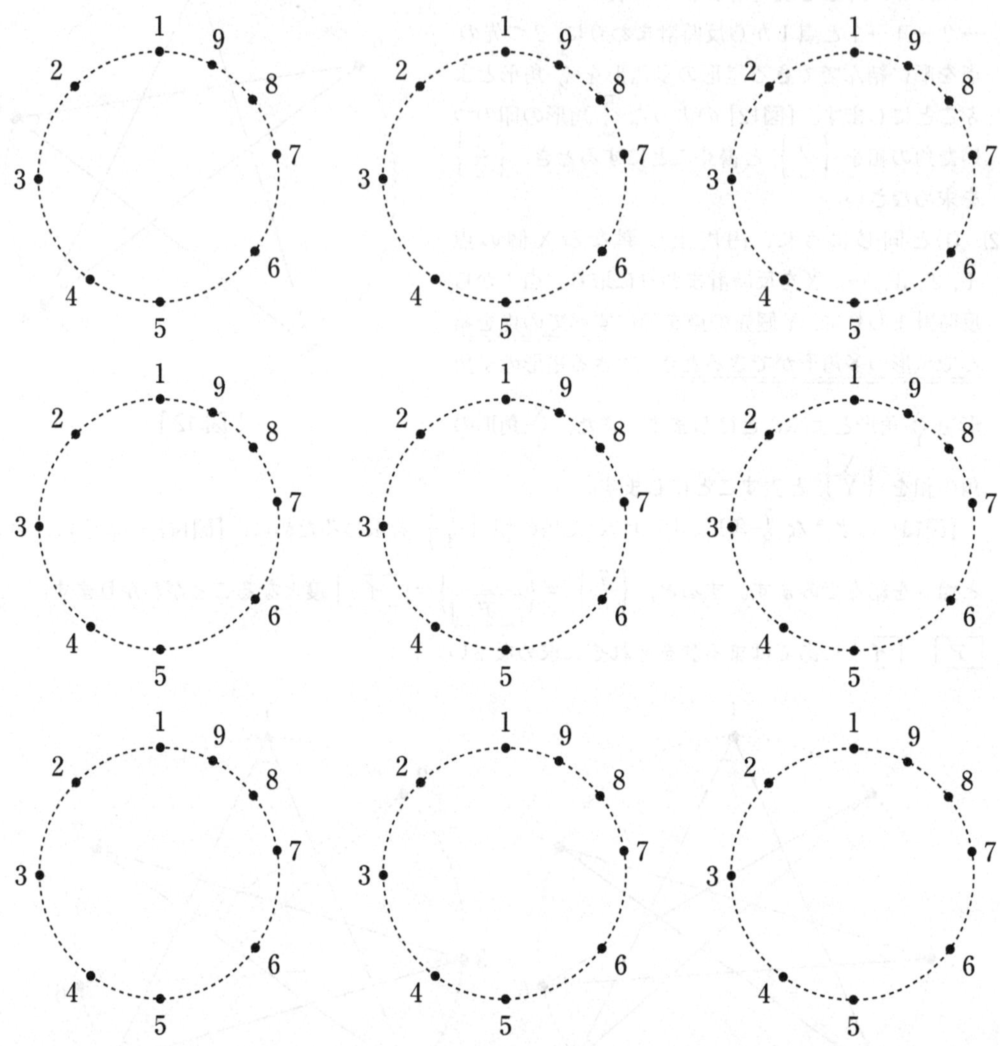

【理　科】（40分）　＜満点：80点＞

[1] 次の生徒と先生の授業中の会話を読んで，後の問いに答えなさい。

生徒「先生，昨日の地震(じしん)は大きかったですね。」

先生「そうですね。皆(みな)さんが感じた大きな揺(ゆ)れは主要動と呼ばれています。この揺れの前に小さな揺れを感じませんでしたか。」

生徒「数秒間感じました。なぜ，2種類の揺れが起こるのですか。」

先生「この2つの揺れを起こす地震波は性質が異なっているからです。最初の小さな揺れを初期(しょき)微動(びどう)，後から感じた大きな揺れを主要動といいます。初期微動を起こす地震波を［ A ］，主要動を起こす地震波を［ B ］といいます。［表1］は3つの観測地点のデータです。このデータから地震の発生時刻を知ることができますね。」

［表1］

	震源距離(きょり)	初期微動発生時刻	主要動発生時刻	震度
観測地点㋐	25.2 km	9時10分12秒	9時10分16秒	5強
観測地点㋑	［ C ］km	9時10分15秒	9時10分23秒	4
観測地点㋒	126.0 km	9時10分24秒	［ D ］	1

生徒「地震発生時刻は［ E ］ですね。」

先生「そうですね。①緊急(きんきゅう)地震速報も発表されました。」

生徒「それにしても，日本ではたくさんの地震が発生しますよね。なぜですか。」

先生「地球はプレートと呼ばれる十数枚の固い岩盤(がんばん)によっておおわれています。プレートはアセノスフェアと呼ばれるやわらかい層の上を運動しています。地震はこのプレートの運動によって引き起こされるのですが，②［図1］のように日本は4枚のプレートの境界に位置しているため，とても多くの地震が発生します。」

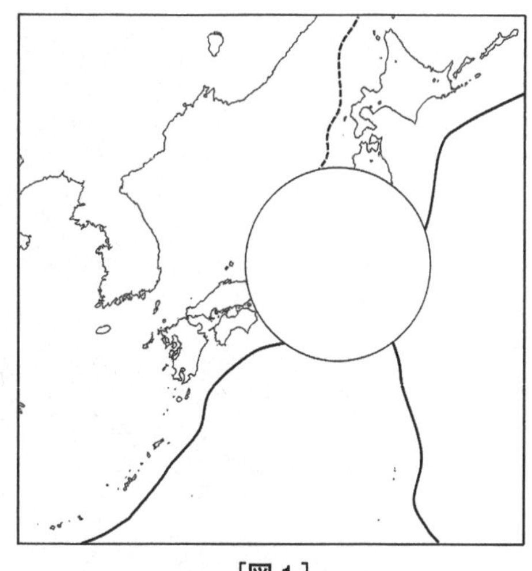

［図1］

生徒「伊豆(いず)半島はフィリピン海プレートの上にあるのですね。」

先生「そうです。伊豆半島が100万年ほど前に本州に衝突(しょうとつ)することで丹沢(たんざわ)山地が形成されました。」

先生「次のページの［図2］と［図3］は，それぞれ2011年の東北地方太平洋沖(おき)地震と2007年の京都府沖地震の震度分布です。」

生徒「2011年の東北地方太平洋沖地震は太平洋プレートと北アメリカプレートの境界で発生したのですね。」

先生「東北地方太平洋沖地震は海溝(かいこう)型地震と呼ばれ，マグニチュード9.0の非常に大きな地震でし

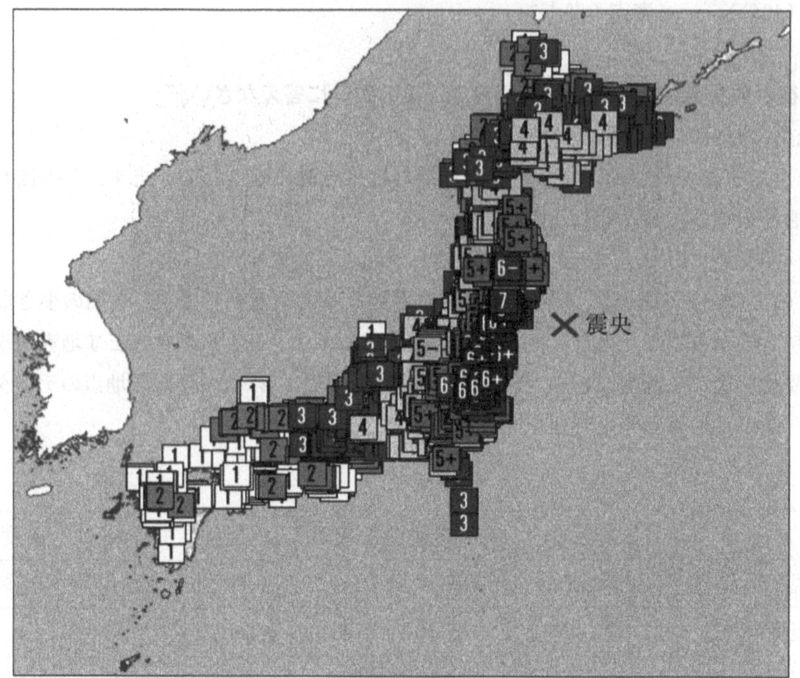

[図2]

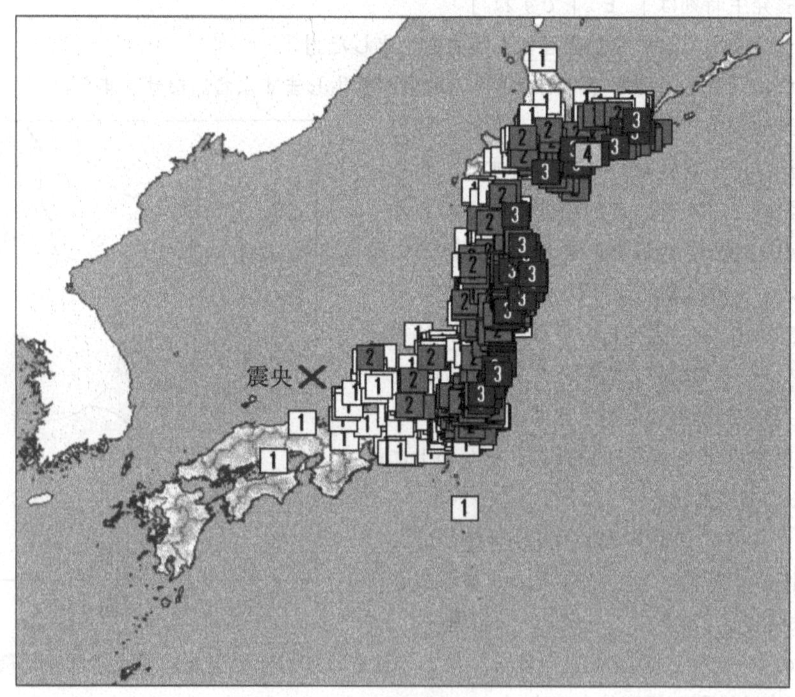

[図3]

気象庁ホームページをもとに作成

た。マグニチュード6.7の京都府沖地震の F 倍のエネルギーをもっています。」

生徒 「東北沖から九州地方まで地震波が到達(とうたつ)していますね。昨日の地震と同様に，震央に近いほど震度が大きいですね。しかし，京都府沖地震では，震央からはなれたところでより大きな震度が観測されているのはなぜですか。」

先生 「これは，震源の深さが関係しています。震源が浅い地震は，地震波が地表面を G 伝わるため，震央から遠くなるにつれて，震度が小さくなります。これは，水面に水滴(すいてき)を落としたときの波紋(はもん)の広がり方と同じですね。しかし，京都府沖地震の震源の深さは374kmと非常に深いです。［図４］は京都府沖地震の震源と地震波の道筋を示したものです。この図にもとづくと，震源は H の内部にあると推測できます。 I から，前のページの［図３］のような震度分布になったと考えられます。このような地域を異常震域といいます。」

生徒 「地面をハンマーでたたいたときに，土のグラウンドよりもコンクリートの地面の方がより遠くまで振動を伝えるのと同じですね。」

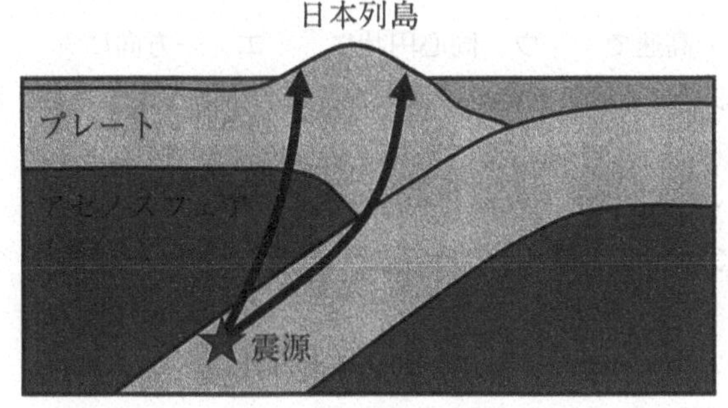

［図４］

(1) A と B にあてはまる地震波の名称(めいしょう)をそれぞれ答えなさい。

(2) C にあてはまる距離と， D にあてはまる時刻をそれぞれ答えなさい。

(3) E にあてはまる時刻を答えなさい。

(4) 下線部①に関して，観測地点㋐で初期微動が発生してから７秒後に緊急地震速報が発表されました。震源距離が100.8kmの地点では，緊急地震速報を受け取ってから何秒後に主要動が発生しましたか。

(5) 下線部②に関して，［図１］のまるい空白部分にあてはまる図としてもっとも適切なものを，次のア～エの中から１つ選び，記号で答えなさい。

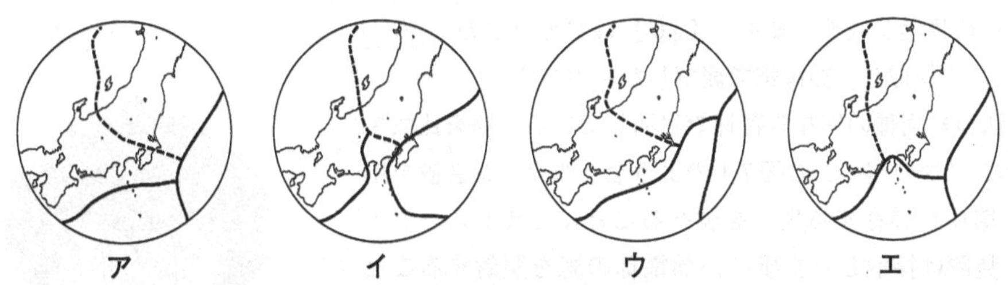

(6) F にあてはまる数値としてもっとも近いものを，後のア～オの中から１つ選び，記号で答えなさい。ただし，マグニチュードと地震のエネルギーには次のページの［図５］のような関係があります。地震のエネルギーはマグニチュード７の地震のエネルギーを１としています。

ア　3.2
イ　32
ウ　280
エ　2800
オ　32000

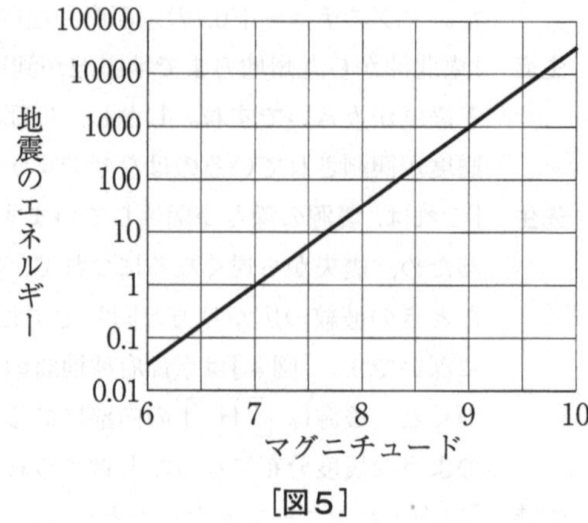

[図5]

(7) [G] にあてはまる語句としてもっとも適切なものを，次のア～エの中から1つ選び，記号で答えなさい。

ア　爆発的に　　イ　高速で　　ウ　同心円状に　　エ　一方向に

(8) [H] にあてはまるプレートの名称を，次のア～エの中から1つ選び，記号で答えなさい。

ア　太平洋プレート　　イ　北アメリカプレート
ウ　ユーラシアプレート　　エ　フィリピン海プレート

(9) [I] にあてはまる文としてもっとも適切なものを，次のア～エの中から1つ選び，記号で答えなさい。

ア　地震波が到達するのにかかった時間が短い
イ　固いプレートの内部を伝わった地震波は弱まりにくい
ウ　プレートの内部で発生した地震はマグニチュードが大きい
エ　アセノスフェアによって地震波が強められた

[2] 次の文章を読んで，後の問いに答えなさい。

日本には多くの生物が存在します。長野県と群馬県の境にある浅間山では標高の違いによってさまざまな樹木の違いを観察することができます。標高1000mにはコナラが多く分布しており，①標高1200mまで上がると，アカマツが多く分布しています。さらに上がっていくと，標高1400mではカラマツが多く分布する森林が広がっています。

アカマツは4～5月頃になると花を咲かせ，開花してから一年半後に果実が成熟します。[図6]はアカマツの [A] のりん片を採取し，顕微鏡で観察したものです。

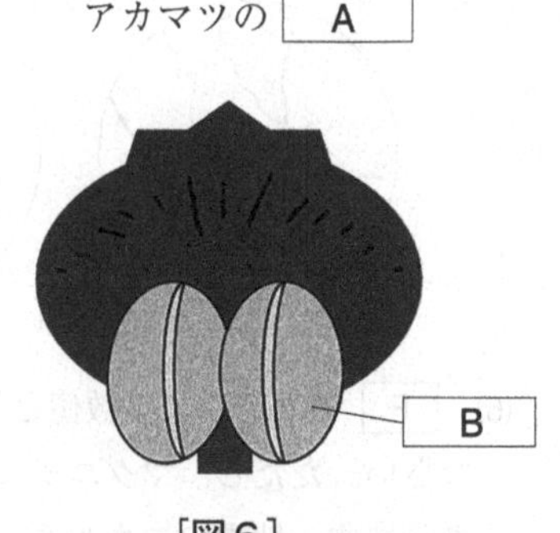

[図6]

このような樹種の異なる森林で生活している生物を比較するために，[次のページの図7]のようなツルグレン装置を用いて土壌中に存在する生物を調べることにしました。ツルグレン装置は採取した土壌に白熱電球の光を照射することで，電球の熱や光を避けて下方に移動する生物を採取する装置です。今回は採取した土壌から石と②根，大型の土壌動物（ミミズやムカデなど）を取り除いた後に，ツルグレン装置に土壌をのせ光を照射しました。土壌動物は，標本にするときなどによく用いられる［C］の入ったビーカーに落ちます。これをビーカーから取り出し，顕微鏡で観察したところ，どの森林においても一番多く生息していた土壌動物は③ダニであることが分かりました。

また④浅間山では2019年８月に小規模な噴火が起こり，入山規制や近隣住民への避難勧告が行われました。小規模な噴火では土壌が残っているため森林ははやく回復しますが，⑤溶岩が流れるような大規模な噴火の場合は地面が溶岩でおおわれるため，森林の回復には時間がかかります。

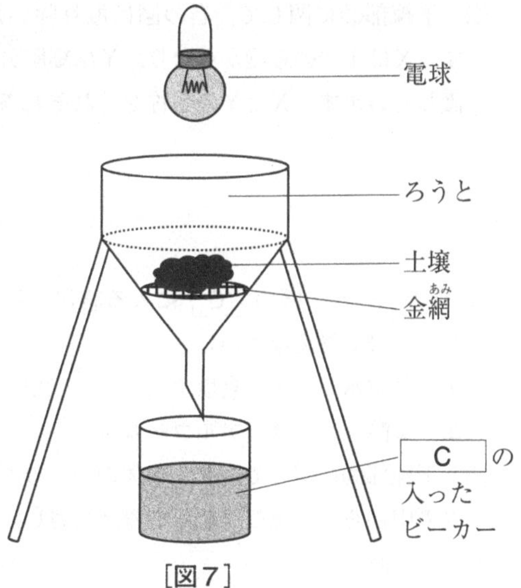

［図７］

⑴　下線部①に関して，アカマツやカラマツなどのマツ類は裸子植物に分類されます。裸子植物に分類される植物を次の**ア**～**ク**の中から**2つ**選び，記号で答えなさい。

ア　イチョウ　　**イ**　クスノキ　　**ウ**　ソテツ　　**エ**　サクラ
オ　トウモロコシ　　**カ**　ススキ　　**キ**　ブナ　　**ク**　アブラナ

⑵　アカマツやカラマツと同じように，風によって花粉を飛ばす植物を，次の**ア**～**ク**の中から**2つ**選び，記号で答えなさい。

ア　ヘチマ　　**イ**　アブラナ　　**ウ**　ヒマワリ　　**エ**　イネ
オ　トウモロコシ　　**カ**　カボチャ　　**キ**　サクラ　　**ク**　ツツジ

⑶　アカマツとカラマツは，それぞれどの樹木に分類されますか。次の**ア**～**エ**の中から**1つずつ**選び，記号で答えなさい。同じ記号を繰り返して選んでもかまいません。

ア　常緑広葉樹　　**イ**　常緑針葉樹　　**ウ**　落葉広葉樹　　**エ**　落葉針葉樹

⑷　前のページの［図６］の［A］と［B］にあてはまる語句の組み合わせとしてもっとも適切なものを，下の**ア**～**カ**の中から１つ選び，記号で答えなさい。

	A	B
ア	お花	胚珠
イ	お花	子房
ウ	お花	花粉のう
エ	め花	胚珠
オ	め花	子房
カ	め花	花粉のう

(5) 下線部②に関して，右の図は取り除いた根を観察したものです。Xは1つの細胞(さいぼう)からなり，Yは細胞分裂(ぶんれつ)がさかんな部位を保護しています。XとYの名称をそれぞれ答えなさい。

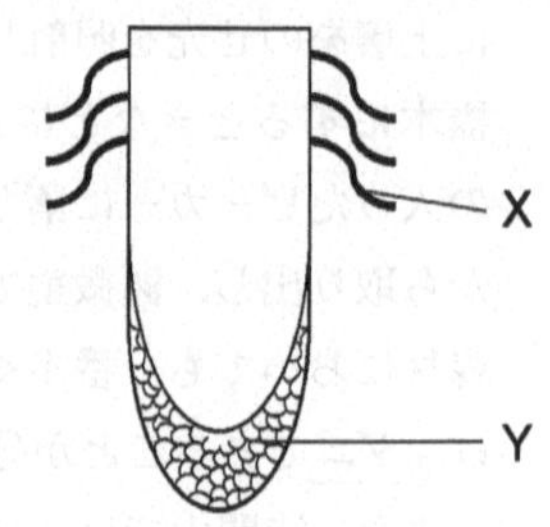

(6) 前のページの図の C に入る語句としてもっとも適切なものを，次のア～オの中から1つ選び，記号で答えなさい。

ア 蒸留水　イ 食塩水　ウ 水酸化ナトリウム水溶液
エ 塩酸　オ アルコール水

(7) 下線部③に関して，ダニの体のつくりを表している図としてもっとも適切なものを，次のア～クの中から1つ選び，記号で答えなさい。

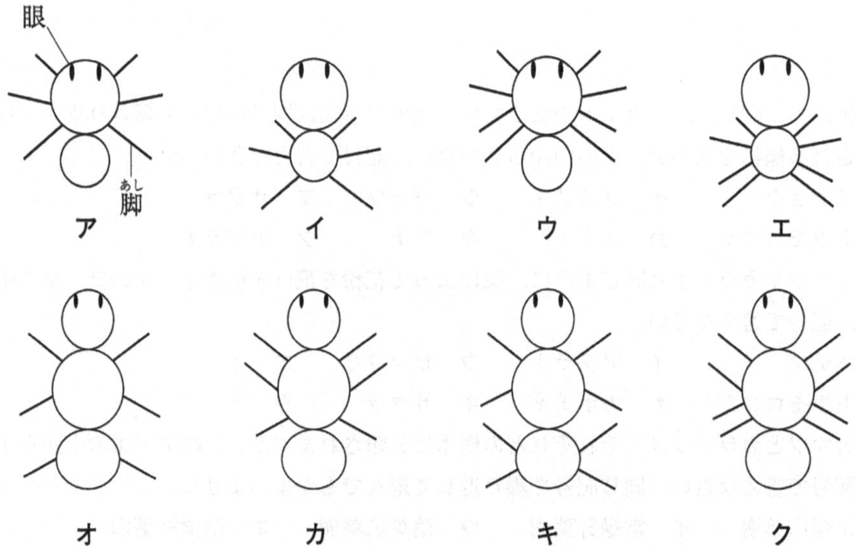

(8) 下線部④に関して，浅間山の山頂付近では風が強く，夏場は乾燥(かんそう)し冬場は雪が積もっているため，森林を形成することはできません。しかし，山頂付近では高山植物と呼ばれる植物が多くみられます。このような環境から推測して，高山植物がもつ特徴(とくちょう)としてもっとも適切なものを，次のア～エの中から1つ選び，記号で答えなさい。

ア 花をつけずに一生を終える植物だけ存在する。
イ 成長が他の植物に比べてはやく，背丈(せたけ)は高くなる。
ウ 葉は大きくやわらかく，蒸散量が多い。
エ 背丈は低いが，他の植物に比べて根の発達が良い。

(9) 下線部⑤に関して，大規模な噴火が起きた場合，森林は通常どのような順番で回復しますか。次の語句を回復する順に並べかえたとき，**4番目のもの**を，次のア～オの中から1つ選び，記号で答えなさい。

ア 陰樹(いん)　イ 一年草類　ウ コケ類・地衣類　エ 陽樹　オ 多年草類

3 ものの燃え方に関する次の文章を読んで，後の問いに答えなさい。

ものが空気中で燃えるときには燃える物質と空気中の酸素とが結びつく化学変化が起こります。ろうそくに火をつけて燃やすときは炎(ほのお)が見えます。ガスバーナーやアルコールランプを使うときや，木材を燃やすときも，炎をともなって燃えます。ものが燃えるときに，炎をともなわない場合もあります。炭を燃やすときには，赤く輝(かがや)いて燃えますが，炎は見えません。マグネシウムという金属の粉末を燃やすときも白く明るく輝き，炎が見えずに燃えることが多いです。

ろうそくとアルコールランプの炎の見た目を比べると，色や明るさだけでなく，燃えるときのすすの出やすさが異なります。このように燃やす物質の種類が変わると燃えかたも違います。また，ガスバーナーでは，ガスに混ぜる空気の量を調節すると，炎の様子が変わります。このように燃やすものが同じ物質であっても，条件により燃えかたは様々です。

(1) ものが炎をともなって燃えるときについて，次の①～③の説明のいずれかの場合に分類することができます。

① 燃やそうとしたものが気体の物質で，その気体が燃える。

② 燃やそうとしたものが熱で気体に変化してから，その気体が燃える。

③ 燃やそうとしたものが熱で分解し，気体となった別の物質が生じ，その気体が燃える。

ろうそくと木材の燃え方を，①～③の説明にしたがって分類するとき，説明の組み合わせとしてもっとも適切なものを，右の**ア**～**ケ**の中から1つ選び，記号で答えなさい。

	ろうそく	木材
ア	①	①
イ	①	②
ウ	①	③
エ	②	①
オ	②	②
カ	②	③
キ	③	①
ク	③	②
ケ	③	③

(2) 炭（炭素）やマグネシウムのように炎をともなわずに燃える物質についての説明としてもっとも適切なものを，次の**ア**～**オ**の中から1つ選び，記号で答えなさい。

ア 炎をともなわずに燃える物質はすべて金属の物質である。

イ 固体の物質が固体のまま酸素と結びつく化学変化を起こす。

ウ 固体の物質が燃えるときは，すべて炎をともなわずに燃える。

エ 低い温度で着火する物質は炎をともなわずに燃える。

オ 炎をともなわずに燃える物質には，とくに共通する点はない。

(3) 右の図はガスバーナーを示したものです。炎の調節のしかたとしてもっとも適切なものを，下の**ア**～**カ**の中から1つ選び，記号で答えなさい。

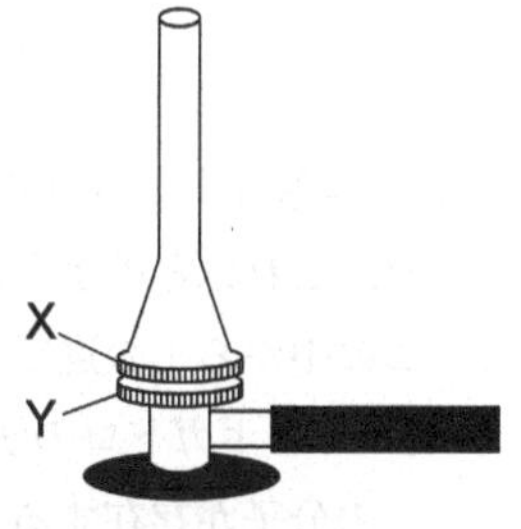

ア Xの空気調節ねじを開いて，黄色の炎にして用いる。

イ Xの空気調節ねじを開いて，青色の炎にして用いる。

ウ Xの空気調節ねじを開いて，炎の大きさを調節して用いる。

エ Yの空気調節ねじを開いて，黄色の炎にして用いる。

オ Yの空気調節ねじを開いて，青色の炎にして用いる。

カ Yの空気調節ねじを開いて，炎の大きさを調節して用いる。

(4)　ものが燃えるときに，すすの発生をともなう現象についての説明としてもっとも適切なものを，次の**ア**～**オ**の中から１つ選び，記号で答えなさい。

ア　ガスバーナーを用いて都市ガスを燃やすとき，炎が青い場合には，すすが多く発生する。

イ　アルコールランプを用いてアルコールを燃やすとき，すすが多く発生する。

ウ　金属が燃えるとき，燃え残りが生じやすく，すすが多く発生する。

エ　炭素を含む物質が燃えるとき，熱分解によって炭素が散らばって，すすが発生する。

オ　炭素を含む物質が燃えるとき，物質に含まれる酸素と空気から得る酸素が不足していると，すすが発生しにくい。

物質をつくる粒（つぶ）について考えていくと，「原子」と呼ばれる粒にたどり着きます。物質はこの原子が結びついたり，集まったりしてできています。化学変化を起こすときには原子の組み合わせが変わり，異なる物質に変化します。ふだん気体で存在する物質は，いくつかの原子が結びつき，「分子」という粒をつくって存在しています。気体の酸素の様子を［**図８**］に表しました。気体の酸素は，酸素の原子１粒ではなく，酸素の分子をつくって存在しています。

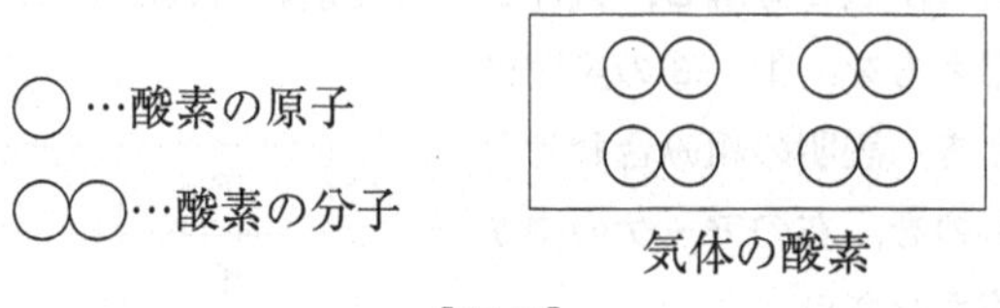

［**図８**］

マグネシウムが燃えると，酸素と反応して酸化マグネシウムに変化します。このように複数の種類の原子が結びついてできた物質を「化合物」といいます。このときの重さの関係を［**実験１**］に，模式図とともに表しました。

［**実験１**］

マグネシウム６ｇをすべて酸化マグネシウムに変えたときには10ｇになりました。同様に，倍の量のマグネシウム12ｇでは酸化マグネシウムは20ｇになります。

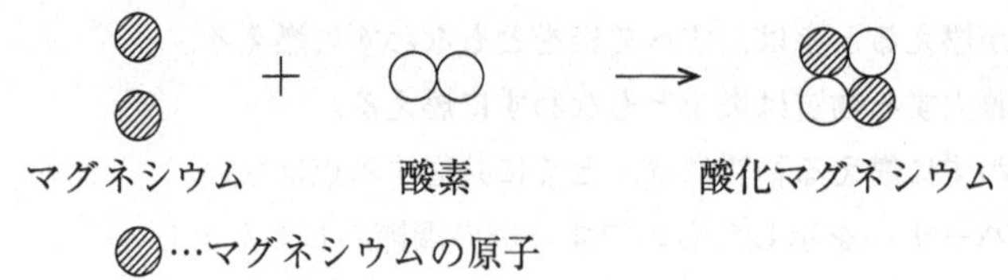

(5)　［**実験１**］について，マグネシウム６ｇと結びついた酸素は何ｇですか。整数で答えなさい。また，これはどのような法則を用いて考えたことになりますか。もっとも適切なものを，次の**ア**～**エ**の中から１つ選び，記号で答えなさい。

ア　「アボガドロの法則」同じ温度と圧力で同じ体積の気体の中には，気体の種類によらず同じ数の分子が存在する。

イ　「質量保存の法則」物質が化学変化する際，反応前の物質の重さ（質量）の合計と，反応後に生じている物質の重さの合計は等しい。

ウ 「定比例の法則」１つの化合物の中に含まれる原子の重さの比はいつでも一定である。

エ 「気体反応の法則」気体が関わる化学変化では，反応に関係する気体および，反応後に得られる気体の体積比は，同じ温度と圧力では簡単な整数比となる。

(6) **[実験１]** の下線部はどのような法則を用いて考えたことになりますか。もっとも適切なものを，(5)の**ア**～**エ**の中から１つ選び，記号で答えなさい。また，この法則を用いて考えると，240 g の酸化マグネシウムをつくるとき，マグネシウムは何 g 必要ですか。整数で答えなさい。

(7) 酸化マグネシウムは，**[実験１]** の模式図のようにマグネシウムの原子と酸素の原子が１：１の割合で結びついています。マグネシウムの原子１個と酸素の原子１個の重さの比を，もっとも簡単な整数比で答えなさい。

炭素を燃やしたときの重さや体積の関係を模式図にして **[実験２]** にまとめました。炭素が燃えるときに生じる物質には２種類あります。炭素の原子１個と酸素の原子１個が結びついてできた「一酸化炭素」という分子からなる物質と，炭素の原子１個と酸素の原子２個が結びついてできた「二酸化炭素」という分子からなる物質です。炭素が酸素と十分に触(ふ)れあって燃え，すべて二酸化炭素に変わるときを完全燃焼といいます。燃えたときに二酸化炭素だけでなく，一酸化炭素も生じる場合は不完全燃焼といいます。

[実験２]

① 炭素６ g をすべて二酸化炭素に変えたときは22 g になり，その体積は12 L でした。

② 炭素６ g をすべて一酸化炭素に変えたときは14 g になり，その体積は12 L でした。

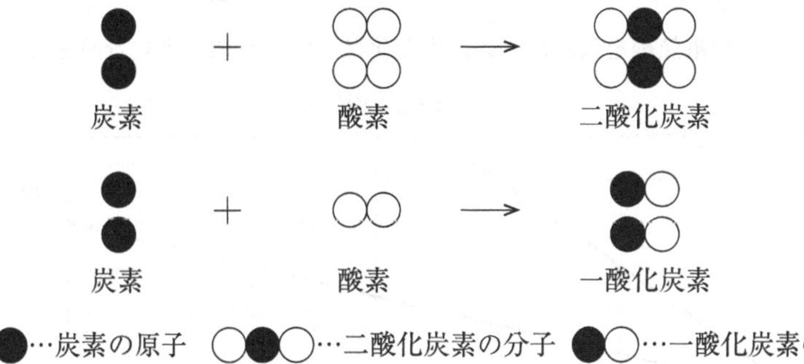

(8) **[実験２]** の結果から，炭素を燃やすとき，生じる二酸化炭素と一酸化炭素の割合にかかわらず同じ体積の気体が得られることが分かります。同じ量の炭素から二酸化炭素と一酸化炭素を得たとき，それぞれの体積が等しくなる理由にもっとも関連が深い法則を，(5)の**ア**～**エ**の中から１つ選び，記号で答えなさい。また，炭素240 g を燃やしたときに生じる気体の体積（一酸化炭素と二酸化炭素の合計の体積）は何 L ですか。整数で答えなさい。ただし，気体の体積は **[実験２]** で調べたときと同じ温度と圧力とします。

(9) 炭素の原子１個と酸素の原子１個の重さの比を，もっとも簡単な整数比で答えなさい。

(10) ある量の炭素を燃やし，一酸化炭素と二酸化炭素が混ざった気体を得ました。これについて調べたところ，重さが94 g で体積は60 L でした。このとき，この気体の中に含まれる二酸化炭素の重さは何 g ですか。整数で答えなさい。

4 **次の文章を読んで，後の問いに答えなさい。答えが割り切れないものについては，小数第2位を四捨五入して答えなさい。**

電熱線に電流を流して，発生する熱の量を調べました。［図9］のように，長さ30cmの電熱線を，10℃，100gの水の中に入れ，電圧を6.0Vにすると電流は2.0A（アンペア）でした。また，［図10］のように，電圧は6.0Vのままで，この電熱線を3分の1に切ったものを使って同様の実験をすると，電流は6.0Aになりました。

以下の実験では電源装置によって，電圧を常に6.0Vの状態で実験をします。また，電熱線以外では熱の発生はなく，発生した熱はすべて水の温度上昇（じょうしょう）に使われるものとして考えます。実験で使った電熱線は，(8)で用いたもの以外どれも同じ太さでした。

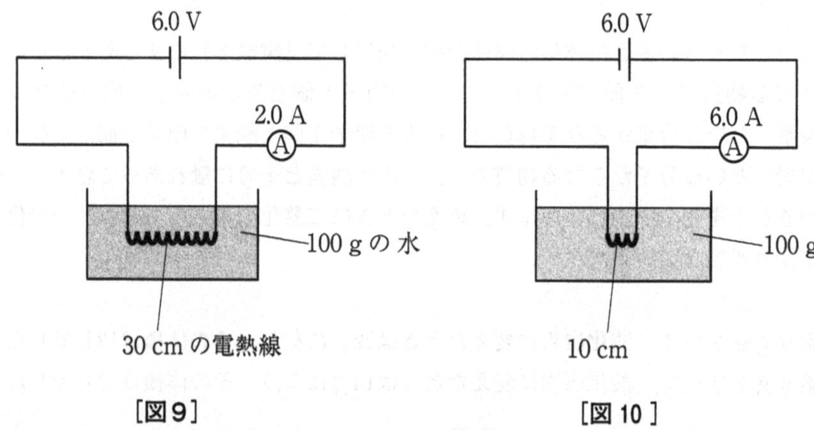

［図9］　　［図10］

30cmの電熱線と10cmの電熱線を入れた水の温度変化は［図11］のようになりました。

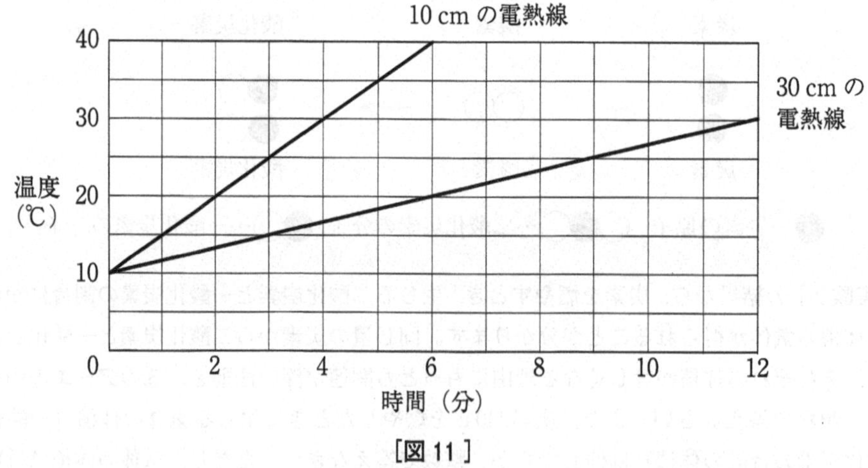

［図11］

長さの異なる電熱線で実験をしたところ，流れる電流は［表2］のようになりました。

［表2］

電熱線の長さ（cm）	5	10	15	20	25	30
電流（A）	12.0	6.0	4.0	3.0	2.4	2.0

(1) [図12] のように，40㎝の電熱線に電流を流したとき，電流は何Aになりましたか。また，10℃，200 g の水の中に入れた電熱線に電流を 4 分間流したとき，水の温度は何℃ になりましたか。

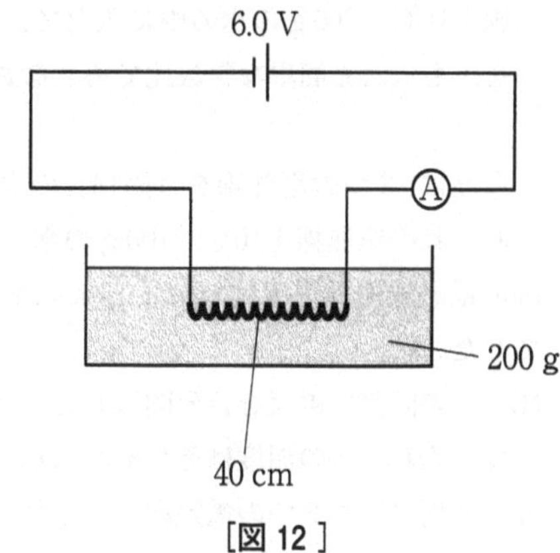

[図 12]

次に，10㎝と20㎝の電熱線を [図13] のように直列につなぎ，それぞれ100 g と200 g の10℃ の水の中に入れました。

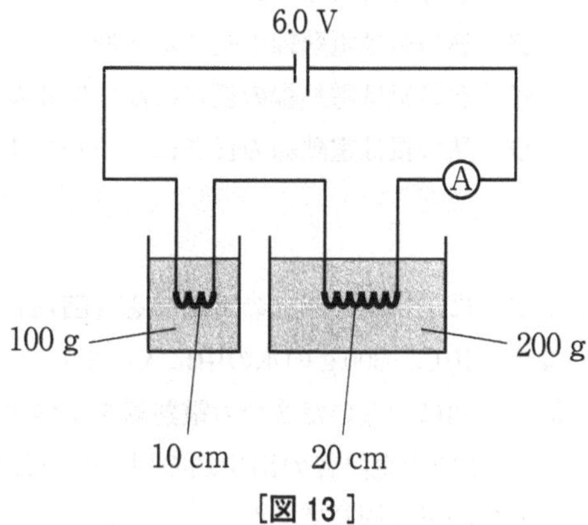

[図 13]

(2) この回路に電流を流したとき，それぞれの電熱線が出す熱の量の比と水の温度変化の比はどうなりますか。正しい組み合わせを，次のア～ケの中から 1 つ選び，記号で答えなさい。

	電熱線が出す熱の量の比 10 cm : 20 cm	水の温度変化の比 100 g : 200 g
ア	1 : 1	1 : 1
イ	1 : 1	1 : 2
ウ	1 : 1	2 : 1
エ	1 : 2	1 : 1
オ	1 : 2	1 : 2
カ	1 : 2	2 : 1
キ	2 : 1	1 : 1
ク	2 : 1	1 : 2
ケ	2 : 1	2 : 1

(3) この回路のままで，水の量を変えて，10㎝の電熱線を10℃，200 g の水の中に入れ，20㎝の電熱

線を10℃，300 g の水の中に入れて，電流を流しました。200 g の水と300 g の水の温度変化の比を，もっとも簡単な整数比で答えなさい。

今度は，2つの電熱線を［図14］のように並列につなぎ，それぞれの電熱線を10℃，100 g の水の中に入れました。15㎝の電熱線では電流は4.0 A，25㎝の電熱線では電流は2.4 Aでした。

⑷　この回路に電流を15分間流したとき，15㎝と25㎝の電熱線を入れた水の温度はそれぞれ何℃になりましたか。

⑸　並列にした2つの電熱線と，それぞれが出す熱の量について正しく述べているものを，次の**ア**～**ウ**の中から1つ選び，記号で答えなさい。

ア　熱の量は電熱線の長さに比例する。

イ　熱の量は電熱線の長さに反比例する。

ウ　熱の量は電熱線の長さにかかわらず同じである。

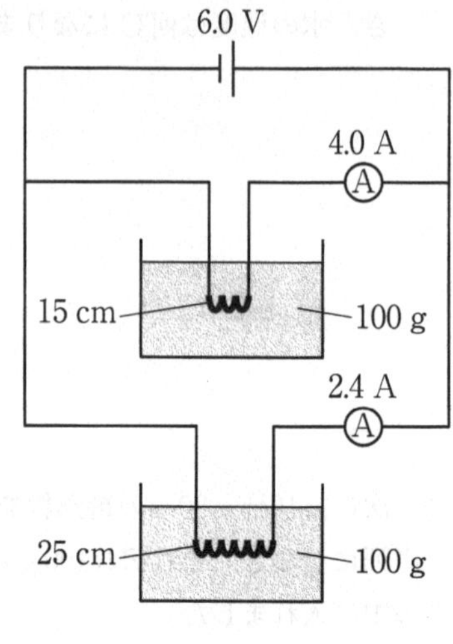

［図 14］

さらに，10㎝と20㎝の電熱線を［図15］のように並列につなぎ，10℃，300 g の水の中に入れました。

⑹　並列につないだ2つの電熱線を1つの電熱線と考えた場合，2つの電熱線の出す熱の量の合計は何㎝の電熱線の出す熱の量と同じですか。

⑺　この回路に電流を10分間流したとき，水の温度は何℃になりましたか。

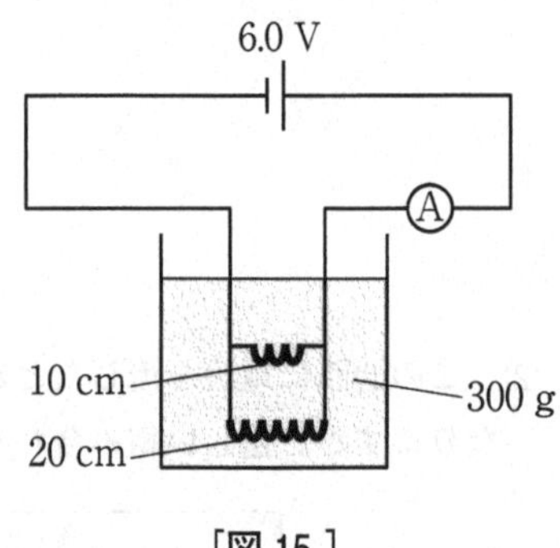

［図 15］

最後に，［図15］の10㎝の電熱線を，同じ長さで断面積が5分の1のものにかえ，10℃，300 g の水の中に入れました。ただし，電熱線に流れる電流は断面積に比例します。

⑻　この回路に電流を8分間流したとき，水の温度は何℃になりましたか。

【社　会】（40分）　＜満点：80点＞
【注意】 説明する問題については，句読点を1字に数えます。

1　次の文章を読み，後の問いに答えなさい。

①2019年は②天皇の代替（だいが）わりがなされ，③元号も平成から令和に改められるなど，天皇の歴史を考える上で興味深い一年でした。例えば，今回の代替わりのように，生前の天皇から次の天皇に皇位が伝えられるのは202年ぶりのことで，その間の代替わりは天皇の死去によってなされていました。この事実からも，皇位継承（けいしょう）のあり方が不変ではなく，時代ごとに変わっていったことが分かるのではないでしょうか。古代から現代にいたるまでの歴史を振（ふ）り返りつつ，皇位継承のあり方から，天皇の歴史を探ってみることにしましょう。

皇位継承がどのようになされていったかを考える際にまず注目すべき出来事は，④645年の皇極（こうぎょく）天皇による譲位（じょうい）（退位）です。それまでの天皇は一度即位（そくい）したならば，亡くなるまで位にありましたが，これ以後，⑤譲位が制度化されていきます。そして，天武天皇の皇后であった［　あ　］天皇も697年に譲位し，太上（だいじょう）天皇（上皇）となります。皇位継承に際して，譲位という選択肢（せんたくし）が生まれたことは，上皇・法皇が政治を主導する院政を生み出すことにつながっていきました。

白河上皇から始まる院政ですが，その目的は自分の子孫に皇位を継承させることにありました。しかし，院政期の皇位継承は1156年に［　い　］の乱を引き起こすことにつながり，武士の時代をもたらすことになります。⑥武士が政治において大きな力を持つようになると，皇位継承にも関わるようになっていきました。こうした中で，自分の子孫に皇位を伝えるため，鎌倉幕府の皇位継承への介入（かいにゅう）を否定し，討幕運動を行った人物が後醍醐天皇でした。後醍醐天皇は鎌倉幕府の打倒（だとう）に成功するも，建武の新政は武士の離反（りはん）を招き，失敗に終わります。そして，二人の天皇が並び立つ南北朝時代となりました。1392年に南北朝の合一が果たされるも，争乱の中で経済的に衰退（すいたい）した朝廷（ちょうてい）では，以後，室町幕府の支援（しえん）のもとで皇位継承がなされるようになります。

一方，中世と比較（ひかく）するならば，⑦江戸時代の皇位継承は幕府の承認と支援のもとで，基本的には安定的になされました。ただ，何代にもわたって短命の天皇が続くなど，女性天皇や養子をはさむことで，何とかつないでいたことも事実です。皇位が再び大きな政治問題となるのは幕末です。ペリー来航にみられる対外的危機の中で尊王攘夷運動が高まり，天皇の政治的地位も向上していきました。

1867年の王政復古の大号令によって成立した明治国家において，天皇の地位をいかにして安定的なものとするかは重要な課題でした。そこで1889年，皇室制度についての基本的な法典である皇室典範（こうしつてんぱん）が定められます。そこには，譲位の不可や女性天皇の否定など，皇位継承に関することも定められており，それに基づく形で⑧近代の皇位継承はなされてきました。その骨格は戦後に新たに定められた皇室典範にも引き継（つ）がれ，現在にまでいたっています。

問1　下線部①について――。

2019年4月，財務省は2024年度上半期に新紙幣（しへい）を発行すると発表しました。一万円札に予定されている肖像（しょうぞう）の人物は本校の創立者である浅野總一郎（あさのそういちろう）に大きな影響（えいきょう）を与（あた）えました。その人物の名前を**漢字**で答えなさい。

問2　［あ］・［い］にあてはまるもっとも適切な語句を**漢字**で答えなさい。

問３　下線部②について――。

今回の代替わりに際して，大嘗祭が行われました。これは，新しい穀物を神に供える儀式である新嘗祭のうち，天皇の即位後に行われるものです。新嘗祭は毎年行われていますが，現在では「ある祝日」になっています。「ある祝日」としてもっとも適切なものを，次のア～エの中から１つ選び，記号で答えなさい。

ア　勤労感謝の日　**イ**　建国記念の日　**ウ**　憲法記念日　**エ**　みどりの日

問４　下線部③について――。

元号の歴史の中で今回の改元を考えた時，「令和」の出典が中国の古典ではなく初めて日本の古典であった点に，大きな変化がありました。その日本の古典の名称を漢字で答えなさい。

問５　下線部④について――。

645年に皇極天皇が譲位した理由としてもっとも適切なものを，次のア～エの中から１つ選び，その記号で答えなさい。

ア　厩戸王（聖徳太子）に位を譲り，隋の脅威に対抗するため。
イ　白村江の戦いで，唐・新羅連合軍に敗北したことの責任をとるため。
ウ　中大兄皇子・中臣鎌足らによって，蘇我氏政権が倒されたため。
エ　壬申の乱に勝利した天武天皇に政治を任せるため。

問６　下線部⑤について――。

太上天皇（上皇）の制度が成立して以降，多くの天皇が譲位しましたが，興味深いことに，後土御門から後奈良までの三代の天皇は，以下の［表１］にあるように三代続けて在位したままで死を迎えました。本文の内容を参考にしつつ，その理由としてもっとも適切なものを，後のア～エの中から１つ選び，記号で答えなさい。

［表１］

天皇	上：生没年 下：在位期間
後土御門天皇	1442 年～ 1500 年 1464 年～ 1500 年
後柏原天皇	1464 年～ 1526 年 1500 年～ 1526 年
後奈良天皇	1496 年～ 1557 年 1526 年～ 1557 年
正親町天皇	1517 年～ 1593 年 1557 年～ 1586 年

ア　いずれの天皇も病弱で短命であったため，譲位をする余裕がなかったから。
イ　ヨーロッパから来た宣教師がキリスト教を日本に伝え，朝廷がその影響を受けたから。
ウ　応仁の乱後，天皇が京ではなく，各地の戦国大名の拠点を転々としていたから。
エ　皇位継承のための資金を得ることが難しいほど，経済的困窮に陥っていたから。

問７　下線部⑥について――。

武士の皇位継承への関与の例としてもっとも適切なものを，次のア～エの中から１つ選び，その記号で答えなさい。

ア　源平の戦いの中で，源頼朝は京とは別に新たな天皇を鎌倉に迎えた。

イ　承久の乱に勝利した幕府は，後鳥羽上皇を隠岐に流し，新たな天皇を即位させた。

ウ　北条泰時が制定した御成敗式目は皇位継承についての法としても使用された。

エ　蒙古襲来（元寇）に際して，北条時宗は後醍醐天皇を即位させた。

問８　下線部⑦について――。

江戸幕府と朝廷の関係を説明した文としてもっとも適切なものを，次のア～エの中から１つ選び，記号で答えなさい。

ア　六波羅探題を設置して，朝廷の統制を行った。

イ　禁中並公家諸法度を定めて，天皇や公家の生活・行動を規制した。

ウ　幕府は朝廷による官位の授与や改元・改暦の権限を否定した。

エ　幕府は朝廷の許可を得て，日米修好通商条約を結んだ。

問９　下線部⑧について――。

近代の皇位継承に関係する文として**適切でないもの**を，次のア～エの中から１つ選び，記号で答えなさい。

ア　王政復古の大号令が出される以前から，明治天皇は在位していた。

イ　明治天皇の死去を受けて，第一次世界大戦前に大正天皇は即位した。

ウ　大正天皇から昭和天皇への皇位継承は，譲位によってなされた。

エ　昭和天皇の在位は太平洋戦争をはさんで60年以上にわたった。

2　**次の文章を読み，後の問いに答えなさい。**

平成の終わりの時期，岐阜県関市にある「道の駅平成」という施設は多くの観光客で賑わいました。道の駅は全国に1,000駅以上あり，レストランや休憩施設，資料館のほか①産地直売所などが設置されています。道の駅は地域色豊かなサービスを提供するとともに，地域経済の活性化などの効果も期待されています。

富山県にも道の駅が15駅あります。富山県は，夏季の②日照に加え，黒部川や③神通川をはじめとする大小さまざまな河川を利用した④農業地帯として有名ですが，富山湾から水揚げされる魚介類を中心に発達した港町も多く，食に恵まれた県となっています。また⑤豊富な電力資源にも恵まれ，近年では日本海側屈指の工業県に発展しました。

富山県北西部の氷見市では特に漁業が有名で「ひみ寒ぶり」をはじめ多くの魚が水揚げされています。近年は海の幸だけでなく最高級黒毛和牛の「氷見牛」や「氷見米」など山の幸も生産され，⑥ブランド力を高めることで消費者の購買意欲を高めています。しかし多くの地域がそうであるように，氷見市においても人口減少が進行しており⑦第１次産業就業者を取り巻く環境にも変化が生じています。

そうした中で，⑧氷見市においては地域おこし協力隊制度を活用するなど，試行錯誤しながらまちづくりを行っています。2000年代以降，高速道路の整備や道の駅のリニューアルにより街の産業が活性化しましたが，⑨日帰り客が増えた一方で氷見市での宿泊客数は伸び悩んでおり，今後のまちづくりの方策が検討されています。

問１　下線部①について――。

産地直売所の設置により生じる地域の変化について説明した文として**適切でないもの**を，次のア～エの中から１つ選び，記号で答えなさい。

ア　産地直売所の周辺地域における第１次産業の雇用(こよう)機会が増える。

イ　産地直売所で販売(はんばい)される作物の品質が均一化されて食の安全性が高まる。

ウ　産地直売所へ出荷する生産者同士のコミュニティが活性化しやすくなる。

エ　産地直売所を利用する生産者が６次産業化を進めやすくなる。

問２　下線部②について――。

富山市における２月３日の南中時刻が12時05分のとき，横浜市の南中時刻としてもっとも近いものを，次のア～エの中から１つ選び，記号で答えなさい。ただし，富山市は東経137度13分＊，横浜市は東経139度38分の地点とします。

＊分は度より下の単位であり，経度は60分で１度になります。

ア　11時55分　　イ　12時00分　　ウ　12時10分　　エ　12時15分

問３　下線部③について――。

神通川流域では過去に重大な公害が発生しました。日本各地の公害について説明した文として**適切でないもの**を，次のア～エの中から１つ選び，記号で答えなさい。

ア　東北地方には，陸上から流入した栄養分などにより水域のプランクトンが大量発生して多くの魚介類が死滅(しめつ)した地域がある。

イ　関東地方には，地下の天然ガスを採掘(さいくつ)しすぎたために地下に空洞(くうどう)が生まれて地盤沈下(じばんちんか)を引き起こした地域がある。

ウ　近畿地方には，石油化学コンビナートから排出(はいしゅつ)された大気汚染(おせん)物質が原因となって住民の間で高熱病が広がった地域がある。

エ　九州地方には，化学工場から海や河川に排出された有機水銀を吸収した魚介類を食べた住民の間で多数の死者が発生した地域がある。

問４　下線部④について――。

次の［表２］は，4つの道県における農業品目別の産出額割合の上位５品目を示したものであり，ア～エは，富山県，北海道，茨城県，静岡県のいずれかです。富山県にあたるものを，［表２］のア～エの中から１つ選び，記号で答えなさい。

［表２］

ア

品目	(%)
野菜	41.7
米	17.5
鶏卵(けいらん)	10.4
豚(ぶた)	8.1
いも類	5.7

イ

品目	(%)
生乳	29.1
野菜	16.6
米	10.0
肉用牛	7.9
いも類	5.9

ウ

品目	(%)
米	68.2
野菜	8.9
鶏卵	6.7
果実	3.3
豚	3.2

エ

品目	(%)
野菜	32.1
果実	13.3
工芸作物	9.3
米	8.7
花き	7.3

統計年次は2017年。「生産農業所得統計」より作成。

問5　下線部⑤について――。

次の［**表3**］は，3つの県における発電方式別の発電量割合（%）を示したものであり，**A**～**C**は，富山県，大分県，沖縄県のいずれかです。**A**～**C**と県名との正しい組み合わせを，後の**ア**～**カ**の中から1つ選び，記号で答えなさい。

［**表3**］

	火力	水力	太陽光	風力	地熱	その他
A	99.4	—	0.2	0.4	—	—
B	89.1	4.9	1.9	0.0	4.1	—
C	34.1	65.7	0.2	0.0	—	—
全国	81.4	9.5	1.2	0.7	0.2	7.0

統計年度は2018年度。「電力調査統計」より作成。

	ア	イ	ウ	エ	オ	カ
A	富山県	富山県	大分県	大分県	沖縄県	沖縄県
B	大分県	沖縄県	富山県	沖縄県	富山県	大分県
C	沖縄県	大分県	沖縄県	富山県	大分県	富山県

問6　下線部⑥について――。

近年，さまざまな分野でブランド力の向上を図る工夫が行われています。この理由の一つには，関税の引き下げで輸入品との差別化を図る必要性が高まったことがあげられます。関税が高いとその国の輸入量が増えにくいため，国際貿易の拡大によって関税は引き下げられつつあります。このことを踏(ふ)まえて，以下⑴～⑵の問いに答えなさい。

⑴　次の［**図1**］は，日本と外国との貿易の仕組みを簡単に示したものです。この図のなかで，関税のやり取りを示した流れとして適切なものを，［**図1**］の**ア**～**エ**の中から1つ選び，記号で答えなさい。

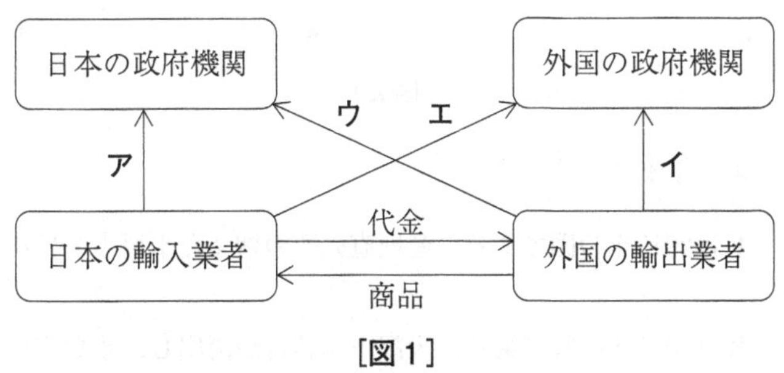

［**図1**］

⑵　関税は，その国および品目ごとに課税額が異なります。日本の基準で，コメよりも1kgあたりの関税額が高く設定されている農産物を，次のページの**ア**～**エ**の中から1つ選び，記号で答えなさい。

問７　下線部⑦について――。

次の［図２］は，富山県の第１次産業就業者の割合を市町村ごとに示したものであり，Ｊ・Ｋは2000年・2015年のいずれかを示した図です。［図２］とそれに関連することがらについて述べた文としてもっとも適切なものを，後のア～エの中から１つ選び，記号で答えなさい。

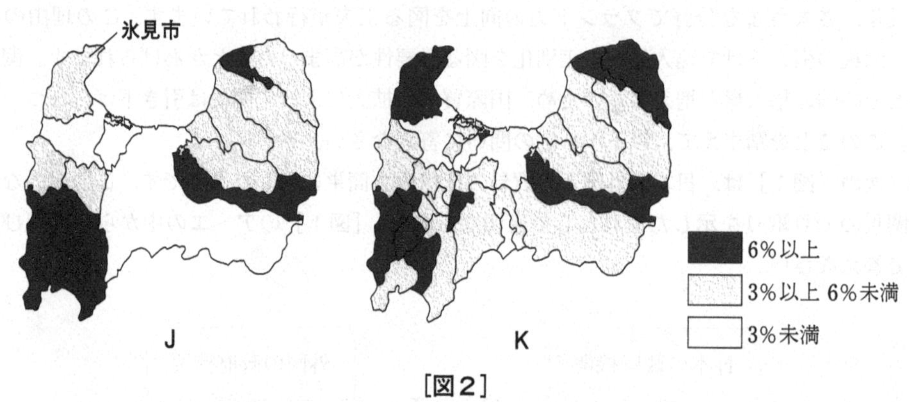

［図２］

「国勢調査」より作成。

ア　Ｊは2000年，Ｋは2015年の図であり，産地直売所の増えた氷見市では第１次産業就業者の割合が増加した。

イ　Ｊは2000年，Ｋは2015年の図であり，大都市へ若者が流出した氷見市では第１次産業就業者の割合が減少した。

ウ　Ｊは2015年，Ｋは2000年の図であり，産地直売所の増えた氷見市では第１次産業就業者の割合が増加した。

エ　Ｊは2015年，Ｋは2000年の図であり，大都市へ若者が流出した氷見市では第１次産業就業者の割合が減少した。

問８　下線部⑧について――。

氷見市は本校の創立者である浅野總一郎の出身地です。總一郎は数々の失敗を経験しながらも一代で浅野財閥（ざいばつ）を立ち上げ，京浜工業地帯の基礎（きそ）を築きました。

次の［**図３**］は，京浜工業地帯で生産された重化学工業製品の出荷額とその割合を示したものであり，**Ｐ**・**Ｑ**は1986年・2016年のいずれかを示した図です。また，**Ｘ**～**Ｚ**は金属工業，機械工業，化学工業のいずれかです。このうち，2016年と機械工業にあてはまる組合せを，後のア～カの中から１つ選び，記号で答えなさい。

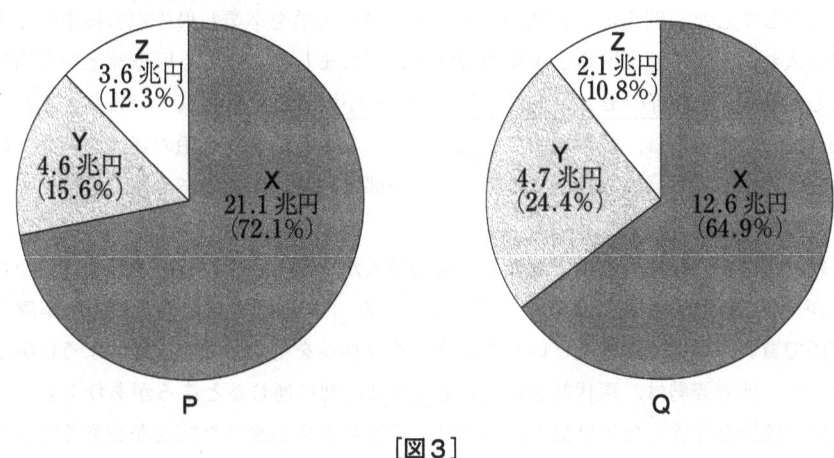

［**図３**］

「工業統計表」により作成。

	ア	イ	ウ	エ	オ	カ
2016 年	P	P	P	Q	Q	Q
機械工業	X	Y	Z	X	Y	Z

問９　下線部⑨について――。

日帰り旅行者は，高速交通の発達などによって増加しています。次の［**表４**］は，4つの都道県における定期航空便が就航する空港の数と，鉄道輸送人数を1000としたときの航空輸送人数を示したものであり，ア～エは，富山県，北海道，東京都，鹿児島県のいずれかです。東京都にあたるものを，［**表４**］のア～エの中から１つ選び，記号で答えなさい。

［**表４**］

	定期航空便が就航する空港の数	鉄道輸送人数を1000としたときの航空輸送人数
ア	12	30.4
イ	8	93.5
ウ	7	2.9
エ	1	5.2

統計年次は 2016 年。『データでみる県勢』より作成。

3 次の文章を読み，後の問いに答えなさい。

私たちの社会生活は様々な技術によって支えられています。スマートフォンや①電子マネー，電子決済などの登場で，ここ20年の間に私たちの生活は大きく変わり便利になりました。ただ，技術の進化による生活の変化自体は，進む速さに違いはあるものの，必ずしも現代社会に特有のものではありません。

新しい技術が産業を発展させ社会を豊かにしてくれるという経験を，人間は今までも数多くしてきたのです。本校を創立した浅野總一郎も様々な事業を展開する中で，先進的な技術を産業の発展に活かそうとしました。例えば，自社のセメント工場に大学を卒業し最先端の技術や知識を持った人々を雇い入れ，工場の整備改良と生産力の向上に努めました。中でも回転窯という当時の最新技術を導入した結果，②浅野のセメントは一気に競争力が増したと言われています。また，後に海運業にも乗り出した總一郎は，燃料として［あ］ではなく石油を使う船の建造を考えていました。これらは当時の水準では高度な技術でしたが，總一郎は同時代の人たちの協力も得て実用化させる努力をしたのです。

一方，總一郎は新しい技術だけではなく，普通の人がゴミとして処分しそうな廃物を巧みに利用することが上手な人物でもありました。例えば，［あ］を燃焼させた後に残る産業廃棄物のコークスを安価で買い，燃料や消毒薬という商品をつくり利益を得たのです。このように廃物を商品にするという總一郎の姿勢は，現代社会における③３Ｒ活動に通じるところがあります。

④高度経済成長を経験した20世紀の日本には，産業を支える優れた技術が数多く存在しました。しかし，技術の進歩は時に新たな課題を私たちに投げかけます。例えば1960年代に大きな問題となった⑤公害問題はそのような課題の一つです。こうした課題に答えるべく，昨今の技術は経済成長をもたらし，かつ環境にもやさしい技術という方向性を持たなければ評価されなくなりました。浅野總一郎が得意だった廃物の活用という発想は，現代社会における技術の可能性を考える上でも役立つものだと言えるでしょう。

一方，現代社会では，単に技術を用いるだけでは解決するのが難しい問題が提起されているのも事実です。例えば，医療技術が発展したことで，日本人の平均寿命は男女とも伸び続けています。技術の発展がよい結果をもたらしたとも言える反面，社会の高齢化が進行することで，⑥高齢者介護や社会保障制度をどのように維持していくべきかが新たな難問となっています。つまり，技術の進歩が新たな社会問題を引き起こしているのです。また，技術は単に生産的な側面だけを持つものではなく，時には破壊的な側面を持つこともあります。⑦技術を応用することによって人間の存在自体が脅かされた事態も，人間は数多く経験をしています。実際に20世紀はこのような技術の負の側面が噴出した世紀でした。新技術を用いることで生じるこうした側面から眼をそむけてはならないのです。

本来，技術とは⑧人間が活動する上でこれができればよいと考えた内容を形にしたものであって，社会生活や人間の活動と密接に関わっていることを忘れてはなりません。浅野總一郎は様々な事業を行う中から技術の必要性に気がつき，その実用化に向けて努力しました。「今なければならない技術とは何か」について考えることが，私たちに求められています。

問１　［あ］にあてはまるもっとも適切な語句を**漢字２字**で答えなさい。

問２　下線部①について――。

電子マネーや電子決済の使用について述べたものとしてもっとも適切なものを，あとのア～エの中から１つ選び，記号で答えなさい。

ア　ICカードなどの電子マネーの不正使用が問題になったので，スマートフォンを用いた電子決済では対策がなされ不正使用されることはなくなっている。

イ　電子マネーや電子決済を利用することで利用者は簡単に支払いができる一方，導入する会社は利用者のデータを商品販売に活用することができる。

ウ　スイカやパスモなどの交通系電子マネーは発行した会社の路線では自由に利用できたが，最近全国すべての交通機関で利用できるようになっている。

エ　電子マネーや電子決済の利用が普及することによって，紙幣や硬貨が利用される機会が減り景気に悪影響を与えることが心配されている。

問３　下線部②について――。

浅野のセメントが競争力を持った理由を次のように説明した場合，（１）（２）にあてはまるもっとも適切な言葉を**漢字１字**で答えなさい。

工場で様々な点を改良した結果，製品の（　１　）が一定の水準を満たすようになり，かつ生産効率が上がることでたくさんの製品をより（　２　）い値段で売ることができるようになったから。

問４　下線部③について――。

浅野總一郎によるコークスを利用した商品の開発は，3R活動の何に相当するか答えなさい。

問５　下線部④について――。

高度経済成長期に起きた出来事として**適切でないもの**を，次の**ア**～**エ**の中から１つ選び，記号で答えなさい。

ア　日本で初めてのオリンピックが東京で開催された。

イ　オフィスや工場の機械化（ＯＡ化，ＦＡ化）が進んだ。

ウ　冷蔵庫や洗濯機など「三種の神器」が話題となった。

エ　エネルギー革命の進展によって炭鉱の閉山が増加した。

問６　下線部⑤について――。

公害問題は，利益の追求を最優先にして企業が活動したことにより，その活動の外部にいた人々が影響を受けた問題であると言えます。これと同様に，企業活動の外部にいる人が損害を受けた事例としてもっとも適切なものを，次の**ア**～**エ**の中から１つ選び，記号で答えなさい。

ア　Ａ市の中心部にあった工場が他の場所に移転してしまったため，商店街の売り上げが大幅に減り閉店する店が相次いだ。

イ　Ｂ駅から離れた場所に新しく大型のショッピングモールができたため，その付近の人々はＢ駅付近の商店街に買い物に行かなくて済むようになった。

ウ　Ｃ市の市議会で市の指定ゴミ袋の有料化が決定されたため，市民は従来のポリ袋より割高な指定ゴミ袋を買わなければならなくなった。

エ　Ｄさんの家の近くには史跡が整備されずに放置されていたが，市の調査が終わり史跡公園になったためたくさんの人が訪れるようになった。

問７　下線部⑥について――。

高齢者介護や社会保障制度をとりまく現在の状況に関する記述としてもっとも適切なものを，次のページの**ア**～**エ**の中から１つ選び，記号で答えなさい。

ア　社会の高齢化によって政府が出費する社会保障費用が急速に増加しているため，社会保障制度に関わる資金をすべて地方自治体による負担とし，運用は政府が実施することが決まった。

イ　日本の現在の社会保障の水準をそのまま継続させることが将来的に困難になっているので，国や地方自治体が社会保障制度の運用から撤退することが決まった。

ウ　社会の高齢化にともなって介護施設が不足するとともに，介護に対する要望も多様化しているため訪問診療やホームヘルパーの派遣が行われるようになった。

エ　社会保障制度を維持するための費用として法人税が増税されたにもかかわらず，福祉の財源が不足したため，さらに所得税を増税することになった。

問8　下線部⑦について――。

このような事態の例として核兵器の存在をあげることができます。1990年代以降の核兵器のあり方をめぐる動きとしてもっとも適切なものを，次のア～エの中から1つ選び，記号で答えなさい。

ア　戦後，世界全体での核兵器の保有総数が最も多くなったのは2000年代前半であり，それ以降は核兵器の保有総数は減少している。

イ　2017年に核兵器禁止条約が採択され，米国と北朝鮮以外のすべての核保有国が条約に参加したことで，核兵器の全面禁止と根絶の方向性が示された。

ウ　核兵器に反対する市民運動は冷戦時代から存在するが，2017年にＮＧＯ団体「核兵器廃絶国際キャンペーン（ICAN)」がノーベル平和賞を受賞した。

エ　冷戦下では米ソ英仏中の五カ国が核保有国だったが，冷戦終結後にインド，パキスタン，北朝鮮が新たな核保有国になっている。

問9　下線部⑧について――。

子どもから高齢者まであらゆる人々の社会生活がスムーズに営めるような技術的工夫を行うことが，現代の社会生活において重要なことであると認識されるようになっています。次の［図４］はこのような工夫の一例ですが，１つだけ特定の人々を対象として設置されたものがあります。それにあたるものを，［図４］のア～エの中から１つ選び，記号で答えなさい。

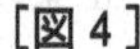

［図４］

ア

イ

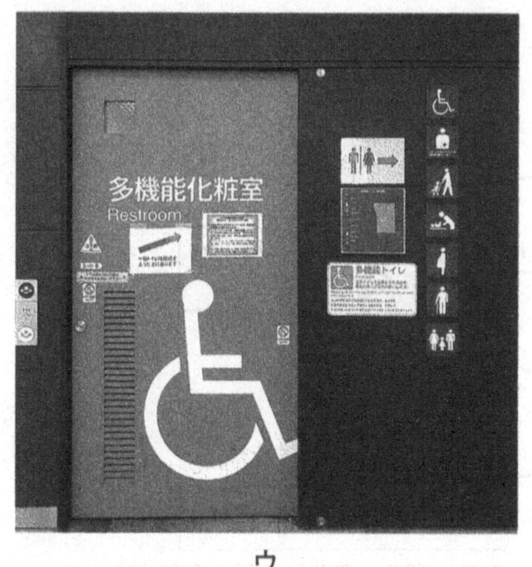

ウ

エ

4 **次の文章を読み，後の問いに答えなさい。**

Ｘくんの通うＡ中学校は，2020年で創立100周年を迎えます。そこで，社会科の授業で「100年」を切り口に各自でテーマを決めて調べ学習をしました。Ｘくんは夏休みの帰省で祖父母の住む農村では人口が急激に減っていると聞いたので，100年にわたる日本の人口変化を調べることにしました。まず，図書館で人口に関する書籍（しょせき）を何冊か調べ，「国立社会保障・人口問題研究所」のデータが多く用いられていると気づきました。次に，Ｘくんはインターネットで「国立社会保障・人口問題研究所」のホームページを参照しました。そして，下と次のページに示す２つの似たような資料を見つけました。

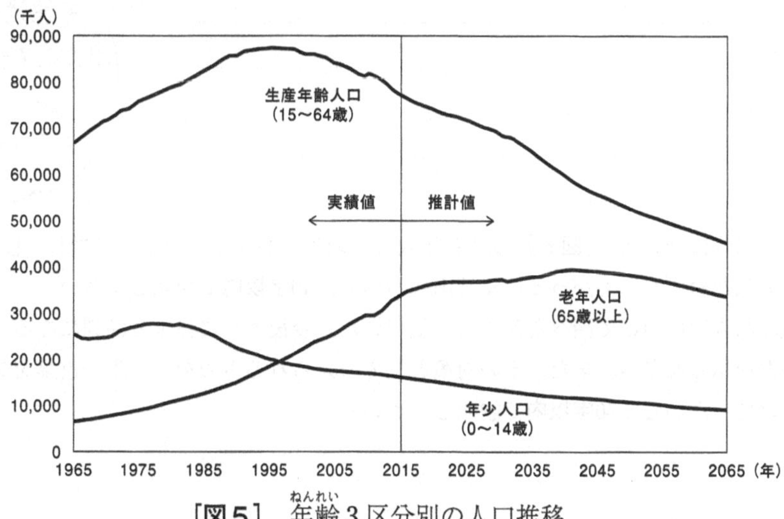

［図５］　年齢（ねんれい）３区分別の人口推移

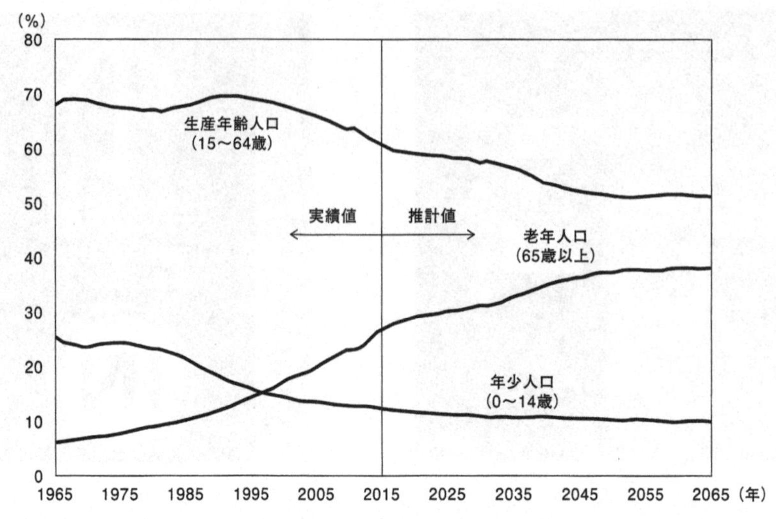

［図６］ 年齢３区分別の人口割合の推移

「国立社会保障・人口問題研究所ホームページ」より作成。

前のページの［**図５**］と［**図６**］は，それぞれ1965年から2065年にかけての日本の年齢区分別の人口と人口割合の推移を示しています。

調べていくうちにＸくんは，生産年齢人口を「生産活動に参加できる年齢の人口」と知りました。そして，今後さらに日本で深刻になるであろう問題に気づき，その対策を調べレポートすることにしました。下に示すのはＸくんの作成中のワークシートと，先生からの一言です。

問題点	○○○○……………
対策	①
	②
	③
	…

いままで，
生産活動に
参加してきたのは
どのような
人々かな？

問１　2045年以降について，［**図５**］の「老年人口」の値が下がっているのに対し，［**図６**］で「老年人口」の値がわずかに上がっている理由について，**40字以内**で説明しなさい。

問２　生産年齢人口について調べたＸくんが気づいた，今後さらに日本で深刻になるであろう問題点とは何かを示しなさい。また，その対策として考えられるものを，先生の言葉を参考にしながら３つ挙げて，あわせて**80字以内**で説明しなさい。

ることによって、文明の変化に対応しながら失敗や間違いを改め、ものごとがほんとうか嘘かどうかを見極め、堂々と将来を決められるということ。

ウ　自分の力で考え、他人の考えをあてにせずにテレビや新聞、コマーシャル、映画などの内容を正しく理解することによって、何がほんとうで何が嘘かを判断し、自然の本質を見極めて、過去の歴史から未来の行く末を推測しながら自分で将来の進路を選ぶことができるということ。

エ　自分で積極的に考え、他人の意見に振りまわされずに世の中のさまざまな考えかたを知り、責任を持ってものごとに取りくむことによって、失敗や間違いを改め、ものごとの真実と嘘を判断し、心の底から自信を持って自分の将来の目標や生きかたを選ぶことができるということ。

問十一　――線部⑨「見る方は、その『本』を制作者が調理したものを見ています」とありますが、それはどういうことですか。**四十字以上五十字以内**で答えなさい（**句読点・記号も一字に数えます**）。

ますが、それはどういうことですか。その説明としてもっとも適切なものを次の**ア**～**エ**の中から一つ選び、記号で答えなさい。

ア　人類の意志や想定をはるかに超えている歴史の存在を、人間が想像することはできないこと。

イ　世界規模での人類の歴史の進み方は一直線であり、変化の時期を予測することが難しいこと。

ウ　科学的に説明することはできないあらゆるものごとを、一つ一つ地道に検証しつづけること。

エ　人々が他人の言葉を飲みこみ、ものごとを確かめなかったという失敗が明らかになったこと。

問七　――線部⑤「自然を知ることで、自分の大きさもわかってきます」とありますが、それはどういうことですか。その説明としてもっとも適切なものを次の**ア**～**エ**の中から一つ選び、記号で答えなさい。

ア　自然のすばらしさとおそろしさに畏敬の念を持つことによって、人間が長生きすることはあまりよくないと判断できるということ。

イ　自然の営みに感動して、その偉大さを感じ取ることによって、自然の中で人間の生活が営まれている事実を理解できるということ。

ウ　美しく大きな自然に包まれて生きていると思うことによって、人間が他者の意見にまどわされずに、楽しく生きられるということ。

エ　自然の力強さに人間は太刀打ちできないと知ることによって、人間が本能的に生きなくてはならない現実を実感できるということ。

問八　――線部⑥「スケッチをするのは、景色とのお見合いだ」とありますが、それはどういうことですか。次の□にあてはまる形で**四十字以上五十字以内で答えなさい（句読点・記号も一字に数えます）**。

スケッチとは、□ことである。

問九　――線部⑦「本を読まない」とありますが、「本を読まない」ことでどのようなことがもたらされると筆者は考えていますか。その説明としてもっとも適切なものを、次の**ア**～**エ**の中から一つ選び、記号で答えなさい。

ア　勉強し、苦労し、発見した先人がのこした知恵を知ることができないので、本を読んだ後に旅に出るきっかけが失われること。

イ　文字で表現された内容を進んで理解するような機会がなくなり、単なる文明の利器の手軽なおもしろさで満足してしまうこと。

ウ　文明の利器の手軽なおもしろさに押されてしまい、テレビや映画を見ることに比べて、読書を楽しむことができなくなること。

エ　文明の変化を通じ、テレビやスマートフォンが積極的におもしろさを提供することでのみ、考える楽しさを人々に与えること。

問十　――線部⑧「本を読む」とありますが、様々な本をたくさん読むことの利点について筆者はどのように考えていますか。本文全体をふまえつつ説明している文としてもっとも適切なものを、次の**ア**～**エ**の中から一つ選び、記号で答えなさい。

ア　自分のゆるぎない意見を大切にして、他人の意見にまどわされずに考えることによって、先人が苦労して勉強や発見をしたときの心情に寄りそい、さまざまな場所をめぐる旅を通じて心を豊かに成長させ、前向きの姿勢で他人よりも満ち足りた人生を送ることができるということ。

イ　自分の考えを基本に置いて、他人の意見を批判する一方で世の中のさまざまな考えかたを吸収し、周囲と協力して責任ある行動をす

注1 **流言**～根拠のないうわさ。
注2 **霊長類**～霊長目のほ乳類の総称。ゴリラやチンパンジーなどのサル類が属し、ヒトも含まれる。
注3 **畏敬**～心からおそれうやまうこと。
注4 **津和野**～島根県の南西部の町。筆者の出身地。
注5 **デカルト**～一五九六－一六五〇、フランスの哲学者、数学者。

問一 ――線部①「そもそも『予報』なんですから、ほんとうのことはわからない、という大前提があります」とありますが、この「大前提」を筆者は別の箇所でどのように言いかえているでしょうか。それを表すもっとも適切な表現を本文から探し、**五字以内**でぬき出して答えなさい**（句読点・記号も一字に数えます）**。

問二 [A] に入れる表現としてもっとも適切なものを、次の**ア**～**エ**の中から一つ選び、記号で答えなさい。

ア 頼ることができる情報を求めていくこと
イ 考えつづけていかなくてはならないこと
ウ 受けとめたうえで理解していくべきこと
エ 考えなくてもすむようになっていること

問三 [B] に入れる表現としてもっとも適切なものを、次の**ア**～**エ**の中から一つ選び、記号で答えなさい。

ア 役に立たないものでも、困っているときはすがってしまう
イ 最悪の事態になって困ると、かえって意外な活路が開ける
ウ 助かりそうもない非常に危険な状態から、どうにか助かる
エ 苦しいことも過ぎてしまえば、その苦しさを忘れてしまう

問四 ――線部②「消費者をおぼれさせ、藁をつかみたい気持ちにさせています」とありますが、それはどういうことですか。その具体的な例として**適切でないもの**を、次の**ア**～**エ**の中から一つ選び、記号で答えなさい。

ア 人々が限定グッズの宣伝広告を見ることによって、販売店に殺到すること。
イ 人々が無料のゲームに親しむことによって、有料ゲームに誘導されること。
ウ 人々が季節の流行を取り入れて、新しい洋服や靴を買いそろえていくこと。
エ 人々が季節の移り変わりに応じて、旬の食材を料理に取り入れていくこと。

問五 ――線部③「人を信じさせる魔力がありました」とありますが、それはどういうことですか。その説明としてもっとも適切なものを、次の**ア**～**エ**の中から一つ選び、記号で答えなさい。

ア 人々が将来に期待する出来事がやがて実現すると発言すると、その出来事が起こりうること。
イ 人々が今後に望むことを言い当てる人物が現れると、その人物を信じ、心から頼りきること。
ウ 人々が未来に期待していることが今後に起こると言われると、思いがけず信じたくなること。
エ 人々が過去に待望したことが未来に現実になることにより、冷静な判断ができなくなること。

問六 ――線部④「のちにピラミッドの中に入ったことがありますが、入り口から王の墓までは直線で、曲がってはいませんでした」とあり

が、それでもやはり、その場に行って、スケッチするのはたのしいことです。

注5デカルトは、あらゆる本を読みつくしたあと、旅に出ました。実際に世の中に入って、世間と交わって、さまざまなことを学びとっていこうとしたのです。

（中略）

⑦本を読まないでも、生きていけます。でも、本を読んで生きた人は、同じ十年生きていても、二十年も三十年も生きたことになります。本にもいろいろありますが、多くの本には勉強し、苦労し、発見した先人がのこしたことが書いてあります。

たとえば、「アメリカ大陸を発見するきっかけになった、コロンブスの苦労」は岩波文庫で、たったの数百円で読めるのです。

本を書くとき、人は漠然と書くのではなく、言葉にする段階でよく考えています。それが、本をすすめる理由のひとつです。本はその著者が責任を持って、発言していると、デカルトもいっています。

本が読まれなくなったことは、文明の変化ともいえますが、わかりやすくいえば、テレビや、スマートフォンの持つ手軽なおもしろさに押されてしまったのだと思います。テレビは積極的に「おもしろさ」をわたしたちにさしだし、「おもしろがらせて」くれます。それに対して、本は、「自分で読む」ということをしなければ「おもしろさ」がわかりません。そして、こちらから積極的に働きかけなければ、何もしてくれない、という違いがあります。

テレビや映画は、受け身で見ることができます。特にテレビは、視聴者をできるだけたくさん集めようとするので、見る人があまり考えないでも楽にわかる、あるいは知ることができるように作られています。

一方、「⑧本を読む」ということは、文字で書かれた場面や時間の経過を、自分自身でつかんでいくことになります。

もちろん、テレビや映画でも台本は「本」ですから、ディレクターや、監督など、制作者はそれがなくては仕事ができません。けれども⑨見る方は、その「本」を制作者が調理したものを見ています。

本は、自分が行こうとしなければだれも連れていってはくれません。それと比べて、テレビはつけてしまえば、勝手に情報がやってくるので、自分でその道をたどらなくても、最後まで連れていってくれます。その意味で本とテレビとは比べて考えるものではないのかもしれません。

そもそも本は、ひとつの道を自分でたどりながら読み、内容が理解できていく、そのことがおもしろいのです。

「本を読む」ことと、「自分で考える」ことはつながっていると思います。

「本を読むことは、自分の考えかたを育てること」です。とにかく、子どもたちには、自分で考えるくせをつけてほしいと思います。だれか偉い人がいっていたからとか、テレビでいっていたからとか、判断を他人に任せるようではつまらないではありませんか。でも、自分で考えるためには、日頃の訓練が必要です。頭がやわらかいうちに、たくさん本を読んで、世の中にはいろんな考えかたがあることを知りたいものです。

本を読むことは、ひとりの仕事ですから、競争にはなりません。また、表面だけきれいにするお化粧に比べて、本を読んでいることは、ほかの人にはわかりません。けれども心の中は美しくなり、ひそかに誇りを持つことができるのです。

（安野光雅『かんがえる子ども』による）

るかに自然はすごいものです。申しあわせたわけでもなく、本能的（遺伝子的）にそうなっている、そのことに感動します。

以前、国語の教科書を作ることになって、「水」について取りあげたほうがいいだろう、ということになりました。わたしは絵を担当していたのですが、水について書かれた文章を読むと、「水がないと生きていけない」などと、ただ水を賛美するような内容で、おもしろくない。水というのは、水害だったり、津波（つなみ）となって押しよせたりというように、人間にとってはおそろしいほどの、ものすごいエネルギーを持つ側面がある。水の持つ本質を書かないで、ありきたりなことを書いても意味がないと思いました。自然の水が持つ力はすごいもので、人間がかなうものではありません。

自然の中で生きていることを知り、その自然に心を動かされた経験が積みかさなって、自然に対する注3畏敬（いけい）と、「美しい」と思う感性が育てられていくのだと思います。

あるとき、注4津和野（つわの）の美術館建設にかかわった大工さんに「木の年輪って、なんてきれいなんだろう」と話したら、「それは自然が百年かかって描いたんですから」といっていました。

わたしたち人間も自然の中のいきもので、人間も死にます。そのことがわかると、ただ長生きすればいいというものではない、ということもわかります。そして、自然というものを畏敬の念を持って見ると、我々人間などは、取るにたらないものだと悟（さと）ることができます。⑤自然を知ることで、自分の大きさもわかってきます。

「自然」とはどのようなものかを知ろうとした日高さんは、そんなことを哲学者（てつがくしゃ）より、わかっていたと思います。

わたしは、街から街、国から国へと、ときに迷いながら旅をして、スケッチをしてきました。その場で腰（こし）をおろして絵を描いていると、その絵がうまくいかなくても、何とも心豊かな時間が過ぎていきます。そして、不思議なことに、同じ時間をかけていても、普段よりもたくさんの絵が描けます。そこに立っている木に、何を感じて描くか。そのことで絵は違ったものになるのだろうと思っています。

実際にスケッチをした場所は、写真で見た場所よりも、ずっと心に残るものです。写真を見て絵を描くことはできますが、わたしの場合、その写真に似た絵は描けても、実物を見て描いたものとはどこか違ってきます。人と会ったときがいい例で、写真で見た感じと、実際に会った感じが違うことがあるのと同じだろうと思います。

スペインを旅していたとき、ここで絵を描いたらいいかな、と思う場所がありました。でもはるばる日本から来たのだし、もっといい場所があるだろうと、先へ先へと進んでいきました。そして、「やっぱり最初に出会ったあの景色がいいな」と戻ってみたのですが、動かないはずの風景が、変わっているのです。せっかく描きに戻ったのに……と思いましたが、風景だからいつも同じものがそこにある、というほうが間違いなのでした。そもそも、太陽や雲の位置が違いますし、船も同じ位置にいるわけではありませんし、天候も変われば、何より自分の気持ちも変わるので、その場所に戻ってみても、最初に出会った景色ではなくなっているわけです。よくわたしが、「⑥スケッチをするのは、景色とのお見合いだ」というと、みんな笑いますが、冗談（じょうだん）ばかりではありません。

スケッチをするために旅をして、道に迷ったり、宿が見つからなかったり、山の中の霧（きり）でおそろしい目にあったり、旅の苦労話はつきません

「よって、件の如し」という成句を知っている人は少なくなりました。「件」とは、漢字の形のとおり、顔が人間で、体が牛の姿をした怪物のことで、その怪物が生まれると、一回だけ予言をするといわれていました。

戦争の末期には、その不思議な牛が、岡山県のどこかで生まれ、人間の声で、「戦争はあと四年で終わる」といい残して死んだのだそうな、という流言を信じた人がありました。これも、戦争が終わってほしいという「待望」が「理性」を失わせたのです。

（中略）

人の意見にまどわされないようにするためには、どんなことにも、心が動かされない頑丈な地点に立って、つまり人がどうあろうと、自分はあわてない、という堂々とした考えかたが必要になります。

テレビでこういっていた、新聞にこう書いてあった、などと、自分の意見はなく、ただただ人のいうことを本気にするだけというのは良くないと思います。

「自分で考える」ことは、前向きの姿勢の第一歩です。自分でやろうという気持ちが大事だと、わたしは思っています。

以前、あるサイン会でこんなことがありました。

絵を描いている人から、小さい声で「どんな鉛筆を使っているんですか。紙は何ですか？」と聞かれました。そのときわたしは「いくらでも教えるけれども、わたしに聞かないほうがいいのにな、自分で見つけた方が勉強になるのになあ」と思いました。

自分の考えで責任を持ってものごとに取りくめば、たとえ失敗したり、間違ったりしたとしても、改めることができます。ところが、最近は、親が○○学校へ行くのがいいといったからとか、○○試験を受けたらいいといったからなど、自分で考えればいいのに、と思うことまで人任せで、自分で選ぶ力がなくなっているような気がします。

自分で考え、判断することの中から、これはほんとう、これは嘘、とものごとを見極めていけるようになりたいと思うのです。「学問」とは、何がほんとうか、何が嘘かを判断していく、そのためにあるのだともいえます。

「自分の考え」がなくなってきている、ということは困ったことで、「自分の考え」がないと、無責任になってしまいます。人の意見に振りまわされたり、まどわされたりして過ごすようでは、おもしろくない生きかたになってしまいます。

人間は何でもできる、と思っているけれど、昆虫や動物、植物など、自然のものは作れません。動物行動学者の日高敏隆さんが、「自然はよくできている。たとえば、鼻でものをつかむゾウなんて、人は考えられなかっただろう」といっていました。

自然にはかないません。でも、自然にかなわない、と思うためには、自然を知らなければなりません。

注2霊長類学者の河合雅雄さんの本で読んだのですが、キョクアジサシは、最も長い距離を移動するといわれる渡り鳥で、だれに教えられたわけでもないのに、白夜になる場所を知っていて、北極と南極の間を行ったり来たりするそうです。

ほ乳類の赤ちゃんも、だれかに教えられたわけではないのに、おっぱいを飲みます。生まれてすぐに、大きくなろうと一生懸命です。

そのような自然の姿には、頭がさがります。絵描きなんかよりも、は分で考えていないことは、日常的によくあることです。

ほかにも「 A 」に、どんなことがあるのか、ぜひ、考えてみてほしいと思っています。

「おぼれる者は藁をもつかむ」というのは、じつにいいことわざだと思っています。このことわざは、 B という意味がありますが、世の中のほとんどのものごとが、このことわざにあてはまります。

ものを売りつけようとする人は、この気持ちを利用しています。つまり、藁を売れば元手がかからず、もうかるので、藁を売りたい。そして、藁を買ってもらうためには、まず、おぼれさせなくちゃいけない。そして、つかんだ人は、それを藁とは思っていない。これは、振りかえってみると、とてもよくあることです。

たとえば、「若見え」という言葉をわたしは疑っています。

「このクリームで十歳、若く見えます」というようなコマーシャルがあります。「若く見えてどうするんだろう、年齢相応の美しさを目標にすればいいのに」と思いますが、まず「若く見える方がいい」と思わせて、②消費者をおぼれさせ、藁をつかみたい気持ちにさせています。わたしたちはそれに気がついていません。

小じわをのばすクリームや、やせる薬など、そんなに早く効いたらこわくないだろうか？　と思うほど、みるみるうちに効くというのですから、わたしは警戒します。実際に、美白効果とうたって、白いまだらができた事件がありました。

コマーシャルの短い時間の中でいいたいことをたくさんいおうとすると、そうなりやすいのか、棒グラフなどの統計グラフを持ちだして、説得しようとしている場面は、わたしにはかえって安易に見えます。グラフには科学的な装いがありますので、ますます信用できません。グラフは科学の所産ですが、それをよく見て内容を納得するためには時間がかかります。ところが、コマーシャルのグラフはすぐに消えてしまいます。

（中略）

わたしは、何もかも疑います。子どもの頃から疑っていました。神さまが罰を与えるとか、血液型でその人の性格がわかるとか、手相で運命をいいあてるとか。わたしたちが一番知りたい明日のことや、一寸先の闇について、想像することはできても、それを科学的に説明することはできないと思い、それを知る超能力のある人の存在を疑いました。

戦時中、「写真週報」という一種の雑誌に載っていたと、先生が話してくれたことで、いまも覚えていますが、ピラミッドの中に道がついていて、それは謎の地点でへこんでいたり、曲がっていたり、変化しながら前に進んでいるというのです。その変化のタイミングは、なんと、世界史を予言するかのように、史的大事件の起きる時期とピタリあてはまるというのです。そして、太平洋戦争にあてはめて、最後の事件が起こったところから、次に変化するところまでを測ってみると、あと四年でこの戦争（太平洋戦争）は終わるというのでした。

わたしは信じなかったけれど、この戦争があと四年で終わる、という話は③人を信じさせる魔力がありました。「待望」と「予言」がひとつになったとき、人々は理性を失って、何かにすがるように注1流言を信じようとしたのです。

④のちにピラミッドの中に入ったことがありますが、入り口から王の墓までは直線で、曲がってはいませんでした。

満だが、今日初めて話す田崎さんにそのことを言ってよいかどうか迷っている。

ウ　田崎さんと伯母さんが結婚するかどうかは最終的には二人の気持ちしだいだが、自分は田崎さんとどのくらいの距離を取るべきかを探ろうとしている。

エ　田崎さんと伯母さんがどうなるかは二人の問題だが、結婚した結果自分の居場所がなくなってしまうことが心配で、田崎さんに気に入られようとしている。

問九　――線部⑦「前にくらべて、やわらかくなった」とありますが、それはどういうことですか。**三十五字以上四十五字以内**で説明しなさい。

問十　本文では大地の変化がどのように描かれていますか。その説明としてもっとも適切なものを次の**ア**～**エ**の中から一つ選び、記号で答えなさい。

ア　サッカー部でレギュラーになることを伯母さんから期待されているので、ふがいない自分がその期待に応えられないことを負担に感じていたが、田崎さんのアドバイスをきっかけに自分の思いすごしに気づきはじめている。

イ　周囲の状況をきちんと理解して行動できるよさがあるのに、サッカー部でレギュラーになれない負担から、自分のよさに自信が持てずにいたが、伯母さんや田崎さんとのやりとりを通じて他人にはどう見えているかに気づきはじめている。

ウ　サッカー部でレギュラーになれないためにチームメイトや家族の目を気にしすぎるところがあり、自分らしさを見失ってしまっていたが、伯母さんや田崎さんからのアドバイスを受けて今のままの自分でよいのだと思えるようになってきている。

エ　サッカー部でレギュラーになれなくても、自分にできることを積極的に探すことで部の中に居場所を見つけ、チームメイトからも信頼されてきたが、本当はレギュラーになってほしかったという伯母さんの思いを知り、このままでいいのか動揺している。

三　次の文章を読んで、後の問いに答えなさい。

この頃の天気予報は、「雨になるおそれがあるので、傘を持ってお出かけになる方がいいでしょう」などと、天気予報以外のこともいいます。天気予報は雨、晴れの情報だけでいいのに、「服を一枚持って出かけましょう」といったりします。サービスのつもりでいっているのだと思いますが、これは、ほんとうは自分で考えることです。

予報士に最後にいわれた、「一枚多めに着ていきましょう」という言葉がテレビを見ている人の頭に残って、そのとおりにしたら「暑かった」なんていうことがあると、文句をいったりします。でも、一枚余計に着ていこうといくまいと、それはこちらの責任です。①そもそも「予報」なんですから、ほんとうのことはわからない、という大前提があります。テレビを見ても、聞いても、自分で考えるという姿勢が大切です。

腰が痛いときはこういう運動をしたらいい、健康にはこんな食べものがいいらしい、という人がいるので、「どうして?」と聞くと、よく「テレビでそういっていた」「人がこういっていた」などと疑いもせずに答えることがあります。ただ何となく、だれかがいっていたからいい、と思ってしまう。テレビや新聞でいっていることをそのまま受けとり、自ギュラーだった人」の心理をよくわかっている発言をしたのに加え、本当は大地がレギュラーになることを期待していたことがわかって驚いた。

イ　伯母さんがこのように言ったのは大地をなぐさめるためのうそだったのだが、それどころか本心では「レギュラーじゃないからお前はダメだ」と思っていると大地は受け取り、それをはっきり言ったので驚いた。

ウ　伯母さんは大地がレギュラーでないことに内心では不満だったことが伝わる言い方を初めて口にしたのだが、大地はその内容よりも「しょうもないうそ」をついていたことを伯母さんが責めなかったことに驚いた。

エ　伯母さんは、レギュラーであった人の言いそうなことを説明したのだが、大地は「レギュラーじゃないからお前はダメだ」と口には出さないが心の中では思っている、という意味にとり、それを口に出したことに驚いた。

問五　――線部④「すごい理屈だ」とありますが、このように思った理由を左のように説明する場合、□に入る表現を、**十字以上十五字以内**で書きなさい。

担任の先生の言葉はいろいろな意味にとれるが、伯母さんは□から。

問六　**B** に入れるのにもっとも適切な表現を、次の**ア**～**エ**の中から一つ選び、記号で答えなさい。

ア　自分に厳しくできる　　**イ**　人のために努力できる

ウ　みんなに厳しくできる　　**エ**　自分のために努力できる

問七　――線部⑤「見誤ってたのは、ぼくのほうだったわけだ」とありますが、「見誤ってた」内容はどのようなことですか。その説明としてもっとも適切なものを、次の**ア**～**エ**の中から一つ選び、記号で答えなさい。

ア　伯母さんは大地がサッカー部のレギュラーだと思っているが、レギュラーになれない人のつらさも、バレーボールの選手だったのでわかると思っていたこと。

イ　伯母さんは、レギュラーになれない選手のつらさはわかっているので、大地がレギュラーになれなくても、サッカー部を続けさせてくれると思っていたこと。

ウ　大地がレギュラーでないことを伯母さんはわかっており、サッカー部の試合を観に来ないのは、それを明らかにして大地に恥をかかせないためだと思っていたこと。

エ　サッカー部のレギュラーにならないとサッカー部を続けさせてくれないと思い、レギュラーになったと言った大地のうそを、伯母さんは信じていると思っていたこと。

問八　――線部⑥「田崎さんは、伯母さんと結婚するんですか?」とありますが、大地は田崎さんとの今後の関係をどのように考えていますか。その説明としてもっとも適切なものを、次の**ア**～**エ**の中から一つ選び、記号で答えなさい。

ア　田崎さんには同性の親しみやすさがあるので、ぜひ伯母さんと結婚してほしいと思い、田崎さんに自分の気持ちを伝えようと思っている。

イ　伯母さんと大地の生活に赤の他人の田崎さんが入ってくるのは不

からだ。

あ、はい、と言って、ぼくは頭を下げ、大型スーパーに入った。そして三階の文具コーナーで、ノートを一冊買おうとした。本当は必要なかったが、伯母さんにああ言った手前、買うしかなかったのだ。

（小野寺史宜（おのでらふみのり）『ホケツ！』による）

注1 **秋月先生**～「ぼく」の担任の先生。

注2 **利実**～「ぼく」のチームメイトの一人。

注3 **父にはそうした**～大地の両親は離婚した。母が大地を育て、父には会わせないのが離婚の条件で、母の死後も伯母さんはこの条件を守り、父を大地に会わせなかった。

問一 二箇所ある **A** には同じ漢字一字が入ります。その漢字を書きなさい。

問二 ――線部①「何一つ問題を起こさない、よく出来た高校生だ」とありますが、大地はこれを聞いてどう思いましたか。その説明としてもっとも適切なものを、次の**ア**～**エ**の中から一つ選び、記号で答えなさい。

ア 田崎さんが大地をほめた伯母さんの言葉を事実だと思うふりをして大地の機嫌をとろうとするのがわかり、白けた気分になった。

イ 一緒に暮らすために伯母さんに気をつかっているのに、田崎さんの言葉から、大地の気づかいが伝わっていないことがわかって残念だった。

ウ 一緒に暮らしていて手間がかからないという程度の言葉で、大地と会ったことのない田崎さんが大地を話題にしているのが、おもしろくなかった。

エ 田崎さんが伯母さんの言葉を大げさに解釈し、自分を高く評価してくれていたことを知り、実際の自分を知って失望させるのではないかと心配になった。

問三 ――線部②「行くなと言われるかと思って」とありますが、田崎さんは伯母さんがどうして「行くな」と言うと思ったのですか。その理由としてもっとも適切なものを、次の**ア**～**エ**の中から一つ選び、記号で答えなさい。

ア 伯母さんが大地を紹介する前に、田崎さんが一人で行くべきではないし、伯母さんは自分の意志をはっきり伝えるような性格の人だから。

イ 伯母さんと大地がうまくいっていないことを田崎さんには知られたくないし、伯母さんは細かい事情を説明せず、結論だけ言うような性格の人だから。

ウ レギュラーでない大地の姿を、田崎さんには見せたくないと伯母さんは思っているのだが、伯母さんはそれをていねいに説明せず、一言で言うような性格の人だから。

エ 大地と田崎さんが今の段階で会って、お互いが悪い印象を持つことが心配だし、伯母さんは心配したことが現実にならないようあらゆる対策を立てるような性格の人だから。

問四 ――線部③「レギュラーじゃないからお前はダメだ、なんて言わないわよ」とありますが、伯母さんのこの発言を大地はどのように受け取ったのですか。その説明としてもっとも適切なものを、次の**ア**～**エ**の中から一つ選び、記号で答えなさい。

ア サッカーにまったく関心がないように見えた伯母さんが、「レさんのことを聞いたんだよ」

五年前。妹さんのこと。ということは、ぼくのこともだろう。つまり、ぼくを引きとらなきゃいけないということも、だ。

「残念だったけど、納得はしたよ。絹子さんらしいとも思ったかな。そもそもそういう面に惹かれてたとこもあったしね。大学のころからそうだったよ。ほら、彼女、何ていうか、こう、筋が一本通ってるでしょ？」

「通ってますね。一本どころじゃないかも」

「そうだな。二、三本通ってるかもしれない。それも、すごく太いのが。でもね、この何年かで、少し変わったよ。⑦前にくらべて、やわらかくなった。それは、大地くんと暮らすようになったからだと思う」

そうだろうか。よくわからない。まあ、一緒に暮らすようになる前の伯母さんを、そんなには知らないせいでもあるけど。

「そうでなかったらさ、一度プロポーズを断った相手と、また付き合ったりしないよ」

それは、そうかもしれない。ただかたいだけの伯母さんなら、そこはきちんと線を引くだろう。例えば注3父にはそうしたように。

「そんなふうに絹子さんを変えた大地くんをね、一度見てみたかったんだ。絹子さんと一緒にではなく。一人で」

で、実際に見てみたら。その大地くんは、グラウンドを駆けまわることもなく、ひたすらベンチに座ってたわけだ。

「絹子さん、健康にすごく気をつかってるでしょ？　甘いものも食べないし、辛いものも食べない。油っこいものも食べない」

「はい」

「昔はそうでもなかったんだよ。甘いもの辛いもの、何でも食べてたし、お酒も結構飲んでた。結構というか、かなりかな」

「そうなんですか」

「そう。何で今みたいになったか、わかる？」

「いえ」

「絶対に死ねないから」

「え？」

「彼女が自分でそう言ってた。大地くんを引きとった以上、自分は絶対に死ねないんだって。すごい人だと思ったよ。男女は関係ない。惹かれちゃうよね、そういう人には。大地くん自身は聞いたことないでしょ？　そんなの」

「ないです」

「絶対に言わないと思うよ、彼女なら。だから、あれね、僕がこんなこと言ったのは、内緒ね。もし知ったら、怒るだろうから。頼むね」

「はい。言わないです」

「何かズルいな、僕は。一人で試合を観に行ったり、大地くんにこんなことを話したり。抜け駆けばっかりだ。本当なら、大地くんに気に入られるよう、うまく立ちまわらなきゃいけないのに。何か、逆へ逆へと行ってる。まあね、もう急ぐつもりはないんだよ。今日も、世間話をするために来た。大地くんが絹子さんの結婚に反対ならそれでもいい。ただ、僕が絹子さんの仲間でいることぐらいは、許してほしいんだ。そのついでに、大地くんの仲間だとも認めてもらえるとありがたい」

田崎さんを駅の改札口まで見送ったりはしなかった。田崎さん自身が、大型スーパーの前で、じゃあ、今日はどうもありがとう、と言ったしい思いをさせることになるから。自身バレーボール部にいた伯母さんなら、そのくらいのことはわかるだろう。ただでさえ頭がいい人なんだし。

レギュラーになれないなら部なんてやめちゃいなさい。そう言われたくないから、ぼくは自分がレギュラーだと伯母さんにうそをついた。

⑤見誤ってたのは、ぼくのほうだったわけだ。

そんなこんなで二時間が過ぎ、田崎さんが言う。

「じゃあ、僕はそろそろ」

「駅までの道はわかる?」と伯母さんが尋ね、

「うん。区画整理されてるから、すごくわかりやすかったよ」と田崎さんが答える。

とっさの思いつきで、伯母さんに言った。

「ノート買わなきゃいけないから、ぼくが行くよ。駅まで」

ちょっとわざとらしいような気もしたが、伯母さんはすんなり言う。

「そう。じゃあ、お願い」

というわけで、田崎さんと二人、みつば南団地を出て、駅までの道を歩く。

まさにとっさの思いつきであって、何を話そうとか何を訊きたいとかいうことはなかった。ただ田崎さんに慣れる。二人でいる時間をつくる。それだけでよかった。

「いやぁ、気づかれてたとは思わなかったよ」と田崎さんは言う。「悪かったね、勝手なことしちゃって」

「いえ」

「せめて絹子さんと一緒に行くべきだった」

「だったら一人のほうが」

「あぁ。それもそうか。いきなり二人では、驚くか」

「たぶん」

みつば第三公園のわきを通った。第二じゃなく、第三。第二と同規模の公園だ。駅に行くときはそちらを通る。

小さな女の子がブランコに乗ってた。お父さんらしき人が、後ろから女の子の背を押す。うまくこげない女の子の代わりに、ブランコを揺らしてやってる。

「あの」とぼくは言う。「⑥田崎さんは、伯母さんと結婚するんですか?」

言葉はするりと出る。自分でも不思議だ。伯母さんには訊けないのに、この田崎さんには訊ける。男だから、なのか?

「おぉ。ストレートにきたね」と田崎さんは笑う。「でも、そうだよな。そういうことじゃないなら、何をしに来たのかって話になる。確かにね、僕は絹子さんと結婚したいよ。絹子さんもそう思ってくれてると思う」

「そうですか」

「そうですかって、それだけ?」

「はい。あの、ぼくがどうこう言うことじゃないから」

「どうこう言っていいことだと思うよ、充分」

それには返事をしなかった。そうですよね、とも言えないし、ちがいますよ、とも言えない。

「これこそ言うべきごとじゃないかもしれないけどね。僕は五年前に一度、絹子さんにプロポーズしたんだ。でも断られた。そのときに、妹出たのは、あれ、二年生です。試合、出たことないんですよ。練習試合ならちょこちょこありますけど、大会とかの試合には、一度も」

「そうなんだ」

そしてぼくは伯母さんに直接言う。顔じゃなく、胸のあたりを見て。

「だからさ、試合で点なんかとったことないし、とりようもないんだよ。背番号が13なのは、レギュラーじゃないからであって、いい番号をほしがったやつがいるからじゃないんだ。ごめん。しょうもないうそついてた。ずっと」

「そう」伯母さんはあっさり言う。「別にいいじゃない、そんなこと」

「自分がレギュラーだった人は、みんなそう言うんだよ」

「言うでしょうね。③レギュラーじゃないからお前はダメだ、なんて言わないわよ」

驚(おどろ)いた。え、そんなこと言っちゃうの？　と思ったのだ。自分で言わせておきながら。

ぼくだけじゃなく、田崎さんも、それには少し驚いたらしい。

「レギュラーになれる人もいれば、なれない人もいる。それは当たり前。レギュラーになれなかったからくやしいと思う。それも当たり前。大人になってからもね、似たようなことは数多くあるの。会社でもある。例えば自分だけ仕事のプロジェクトから外されたりとかね」

「あるね」と田崎さんも同意する。「今、ちょっとドキッとしたよ。自分のことを言われたのかと思った。プロジェクトから外されるって」

「そういう結果だけを重視する人はたくさんいる。でもそうじゃない人も、たくさんではないけど、いる。見てる人はきちんと見てる。こないだの面談のとき、担任の先生が言ってたでしょ？　顧問(こもん)の先生が大地のことほめてたって。わたしね、あれ、すごくうれしかったわよ。大地は試合で何点もとってくれるからたすかるって言われるより、ずっとうれしかったと思う」

「あれは、そんな大した意味じゃないよ。ほら、先生は生徒を、どうにかほめなきゃいけないから」

「だとしても、うれしいじゃない。大地は先生がほめたくなる生徒だってことなんだから」

「注1秋月(あきづき)先生が気を利かせてそう言っただけかもしれないよ。五十嵐(いがらし)は、じゃなくて部の顧問は、そんなこと言ってないかもしれない」

「わたしはそうは思わない」と伯母さんは笑み混じりに言う。「でももしそうなら、それでもやっぱりいいじゃない。あの先生がうそをついてまで大地をほめたいと思ってくれたってことなんだから」

参った。④すごい理屈だ。前向き、なのか？　もしそうなら、まるで注2利実(としみ)だ。前向きすぎる。

あの面談のとき、あそこで秋月先生にああ言われたときに、伯母さんは、ぼくがレギュラーじゃないことに気づいたのかもしれない。五十嵐が言ったという、あれ。［B］。考えてみれば、レギュラーじゃない生徒にかける言葉っぽい。

いや、もしかすると、その前に。伯母さんは、とっくにわかってたのかもしれない。例えばぼくが背番号13のユニフォームを持ち帰ってきた時点で。いい番号をほしがるやつがいてさ、なんて言い訳のほうを、それこそ苦々しく聞いてたのかもしれない。サッカーに興味がなかったからじゃなく、ぼくがしょうもないうそをついてることがわかってたから、伯母さんは一度も試合を観に来なかったのだ。来たらぼくに恥(は)ずかよく出来た高校生。苦々しい。そんなようなことを言ったのだとしても、伯母さんは、面倒のないやつ、というくらいの意味で言ったんだと思う。実際、面倒はないはずだ。例えばぼくは、つかった鍋や食器は伯母さんが帰宅する前に必ず洗っておくし、これは伯母さんが知らないことだけど、しずくが床にはね落ちないよう、小便は洋式便器に腰かけてする。

田崎さんは、どこからどう見ても、よさそうな人だった。角刈りに真っ黒なサングラス、みたいな人や、長髪に真っ黒なレザーパンツ、みたいな人が来ても、ぼくが伯母さんの相手として認めないなんてことはなかったはずだが、この田崎さんなら申し分ない。百点と言っていい。偏差値七十と言ってもいい。

ただ、そういうのとは別のところで、ぼくは限界を迎えつつあった。言われるくらいなら先に言ってしまおうと思った。そう。あのことだ。田崎さんが総体の試合を観に来たこと。試合の始めから終わりまで自分がベンチに座ってるのを、見られてしまったこと。

もう伯母さんに話は伝わってるのかもしれない。とっくにバレてるのかもしれない。それでも、指摘されるよりは自分で言うほうがましだ。ぼくは田崎さんに言う。田崎さんを通して、伯母さんにも言うつもりで。

「総体の試合を、観に来られて、ましたよね?」

慣れない敬語をつかうので、言葉がたどたどしくなる。途切れ途切れになる。

「ソウタイ?」

「あの、えーと、五月の試合。ゴールデンウィークの」

「あぁ。総体、か。総合体育大会、だ」そして田崎さんはあっけなく認める。「うん。観に行かせてもらったよ。何だ、気づいてたのか」

「さっき、もしかしたらって」

「すごいな。あのときはまだ面識がなかったのに」

「部員の誰かのお父さんかと思ったんですけど、誰のでもないみたいだったから」

「そうか。誰の父親でもないとなると、近所のサッカー好きなおじさんか、でなきゃ不審者ってことになるもんね」

「何、田崎くん、観に行ったの?」と伯母さんが尋ねる。

「うん」と田崎さんはやはりあっけなく答える。「大会があるって聞いたから、観に行かせてもらった」

「言ってよ」

「言ったら、②行くなと言われるかと思って」

つまり、そういうことだった。田崎さんは、伯母さんにも内緒で、ぼくの試合を観に来たのだ。ぼくの試合を。ぼくが出ない試合を。

「一人では行かないで、とは言ってたと思うけど」と伯母さんが言う。

一連のその反応は、とても演技には見えない。

「悪いとは思ったんだけどね。見てみたかったんだよ、大地くんを。何ていうか、一人で。といっても、どんな子か確かめたかったとか、絹子に知られないようにしたかったとか、そういうことじゃないんだ。結果的には、そんな形になったけど」

「ぼく、ずっと座ってましたよね？　ベンチに」

「あぁ。うん」

「前半も後半も、ずっと。交代のためのアップもしない。後半、交代で

【国語】（五〇分）〈満点：一二〇点〉

【注意】 問題文には、原文（原作）の一部を省略したり、文字づかいや送りがなを改めたところがあります。

一 **次の――線部①～⑧のカタカナの部分を漢字で、⑨・⑩の漢字の部分をひらがなで書きなさい。いずれも一画一画をていねいに書くこと。**

・二度目の東京オリンピックも、いよいよ①**カイマク**を迎えることになった。
・果たしてこれだけの分量の書類を②**イチラン**しただけで理解できるだろうか。
・関係機関による③**ササツ**によって、この部門には不正がないことが明らかになった。
・日本の④**リョウユウ**する海域にはさまざまな天然資源がある。
・祖父の遺産に対する相続税の⑤**エンノウ**を願い出ないと、とても一括（いっかつ）では支払えない。
・日本の古典芸能では古来より、流派の家元のことを⑥**ソウケ**と呼ぶ。
・政治家は国民の思いがどこにあるか⑦**リュウイ**して事に当たってほしい。
・戦場にいた夫が⑧**ジョタイ**するという知らせを聞いて、一日も早く戻（もど）ってきてほしいと願う。
・そんな幼（おさな）い子どもの言うことを目の⑨**敵**にしてしかるんじゃない。
・一念⑩**発起**し、人々の幸せを願って大仏を建立した。

二 **次の文章を読んで、後の問いに答えなさい。**

> 高校三年生でサッカー部員の宮島大地（みやじまだいち）（＝「ぼく」）は、中学に入学したころ母と死別し、独身の伯母（おば）さん（＝母の姉である絹子（きぬこ））に引き取られて、二人で暮らしている。六月の日曜の午後、伯母さんの交際相手の男性（＝田崎（たざき）さん）が、二人の家にやって来た。

その田崎さんを見て、あっ！　と声を上げそうになった。よく覚えてたな、と自分の記憶（きおく）力に感心した。

小さなレンズの丸メガネ。それで気づけたのだろう。田崎さんは、五月にあった総体予選の試合を観（み）に来た人だった。部員の誰（だれ）かの父親だろうと思ったものの、結局誰の父親かはわからなかった、あの人。誰の父親でもなかったわけだ。ぼくの関係者だったんだから。

「初めまして。田崎康雄（やすお）です。製 A 会社で働いてます。新聞とか本とかカタログとか、そういうものにつかう A をつくる会社です。絹子さんにはお世話になってます」

その初めましてで、田崎さんが自分の観戦にぼくが気づいてないと思ってることがわかった。だからぼくもそのことには触れず、同じ言葉を返した。

「初めまして。えーと、大地です」

（中略）

「大地くんのことは、絹子さんから聞いてるよ。①何一つ問題を起こさない、よく出来た高校生だとね」

「そんな言い方、してないわよ」

「してないけど。でも僕（ぼく）はそんな印象を持ったな」

大切なことはメモしておこうネ！

2020年度

解答と解説

《2020年度の配点は解答欄に掲載してあります。》

＜算数解答＞ 《学校からの正答の発表はありません。》

1 (1) 760 (2) 104個 (3) $3\frac{1}{3}$秒後
(4) エ 21個 オ 4個 カ 96回 キ 1cm (5) 解説参照

2 (1) 12通り (2) 72通り (3) 火曜日 (4) 9cm (5) 156.48cm²

3 (1) 4L (2) 12分後 (3) 2分後 (4) $13\frac{1}{3}$分後

4 (1) 18 (2) 31.5 (3) 45

5 (1) 180度 (2) ア 2 イ 180度 (3) 900度 (4) 4，5

○推定配点○

3，5 各4点×10 他 各5点×16 計120点

＜算数解説＞

1 （四則計算，割合と比，消去算，平面図形，図形や点の移動，速さの三公式と比，規則性，論理）

(1) $\square=\left(2020\times\frac{3}{4}+5\right)\div(7.68\div3.84)=1520\div2=760$

重要 (2) 100：75＝4：3より，仕入れた個数を④，売れた個数を③＋2で表す。
400×④が520×③＋520×2＝520×③＋1040に等しく，①は1040÷(400×4－520×3)＝26(個)であり，仕入れた個数は26×4＝104(個)

やや難 (3) 図1において，○は時間(秒)を示す。
JKの距離…(16×○＋7×○＋50)÷2＝11.5×○＋25 したがって，16×○×2＝32×○が11.5×○＋25＋50－2×○＝9.5×○＋75に等しく，○は75÷(32－9.5)＝150÷45＝10÷3＝$\frac{10}{3}$(秒後)

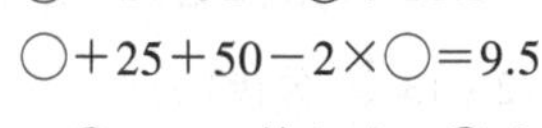

図1

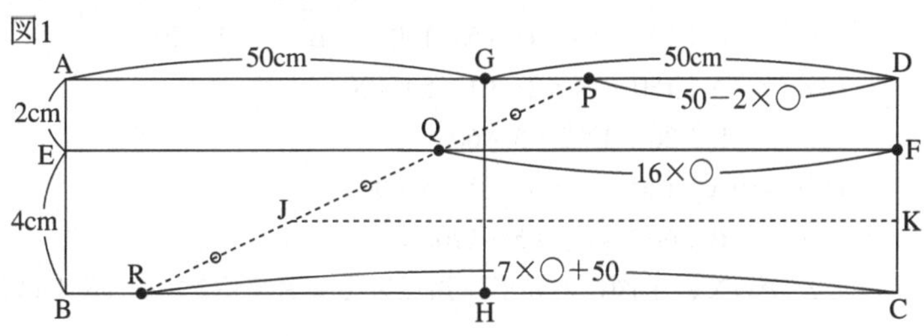

重要 (4) 黒1個，白1個はA3回で黒1個，白4個になり，B5回で黒1＋45＝21(個)，白4個になる。したがって，この後，白が2020個になるAの回数は(2020－4)÷21＝96(回)

基本 (5) 1辺の長さが1cmの正三角形の1つの頂点に1つの点があるとき，この点から最も遠くにあって正三角形の辺上または内部にある点は，他の2つの頂点のどちらかにある。したがって，最も長い2点間の距離は1cm
図2についての問題の説明例：「どこに5つの点を置いても，最低2つの点が，1辺の長さが1cmである①から④のどれか1つの正三角形のなかにあり，これらの点の距離が1cm以下であるから」

図2

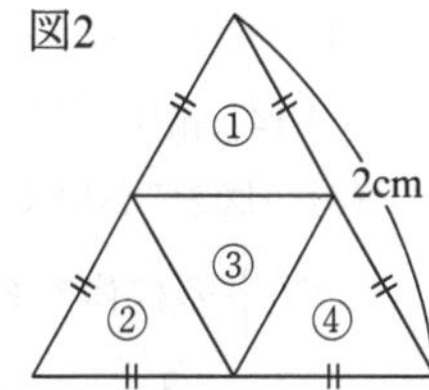

2 （平面図形，場合の数，数の性質，規則性）

重要 (1)　図アの①～③のそれぞれについて，上から下へ描いて左か右へ折れる場合と下から上へ描いて左か右へ折れる場合の4通りずつあり，全部で3×4＝12(通り)

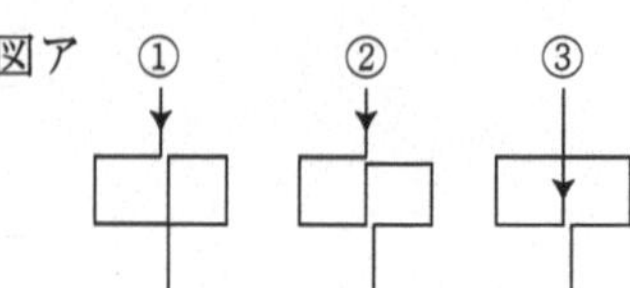

重要 (2)　AとBか，BとDを同色にして3色を使う場合…4×(3×2×1)×2＝48(通り)
4色を使う場合…4×3×2×1＝24(通り)　したがって，全部で48＋24＝72(通り)

重要 (3)　1920年から1948年まで，うるう年は(48－20)÷4＋1＝28÷4＋1＝8(回)ある。したがって，1920年の11月3日は水曜日から28＋8－1＝35(日)もどって，35÷7＝5より，水曜日であり，1月20日は(31－20＋29＋31＋30＋31＋30＋31×2＋30＋31＋3)÷7＝(40＋31×5＋30×3＋3)÷7＝288÷7＝41…1より，さらに1日もどって火曜日

基本 (4)　右図において，アは18－(4＋5)＝9(cm)

重要 (5)　右図において，(4)より，2×9×4＋(5×5－3×3)×3.14×2－2×2×4＝56＋32×3.14＝156.48(cm²)

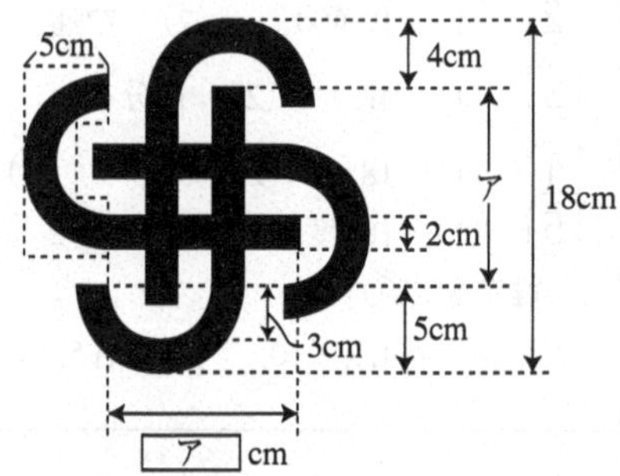

重要 3 （立体図形，割合と比，鶴亀算，単位の換算）

(1)　{6×40－(200－120)}÷40＝6－80÷40＝4(L)…水そうの水は毎分2L増えた。

(2)　(1)より，120÷(4×4－6)＝12(分後)

(3)　ポンプ9台…水が毎分4×9－6＝30(L)減る。
　ポンプ6台…水が毎分4×6－6＝18(L)減る。
$\left(120-18\times5\frac{1}{3}\right)\div(30-18)=24\div12=2$(分後)

(4)　Aの水量とBの水量は，以下のように変化する。
5分後…A：120＋(6－4)×5＝130　　B：4×5＝20
10分後…A：130－(4×2－6)×5＝120
　　　B：20＋4×2×5＝60
15分後…A：120－(4×3－6)×5＝90
　　　B：60＋4×3×5＝120

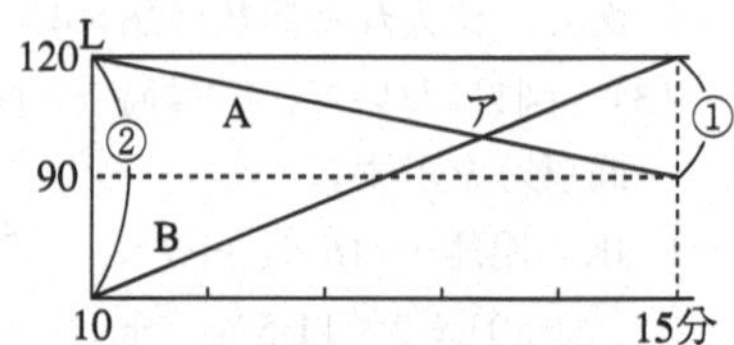

したがって，上図において，頂点アを共有する2つの三角形は相似であり，対応する辺の比は(120－60)：(120－90)＝2：1，アの時刻は10＋(15－10)÷(2＋1)×2＝$13\frac{1}{3}$(分後)

4 （平面図形，図形や点の移動，立体図形）

基本 (1)　半球の体積…3×3×3×3.14×$\frac{4}{3}$÷2＝18×3.14(cm³)

重要 (2)　図1より，3×3×3×3.14×$\frac{4}{3}$×$\frac{7}{8}$＝31.5×3.14(cm³)

(3)　図2において，上部は半球，下部は底面が円の$\frac{3}{4}$の柱体であり，(1)より，18×3.14＋3×3×3.14×$\frac{3}{4}$×4＝(18＋27)×3.14＝45×3.14(cm³)

図1

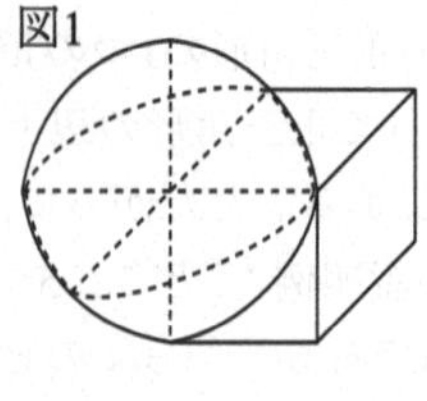

図2

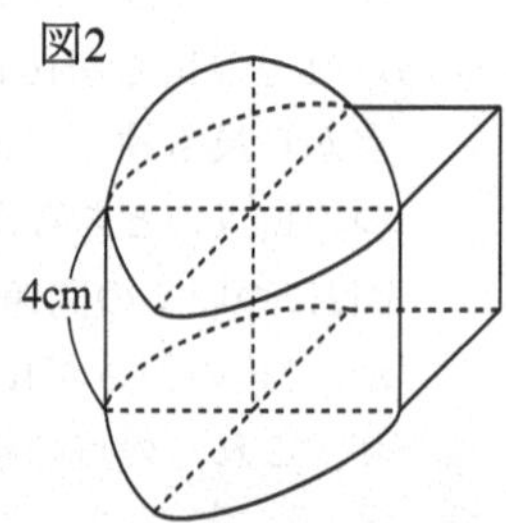

5 (平面図形)

基本 (1) 図Aにおいて，5つの角度の和は180度である。

重要 (2) 図Bより，$\left\{\frac{7}{3}\right\}=\left\{\frac{5}{\boxed{2}}\right\}$，180度である。

やや難 (3) 図Cにおいて，1～9の角の和は五角形1－3－P－6－8の内角と五角形2－4－Q－7－9の内角の和180×(5－2)×2＝1080(度)から，角エ＋角オを引いて角アを加えた大きさに等しい。したがって，角エ＋角オ＝角ア＋角イ＋角ア＋角ウ＝角ア＋180度であり，1080度－角ア－180度＋角ア＝900度

図A

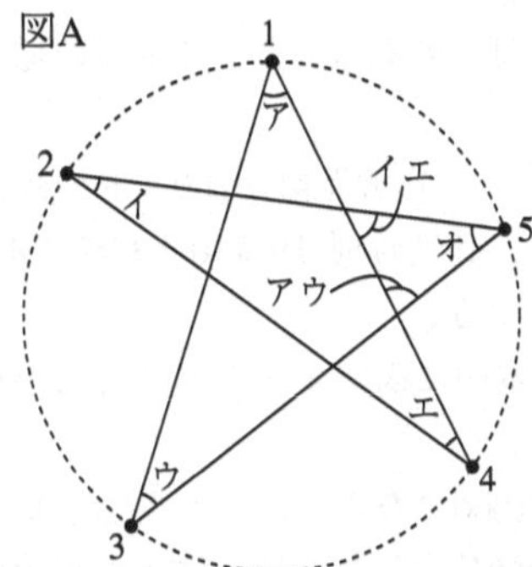

図B

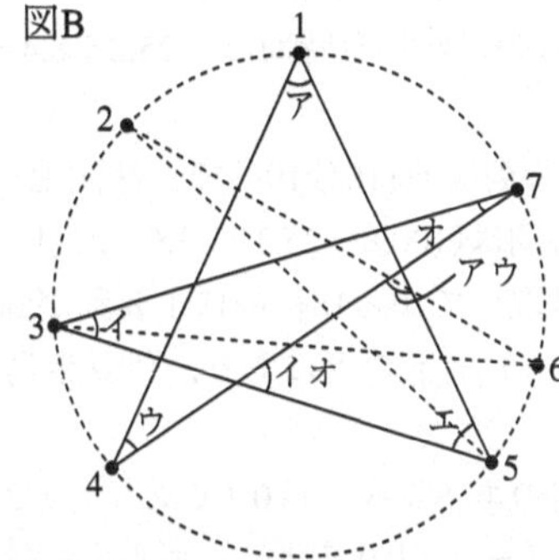

図C

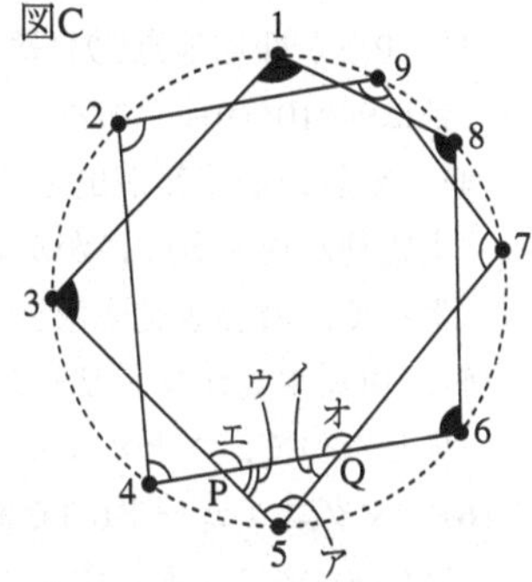

(4) (2)より，「すべての点を結んで星形の多角形ができる」とき，角の和が180度になるので，ウは(9－1)÷2＝4または9－4＝5

★ワンポイントアドバイス★

1(3)「3点が一直線に並ぶ時刻」が難しく，3「水そうとポンプ」は，重要問題であり，安易に考えて間違えないように注意すべきである。5(4)「180度になる数」は，(2)の内容をヒントにするという意味がふくまれる。

＜理科解答＞《学校からの正答の発表はありません。》

1 (1) A P波 B S波 (2) C 50.4km D 9時10分44秒 (3) 9時10分9秒 (4) 18秒後 (5) エ (6) エ (7) ウ (8) ア (9) イ

2 (1) ア，ウ (2) エ，オ (3) (アカマツ) イ (カラマツ) エ (4) ウ (5) X 根毛 Y 根冠 (6) オ (7) エ (8) エ (9) エ

3 (1) カ (2) イ (3) イ (4) エ (5) (酸素) 4g (法則) イ (6) (法則) ウ (マグネシウム) 144g (7) マグネシウム：酸素 3：2 (8) (法則) ア (体積) 480L (9) 炭素：酸素 3：4 (10) 66g

4 (1) (電流) 1.5A (温度) 12.5℃ (2) エ (3) 200gの水：300gの水 3：4 (4) (15cm) 60℃ (25cm) 40℃ (5) イ (6) 6.7cm (7) 35℃ (8) 19.3℃

○推定配点○

1 (1) 各1点×2 他 各2点×9 2 各2点×10((1)～(3)は各完答)
3 各2点×10((5)，(6)，(8)は各完答) 4 各2点×10 計80点

＜理科解説＞

1 （大地の活動ー地震）

基本 (1) 地震波には，初期微動を起こす縦波のP波と主要動を起こす横波のS波がある。

重要 (2) 観測地点㋐と㋒の距離は100.8km離れており，この間をP波が12秒で伝わるのでP波の速さは100.8÷12＝8.4(km/秒)である。観測地点㋐と㋑の距離は，この間をP波が3秒で伝わるので8.4×3＝25.2(km)である。観測地点㋑の震源距離は25.2＋25.2＝50.4(km)である。また，S波の速さは観測地点㋐，㋑より25.2÷7＝3.6(km/秒)であり，観測地点㋐から㋒までにS波がかかる時間は100.8÷3.6＝28(秒)である。よって主要動発生時刻は9時10分44秒になる。

(3) P波が観測地点㋐に達するのにかかる時間は，25.2÷8.4＝3(秒)である。よって地震の発生時刻は9時10分9秒である。

(4) 緊急地震速報が出された時刻は9時10分19秒で，観測地点㋐から震源距離が100.8kmの地点に主要動が達するのにかかる時間は(100.8－25.2)÷3.6＝21(秒)で，到達時刻は9時10分37秒である。よって，緊急地震速報を受け取ってから18秒後に主要動が到達する。

(5) 伊豆半島がフィリピン海プレートの上にあり，伊豆半島が本州に衝突することで丹沢山地が生じたので，エとわかる。

(6) マグニチュード6.3で地震のエネルギーは0.1であり，9では1000になる。このときエネルギーは10000倍になる。マグニチュード7と9では，エネルギーは1000倍になる。よって，6.7と9ではこの間の倍率となり，2800倍を選択する。

(7) 水面に水滴を落とすと波紋が同心円状に広がる。

(8) 図4より，震源は沈み込んでいるプレート側にある。これは太平洋プレートである。

(9) 京都府沖地震で震源より太平洋側の地域でゆれが大きかったのは，固いプレートの中を伝わる地震波は弱まりにくいからである。図4からわかるように，太平洋側に達する地震波はプレートの中だけを通過するが，日本海側に達する地震波はアセノスフェアを通って伝わるため弱まる。

2 （植物のなかまー裸子植物）

基本 (1) 種子植物のうち，胚珠がむき出しになっているものを裸子植物という。このなかまには，マツ，イチョウ，ソテツ，スギなどがある。

基本 (2) 風によって花粉を飛ばす植物を風媒花という。風媒花には，トウモロコシ，ヤナギ，ナラ，マツ，スギ，イネ，イチョウなどがある。

(3) アカマツは落葉しない常緑針葉樹であり，カラマツは落葉する落葉針葉樹である。

(4) 図6のAはお花で，Bは花粉のうである。花粉のうの中で花粉がつくられる。

(5) Xは根の表皮から伸びた細胞で根毛という。Yは根冠で，成長点を保護する働きがある。

(6) 標本をつくるのにアルコールが用いられることが多い。

(7) ダニの体はクモと同じく2つにわかれており，胴体から4対8本の足が出る。

(8) 風が強く夏場は乾燥するので，高山植物は背丈が低く根が発達し風で飛ばされないようなつくりになっている。また，わずかな水分を吸収できる。

(9) 初めにコケ類・地衣類が生えだし，次いで一年草，多年草，日当たりのよい場所で育つ陽樹が育ち，陰樹が森林を形成する。4番目は陽樹である。

3 （燃焼ーものの燃え方・ガスバーナーの扱い方）

(1) ろうそくが燃えるとき，固体のろうが熱せられてろうの気体になって燃える。木材は熱で分解して可燃性の気体が発生しこれが燃える。

(2) 炭やマグネシウムが燃えるときは，固体の物質がそのまま酸素と結びつき炎を出さずに燃焼が起こる。

基本 (3)　Xが空気調節ねじで，Yがガス調節ねじである。ガスに火をつけた後，Xを回して炎の色を青色に調節する。

(4)　すすは炭素であり，炭素を多く含む物質を燃やすとすすが出やすい。また，炭素を含む物質が不完全燃焼するときにもすすは発生しやすい。

(5)　マグネシウム6gと結びついた酸素は10－6＝4(g)であり，これは反応前と反応後の重さの合計が変わらないという「質量保存の法則」から導かれる。

(6)　酸化マグネシウムの重さは変化しても，その中に含まれるマグネシウムと酸素の重さの割合は変わらない。これを「定比例の法則」という。240gの酸化マグネシウム中のマグネシウムの重さを□gとすると，12：20＝□：240　□＝144g

(7)　実験1の模式図より，10gの酸化マグネシウム中に6gのマグネシウムと4gの酸素が含まれており，マグネシウム原子と酸素原子の数の比が1：1になっている。よってマグネシウム原子1個と酸素原子1個の重さの比は，6：4＝3：2である。

(8)　炭素1個からできる二酸化炭素も一酸化炭素も1個である。「アボガドロの法則」では，同温，同圧では，同体積中に同数個の分子が含まれるので，両方の気体の体積は等しくなる。炭素6gを燃焼すると，発生する二酸化炭素，一酸化炭素の割合にかかわらず12Lの気体が発生する。よって240gの炭素を燃焼すると，6：12＝240：□　□＝480Lの気体が発生する。

(9)　一酸化炭素ができる模式図より，6gの炭素から14gの一酸化炭素が生じ，これには8gの酸素が含まれる。炭素原子と酸素原子の数の比は1：1なので，炭素原子1個と酸素原子1個の重さの比は6：8＝3：4である。

重要 (10)　混合気体の体積が60Lなので，燃焼した炭素の重さは60÷12×6＝30(g)であった。このうち18gの炭素から66gの二酸化炭素が発生し，12gの炭素から28gの一酸化炭素が発生すると合計94gの混合気体となる。よって混合気体中の二酸化炭素は66gである。

4　**(電流と回路一電熱線)**

重要 (1)　表2より，電熱線の長さと電流の大きさは反比例する。電熱線が5cmから40cmに8倍になると，電流は12Aの8分の1になる。12÷8＝1.5(A)である。また，図11より6Aの電流で10℃の水100gを熱すると3分間で水温が15℃上昇する。2Aでは3分間で5℃上昇する。このことより，電流の大きさと1分間の温度上昇は比例する。1.5Aで10℃の水200gを熱すると，水の量が2倍であることを考えて，1分間で$\frac{1.5}{6}\times\frac{100}{200}\times5=\frac{5}{8}$(℃)温度上昇する。4分間では$4\times\frac{5}{8}=2.5$(℃)上昇するので，水の温度は12.5℃になる。

(2)　直列回路では2つの電熱線を流れる電流の大きさは同じになるが，電圧の大きさは10cmの電熱線に対して20cmでは2倍となり電熱線が出す熱の量も2倍になる。しかし，水の量も2倍になるので，両方の水温の変化の比は等しくなる。

(3)　水の量と温度の変化の比は反比例する。電熱線が出す熱の量の比は1：2なので，200gの水と300gの水の温度変化の比は，1×3：2×2＝3：4になる。

重要 (4)　6Aの電流で10℃の水100gを熱すると1分間で水温が5℃上昇するので，15cmの電熱線では電流が4.0Aで水温は，$\frac{4}{6}\times15\times5=50$(℃)上昇する。水温は60℃になる。また，25cmの電熱線では電流が2.4Aで水温は，$\frac{2.4}{6}\times15\times5=30$(℃)上昇する。水温は40℃になる。

(5)　(4)では電熱線の長さの比が15：25＝3：5で，電流の大きさの比が4：2.4＝5：3になる。電流の大きさは熱の量に比例するので，熱の量は電熱線の長さに反比例する。

(6)　表2より，6.0Vのとき10cmの電熱線を流れる電流は6Aであり，20cmの電熱線を流れる電流は

3Aである。電熱線の長さと電流の大きさは反比例するので，全体で9Aの電流が流れる電熱線の長さは，20÷3＝6.66≒6.7(cm)になる。

(7)　6Aの電流で10℃の水100gを熱すると1分間で水温が5℃上昇するので，9Aで300gの水を10分間加熱すると，$\frac{9}{6}\times\frac{100}{300}\times10\times5=25$(℃)上昇する。水温は35℃になる。

(8)　断面積と電流は比例するので，10cmの電熱線の電流は6÷5＝1.2(A)となり，全体の電流は4.2Aになる。この回路に8分間電流を流すと，$\frac{4.2}{6}\times\frac{100}{300}\times8\times5=9.33$(℃)上昇する。水温は19.33≒19.3(℃)になる。

★ワンポイントアドバイス★

計算問題にやや難しい問題がある。文章が多少長いので，しっかりと要点を読み取って鍵となる点を見落とさないことが大切。

＜社会解答＞《学校からの正答の発表はありません。》

1　問1　渋沢栄一　問2　あ　持統　い　保元　問3　ア　問4　万葉集　問5　ウ
問6　エ　問7　イ　問8　イ　問9　ウ

2　問1　イ　問2　ア　問3　ウ　問4　ウ　問5　カ　問6　(1)　ア　(2)　エ
問7　エ　問8　エ　問9　ウ

3　問1　石炭　問2　イ　問3　1　質　2　安　問4　リサイクル　問5　イ
問6　ア　問7　ウ　問8　ウ　問9　イ

4　問1　(例)　老年人口より生産年齢人口の減少が大きいので，人口比率で老年人口の割合が高くなる。　問2　(例)　生産年齢人口の減少による，労働力不足が深刻になる。その対策として働く女性を増やすこと，高齢者を活用するための雇用促進，外国人労働者の受け入れの増大が考えられる。

○推定配点○

1　各2点×10　2　各2点×10　3　各2点×10　4　問1　4点　問2　16点
計80点

＜社会解説＞

1　(日本の歴史ー皇位継承から見た天皇の歴史)

問1　渋沢栄一(1840～1931年)は，埼玉県出身の実業家である。幕末に農民から武士に取り立てられ，明治政府では大蔵省に入って財政政策に取り組んだ。その後は実業家となって，第一国立銀行の設立や王子製紙・東京ガスなどの約500社の立ち上げに関与して財界・実業界で活躍した。

問2　あ　持統天皇(位690～697年)は，天智天皇の娘で天武天皇の后である。天武天皇の死後に政治に携わり，律令政治の基礎を築いた。また藤原京を完成させて，694年に遷都した。　い　保元の乱とは，1156年に後白河天皇と崇徳上皇の対立に藤原氏一族の争いがからんで，さらに武士である源氏と平氏がそれぞれ天皇方と上皇方に分かれて都の京都で戦った出来事である。この戦いでは平清盛や源義朝が味方した天皇方が勝利し，崇徳上皇は讃岐に流された。

基本 問3 勤労感謝の日は，かつて行われていた新嘗祭が1874年(明治7年)に11月23日に固定されたものが，第二次世界大戦後の1948年に国民の祝日に関する法律で，「勤労をたっとび，生産を祝い，国民が互いに感謝しあう」ことを求めて制定されたものである。なお，イの建国記念の日は2月11日，ウの憲法記念日は5月3日，エのみどりの日は5月4日である。

問4 元号「令和」の出典は，日本の古典である『万葉集』の「初春の令月にして気淑く風和ぎ，梅は鏡前の粉を披き，蘭は珮後の香を薫す」という梅花の歌，三十二首の序文であるとされる。この序文は，奈良時代の初めに当時の太宰府の長官であった大伴旅人の邸宅で開かれた「梅花の宴」で詠まれた三十二首の梅の花を題材に歌ったものをまとめた序文を大伴旅人自身が書いたものである。なお，『万葉集』は奈良時代の770年頃にまとめられた日本最古の和歌集で，仁徳天皇のころから奈良時代までの約4500首が集められたものである。

基本 問5 皇極天皇(位642～645年)は，中大兄皇子と大海人皇子の母親である。皇極天皇が譲位した645年には，中大兄皇子・中臣鎌足らによって宮中において蘇我入鹿が暗殺され，蘇我氏政権が倒された乙巳の変が発生した。 ア 皇極天皇が厩戸王(聖徳太子，574～622年)に位を譲ったことはない。 イ 白村江の戦いが起こったのは，663年のことである。 エ 壬申の乱が起こったのは，672年のことである。

重要 問6 表1中の後土御門天皇から後奈良天皇までの三代の天皇が在位した時期は，主に戦国時代である。この時代は政治上において大きな力をつけてきた武士の中の戦国大名が，全国で領国支配をめぐって争いを展開した時期であった。そのような状況の中で全国にあった朝廷の領地が戦国大名などによって奪われたことで，朝廷への収入が激減した。それにより朝廷の中心である天皇家も次第に貧しくなり，後奈良天皇は自らの直筆の文書を売って生活費にあてていたとされる。そのため天皇も自らの譲位や新たな天皇が即位するための儀式等の資金を得ることが困難となり，そのまま在位を続けるしかない状態に陥っていた。 ア 表1中の天皇の寿命はそれぞれ後土御門天皇が58歳，後柏原天皇が62歳，後奈良天皇が61歳，正親町天皇が76歳であり，いずれの天皇も病弱で短命とはいえない。 イ 日本にキリスト教が伝わったのは1549年であるが，朝廷がそれに影響を受けたことはない。 ウ 戦国時代の天皇は財政的に苦しんでいたが，各地の戦国大名の拠点を転々としていたことはなく，都であった京に滞在していた。

問7 後鳥羽上皇(院政1198～1221年)が鎌倉幕府の倒幕をねらって承久の乱(1221年)を起こすと，北条政子(1157～1225年)は鎌倉で御家人たちに団結するように訴えた。そのため鎌倉の武士たちはまとまり，朝廷軍を破った。その後，敗れた後鳥羽上皇は隠岐に流された。 ア 源頼朝が京とは別に新たな天皇を鎌倉に迎えたことはない。 ウ 御成敗式目は源頼朝以来の武家社会のならわしなどを定めたものなので，皇位継承についての法として使用されたことはない。 エ 蒙古来襲(元寇)は1274年と1281年のことであり，他方，後醍醐天皇の在位は1318～1339年なので北条時宗(1251～1284年)が後醍醐天皇を即位させたことはない。

問8 禁中並公家諸法度は，1615年に江戸幕府が朝廷と公家を統制するために制定した法令である。この法令は天皇が政治に関わることを制限し，朝廷への統制を強化するものであった。 ア 六波羅探題が設置されたのは，江戸時代では鎌倉時代である。 ウ 幕府は，朝廷による官位の授与や改元・改暦の権限を否定したことはない。 エ 幕府は日米修好通商条約を結んだ時，朝廷の許可を得ていない。

重要 問9 大正天皇(位1912～1926年)は，元々病弱な体質であった。そのため1921年には後の昭和天皇が，皇太子の立場で摂政に就任した。それ以後，大正天皇が政務を行うことはなかったが，皇位継承が大正天皇の譲位によってなされたのではない。

2 （日本の地理ー富山県から見た日本）

問1　産地直売所とは，その直売所がある地域の周辺の農家や農協などが設置した地元の農産物を売るための施設である。1993年から主要道路沿いの「道の駅」の中に設置されるようになり，新鮮な農産物が比較的安く買えることもあって，地元や周辺住民からの支持を受けている。したがって産地直売所の設置によって，販売される作物の品質が均一化されることはない。また，産地直売所の設置と食の安全性とは別問題である。

重要 問2　地球は北極の方向から見た時，反時計まわりに自転している。そのため地球上のある地点における時間の経過は東側の方が早くなるので，富山市（東経137度13分）と横浜市（東経139度38分）では，東側にある横浜市の方が時間の経過は早い。他方，経度間の時差は経度1度で4分（1440分÷360度），経度15分で1分（60分÷4）となる。横浜市と富山市の経度差は2度25分なので，両地点の時間差は約10分（≒4分×2度＋1分×2）となる。したがって，富山市の2月3日の南中時刻が12時05分であった時，同日の横浜市の南中時刻は富山市より約10分早い11時55分（ア）となる。

基本 問3　近畿地方で，石油化学コンビナートから排出された大気汚染物質が原因で住民の間に広がったのは，高熱病ではなく四日市ぜんそくである。四日市ぜんそくは，三重県四日市市のコンビナート周辺の大気汚染による呼吸障害のことである。その原因はコンビナートから出された亜硫酸ガスで，1961年頃から社会問題化し，1967年に裁判が起こされた。

基本 問4　富山県は元々米作りが盛んな地域であり，農地は減少傾向にあるものの，耕作地における水田率は全国でも有数である。したがって，農業品目別の産出額割合でも米の占める割合が他の作物と比べて非常に高く，[表2]のウがそれに当たる。なお，[表2]のアは茨城県，イは北海道，エは静岡県の農業品目別の産出額割合である。

問5　[表3]中のAは火力発電の割合が非常に高いことから，地形的な制約などから水力発電や原子力発電が不可能な沖縄県，Bも火力発電の割合が高いが，地熱発電も行われていることから，全国的にも地熱発電が盛んな大分県，Cは水力発電の割合が他と比べて高いことから，立山連峰の豊富な水資源を利用した水力発電が盛んな富山県である。

重要 問6　(1)　関税は国境を通過する商品に課される税金であるが，通常はある国が他国からの輸入品に対して関税をかけて自国の製品を保護する手段として用いられることが多い。したがって，[図1]の日本と外国との貿易においては，外国の輸出業者からの商品を日本の輸入業者が輸入する際に，日本の輸入業者から日本の政府機関に支払われるもの（ア）が関税ということになる。

(2)　コメの関税は，402円/kg（2019年）である。他方，それぞれの農産物の関税（2019年）は，図版アの小麦が65円/kg，イのとうもろこしが15円/kg，ウのコーヒーが無税，エのコンニャク芋が3289円/kgである。したがって，コメよりも1kgあたりの関税額が高く設定されているのは，コンニャク芋である。

問7　問題文中に「氷見市においても人口減少が進行しており」とあるので，[図2]のJ・Kの中で，氷見市の第1次産業就業者の割合は2000年に比べて2015年の方が減少していると考えられる。そのため氷見市の第1次産業就業者の割合が3％以上6％未満になっているJが2015年，6％以上になっているKが2000年の図である。その理由は，氷見市から大都市へ若者が流出したためと考えられる。　ア・イ　ともに「Jは2000年，Kは2015年」の部分が逆である。　ウ　氷見市では2000年から2015年にかけて，第1次産業就業者の割合は減少している。

問8　京浜工業地帯は重化学工業を中心に発達してきたが，最近ではその工業出荷額は減少傾向にある。この工業地帯では重化学工業の中で，都市型の工業である機械工業の割合が高く，その傾向は現在も継続している。また金属工業と化学工業の割合はあまり差がないが，化学工業の方がわずかに多くなっている。したがって，2016年の図は[図3]のQ，機械工業はグラフ中のXとなる。

なお，グラフ中のYは化学工業，Zは金属工業である。

重要 問9　東京都には定期便が就航する空港は，東京国際空港(羽田空港，大田区)・調布飛行場(調布市)・大島空港(大島町)・新島空港(新島村)・神津島空港(神津島村)・三宅島空港(三宅村)・八丈島空港(八丈町)の7つある。また，鉄道輸送人数を1としたときの航空輸送人数の数が少ないことは，鉄道輸送人数が多いことを意味し，鉄道網が充実し，その利用者が多いことを示している。東京都は首都圏の中心部に位置し，鉄道をはじめとする交通網が充実しているので，航空輸送人数はそれ程多くはない。したがって，[表4]中のウが東京都にあたる。なお，[表4]中のアは北海道，イは鹿児島県，エは富山県である。

3　**(政治ー技術の変化による生活の変化)**

基本 問1　問題文中に空欄(　あ　)は二ヵ所あるが，それぞれ「燃料として(　あ　)ではなく石油」と「(　あ　)を燃焼させた後に残る産業廃棄物のコークス」とあることから，空欄(　あ　)に入るものは燃料であり，かつ燃やした後にコークスが残るものであることがわかる。コークスは石炭を蒸し焼きにして炭素部分だけを残した燃料のことなので，空欄(　あ　)の燃料は石炭となる。

問2　電子マネーはデジタルデータ化された貨幣のことで，商品を購入する際に実際の貨幣を使うことなく，売り場における電子端末を利用することで支払いを済ますことができる。そのため電子マネーや電子決済を使用する利用者は，紙幣や硬貨などの現金を使用するのに比べて簡単に支払いができる。他方，電子マネーや電子決済を導入する会社は，支払いの際に電子端末によって商品を購入した顧客のさまざまな要望などの情報を集めることで，商品販売に活用したり，より必要とされる商品を開発するために役立てることができる。　ア　電子マネーの不正使用に対して，スマートフォンを用いた電子決済での対策がなされているが，不正使用がなくなったことはない。　ウ　スイカやパスモなどの交通系電子マネーの使用可能範囲は拡大しているが，まだ全国すべての交通機関で使用できるわけではない。　エ　電子マネーや電子決済の利用が普及することで紙幣や硬貨が利用される機会が減ることは確かであるが，紙幣や硬貨が利用される機会が減っても電子マネーや電子決済の利用が増えれば，景気への悪影響を与えることはない。

基本 問3　ある商品が競争力を持つということは，その商品が他の同様の商品と比べて，品質が良く，値段も安いことを意味する。したがって浅野のセメントが競争力を持ったのは，工場で様々な点を改良したことで浅野のセメントの質(空欄1)が一定の水準を満たすようになり，かつ生産効率が上がることでたくさんの製品をより安(空欄2)い値段で売ることができるようになったためである。

問4　3R活動の3Rとは，リデュース(Reduce)・リユース(Reuse)・リサイクル(Recycle)のことである。その中でリサイクルとはごみを再生して再び使うことで，使い終わった物をもう一度資源の状態に戻して，その資源から別の製品を作ることが行われている。コークスは石炭を蒸し焼きにして残った部分なので，コークスを利用した商品の開発は3R活動の中のリサイクルにあたる。

問5　高度経済成長期とは，1950年代後半～1970年代前半の時期のことである。他方，オフィスや工場の機械化は1980年代にオフィスのコンピュータが導入されたことによる業務の自動化，コンピュータ端末からのデータ入力によって事務処理の一部をコンピュータに任せることから始まり，その後の記憶媒体の大容量化によって業務データをそれまでの帳簿からデータベースに置き換えることで進んだ。また書類作成に際してワープロやプリンターを使用することで，大量の書類を短時間で作成できるようになった。このようなオフィスや工場の機械化は，現在でも様々な仕事を電子化・自動化することで進展している。したがって，オフィスや工場の機械化は高度経済成長期に起きた出来事ではない。なお，アの日本で初めてのオリンピックが東京で開催されたのは1964年，ウの「三種の神器」が話題となったのは1950年代以降，エのエネルギー革命が進展したのは1960年ごろからである。

問6　A市の中心部にあった工場が他の場所に移転したことは，設問文の「利益を最優先にして企業が活動したこと」にあたる。他方，商店街は元々，移転した工場とは直接の関係はないので，設問文の「その活動の外部にいた人々」にあたる。したがって(工場の移転によって)商店街の売り上げが大幅に減り閉店する店が相次いだことは，設問文の「企業活動の外部にいる人が損害を受けた事例」にあたる。　イ　新しくできた大型ショッピングモールの周辺の人々がB駅付近の商店街に買い物に行かなくて済むようになったことは，「企業活動の外部にいる人が損害を受けた事例」にはあたらない。　ウ・エ　市議会や市は企業ではなく公共機関なので，市議会の決定や市の調査は企業活動ではない。

重要　問7　現在は社会の高齢化にともなって介護を必要とする高齢者が増加し，介護施設や介護職員の不足などの問題が出ている。またそれぞれの生活環境に応じて介護に対する要望も多様化したため，施設における介護だけでなく，訪問診療やホームヘルパーの派遣なども行われるようになった。　ア　社会制度に関わる資金をすべて地方自治体が負担することはない。　イ　国や地方自治体が，社会保障制度の運用から撤退することはない。　エ　社会保障制度を維持するための費用として増税されたのは，法人税ではなく消費税である。

問8　「核兵器廃絶国際キャンペーン(ICAN)」はスイスのジュネーブに事務局がある非政府組織で，世界各国の政府に対して核兵器禁止条約の交渉開始や支持の働きかけを行う国際的な運動を行っている諸団体の連合体である。この組織は2007年にオーストラリアで設立され，2017年の核兵器禁止条約の採択に貢献して同年10月にノーベル平和賞を受賞した。　ア　核兵器の保有総数が最も多くなったのは2000年代前半ではなく，1990年代から削減が始まっている。　イ　核兵器禁止条約には米国や北朝鮮だけでなく，すべての核保有国が参加していない。　エ　冷戦終結は1989年であるが，インドの核保有は1974年なので冷戦終結後ではない。

重要　問9　[図4]のイは点字ブロック(視覚障害者誘導用ブロック)と呼ばれるもので，視覚障害者が足の裏の触感覚で地面や床面の認識ができるように突起を表面に付けたものである。したがって点字ブロックは視覚障害者を対象としたもので，子どもから高齢者までのあらゆる人々を対象としたものではない。

やや難　4　(日本の地理－日本の年齢3区分別の人口の変化)

問1　[図5]は年齢3区分別の人口推移なので，それぞれの区分の人口数の変化を，[図6]は年齢3区分別の人口割合の推移なので，全人口数に占めるそれぞれの区分の割合の変化を示している。[図5]で生産年齢人口と老年人口の2045年から2065年に至る間の変化をみると生産年齢人口は約6000万人から約5000万人へ，老年人口は約4000万人から約3500万人へと，両方ともに減少している。2045年から2065年の間は年少人口を含めたいずれの区分の人口も減少していることから，この時期の全人口は減少傾向にあるといえる。そのような傾向の中で老年人口の値は下がっているが，生産年齢人口の値は老年人口の値よりも大きく下がっていることから，全人口に占める老年人口の割合はわずかであっても上がることになる。

問2　生産年齢人口とは，その国で生産活動を行う中心の労働力となる年齢の人々の数のことである。日本において生産年齢人口は1995年ごろをピークにして人口数，人口割合ともに減少していることから，今後の日本では労働力不足(人手不足)の問題が深刻になることが予想される。そのような状況に対して，これまで日本の生産活動は主に国内の男性の生産年齢人口によって担われてきたことを考えると，国内の男性の生産年齢人口を増やすこと以外の方法を考える必要がある。そこでその対策としては主に①働く女性を増やすこと，②高齢者を活用するための雇用促進すること，③外国人労働者の受け入れを増大させること，④AIなどの導入によって省力化をはかることの4つがある。①の働く女性を増やすことについては，以前から30～40代の女性の就業率が他の年代に比べて低くなることが指摘されている。その主な理由はこの時期の女性の多くが出産・育児と重なるためで，働く女性を増やすためにはこの年代の女性が育児をしながら働き続けられる制度や環境のより一層の整備が必要とされる。②高齢者を活用するための雇用促進には，仕事することを希望する人に対して働きやすい労働条件や環境を整備することの他，仕事することを希望しない人に対しても就業を促すことが必要である。③外国人労働者の受け入れを増大させるためには，これまでにも行われてきた様々な受け入れ制度の整備の他に，外国の人々に他国よりも日本で働きたいと思ってもらえるような生活の場や職場環境を充実させる必要もある。一方，①～③の政策は不足する労働力をいかに補うかに重点が置かれているが，④のAIなどの導入による省力化は，そのことで生産性を向上させて労働力に対する需要を減らそうとすることに重点が置かれている。この政策は今後の技術革新の進展の状態にもよるが，さらなる労働力不足を解消するためには必要な手段である。

★ワンポイントアドバイス★

1から3までの地理・歴史・政治の各分野の問題は主に思考力や判断力を試す問題，4の説明問題は主として表現力を試す問題という，問題全体で総合力を測るバランスの取れた問題構成になっている。

＜国語解答＞ 《学校からの正答の発表はありません。》

一 ① 開幕　② 一覧　③ 査察　④ 領有　⑤ 延納　⑥ 宗家　⑦ 留意　⑧ 除隊　⑨ かたき　⑩ ほっき

二 問一 紙　問二 エ　問三 ア　問四 エ　問五 (例) 自分にとって良い解釈をしている　問六 イ　問七 エ　問八 ウ　問九 (例) 自分の筋を通そうとするかたくななところがあったが，他人への理解や包容力が増したということ。
問十 イ

三 問一 一寸先の闇　問二 エ　問三 ア　問四 エ　問五 ウ　問六 エ
問七 イ　問八 (例) 写真とは違う，たえず状況が移り変わる対象に接して，自分の気持ちも変化していく対話であり，出会いである　問九 イ　問十 エ
問十一 (例) テレビや映画の視聴者は，本の場面や時間の経過が制作者によって解釈されたものを見ているということ。

○推定配点○

一 各3点×10　二 問五 9点　問九 10点　他 各3点×8
三 問八・問十一 各10点×2　他 各3点×9　計120点

＜国語解説＞

一 (漢字の読み書き)

① 「開幕」は，物事を始めること。 ② 「一覧」は，一通り目を通すこと。 ③ 「査察」は，情況を視察すること。 ④ 「領有」は，領地として持つこと。 ⑤ 「延納」は，期日に遅れて納

めること。また，納入の期限をのばすこと。 ⑥「宗家」は，宗主たる家，ということ。 ⑦「留意」は，ある物事に心を留めること。 ⑧「除隊」は，兵役を解かれること。 ⑨「目の敵」は，何かにつけて敵視すること。 ⑩「一念発起」は，思い立ってあることを成し遂げようと決心すること。

二 （小説一空欄補充，心情理解，内容理解，主題）

問一 「新聞とか本とかカタログとか，そういうものにつかう」とあることから考える。

問二 「ぼく」は，「何一つ問題を起こさない，よく出来た高校生」という言葉について，「伯母さんは，面倒のないやつ，というくらいの意味で言ったんだと思う」とある。伯母はそのくらいのニュアンスで言ったのだが，田崎さんが「ぼく」を高く評価しているのではないかと気になったのである。

問三 田崎さんが試合を見に行ったときは，まだ，伯母さんが田崎さんのことを「ぼく」に説明していなかったということをふまえる。また，文章の終わりのほうの，「ぼく」と田崎さんが会話をする場面で，田崎さんが「彼女，何ていうか，こう，筋が一本通ってるでしょ？」「絶対に言わないと思うよ，彼女なら」と言っていることから，田崎さんは伯母さんのことを，自分の意志をはっきり伝えるような性格であると考えていることがわかる。これらを考え合わせると，アが正解である。

問四 ——線部③は，「ぼく」の「自分がレギュラーだった人は，みんなそう言うんだよ」という言葉を受けての発言であることに注目。伯母さんは，「自分がレギュラーだった人」一般が言いそうな言葉として——線部③を言った。しかし，「ぼく」はそれを自分に対する批難の言葉だと思ったのである。

問五 直前の伯母さんの言葉を「ぼく」がどのように受け止めたのかを考える。

問六 空欄のあとの「レギュラーじゃない生徒にかける言葉っぽい」をふまえて考える。

問七 直前の段落の「伯母さんは，とっくにわかっていたのかもしれない」「ぼくがしょうもないうそをついてることがわかってたから，伯母さんは一度も試合を観に来なかったのだ。来たらぼくに恥ずかしい思いをさせることになるから」という内容から考える。

問八 伯母さんと田崎さんの結婚について「ぼく」は，「ぼくがどうこう言うことじゃないから」と言っていることから，「ぼく」が二人の結婚は最終的には二人の気持ちしだいだと考えていることがわかる。「ぼく」は，伯母さんと田崎さんがどのようになるのかを聞いて，田崎さんに対するこれからの自分の接し方を探りたいと思っている。

やや難 問九 直前の「(筋が)二，三本通ってるかもしれない。それも，すごく太いのが」に注目。また，あとの「彼女が自分でそう言ってた。大地くんを引きとった以上，自分は絶対に死ねないんだって」という田崎さんの言葉に注目。伯母さんは，大地(＝「ぼく」)を引きとった責任を強く自覚しているのである。また，——線部⑦の「やわらかくなった」という表現からは，伯母さんの性格に，他人に対する包容力の増したことが読み取れる。

重要 問十 「実際，面倒はないはずだ。例えばぼくは，つかった鍋や食器は伯母さんが帰宅する前に必ず洗っておくし，……腰かけてする」という部分から，「ぼく」が，周囲の状況を理解して行動できる自分のよさに気づいていることがわかる。また，伯母さんや田崎さんとのやりとりをとおして，二人から自分がどのように見えているのかについて，いろいろな気づきを得ている。これらをふまえて正しいものを選ぶ。

三 （論説文一内容理解，空欄補充，語句の意味，要旨）

問一 「大前提」は，行為を起こしたり物事が成立したりするときに，まず求められる重要な条件のこと。

問二　直前の「テレビや新聞でいっていることをそのまま受けとり，自分で考えていないこと」に合うものを選ぶ。

問三　非常に困難な状況にいる者は，何の頼りにならないものでも頼ろうとする，ということ。

問四　――線部②における「消費者」は，生産者や販売者の発信する情報に受動的に従っている。一方，エの「人々」は自分から能動的に行動している。

問五　三つあとの段落に「戦争が終わってほしいという『待望』が『理性』を失わせたのです」とあることに注目。

問六　――線部④は，二つ前の段落にある「ピラミッド」にまつわる戦時中の噂と矛盾しているということに注意。

問七　直前の「わたしたち人間も自然の中のいきもので，人間も死にます……我々人間などは，取るにたらないものだと悟ることができます」という内容をふまえて考える。

やや難　問八　画家と風景の関係は，「お見合い」の両者の関係に似ていると筆者は言っているのである。前の段落で筆者は「写真」について触れているが，「お見合い」にはまずお見合い写真というものが存在していることもカギになる。――線部⑥の直前にある「スペイン」での筆者の経験と感想にも注目して解答をまとめる。

問九　三つあとの段落に，テレビやスマートフォンは「積極的に『おもしろさ』をわたしたちにさしだし，『おもしろがらせて』くれ」るのに対して，「本は，『自分で読む』ということをしなければ『おもしろさ』がわか」らず，「こちらから積極的に働きかけなければ，何もしてくれない」とあることに注目。

重要　問十　三つ目の（中略）のあとの，文章の最後の部分に書かれている内容をとらえる。

問十一　ここでの「調理」とは，制作者による解釈や編集のことを指している。

★ワンポイントアドバイス★

読解には選択肢の問題が多いが，読み取った内容を10～40字で記述する問題があり，これをしっかり得点する必要がある。要旨を簡潔にまとめるなどの力をつけておくことや，ふだんからいろいろなジャンルの文章にふれておくことが大切！

大切なことはメモしておこうネ！

2019年度

★★★★★★★★★★★★★★★★★★★★★★★★★

入　試　問　題

2019年度
浅野中学校入試問題

【算　数】（50分）　＜満点：120点＞

【注意】 定規・コンパス・分度器は机の上に出したり，使用したりしてはいけません。

1 **次の ア ～ サ にあてはまる数をそれぞれ求めなさい。**

(1) $990 \div \left\{\left(33\frac{1}{6} - \boxed{ア}\right) \times \frac{15}{26}\right\} + 875 = 2019$

(2) ボールペン１本は鉛筆（えんぴつ）１本より20円高く，ボールペン２本と鉛筆３本を合わせた金額は440円です。ボールペンと鉛筆を合わせて100本買い，600円の箱に入れて買ったところ，金額がちょうど１万円になりました。

このとき，ボールペン１本は イ 円で，買ったボールペンの本数は ウ 本です。

(3) １から200までの整数のうち，２で割ると余りが１で，３で割ると余りが２となる整数は エ 個あります。

この エ 個の中で，５で割ると余りが３と**ならない**整数は オ 個あります。

(4) 一日に80分遅（おく）れる時計Ａと一日に48分進む時計Ｂがあり，正午にこの２つの時計を正確な時刻に合わせました。この日，時計Ａが午後４時15分を示すとき，正しい時刻は午後 カ 時 キ 分で，時計Ｂは午後 ク 時 ケ 分を示します。

(5) 立方体と円柱の一部を重ね合わせて，立体を作りました。この立体の上面は［図１］のようになり，［図１］の矢印の方向から見た側面は［図２］のようになります。立体の体積は コ cm^3，表面積は サ cm^2になります。ただし，円周率は3.14とします。

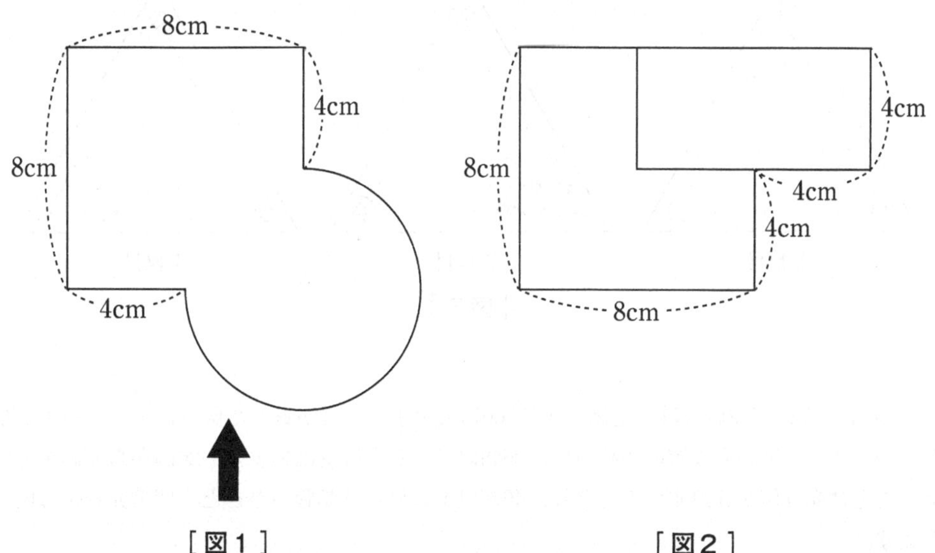

［図１］　　［図２］

2 **次の文章を読み，ア ～ オ にあてはまる数をそれぞれ求めなさい。**

A君は，［図３］のような２枚の長方形の紙を利用して，１から20までの和を求めたところ，
$1+2+3+\cdots+20=$ ア となりました。

さらにA君は，$1\times1+2\times2+3\times3+\cdots+20\times20$ を求める方法を先生から教わりました。先生は正三角形の紙に［図４］のように，上から１段目に１を１個，２段目に２を２個，３段目に３を３個，…，20段目に20を20個書きました。そうすると，正三角形の紙に書かれた数の和を求めればよいことになります。

次に先生は，［図４］の紙を３枚用意し，［図５］のように並べました。

１枚目，２枚目，３枚目の上から１段目に書かれた３つの整数の和は イ です。

また，１枚目，２枚目，３枚目の上から２段目の左に書かれた３つの整数の和は ウ です。このことに注目すると，

$1\times1+2\times2+3\times3+\cdots+20\times20=$ イ × エ ÷３＝ オ となります。

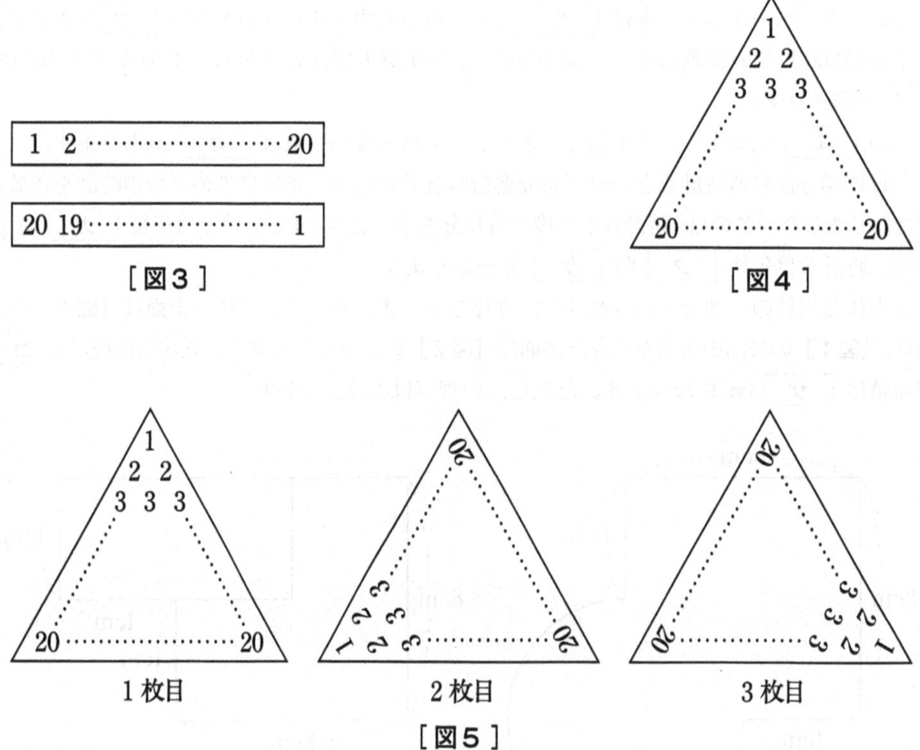

［図３］　［図４］　［図５］

3 ある菓子工場の直売店では，定価が１個200円の菓子を，客が買った個数によって値引きして販売しています。１個の売り値の決め方は，25個以下のときは定価のまま，26個から45個までは１個増えるごとに売り値が５円ずつ安くなり，46個以上の場合は45個のときと１個の売り値は同じものとします。

例えば26個買うときの代金は $195\times26=5070$（円），27個買うときの代金は $190\times27=5130$（円）となります。次のページの［表１］は個数，売り値，代金をまとめたものです。最大で50個まで買

うことができるものとするとき，次の問いに答えなさい。

(1) ［表１］の ア ， イ にあてはまる数をそれぞれ求めなさい。

(2) 25個以上買う場合，代金が一番安くなるのは何個のときですか。それらをすべて求めなさい。答えが２つ以上になる場合は，「2，3」のように，答えと答えの間に「,」をつけなさい。

(3) 25個以上買う場合，代金が一番高くなるのは何個のときですか。それらをすべて求めなさい。答えが２つ以上になる場合は，「2，3」のように，答えと答えの間に「,」をつけなさい。

［表１］

個数	売り値	代金
25	200	5000
26	195	5070
27	190	5130
⋮	⋮	⋮
50	ア	イ

4 A，B，C，Dの４人でじゃんけんを１回します。このとき，次の問いに答えなさい。

(1) ４人の手の出し方は全部で何通りありますか。

(2) ２人だけが勝つ場合，４人の手の出し方は全部で何通りありますか。

(3) グーを出した人が勝つ場合，４人の手の出し方は全部で何通りありますか。

(4) 全員が同じ手を出さないであいこになる場合，４人の手の出し方は全部で何通りありますか。ただし，解答用紙に考え方や式も書きなさい。

5 ［図６］のような一辺の長さが３cmの正六角形ABCDEFがあります。点Pは辺AB上を動くことができ，点Qは辺CD上を動くことができます。PQを 2：1 に分ける点をRとするとき，次の問いに答えなさい。

(1) 点Pが点Aに止まっていて，点Qが辺CD上を点Cから点Dまで動くとき，点Rの動く線の長さを求めなさい。

(2) 点Qが点Cに止まっていて，点Pが辺AB上を点Aから点Bまで動くとき，点Rの動く線の長さを求めなさい。

(3) 点Pが辺AB上を，点Qが辺CD上をそれぞれ自由に動くとき，点Rの動くことができる範囲(はんい)を，［図７］の例のように解答用紙の図に斜線(しゃせん)で示しなさい。

(4) (3)で求めた範囲の面積は，正六角形ABCDEFの面積の何倍になりますか。

(5) 点Rが(3)で求めた範囲を動くとき，三角形EFRの面積が最も小さくなるのは，三角形EFRの面積が，正六角形ABCDEFの面積の何倍になるときですか。

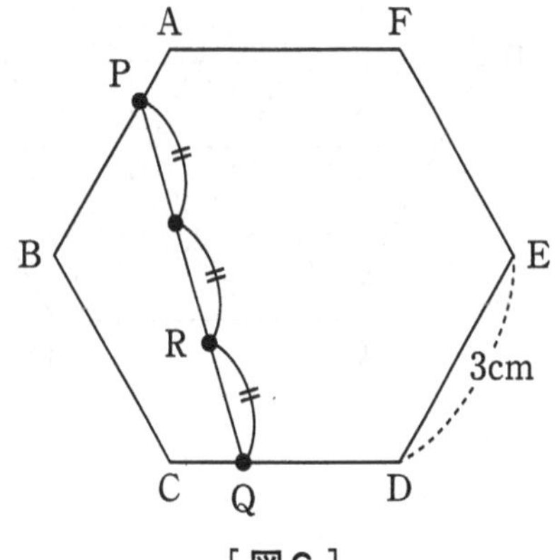

［図６］

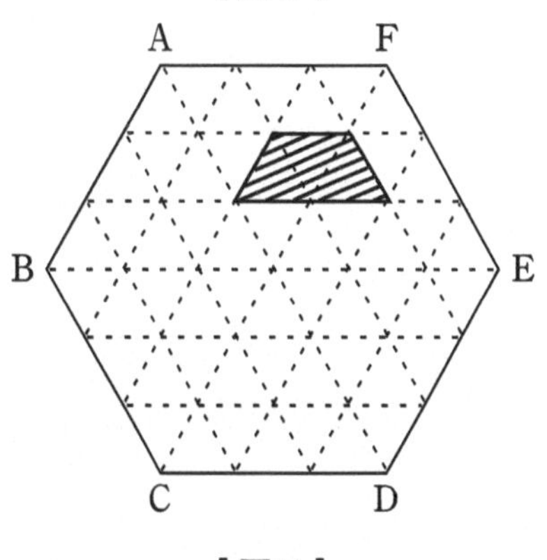

［図７］

（下書き用）

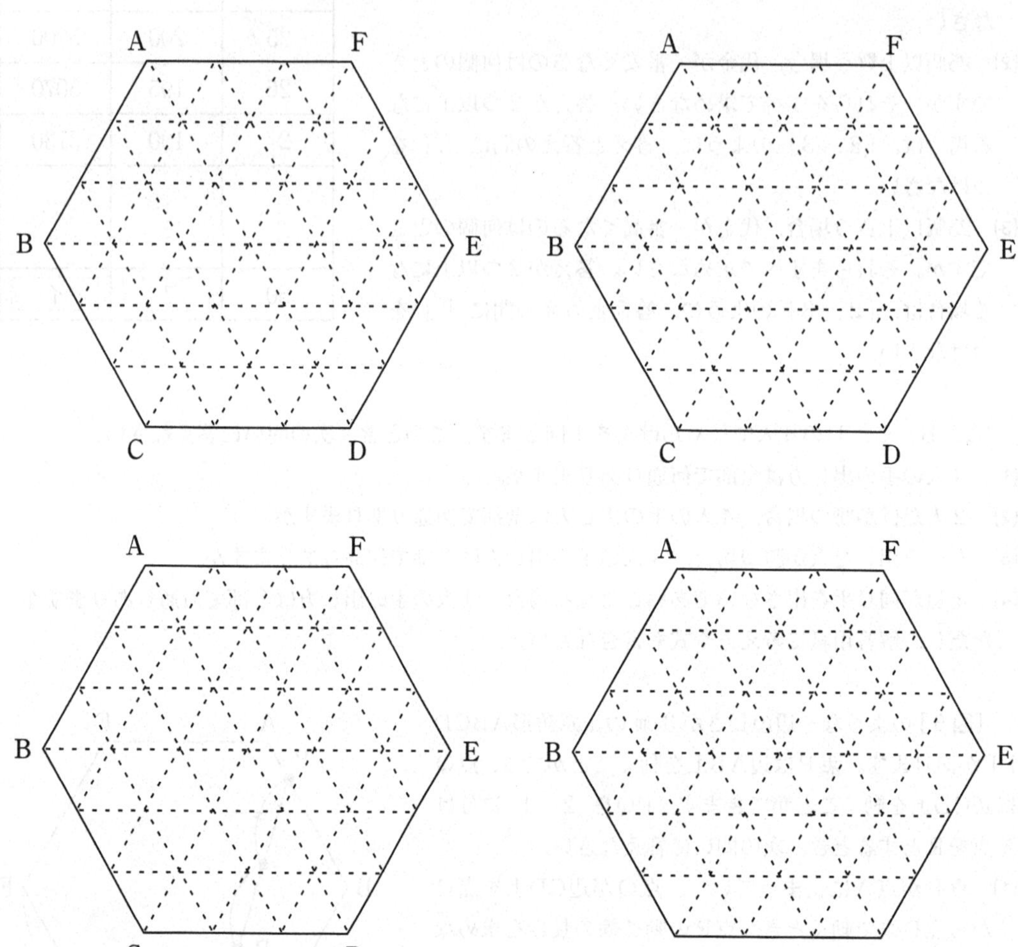

【理　科】（40分）　＜満点：80点＞

[1]　次の文章を読んで，後の問いに答えなさい。

メダカではメスが産んだ卵にオスが精子をかけ受精がおこなわれます。受精卵は成長して父親と母親の両方から性質を受けついだ子となります。

植物も受精をして子をつくることが多いのですが，種子植物ではイチョウやソテツといった一部の [A] 植物を除き，精子はつくられません。サクラの仲間で，花の構造や種子のでき方が似ているモモでは，雄(お)しべの先端(たん)の [B] でつくられた花粉が雌(め)しべの先端の [C] につくと，花粉は発芽し [D] を伸ばします。これが [E] のなかにある [F] に達すると受精がおこなわれ，[E] 全体は果実に，[F] は種子になります。

栽培(さいばい)されているモモにはいくつかの種類がありますが，白桃(とう)という種類の花では花粉がほとんどつくられないため，効率よく果実を得るためには花粉を多くつくる種類から得た花粉を用いて人工受粉を行う必要があります。黄桃など，異なる種類の花では花粉が多く作られるため，人工受粉用の花粉を得るために利用されています。白桃の花に黄桃の花粉をつけて受粉させた場合，[G] として出荷されます。これは，モモの食用部分は [E] の一部が変化した場所だからです。種子を育てた場合は両親とは異なった子ができるため，親と同じ種類にはなりません。果樹では地上部と地下部は異なる品種であることが一般的で，白桃も [H] という方法で木を増やしています。

イネにもいくつかの種類が知られていますが，日本で食用に栽培されているイネは，大きく分けて，ウルチとモチに分けられます。私たちがふだん主食として食べている米はウルチ米といい，粘(ねば)り気の少ないアミロースというデンプンと，粘り気の多いアミロペクチンというデンプンが含まれています。一方で，餅(もち)や煎餅(せんべい)の原料になるモチ米はアミロースをつくる性質を失っており，デンプンとしては粘り気の多いアミロペクチンのみを含んでいます。モチ米の栽培には注意が必要で，特にウルチ米の花粉がつかないよう他の種類とは地域を分けて栽培されます。それは①<u>モチ米にウルチ米の花粉がつくと，ウルチ米の性質をしめす米ができてしまうからです。</u>

(1)　メスのメダカの図としてもっとも適切なものを，次の**ア～エ**の中から１つ選び，記号で答えなさい。

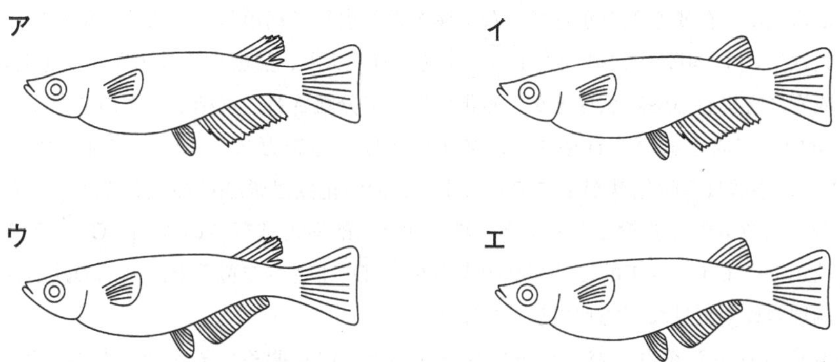

(2)　[A] ～ [F] にあてはまる語句を，次の**ア～シ**の中からそれぞれ１つずつ選び，記号で答えなさい。

ア　やく　　**イ**　がく　　**ウ**　子房(ぼう)　　**エ**　柱頭　　**オ**　花糸　　**カ**　花柱
キ　花弁（花びら）　　**ク**　花粉管　　**ケ**　被子　　**コ**　裸子　　**サ**　胞子　　**シ**　胚珠(はいしゅ)

(3) G にあてはまる文を，次のア～エの中から１つ選び，記号で答えなさい。

ア 果実はすべて白桃　　イ 果実はすべて黄桃

ウ 果実はすべて白桃と黄桃の中間の品種

エ 白い果実のものは白桃として，黄色い果実のものは黄桃

(4) H にあてはまる語句を書きなさい。

(5) モモの花は完全花ですが，イネの花は不完全花です。モモの花にあって，イネの花にないものを，次のア～オの中から２つ選び，記号で答えなさい。

ア 雄しべ　イ 雌しべ　ウ 花弁(花びら)　エ えい　オ がく

(6) 下の写真はカキの果実の断面です。イネの食用部分（白米）に相当するものを，次のア～エの中から１つ選び，記号で答えなさい。

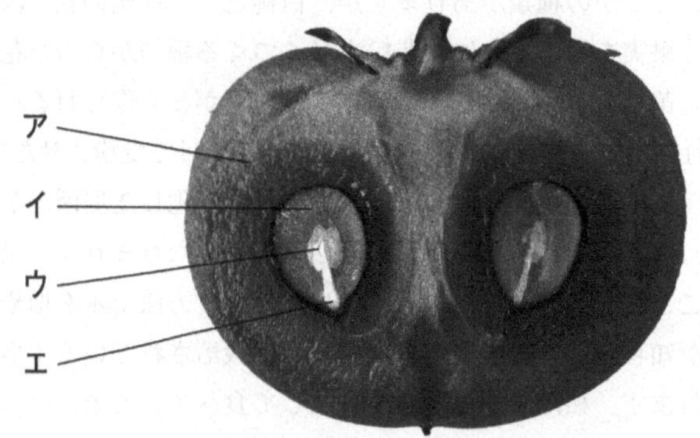

(7) (6)で選んだ部分の名称を書きなさい。

(8) 下線部①に関して，他の種類の花粉がつくと食用部分の性質が変化するものを，次のア～エの中から１つ選び，記号で答えなさい。

ア リンゴ　イ トウモロコシ　ウ スイカ　エ ジャガイモ

2 次の文章を読んで，後の問いに答えなさい。

私たちは自然に存在する鉱石から様々な金属を取り出して利用しています。例えば，日本古来の「たたら製鉄」では，炉(ろ)の中に砂鉄と A を交互(ご)に入れ，熱風を送り込んで鉄を取り出します。砂鉄は火成岩に含(ふく)まれる磁鉄鉱などが，風化に伴って分離(り)され，堆(たい)積したものです。

鉄は空気中の酸素と結びつきやすく，スチールウールをガスバーナーで加熱すると，燃えて B さびと呼ばれる酸化鉄が主にできます。この酸化鉄は磁鉄鉱の成分です。一方，スチールウールを湿(しめ)った空気中に放置しておくと，鉄が徐々(じょじょ)に酸素と結びついて， C さびと呼ばれる別の酸化鉄ができます。人工的に鉄製品の表面を D さびで覆(おお)うと，内部の鉄がさびにくくなるので，調理器具や工具などで利用しています。

マグネシウムリボンをガスバーナーで加熱すると，白く明るい光を出しながら燃えて， E 色の酸化マグネシウムに変わります。一方，銅線をガスバーナーで加熱しても燃えませんが，表面が F 色の酸化銅に変わります。

マグネシウムの粉末と銅の粉末を使って，次の［実験１］～［実験５］を行いました。ただし，実験で用いた塩酸の濃(のう)度はすべて同じです。

［実験１］ マグネシウムの粉末に100mLの塩酸を加えました。マグネシウムの重さを変えて，①発生した気体の体積をそれぞれ調べました。**［表１］** はその結果をまとめたものです。

［表１］

マグネシウムの重さ（g）	1.0	2.0	3.0	4.0	5.0
発生した気体の体積（L）	1.0	2.0	3.0	3.5	3.5

［実験２］ マグネシウムの粉末をステンレス皿の上にうすく広げ，ガスバーナーで十分に加熱しました。マグネシウムの重さを変えて，加熱後に残った固体の重さをそれぞれ調べました。**［図１］** はその結果をまとめたものです。

［実験３］ **［実験２］** で加熱後に残った固体に塩酸を加えました。固体は溶(と)けましたが，気体の発生は見られませんでした。

［実験４］ 銅の粉末について，**［実験２］** と同様の実験を行いました。**［図１］** はその結果をまとめたものです。

［実験５］ **［実験４］** で加熱後に残った固体に塩酸を加えました。固体は溶けましたが，気体の発生は見られませんでした。

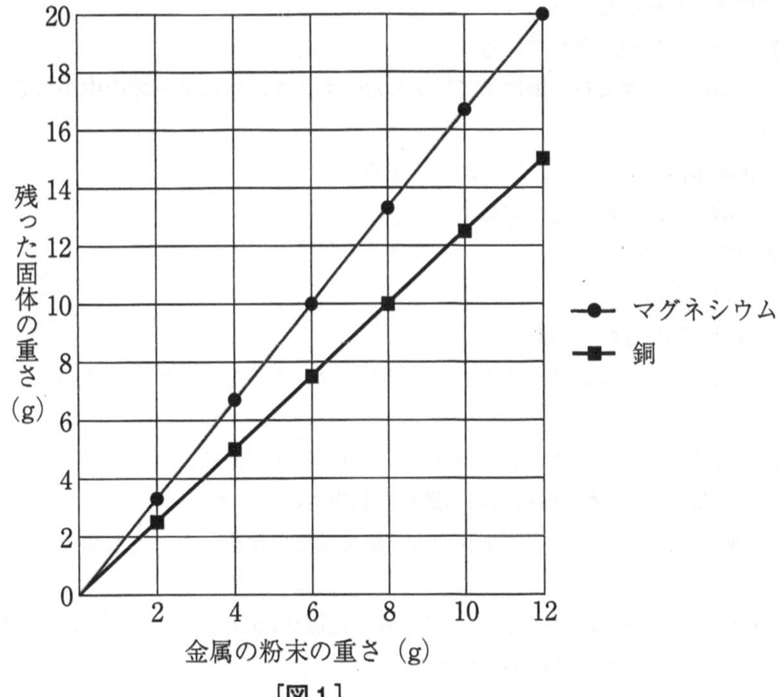

［図１］

(1) [A] にあてはまるものを，次の**ア～カ**の中から１つ選び，記号で答えなさい。

ア 石灰石　**イ** 消石灰　**ウ** ミョウバン

エ 食塩　**オ** 木炭　**カ** 重そう

(2) [B] ～ [F] にあてはまる色の組み合わせを，次のページの**ア～ク**の中から１つ選び，記号で答えなさい。

	B	C	D	E	F
ア	赤	黒	赤	白	黒
イ	赤	黒	赤	黒	白
ウ	赤	黒	黒	白	黒
エ	赤	黒	黒	黒	白
オ	黒	赤	赤	白	黒
カ	黒	赤	赤	黒	白
キ	黒	赤	黒	白	黒
ク	黒	赤	黒	黒	白

(3) 鉄にあてはまり，砂鉄にあてはまらないものを，次の**ア～オ**の中から**2つ**選び，記号で答えなさい。

ア 塩酸に溶けて，気体が発生する。

イ 水酸化ナトリウム水溶液(よう)に溶けて，気体が発生する。

ウ 電気を通さない。

エ 磁石に引きよせられる。

オ 使い捨てカイロに利用されている。

(4) マグネシウムにあてはまり，銅にあてはまらないものを，次の**ア～オ**の中から**2つ**選び，記号で答えなさい。

ア うすい硫(りゅう)酸水溶液に溶けて，気体が発生する。

イ 石灰水に溶けて，気体が発生する。

ウ 電気を通す。

エ 銀色の物質である。

オ 鍋(なべ)やヤカンに利用されている。

(5) 下線部①の気体にあてはまり，酸素にあてはまらないものを，次の**ア～オ**の中から**2つ**選び，記号で答えなさい。

ア 水に溶けにくい。　**イ** 空気より軽い。　**ウ** 無色である。

エ 刺激臭(しげきしゅう)がする。　**オ** 燃料電池の燃料に利用されている。

(6) 同じ重さの酸素と結びつく，マグネシウムと銅の重さの比を，もっとも簡単な整数比で求めなさい。

(7) 銅の粉末6.4gをある程度加熱したところ，残った固体は6.8gでした。これに十分な量の塩酸を加えました。溶け残った固体は何gですか。

(8) マグネシウムの粉末6.4gをある程度加熱したところ，残った固体は7.6gでした。これに十分な量の塩酸を加えました。発生した気体は何Lですか。

(9) マグネシウムと銅の混合粉末7.0gを十分に加熱したところ，残った固体は10.5gでした。混合粉末に含まれていた銅は何gですか。

(10) (9)と同じ混合粉末7.0gに含まれているマグネシウムを，すべて溶かすのに必要な塩酸は何mLですか。

3 **次の文章を読んで，後の問いに答えなさい。**

私たちの住む地球は太陽系の中で3番目に太陽に近い惑星です。太陽系には全部で8つの惑星があり，地球はそれらの中でも，唯一生命の存在が確認されている独特な天体であると言えます。最古の生命の化石は約 [A] 年前の地層から見つかっています。

今日では，地球外の生命の存在や太陽系がどのようにつくられたかを調べるために，望遠鏡や探査機を用いた調査が行われています。①レンズ式の望遠鏡は［図2］のように，2つのレンズを用いて天体を観察します。このとき，②対物レンズが結んだ実像を，接眼レンズを通して虚像として見ることになります。③望遠鏡はこの2つのレンズの焦点距離によって倍率が異なります。［図3］（次のページ）は，天体をレンズ式の望遠鏡で見るときの模式図で，レンズ1が対物レンズ，レンズ2が接眼レンズです。F1とF2はそれぞれ，レンズ1とレンズ2の片方の焦点で，スクリーンはレンズ2の焦点とレンズ2の間に位置しています。このスクリーンに映った像は裏側からも見ることができます。

また，望遠鏡を「赤道儀」と呼ばれる台にのせた場合，④「極軸」と呼ばれる赤道儀の軸を北極星に合わせると，望遠鏡を天体の動きに合わせることができます。

ハワイにある⑤すばる望遠鏡は，天体から放たれた光を集め，遠くの天体を観測することが可能です。また，チリにあるアルマ望遠鏡は，天体が発する電波をとらえて観測を行います。

多くの探査機が送られた火星では，生命の存在に不可欠な [B] がかつて存在したと考えられています。火星は地球に比較的近い惑星で，⑥2018年7月31日，地球に約6000万kmまで大接近しました。また，宇宙航空研究開発機構（JAXA）は，太陽系がどのように誕生したかを調べるために探査機「はやぶさ2」を打ち上げ，2018年6月27日に小惑星 [C] に到着し，9月22日には分離した機体が着地したことが確認できました。

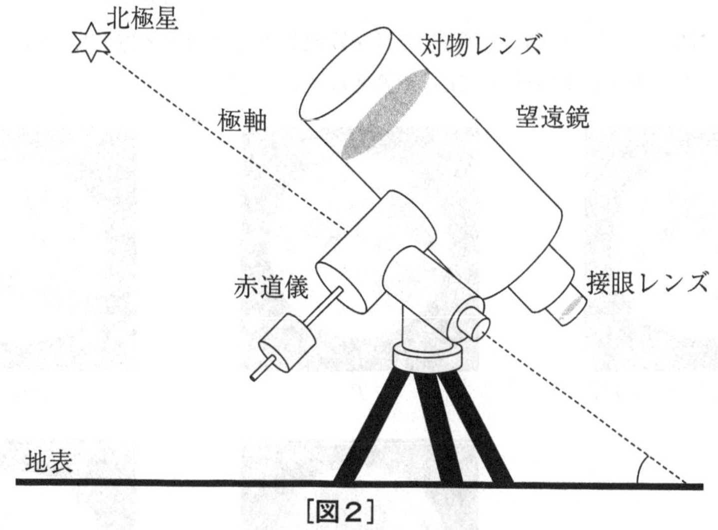

［図2］

(1) [A] にあてはまる数値としてもっとも適切なものを，次の**ア**～**エ**の中から1つ選び，記号で答えなさい。

ア 46億　**イ** 35億　**ウ** 5億　**エ** 700万

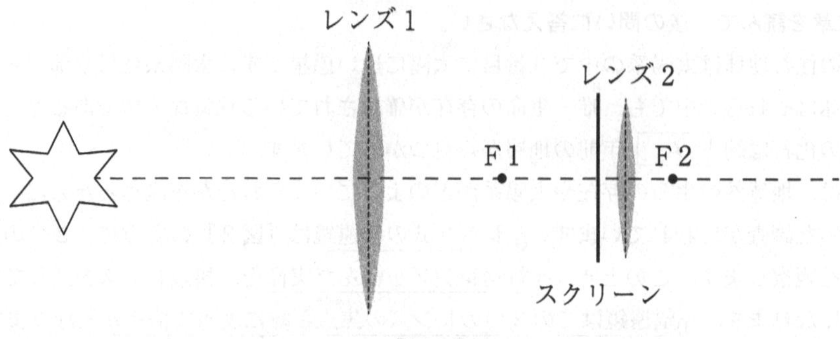

[図3]

(2) B にあてはまる語句としてもっとも適切なものを，次の**ア～エ**の中から１つ選び，記号で答えなさい。

ア 気体の酸素 **イ** 気体の水 **ウ** 液体の酸素 **エ** 液体の水

(3) 右の写真は C にあてはまる小惑星です。その名前を**カタカナ**で答えなさい。

画像クレジット：JAXA，東京大学など

(4) 下線部①に関して，レンズ式の望遠鏡で月を観察したときの見え方としてもっとも適切なものを，次の**ア～エ**の中から１つ選び，記号で答えなさい。

肉眼で見たときの月

ア

イ

ウ

エ

引用写真：
『国立天文台ホームページ』

(5) 下線部②に関して，焦点距離が大きい対物レンズをもつ望遠鏡にかえたとき，スクリーンに映る実像の大きさと望遠鏡のつつの長さはどのようになるでしょうか。右の**ア**～**エ**の中から１つ選び，記号で答えなさい。

	実像の大きさ	つつの長さ
ア	大きくなる	長くなる
イ	大きくなる	短くなる
ウ	小さくなる	長くなる
エ	小さくなる	短くなる

(6) 下線部③に関して，右の**ア**～**エ**の対物レンズと接眼レンズの焦点距離の組み合わせのうち，もっとも大きな倍率になるものを１つ選び，記号で答えなさい。

	対物レンズ	接眼レンズ
ア	600 mm	10 mm
イ	600 mm	20 mm
ウ	900 mm	10 mm
エ	900 mm	20 mm

(7) 下線部④に関して，横浜市（北緯35度，東経140度）で望遠鏡を組み立てたとき，極軸と地表のなす角は何度ですか。

(8) 下線部⑤に関して，すばる望遠鏡の名前の由来となった天体としてもっとも適切なものを，次の**ア**～**エ**の中から１つ選び，記号で答えなさい。ただし，かっこ内の星座は写真の天体を含んでいる星座を示しています。

ア（はくちょう座）

イ（おうし座）

ウ（オリオン座）

エ（アンドロメダ座）

引用写真：『国立天文台ホームページ』

(9) 下線部⑥に関して，火星が地球に接近するとき，次のページの［**図４**］のように太陽－地球－火星がほぼ一直線に並んでいます。火星と太陽の距離は，地球と太陽の距離の1.5倍であり，約1.88年で太陽の周りを公転します。次に太陽－地球－火星の順に一直線に並ぶのはいつ頃ですか。もっとも適切なものを，次のア～エの中から１つ選び，記号で答えなさい。ただし，地球と火星は円軌道を公転しているものとします。

ア　2020年２月頃

イ　2020年６月頃

ウ　2020年10月頃

エ　2021年２月頃

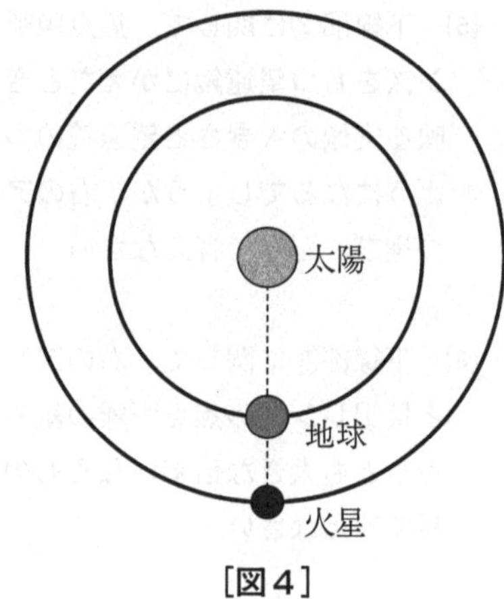

［図４］

(10)　(9)で，火星が地球からもっとも離れたときの距離は，もっとも接近したときの距離の何倍ですか。

4　**次の文章を読んで，後の問いに答えなさい。**

なめらかで摩擦の無視できるレール状の斜面と，大きさは同じでいろいろな重さの球を使って［実験１］～［実験３］を行いました。

［実験１］　［図５］のように，いろいろな重さの球を，はなす高さの位置を変えて転がし，水平な面での速さを測定しました。重さ120ｇの球を用いたときには，水平な面での速さは［図６］のようになりました。

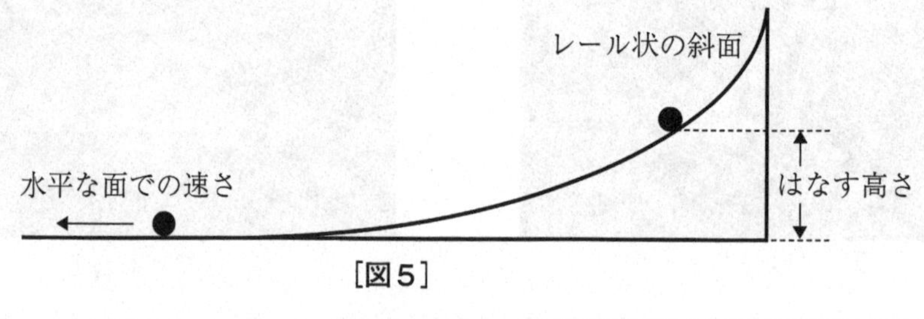

［図５］

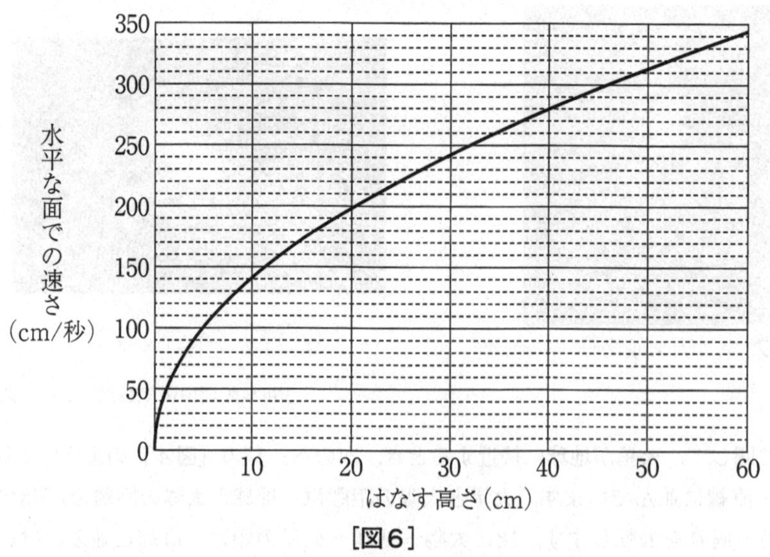

［図６］

[実験２] **[実験１]** と同じ球と装置を使い，**[図７]** のように，固定した粘土にさした釘に当て，ささった長さを測定しました。

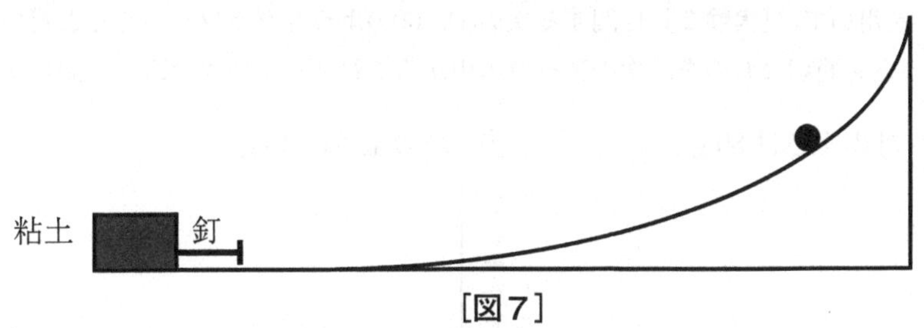

[図７]

[実験３] **[実験１]** と同じ球と装置を使い，**[図８]** のように，左端を固定したばねに当てました。ばねに当たった球はばねを押し縮めましたが，もっとも縮んだときの縮んだ長さを測定しました。

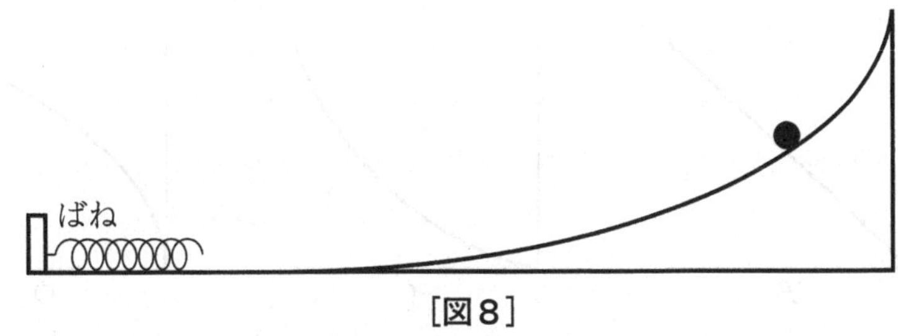

[図８]

[実験１] ～ **[実験３]** までの結果の一部をまとめると，**[表２]** のようになりました。

[表２]

球の重さ（g）	はなす高さ（cm）	水平な面での速さ（cm/秒）	釘がささった長さ（cm）	ばねが縮んだ長さ（cm）
40	10	140.0	0.4	4.0
40	20	198.0	0.8	5.7
40	30	242.5	1.2	6.9
80	10	140.0	0.8	5.7
80	20	198.0	1.6	8.0
80	30	242.5	2.4	9.8
120	10	140.0	1.2	6.9
120	20	198.0	2.4	9.8
120	30	242.5	3.6	12.0

(1) 重さが200ｇの球で，はなす高さを10cm にして **[実験１]** を行いました。水平な面での速さは何cm／秒ですか。

(2) 重さが160ｇの球で，はなす高さを15cm にして **[実験２]** を行いました。釘がささった長さは何cm になりますか。

(3) 重さが100gの球をある高さからはなして［実験２］を行ったところ，釘がささった長さは2.5cmでした。球をはなす高さは何cmでしたか。

(4) ［表２］を用いて，［実験３］に関する次の①，②のようなグラフをつくるとどのようになりますか。もっとも適切なものを，次のア～ウの中からそれぞれ１つずつ選び，記号で答えなさい。

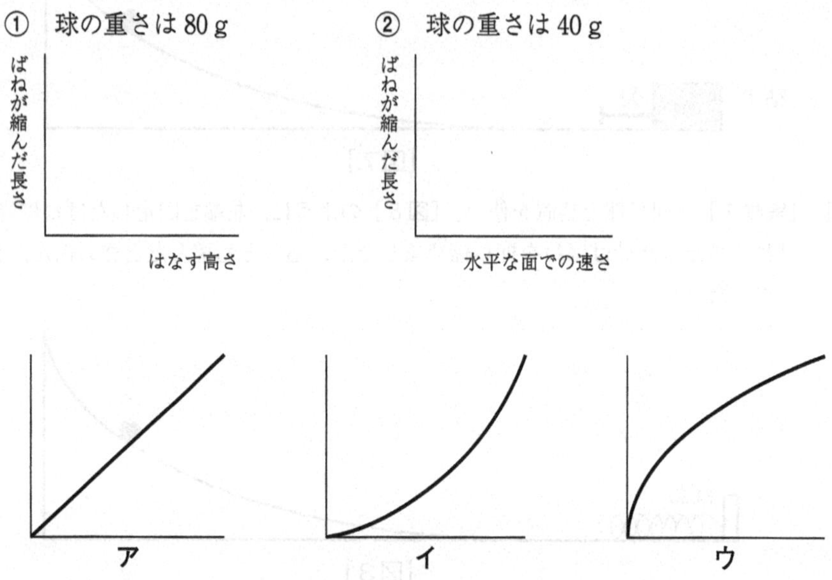

(5) 重さが40gの球を，ある高さからはなして［実験３］を行ったところ，ばねの縮んだ長さは8.0cmでした。ばねに当たる前の水平な面での速さは何cm／秒ですか。

(6) (5)で，球をはなす高さは何cmでしたか。

【社　会】（40分）　＜満点：80点＞

【注意】 説明する問題については，句読点を１字に数えます。

1　次の文章を読み，後の問いに答えなさい。

みなさんは盆踊りに参加したことがありますか。日本では８月の中旬にお盆休みといって，多くの人々が里帰りをします。しかし，なぜこのような慣習があるのでしょうか。例えば盆踊りは，［あ］に催されるようになったとされます。そもそも盆とは，死者を供養する仏教の慣わしと，祖先の霊をまつる在来の信仰が結びついた日本独自のものであるとされます。このようにみなさんの身の回りにある慣習には，それぞれに背景や理由があります。ここでは，盆踊りと同じく夏の代表的な文化である，「土用の丑の日にウナギを食べる」のはなぜか，について考えてみましょう。

日本においてウナギは古代から食べられていたことが分かっており，全国約130カ所の①縄文・弥生時代の遺跡からウナギの骨が出土しています。また，万葉集のなかには大伴家持がよんだウナギの歌があります。その内容は，「夏痩せした知人にウナギをすすめる」といったものです。

鎌倉時代には，②宇治周辺でウナギ漁が盛んでした。また，室町時代にウナギは「宇治丸」と呼ばれた鮨として食され，③室町幕府の役人や公家たちが参加する宴会などでも振る舞われていたと考えられています。なお，現在のようなウナギの食べ方が普及するようになったのは，④関東で濃い口しょうゆが開発された江戸時代でした。

そして「土用の丑の日にウナギを食べる」という慣習が生まれたのも江戸時代です。一説には，平賀源内が「本日，土用の丑の日」というキャッチコピーを考案したのが始まりとされます。ここで言う「土用の丑の日」とは，［い］前の18日間の土用（注）のうち，丑の日のことです。もともとこの時期に夏バテ対策で精のつくものを食べる習慣や，丑の日に「う」のつくものを食べると良いという言い伝えもあったことから，この表現が受け入れられたのかもしれません。さらに，江戸時代は⑤食文化の発展する条件が揃った時期であることも，忘れてはならない背景でしょう。なお，ウナギを取り扱う店としては，高級料亭から露店まで，さまざまな形態が出現したことが分かっています。

以上のように，「土用の丑の日」にウナギを食べるようになったのは江戸時代でしたが，そこに至るまでにも日本のウナギ文化は時代ごとの状況に影響を受けつつ，時間をかけて変化してきたことが分かります。ウナギに関する近年の動向をみると，⑥環境汚染によるウナギ漁の衰退や，絶滅危惧種への指定・養殖技術の発展といったウナギ資源の減少に関連した動きが出てきています。一方で我が国は日本の食文化を世界に発信する取り組みも進めており，ウナギ料理もこれに含まれます。今後，日本のウナギ文化はウナギ資源の減少という昨今の動向を受けて，どのように変化していくのでしょうか。

（注）「土用」とは，立春・立夏・立秋・立冬の直前の18日間のことを指します。そしてその18日間に「子，丑，寅」といった十二支を割り振り，「土用の子，丑，寅」などと呼びました。つまり夏の「土用の丑の日」とは，［い］前の18日間の土用のうち，丑の日のことを指しています。

問１　［あ］には，なぜ盆踊りが行われるようになったのか，その理由が入ります。［あ］にあてはまる内容としてもっとも適切なものを，次の**ア**～**エ**の中から１つ選び，その記号で答えなさい。

ア　農業や漁業，林業などに従事する人々の労をねぎらうため

イ　遠くからやってくる家族や観光客をもてなすため
ウ　死後の世界から戻ってきた先祖や死者を慰め，送り出すため
エ　成仏のできない死者の霊を慰め，無事に成仏してもらうため

問2　い　にあてはまるもっとも適切な語句を，次の**ア～エ**の中から１つ選び，その記号で答えなさい。

ア　立春　**イ**　立夏　**ウ**　立秋　**エ**　立冬

問3　下線部①について――。

[表１] は縄文時代と弥生時代の違いについてまとめたものです。後の **[文１]** は，どの違いを根拠としていますか。**[表１]** の**ア～エ**の中から正しいものを**すべて**選び，その記号で答えなさい。

[表１]

選択肢	違い	具体的な内容
ア	土器	【縄文】縄目の模様をつけ、分厚くもろい。色は黒褐色。 【弥生】薄手で固く、簡単な模様しかない。色は赤褐色。
イ	墓の構造	【縄文】集落の中に共同墓地が作られ、人々は埋葬された。 【弥生】地域ごとに墓の構造が統一され、大型の墓が出現した。
ウ	副葬品	【縄文】副葬品の内容に、特徴的な違いはあまりない。 【弥生】多量の青銅器や鉄器が埋葬された墓が一部で出現した。
エ	道具	【縄文】弓矢やつり針、すり石など。 【弥生】鍬や田げた、石包丁など。

[文１]　縄文時代は身分の差がない社会であったと言われているが，弥生時代には身分差が生じていたと言われている。

問4　下線部②について――。

宇治においてウナギ漁が盛んになった理由として**適切でないものを**，次の**ア～エ**の中から１つ選び，その記号で答えなさい。

ア　両替商の登場により，貨幣の流通が活発になったから。
イ　近くにウナギを消費する大都市があったから。
ウ　漁師集団が大寺社から漁業に関する特権を与えられていたから。
エ　陸上交通や水上交通の要衝に位置していたから。

問5　下線部③について――。

[文２] は，室町幕府のしくみを説明したものです。これを図にしたものとしてもっとも適切なものを，次のページの**ア～エ**の中から１つ選び，その記号で答えなさい。

[文２]　「室町幕府の地方機関には，鎌倉府などがあった。足利尊氏は鎌倉幕府の基盤であった関東をとくに重視し，東国の支配は鎌倉府に任せた。鎌倉府の組織は室町幕府とほぼ同じで，権限も大きかったため，やがて室町幕府としばしば衝突するようになった。」

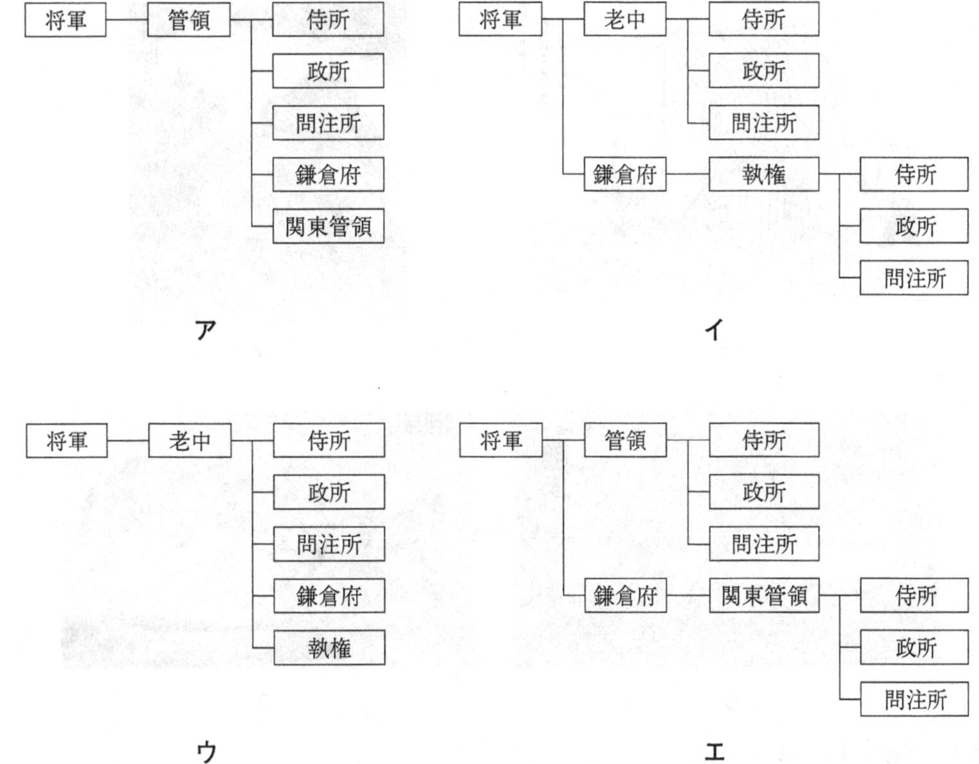

(注)　図を簡略化するため，一部の役職を省略して作成した。

問６　下線部④について——。

［図１］は，江戸時代の関東で濃い口しょうゆが開発された過程についての一説をまとめたものです。 う にあてはまる内容にかかわる絵としてもっとも適切なものを，次のページの**ア〜エ**の中から１つ選び，その記号で答えなさい。

江戸の発展により人口が増加すると、江戸では品不足になった。

 う の発展により、大坂から江戸へ多くの品物が運ばれるようになった。その中で、大坂から薄口(うすくち)しょうゆが江戸へ運ばれた。

大坂からもたらされる薄口しょうゆに対抗(たいこう)して、江戸近郊(きんこう)で濃い口しょうゆが開発されると、評判が広まり江戸では濃い口しょうゆが使われるようになった。

［図１］

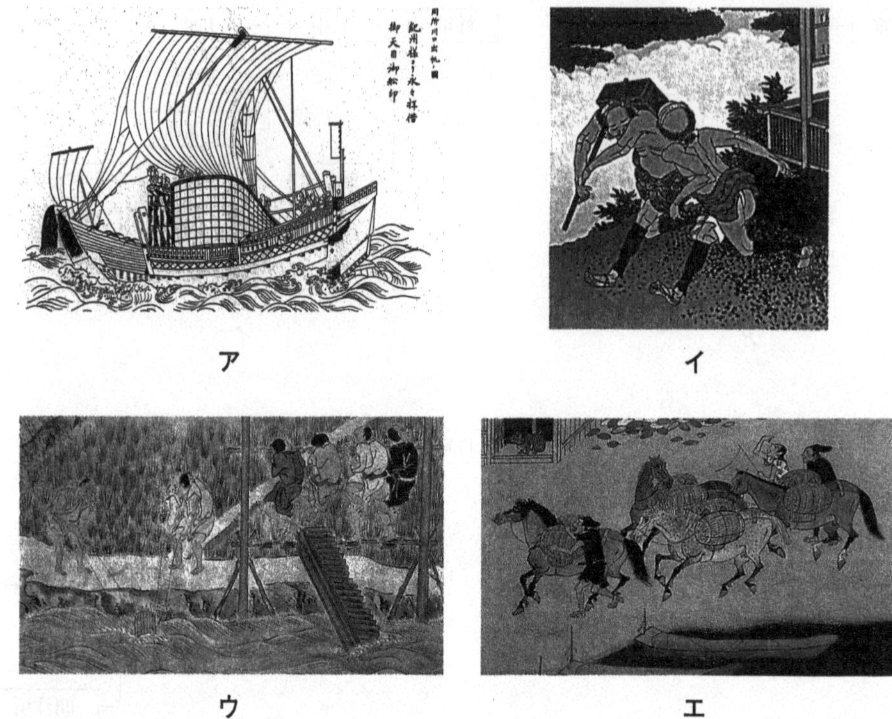

ア　イ　ウ　エ

問7　下線部⑤について――。

江戸時代において食文化が発展した条件として**適切でないもの**を，次の**ア～エ**の中から１つ選び，その記号で答えなさい。

ア　新田開発により耕地が広がり，生産力が発展した。

イ　料理本の出版が盛んになり，調理技術が一般に普及した。

ウ　同業者の組合である座が結成され，商業活動が盛んになった。

エ　流通網が整備されて，全国各地の特産品が行き渡るようになった。

問8　下線部⑥について――。

日本において，明治以降に発生した環境問題について述べた文章として**適切でないもの**を，次の**ア～エ**の中から１つ選び，その記号で答えなさい。

ア　明治時代に近代化政策が進められて産業革命が起こった一方で，渡良瀬川流域では農作物に被害が出た。

イ　1940年代前半の京浜地域では，産業活動が活発になり人口も増加したため，東京湾において水質汚染が深刻化した。

ウ　高度経済成長は同時に大気汚染の問題を発生させ，その対策として公害対策基本法ができた。

エ　1970年代から80年代にかけて，国民一人ひとりの生活水準が向上したことで，自動車の排出ガス問題などが生じた。

問9　日本におけるウナギ食文化に関する説明として**適切でないもの**を，本文を参考にして，次の**ア～エ**の中から１つ選び，その記号で答えなさい。

ア　古代において，ウナギは滋養強壮になる食べ物として考えられていた。

イ　中世において，農村ではウナギが盛んに消費されたが，都市ではウナギ信仰の広まりから食用とならなかった。

ウ　近世において，ウナギを提供する移動式の簡易な食べ物屋が増加し，外食産業が発達した。

エ　現在において，国産ウナギの価格はおおむね上昇傾向(じょうしょうけいこう)にある。

2　**次の文章を読み，後の問いに答えなさい。**

みなさんは将来，どのような分野の職業に就きたいと考えていますか。人々が生活するうえで必要とされるものを生み出したり，提供したりする経済活動のことを産業といいます。産業を分類する方法はいろいろありますが，イギリスのコーリン＝クラークが考案した産業分類が有名です。それは「第一次産業」「第二次産業」「第三次産業」というように①すべての産業を大きく三つに分ける方法です。ここでは日本の産業の状況について，分野別にみていきましょう。

第一次産業とは人間が自然環境を直接利用して行う分野で，農業・林業・水産業が該当(がいとう)します。そのなかでも日本の産業と言えば長い間，②稲作(いなさく)を中心とした農業でした。現在では稲作だけでなく③各地の自然環境に合わせて，さまざまな農業が行われています。しかし④貿易の自由化が進み，日本の農業も厳しい状況に置かれています。さらに第一次産業で働く人々の減少や高齢(こうれい)化も課題となっています。

第二次産業とは，地球上のさまざまな資源を使って工業原料や工業製品をつくる鉱工業のことをいいます。地殻(ちかく)の変動が激しい地域に位置する日本列島には多くの種類の鉱物が存在していますが，埋蔵(まいぞう)量は乏(とぼ)しく⑤国内の鉱山はほとんどが閉山しています。また化石燃料も乏しい国です。現在，⑥エネルギー資源の中心となっているのは石油ですが，そのほとんどを海外からの輸入にたよっています。日本では原材料を輸入し製品を作りあげて海外へ輸出する［ あ ］貿易がおこなわれてきたので⑦工業地帯は太平洋ベルトに集中しています。さらに1970年代の２度の［ い ］をきっかけに工業地域は内陸部にも広がっていきました。しかし，近年では賃金の安い海外へ工場を移転し，現地生産する企業(きぎょう)が増えています。こうして国内の工業が衰退していくことを産業の［ う ］といいます。

第三次産業は⑧商業やサービス業など製品の流通やサービスにかかわる産業です。かつて日本の各地に個人商店の集まった商店街がありました。しかし近ごろは商店街の衰退が目立ち，⑨商業施設(しせつ)のあり方も変化してきています。さらにコンピュータや携帯(けいたい)電話の普及により，買い物のスタイルにも変化が生じ，インターネットによる通信販売(はんばい)が盛んになってきています。サービス業のなかでも，とくに情報技術産業の発展は目覚ましいものです。

このような産業分類の方法は現状に合っていないという指摘(してき)があります。というのも社会の変化や技術の進歩により⑩産業のあり方は日々，変化しているのです。人工知能（AI）が将来の産業を大きく変えてしまうと予測する人もいます。今後，日本の産業もますます変わっていくことでしょう。みなさんも社会や産業の変化を的確にとらえて，正しい判断ができるようになってください。

問１　［ あ ］～［ う ］にあてはまるもっとも適切な語句を**漢字**で答えなさい。

問２　下線部①について――。

それぞれの産業の人口の割合は，国ごとの事情や経済発展の度合いによって異なります。次のページの**［図２］**は，産業別人口構成について，日本といくつかの国とを比べたもので，**A～C**は，アメリカ合衆国（アメリカ）・中国・マレーシアのいずれかです。**A～C**の組み合わせとして正しいものを，後の**ア～カ**から１つ選び，その記号で答えなさい。

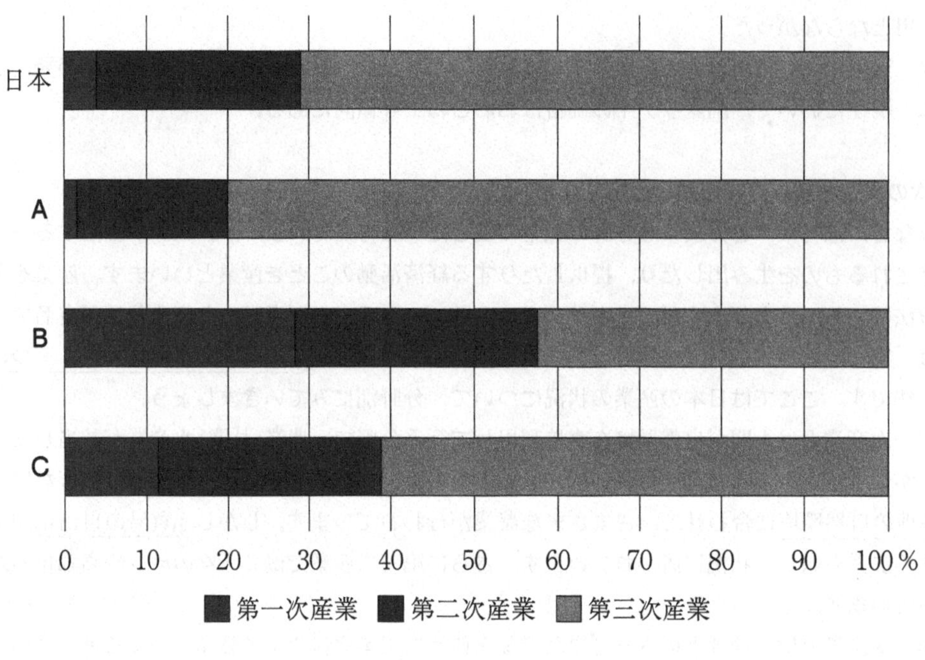

[図２]

『データブックオブザワールド2018』より作成

	ア	イ	ウ	エ	オ	カ
A	アメリカ	アメリカ	中国	マレーシア	マレーシア	中国
B	中国	マレーシア	アメリカ	アメリカ	中国	マレーシア
C	マレーシア	中国	マレーシア	中国	アメリカ	アメリカ

問３　下線部②について――。

日本の稲作の状況について説明した文としてもっとも適切なものを，次の**ア～エ**の中から１つ選び，その記号で答えなさい。

ア　耐寒性(たいかん)品種の開発が進んだため，近年の米の年間収穫(しゅうかく)量は東北地方の合計よりも北海道地方のほうが多くなっている。

イ　現在の一人あたりの年間米消費量は第二次世界大戦後のピークだった年の半分以下にまで減少している。

ウ　ミニマムアクセス（最低輸入機会）の導入にともない，主食用の米の自給率は減少し続けている。

エ　日本人の米の消費量減少による米余りにともない，国が米の生産量を抑(おさ)える減反政策が継続(けいぞく)されている。

問４　下線部③について――。

日本列島は多様な自然環境が特徴です。次のページの**［表２］**はいくつかの県の県庁所在都市について，１月と８月の平均気温と降水量を示したもので，**ア～エ**は岡山市・仙台市・長野市・新潟市のいずれかです。長野市に当たるものを，後の**ア～エ**から１つ選び，その記号で答えなさい。

［表２］

	平均気温（℃）		平均降水量（mm）	
	1月	8月	1月	8月
ア	－0.6	25.2	51.1	97.8
イ	1.6	24.2	37.0	166.9
ウ	2.8	26.6	186.0	140.6
エ	4.9	28.3	34.2	87.4

『平成30年版理科年表』より作成

問５　下線部④について――。

［図３］は2013年の食料自給率（%）について，日本といくつかの国々とを品目別に比べたもので，**Ａ～Ｃ**はアメリカ合衆国（アメリカ）・スイス・スペインのいずれかです。**Ａ～Ｃ**の組み合わせとしてもっとも適切なものを，後の**ア～カ**から１つ選び，その記号で答えなさい。

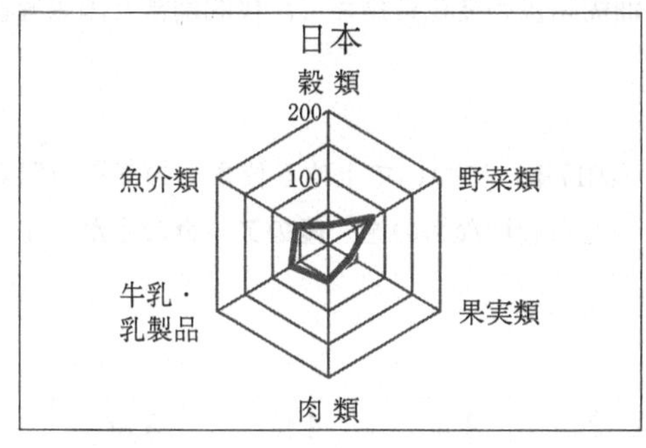

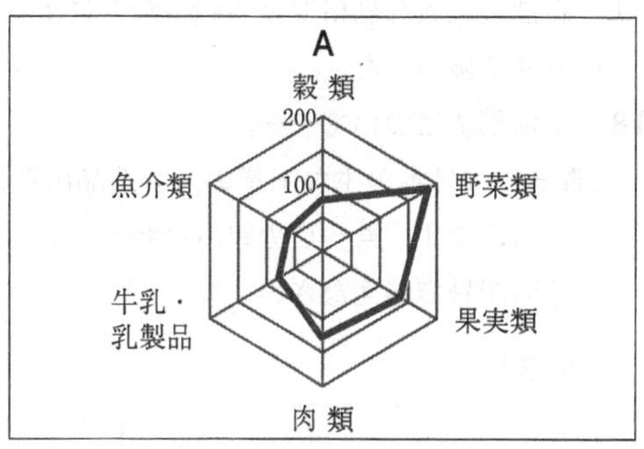

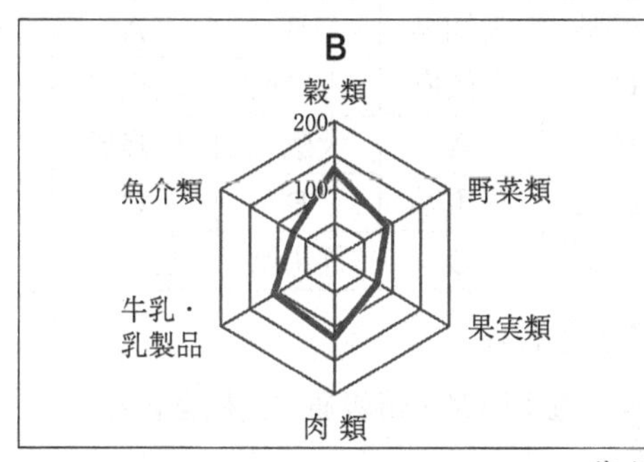

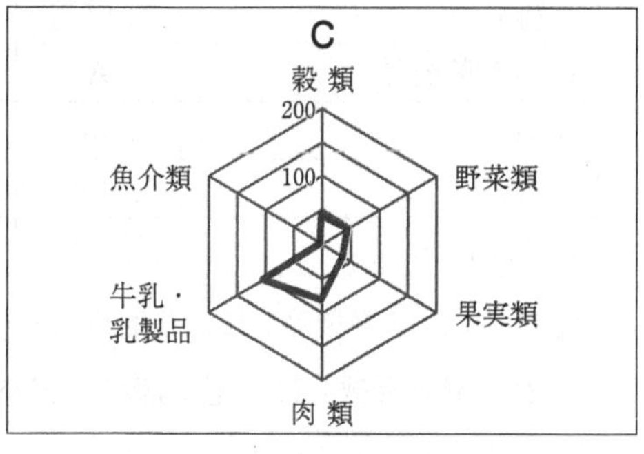

（注）「穀類」は食料と飼料の合計、「魚介類（ぎょかい）」は食料と飼肥料用の合計。

［図３］

「農林水産省」ホームページより作成

	ア	イ	ウ	エ	オ	カ
A	アメリカ	アメリカ	スイス	スペイン	スペイン	スイス
B	スイス	スペイン	アメリカ	アメリカ	スイス	スペイン
C	スペイン	スイス	スペイン	スイス	アメリカ	アメリカ

問6　下線部⑤について――。

日本にも，ほぼ完全に自給できている鉱産資源があります。それは次のうちどれですか。もっとも適切なものを，次の**ア～エ**の中から1つ選び，その記号で答えなさい。

ア　金鉱　**イ**　銅鉱　**ウ**　石灰石　**エ**　りん鉱石

問7　下線部⑥について――。

石油の安定供給のために日本が実施(じっし)してきた政策について説明した文として**適切でないもの**を，次の**ア～エ**の中から1つ選び，その記号で答えなさい。

ア　石油代替(だいたい)エネルギーの導入によって，石油への依存(いぞん)度はエネルギー総供給量の5割以下になった。

イ　石油の輸入先を中東以外に分散化したことによって，政情不安定な中東地域への依存度は輸入量の5割以下になった。

ウ　外国企業が開発し掘削(くっさく)した石油を購入(こうにゅう)するのではなく，海外での自主開発油田の獲得(かくとく)に力を入れた。

エ　石油の急激な価格変動や戦争などによる石油需給(じゅきゅう)量の変化に備えて，民間備蓄(びちく)と国家備蓄の両方式で備蓄した。

問8　下線部⑦について――。

［表3］は日本の主な工業の，製造品出荷額（2017年）について上位5位までの都道府県名を示したものです。**A～C**の組み合わせとしてもっとも適切なものを，後の**ア～カ**の中から1つ選び，その記号で答えなさい。

［表3］

	1位	2位	3位	4位	5位
食料品	北海道	埼玉県	愛知県	B	A
化学工業製品	A	C	大阪府	山口県	岡山県
鉄鋼	愛知県	B	A	大阪府	広島県
電気機械	愛知県	静岡県	三重県	B	C
輸送用機械	愛知県	静岡県	C	群馬県	福岡県

（注1）「化学工業製品」には石油製品・石炭製品を含む。

（注2）「電気機械」には電子部品・デバイス・電子回路・情報通信機械を含む。

『工業統計表』より作成

	ア	イ	ウ	エ	オ	カ
A	神奈川県	神奈川県	千葉県	兵庫県	千葉県	兵庫県
B	千葉県	兵庫県	神奈川県	神奈川県	兵庫県	千葉県
C	兵庫県	千葉県	兵庫県	千葉県	神奈川県	神奈川県

問9　下線部⑧について――。

商業は，仕入れた商品を消費者に販売する小売業と，生産者などから品物を仕入れ，それを小売業者に販売する卸売(おろしうり)業とに分けられます。次のページの**［表4］**は大阪市・札幌市・名古屋市・横浜市の各都市の小売業販売額と卸売業販売額とを示したものです。横浜市に当たるものを，次の**ア～エ**の中から１つ選び，その記号で答えなさい。

［表４］

	小売業販売額（億円）	卸売業販売額（億円）
東京（区部）	150,767	1,631,396
ア	45,782	369,855
イ	40,119	66,877
ウ	34,756	238,838
エ	22,899	76,662

『平成 28 年経済センサス活動調査』より作成

問10　下線部⑨について――。

［図４］は，コンビニエンスストア（コンビニ）・大型スーパー（スーパー）・百貨店（デパート）の販売額の推移を示したものです。**A～C**の組み合わせとしてもっとも適切なものを，後の**ア～カ**から１つ選び，その記号で答えなさい。

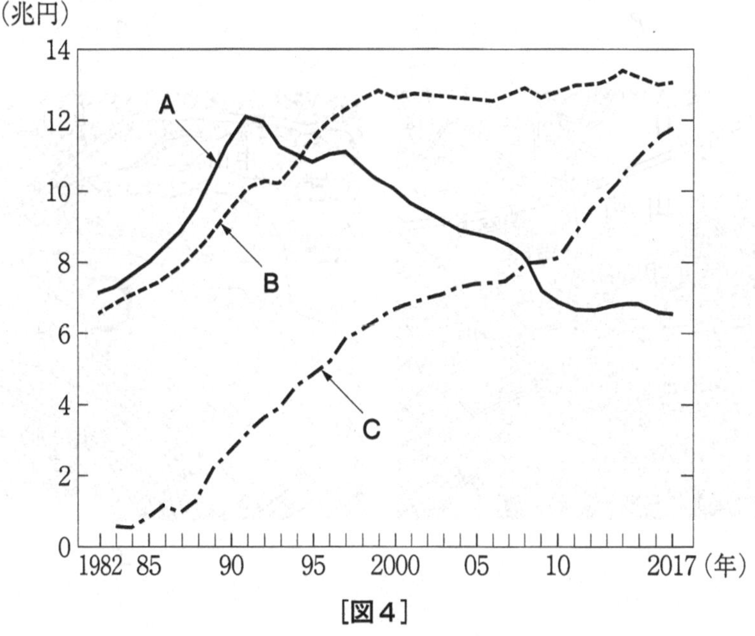

［図４］

『日本国勢図会 2018/2019』より作成

	ア	**イ**	**ウ**	**エ**	**オ**	**カ**
A	コンビニ	コンビニ	スーパー	デパート	スーパー	デパート
B	スーパー	デパート	コンビニ	コンビニ	デパート	スーパー
C	デパート	スーパー	デパート	スーパー	コンビニ	コンビニ

問11　下線部⑩について――。

産業や社会の変化にともなって地図記号も変化していきます。次の**ア**～**エ**は国土地理院発行の２万５千分の１地形図（拡大）で，図中の◯の中の地図記号は平成14年式が用いられています。この中でもっとも新しい平成25年式では使われなくなった地図記号を，次の**ア**～**エ**から１つ選び，その記号で答えなさい。

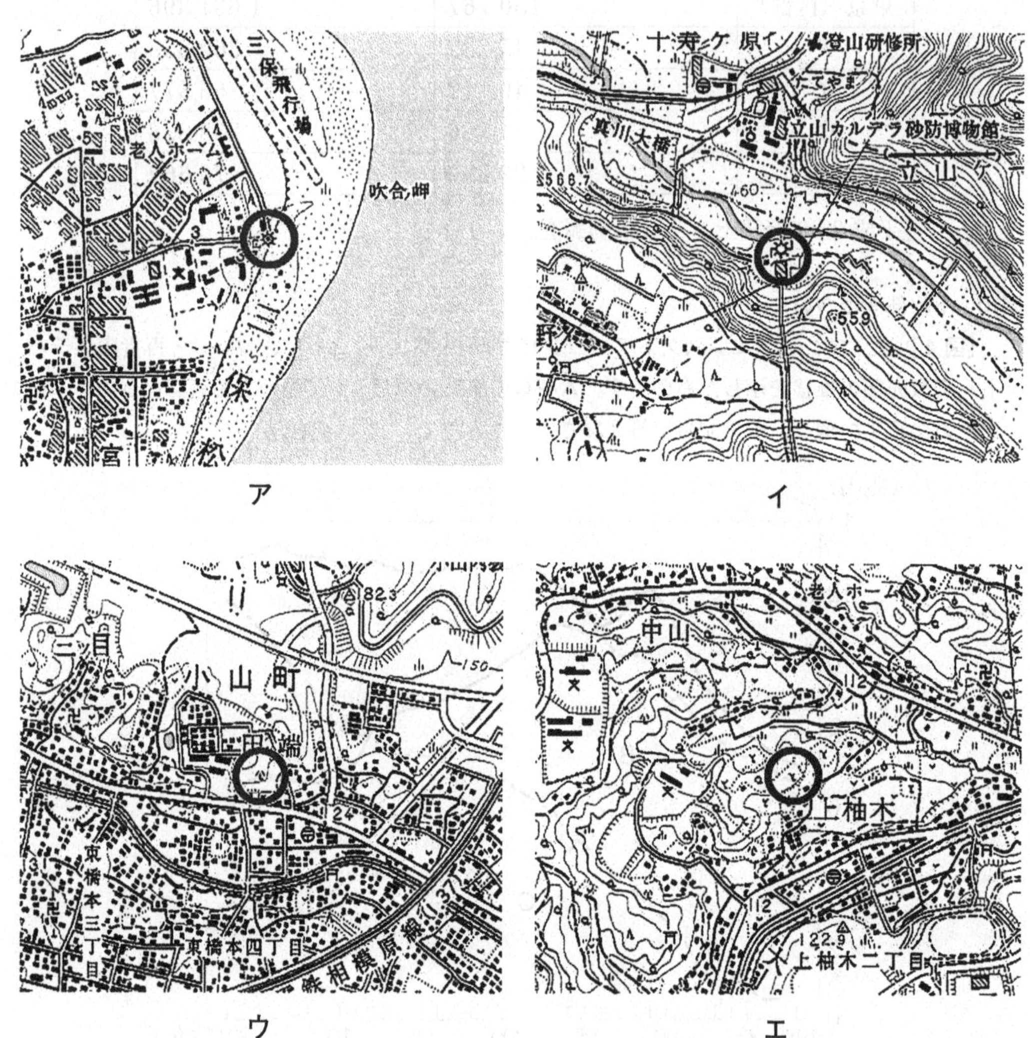

3　**次の文章を読み，後の問いに答えなさい。**

私たちの生活のあり方は法律や政治の方針によって様々な角度から決められています。たとえみなさん一人ひとりがまったく賛同していなかったとしても，１つの①法律の施行（しこう）によって，少なからずみなさんのあるべき姿が決められてしまうことになります。また，［　あ　］が閣議決定する国の政治方針もこれと同じ側面を持つと言えるでしょう。したがって，私たちの意思をいかにして法律や政治方針の決定に反映させるべきか，よく考えることが民主主義を実現させる上で重要です。

ところで，私たち一人ひとりの意思を反映させるためにはどのようにすべきなのでしょうか。これは意外に難しい問題です。②国会では，議決を行う前に様々な角度から議論を行って慎重(しんちょう)に審議(しんぎ)を行っていますが，国民の納得のいく議論が行われているか疑問視される場合もあります。国民の代表者を選ぶ選挙制度については，③議会政治が主流となった19世紀以降，どのような方法がもっとも民主主義的なのかが模索(もさく)されてきました。日本でも国会議員をどのように選出すべきかをめぐって，何度か制度が改められた結果，④現在の選挙制度に至っています。このように，どのような意思の決め方が民主主義的であるのかは一様ではなく，常に議論が繰(く)り返されてきました。

一方で，様々な場面で民主主義的な決定が行われるように制度面の充実(じゅうじつ)も必要となります。日本国憲法第四十一条では，国会を国権の最高機関と定めています。つまり，政権や⑤行政機関は[い]権の決定に従って職務を行うことになるため，ある特定の人物，部署，政権の意図によって国民生活が左右されるような事態を避(さ)けることができるのです。このような考え方は国政のレベルだけではなく，⑥地方自治や私たちの⑦日常の社会生活の中にも生かされています。

近年，憲法改正の動きが加速しています。この国が100年後も⑧公平で民主主義的であることを保障する憲法とは何か，将来の有権者であるみなさんは主体的に考えなければなりません。

問1 [あ]・[い]にあてはまるもっとも適切な語句を**漢字2字**で答えなさい。

問2 下線部①について──。

法律の施行に関する内容として**適切でないもの**を，次の**ア～エ**の中から1つ選び，その記号で答えなさい。

ア 法律は国会で決められた後，内閣総理大臣の名前で公布される。

イ 法律によっては実施して数年後の見直しが義務づけられている場合がある。

ウ 法律に基づく判断は主に裁判所が行うが，事実上行政機関が行う場合もある。

エ 裁判所には法律の内容が憲法に違反(いはん)していないか判断する権限がある。

問3 下線部②について──。

国会での審議について述べた文章としてもっとも適切なものを，次の**ア～エ**の中から1つ選び，その記号で答えなさい。

ア 国会で法律案や予算案を審議する場合は，衆議院が先に審議を行った後に参議院で審議が行われることが決められている。

イ ある条約の承認について衆議院と参議院での議決が異なる場合は，衆議院の議決を国会の議決と見なすことが決められている。

ウ 国会での法律案審議は外部の専門家の意見を聞いた後に委員会で審議され，本会議で議決されることになっている。

エ 衆議院や参議院が必要であると判断した場合，国会に証人を呼び政治が正しく行われているかどうかを調査することができる。

問4 下線部③について──。

近代になって選挙が行われるようになると，選挙は国民の代表を選ぶものである以上，公平に行うべきであるという意見もたくさん出てきました。例えば，19世紀初めのイギリスの法律家のベンサムは，当時問題になっていた選挙における不公平を改めるために活動した人ですが，次のような考え方に基づいて公平な選挙制度の実現を求めました。

「社会の利益という言葉が意味を持つのは，次のような場合である。社会とは，いわば個々の人々から形成される一つの団体である。それでは，社会の利益とは何であろうか。それは社会を構成している個々の人々の利益の総計に他ならない。」

「個人の利益とは何かということを理解することなしに，社会の利益について語ることは無益である。」

（ベンサム『道徳及び立法の諸原理序説』。なお，わかりやすく書き改めたところがあります。）

公平な選挙のあり方について，この考え方に従って述べているとは**言えないもの**を，次の**ア**～**エ**の中から１つ選び，その記号で答えなさい。

ア　選挙制度には１人１票の原則を盛り込むべきである。

イ　選挙制度は１票の格差に配慮して決定されなければならない。

ウ　選挙制度は社会全体の利益に配慮して決められるべきである。

エ　選挙制度は多数決を生かす形で決定されなければならない。

問５　下線部④について――。

[表５] は2017年に行われた衆議院議員選挙のある選挙区の投票結果です。これを見て，後の問いに答えなさい。

[表５]

候補者	得票数	得票率(%)	比例代表重複
A	63,013	38.30	○
B	56,534	34.36	◎
C	26,420	16.06	
D	16,511	10.03	◎
E	2,059	1.25	

比例代表重複　○小選挙区で当選　◎小選挙区で落選したが比例代表で当選

空欄は比例代表に重複立候補していない候補者

「朝日新聞デジタル　2017年衆議院議員選挙開票速報」ホームページより作成

次にあげる**ア**～**エ**は衆議院議員の選挙区選挙に関して述べたものですが，**[表５]** で示した選挙結果から指摘することが**できないもの**を１つ選び，その記号で答えなさい。

ア　Ｂ候補とＤ候補が比例代表で復活当選したため，この２人に投じられた票は結果的に完全に無駄にならずに済んでいると考えることができる。

イ　Ｃ候補より得票数はおよそ１万票少ないＤ候補が，比例代表で復活当選しているのはこの選挙区で示された民意と矛盾していると考えることができる。

ウ　当選したＡ候補の得票率が38.3%である一方，他の候補者の得票率の合計は61.7%となり，民意が必ずしも反映されていないと考えることができる。

エ　政党に所属していない人も選挙区には立候補できるため，比例代表に立候補していないＣ候補とＥ候補は無所属の候補者であると考えることができる。

問６　下線部⑤について――。

日本の行政機関について述べたものとしてもっとも適切なものを，次の**ア**～**エ**の中から１つ選び，その記号で答えなさい。

ア　2020年東京オリンピック，パラリンピックを見据えて2015年に誕生したスポーツ庁は，文部科学省に所属する組織である。

イ　特許や意匠（いしょう），商標などの知的財産権は新たな国益を生み出すため，特許庁は内閣府に所属している。

ウ　国民生活の安全と国家の秩序（ちつじょ）の維持（いじ）に関係する警察庁，消防庁，海上保安庁は防衛省に所属する組織である。

エ　気象警報や地震（じしん），火山情報などを発表する気象庁は，近年の環境変化に関する専門的知識が求められるため環境省に所属している。

問７　下線部⑥について——。

地方自治について述べたものとしてもっとも適切なものを，次の**ア～エ**の中から１つ選び，その記号で答えなさい。

ア　市町村長が首長として不適切であると住民が判断する場合，その自治体の有権者の過半数の署名が集まれば解職される。

イ　地方議会は条例の制定や予算の議決を行う権限を持つが，首長は議会の決定を拒否（きょひ）し差し戻す権限を持っている。

ウ　地方行政が健全かつ民主主義的に行われているかどうかを確かめるため，一部の地方公共団体ではオンブズマン制度を導入している。

エ　本来国の仕事である選挙事務や戸籍（こせき）事務，水道の整備などは法定受託（じゅたく）事務として地方公共団体が行っている。

問８　下線部⑦について——。

日常の社会生活において，ある特定の立場の人たちだけが得をすることがないように様々な機関が存在します。次の**ア～エ**はそのような機関の業務について述べたものですが，その中から**政府から独立している機関が行っているもの**を１つ選び，その記号で答えなさい。

ア　商品に対する不当表示を監視（かんし）し，消費者の保護を行う。

イ　紙幣（しへい）を発行し，通貨が問題なく流れるように監視している。

ウ　銀行に対する監視を行い，預金者の保護を行う。

エ　労働に関する問題の仲裁を行い，働く人々の権利を保護している。

問９　下線部⑧について——。

私たちの日常生活で公平性は当たり前のように求められていることですが，公平とは何かは簡単には答えが出ない場合もあります。例えば，税金の負担についても公平性が問題になりますが，どのような徴収（ちょうしゅう）の方法が公平かは立場によって異なります。次にあげるＸさん，Ｙさんの公平についての考え方をふまえて税収全体を増やそうとする場合，後の**ア～エ**の税金のうちどれを増税すべきですか。それぞれ適切なものを**すべて**選び，その記号で答えなさい。

（Ｘさん）　公平であるとは全員が等しいということである。したがって，税金については各個人や各団体が同じ場面で等しい額を支払（しはら）う必要がある税金の増税を中心に考えるべきである。

（Ｙさん）　公平であるとは結果的に生活の格差がないということを意味する。したがって，税金についてはたくさんお金を得た個人や団体が多く支払うことが求められる。

ア　消費税　　**イ**　関税　　**ウ**　所得税　　**エ**　法人税

4 **次の文章を読み，後の問いに答えなさい。**

古来より日本列島ではさまざまな自然災害が発生し，何度も大きな被害を受けてきました。このような国に住む私たちはどのようなまちづくりを行うのがよいのか，資料をもとに考えてみましょう。

［図５］は過去に何度も津波(つなみ)被害を受けた宮城県における1884～2045年の人口の推移を示しています。2020年以降の数値は推計値です。また29・30ページの**［図６］**と**［図７］**は宮城県石巻市周辺における1910年代の５万分の１の地形図および同じ範囲(はんい)の2000年代の地図です。なお，**［図７］**の黄色に着色された地域は2011年の東日本大震災(だいしんさい)で津波被害を受けた地域を示しています。

時代が進むにつれて建築技術が発達したにもかかわらず，明治三陸津波（1896年）や昭和三陸津波（1933年）より東日本大震災（2011年）の津波による死者の方が多くなっています。これは**地震や津波の規模の違いという要因以外**にも理由が存在します。

［図５］～**［図７］**を読み取り，なぜ東日本大震災の被害が過去に比べ拡大したのかを答えたうえで，今後はどのような場所にどのようなまちづくりを行うのがよりよいと考えられるか，合わせて**90字以内**で答えなさい。

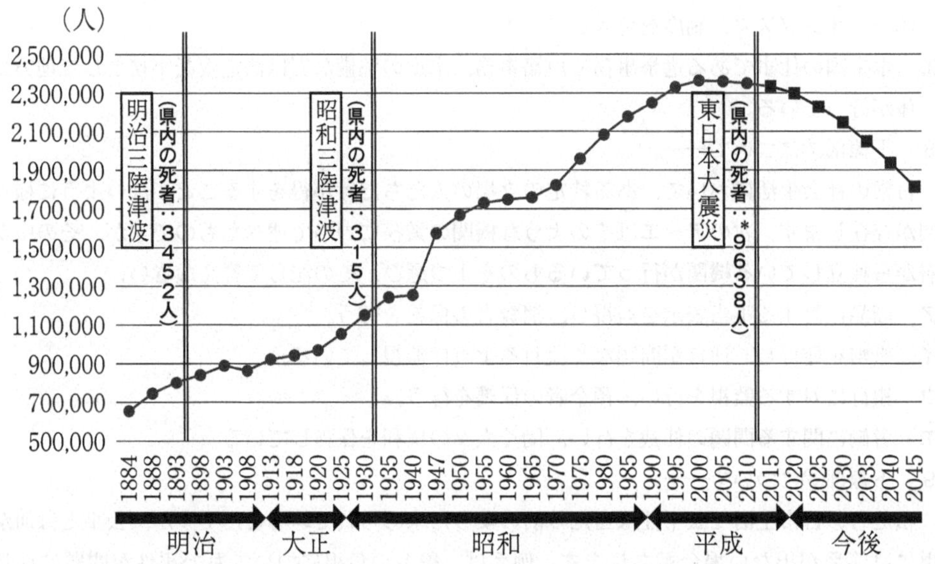

*行方不明者などは含まない

［図５］ 宮城県の人口推移

『日本帝国(ていこく)統計年鑑(ねんかん)』・『国勢調査』・「国立社会保障・人口問題研究所」資料及び宮城県ホームページなどをもとに作成

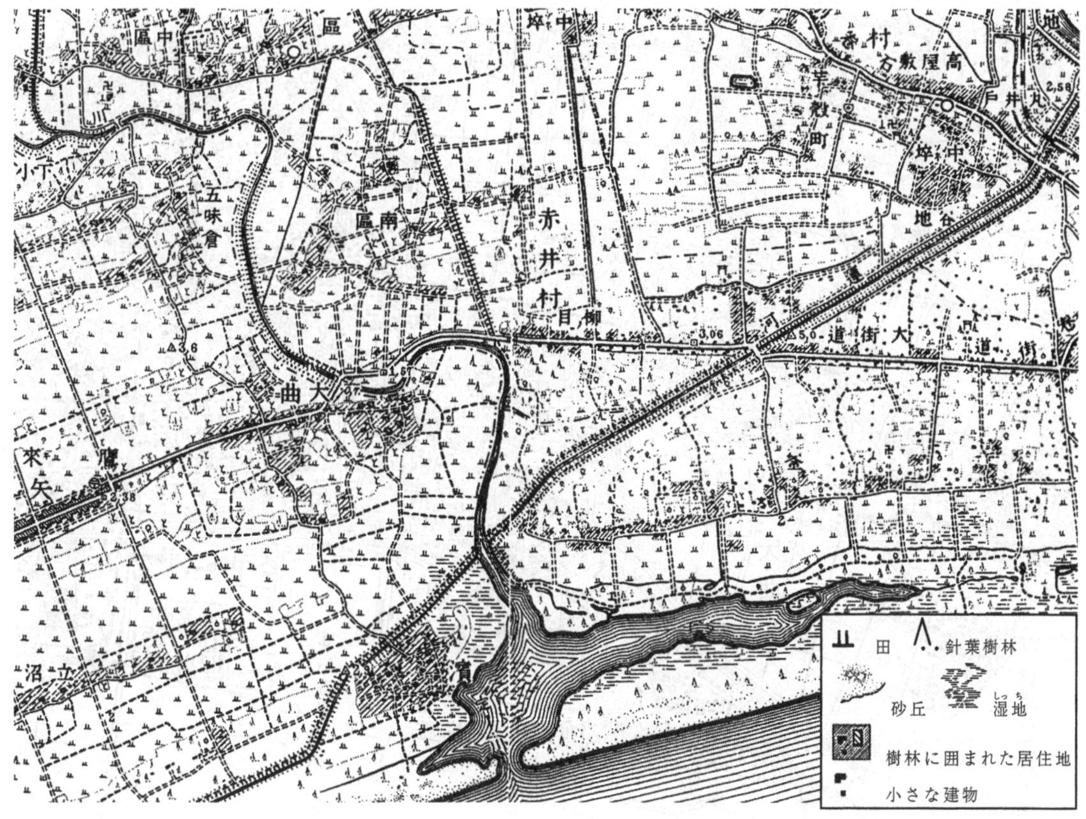

［図６］ 1910年代の石巻市周辺

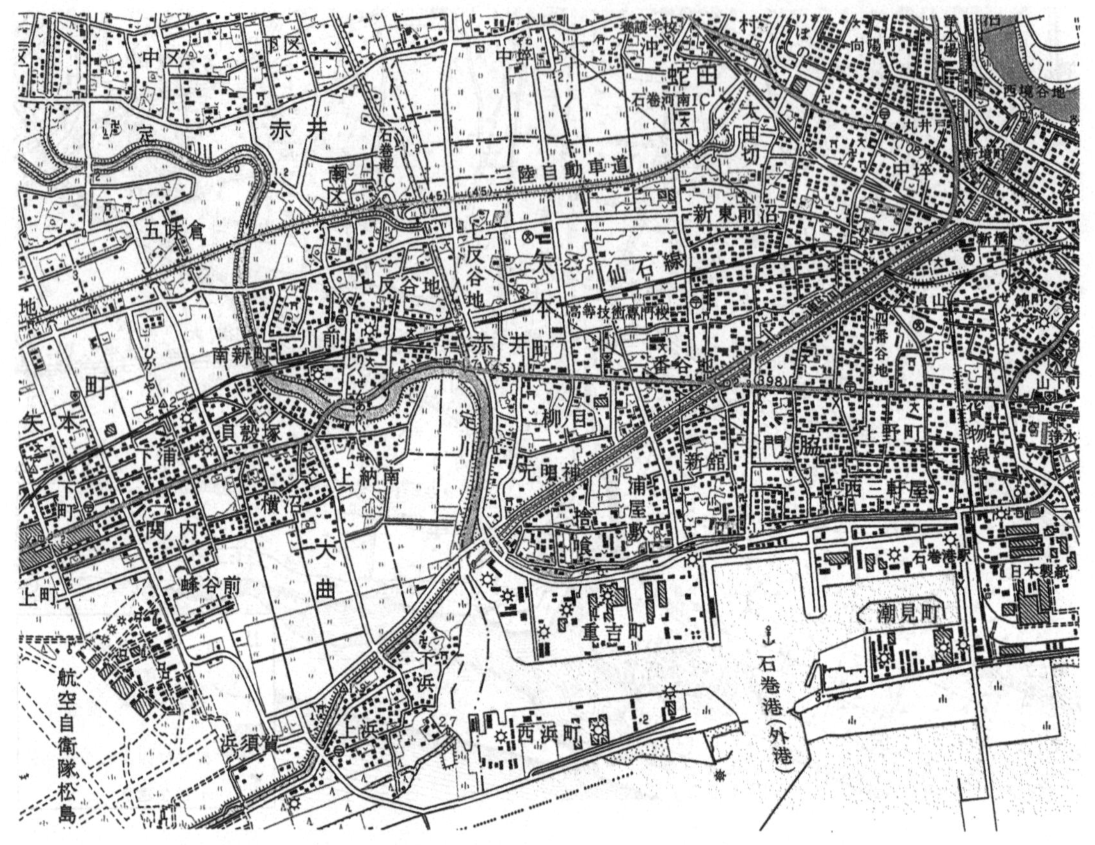

［図７］　2000年代の石巻市周辺

国土地理院発行の５万分の１地形図「石巻」・「松島」及び『東日本大震災津波詳細地図』をもとに作成

切なものを次の**ア**～**エ**の中から一つ選び、記号で答えなさい。

ア 小説家として生き残るためにはライバルに負けない強靭な忍耐力が必要であり、つねにライバルと戦い続けることが必要である。小説家になりたいと思うのならば、根気よく戦い続ける強い覚悟を持ったうえで挑戦(ちょうせん)してほしい、ということ。

イ 小説を書くという営みは頭の回転の速い人には長続きしづらく、異業種に興味のない人が取り組むべき表現分野である。小説家の世界は、効率ばかり追い求める世俗とは異質の、温かみのある世界であり、安心して小説の執筆に挑戦してほしい、ということ。

ウ 小説を執筆し続けるためには小説家としての優れた核のようなものが必要であり、誰もが小説家でいられるわけではない。その資質の有無は確かめてみるしかなく、小説を書く強い動機と生き残れる自信があるならば、挑戦してほしい、ということ。

エ 小説家は経験を積むことを重視するタイプの人間であり、実際に多くの小説家が多様な経験を積んできた。小説家を志望する人は、孤独な執筆作業に耐え経験を重ねつつ、同僚の小説家と支え合いながら積極的に小説の執筆に挑戦してほしい、ということ。

問五 ――線部③「小説を書くというのは、とにかく実に効率の悪い作業なのです」とありますが、小説家が「実に効率の悪い作業」に向き合うのはなぜですか。**三十字以上四十字以内**で答えなさい（**句読点・記号も一字に数えます**）。

問六 ――線部④「富士山を見物に出かけた二人の男」とありますが、ここでは「二人の男」はどのような人物として描かれていますか。次の**《説明文》**の［Ⅰ］、［Ⅱ］に入れるのに適切な表現を自分で考え、［Ⅰ］は**五字以上十字以内**で、［Ⅱ］は**十字以上十五字以内**で答えなさい（**句読点・記号も一字に数えます**）。

《説明文》

「頭の良い方の男」は、物事を［Ⅰ］人物として描かれている。一方、「あまり頭の良くない方の男」は、物事を［Ⅱ］ことを大切にする人物として描かれている。

問七 ――線部⑤「これはもう『効率以前』の問題ですね」とありますが、この表現から読み取れることはどのようなことですか。その説明としてもっとも適切なものを次の**ア～エ**の中から一つ選び、記号で答えなさい。

ア 小説家は、明確な答えにたどりつける「頭の切れる人」とは本質的に異なり、明確な答えを必ずしも求めない存在である、ということ。

イ 小説家は、どのような職種でも自身を適応させられる「頭の切れる人」とは違い、自身を適応させることを決然と拒んでいる、ということ。

ウ 小説家は、無駄なく考察する能力を持ち合わせた「頭の切れる人」のように仕事をこなすことをめざしているが、全く足元にも及ばない、ということ。

エ 小説家は、自身の表現の完成度にばかり興味を抱いており、「頭の切れる人」のように伝える内容まで考えることができないので比較にならない、ということ。

問八 ――線部⑥「そのような頭の切れだけでやっていける年月は――わかりやすく『小説家としての賞味期限』と言っていいかもしれませんが――せいぜい十年くらいのものではないでしょうか」とありますが、それはなぜですか。その説明として**適切でないもの**を次の**ア～エ**の中から一つ選び、記号で答えなさい。

ア 頭の切れしか持ち合わせない人は、何年も時間を費やしながら粘り強く根源的なテーマについて考察と表現を繰り返しつつ自身にとっての新境地を切りひらくことができないから。

イ 頭の切れしか持ち合わせない人は、小説家という職業の人間として、小説を執筆し続けようとする動機や、長期間孤独に表現を模索する持続力を持ち合わせていないから。

ウ 頭の切れしか持ち合わせない人は、個人的なテーマをそのままのかたちで表現できる異業種に魅力を感じるようになり、小説という表現形式に興味をおぼえなくなるから。

エ 頭の切れしか持ち合わせない人は、表現の表面的な切れ味の鋭さに依存するあまり、読者に飽きられることを恐れ個人的なテーマを追求し続けることができないから。

問九 ――線部⑦「リングにようこそ」とありますが、どういうことですか。本文全体の論旨を踏まえつつ説明している文としてもっとも適かで見定めるしかありません。乱暴な言い方ですが、まあ人生というのは本来そういう風にできているみたいです。それにだいたい小説なんか書かなくても（あるいはむしろ書かないでいる方が）、人生は聡明に有効に生きられます。それでも書きたい、書かずにはいられない、という人が小説を書きます。そしてまた、小説を書き続けます。そういう人を僕はもちろん一人の作家として、心を開いて歓迎します。

⑦リングにようこそ。

（村上春樹『職業としての小説家』による）

注1　ダイナミズム～内に秘めたエネルギー。

注2　ファジーな～あいまいな。

注3　リング～ボクシングなどの格闘技を行う試合場。

注4　ネイチャー～性質。　**注5　ドライブ**～動機。

問一　A、B、C に入れるのにもっとも適切な語を次の**ア**～**エ**の中から一つ選び、記号で答えなさい。ただし、同じ選択肢を二度以上選んではいけません。

ア　しかし　**イ**　だから　**ウ**　ところで　**エ**　ましてや

問二　～～～線部①、②の表現の、文中における意味としてもっとも適切なものを次の**ア**～**エ**の中から一つ選び、記号で答えなさい。

①　強弁している

ア　大きな声で叫んでいる。　**イ**　堅苦しく話している。

ウ　こわごわと述べている。　**エ**　無理に言い張っている。

②　辛気くさい

ア　受け入れがたい。　**イ**　気が滅入る。

ウ　他人に厳しい。　**エ**　雰囲気が悪い。

問三　――線部①「知性や教養や知識」とありますが、ここではどのようなものとして位置づけられていますか。その説明としてもっとも適切なものを次の**ア**～**エ**の中から一つ選び、記号で答えなさい。

ア　個々の生き方に豊かさを与え、充実した人生を送る手助けをしてくれるもの。

イ　小説家として人気を保ち長い年月を生き抜いていく手助けをしてくれるもの。

ウ　論理的な思考によってものごとの性質を言葉にする手助けをしてくれるもの。

エ　物語が持つゆっくりしたスピード感に合わせていく手助けをしてくれるもの。

問四　――線部②「頭の回転の速い人々、聡明な人々が――その多くは異業種の人々ですが――小説をひとつかふたつ書き、そのままどこかに移動していってしまった」とありますが、それはなぜですか。その説明としてもっとも適切なものを次の**ア**～**エ**の中から一つ選び、記号で答えなさい。

ア　「頭の回転の速い人々、聡明な人々」は、もともと小説の執筆を人生の一つのステップとしてしか考えていないから。

イ　「頭の回転の速い人々、聡明な人々」は、小説という表現形式では自身の述べたいことが端的に伝わらないことに気付いたから。

ウ　「頭の回転の速い人々、聡明な人々」は、自分が、完成度の高い、才気ある小説を書き続けることができるという自信がないから。

エ　「頭の回転の速い人々、聡明な人々」は、言いたいことを小説で「置き換え（パラフレーズ）」するより異業種で「置き換え（パラフレーズ）」するほうが効率的だと思ったから。

だから小説家は、異業種の才人がある日ふらりとやってきて小説を書き、それが評論家や世間の人々の注目を浴び、ベストセラーになったとしても、さして驚きはしません。脅威を感じたりすることもまずありません。［C］腹を立てたりもしません（と思います）。なぜならそのような人々が、小説を長期間にわたって書き続けるのは稀なケースであることを、小説家は承知しているからです。才人には才人のペースがあり、知識人には知識人のペースがあり、学者には学者のペースがあります。そしてそういう人たちのペースはおおかたの場合、長いスパンをとってみれば、小説の執筆には向いていないみたいです。

もちろん職業的小説家の中にだって才人と呼ばれる人はいます。頭の切れる人もいます。ただ世間的に頭が切れるというだけではなく、小説的にも頭の切れる人です。しかし僕の見たところ、⑥そのような頭の切れだけでやっていける年月は――わかりやすく「小説家としての賞味期限」と言っていいかもしれませんが――せいぜい十年くらいのものではないでしょうか。それを過ぎれば、頭の切れに代わる、より大ぶりで永続的な資質が必要とされてきます。言い換えるなら、ある時点で「剃刀の切れ味」を「鉈の切れ味」に転換することが求められるのです。そして更には「鉈の切れ味」を「斧の切れ味」へと転換していくことが求められます。そのようないくつかの転換ポイントをうまく乗り越えられた人は、作家として一段階大柄になり、おそらく時代を超えて生き残っていきます。乗り越えられなかった人は多かれ少なかれ、途中で姿を消して――あるいは存在感を薄めて――いくことになります。あるいは頭の切れる人が落ち着くべき場所に、すんなりと落ち着いていきます。

そして小説家にとって「落ち着くべき場所にすんなり落ち着く」というのは、率直に言わせていただければ、「創造力が減退する」のとほとんど同義なのです。小説家はある種の魚と同じです。水中で常に前に向かって移動していなければ、死んでしまいます。

というわけで僕は、長い年月飽きもせずに（というか）小説を書き続けている作家たちに対して――つまり僕の同僚たちに対して、ということになりますが――一様に敬意を抱いています。当然のことながら、彼らの書く作品のひとつひとつについては個人的な好き嫌いはあります。でもそれはそれとして、二十年、三十年にもわたって職業的小説家として活躍し続け、あるいは生き延び、それぞれに一定数の読者を獲得している人たちには、小説家としての、何かしら優れた強い核のようなものが備わっているはずだと考えるからです。小説を書かずにはいられない内的な[注5]ドライブ。長期間にわたる孤独な作業を支える強靭な忍耐力。それは小説家という職業人としての資質、資格、と言ってしまっていいかもしれません。

小説をひとつ書くのはそれほどむずかしくない。優れた小説をひとつ書くのも、人によってはそれほどむずかしくない。簡単だとまでは言いませんが、できないことではありません。しかし小説をずっと書き続けるというのはずいぶんむずかしい。誰にもできることではない。そうするには、さっきも申し上げましたように、特別な資格のようなものが必要になってくるからです。それはおそらく「才能」とはちょっと別のところにあるものでしょう。

じゃあ、その資格があるかどうか、それを見分けるにはどうすればいいか？　答えはただひとつ、実際に水に放り込んでみて、浮かぶか沈むてなくたってかまわない」という意見があっても当然ですし、それと同時に「世の中にはどうしても小説が必要なのだ」という意見もあって当然なのです。それは念頭に置く時間のスパンの取り方にもよりますし、世界を見る視野の枠の取り方にもよります。より正確に表現するなら、効率の良くない回りくどいものと、効率の良い機敏なものとが裏表になって、我々の住むこの世界が重層的に成り立っているわけです。どちらが欠けても（あるいは圧倒的劣勢になっても）、世界はおそらくいびつなものになってしまいます。

あくまで僕の個人的な意見ではありますが、小説を書くというのは、基本的にはずいぶん「鈍臭い」作業です。そこにはスマートな要素はほとんど見当たりません。一人きりで部屋にこもって「ああでもない、こうでもない」とひたすら文章をいじっています。机の前で懸命に頭をひねり、丸一日かけて、ある一行の文章的精度を少しばかり上げたからといって、それに対して誰が拍手をしてくれるわけでもありません。誰が「よくやった」と肩を叩いてくれるわけでもありません。自分一人で納得し、「うんうん」と黙って肯くだけです。本になったとき、その一行の文章的精度に注目してくれる人なんて、世間にはただの一人もいないかもしれません。小説を書くというのはそんな作業なのです。やたら手間がかかって、どこまでも②辛気くさい仕事なのです。

世の中には一年くらいかけて、長いピンセットを使って、瓶の中で細密な船の模型を作る人がいますが、小説を書くのは作業としてはそれに似ているかもしれません。僕は手先が不器用だし、とてもそこまで面倒なことはできませんが、それでも本質の部分では共通するところがあるかもしれないと思います。長編小説ともなれば、そのような細かい密室での仕事が来る日も来る日も続きます。ほとんど果てしなく続きます。この手の作業がもともと性にあった人でないと、あるいはそれほど苦にしない人でないと、とても長く続けられるものではありません。

子供の頃何かの本で、④富士山を見物に出かけた二人の男についての話を読んだことがあります。二人ともそれまで富士山というものを目にしたこともありません。頭の良い方の男は富士山を麓のいくつかの角度から見ただけで、「ああ、富士山というのはこういうものなんだ。なるほど、こういうところが素晴らしいんだ」と納得してそのまま帰って行きます。とても効率がいい。話が早い。ところがあまり頭の良くない方の男は、そんなに簡単には富士山を理解できませんから、一人であとに残って、実際に自分の足で頂上まで登ってみます。そうするには時間もかかるし、手間もかかります。体力を消耗して、へとへとになります。そしてその末にようやく「そうか、これが富士山というものなのか」と思います。理解するというか、いちおう腑に落ちます。

小説家という種族は（少なくともその大半は）どちらかといえば後者の、つまり、こう言ってはなんですが、頭のあまり良くない男の側に属しています。実際に自分の足を使って頂上まで登ってみなければ、富士山がどんなものか理解できないタイプです。というか、それどころか、何度登ってみてもまだよくわからない、あるいは登れば登るほどますますわからなくなっていく、というのが小説家の注4ネイチャーなのかもしれません。そうなると⑤これはもう「効率以前」の問題ですね。どう転んでも、頭の切れる人にはできそうにないことです。

心することでしょう。

少なくない数の文芸評論家が、ある種の小説なり物語なりを理解できない――あるいは理解できたとしても、その理解を有効に言語化・論理化できない――理由はおそらくそのへんにあるのかもしれません。彼らは一般的に言って、小説家に比べて頭が良すぎるし、頭の回転が速すぎるのです。つまり物語というスローペースなヴィークル（乗り物）に、うまく身体性を合わせていくことができないのです。 A 往々にして、テキストの物語のペースを自分のペースにいったん翻訳し、その翻訳されたテキストに沿って論を興していくことになります。そういう作業が適切である場合もあれば、あまり適切ではない場合もあります。うまくいく場合もあれば、あまりうまくいかない場合もあります。とくにそのテキストのペースがただのろいだけではなく、のろい上に重層的・複合的である場合には、その翻訳作業はますます困難なものになり、翻訳されたテキストは歪んだものになってしまいます。

それはともかく、②頭の回転の速い人々、聡明な人々が――その多くは異業種の人々ですが――小説をひとつかふたつ書き、そのままどこかに移動していってしまった様子を僕は何度となく、この目で目撃してきました。彼らの書いた作品は多くの場合「よく書けた」才気のある小説でした。いくつかの作品には新鮮な驚きもありました。しかし彼らが小説家として注3リングに長く留まることは、ごく少数の例外を別にして、ほとんどありませんでした。「ちょっと見学してそのまま出ていった」というような印象すら受けました。

あるいは小説というのは、多少文才のある人なら、一生に一冊くらいはわりにすらっと書けちゃうものなのかもしれません。またそれと同時に聡明な人たちはおそらく小説を書くという作業に、期待したほどメリットを発見できなかったのでしょう。ひとつかふたつ小説を書いて、「ああ、なるほど、こういうものなのか」と納得して、そのままよそに移っていったのだと推測します。これならほかのことをやった方が効率がいいじゃないか、と思って。

僕にもその気持ちは理解できます。③小説を書くというのは、とにかく実に効率の悪い作業なのです。それは「たとえば」を繰り返す作業です。ひとつの個人的なテーマがここにあります。小説家はそれを別の文脈に置き換えます。「それはね、たとえばこういうことなんですよ」という話をします。ところがその置き換えの中に不明瞭なところ、ファジーな部分があれば、またそれについて「それはね、たとえばこういうことなんですよ」という話が始まります。その「それはたとえばこういうことなんですよ」というのがどこまでも延々と続いていくわけです。限りのないパラフレーズの連鎖です。開けても開けても、中からより小さな人形が出てくるロシアの人形みたいなものです。これほど効率の悪い、回りくどい作業はほかにあまりないんじゃないかという気さえします。最初のテーマがそのまますんなりと、明確に知的に言語化できてしまえば、「たとえば」というような置き換え作業はまったく不必要になってしまうわけですから。極端な言い方をするなら、「小説家とは、不必要なことをあえて必要とする人種である」と定義できるかもしれません。

B 小説家に言わせれば、そういう不必要なところ、回りくどいところにこそ真実・真理がしっかり潜んでいるのだということになります。なんだか①強弁しているみたいですが、小説家はおおむねそう信じて自分の仕事をしているものです。だから「世の中にとって小説なんれたようだと知って、歩の立場を心配した。

ウ　消極的な歩が副委員長を引き受けたと聞いてよいことだと思ったが、さらに少人数学級だからこのような役職を引き受ける機会があるのだと気づき、運命を感じた。

エ　転校してすぐに副委員長になったということに違和感を抱いていたのに、さらに歩がクラスの生徒から推薦されたと言ったので、そんなはずはないと不審に思った。

問七　――線部⑤「学級会の成功はね、僕の出番がないことだからね」とありますが、室谷先生が考える「学級会のあるべき姿」を**二十字以上二十五字以内**で説明しなさい**（句読点・記号も一字に数えます）。**

問八　＝＝線部ⓐ、ⓘの二か所では、表現が異なっています。これは歩の状況の変化から生じていると考えられます。それはどのような変化ですか。**三十字以上四十字以内**で説明しなさい**（句読点・記号も一字に数えます）。**

三　**次の文章を読んで、後の問いに答えなさい。**

僕は思うのですが、小説を書くというのは、あまり頭の切れる人に向いた作業ではないようです。もちろんある程度の①知性や教養や知識は、小説を書く上で必要とされます。この僕にだって最低限の知性や知識は備わっていると思います。おそらくというか、たぶん。本当に間違いなくそうなのかと正面切って尋ねられると、もうひとつ自信はありませんが。

しかしあまりに頭の回転の素早い人は、あるいは人並み外れて豊富な知識を有している人は、小説を書くことには向かないのではないかと、僕は常々考えています。小説を書く――あるいは物語を語る――という行為はかなりの低速、ロー・ギアでおこなわれる作業だからです。実感的に言えば、歩くよりはいくらか速いかもしれないけど、自転車で行くよりは遅い、というくらいのスピードです。意識の基本的な動きがそのような速度に適している人もいるし、適していない人もいます。

小説家は多くの場合、自分の意識の中にあるものを「物語」というかたちに置き換えて、それを表現しようとします。もともとあったかたちと、そこから生じた新しいかたちの間の「落差」を通して、その落差の注1ダイナミズムを梃子のように利用して、何かを語ろうとするわけです。これはかなりまわりくどい、手間のかかる作業です。

自分の頭の中にある程度、鮮明な輪郭を有するメッセージを持っている人なら、それをいちいち物語に置き換える必要なんてありません。その輪郭をそのままストレートに言語化した方が話は遥かに早いし、また一般の人も理解しやすいはずです。小説というかたちに転換するには半年くらいかかるかもしれないメッセージや概念も、そのままのかたちで直接表現すれば、たった三日で言語化できてしまうかもしれません。あるいはマイクに向かって思いつくがままにしゃべれば、十分足らずで済んじゃうかもしれません。頭の回転の速い人にはもちろんそういうことができます。聞いている人も「なるほどそういうことか」と膝を打つことができる。要するに、それが頭がいいということなのですから。

また知識の豊富な人なら、わざわざ物語というような注2ファジーな、あるいは得体の知れない「容れ物」を持ち出す必要もありません。あるいはゼロから架空の設定を立ち上げる必要もありません。手持ちの知識をうまく論理的に組み合わせ言語化すれば、人々はすんなり納得し、感質問を愚かだと思ったから。

ウ　大人の社会のことを知らず友達ができたかと無邪気に聞いてくる歩の発言が微笑ましかったから。

エ　職場を移るたびに友達をうまく作れない自分に対する無神経な歩の発言を許そうと思ったから。

問三　B は、次の**ア**～**エ**の四つの文から構成されています。四つの文を正しい順番に並べかえ、その順番を、解答用紙の形式に合わせて記号で答えなさい。

ア　憧れだった二階の自室は持つことができた。

イ　代わりに西側の丸太階段を登った先には、畑の跡地が広がっていた。

ウ　しかし家に芝生の庭はなかった。

エ　仕方なく外套を羽織り、庭先を散歩した。

問四　――線部②「男子六人の中からリーダーを決めるならば、晃以外に考えられない」とありますが、歩がこのように思ったのはなぜですか。その理由として適切なものを次の**ア**～**オ**の中から**すべて**選び、記号で答えなさい。

ア　晃はすでに一度学級委員長を務めたことがあるから。

イ　歩にはグループの力関係を見抜く観察力があったから。

ウ　歩は学級内の有力な人物に取り入ろうと考えていたから。

エ　晃は男子グループで行動する時、常にリーダーシップを発揮しているから。

オ　歩は、晃が男子だけではなく、女子たちからも厚く信頼されていることを感じていたから。

問五　――線部③「歩の図書委員になるという目論見は、その拍手に打ち消されていった」とありますが、これはどういうことですか。その説明としてもっとも適切なものを次の**ア**～**エ**の中から一つ選び、記号で答えなさい。

ア　歩は負担が軽そうなので図書委員になりたかったが、新しく転校してきた歩には自由に委員を決める権利は与えられず流れに身を任せるしかなかったということ。

イ　歩は自分の趣味を活かせる図書委員になりたいと思っていたが、委員長という面倒な仕事を押しつけられたと感じた晃の仕返しによってかなえられることはなかったということ。

ウ　歩は経験したことのある図書委員になりたいと思っていたが、晃やクラスの皆に推されて副委員長という責任ある役職を引き受けなければならなくなったということ。

エ　歩は表に出るのが苦手なので図書委員になりたかったが、負担の重い役割を歩に押しつけようというクラスの皆の圧力によってやむなくあきらめなければならなくなったということ。

問六　――線部④「二人は余計に驚いていた」とありますが、この時の二人の気持ちとしてもっとも適切なものを次の**ア**～**エ**の中から一つ選び、記号で答えなさい。

ア　新しいクラスで副委員長になったというだけでも信じられないと思ったが、さらに短い期間で周りから信頼を得て推薦されたということがわかり、うれしく思った。

イ　慣れないクラスの中で副委員長を引き受けることになったと聞いただけで不安を感じたのに、さらにその役職を周りから押しつけら唯一の指示でもあった。議論が煮詰まると、おめはどう思う、としばしば晃に意見を求められた。この際の歩の発言は、やがて辿り着く学級全体の答えの下敷きになることが多かった。晃は感心していたが、これには理由があった。歩は書記でもあったので、皆の考えを要約して黒板に板書していたゆえ、議論がどういう方向へ流れているのか把握しやすかった。何も特別なことではない。このことを晃に言うと、それは特別なことだと答えた。同じことば、稔にやらせてもできねぇだろう。稔はそれを聞くと、やはり気弱そうな眉を寄せるのだった。

　学級会の間、室谷先生は殆ど何もせず、発言もせず、窓側の自身の椅子に座って、皆の議論を眺めていた。いつもクリーム色のニットベストを着た、三十代後半の教師――、後になって知ったが、彼は昨年度に県東の別の市から、第三に赴任したという。矢中先生には他国のスパイが来たと揶揄されたけどね、と彼は笑っていた。過去にこの地方は、東西で違う藩に分かれていたという。西側の津軽藩が裏切った経緯もあり、未だ相手側の土地の人に敵愾心を持つ者もいるらしい。歩にしてみると、よく分からない考え方だった。何百年も前の事柄なのだし、同じ県民同士、仲良くすればいい。

　学級会後の休み時間に、先生は話し合いに参加しないんですか、と尋ねてみたことがある。すると室谷先生は窓から射す陽差しの中で、殆ど癖と思われるような柔和な笑みを浮かべて、

「⑤学級会の成功はね、僕の出番がないことだからね。」

　放課後に男子六人で行動する際も、晃が意見を出し、歩が助言をして、六人の小さな集団が動いていく。あるとき晃と歩のやり取りを見ていた内田は、左大臣、左大臣と手を叩いてはしゃいだ。歩はその渾名が別に嫌ではなかったが、内田は晃に睨まれて肩を竦めた。いずれにせよ、東京の区立中学と同じように、あるいは浜松の市立中学と同じように、歩はこの第三中学でも学級に馴染むことができた。この頃になると、二階の自室の、学習デスクも、スライド式の本棚も、ライトブラウンのロフトベッドも、いつの間にか日当たりのいい六畳間に馴染んでいた。他人の部屋は、歩の部屋になっていた。オーク材の楕円テーブルも、最初からそこにあったように居室に馴染み、冷ややかな木材の匂いは、一家の生活の匂いに変わった。

　ある日の下校時、大量の苗を載せた田植機が迷うことなく田圃の泥中へ突入していく様を見て、自転車を停めた。田植機は畦道と平行して進み、泥土の中には五列の黄緑色の点線が描かれていく。その点線のあまりの正確さに、歩は数学の図形を想像した。あの規則正しく整列した稲が、成長し、やがて撓わに穂を実らせる。始業式の日の早朝の、澄み通る大気が鼻腔を抜けていく感じを想起しながら思う。同じ空気の中にいるのだから、（い）稲や、野菜や、果物や、動物や、鳥や、昆虫と同じように、自分達もまた健康に育つだろう。

（**高橋弘希『送り火』による**）

問一　A に入れるのにもっとも適切な語を「**（中略）**」の後の本文から**漢字二字**で抜き出して答えなさい。

問二　――線部①「父はなぜかくすくすと笑い」とありますが、これはなぜですか。その理由としてもっとも適切なものを次の**ア**～**エ**の中から一つ選び、記号で答えなさい。

ア　新しい職場ですでに多くの友達を作っていることを知らない歩の質問がかわいらしかったから。

イ　大人になると友達などできないということを理解していない歩の

君にしかできないよ。」

それを聞くと、晃にしては珍しくどこか慌てた様子で、歩から視線を逸らし、やや紅潮した自身の頬を手の平で撫でた。そこへ教師がやってきて、

「どうだ、東京から来た新しい仲間が、おまえを推薦しているわけだし、委員長をやってみたらどうだ。」

すると晃もようやく観念した様子で、せば俺が委員長さなります、と立候補をした。皆から拍手があがり、歩も一緒になって手を叩く。歩にしてみれば、それは至極当然の成り行きだった。が、この後の学級委員長の宣言で、歩はびくりと背中を震わせることになる。

「三学年の委員長ば務めます。この学校で委員長ば務めるのは二度目です。学級がまとまるよう、精一杯頑張りたいと思います。副委員長には、歩君ば推薦します。彼は東京で過ごしてたはんで、俺達にはない、新しい知識や、考えば持ってらと思います。ぜひ副委員長として、自分を補佐して欲しいと思います。」

返答を待つ間もなく学級には盛大な拍手が起こり、③歩の図書委員になるという目論見は、その拍手に打ち消されていった。

夕食時、学校で副委員長になったことを告げると、父母は目を丸くしていた。あゆが自分で立候補をしたの、母に訊かれ、友達に推薦されたのだと答える。すると④二人は余計に驚いていた。

「こりゃ、明日は赤飯を炊かないとな。」

副委員長を務めることと、赤飯がどう繋がるのかは分からないが、父はその後、随分と早いペースでビールを呷りながら、

「しかし少人数の学級は、皆に役割が与えられる点は良いのかもな。マンモス校だと、殆どがその他大勢になってしまうものな。」

父は郊外の新興住宅地で育ち、かつ子供が多い世代だった。中学校は一学年十クラスにも及び、全校生徒は千人を超えたという。確かにそれだけの人数がいたら、その他大勢になる生徒が殆どだろう。しかし第三は第三で、解体寸前の学校だった。三学年はかろうじて学級になっているが、二学年と一学年は複式学級で、仮にこの学校が存続しても、次年度に進学してくる生徒は三人にも満たないと言われている。教員も確保できず、複数教科を掛け持ちしている教師も多い。やはり統合されて然るべき学校だった。

翌日から、副委員長の仕事が始まった。集会時に点呼をする、給食時にいただきますの挨拶をする、学級会で書記をする、その程度だった。浜松の中学で担った飼育委員より、よっぽど楽だった。あのときは夏休みも分担で登校し、炎天の下、鶏小屋や兎小屋の清掃や餌やりをしたのだった。移動教室の際には、晃と並んで列の先頭に立つ。この学校で背の順に並ぶならば、歩、内田、稔、近野、晃、藤間、の順番で、いずれにせよ自分は先頭だった。しかし今は、副委員長という役割の為に、皆の先頭に立って歩く。それは図書委員や、美化委員では得られなかった、小さな満足を、歩の中にもたらした。父が赤飯を炊こうと言ったのも、分かる気がしてきた。息子が少し成長したように、感じたのかもしれない。

学級会では、教室内に置かれた〝議題箱〟に投稿のあった内容について話し合う。朝の挨拶について、掃除の仕方について、授業中の私語について。多数決ではなく、話し合いで決めるというのが、教師の方針で、

黄金色の朝日が射し、集落一帯をあまねく照らし始める。すると霧が引いていく。薄闇が剥がされ、日光による確かな影が、煙突や電柱から伸びていく。

陽光のせいか、歩き回ったせいか、身体が熱くなり、歩は外套のボタンを外した。深呼吸をすると、透き通る冷ややかな大気が、鼻腔を抜ける。(あ)この大気の下では、稲も、野菜も、果物も、動物も、鳥も、昆虫も、健康に育つかもしれない。歩は朝日に眩い銀色の霜を踏み砕きながら、畑の跡地から引き返した。と、台所の磨硝子の向こうに、明かりが灯っていることに気づく。換気扇のシャッターが開いている。母が朝食の支度を始めたらしい。

始業式後の学級会で、歩は皆の前に立った。担任の室谷という男性教師が、黒板に歩の氏名を記し、通り一遍の紹介をする。この地域では珍しい転校生に、皆は好奇の瞳で歩を見た。教室には十二人の男女が座っており、それはこの中学に在籍する三学年の全生徒だった。学級会後の休み時間、歩は一人の少年に話しかけられた。あの公衆銭湯の湯船に見た顔だった。切れ長の一重瞼の目、形の良い鼻梁、薄い唇――、制服を着て、頭髪を整えた姿だと、随分と大人びて見えた。なんでも彼は彼で、噂に聞いていた転校生だと気づいていたという。

そこへ出席簿を小脇に抱えた教師がやってきて、お、もう友達ができたのか、にこやかに言う。少年が経緯を説明する。そういえば晃と歩は、同じ地域に住んでいるんだったな、じゃあ、晃が学校内を案内してやれよ、そう言い残して教師は教室を出ていった。二人は顔を見合わせた。せば、案内してやっか、そう言って、晃は歩を教室から連れ出した。晃は殆ど初対面の歩に対して、戯けて見せることも、愛想笑いをすることもない。しかし無愛想でもなく、ただはっきりとものを言う。晃は学級の中心的人物だと直感した。転校を繰り返したせいか、歩は学級の力関係を把握することに長けていた。

（中略）

校庭の桜がぽつりぽつりと咲き始めた頃、学級では三学年の担当委員決めが行われた。歩はこれまで通り、図書委員か美化委員をするつもりだった。最初に学級委員長の立候補を募ったが、挙手はない。室谷先生の指示で、話し合いで委員長を決めることになる。二学年時は委員長も副委員長も女子が担ったので、三学年は男子がやるべきだと女子グループは主張した。話し合いは、男子六人の中から誰を委員長にするか、という方向へ流れていく。途中で再び立候補を募るが、やはり挙手はない。藤間が、せばアミダクジで決めるべ、と言いだしたが、運ではなく議論で決めろ、と教師に叱責される。

歩にはこれらのやり取りが、全くの無意味に見えた。②男子六人の中からリーダーを決めるならば、晃以外に考えられない。そして本当は、誰もがそのことを分かっている。途中、話し合いを終始見ていた歩も、意見を求められる。それで仕方なく、皆が思っていることを代弁した。

「僕は晃君が委員長をやるべきだと思うけれど。」

「なしてそう思う?」

すぐさま鋭い口調で晃に問われ、歩は戸惑ったが、思っている通りのことを口にした。

「僕達六人で何かをするとき、君がいつも率先して物事を決め、行動に移すだろう。同じことを学級でやればいいだけだし、逆に同じことは、父は一足先に、この土地へ越してきていた。歩の転入学は学年変わりの時期がいいだろうと、一ヶ月ほど単身赴任の形を取っていたのだ。その父に連れられて、坂を下った先の川沿いにあるという公衆銭湯を訪れた。歩いて五分の距離で、入浴料も安い。銭湯に番台の姿はなく、入口に〝入浴料百円〟と記された木箱が置いてあった。父がその木箱に百円玉を二枚入れると、箱の中で小銭の音が響いた。タオルを片手に磨硝子の戸を開けると、湯煙の漂う浴槽には、二人の先客の姿があった。歩と同じ年頃の少年が一人、五歳ほどの男児の姿が一人。歩と父が浴槽へ浸かると、少年は気を使ったのか風呂から上がった。少し遅れて、男児も少年を追うように、風呂場から出た。

銭湯からの帰りがけ、歩は珈琲牛乳を飲みながら、火照った顔で河を眺めた。父は隣で、やはり火照った顔で、フルーツ牛乳など飲んでいた。河辺は鉄柵で区切られており、柵の向こうは五メートル程の護岸壁になっている。河はその護岸の底を流れる。対岸は急峻な山の斜面と繋がっており、谷底を流れる河にも見える。山の落葉樹は、裸の梢に萌黄色の葉を僅かにつけたばかりで、未だ隙間が目立った。夏になれば、この山は緑の堆積を増すだろう。

河面の所々では、巨大な岩石が顔を出していた。岩石の周囲で、水は流れたり滞ったりしている。せせらぎはそこから響いてくる。歩はふと、さきほど湯船に見た少年を思い出した。彼が中学三年生ならば、数日後には学校の教室で顔を合わせることになる。

「お父さんはもう、職場に新しい友達はできた?」

歩が訊くと、①父はなぜかくすくすと笑い、

「大人になるとね、友達になるとか、ならないとか、そういう関係じゃなくなってくるんだよ。」

「それって寂しい?」

すると今度は困ったような微笑みを浮かべた後に、首を傾げて見せた。ときに母が見せる仕草に似ていた。父はフルーツ牛乳を一息に飲み干した後に、

「歩も新しい学校に、早く馴染めるといいな。」

歩にとっては、三度目の新しい中学校だった。

始業式の朝、歩は時計が鳴る一時間も前に目を覚ました。もう一度、頭を枕へのせてみるが、意識が醒めている。［　B　］

もう何年も耕されていないのか、畝も畑道もない。平原には斑に緑色の野草が生え、斑に褐色の崩れた落葉が残り、そのどちらにも均等に霜が降りていた。白い息を吐きながら、その絨毯模様の平原を歩いた。途中、菜の花に似た黄色い花群を見つける。しかし近づいてみると、菜の花とは葉の形が明らかに違う。掌ほどの大きな葉が放射状に垂れ、茎の根元では白い球体が土壌から顔を出している。どうやら蕪の花らしい。畑の主の死後も、そこで自生しているのだ。

蕪の花の向こうに、集落一帯を一望にできた。前方に標高五百ほどの黒い山が聳え、その山裾を南西に向かって河が流れる。銭湯からの帰路に、父と眺めた河だ。その河辺に、五十世帯余りが点在している。山間に溜まる朝霧の中に、瓦屋根の民家、三角屋根の銭湯、トタン屋根の燃料店、半壊した納屋、ブルーシートを被せた小屋、骨組みだけのビニルハウス、用途不明の煙突、杉にボルトを打った電信柱、廃校になった学校の校舎などが、朧気に浮かぶ。霧の中から鶏鳴が響く。東の稜線から

【国語】（五〇分）〈満点：一二〇点〉

【注意】問題文には、原文（原作）の一部を省略したり、文字づかいや送りがなを改めたところがあります。

一 **次の――線部①～⑧のカタカナの部分を漢字で、⑨・⑩の漢字の部分をひらがなで書きなさい。いずれも一画一画をていねいに書くこと。**

もうすぐプレゼントが①**トド**く。

②**ジャッカン**の不安が残る。

文化人類学を③**センモン**とする。

この庭園は④**フゼイ**がある。

結婚式で⑤**シュクジ**を述べる。

今になって思えば⑥**ガテン**がいく。

患者に被害を及ぼす医療⑦**カゴ**は、あってはならない。

意味⑧**シンチョウ**な笑みを浮かべる。

命令に⑨**背反**する。

自身のふるまいを⑩**省**みる。

二 **次の文章を読んで、後の問いに答えなさい。**

歩がこの土地を訪れたのは、未だ早朝には霜が降りる春先のことだった。商社勤めの父は転勤が多く、一家は列島を北上するように引越しを繰り返していた。そして東京での生活が一年半ほど続いたところで、再び転勤の内示が出た。今度は遥か北地の平川に勤めるという。歩はその地名を聞いて首を傾げた。地理は得意だが、聞いたことがない。津軽地方の幾つかの町や村が合併して、新しくできたばかりの市なのだという。父の役職から考えると、次期は東京本社で管理職として勤める可能性が高い。管理職への昇進前に、僻地へ飛ばされるのは社の慣例だという。単身赴任をする案もあったが、結局一家はこの土地へと越してきた。父の親戚が、平川からそう遠くない土地に空き家を所有していたのだ。父母は一軒家に憧れがあった。歩は二階の自分の部屋と、芝生の庭に憧れがあった。その親戚は、電話口で父に言ったという。

――人が住まない家はすぐ駄目になる、ぜひ使って欲しい、死んだ親父とお袋も喜ぶだろう。

平川より更に北、山間に広がる集落の、東の高台に家はあった。玄関の磨硝子の引戸を開けると、冷ややかな木材の匂いがした。六畳の居室が三つ並び、その三つ目の部屋の隣に仏間がある。そこが仏間と分かるのは、角の一枚の畳が、ちょうど仏壇の形に褪せていたからだ。二階にもほぼ同じだけの広さがある。家族三人で住むには、些か広すぎる家だった。二階の東側の六畳間が、歩の自室になった。日当たりが良くて過ごしやすいでしょうと、母が決めた。越してきた翌日、その部屋に、学習デスク、スライド式の本棚、ライトブラウンのロフトベッドなどが、業者によって運び込まれた。［ A ］の部屋に、自分の慣れ親しんだ家具が並べられていく。数週が過ぎれば、家具は部屋に馴染み、そしてここは自分の部屋になるだろうと思った。

大切なことはメモしておこうネ！

2019年度

解答と解説

《2019年度の配点は解答欄に掲載してあります。》

＜算数解答＞《学校からの正答の発表はありません。》

[1] (1) $31\frac{2}{3}$ (2) イ 100円 ウ 70本 (3) エ 33個 オ 27個
(4) カキ 4時30分 クケ 4時39分 (5) コ 662.72cm^3 サ 502.72cm^2

[2] ア 210 イ 41 ウ 41 エ 210 オ 2870

[3] (1) ア 100 イ 5000 (2) 45個 (3) 32，33個

[4] (1) 81通り (2) 18通り (3) 14通り (4) 36通り

[5] (1) 2cm (2) 1cm (3) 解説参照 (4) $\frac{2}{27}$倍 (5) $\frac{1}{6}$倍

○推定配点○

[2]，[3](2)・(3)，[5] 各5点×12 他 各4点×15([3](3)完答) 計120点

＜算数解説＞

[1] (四則計算，消去算，鶴亀算，数の性質，数列，時計算，割合と比，平面図形，立体図形)

(1) $\square=33\frac{1}{6}-990\div(2019-875)\times\frac{26}{15}=33\frac{1}{6}-1\frac{3}{6}=31\frac{2}{3}$

重要 (2) ボールペン2本の値段は鉛筆2本の値段より20×2＝40(円)高く，鉛筆2＋3＝5(本)の値段より40円高い値段が440円であるから，鉛筆1本は(440－40)÷5＝80(円)，ボールペン1本は80＋20＝100(円)である。したがって，買ったボールペンの本数は(10000－600－80×100)÷(100－80)＝70(本)

重要 (3) 1～6までのなかで条件に合う数は5だけであり，200÷6＝33…2より，[エ]は33個である。これら33個の数は5，11，17，23，29，35，…，と続き，5個ずつの組のなかに，5で割って3余る数は4番目の数1個しかない。したがって，33÷5＝6…3より，5で割って3余らない数は[オ]33－6＝27(個)ある。

重要 (4) 正常な時計の24時間がAにとっては$24-\frac{80}{60}=22\frac{2}{3}$(時間)に相当し，Bにとっては$24+\frac{48}{60}=$24.8(時間)に相当する。したがって，Aにとっての$4\frac{15}{60}=\frac{17}{4}$(時間)は正常な時計の$\frac{17}{4}\div22\frac{2}{3}\times$24＝4.5(時間)であり，正しい時刻は4時30分，また，Bは4.5÷24×24.8＝4.65(時)すなわち4時39分を指す。

重要 (5) 右図より，体積は8×8×8＋4×4×3.14÷4×3×4＝662.72(cm^3)
表面積は(8×8＋4×4×3.14÷4×3)×2＋8×4×8－4×2×4＋4×2×3.14÷4×3×4＝502.72(cm^2)

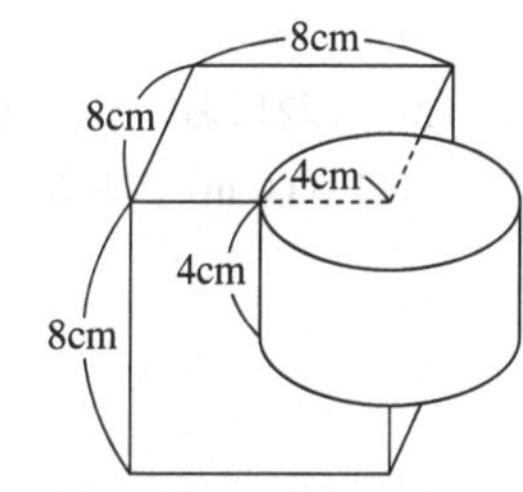

重要 **2** （平面図形，数列）

ア…(1＋20)×20÷2＝210　　イ…1＋20×2＝41　　ウ…2＋19＋20＝41

したがって，3枚の紙に書かれた整数の和は41×210であり，1枚の紙に書かれた整数の和はオ 41×210÷3＝2870である。

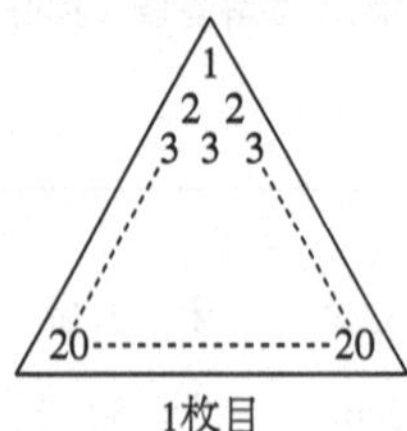

1枚目

2枚目

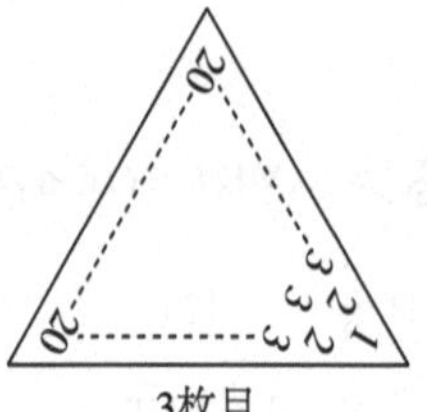
3枚目

3 （統計と表，規則性）

基本 (1)　ア　46個以上は45個の売り値に等しく200－5×(45－25)＝100(円)

イ　100×50＝5000(円)

重要 (2)・(3)　代金は25個で5000円，26個で5070円，27個5130円，以下，185×28＝5180(円)，180×29＝5220(円)と続き，代金は26個で70円増え，27個で60円増え，28個で50円増えているので26＋7＝33(個)で0円増える。したがって，33個の代金{200－5×(33－25)}×33＝160×33＝5280(円)は32個の代金(160＋5)×32＝5280(円)に等しく，最高である。この後，代金は34個で155×34＝5270(円)，35個で150×35＝5250(円)と下がり続け45個で最低の100×45＝4500(円)になる。

[表1]

個数	売り値	代金
25	200	5000
26	195	5070
27	190	5130
⋮	⋮	⋮
50	ア	イ

4 （場合の数）

基本 (1)　1人について手の出し方は3通りずつあるので，4人の手の出し方は3×3×3×3＝81(通り)ある。

重要 (2)　勝ち負けの手の組み合わせは3通りあり，4人を2人ずつに分ける組み合わせは4×3÷2＝6(通り)ある。したがって，2人だけ勝つ場合の手の出し方は3×6＝18(通り)ある。

(3)　3人がグーで勝つ場合…3人の組み合わせは4通り

2人がグーで勝つ場合…2人の組み合わせは6通り

1人がグーで勝つ場合…1人の選び方は4通り

したがって，全部で4×2＋6＝14(通り)

(4)　4人のうち2人が同じ手であり，残りの2人は他のだれの手とも同じではない。したがって，4人の手の出し方は6×3×2×1＝36(通り)ある。…2人の組み合わせは6通り，2人・1人・1人の手の出し方は3×2×1＝6(通り)

5 （平面図形，相似）

基本 (1)　図1において，三角形PアイとPCDは相似でアイは3÷3×2＝2(cm)である。

基本 (2)　図2において，同様にエアは3÷3×1＝1(cm)である。

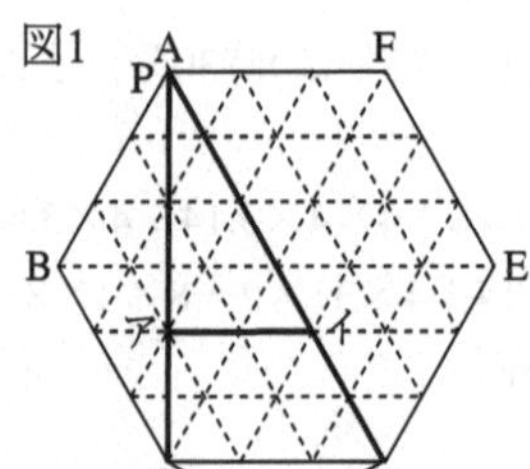

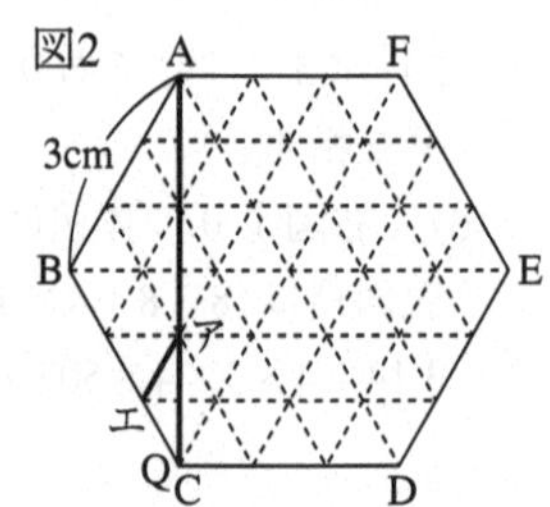

重要　(3)　図3において，点PがBに止まって点QがCD上を動くと点Rはエウを描き，点QがDに止まって点PがAB上を動くと点Rはイウを描く。したがって，点Rが動く範囲は平行四辺形アエウイのなかである。

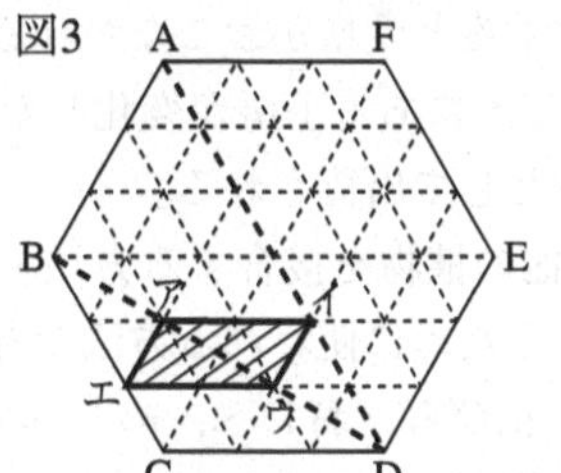

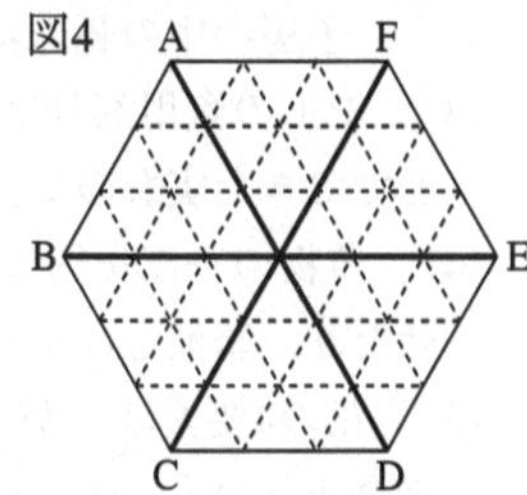

重要　(4)　図4において，全体の正六角形は小さい正三角形(1＋3＋5)×6＝54(個)で構成されており，平行四辺形アエウイの面積は全体の$4\div54=\frac{2}{27}$(倍)である。

重要　(5)　右図において，三角形EFRの面積はRがイと重なるときに最小となる。このとき，三角形EFRと台形ADEFの面積比は(3×2＋3)：3＝3：1であり，三角形EFRの面積は全体の正六角形の$\frac{1}{6}$倍である。

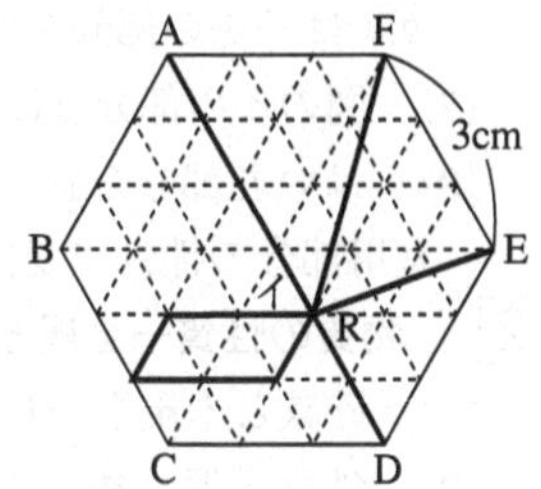

★ワンポイントアドバイス★

今年度は，特に難しい問題はなかった。③(2)・(3)「最低の代金」・「最高の代金」は，式で考えようとせずに代金自体の変化・規則に注目するほうが簡単である。④「じゃんけんの場合」も難しくなく，間違えた問題は復習しよう。

＜理科解答＞《学校からの正答の発表はありません。》

1　(1)　エ　(2)　A　コ　B　ア　C　エ　D　ク　E　ウ　F　シ　(3)　ア
(4)　つぎ木　(5)　ウ・オ　(6)　イ　(7)　はい乳　(8)　イ

2　(1)　オ　(2)　キ　(3)　ア・オ　(4)　ア・エ　(5)　イ・オ　(6)　3：8
(7)　4.8　(8)　4.6　(9)　2.8　(10)　120

3　(1)　イ　(2)　エ　(3)　リュウグウ　(4)　エ　(5)　ア　(6)　ウ　(7)　35
(8)　イ　(9)　ウ　(10)　5

4　(1)　140　(2)　2.4　(3)　25　(4)　①　ウ　②　ア　(5)　280　(6)　40

○推定配点○

1　(2)　各1点×6　他　各2点×7((5)は完答)　2　各2点×10　3　各2点×10
4　(1)　2点　他　各3点×6　計80点

＜理科解答＞

1　(植物のはたらきー受粉)

基本　(1)　メダカのメスは背びれに切れ込みがなく，しりびれがオスに比べて小さく後ろの方がせまくなっている。

重要　(2)　イチョウやソテツは，めしべに子房がなく胚珠がむき出しの裸子植物である。おしべの先端をやくといい，中に花粉が入っている。花粉がめしべの先端の柱頭につくと発芽し花粉管をのばし，子房の中の胚珠に達すると受精がおこなわれる。

(3)　モモの食用部分はめしべにある子房が変化したもので，この場合白桃のめしべが変化することでできた実なので白桃として出荷される。

(4)　植物の一部を切って他の植物を接合する方法をつぎ木という。もともとなかった性質を持たせたり，繁殖をはやく行うために使われる方法である。

基本 (5)　花の4要素は，がく，花びら，おしべ，めしべであり，これらの1つでも欠けているものを不完全花という。イネには花びらとがくがない。

基本 (6)　イネの食用部分ははい乳である。図のアは子房，イははい乳，ウは子葉，エは胚軸である。カキは子房の部分を食べる。

(7)　図のイの部分ははい乳である。この中に発芽に必要な養分が蓄えられている。

(8)　はい乳部分を食べる植物では，花粉の性質が影響をおよぼすので，他の種類の花粉がつくと食用部分の性質が変化する。トウモロコシははい乳部分を食べる植物である。

2　(物質の性質ー金属と酸素の反応)

(1)　砂鉄と木炭を交互に入れ，熱風を吹き込んで高温に鉄を溶かして取り出す。

重要 (2)　鉄は高温で熱すると黒さびと呼ばれる物質が生じる。これを磁鉄鉱という。湿った環境では鉄は赤さびと呼ばれる物質に変化する。鉄製品の表面を黒さびで覆うと内部の鉄が保護される。マグネシウムが酸素と結びつくと，白色の酸化マグネシウムという物質ができる。銅を熱すると黒色の酸化銅ができる。

(3)　砂鉄は磁鉄鉱でできている。鉄は塩酸に溶けて水素を発生するが，砂鉄は塩酸に溶けるが水素は発生しない。共に水酸化ナトリウム水溶液には溶けず，電気は通す。磁石にも引き寄せられる。使い捨てカイロには鉄粉が利用されている。

(4)　マグネシウムはうすい硫酸水溶液に溶けて水素を発生するが，銅は溶けない。マグネシウムは銀色の金属で，銅は赤色の金属である。鍋やヤカンに使われるのは銅である。

(5)　①は水素である。水素も酸素も共に水に溶けにくく，無色，無臭の気体である。水素は空気より軽いが酸素は重い。水素は燃料電池の燃料に使われ，酸素はその燃料を酸化するのに使われる。

重要 (6)　グラフより，6gのマグネシウムと結びつく酸素の重さは10－6＝4(g)，8gの銅と結びつく酸素の重さは10－8＝2(g)である。同じ重さの酸素と結びつくマグネシウムと銅の重さの比は，酸素2gの時，3gと8gになるので，3：8になる。

(7)　一部の銅が反応せずに残っている。6.4gから6.8gに重さが増えた分が銅と反応した酸素の重さになる。8gの銅と結びつく酸素の重さは2gなので，0.4gの酸素と結びつく銅は，0.4：□＝2：8　□＝1.6g　初めの銅のうち6.4－1.6＝4.8(g)が反応しなかった。これは塩酸にも溶けないので，溶け残った固体の重さは4.8gである。

(8)　6gのマグネシウムと結びつく酸素の重さは4gなので，7.6－6.4＝1.2(g)の酸素と結びつくマグネシウムは，6：4＝□：1.2　□＝1.8g　酸素と反応しなかったマグネシウムは6.4－1.8＝4.6(g)であった。加熱後塩酸を加えると，酸化マグネシウムは水素を発生しないで塩酸に溶け，マグネシウムは水素を発生して溶ける。表1より塩酸が十分あるとき，マグネシウムの重さと発生する水素の体積が同じ数値になるので，ここで発生する水素は4.6Lである。

(9)　マグネシウム3gが完全に燃えると5gの物質になり，銅4gでは5gになる。このとき混合粉末7gから10gの固体が生じる。マグネシウム0.3gから0.5g，銅0.4gから0.5gの物質ができることを考えて，マグネシウム3＋1.2＝4.2(g)から5＋2＝7(g)，銅4－1.2＝2.8(g)から5－1.5＝3.5(g)の物質が生じる。このとき混合粉末7gから10.5gの固体が生じる。よって銅の重さは2.8gである。

やや難 (10) 問9で混合粉末に含まれていたマグネシウムは4.2gであった。100mLの塩酸がすべて反応すると生じる水素は3.5Lなので，100mLの塩酸は最大で3.5gのマグネシウムを溶かすことができる。4.2gのマグネシウムを溶かすには，3.5：4.2＝100：□ □＝120mLの塩酸が必要である。

3 (星と星座ー望遠鏡・火星の動き)

(1) 地球の年齢は約46億年で，最古の化石は約35億年前の地層から見つかっている。

(2) 生命に不可欠なものは液体状の水である。

(3) 探査機「はやぶさ2」は，小惑星「リュウグウ」に到着した。

(4) 対物レンズで結んだ実像では上下左右が逆転する。その虚像を接眼レンズで見るが，虚像では上下左右はそのままなので，エの写真のように上下左右が逆転して見える。

(5) 焦点距離の大きいレンズでは，像の大きさは大きくなる。また像のできる位置がレンズから離れるため，筒の長さは長くなる。

重要 (6) 望遠鏡の倍率は，接眼レンズの倍率÷対物レンズの倍率で求められる。ウの組み合わせで最も倍率が大きくなる。

基本 (7) 極軸の延長上に北極星があるので，北極星からの光は極軸と平行にやってくる。これと観測点の真上に伸ばした直線との角度が90－35＝55°であり，地表と極軸のなす角度は90－55＝35°になる。

(8) すばるはプレアデス星団ともよばれ，おうし座の一部である。

やや難 (9) 地球が一か月で進む角度は360÷12＝30°，火星が一か月(地球の)で進む角度は360÷(1.88×12)≒16°で，一月ごとに14°の差が生じる。次に太陽－地球－火星が一直線に並ぶまでに360°の差ができるので，そのためには360÷14＝25.7か月かかる。これは約2年と2か月である。2018年7月31日から2年2か月先は2020年10月ごろである。

(10) 地球が火星と最も離れるのは，太陽をはさんで反対側に位置する時である。地球と太陽の距離を1とすると，地球と火星の距離が最も接近したとき(図4)に地球と火星の距離は0.5となり，太陽から火星までの距離が1.5となるので，地球が火星と最も離れるとき地球と火星の距離は1＋1.5＝2.5となる。もっとも接近したときの2.5÷0.5＝5(倍)になる。

4 (物体の運動ー物体の持つエネルギー)

基本 (1) 表2より，重さが違ってもはなす高さが同じでは水平面の速さも同じになる。200gの球を10cmの高さからはなすと，水平面での速さは140.0cm/秒になる。

基本 (2) 表2より，はなす高さを同じにして球の重さを2倍，3倍にすると，くぎのささった長さも2倍，3倍になる。球の重さを同じにして，はなす高さを2倍，3倍にしてもくぎのささった長さが2倍，3倍になる。よって重さを40g，高さを10cmの時と比較すると，重さが160gつまり4倍で，高さが15cmつまり1.5倍になるので，くぎのささった長さは4×1.5＝6(倍)になり，0.4×6＝2.4(cm)になる。

(3) 40gに比べて重さが2.5倍になる。くぎのささった長さが2.5÷0.4＝6.25(倍)になるので，球をはなす高さが6.25÷2.5＝2.5(倍)になる。このときの高さは10×2.5＝25(cm)である。

重要 (4) ① はなす高さが10cmから20cmに2倍になるとき，ばねが縮んだ長さは8.0÷5.7＝1.4(倍)，10cmから30cmに3倍になるとき，9.8÷5.7＝1.7(倍)になる。この関係を表すグラフの形はウである。 ② 水平面での速さが140cm/秒から198cm/秒に1.4倍になるとき，ばねが縮んだ長さも5.7÷4.0＝1.4倍になり，140cm/秒から242.5cm/秒に1.7倍になるとき，ばねの長さも6.9÷4.0＝1.7(倍)になる。このことから，水平面の速さとばねの縮んだ長さは比例し，グラフはアの形になる。

(5) 重さ40gの球において，ばねが4.0cm縮んだ時，水平面での速さが140.0cm/秒だった。水平面の速さとばねの縮んだ長さは比例するので，ばねが8.0cm縮んだ時水平面での速さは280.0cm/秒になる。

(6) 重さが違ってもはなす高さが同じでは水平面の速さも同じになるので，図6のグラフより，水平面での速さが280.0cm/秒になるとき，はなす高さは40cmであった。

★ワンポイントアドバイス★

計算問題にやや難しい問題がある。文章が多少長いので，しっかりと要点を読み取って鍵となる点を見落とさないことが大切。

＜社会解答＞《学校からの正答の発表はありません。》

1 問1 ウ　問2 ウ　問3 イ・ウ　問4 ア　問5 エ　問6 ア　問7 ウ
問8 イ　問9 イ

2 問1 あ 加工　い 石油危機　う 空洞化　問2 ア　問3 イ　問4 ア
問5 エ　問6 ウ　問7 イ　問8 オ　問9 イ　問10 カ　問11 エ

3 問1 あ 内閣　い 立法　問2 ア　問3 エ　問4 ウ　問5 エ　問6 ア
問7 イ　問8 イ　問9 (Xさん) ア・イ　(Yさん) ウ・エ

4 (例) 戦後に人口が急増し，水田や畑，湿地や砂丘だった臨海部の低地が市街・宅地化された。今後は市街や住宅地の高台への移転，低地での建築制限や沿岸部の防潮堤の新設やかさ上げなどが必要である。(90字)

○推定配点○

1 問1～問3 各2点×3(問3完答)　他 各1点×6　2 各2点×13　3 各2点×11
4 20点　計80点

＜社会解説＞

1 (日本の歴史－「ウナギの食文化」から見た日本)

問1 盆踊りは，死後の世界から戻ってきた先祖や死者の霊を慰めて，送りだし，供養するための踊りのことである。本来は念仏踊が中心であったが，室町時代以降に流行の踊りや風流な踊りが取り入れられて，多彩で娯楽性が強くなった。

基本 問2 問題の(注)から「土用」とは年間に4度あることが分かるが，問題文中の「土用の丑の日」は，文中に「夏バテ対策」とあるので，いわゆる夏の期間の「土用」のことで，本設問の「土用の丑の日」も夏の期間のことを指している。夏の後の季節は秋なので，ここでは立秋となる。立秋とは二十四節気の1つで，太陽の黄経が135度に達した日(8月7日か8日)から同150度になる(8月23日か24日)の前日までの15日間の第1日目のことである。なお，アの立春は2月4日か5日，イの立夏は5月5日か6日，エの立冬は11月7日か8日となる。

問3 身分差が生じたことを実際の物から知ることができるのは，その物が前の時代には基本的にみんな同様の形態をしていて目立った差異がないものの，次の時代にはその物に明らかな差異が確認できる場合である。そのような特徴が確認できるのは，[表1]中では【弥生】に「大型の墓が出現した。」とある墓の構造(イ)と「多量の青銅器や鉄器が埋葬された墓が一部で出現した」とある副葬品(ウ)である。

基本 問4 問題文から宇治においてウナギ漁が盛んになったのは，鎌倉時代のことであるとこが分かる。他方，両替商は金・銀・銭の3種類の貨幣の交換などを行う江戸時代の商人のことである。したがって，鎌倉時代に両替商が登場しないので，両替商により貨幣の流通が活発になったことは，この時代にウナギ漁が盛んになった理由ではない。

重要 問5 まず[文2]は室町幕府の説明なので，江戸幕府の時に常置されていた「老中」が含まれているイとウの図はあてはまらない。次に室町幕府のしくみは，将軍に下に管領が置かれ，さらにその下に侍所・政所・問注所などの役所が置かれている。[文2]中に「鎌倉府の組織は室町幕府とほぼ同じで」とあるので，鎌倉府の下に「(関東)管領」が置かれ，さらにその下に侍所などの役所が置かれていたと推測できる。したがって，アとエの図の中で，そのようなしくみになっているのはエの図である。

基本 問6 設問文中の「空欄う」には，「沿岸航路」や「海運」のような言葉が入る。江戸時代の大坂から江戸へ多くの品物を運ぶのに活躍したのは，菱垣廻船(ア)や樽廻船である。菱垣廻船は荷物が落ちないように船べりに菱形の垣が付けられていたので，そのような名称で呼ばれた。なお，イは飛脚，ウは竜骨車と投げ釣瓶，エは馬借の図版である。

問7 座とは，鎌倉・室町時代に結成されて活躍した商人や手工業者の同業組合なので，江戸時代には存在しなかった。江戸時代の商人や手工業者の同業組合は，株仲間である。

重要 問8 京浜地域では1930年代から工業地帯の形成や人口増加のために，東京湾の水質汚染が進んで水産業にも影響を与えるようになっていた。しかしその後の戦争の激化によって産業活動が低下し，人口も減ったことにより，1940年代前半には環境はむしろ回復し，終戦時には一時的に「青い東京湾」と呼ばれていた。第二次世界大戦後の東京湾の水質汚染は1950年代後半から始まっていたが，東京湾全域で水質汚染が顕著になったのは，1960年代のことであり，高度経済成長の影響とされる。したがって，1940年代前半に東京湾において水質汚染が深刻化したことはない。

問9 問題文中に「室町時代にウナギは「宇治丸」と呼ばれた鮨として食され，室町幕府の役人や公家たちが参加する宴会などでも振る舞われていたと考えられています。」とある。室町幕府の役人や公家たちは農村ではなく都市に居住していたと考えられるので，中世において都市でウナギが食用とされなかったことはない。また，選択肢中の「ウナギ信仰の広まりから食用とならなかった」という説明は，問題文中にはない。ア 古代において，問題文の第2段落に「夏痩せした知人にウナギをすすめる」という大伴家持のウナギの歌の内容の説明がある。 ウ 近世において，第4段落に「ウナギを取り扱う店としては，高級料亭から露店まで，さまざまな形態が出現したことが分かっています。」とある。この「露店」が，選択肢中の「移動式の簡易な食べ物屋」である。 エ 現在において，第5段落に「ウナギ資源の減少に関連した動きが出てきています。」とあるので，国産ウナギの価格はおおむね上昇傾向にあることになる。

2 (日本の地理―日本の諸産業)

基本 問1 あ 加工貿易とは原材料や燃料を輸入して，それを加工して工業製品として輸出することである。このような貿易は，資源は乏しいが高度な工業技術を有する国で行われ，日本の工業はこのような形態の貿易によって発展した。しかし近年は中国や東南アジアからの工業製品の輸入が増加し，加工貿易の形はくずれてきている。 い 石油危機は産油国の石油の減産や価格を引き上げたりする石油戦略によって世界経済が大きく混乱することで，オイルショックともいう。1970年代には，1973年の第4次中東戦争を契機にアラブ産油国の石油戦略によって引き起こされた第1次石油危機，1979年のイラン革命をきっかけに西アジアの産油国の石油戦略によって引き起こされた第2次石油危機の2度の石油危機が起こった。 う 産業の空洞化とは，企業が安い労働力などを求めて生産活動の拠点が国内から海外に移転することにより，国内の工業・製造業が衰退していく現象である。日本では1980年代から自動車や電子機器などの主要産業が海外の工場での現地生産を開始したことで，この状況が進んでいる。

問2　グラフAは日本と同様に第一次産業の人口の割合が非常に小さく，第三次産業の人口の割合がほとんどを占めていることからアメリカ合衆国，グラフBは第一次産業と第二次産業の人口の割合がともに全人口の約3分の1程度を占めているので，世界でも有数の農業国であるとともに近年は急速に工業化が進んでいる中国，グラフCは第三次産業の人口の割合が約3分の2を占めているので，マラッカ海峡に面して海運業などの盛んなマレーシアである。

問3　第二次世界大戦後の1960年の一人あたりの年間米消費量は114.9kg，他方，2016年の一人あたりの年間米消費量は54.4kgなので，半分以下に減少している。　ア　2017年の米の年間収穫量は東北地方の合計が2115000t，北海道は581800tなので，東北地方の合計の方が北海道よりも多い。ウ　米のミニマムアクセスが導入されたのは2000年のことである。それ以降の米の自給率は95～98%を維持しており，自給率が減少し続けていることはない。　エ　1995年の新食糧法の制定によって，米の生産調整(減反政策)は政府ではなく各農家が自由に決められるようになった。したがって，現在まで減反政策が継続されていることはない。

基本　問4　長野市は冬と夏の気温差が大きく，年間の降水量が比較的少ない中央高地の気候に属している。したがって，表2中で1月と8月の平均気温の差が24.6度と最も大きく，1月と8月の平均降水量も148.9mmとエに次いで少ないアが当てはまる。なお，表2中のイは仙台市，ウは新潟市，エは岡山市である。

問5　A　野菜類の自給率が非常に高く，果実類も比較的高いことから地中海式農業が行われているスペインである。　B　穀類をはじめ野菜類，肉類，牛乳・乳製品が自給できているので，農牧業が盛んで世界有数の農業国であるアメリカ合衆国である。　C　牛乳・乳製品と肉類のみの自給率が高いことから酪農が盛んなスイスである。

基本　問6　鉱産資源には鉄鉱石・亜鉛・ボーキサイトなどの金属鉱物と石灰石(ウ)やけい石などの非金属鉱物の2種類がある。これらの鉱産資源の中で，日本ではセメントの原料となる石灰石はほぼ100%自給でき，また非金属鉱物の採れる割合も高い。他方，日本には金属鉱物が乏しく，その大半を輸入に依存している。なお，アの金鉱，イの銅鉱，エのりん鉱石はいずれも金属鉱物である。

問7　2017年の日本の石油の輸入先の上位4ヵ国とその割合はサウジアラビア40.2%，アラブ首長国連邦24.2%，カタール7.3%，クウェート7.1%である。これらの国々はいずれも中東地域の国であり，その割合の合計は78.8%になっていることから，日本の中東地域への依存度が輸入量の5割以下になったとはいえない。

問8　A　化学工業製品の出荷額が全国1位となっているので，化学工業の割合」が最も高い京葉工業地域がある千葉県である。　B　鉄鋼の他，電気機械や食料品の出荷額も多いので，総合工業地帯といわれる阪神工業地帯のある兵庫県である。　C　化学工業製品の他，輸送用機械の出荷額も多いので京浜工業地帯のある神奈川県である。

重要　問9　小売業は「仕入れた商品を消費者に販売する」ので，人口の多い地域の販売額が多くなる傾向がある。他方，卸売業は「生産者などから品物を仕入れ，それを小売業者に販売する」ので，その地域の人口数よりも物流の拠点となっている地域で販売額が多くなる傾向がある。横浜市(約374万人，2017年)は大阪市(約269万人)，名古屋市(約228万人)，札幌市(約195万人)よりも人口は多いが，近くに東京(区部)があるため，他の都市に比べて物流の拠点としての機能は小さい。したがって，[表4]中で小売業販売額はそれなりにあるが，卸売業販売額は一番少ないイがあてはまる。なお，[表4]中のアは大阪市，ウは名古屋市，エは札幌市である。

基本 問10　A　百貨店(デパート)は複数の専門店を面積が広い大規模な店舗に集めて，多くの種類の商品を展示して販売する小売店である。百貨店(デパート)は1990年ごろまでは販売額を増やしていたが，それ以降は販売額が減少し，現在では1980年代前半の水準になっている。　B　大型スーパー(スーパー)は，頻繁に消費される日用品や食料品などの商品をセルフサービスで販売する小売店である。1980年代以降は比較的順調に販売額を伸ばし，現在では小売店の中で中心的な存在となっている。　C　コンビニエンスストア(コンビニ)は，小規模な店舗で主に日用品や食品などの多くの商品を取り扱う，年中無休で長時間の営業を行う小売店である。1980年代後半から急速に販売額を伸ばし，2000年代後半に百貨店(デパート)を追い抜き，現在では販売額で大型スーパー(スーパー)に迫っている。

問11　国土地理院発行の2万5千分の1の地形図に使用されている地図記号の中で，もっとも新しい平成25年式（2013年）の地形図で使われなくなった地図記号にはエの桑畑「Y」の他，工場「☼」・電報・電話局「⊖」・古戦場「⚔」などがある。なお，アは灯台，イは発電所・変電所，ウは竹林の地図記号である。

3　**(政治ー日本の政治のしくみ)**

基本 問1　あ　空欄直後に「～が閣議決定する」とあることから，閣議を開くことができる国の機関は内閣である。閣議は内閣総理大臣が主宰する内閣の意思決定会議のことで，基本的にすべての国務大臣が出席して全会一致でものごとの決定が行われる。　い　日本国憲法第41条には，「国会は，国権の最高機関であって，国の唯一の立法機関である。」と規定されている。そのため政権や行政機関は国の立法権の決定に従って，職務を行わなくてはならない。

基本 問2　国会で決められた法律は，最終的に内閣総理大臣ではなく天皇の名前で公布される。公布は普通，官報にのせることで行われる。

問3　衆議院や参議院には，必要であると判断した場合には国会に証人を呼んで証言を求めたり(証人喚問)，さまざまな記録の提出を要求したりする国政調査権が認められている。この権利は，日本国憲法第62条に規定されている。　ア　国会での審議の中で，予算案の審議は必ず衆議院が先に審議を行うが，法律案の審議はどちらの議院が先に審議してもよい。　イ　条約の承認について衆議院と参議院での議決が異なった場合，両院協議会が開かれる。しかしそこでも意見が一致しない場合や衆議院の議決後，30日以内に参議院が議決をしなかった場合には衆議院の議決を国会の議決とみなすことができる。したがって，衆議院と参議院での議決が異なった場合，自動的に衆議院の議決を国会の議決と見なすことはできない。　ウ　国会の審議において，外部の専門家の意見を聞くことを公聴会という。国会の審議の際に公聴会の後で委員会が審議するのではなく，委員会での審議が行われ，公聴会は委員会の審議の中で行われる。

重要 問4　設問文中のベンサムの著作の引用文から「社会とは，個々の人々から形成される一つの団体」，「社会の利益とは，社会を構成している個々の人々の利益の総計」ということがわかる。ここから「個々の人々の利益の総計→社会の利益→社会」という社会の在り方がわかる。他方，国民の代表を選ぶ選挙は社会の在り方を決めるものであり，公平な選挙とは個々の人々の利益の総計のことである。ここでいう公平な選挙とは，1人1票の原則(平等選挙，ア)，1票の格差の配慮(イ)，多数決の原則(エ)などである。したがって，選挙制度は社会全体の利益よりも，個々の人々の利益の総計に配慮して決められるべきであることになる。

重要 問5　表5中の比例代表重複とは，衆議院議員選挙における小選挙区と比例代表の両方に立候補できる重複立候補制のことである。比例代表とは各政党の獲得票数に応じて，当選者の議席を割り振る方法である。衆議院議員選挙の比例代表は拘束名簿方式であり，名簿内での党内順位はあらかじめ決められている。比例代表の当選は原則的にこの名簿内の登録順位で決定されるが，その際に政党は比例代表名簿に複数の候補者を同順位で並べることができる。当選者は名簿の順位に従って決められるが，同順位に複数の重複候補がいる場合には惜敗率(小選挙区の当選者の得票数に対する落選者の得票数の比率)が高い順に当選となる。したがって，表5中のC候補とE候補はともに無所属である可能性の他に比例代表の重複候補であって惜敗率で及ばずに落選した可能性もあるので，両候補とも無所属の候補者であると考えることはできない。

問6　スポーツ庁は，2015年に設置された文部科学省に所属する行政機関である。同庁はそれ以前は複数の省庁にまたがっていたスポーツ行政の関係機関を統合して，各種競技大会の開催やスポーツ振興などのスポーツ行政を一元的に行っている。　イ　特許庁が所属しているのは，内閣府ではなく経済産業省である。　ウ　警察庁は国家公安委員会，消防庁は総務省，海上保安庁は国土交通省に所属しており，いずれも防衛省の所属ではない。　エ　気象庁は，環境省ではなく国土交通省の所属である。

基本　問7　地方議会は予算の議決や条例の制定などを行う権限を有しているが，首長は条例などの議会の議決を認めない拒否権を持っている。　ア　首長の解職を請求する場合には，自治体の有権者の3分の1以上の署名を集めて選挙管理委員会に請求し，その後に行われる住民投票で過半数の同意が必要である。したがって，自治体の有権者の過半数の署名が集まれば解職されるわけではない。　ウ　オンブズマン制度とは，地方公共団体に対する個人の苦情を受け付け，それに対処するためのものである。したがって，地方行政が健全かつ民主主義的に行われているかを確かめるものではない。　エ　選挙事務は選挙管理委員会の仕事，水道の整備は法定受託事務ではなく自治事務である。

問8　紙幣を発行する発券銀行としての仕事をしているのは，日本銀行である。日本銀行には第二次世界大戦後に政府とは独立した機能を与えるために，1949年に日本銀行政策委員会が設置され，1998年には同委員会の金融政策に対する権限が強化された。　ア・ウ　消費者の保護を行うのは消費者庁，銀行に対する監視を行うのは金融庁で，ともに内閣府に所属している。　エ　労働に関する問題の仲裁や働く人の権利を保護しているのは労働基準局で，厚生労働省に所属している。

重要　問9　(Xさん)　設問文中に「各個人や各団体が同じ場面で等しい額を支払う必要がある税金」とある。皆が同じ場面で等しい額を支払う税金とは固定税率の間接税であり，それに当てはまるのは消費税(ア)と関税(イ)である。　(Yさん)　設問文中に「税金についてはたくさんお金を得た個人や団体が多く支払う」とあり，このような支払いをする課税方法は累進課税制度である。このような制度が適用されているのは直接税である所得税(ウ)や贈与税である。また，エの法人税は累進課税のようにはなっていないが，法人の種類や資本・所得総額によって税額は異なっているので，「たくさんお金を得た個人や団体が多く支払う」というしくみになっている。

やや難　**4**　**(日本の地理ー東日本大震災の被害と復興)**

[図5]から宮城県の人口は第二次世界大戦後に増え始め，戦前の1940年に約120万人であったのが，2000年には230万人を超え(2017年は約232万人)，60年間で約110万人増加したことがわかる。また，それ以前の1884年から1940年の56年間では約60万人から約120万人となり，約60万人の増加となっている。したがって，戦前と戦後の人口増加を比べるとほぼ同じ期間に戦後は戦前のほぼ2倍の増加となっており，戦後の人口増加が非常に急激であったことが分かる。[図6]と[図7]はともに石巻市周辺の地形図であるが，[図6]の1910年当時は所々にある居住地の周囲には多くの水田や畑が広がり，また海岸沿いには砂丘や針葉樹林，湿地も存在し，この地域における人の居住はまばらであったことが分かる。他方，[図7]の2000年代には水田や畑が全く消滅したわけではないものの，かつては水田や畑であった土地の多くが住宅地とされ，鉄道や道路なども造られ，さらに海岸部では石巻港が整備され，かつての砂丘や針葉樹林には工場などの施設が建設されたことがわかる。これ

らのことから宮城県の急速な人口増加や日本の産業構造の変化に伴い，石巻市でもかつての水田や畑であった低地を宅地にせざる得なくなり，そのような新設された宅地に多くに人々が住むようになった。また沿岸部に工場が建てられたことで，そ農家よりも工場などで働く人が多くなったことが伺える。そのためにかつてはなかった多くの人々が臨海部の低地を拠点として生活するようになり，そのような地域が東日本大震災の時の津波の被害を受けたことで，かつての明治三陸津波や昭和三陸津波の時よりも津波被害より大きくする原因の1つとなった。このような場所において，今後も同様の地震や津波が生じた場合に町の被害をより少なくするためには防災意識の向上などの住民個々人の努力以外に，人々が居住している地域ごと守るためのまちづくりも大切である。そのためには市街地や住宅地を津波が届くことがない高台へ移転させることや新たに盛り土をして土地をかさ上げした場所に市街地や住宅地を再建したりして，なるべく低地には住まないようにすることが重要である。その他にも低地にさまざまな施設や住宅を建てざる得ない場合にはそれらの地域に建築制限を設けたり，緊急時に備えて堅固な建物に避難可能な場所を確保したりすることも有効である。さらに沿岸部においては防潮堤を新設したり，既存の防潮堤をかさ上げしたり，堅固にしたりして津波から町を保護する力を向上させる必要もある。

★ワンポイントアドバイス★

地理・歴史・政治の各分野は単なる知識問題ではなく思考力や判断力を試す設問の増加，90字の説明問題はそれに加えて表現力を測る傾向が顕著になっているので，その点をしっかり踏まえて準備するようにしよう。

＜国語解答＞ 《学校からの正答の発表はありません。》

一　① 届　② 若干　③ 専門　④ 風情　⑤ 祝辞　⑥ 合点　⑦ 過誤　⑧ 深長　⑨ はいはん　⑩ かえり

二　問一 他人　問二 ウ　問三 エ(→)ア(→)ウ(→)イ　問四 イ・エ　問五 ウ
問六 ア　問七 (例) 先生の助けなしに，生徒だけの話し合いで決めること。(25字)
問八 (例) 集落の自然にだけでなく，そこに暮らす人間にも目が向くようになったという変化。(38字)

三　問一 A イ　B ア　C エ　問二 ① エ　② イ　問三 ウ　問四 イ
問五 (例) 小説家は，回りくどい置き換えの作業にこそ真実・真理が潜んでいると信じているから。(40字)　問六 Ⅰ (例) 早く効率よく把握する(10字)
Ⅱ (例) 実際の経験を通して理解する(13字)　問七 ア　問八 エ　問九 ウ

○推定配点○

一　各3点×10　二　問七・問八　各10点×2　他　各3点×6
三　問五　10点　問六　各6点×2　他　各3点×10　計120点

＜国語解説＞

一 （漢字の読み書き）

①「届」の「由」を「田」と書かないように注意。 ②「若干」は，多少，という意味。 ③「専」の右上に点を書かないのように注意。 ④「風情」は，おもむきや味わい，という意味。 ⑤「祝辞」は，祝賀の意を表す言葉，という意味。 ⑥「合点がいく」は，納得できる，という意味。 ⑦「過誤」は，あやまち，という意味。 ⑧「意味深長」は，言外に意味のあること，という意味。 ⑨「背反」は，そむき従わないこと，という意味。 ⑩「省みる」は，反省する，という意味。

二 （小説ー空欄補充，心情理解，内容理解，主題）

問一 終わりから二つ目の段落に，「他人の部屋は，歩の部屋になっていた」とあることに注目。

問二 直後の「大人になるとね，……そういう関係じゃなくなってくるんだよ」という父の言葉が，ウに合致している。

問三 イの初め「代わりに」，ウの初め「しかし」が，どのような内容を受けているのかを推測しながら，適切な順番を考える。

重要 問四 （中略）の直前に，「歩は学級の力関係を把握することに長けていた」とあるので，イは正しい。また，歩が晃に対して「僕達六人で何かをするとき，君がいつも率先して物事を決め，行動に移すだろう」と言っていることから，エは正しい。

問五 （中略）のあとに，「歩はこれまで通り，図書委員か美化委員をするつもりだった」とある。また，——線部③の直前で，晃の推薦に皆が賛同していることから，ウが正しい。

問六 歩が新しい学校で副委員長になり，しかもそれが皆の推薦によるものだと聞いた父母の気持ちを考える。「赤飯を炊かないとな」と言っていることからも，驚きとうれしさがわかる。

問七 「僕の出番がないこと」とは，先生が話し合いに手を貸さないということ。「多数決でなく，話し合いで決めるというのが，教師の方針で，唯一の指示でもあった」とあることもふまえ，解答をまとめる。

やや難 問八 ㋐で歩は，この集落の自然だけに目を向けている。これに対して，㋑で歩は，そこに暮らす「自分達」つまり人間にも目を向けている。歩が学校で友達を作り，交流を深めたからこそ，このような変化があったのである。

三 （論説文ー空欄補充，接続語，語句の意味，内容理解，要旨）

問一 A 空欄の前が原因で，あとが結果になっているので，順接の接続語が入る。 B 空欄の前後が逆の内容になっているので，逆接の接続語が入る。 C 「ましてや」は，いうまでもなく，という意味。

問二 ①「強弁」は，無理に理屈をつけて言い張ること。 ②「辛気くさい」は，じれったくていらだたしい，という意味。

問三 直後の段落に「あまりに頭の回転の素早い人は，あるいは人並み外れて豊富な知識を有している人は，小説を書くことには向かない」とあり，筆者が，「知識」はものごとを効率よく言葉にする手助けをするものである，と考えていることがわかる。

問四 直後の段落で筆者は，「聡明な人たちはおそらく小説を書くという作業に，期待したほどメリットを発見できなかったのでしょう」と述べている。「聡明な人たち」は，自分のメッセージを小説（物語）に置き換えなくても言葉にできる能力をもった人なので，このように考えるのである。この内容に合うのはイ。

やや難 問五 直後に注目すると，筆者は，小説とは「たとえば」を延々と繰り返す回りくどい作業だと考えていることがわかる。さらにそのあとの段落で，「小説家に言わせればそういう不必要なところ，回りくどいところにこそ，真実・真理がしっかり潜んでいるのだということになります」と述べている。これらの内容をふまえて解答をまとめる。

問六　Ⅰ「頭の良い方の男」について筆者は，「とても効率がいい。話が早い」と述べている。

Ⅱ「あまり頭の良くない方の男」について筆者は，「実際に自分の足を使って頂上まで登ってみなければ……理解できないタイプ」だと述べている。

問七　直前の「何度登ってみてもまだよくわからない，あるいは登れば登るほどますますわからなくなっていく」という様子が，小説家のどのような性質を表しているのかを考える。

問八　直後に，小説家には「頭の切れに代わる，より大ぶりで永続的な資質が必要とされてきます」とあり，「いくつかの転換ポイントをうまく乗り越えられた人は，……生き残っていきます」とあることに注目。頭の切れしか持ち合わせない人は，そうした「資質」をもたず，「転換ポイント」を乗り越えようともしないのである。この内容はア・イに合う。また，問四で考えたことと照らし合わせると，ウは正しい，エの「頭の切れしか持ち合わせない人は，……読者に飽きられることを恐れ……」という内容は文章中から読み取れない。

重要　問九「というわけで僕は，……」で始まる三つの段落の内容に注目。

★ワンポイントアドバイス★

読解には選択肢の問題が多いが，読み取った内容を10～40字で記述する問題があり，これを落とすことはできない。要旨を簡潔にまとめるなどの力をつけておくことや，ふだんからいろいろなジャンルの文章にふれておくことが大切！

大切なことはメモしておこうネ！

データ対応

収録から外れてしまった年度の
問題・解答解説・解答用紙を弊社ホームページで公開しております。
巻頭ページ＜収録内容＞下方のQRコードからアクセス可。

※都合によりホームページでの公開ができない内容については，
次ページ以降に収録しております。

い。

ア　何か夢中になれるものがあれば、「孤独」を感じることはなくなるので、「孤独」とつき合うには、まず物事のなかに美しさを見出す姿勢が必要だということ。

イ　「孤独」だから自分だけの時間がもてるという価値をもつことで、孤独な現実がいくら辛くても、それと直面できる強さを得られるということ。

ウ　自分で考えられるようになれば「孤独」に対しても余裕を持って向き合えるようになり、そのように生きる姿勢には魅力（みりょく）がある、ということ。

エ　良いときも悪いときもあり、変化していくのが人間なのだとあきらめることができれば、気分に流されない、芯（しん）の通った立派な人物になれるということ。

と。

ウ　多くの娯楽作品において、人とのつながりがテーマにされることで、仲間とずっと一緒にいないと不安に感じるようになってしまうということ。

エ　多くの娯楽作品において、友情が取り上げられることで、そうした作品に感動しなければいけないと思い込まされてしまうということ。

問五　――線部④「TVも映画もアニメも小説も漫画も、この安易な『感動』で受けようとする」とありますが、それはなぜですか。その理由としてもっとも適切なものを次の**ア**～**エ**の中から一つ選び、記号で答えなさい。

ア　泣くことさえできれば感動的な作品だと評価される風潮が、世間にはあるから。

イ　エンタテインメント作品は子どもの観客向けに、道徳的な要素が必要になるから。

ウ　多くの人に受け入れられやすく、道徳的な内容も含み、物語も作りやすいから。

エ　恋愛よりも、仲間や家族を扱った方が多くの人にとって身近な内容になるから。

問六　――線部⑤「そういったものを、ときには認めることが必要なのではないか、と僕は強く感じている」とありますが、それはなぜですか。その理由としてもっとも適切なものを次の**ア**～**エ**の中から一つ選び、記号で答えなさい。

ア　一般とは違う考えを認めることが、人と生きていくということだから。

イ　人の考えを否定してしまうと、仲間は離れていってしまうから。

ウ　仲間の理解があってはじめて、人生を本当に楽しめるようになるから。

エ　自分の力では気づけなかった美しさや楽しさの存在に気づかされるから。

問七　――線部⑥「そういう自由な人生を送っている人たち」とはどういう人たちですか。**十五字以上二十字以内**で説明しなさい（**句読点・記号も一字に数えます**）。

問八　――線部⑦「寂しさがもしマイナスだとすれば、それはプラスあってのマイナスだと捉えることができる」とありますが、それはどういうことですか。その内容を説明したものとしてもっとも適切なものを次の**ア**～**エ**の中から一つ選び、記号で答えなさい。

ア　寂しさを感じられるのは、賑やかで幸せなときがあったからだということ。

イ　賑やかで楽しく感じるのは、人とのつながりを求めているからだということ。

ウ　寂しいと感じるのは、心の底で賑やかな状態を望んでいるからだということ。

エ　将来幸せになれると信じられるのは、今の寂しさを楽しめるからだということ。

問九　――線部⑧「その余裕があり、それが『美』でもある」とありますが、それはどういうことですか。その内容を説明したものとしてもっとも適切なものを次の**ア**～**エ**の中から一つ選び、記号で答えなさ

　したがって、寂しさが何故いけないものか、と考えている本章における一つの答というのは、そのいけなさの理由は何かと問い直すことで理解できるだろう。悪とは善からの変化であり、善とは悪からの変化であるのだから、すなわち、⑦寂しさがもしマイナスだとすれば、それはプラスあってのマイナスだと捉えることができる。

　しかも、こういった変化は当然ながら、生きているうちは繰り返される。まさに「波動」なのだ。ということは必然的に、「寂しい」「孤独だ」と感じることが、そののちに訪れる「楽しさ」のための準備段階なのである。「いけない」というのも、「良い」状態へのジャンプのために屈んでいる瞬間なのであって、多少の苦労というか面倒はつきものだ。

　このように、「孤独」を感じたときには、それだけこれから「楽しさ」がある、というふうに解釈すれば良い。それを知っている人が、「さび」の世界に浸ることができる。⑧その余裕があり、それが「美」でもある。

（森博嗣『孤独の価値』による）

注1　**エンタテインメント**～映画やテレビなどで発表される娯楽作品。
注2　**エッセンス**～要素。
注3　**穿った**～物事のかくれた部分を言い当てた。
注4　**類型**～パターン。
注5　**条件反射**～ある条件が整うと、同じような反応をするようになること。
注6　**メディア**～情報を伝達する手段。新聞やテレビなど。

問一　――線部①「その症状の方が、寂しさや孤独よりもずっと危険な状態だと思われる」とありますが、それはなぜですか。その理由としてもっとも適切なものを次の**ア～エ**の中から一つ選び、記号で答えなさい。

ア　思考することから逃れると、自分で物事の判断ができず、周りからの命令でしか動けないロボットのようになり、人間としての価値がなくなってしまうから。
イ　思考することは面倒な作業に違いないが、それを避けることによって、エンタテインメントの感動しか得られなくなり、現実の世界で誰とも絆を持てなくなるから。
ウ　考えることをやめると、次第に物事の善悪の判断ができなくなり、周囲の人間に危害をおよぼす迷惑な存在になってしまうから。
エ　孤独が嫌いな自分について考えなくなると、自分の存在の価値を疑うようになり、本来の自分の好きなことを犠牲にしてまでも人から好かれようとしてしまうから。

問二　――線部②「寂しさや孤独が、実は人間にとって非常に大事なものだ」とありますが、それはなぜですか。**三十五字以上四十字以内**で答えなさい**（句読点・記号も一字に数えます）**。

問三　二箇所の□には同じ言葉が入ります。その言葉としてもっとも適切なものを文中から**四字**で抜き出しなさい。

問四　――線部③「そう『思い込まされている』」とありますが、それはどういうことですか。その内容を説明したものとしてもっとも適切なものを次の**ア～エ**の中から一つ選び、記号で答えなさい。

ア　多くの娯楽作品において、孤独な主人公が登場することで、孤独を感じることではじめて仲間の価値に気づける、と思ってしまうということ。
イ　多くの娯楽作品において、仲間との絆が描かれることで、仲間がいないとしたら、自分に欠陥があるように感じてしまうというこればならない異常なものになる。あってはならないものだから、孤独を感じるだけで、自分を否定することにつながる。その観念がどこから来たのかと考えもしない。そこに危険がある。(中略)

あまりにも、注6メディアに流れる虚構が一辺倒だ、ということに最大の問題があるだろう。たとえば、家族にも友達にも関係なく強く生きている人間を描くことがあるだろうか。友達や家族に裏切られても、自分一人で楽しく生きている道があると教えることがあるだろうか。どうしても、そういうものは寂しさを伴ってしか表現できない。一般の人はこうは考えないよね、と決めつけてしまっているからだ。

少数派であっても、その生き方や価値観を無視してはいけない。仲間や家族が人生で最高に大切なものでなくても、けっして異常ではないし、また寂しいわけでもない。それ以外にも、楽しさはいくらでもあるし、また美しいものだって沢山ある。⑤そういったものを、ときには認めることが必要なのではないか、と僕は強く感じている。

一般的ではないだろうけれど、たとえば、天体観測に一生を捧げる人生だってある。数学の問題を解くことが、なによりも大事だという人生だってある。仏像を彫るために、命を懸ける人生だってある。そこには、仲間とか家族とか、親しさとか愛とか絆は存在しない。ただ自分一人がいる。普通の人には、それは寂しい人生であり、まちがいなく孤独に見えるだろう。しかし、本人にとっては全然そうではない。それが楽しいと感じ、いきいきとして笑顔で毎日を送っているのだ。現に、僕はそういう人間を何人か知っている。彼らは、僕から見ると、むしろ一般の人たちよりも、よほど楽しそうに見える。人生を謳歌している。その「自由さ」は、けっして異常ではない。どちらかというと、僕はその方が人間的であり、より高いレベルの楽しさだ、と評価したいくらいだ。

もう一つ言えることは、⑥そういう自由な人生を送っている人たちは、他者と競争をしないし、平和を望んでいるし、人に迷惑をかけないマナーも持っている。世界中の人がこんなふうになったら、戦争もなくなるし、争いもなくなるのではないか、と思える。どうして、彼らの生き方を否定することができるだろう。

さて、もう少し深く考えてみよう。そもそも「楽しさ」と「寂しさ」というのは、光と影であって、どちらかだけが存在するものではない、ということが、自分や他者の観察からわかってくるはずである。それは、波のように揺れを繰り返す運動の上のピークと下のピークでしかない。楽しさがあるから、寂しさを感じるのだし、また、寂しさを知っているから、楽しいと感じるのである。

もしも、毎日がパーティで、ずっと大勢と一緒にいて、常に賑やかな時間を過ごす、という王様のような生活だったらどうだろう。想像してみてほしい。おそらく、長続きはしない。少し静かな自分一人の時間が欲しい、と感じるにきまっている。もちろん、この逆に、ずっと一人だけの生活をしていると、たまには誰か遊びにきてくれないかな、と自然に思う。どちらの状態が良くて、どちらが悪いというものではなく、賑やかで楽しい時間も、静かな寂しい時間も、いずれも必要なのではないか。そして、どちらかに偏ることのない変化こそが、まさに「生きている」という面白さ、醍醐味であって、苦しみのあとに楽しみがあり、賑やかさのあとに静けさがある、その変化こそが、「楽しさ」や「寂しさ」を感じさせるともいえる。(中略)

なかには、「寂しいといろいろ考えてしまって余計に憂鬱になる」と言う人もいる。この言葉が示しているのは、「賑やかなところではなにも考えなくても良い」という点である。もしかして、人は［　　］を本能的に望んでいるのだろうか、と思えるほどである。

考えることが苦痛だ、と感じる人には、寂しさはたしかにマイナスかもしれない。寂しさのプラス面が活用できない、ということになるからだ。では、音楽を聴くときはどうだろうか。自分の好きな音楽をじっくり聴きたいときには、周りは静かな方が良いのでは？

音楽を真剣に聴くという「精神集中」は、実は思考に近いものだと僕は思っている。同様に、読書に浸る、絵を描くことに没頭する、というのも思考に近い。これらに共通しているのは、「個人の活動」であって、静かな環境が相応しい。大勢の中にあっては、気が散ってしまい、やりにくくなる。

このように少し考えるだけで、②寂しさや孤独が、実は人間にとって非常に大事なものだということがわかってくるはずだ。この点についても、詳しくは後述したい。

もう一度話を戻して、何故そこまで「寂しさ」を遠ざけようとするのか、と考えてみると、次に思い浮かぶのは、③そう「思い込まされている」という点である。

おそらく、人間が持っている本能的な感覚を利用しているものと思われるが、多くの注1エンタテインメントでは、仲間の大切さを誇大に扱う傾向があるし、またそれに伴って、孤独が非常に苦しいものだという感覚を、受け手に植えつけているように観察される。ドラマやアニメでも、そういった演出が過剰に繰り返される。これは、たとえば「家族愛」などでも同様で、そういった種類の「感動」は、作り手にとっては技術的に簡単であり、また受け手も生理的に受けつけないというものではない。このため、みんなが利用する結果となり、社会に広く出回る。この注2エッセンスさえ入れておけばまちがいない、という定番になっているのだ。

④ＴＶも映画もアニメも小説も漫画も、この安易な「感動」で受けようとする。注3穿った見方をすれば、安物の感動である。そういったもので現代社会は溢れ返っているように僕には見える。愛する人が死ねば悲しい、でも、その寂しさから救ってくれるのはやはり仲間だ、というありきたりの「感動」がいかに多いことか。受け手も、そういった注4類型を繰り返し見せられれば、注5条件反射的に自然に涙が流れるようになるだろう。人が死ぬ場面や、泣き叫ぶ場面、親子や恋人が引き離される場面で、涙が出るのは自然である。ただし、涙が出ることが、すなわち「感動」ではない。よく、「号泣もの」だと作品の宣伝をすることがあるが、泣くことができれば優れた作品だという評価が、完全に間違っている。人を泣かせることなど、誰にでもできる。それは「暴力」に似た外力であって、叩かれれば痛いと感じるのと同じ単純な反応なのだ。

しかし、このような「感動の安売り」環境に浸って育った人たちは、それらが感動的なもので、素晴らしいものだという洗脳を少なからず受けるだろう。［　　］がさらに進み、植えつけられたものがその人にとっての価値観になり、常識にもなる。自分で考えなくなると、それが「普通」で絶対的なものになり、そうでないものは「異常」だとさえ感じるようになる。

結局、こうして植えつけられた観念からすると、孤独は、排除しなけとして外界の観察不足と本人の不自由な思考から生じるものだと感じていて、「思い込み」を取り除くことと、少し「考えてみる」ことが、危機的な孤独からの脱出の鍵になると考えているからである。

たしかに、寂しさは、自身の状態としてマイナスである。気持ちの良いものではない。長く続くと、だんだん自分の存在自体が嫌なものに思えてくる。こんな状態が今後も長く続くのなら死んだ方がましだ、と考えるのも不自然ではない。その悲観的な予測自体は、間違いとはいえないからだ。

ただ、そのまえに、やはり「寂しさ」が何故いけないことなのか、を考えてみよう。どうして、こんなに嫌なものに感じてしまうのか、ということだ。それは、絶対的な地獄の苦しみなのだろうか？

こういった場合に、「嫌なものは嫌なんだからしかたがない」と言う人が多い。これは、典型的な「思考停止」であって、①その症状の方が、寂しさや孤独よりもずっと危険な状態だと思われる。思考しなかったら、つまりは人間ではない。人間というのは、考えるから人間なのだ。したがって、考えることを放棄してしまったら、それこそ救いようがない、という状態になってしまう。

知らず知らずのうちに、考えるのは面倒だから、考えない方が楽だから、とずるをするようになってしまう。まずは、この姿勢を改める意味でも、簡単なことから考えてみることをおすすめしたい。

寂しいと、どんな悪いことが貴方に起こるのか？

寂しいと泣けてくる。寂しいとなにもしたくなくなる、寂しいと体調も悪くなる、というようにいろいろなマイナス現象が人によって生じると思う。逆に、楽しいと、うきうきして何事にも積極的になれ、重かった躰も軽く感じられ、体調も良くなる。

これらは、現象として観察されることだ。なかには、涙が出ることが寂しいこと、やる気がなくなることが寂しいことだ、というように定義をしてしまう人もいるだろう。

けれども、よくよく考えてみると、やはり、寂しいことが悪いことだという先入観があるから、いろいろなマイナスが表面化するのではないか。多くの人が単に思い込みだけで「寂しさ」を必要以上に悪く捉えているように、僕には見える。

「じゃあ、寂しいとなにか良いことがある？」そう尋ねる人もたぶんいるだろう。

それが、実はある。いろいろな面で、そういうことが実際にある。わかりやすい話をまずすると、「賑やか」なのは良いこと、その反対の「寂しい」のは悪いこと、というように一般に捉えられているけれど、この場合の「寂しい」というのは、「静かで落ちついた状態」というふうにも言い換えられる。パーティなどは賑やかだが、茶室の中は静かだ。日本古来の伝統美には、「わび、さび」の精神があることはご存じだろう。これは、つまり「侘しい」こと、「寂しい」ことだ。

自然の中、山奥へ足を踏み入れると、そこには都会にはない静けさがある。これは「寂しさ」以外のなにものでもない。こういった環境が、人間にとってマイナスだとはけっしていえないはずだ。むしろ、そういった「静けさ」がとても大事な場面がある。たとえば、ものを考えるときには、「賑やかさ」は煩くて邪魔になるだけだ。数学の問題を解くときには、周りで友達たちが楽しそうに騒いでいる場所は、明らかにマイナスではないか。

ような言葉が続くと考えられますか。その言葉としてもっとも適切なものを次の**ア〜エ**の中から一つ選び、記号で答えなさい。

ア 周りの日本人と違う環境であることに複雑な思いを抱いてきたはずだから。

イ 社会で働く前に学生として何か好きなことに夢中になりたいと思うはずだから。

ウ 姉と同様に日本語教師になる方が、生まれたときの環境を活かせるはずだから。

エ 日本語では自分の気持ちを思うように伝えられない苦労をしてきたはずだから。

問七 [C]、[D] に入る表現としてもっとも適切なものを次の**ア〜エ**の中からそれぞれ一つずつ選び、記号で答えなさい。

C **ア** しつけが厳しかったもので

イ わたし、日本語教師ですもの

ウ 日本語で苦労している母をずっと見てきましたから

エ それは、伸一さんたちの言葉遣いが良くないからですわ

D **ア** もっとひどかったのは妹です。中国語も話せませんでしたから

イ この話は止めましょう

ウ まあ、すぐ馴れましたけど

エ でも、大変だったのは私だけではありません

問八 ——線部④「おねえちゃんがいたから、エミちゃんは日本語にあまり苦労しなかった」とありますが、日本語を教えるだけでなく、姉がしてくれたこととして具体的に挙げられていることを**十五字以上二十字以内**で説明しなさい**（句読点・記号も一字に数えます）**。

問九 本文全体をふまえて、姉と妹の関係について説明したものとしてもっとも適切なものを次の**ア〜エ**の中から一つ選び、記号で答えなさい。

ア 頑張りすぎてしまう姉をいつも心配していた妹は、結婚が決まってから、肩の力が抜けた姉の様子をうれしく思うが、国際結婚には苦労もあるだろうと不安に感じている。

イ 台湾から引っ越したとき、一家では誰も日本語を流暢に話せなかったため、姉が家族のために日本語を率先して勉強していたが、当時の妹はまだ幼く、そのことを覚えていない。

ウ 強い意志を持ち、自分の力で人生を切り拓いていく姉に妹は勇気を与えられ、姉は本音を話せるほどに妹を信頼しており、それぞれお互いを尊重し合い、良好な関係を続けている。

エ 自分のあとを追っかけて、人生の選択をする妹をかわいく感じているが、いつまでも幼い部分が心配なので、姉は嫌われることを承知で妹をしつこく注意することにしている。

[三] 次の文章を読んで、後の問いに答えなさい。

ここで考えるのは、死に直結するわけでもないのに、どうして、我々の多くは孤独をそれほどまで怖れるのか、という問題である。この傾向は、特に若者に多い。やはり、社会全体をまだ知らない、社会と自分の関係も不明瞭だ、という時期に抱く孤独感は、無視できないほど本人に影響を与えることがある。実は、本書を書こうと思ったのも、できれば、その得体の知れない孤独感のようなものを、少しでも和らげることができないか、と思ったからだ。すなわち、僕は、そういった孤独感が、主

問二 [A] には「姉」が力になりたいと考えている相手が入りますが、どのような人だと考えられますか。**三十字以上四十字以内**でわかりやすく答えなさい**（句読点・記号も一字に数えます）**。

問三 ――線部①「わたしたち姉妹がリビングのテーブルに陣取って薛莉莉ちゃんのための教材をつくっている」とありますが、ここでの「姉」と「わたし」の取り組み方について説明したものとしてもっとも適切なものを次の**ア〜エ**の中から一つ選び、記号で答えなさい。

ア 「姉」は教材作りに熱中することで、仕事の不安から逃れようとしているのに対し、「わたし」は「姉」の気迫に負け、自分も手伝わなければいけない、という義務感にかられている。

イ 「姉」は苦労しながら、生徒にとってどのような教え方が良いのか模索しながら、教材作りに工夫をこらそうとしているのに対し、「わたし」は「姉」を心配し、手伝わなければいけないと感じている。

ウ 「姉」は不安や責任を感じながら、自分の仕事として教材作りを、まじめにしているのに対し、「わたし」は作業そのものに楽しさを見いだして負担感を感じずに取り組んでいる。

エ 「姉」は仕事が忙しくなり、姉妹で過ごす時間が減ってしまったので、家にいるときは一緒の時間を大切にしているのに対し、「わたし」も教材作りをともにすることで、姉の気遣いに応えようとしている。

問四 ――線部②「あいまいに笑った」とありますが、ここでの「姉」の気持ちを説明したものとしてもっとも適切なものを次の**ア〜エ**の中から一つ選び、記号で答えなさい。

ア 母の言葉で自分が子どもだったときのことを思い出し、生徒と同じぐらいの年齢のときに周囲の大人に何をしてほしかったかを考え、日本語を教えてもらうだけではなかったはずだと気づき、日本語の先生というよりも前に大人として何をするべきか悩んでいる。

イ 生徒に日本語を教えることができず、先生として最初の壁にぶつかっているのに、それに気づかず、のんきに昔の話ばかりしている母親に不満を感じる一方で、母親が自分を大切に思ってくれているのも分かり、冷たくもできず、笑顔で感情をごまかしている。

ウ 先生の練習をずっとしてきたのだから、と励ます母親をありがたく思うが、生徒のために日本語を教えられていない状況を解決しなければいけないという焦りが強く、意識が母親よりも仕事のことに向いてしまい、母親には適当な反応しかできないでいる。

エ 妹のために一生懸命だった昔の自分を思い出し、照れ臭さを感じる一方で、日本語を使えるようにさせることが自分の仕事なのに、つい生徒の気持ちになって話を聞いてしまい、うまく日本語を教えられていないことに先生としての自信がもてずにいる。

問五 [B] には、担任の先生の「姉」に対する頼みごとが入りますが、どのような内容だと考えられますか。その内容としてもっとも適切なものを次の**ア〜エ**の中から一つ選び、記号で答えなさい。

ア 日本語を好きになるようたくさんお話をしてあげてください。

イ 中国語で莉莉に許先生の幼かった時のことを話してあげてください。

ウ できるだけ多く日本語を聞かせてあげてください。

エ 中国語でたくさん莉莉の話を聞いてあげてください。

問六 ――線部③「あなただって……」とありますが、そのあとにどの

したが……転校したばかりのときは、一言もわかりませんでした、

一息ついてから、両親のほうをちらっとみやると、

――［　D　］。

笑い顔でいった。そうだったの、しみじみと瀬戸さんのお母さんがいう。

――キョさんが担当してくれた莉莉という子もそうなんだけど、中国語圏の、特に女の子は、優秀な子が多いですね。はじめはぜんぜん日本語ができなくとも、あっという間に他の子に追いつく……そんな気がします。

父と母にむかって、瀬戸さんがいう。瀬戸さんのお母さんが、

――歓歓ちゃんも、そうだったんでしょうね。

というと、母がはじめて口を開いた。

――はじめは、大変だった。でも、がんばった。ね。

どことなく誇らしげな口調だった。姉が曖昧に笑う。

――実は、連絡帳、わたしの代わりにこの子、書いていた。

――連絡帳って、あの連絡帳?

瀬戸さんのお母さんが驚いて聞き返す。

――そう、わたし、日本語、じょうずじゃない。歓歓、手伝ってくれた。

母の告白に、へええ、と一同が驚く。やめてよ、と姉は眉をひそめて母を肘でこづく。瀬戸さんが苦笑しながら、②、ということは、という。

――ひょっとしたら、莉莉も、自分で書いているかもな。

わたしは、わたしの連絡帳も姉が書いていたと話そうかどうしようか考えあぐねていたが、

――エミちゃんは?

瀬戸さんのお母さんが、わたしのほうへと身をのりだした。

――エミちゃんは、学校に入ったときどうだったの?

私は頭を掻きながら、

――わたしは……赤ちゃんのときから日本語だったので。

母が得意げに付け加える。

――④おねえちゃんがいたから、エミちゃんは日本語にはあまり苦労しなかった。

（温又柔『来福の家』による）

注1　「祝贺瀬戸老师和许老师的结婚! 恭喜恭喜」～「瀬戸先生と許先生、結婚おめでとう」という意味の中国語。
注2　母語～幼児期に習得される言語。
注3　クーピー～芯だけの色えんぴつ。クレヨンのような発色をもつ。
注4　入学手続き～「わたし」の中国語学校へ入学する手続きのこと。
注5　生成り～素材そのものの色。
注6　お色直し～結婚式で新郎と新婦が衣装を変えること。
注7　beautiful～「美しい」という意味の英語。

問一　～～～線部①、②の言葉の、文中における意味としてもっとも適切なものを次の**ア**～**エ**の中からそれぞれ一つずつ選び、記号で答えなさい。

①　いそしんだ

ア　秘密で作業を行った。　**イ**　まじめに作業に努めた。
ウ　作業に苦労した。　**エ**　作業を楽しんだ。

②　嘆息する

ア　小さく声を出す。　**イ**　悲しみ、なげく。
ウ　驚いて息をのむ。　**エ**　ため息をもらす。

場面は姉の歓歓と瀬戸伸一の結婚式へとうつる。

——パパ、ママ。日本で、わたしたちを育ててくれてありがとう。

身内だけの、ほんのささやかな結婚式だった。姉が纏っていたあかるい黄褐色のドレスの生地は、麻。純白はまばゆすぎると姉は注5生成りのドレスを選んだ。注6お色直しは、しなかった。父と腕を組んで歩いた衣裳のまま、祝ってもらいたいと姉が希望したのだった。二十人の参列者のうち十七人が新郎側の親族。新婦側は、両親とわたしの三人だけだった。

——この手紙を、パパとママのことばである中国語、あるいは台湾語でも書ければよかった。だけれども、わたしにとってはやっぱり、日本語で気持ちを伝えるのがいちばん自然なので、日本語にしました。

披露宴で、家族宛の手紙をよみあげた姉の声は、最後までしゃんとしていた。震えてすらいなかった。泣かない新婦に寄り添うようにして立っていた新郎のほうが、目を赤くしていた。

その日の午前、教会で、神父は結婚誓約書へ署名する新婦の名前をみて、注7「beautiful」と呟いた。それから新郎にむかって微笑をすると、

——あなたがたは、海を越えて結ばれたのです。どうかどうか、お幸せに！

なめらかな日本語でいったのだそうだ。新婦と新郎は、顔をみあわせながらそっと笑った。

新郎の名は、瀬戸伸一。新婦の名前が、許歓歓だった。

——歓歓ちゃんがはじめて家に遊びに来てくれたとき……

挙式の半年前、瀬戸家と許家がはじめて勢ぞろいして食事をしたときだった。

——日本育ちであるとは聞いていたんだけど、歓歓ちゃんの日本語がとっても上手で、驚いちゃった。うちの息子たちよりもずっと、きちんとしていて……

瀬戸さんのお母さんがそういうと、わたしたちはみんな、どっと笑った。

——だって C 。

わざとおどけた口調で姉がいう。

——おかげで、伸一は歓歓ちゃんに出会えたんですものね！

瀬戸さんのお母さんがいうと、また笑いが沸いた。（中略）

——日本語は、歓歓にとっては母国語のようなものですから。

といったのは父だった。姉が父のことばに大きくうなずく。だから日本語はできてあたりまえなんですよ、と照れくさそうに笑う。

——キョさんは七歳のときから日本の小学校に通っているんだ。

瀬戸さんが自分の両親にむかってそういってから、

——二年生、だっけ？

姉に確認した。ウン、と姉は父と母のほうをみて、そうだったわよねという。父も母も、そうそうとうなずく。

——それまで、日本語は？

瀬戸さんのお母さんがたずねる。ぜんぜん、と姉が即答すると父も母も苦笑いを浮かべる。

——台湾で、知り合いの日本人から少しだけひらがなは教わっていま

「そうみたいね」

「まるでひとごとね……入学式はいつ?」

「いつだったかな」

姉が②嘆息するのが聞こえる。まったくエミちゃんはノンキなんだから、と子どもの頃から何百遍もいっていたことをいう。

わたしは、姉に中国語を習ってみようかな、といったときのことを思い出す。

——ほんとうに?

信じられないというニュアンスの滲んだ声だった。わたしはおかしくなった。

——どうしてそんなにびっくりするの?

だって、と姉はいった。

——エミちゃんは、中国語になんてまるっきり興味がないとばかり思っていたわ。

——でもなんだって急に?

おねえちゃんと違って? いおうとして呑み込む。すると姉が、

——わたしだって中国語を喋ってみたいし、書いてみたいもの。

わたしとしては、特に、思いを込めてそういったわけではないけど、すこしのまのあと、受話器のむこうで、そうよねと呟いた姉の声は、わたし以上に真剣味を帯びていた。

——そりゃあ、そうよね。③あなただって……(中略)

——祝贺濑户老师和许老师的结婚……

はじめ、小学生が書いたとはとても思えなかった。端正な文字だった。わたしの字よりおとなっぽいね、といったら、姉だけでなく瀬戸さんも笑ったのだった。

——僕なんかがみたら、あっというまに日本の生活に馴染んでいるように思えるけど……きっと、僕らのようなふつうの日本人には想像もできないような苦労があって必死でがんばっているんだろうね。

そういいながら瀬戸さんが姉に目配せするのだが、姉はわざとちがうほうをむいてわたしと母にお茶をいれる。わたしは、その端正な中国語の文字を書いたおなじ人物が日本語で書いた文字を思い出していた。

——きょせんせい、ありがとう。だいすき。せつりりより。

ぎごちなくはあるけれど、ひとつひとつを懸命に書いた、というのが伝わってくる文字だった。すごい、わたしは嘆息した。

——莉莉ちゃんって、日本語がぜんぜんできなかったよね。おねえちゃんが教えたから、この手紙も書けたってことじゃない?

わたしがそういうと、姉は肩をすくめて、まあね、と笑う。子どものときから、照れるといつも、姉はそうするのだった。この手紙は宝物ね、わたしがいうと、もちろんよ、と姉はうれしそうにうなずく。今度は母が手紙を手にとった。

——いい子。

手紙の文字を読み終えると母がいった。わたしたちはびっくりして母のほうを振り返った。母が、涙声になっていたからだった。鼻を啜りながら母は続けた。

——とってもいい子。おねえちゃん、いいおしごとみつけた。よかったね。

泣くことないじゃないの、と呟いた姉の声も心なしか震えていた。

な姉が、薛莉莉ちゃんの学校へと派遣されることになったのだ。養成講座を修了したばかりだった新米日本語教師の姉にとって初めてのお仕事だった。

――緊張しちゃう。まるで、わたしが転入生になったみたい。

初仕事の前夜、姉が始終、そわそわしていたのを覚えている。幸いなことに、姉と薛莉莉ちゃんは相性がよかったようだ。毎週二回、国語と道徳の時間に、姉と薛莉莉ちゃんは図書室で集中的に日本語を勉強することになった。週二回、二時間足らずの授業のために、姉は毎日、薛莉莉ちゃんのための教材作りに①いそしんだ。わたしも、姉がつくった教材に注3クーピーで色づけする手伝いをした。塗り絵遊びのようなその作業がわたしはいやではなかったし、あんたが色を塗ってくれた絵、莉莉ちゃんが喜んでたわ、と姉にいわれるとついつい嬉しくなって余計にはりきってしまう。新しいクーピーのセットを買いそうになったぐらいだった。①わたしたち姉妹がリビングのテーブルに陣取って薛莉莉ちゃんのための教材をつくっているのをみて母がからかう。まるで学校ごっこね。おねえちゃんが先生役、エミちゃんが生徒。ちっちゃいときから、あなたたちは、いつもそうやって遊んでいたものね。

――ママ、ごっこじゃないわ。おねえちゃんは、本当にセンセイなのよ。

姉も、そうよそうよ、遊びじゃないのよという。あら、と母。だってほら、昔、エミちゃんがおねえちゃんのつくった教科書を一生懸命読んでいたのを思い出して。含み笑いをしながら母はいう。

――エミちゃんは、ひらがな、おねえちゃんに教えてもらったんだもんね。

そうだった。父の銀色のボールペンを鞭の代わりに、姉は壁に貼った五十音表をひとつひとつ差しながら、わたしに、あいうえお、かきくけこ……と教えてくれたのだった。

――おねえちゃんは、あの頃からセンセイになる練習をしてたのね。

姉は、わたしが色を塗り終えた教材をホチキスで留めながら②あいまいに笑った。姉は、始めたばかりの仕事に対して決して自信満々で臨んでいたわけではなかったのだ。今日も莉莉ちゃん、図書室に移動したとたん、中国にいたときのことを喋り出してね。余計なおしゃべりは遮って勉強させなきゃ、とも思ったんだけど、嬉しそうに喋っているのを聞いていると、それを黙らせて無理やり勉強させるのがかわいそうになってくるの。だってご両親も忙しくて、お家では夜遅くまでひとりぼっちだっていうのよ。わたし、こんなんじゃ先生失格かなあ……そう呟いていたこともあった。だからこそ、薛莉莉ちゃんの学校に行くようになって一ケ月ほど経ったとき、

――許先生が来ると、莉莉の表情が、明るくなるんです。

薛莉莉ちゃんの担任の先生がそういってくれたの、と照れながらいったときの姉は心底嬉しそうだった。その先生は、姉が迷っているのを見抜いて励ましてくれたという。

――莉莉は、ふだん、ことばがわからない中、必死にがんばっているんです。だから許先生も、日本語を教える、というよりは、［ B ］。それが、莉莉にとって次もがんばろうって力になるんですから……

よかったね、とわたしは姉にいった。莉莉ちゃんは、いい先生と出会えて。すると姉が、あたしもよかったわ、と片目をつぶる。

「そういえば、注4入学手続きは済んだの？」

【国　語】〈五〇分〉〈満点：一二〇点〉

【注意】 問題文には、原文（原作）の一部を省略したり、文字づかいや送りがなを改めたところがあります。

一 **次の――線部①～⑧のカタカナの部分を漢字で、⑨・⑩の漢字の部分をひらがなで書きなさい。いずれも一画一画をていねいに書くこと。**

協会の①キソクを確認する。

ことわざの②ゴヨウを指摘(してき)され、恥(はじ)をかいた。

全体の流れを③シキする。

友の④チュウゲンに従う。

⑤セイジツな態度を心がける。

現状に⑥アンジュウして、挑戦(ちょうせん)しないのはもったいない。

彼(かれ)は私にとって⑦ムニの親友である。

相手に⑧コウサンをする。

⑨夜半過ぎに、事件は起きた。

⑩人家の灯りが、ぼんやりと見えてきた。

二 **次の文章を読んで、後の問いに答えなさい。**

> 主人公の「わたし」（エミ）は物心がつく前に、家族（母、姉の歓歓(かんかん)、父）と台湾(たいわん)から日本に引っ越(こ)しをしてきた。現在、私は大学卒業後、中国語学校に通い、中国語を学んでいる。次の部分は結婚(けっこん)した姉と「わたし」が電話で話をしている部分である。

姉の夫を、中国語では「姐夫(ジェフー)（jiě fū）」という。わたしは冗談(じょうだん)めかして、

「ジェフは元気？」

電話のむこうの姉にいう。だれよそれ、という姉の呆(あき)れ顔が目に浮(う)かぶ。

「瀬戸(せと)さんなら元気よ。春休みで子どもたちはいないけど、あいかわらず慌(あわただ)しくしているわ」

姉の夫である瀬戸さんは、小学校の先生だった。五年生を担当している。姉たちの新居には、結婚式のときの家族写真と共に、瀬戸さんの担任しているクラスの子どもたちからの寄せ書きが窓辺に飾(かざ)られていた。先生おめでとう、幸せになってください、といった言葉のなかに、ひとつだけ注1「祝贺瀬户老师和许老师的结婚！　恭喜恭喜」と、中国語のメッセージがあった。書いたのは、薛莉莉(せつりり)ちゃんという女の子だった。薛莉莉ちゃんは、二年前、瀬戸さんが担任をしているクラスに転入してきた。瀬戸さんのクラスの子どもたちは瀬戸先生の結婚相手が姉だと知ると、なんだぁ、それって莉莉の先生じゃんか、といったそうだ。

大学の中国語学科を卒業し、日本語教師の養成学校に通っていた頃(ころ)から、姉は、子どもに日本語を教えたいとよく話していた。

――正直いって、おとなに教えるというのにはあんまり興味がないの。わたしは［　A　］の力になりたいのよね。

薛莉莉ちゃんが、まさにそういう子どもだった。料理人であるおとうさんが知人の経営する中国料理屋で働くことになったので、日本にやってきた。両親から渡日(とにち)を知らされたのは、その二ヶ月前。日本語は一言も話せなかった。そこで、薛莉莉ちゃんの注2母語である中国語が堪能(たんのう)

1　問題を特定のものにしぼったからこそ、その点において思考を深めることになり、他の人には到達できないような思想が完成したということ。

2　論語と聖書、プラトン、仏典から一つを選んで学べば、その思想についてだけは他の人よりも詳しくなるはずなので、第一人者となれるはずだということ。

3　歴史上存在した優れた思想というのは、一部の人びとから強い支持を受けたが、多くの人びとからは否定的に扱われてきたということ。

4　これまで書かれてきた思想は、便利さや心地よさという面を追求してこなかったので、今こそそういう新しい思想が求められているということ。

問七　⑧、⑨に入れる言葉としてもっとも適切な組み合わせを次の1～4の中から一つ選び、番号で答えなさい。

	⑧	⑨
1	個別	一時
2	全体	普遍
3	金銭	投機
4	家庭	個人

問八　次の文章は、問題文中で示した意見について、筆者が実例を挙げたものです。この中には、表現を改変したために、内容的に明らかな誤りを含む文が一つあります。その文の**最初の五字**を抜き出しなさい**（読点、記号も一字に数えます）**。

たとえば私は、そういう経験を血液学教科書についてしました。これは教科書といっても、高校生の一般教養のためのものではありません。大学の医学部を卒業して、何年か一般の内科学を勉強して、そのあとで血液学という専門の仕事をはじめる人のための教科書です。そういう教科書が世界中にいくつかあります。そのすべてを私は繰り返して読みました。これは医者の場合ですが、そういうことをしてどういう役得があるかといえば、第一には、申すまでもなく、病人を診るときに役に立ちます。これは医者の場合にかぎらず、ほとんどすべての技術に通用することでしょう。また第二に、その領域での新しい論文を読むときに、あらかじめ読んだ教科書の知識がおおいに役立つのです。

問九　この文章での筆者の考え方のまとめとして、もっとも適切なものを次の1～4の中から一つ選び、番号で答えなさい。

1　本を繰り返し丁寧に読むことは、古典を理解する上できわめて重要であり、教科書はその際に欠かすことのできない道具なので、徹底的に読みこんで自分のものにすることが大切である。

2　本を繰り返し丁寧に読むことは、読書の速度を上げるための知識を得るという点できわめて有効であり、同時にそれが読み手の生き方と関わるという意味でたいへんに大切なことである。

3　本を繰り返し丁寧に読むことは、教科書を読む上できわめて有効なことであり、それによって人は実生活をさらに豊かにして、自分の仕事を円滑に進め成功に導くことができるのである。

4　本を繰り返し丁寧に読むことは、単に学問や技術の習得のためのものではなく、経済問題への理解を深めるなど、基本的な社会の構造やその動き方を理解するために必要不可欠なのである。

標の数字を心得ている人と、心得ていない人とでは、［⑧］的で［⑨］的な経済現象についての数限りない本や、パンフレットや記事を読むとき、その速さも違うでしょうし、わかり方の度合いも違うでしょう。絶えず変わっていく社会の表面の現象を忙しく追いかけているよりも、一度そこから目をそらせて、基本的な社会の構造、基本的な構造の動き方を理解しておいたほうが、長い目で見れば、時間の経済になるのではないでしょうか。

（**加藤周一『読書術』による**）

注1 **題目**～テーマ。
注2 **ネオレアリスモ**～一九四〇～五〇年代にイタリアで流行した、文学・映画の表現形態や手法。
注3 **擡頭**～「台頭」に同じ。
注4 **ヌーヴェル・ヴァーグ**～一九五〇年代後半からフランスで展開された映画革新運動。
注5 **アラン**～フランスの哲学者。　**注6** **プラトン**～ギリシアの哲学者。
注7 **ヘーゲル**～ドイツの哲学者。　**注8** **スタンダール**～フランスの作家。
注9 **仏典**～仏教の経典。
注10 **指標**～ものごとの見当をつけるための目安。

問一 ――線部①「その二つ」とは何ですか。その説明としてもっとも適切なものを次の**1**～**4**の中から一つ選び、番号で答えなさい。

1 何十冊にも及ぶ参考書と都会の生活がもつ一種の信仰。
2 本屋の棚にあるおもしろそうな本と書評にある必読の書。
3 読みたいと思う本の多さと都会の生活の気ぜわしさ。
4 早く本を手に入れたい気持ちと日々の生活で先を急ぐ気持ち。

問二 ――線部②「わたしはゆっくり進む」とはどういうことですか。本文中の別の言い方を参考にして、ここでの筆者の考えを**二十字以上三十字以内**でわかりやすく説明しなさい（**句読点、記号も一字に数えます**）。

問三 ［③］に入れるのにもっとも適切なものを次の**1**～**4**の中から一つ選び、番号で答えなさい。

1 そうやって読むからこそ、読む速度を速くすることが可能なのだ
2 たとえ百回読んだところで、分からないものは分からない
3 ノートをとらなければならない理由は、あくまでも勉強のためであるはずだ
4 忘れられないようなことならば、わざわざ紙に書きつけるには及ばない

問四 ［④］、［⑤］に入れる言葉としてもっとも適切な組み合わせを次の**1**～**4**の中から一つ選び、番号で答えなさい。

	④	⑤
1	言葉	社会
2	新聞	雑誌
3	作者	評者
4	方法	種類

問五 ［⑥］にはすべて同じ言葉が入ります。もっともふさわしい言葉を本文中から探して抜き出して答えなさい。

問六 ――線部⑦「一面的でないどんな深い思想もなかったのです」とはどういうことですか。その説明としてもっとも適切なものを次の**1**～**4**の中から一つ選び、番号で答えなさい。

れません。しかし家族を失ったあとで、ただひとり、どうして生きてゆこうか、どんな心のよりどころがあるだろうかということを捜し求めているときに、⑥に近づいてゆくとすれば、なんとかして道を捜そうとするその気持は、理解の大きな助けになるでしょう。

私は、ゆっくり読むことのできる古典として、たとえば、論語と聖書とプラトンと注9仏典を数えましたが、それはけっしてそのすべてを読むことが望ましいという意味ではありません。そのなかのどれか一つを読むことのほうが、おそらくその四つを一通り試みるより、はるかに適切でしょう。その結果は、一面的な考え方にかたむくかもしれません。しかし⑦一面的でないどんな深い思想もなかったのです。たとえばキリスト自身は極端に一面的でした。おそらく、孔子もそうだったでしょう。(中略)肌ざわりがよく、だれにも便利な石鹸というものはありますが、円満でだれにも便利な思想というものは、いままでにもなかったし、いまでもないし、また将来もないでしょう。それが石鹸と思想の違いです。(中略)

古典を読むにはゆっくり読まなければならないでしょう。しかし、ゆっくり読まなければならないのは古典に限りません。ということは、わざわざ断るまでもなく、試験前の高校生諸君は、だれでも知りすぎるほど知っていることでしょう。現に、全国の高校生は鉢巻をして、同じ本を繰り返し、繰り返し、たぶん、相当にゆっくりと読んでいるはずです。その本の十中八九までは、古典ではなく、また古い本でさえもなく、せいぜいここ二、三年のうちにできあがった一ダースばかりの教科書か参考書です。いや、なにも高校生に限らず、ほとんどすべての技術の領域では、基本的な知識の全体を網羅した教科書に類するものがあります。それには、同じ技術の領域でも、いくつかの種類があるでしょうが、その五、六冊を集めて比較してみれば、大部分におよそ同じことが書いてあります。ですから、いちおう権威があるとされている教科書ならば、あまり注意して選ぶ必要がありません。まして、二冊の教科書を読む必要はまったくない。よい技術者になるためには、一般によくできているという評判の教科書五、六冊のなかから、任意の一冊を抜いて、その一冊を繰り返し読んで、暗記しないまでも、ほとんどそれに近い程度まで知りつくせば、それで十分でしょう。(中略)

「本をおそく読む法」は「本をはやく読む法」と切り離すことはできません。ある種類の本をおそく読むことが、ほかの種類の本をはやく読むための条件になります。また場合によっては、たくさんの本をはやく読むことが、おそく読まなければならない本を見つけだすために役立つこともあるでしょう。ある一つの題目について、ある一つの領域のなかで、どうしても必要な基本的な知識、また親しむべき考え方の筋道は、そうたくさんの種類があるものではなく、基本的なところを十分に理解し、また基本的な考え方に十分慣れれば、そのあとの仕事がすべて簡単になるといってよいと思います。よい教科書はそういう知識を提供し、さらにそういう考え方さえも与えるように仕組まれています。学校の教科書や、専門家の技術の教科書は、一つの例にすぎません。こういうことは、おそらく学問にかぎらず、また技術にかぎらず、ある程度までは、読書のほとんどすべての領域にわたって通用する面もあるように思われます。たとえば、日本の経済について、基本的な注10指の話を忘れていないというところに、絶妙の味があると思います。

自動車でさえも、速ければ速いほどよいわけではありません。いわんや本を読むのに、いつでもはやいだけが能ではありますまい。むかしの人は、「読書百遍、意自ら通ず」と言いました。いや、むかしの人ばかりではなくて、いまの読書家でも、たとえば注5アラン（一八六八－一九五一）は「繰り返し読むことのできないような小説ならば、はじめから読む必要がない」と言いました。彼はさらに一歩を進めて、「およそ本を読むのにノートをとる必要はない。ノートをとらなければ忘れてしまうようなことは、忘れてしまったほうが衛生的である。［　　］これはおよそ［③］」とまで言ったのです。

「読書百遍、意自ら通ず」と同じような態度、同じような理屈で、そのことに気がついたのは、むかしの日本人（また中国人）ばかりでなく、西洋にも気がついていた人が少なくありませんでした。

しかしそれは、一面の真理で、本を読むときには、いつ、どこでも、どんな本でも、おそければおそいほどよい、というわけではないでしょう。むかしの人が、百ぺん読んで、意おのずから通じるのを待っていた本は、いったいどういう本だったのでしょうか。たぶん「四書五経」ことに『論語』だった。アランは、なにを繰り返し読んでいたのでしょうか。注6プラトン（前四二七－前三四七）や、注7ヘーゲル（一七七〇－一八三一）や、注8スタンダール（一七八三－一八四二）だったようです。しかし、おそらく新聞・雑誌・新刊書の類を繰り返し読んでいたわけではない。そもそも百ぺん読まなければ意の通じないような新刊書は、そうあるわけのものでもありません。本の読み方には、たしかになるべくおそく読むという法があります。むかしもいまも、日本でも西洋でも、それを読書法の原則とした本さえも出ているくらいで、たとえば、フランスの文芸史家エミール・ファゲ（一八四七－一九一六）の『読書術』などは、その典型的な場合の一つでしょう。しかし、そういう読み方をするときに、読むべき本は古典にかぎられます。「おそく読め」というのは、「古典を読め」というのと同じことになり、また逆に、「古典を読め」というのは、「おそく読め」というのと同じことになるでしょう。遠いむかし、いまとは違った［④］で、違った［⑤］で、違った読者にあてて書かれた本のなかから、今日の私たちにとっても生きているなにものかを汲みとるためには、その本との長いつきあいが必要であるのかもしれません。（中略）

「読書は旅に似ている」といいました。旅から帰ってきた人の話を聞いてごらんなさい。同じ北海道へ行っても、同じ九州へ行っても、行った人によってその印象は違うでしょう。見た人それぞれの性格が、その旅先での印象にはっきりと出ているからです。どこへ行っても、人は自分を発見します。同じように、どんな本を読んでも、人はみな自分をその中に発見するのです。読む側であらかじめ切実な問題を自分自身のなかに持っていて、しかも、その問題が同時に、読む本の問題であるという場合でなければ、そもそも書物をほんとうに理解することができるかどうか疑わしい。［⑥］を理解するためには、それが西洋史のなかで、歴史的に見て大事な書物であるという知識だけでは足りません。おそらく、そういう知識は読みはじめる動機にはなるかもしれないけれども、ほんとうに［⑥］を理解するためには、まったく役に立たないかもしが見当たらなかったから。

4　いつも頑固な「おばあちゃん」は会話をしてもまったく楽しくなくて近寄りがたい存在であるのに加え、たいして立派でもない雛飾りを誇らしげに自慢している「おばあちゃん」の気持ちをはかりかねて、混乱してしまったから。

問七　⑥に入れるのに適切な表現を考えて、**十字以上二十字以内**で答えなさい（**読点、記号も一字に数えます**）。

問八　――線部⑦「ものすごく不機嫌そうな顔をしたおばあちゃんがやってきた」とありますが、勝手に家を飛び出した「風美」に対して、どうして「おばあちゃん」が不機嫌になったのですか。その理由を**二十字以上三十字以内**で答えなさい（**句読点、記号も一字に数えます**）。

三　次の文章を読んで、後の問いに答えなさい。

本屋の棚をながめると、おもしろそうな本がたくさんあり、書評を見ると、必読の書とまでは書いてないとしても、どの本もよさそうなことが書いてあります。もし、なにかの注1題目について参考書を調べようとすれば、とにかく何十冊かの本がその題目について出ているでしょう。そこでたくさんの本を、なるべくはやく読みあげたいという気になるのは当然です。しかも現代の都会の生活には、速さに対する一種の信仰のようなものがあって、だれも彼も忙しく、なにかに追いまくられているように先を急いでいます。①その二つが重なって、もし読書法というものがあるとすれば、それは速読法にほかならないという通念さえ生まれかねません。しかし何事によらず、絶えずこれほど急ぐ必要があるのかどうか。下世話にも「急がば回れ」といいます。むかし兎と亀が競走をしたときに、亀が先に目的地についたという話は、だれでも知っています。そういう話を、ときどき思いだしてみるのもむだではないかもしれません。

第二次大戦後の世界の映画界には、三つの目立った現象がありました。その第一は、イタリアの注2ネオレアリスモ、その第二は、日本をはじめスウェーデンやポーランドなど、大戦の前には知られていなかった国の映画の国際的な注3擡頭、その第三は、フランスの若い人たちの生みだしたいわゆる「注4ヌーヴェル・ヴァーグ」の運動でしょう。そのヌーヴェル・ヴァーグのつくった映画の一つに「恋人たち」というのがありました。その映画のはじめには、さりげなくてじつにすばらしい場面がある。ひまと金があって退屈している女が、パリから郊外の自分の家へ自動車を運転して高速道路を急いでいると、途中で車が故障を起こします。自分で直そうとしてもらちがあきません。通る車を止めて修理を頼もうとしても、なかなか止まってくれない。とかくするうちに、やっと小さな自動車が一台だけ止まり、そのなかから若い男が出てきて彼女の車の故障をみてくれます。男は、とても修繕はおぼつかないといい、女は自宅に客をよんであるので、先を急いでいます。どうにもならないので、女は自分の車をそこへ捨てて、若い男の車に乗せてもらいます。女は先を急ぐ。男は小さな車をゆうゆうと運転し、あとからくる車のほとんどすべてが追いぬいて行きます。行くほどに、女はますますいらいらし、「もっと急いで」と叫び、男はいよいよ落ちつきはらって、こういいます。「原則として、②わたしはゆっくり進む」――こういう科白を文明批評というのでしょう。（中略）男が、あるいはもっと正確に言って、その男にそういうことをいわせた製作者が、いまも「兎と亀」

1　普段から言いつけをいい加減にしか聞いていない「風美」が、今度も約束を守らずに勝手な行動をとっているため、「風美」にこれ以上馬鹿にされないように、威厳を示そうと考えたから。

2　普段から口うるさく接している「風美」に、自分の不手際を知られて気まずい雰囲気になったため、「風美」に対して怒ってみることで、その場をやり過ごそうと考えたから。

3　普段は何でも言うことを聞く「風美」が、この日に限って自分の言いつけを守らずに勝手な行動をとっているため、「風美」がこれ以上図に乗らないように、釘を刺そうと考えたから。

4　普段から自分のことを恐れて距離を置いている「風美」に、めずらしく近づいて来られたため、気恥ずかしさを感じながらもこれまでと同じような厳しい接し方を維持しようと考えたから。

問四　▼　▲ではさまれた部分から読み取れる「風美」と「ゆうこちゃん」と「河上のおばさん」の関係を説明した文章としてもっとも適切なものを次の1～4の中から一つ選び、番号で答えなさい。

1　「河上のおばさん」は、意地の悪い娘よりも礼儀正しい「風美」に好感を持っており、「風美」は「河上のおばさん」に心から感謝している。一方、「ゆうこちゃん」は「風美」がいつも勝手に持ち物を使って我が物顔に振る舞うことに我慢できず、憎らしく思っている。

2　「河上のおばさん」は、人なつっこい「風美」との交流を通じて娘にも優しい子に育ってほしいと願っており、「風美」はいつも温和な「河上のおばさん」になついている。一方、「ゆうこちゃん」は「風美」の無邪気な考え方にいらだち、子どもっぽいと思っている。

3　「河上のおばさん」は、娘の友達を大切にしようとする気持ちから、大人らしい良識ある態度で「風美」に接しており、「風美」は「河上のおばさん」に親しみを抱いている。一方、「ゆうこちゃん」は「風美」の態度を馴れ馴れしいと感じ、いまいましく思っている。

4　「河上のおばさん」は、「風美」をうとましく感じていて表面的に優しくしているだけなのだが、「風美」はそのことに気づかずに「河上のおばさん」を心から信頼している。一方、「ゆうこちゃん」は「風美」とは違って母親と仲良くできないことに傷つき、悲しく思っている。

問五　④に入れるのに適切な表現を考えて、**十字以上二十字以内**で答えなさい**（読点、記号も一字に数えます）**。

問六　――線部⑤「風美は返事に困った」とありますが、どうして「風美」は「返事に困った」のですか。その理由としてもっとも適切なものを次の1～4の中から一つ選び、番号で答えなさい。

1　完成した雛飾りがそれほど気に入るものではなかったのに加え、「ゆうこちゃん」の家で疎外感を感じてつらい思いをしている自分の気持ちを理解してくれない「おばあちゃん」に調子を合わせる気になれなかったから。

2　あまり期待していなかった雛飾りが予想以上に立派だったのに加え、いつも意地悪なことばかり言う「おばあちゃん」が突然機嫌よく話しかけてきたので、大人たちの気まぐれな態度にあきれはててしまったから。

3　いつも意地悪な「おばあちゃん」から意外にも明るく話しかけられて戸惑ったのに加え、「ゆうこちゃん」の家の雛飾りよりも立派で非の打ちようのない雛飾りを用意してもらい、文句を言うきっかけ

「いつまでも、こんなとこにおったら、風邪ひくぞ。お父さん、仕事に行ってくるで、機嫌直して家へ帰っとれ」

「だって、おばあちゃんが」

「おばあさんがどうした」

「出てけって」

「そんなこと、本気で言うわけないがや」

お父さんにハンカチで洟をふいてもらっている間に、⑦ものすごく不機嫌そうな顔をしたおばあちゃんがやってきた。

風美はボンネットの陰に隠れたが、おばあちゃんの目はごまかせなかった。

「このたわけが。どっかへ行けって言われたら、ふつうは泣いて謝るぞ。それを言われたまんま、ほんとに出ていく馬鹿がどこにおる」

そう言って、おばあちゃんは風美の頭にごんと一つ、げんこつをくらわせた。

お父さんは、風美とおばあちゃんに片手をあげて合図すると、化け物ダンプの隙をついて国道へ出ていった。（**粕谷知世『ひなのころ』による**）

注1　雨樋～建物をつたう雨水を地上に流すための装置。
注2　甲冑～よろいかぶと。
注3　上がり框～土間と室内との境目の段差部に水平に渡した横木。
注4　緋毛氈～雛壇の下に敷く緋色（朱に近い赤色）のフェルト状の布。
注5　三人仕丁～雛壇の五段目に飾られる三体の人形。
注6　亀甲菊紋のお道具～亀の甲羅や菊をかたどった紋が描かれた道具類。

問一　――線部①「おひなさまは、このなかで眠っているのだろうか。毒リンゴを食べた白雪姫のように、茨に閉じこめられた眠り姫みたいに？」とありますが、ここでの「風美」の気持ちとしてもっとも適切なものを次の**1**～**4**の中から一つ選び、番号で答えなさい。

1　雛飾りの準備を進める「お父さん」と「おばあちゃん」の手際の悪さにいらだちを感じる一方で、最終的には立派な雛飾りが完成するのを心の底から願う気持ち。
2　雛飾りの準備を進める「お父さん」と「おばあちゃん」を童話の世界の登場人物になぞらえて想像を膨らませる一方で、雛人形が期待よりも貧相なのではないかと不安に思う気持ち。
3　「お父さん」と「おばあちゃん」が雛飾りの準備を進めるのを待ち遠しく感じる一方で、童話の世界の登場人物とどちらが美しいのかを正確に判断しようとする気持ち。
4　「お父さん」と「おばあちゃん」が準備している雛飾りが立派なものになるのを楽しみにしている一方で、本当に期待通りの雛人形が収められているのだろうかと心配する気持ち。

問二　[②]に入れる表現としてもっとも適切なものを次の**1**～**4**の中から一つ選び、番号で答えなさい。

1　土で壁を作って、タンポポの葉を寒さから守ってやった
2　花を摘んできて、タンポポの葉の隣に並べてやった
3　枯れ葉を集めて、タンポポの葉にかぶせてやった
4　そっと息を吹きかけて、タンポポの葉を温めてやった

問三　――線部③「おばあちゃんが怖い顔でこちらを見た」とありますが、どうして「おばあちゃん」は「怖い顔でこちらを見た」のですか。その理由としてもっとも適切なものを次の**1**～**4**の中から一つ選び、番号で答えなさい。

どうして怒られているのか分からなかった。

涙がこみあげてきたが、おばあちゃんは泣き虫が大嫌いだ。

風美は両手を固く握りしめて我慢しようとした。

「なにをぐずぐずしとるだ。早よ出てけ。どこへでも、おまえの好きな家へ行っちまえ」

雀や野犬を田畑から追い払う時のように、おばあちゃんは風美にむかって足を踏み鳴らした。

風美は嗚咽をこらえきれなくなった。

「ほれみよ、ちょこっとばか、きつく言われただけで、すぐに泣くだら。おまえみたいな泣き虫はわしの孫じゃないわ。河上んとこがお似合いだ」

泣きながら、風美は家を飛び出した。

「風美、どこ行く気だ。そろそろ暗なるぞ」

「甘やかすと癖んなるわ。放かっとけ」

わあわあと大声をあげて泣きながら、風美は田端の小道を走った。

おばあちゃんは、わたしのことが嫌いなんだ。

お父さんだって、わたしがどうなってもいいと思ってるんだ。

わたしなんか、いなくなっちゃったほうがいいんだ。

国道前の橋の上で、風美はしゃがみこんだ。

何度もこすったせいで瞼がひりひりと痛かった。喉も嗄れて、もう大声が出ない。それでも、泣かずにいると胸のなかにもやもやと気持ちの悪い塊が溜まってくるから、小さくでも啜り上げずにはいられなかった。

これから、どこへ行ったらいいんだろう。（中略）

国道の向こうで、ゆうこちゃんの家に明かりがついた。ゆうこちゃんのお父さんが帰ってきたんだろうか。おばあちゃんはゆうこちゃんちへ行けと言うが、河上のおばさんはゆうこちゃんがいちばん好きなのだ。

おうち、なくなっちゃった。

河上家の裏手では、工事中の鉄道高架やお椀を伏せたような形の小山が夕日の照り返しを受けて色づいていた。山のくすんだ緑は明るくなり、薄汚れた高架のコンクリートは茜色に染まっている。風美が眺めているうちに、夕焼けは微妙に色合いを変え、高架の壁はオレンジがかったピンクに塗り替えられた。通り抜けのためのトンネルは黄金の光に縁取りされている。

あそこが、おとぎの国への門かもしれない。

もっとよく見ようと、風美は立ち上がった。

白雪姫やシンデレラのお城は、あの高架の向こう側にあるのだろう。

そこへ行けば、きっと、お姫さまたちが［　⑥　］はずだ。

――待ちわびましたよ。

耳元でささやく声が聞こえたような気がした。

日が沈むにつれ、高架の壁からピンク色は薄れていき、黄金の光は散っていった。

魔法の時間は終わろうとしている。

――さあ、急いで。ぐずぐずしてたら、間に合わない。

風美は、おとぎの国への一歩を踏み出そうとした。（中略）

「そんなとこで、何しとる。あやうく、轢いちまうとこだったがや」

お父さんが車の窓から顔を出した。

まなかった。

「優子、いい加減にしないと、お父さんに言うからね」

ゆうこちゃんはますます大泣きして、河上のおばさんにしがみついた。▲

「お母さんは、なんで、ゆうこばっかり、しかるの。ふうちゃんが悪いのに。しかるなら、ふうちゃんをしかってよ」

河上のおばさんは、ゆうこちゃんの目の高さにしゃがみこんだ。

「いい子だから泣かないの。お母さんは［　④　］から叱るんだからね」

おばさんの声は小さかったが、風美には、はっきりと聞こえた。

風美はゆうこちゃんの家を飛び出した。

後ろから「風美ちゃん、ちょっと待って」と呼びかけられたようにも思ったが、けっしてふりむかず、自分一人で靴を履き、ダンプの往来激しい国道さえ一人で渡って、家まで一心に駆けた。

「河上さんは送ってくれなかったのか」

一人で帰ってきた風美を見て、お父さんは困惑したように言った。

「ほだで、河上んとこの嫁はあてにならんちっとるだわ。風美がダンプに轢かれとったら、どうするつもりだっただやあ。ここはきっちり文句いってやらなかんわ」

「やめとかっせ」

「おまえはいっつもそうだ。おまえが弱腰だで、河上の爺に舐められるだぞ。こないだだって、いいように言いくるめられちまって、わしとおまえの父ちゃんが夜も寝んで稼いだ金で買い戻した地所だっちゅうのに情けない」

一方的に言いつのるおばあちゃんの脇をすりぬけて、風美は家に入った。上がり框の障子戸は開けっ放しで、土間からでも座敷に飾られた雛壇がよく見えた。

注4緋毛氈の雛壇は、ゆうこちゃんの家で見たものより、もうひとまわり大きかった。最上段には金屏風を背に内裏雛が仲良く並び、次の段には三人官女、それから五人囃子もちゃんと揃っている。矢を背負った右大臣と左大臣の間にはお膳と菱餅がそなえられ、**注5**三人仕丁のそばでは右近の橘に左近の桜が咲いていた。下段には、牛車や女駕籠のほか黒地に**注6**亀甲菊紋のお道具が並んでいる。

「どうじゃ、よう見よ。立派なもんじゃろう。わしが金だして買ってやったんだぞ」

おばあちゃんは小鼻をふくらませて自慢した。

⑤風美は返事に困った。

「なんじゃ、うちのお雛さんに不満でもあるのか」

「ごてんは?」

「ごてん?」

「ゆうこちゃんちのおひなさんにはごてんがあったよ。このおひなさんには、おうちがないの?」

祖母の眉が吊り上がり、風美はあわてて付け足した。

「これじゃ、おひなさんがかぜひいちゃうよ、きっと」

「おまえは、ほんなに河上んちが好きか?」

「……」

「この家より河上んとこがいいなら、おまえは河上の子になれ。この家には二度と戻ってくるな。このお雛さんも燃やしちまうわ」

「ほら、優子、風美ちゃん、渡るよ。転ばないようにね」

遠くの信号が赤になったところで、河上のおばさんは風美とゆうこちゃんの手をとった。

風美はおばさんの手をぎゅっと握り返して国道を横断した。

河上のおばさんがついていてくれればダンプカーも怖くない。おばさんの手は暖かくてすべすべしていた。ささくれだらけ皺だらけのおばあちゃんの手とは大違いだ。

河上のおばさんは物干し台に吊された洗濯物をかきわけて庭をまわり、リビングから家へ上がった。

「どう？　風美ちゃん、去年はお母さんに連れられて見に来たんだけど憶えてる？　うちのお雛さんも可愛いでしょう？」

小さな人形たちは、クリーム色のソファの向こう、テレビの脇に飾られていた。階段状になった赤い敷物の上にちょこなんと座っている。

最上段には黄金の金具で飾られた黒塗り屋根の御殿がおかれていた。回廊には朱の欄干がめぐらされ、紅と緑の御簾が垂れている。紅の御簾の前にはお姫さまが、緑の御簾の前にはお殿さまが座っている。その下の段には髪の長い大人の女の人が三人、そのまた下には太鼓や笛をもった子供が五人いて、最下段にはおままごとに使うような小さな家具が並べられていた。（中略）

ゆうこちゃんは雛壇へにじり寄って、牡丹唐草模様の箪笥を取り上げた。風美に見せびらかすように赤い房をひっぱって抽斗を開ける。なかには何も入っていなかった。

ゆうこちゃんは箪笥を元に戻し、今度は鏡台を持ち上げた。

風美は牛車の牛の頭を撫でてやろうとした。

「さわっちゃ、いけないんだよ」

ゆうこちゃんが口をとがらせて言った。（中略）

「優子、あんただって触っちゃ駄目なのよ」

キッチンからお盆をもって出てきた河上のおばさんがゆうこちゃんをたしなめた。

「あああ、また、ふうちゃんのせいで、お母さんにしかられた」

ゆうこちゃんはふくれっつらで、カーペットに足を投げ出した。

「ほら、二人ともソファに座りなさい。お団子、食べるでしょ」

河上のおばさんは、ゆうこちゃんと風美に雛団子を一皿ずつ勧めてくれた。

ゆうこちゃんはさっと手を出して、淡い緑と桃色、白の三色団子の串をくわえた。

「こら、優子。お客さまが先でしょ。風美ちゃんにどうぞって」

「ふうちゃんは、おきゃくさんじゃないもん」

「お行儀の悪い子は、お母さん、嫌いよ」

ゆうこちゃんは風美のお皿を取り上げた。

「これは、みんな、ゆうこのだからね。ふうちゃんはたべちゃだめ」

河上のおばさんが強く叱ると、ゆうこちゃんは泣き出した。

「だって、ふうちゃんは、ゆうこのもの、何でもとるんだもの。おひなさまだって、おだんごだって、おもちゃだって、お人形だって、みいんな、ふうちゃんにとられちゃう」

「ちょっと貸してあげるだけでしょう。ほら、機嫌直して。お団子、おいしいよ」

河上のおばさんは団子をほおばってみせたが、ゆうこちゃんは泣きや

注3上がり框に手をついて障子戸の隙間から座敷を覗いた。

お父さんは長くて太い針金を折ったり、伸ばしたりしていた。おばあちゃんは白い塵紙を畳に散らかしている。塵紙の間に、赤と金色の鮮やかな布がちらりとのぞいた。

もっとよく見ようと背伸びして、風美は祖母の膝に小さな頭が転がるのを目撃した。

「こら、風美。まんだ戻っていいとは言っとらんぞ」

③おばあちゃんが怖い顔でこちらを見た。

あわてて玄関から出ようとして、風美は敷居に足をひっかけ、おでこから何か暖かい柔らかいものにぶつかった。

「あらあら、風美ちゃん。どうしたの」

抱きとめてくれたのは河上のおばさんだった。おばさんのエプロンからは、石けんとみそ汁の匂いがした。ひっつめ髪で痩せ形の風美の母親とは対照的に、河上のおばさんは顔も体つきもふっくらして、ゆるやかにパーマをかけた髪の色も明るく、全体に柔らかい印象を与える人だった。

おばさんの後ろには風美と同い年のゆうこちゃんがひっつき虫のようにくっついていた。ゆうこちゃんはおばさんの目を盗んで、風美に「いーだ」と前歯を突き出してきた。風美はお返しにあっかんべをしてやろうかと思ったが、そんなことをすれば河上のおばさんに嫌われてしまうだろう。

「今から、お雛さんの準備ですか。大変ですね。回覧板、ここにおいておきますよ」

おばあちゃんは河上のおばさんに挨拶もしなかった。いつも親切で優しい河上のおばさんをどうしておばあちゃんが嫌うのか、風美には理由がわからない。

「風美ちゃん、よかったら、今から優子のお雛さんを見にこない?」

ゆうこちゃんの家は好きだ。おばさんは優しいし、おいしいおやつも食べさせてもらえる。それに、ゆうこちゃんの家には座敷がないし仏間もない。トイレにはピンクのマットが敷かれ、便器にはピンクのカバーがついていて、いつも花の匂いがしている。

問題はおばあちゃんだ。風美がゆうこちゃんちへ遊びに行くと言うと、おばあちゃんは必ず不機嫌になる。

「風美、連れてってまえ。おまえが帰ってくるまでには、こっちの準備もできとるで」

お父さんはそう言って、河上のおばさんに「世話になります」と頭をさげた。

風美はスキップしながら、河上のおばさんとゆうこちゃんの後についていった。

家のまえの小道を下っていくと、小川にかかる橋一つを挟んで、いきなり交通量の多い国道にぶつかる。珪砂や陶土を積んだトラックが切れ目なく行き来する、悪名高いダンプ街道だ。おばあちゃんは道路に干からびて平べったくなった蛙をみつけるたびに「ええか、あの蛙をよう見とけ。ダンプ街道を一人で渡ったら、おまえもあっというまにぺしゃんこだでな」と風美を脅していた。

▼ゆうこちゃんの家は、その国道の向かい側にあった。青い瓦屋根に白い壁のこぢんまりした家は、絵本にでてきた外国の家のように見える。

【国語】（五〇分）〈満点：一二〇点〉

【注意】問題文には、原文（原作）の一部を省略したり、文字づかいや送りがなを改めたところがあります。

一　次の――線部①～⑧のカタカナの部分を漢字で、⑨・⑩の漢字の部分をひらがなで書きなさい。いずれも一画一画をていねいに書くこと。

将来を見すえて計画的に①**チョキン**する。
状況を②**セイカン**したうえで判断する。
発表会に向けて③**メンミツ**に打ち合わせをする。
全力で事態の④**シュウシュウ**にあたる。
全国大会で優秀な⑤**セイセキ**を収める。
時代の⑥**チョウリュウ**を見極めて行動する。
大事な試合で実力を⑦**ハッキ**する。
出席者全員で最後に決を⑧**ト**る。
この課題を終わらせるのは⑨**造作**もないことだ。
時には⑩**潔**く非を認めることも大切だ。

二　次の文章を読んで、後の問いに答えなさい。

お父さんは右手に大きな箱をさげて梯子を半分だけ下りてきた。左手左足だけを梯子にかけた不安定な姿勢で、その箱をおばあちゃんに手渡す。箱の上部を覆う古新聞は埃まみれで真っ黒だ。

大きさも重さも異なる箱がお父さんからおばあちゃんへ次から次へと手渡され、地面に下ろされた。なかには人一人が寝られるほど長細い木箱もあった。

①おひなさまは、このなかで眠っているのだろうか。毒リンゴを食べた白雪姫のように、茨に閉じこめられた眠り姫みたいに？

「触るじゃないぞ」

そう言って、おばあちゃんは木箱の上に屈み込んでいた風美を押しのけた。

「あとで呼んでやるで、おまえはしばらく外で遊んどれ」

「どうして？　早く見たいよ」

「おまえがおったら、邪魔になるんだわ」

おばあちゃんに無理やり毛糸の帽子をかぶせられ、厚手のコートを着せられて、風美はまるで雪だるまのようになって庭の隅にしゃがんだ。

風はまだ冷たかったが、このあいだまで氷のようだった地面はほんのり温もっていた。

芝生のまんなかでは、タンポポが大きく葉を広げ、やがて花咲く準備をしている。

「さむいでしょ。かぜをひくといけませんからね。おふくをきましょうね」

風美は［　②　］。それから、注1雨樋に枯れ枝をつっこんで泥を掻き出した。驚いたミミズが泥の中から這いだしてくる。大きな石の下には、黒い注2甲冑を着込んだ団子虫がいた。指で弾くとパチンコ玉のようにまんまるに丸まった。しばらく放っておくとネズミの糞のような元の形に戻って、もぞもぞと動き出す。もう一度、弾くと、また丸まる。四、五回繰り返したら、さすがに飽きた。

おばあちゃんは、まだ呼んでくれない。

玄関の戸は開いたままになっていた。風美はこっそり土間へ入り、率的な店舗経営の必要が生じ、小規模な喫茶店が急激に減少したため、多くの客も大手チェーン店を利用するようになったこと。

問十 二つの ⑩ には同じ言葉が入ります。もっとも適切な言葉を**漢字二字**で本文から探し、抜き出して答えなさい。

三 **次の――線部①～⑧のカタカナの部分を漢字で、⑨・⑩の漢字の部分をひらがなで書きなさい。いずれも一画一画をていねいに書くこと。**

入社するとたちまち①**トウカク**をあらわした。

数えあげていくと②**マイキョ**にいとまがない。

これは私の好きな作家が③**アラワ**した随筆だ。

④**コショウ**してしまった車の修理を頼む。

大統領は⑤**シュウニン**のあいさつで流行語を使った。

⑥**ハクアイ**の精神で誰に対しても敬意をもって接しよう。

当然の⑦**キケツ**として、受け入れざるを得ない。

この地域でとれる⑧**コクモツ**は麦だ。

すさまじい⑨**形相**に驚いてしまった。

これは父に⑩**委**ねるべきものだ。

1　すべてのものと　2　交換可能な　3　お金という
4　商品の　5　万能性が　6　信仰の
7　対象に

問五　――線部⑤「商品とは人間の労働時間が凝固したものだ」とありますが、どういうことですか。「凝固したものだ」という表現を、あなたの言葉でわかりやすく言い換えながら、次の説明の空欄に合うように**二十字以上二十五字以内**で答えなさい（**句読点、記号も一字に数えます**）。

商品とは［　　　　］ものだということ。

問六　⑥ に入れるのに適切な言葉を考え、**五字以内**で答えなさい。

問七　――線部⑦「こういう場所」とありますが、どのような場所のことですか。その説明としてもっとも適切なものを次の1～4の中から一つ選び、番号で答えなさい。

1　目標を見失った人々の居場所として開かれているため、筆者のように社会との接点を持つことが難しい人も受け入れてくれるような、豊かな可能性あふれる場所。
2　手軽な値段で商品を提供してくれるため、筆者のように安定した収入がない人でもいつでも気軽に立ち寄ることのできるような、身近で親しみやすい場所。
3　社会とつながる機会を得られる空間であるため、筆者のように決まった生き方を見いだせずにいる人でも様々な経験を積むことができる、温かく安心感に満ちた場所。
4　多様な価値観を持つ人々が集まってくるため、筆者のように周囲と打ち解けることが苦手な人でも価値を認めてもらうことができる、寛容で心が落ち着く場所。

問八　⑧ に入れるのにもっとも適切なものを次の1～4の中から一つ選び、番号で答えなさい。

1　こういう場所をあんたは知らんだろう
2　ここにあんたの居場所はないよ
3　こういう場所はあんたは大嫌いだろう
4　ここについてあんたはどう思うかな

問九　――線部⑨「日本人のライフスタイルの変化」とありますが、どういう変化のことですか。その説明としてもっとも適切なものを次の1～4の中から一つ選び、番号で答えなさい。

1　日本人はかつては目先の利害関係とは関係なく無駄だと思われることにも目を向ける包容力があったが、仕事の現場などでより高いレベルの成果が要求されるようになり、そうした無駄な要素を切り詰めるようになったこと。
2　日本人はかつては特に目的もないままに無為な時間を過ごすだけの精神的余裕を持っていたが、八〇年代中頃以降の土地バブルをきっかけに効率的なお金の使い方が求められるようになり、安価な商品を提供する店が好まれるようになったこと。
3　日本人はかつては経済的な発展よりも文化的な資質を育てることに意義を見出す価値観を共有していたが、そのような文化が廃れたために人々が熱中できるものがなくなり、人々がやむを得ず経済活動に関心を持つようになったこと。
4　日本人はかつては喫茶店のような簡単な仕事でも効率的に利益をあげることができたのだが、大手チェーン店の参入によってより効していたのです。

わたしたちが、あくせく働く理由の大半は、お金儲けのためです。おそらくは、誰もそれを否定することはできないでしょう。しかし、よく考えてみると、お金儲けのために働くというのも少しおかしな話です。わたしたちのお金にはどんな使用価値もない。交換価値があるだけです。わたしたちは、そのお金を何かと交換したいと思っている。いつでも、何かと自由に交換できる状態を得るために働いています。

それでいて、本当は、自分が何を欲しいのかについてよくわかっているわけではありません。いつの間にか、「お金持ちである自分」が目標だというのでは、本末転倒です。

この時代、というのは効率化が最優先する時代において、もっとも貴重なものとは何か。わたしなら、それは「 ⑩ 」であると言いたい気がします。わたしたちの喫茶店には、コーヒーの他には何もないけれど、「 ⑩ 」だけはたっぷりとあるのです。

（平川克美(ひらかわかつみ)『路地裏の資本主義』による）

注1　**フランク・シナトラ**～二十世紀のアメリカを代表する歌手・俳優。
注2　**寺山修司**～短歌、演劇、俳句、現代詩など幅広い分野で活躍した人物。
注3　**都々逸**～三味線(しゃみせん)と共に歌われる、七・七・七・五音の定型の歌謡。
注4　**恒産を得る**～安定した収入や財産を手に入れる。
注5　**無為徒食**～何の仕事もせず、ぶらぶらと遊び暮らすこと。
注6　**名曲喫茶**～クラシック音楽をゆっくりと鑑賞するための喫茶店。
注7　**ドトール**～全国に多くの店舗(てんぽ)を展開するコーヒーチェーン店。
注8　**スターバックス**～ドトールと同じく、全国規模の展開をしているコーヒーチェーン店。

問一　――線部①「もしも心がすべてなら、いとしいお金はなんになる」とありますが、どういうことですか。その説明としてもっとも適切なものを次の1～4の中から一つ選び、番号で答えなさい。

1　人間の心はうつろいやすく、お金に比べると頼りにならないものだが、それでも人間にとってお金よりも心が大切だということ。
2　人間の心は何よりも大切にすべきものであり、心を重んじる姿勢がなければ、いくらお金があっても意味がないということ。
3　人間の心を重んじる姿勢ももちろん大切だが、生きていくためにはそれだけではだめで、お金も必要であるということ。
4　人間の心はどんなに大切にしても裏切られるので、私たちの生活を支えてくれるお金を大切にするべきだということ。

問二　 ② に入れる表現としてもっとも適切なものを次の1～4の中から一つ選び、番号で答えなさい。

1　偽善者ぶりに対するからかいの響き
2　温かい人間性を大切にする昔の価値観
3　理想主義を高らかに宣言する心意気
4　お金の万能性信仰に対する痛烈な批判

問三　――線部③「金銭一元的な価値観」とは、ここではどのような価値観のことを指していますか。次の説明の空欄に合うように**二十字以上二十五字以内**で答えなさい（**句読点、記号も一字に数えます**）。

お金は［　　　　　］という価値観。

問四　――線部④「この」とありますが、この語がかかっている部分としてもっとも適切なものを次の1～7の中から一つ選び、番号で答えなさい。

た。

しかし、これらのチェーン店が街角に現れるようになるにつれて、町から従来型の喫茶店が少しずつ消えていきました。確かに、チェーン店で一杯二〇〇円のコーヒーを出されれば、町の喫茶店は競争しようがありません。

そもそも、喫茶店商売というものは儲(もう)かるものではありません。チェーン店より高い一杯四〇〇円のコーヒーを、一日三十人の客が飲んでくれたとしても、一万二〇〇〇円にしかならないのです。そこから原価や諸々の諸経費を差し引けば、利益など出ません。

八〇年代中頃の土地バブルによって、土地はそれ自体が利益を生む〝金の卵を産むガチョウ〟になりました。土地所有者が、細々とした喫茶店からの上がりを待つよりは、マンションや駐車場にして、効率よく資産運用したいと思ったとしても不思議はありません。喫茶店のあった場所がコインパーキングに変わっているのを見るのは辛いものですが、それはこちらの勝手な都合というものです。

これらの理由以上に喫茶店減少に拍車をかけたのは、⑨日本人のライフスタイルの変化だろうと思います。どういうことかというと、喫茶店の椅子に座ってボーッと半日を過ごすような人間が生きていくのが、難しい時代になったということです。当時のわたしが、今を生きていることを想像すると、アルバイトの収入では食べるのがやっとで、コーヒー代を払って無為の時間を過ごす余裕は、どこを探しても見つからないように思えます。

あの頃は、何であんなに余裕があったのだろうかと不思議です。喫茶店主にしても、お客にしても、非効率のモデルのような場所が喫茶店だったのです。それでも、町のあちこちに喫茶店が存在し、やっていけたわけです。無為の時間を生み出す場所がやっていける時代だったのです。

喫茶店での無為の時間とは、本を読んだり、書き物をしたり、議論を戦わせたりする時間であり、文化が育まれる場所でもありました。こういう文化自体が廃(すた)れ、人々は駅前で朝のコーヒーを飲んで仕事へ向かい、バリバリと稼(かせ)ぎを増やすことに熱中し始めました。

いやそうしたくてしているわけではなく、そうせざるを得ないから時間を刻んでいるのです。いつの間にか、日本は東アジアの発展途上の文化国家というよりは、経済発展が極点にまで達した経済大国になっていたということです。（中略）

今年、わたしは友人たちと地元の町に喫茶店を開業しました。町に自分たちの根拠地をつくりたいという理由から、資材を集め、本を運び入れ、古道具を並べました。

五反田から出ている東急池上線というローカル線の、地味な駅で降り、ちょっと末枯(すが)れた感じの商店街を抜けた場所にある店が、わたしと友人たちの新しい根拠地になりました。喫茶店の椅子に座り、熱いコーヒーをすすりながら友人たちと至福の時間を過ごしていると、こういう時間をつくり出すためにわたしたちは働いているのだと実感されます。

この喫茶店をつくるにあたって、わたしと友人たちの間にはひとつの約束がありました。それは、この喫茶店で利益を出そう、儲けようと思ってはいけない、ということでした（喫茶店でろくな利益が出るわけもないのですが）。何とも、反資本主義的ですが、わたしたちは、何かのためにではない大切なことのために、働くべきであるという思いを共有一の対価と交換されるのであれば、一所懸命働けば誰もが注4恒産を得ることができるわけであり、「働かざる者食うべからず」という言葉も納得がいくわけです。

しかし、現実にはそうではありません。（中略）

学生時代のわたしは、渋谷、新宿の裏町を毎日のように彷徨っていました。一九七〇年代の中頃には、そんな学生が何人もいました。歩き疲れたときは必ず喫茶店に立ち寄り、あまりおいしいとは言えないコーヒーを飲みながら、タバコを吸い、本を読み、友人と待ち合わせて議論をしたりしたものでした。

当時は、町のいたるところに喫茶店がありました。ほとんどは一人か二人で店を切り盛りしているような小さな喫茶店で、いつ行っても客はわたしの他に数人がいるだけです。その空間は、当時のわたしのような注5無為徒食の青二才が、安心して荷をおろし、くつろげる数少ない場所だったのです。

渋谷の道玄坂を上っていくと、「ライオン」という注6名曲喫茶があり、コンサートホールを模したつくりの薄暗い部屋の正面には、一階席・二階席ぶち抜きの巨大なスピーカーがあり、客席を威圧していました。わたしは時折、高田馬場にある大学に通うための山手線を途中下車して、道玄坂を上っていきました。ついには毎日入りびたり、日がな一日そこで過ごすことになったのです。

何もすることがないのに、いつもの決まった座席に座り、詩や評論やときには小説家のまねごとをして過ごし、夜になると仕事終わりのサラリーマンの列に交って家に戻りました。

わたしは、実家の二階に暮らしていましたが、実家と棟続きの工場で働く両親は、わたしが毎日、大学へ通っていると信じているようでした。わたしは、学費を出してもらっているうえに、大学にも行かず、毎日喫茶店に入りびたっていることに ⑥ を感じていたのですが、それ以外の生き方を見つけることはできませんでした。

喫茶店には、どんな経済効果も期待できませんが、わたしにとっては町場の大学でした。もし、ライオンがなければ、わたしは実家の二階に引き籠っていたでしょう。ライオンは、わたしと実社会をつないでくれる数少ない場所だったのです。

町には、⑦こういう場所が必要なのだ。あの頃を思い出すたびに、わたしはそう思うのです。（中略）

一九八〇年代の終わり頃、町から喫茶店が姿を消し始めました。注7ドトール一号店が、原宿の駅前にできたのが一九八〇年。わたしは間近で翻訳会社を経営していましたので、この店のことをよく覚えています。狭いが清潔な店舗は、立ち席だけだったように記憶していますが、コーヒーの味がそれまでの喫茶店のものとは段違いによかったのに驚いたものです。

それでもわたしは、ドトールではなく、煮詰めたようなコーヒーを出す喫茶店に通い続けました。

一九九六年には、銀座に注8スターバックスが進出してきました。この全面禁煙のチェーン店に最初入ったとき、「 ⑧ 」と言われている気がしたものです。

その澄ましたような雰囲気、「カフェなんとか」という聞いたこともないコーヒーの種類。いったい、ここは何をする場所なのかと感じましいうこと。

4　古い決まりにとらわれず、生きている人間の問題を解決することが大切だということ。

二　次の文章を読んで、後の問いに答えなさい。

「①もしも心がすべてなら、いとしいお金はなんになる」という言葉があります。

含蓄があってわたしは好きなのですが、誰が言ったのか。注1フランク・シナトラが唄っていると注2寺山修司さんがどこかに書いていましたが、誰もどの歌か教えてくれません。オルグレンという作家の言葉だという話もありますが、まあ、誰が言ったにせよ、この言葉には面白いニュアンスがあって、何だか洒落た注3都々逸を聴いているような気になります。お金に対する距離感がいいんですね。同時に、心がすべてなんていう［　②　］もいいと思います。

しかし、わたしたちが今生きている現実に当てはめるならば、「もしもお金がすべてなら、いとしい心はなんになる」と言い換えたほうがいいような気がします。いつの間にか、わたしたちが生きている世界には、それほど③金銭一元的な価値観が蔓延してしまっています。

もう誰も、心がすべてだなんて言いません。

現代ほど、お金の万能性信仰が高まった時代は、かつてなかったのではないでしょうか。資本主義の発展段階で、つまり産業革命を経て、生産能力が大幅に増大し、その延長線上にあるわたしたちの世界には商品が溢れるようになりました。世界はあたかも、商品の網の目のようになり、わたしたちの生活の豊かさとは、ほとんどわたしたちが手にすることのできる商品の豊かさと同義語になってきています。幸福の具体的なイメージは、大きく快適な家に住んで、緑の芝生の庭を眺め、最新型の自動車でドライブし、高級家具に囲まれ、レストランでおいしいものをいつでも食べられる生活だというわけです。

おそらく、わたしも含めて、誰もが、この幸福のイメージを否定することは難しいだろうと思います。そして、これらのものは、すべてお金で交換可能なものなのです。

もちろん、これは誇張した言い方です。しかし、これが誇張であるということを理解することが難しくなっているのも確かなことだろうと思います。現代を特徴付けている消費資本主義がつくり出す社会とは、身の回りのすべてのものがお金と交換可能であるような社会であると言ってもいいかもしれません。それゆえに、④このすべてのものと交換可能なお金という商品の万能性が信仰の対象になっているのだと言えるでしょう。

マルクスは、資本論を商品の分析から始めました。商品とはひとつの価値形態として流通し、その最終的な完成形が貨幣なのだとも言っています。

なぜ、商品が価値なのか。そのひとつの理由を、マルクスは「⑤商品とは人間の労働時間が凝固したものだ」と説明しています。

しかし、もし、人間の労働時間だけが商品の価値を決定付ける条件ならば、わたしたちの商品世界は、今ほど複雑怪奇なものにはならなかったはずです。人間は本来平等であり、その人間の労働時間が商品に価値として凝固するのであれば、そこには不当に高額な商品もなければ、商品ならざるものが流通することもないわけです。そして、もし労働が均はそう言ったと考えられますか。もっとも適切なものを次の1～5の中から一つ選び、その番号で答えなさい。

1　東京から来たタオがなかなか仲間に溶け込もうとしないため、リーダーである自分が何かきっかけを作ってあげようと思ったから。

2　いつも言いわけばかりで意気地のない転校生のタオに、島の先輩として、海の気持ちよさや美しさを教えてあげたいと思ったから。

3　タオが天徳島の外から来たことにも、つかみどころのない態度にも、常々嫌悪感を持っていて、意地悪をしてやろうと思ったから。

4　転校生のタオの、捉えどころのない態度や表情を薄気味悪く感じ、きついことを言って、一刻も早く立ち去らせようと思ったから。

5　タオの態度を見ていると自分を軽んじているようなので、リーダーとしての威厳を示しておどかしてやろうと思ったから。

問五　④に入れるのにもっとも適切なものを次の1～4の中から一つ選び、その番号で答えなさい。

1　ばかにするなといった顔でにらみつけた

2　意味がわからないといった顔で首をかしげた

3　ふゆかいな奴だと表情をくもらせた

4　けんかを売るのかと口をとがらせた

問六　――線部⑤「孝俊は口をつぐんで、一緒に頭を下げただけだった」とありますが、この時の「孝俊」の気持ちはどうであったと考えられますか。もっとも適切なものを次の1～5の中から一つ選び、その番号で答えなさい。

1　島の子ども同士なら大ごとにならないのに、親や学校に説教されたことに納得がいっていない。

2　自分が親や学校にこっぴどく叱られたばかりでなく、友人にも迷惑を掛けたことを反省している。

3　リーダーなのに、調子に乗って級友を海へ突き落としたことが恥ずかしく、居心地が悪い。

4　内地人に対しての嫌な感情は消えていないが、危険な目にあわせたことはすまないと思っている。

5　本当のところ怒りは消えていないが、あやまっておかないとタオの父親に叱られてしまいそうでこわい。

問七　――線部⑥「男の子は仕方ないよなあ」とありますが、このように発言したのはどうしてですか。もっとも適切なものを次の1～4の中から一つ選び、その番号で答えなさい。

1　子どものことは子どもに任せるべきだと判断したから。

2　自分たちはよそ者なので、耐えるしかないと思ったから。

3　息子が島にやっとうち解けたと分かり、安心したから。

4　孝俊たちの過ちをとがめず、円満に納めようと思ったから。

問八　――線部⑦「逆、大事にしてる」とありますが、どういう意味ですか。もっとも適切なものを次の1～4の中から一つ選び、その番号で答えなさい。

1　みんなで仲良くすることが、天徳島の土地や神様を守ることだということ。

2　内地人にも分かり易く土地の決まりを教えていくことが、何よりも大切だということ。

3　新しく来た人の意見を聞くことが、天徳島の未来を守ることだと保生の声を無視して、孝俊は自転車に乗って行ってしまった。保生と顔を見合わせる。

「なんでよー」

保生は怒っているのではなく、悲しんでいるのだ。

（中略）

いろんな感情がぐるぐると渦巻いていた。今ここで言葉にするのは難しかった。

「あ、あのさ、さっきの保生、かっこよかったよー。見直した。尊敬する」

「どこがよー。なに言ってる」

「ここのことちゃんと考えてるんだなって思ったさ。おれは保生の言う通りだと思うけど、孝俊も、あれはあれで天徳のこと考えてるんだよな。どっちもすごいさー」

おれだけだ。おれだけ、なにも考えていない。早くこの島から出て、新しい景色を見てみたいと思っている。

「おれはただ、みんな仲よくしたいだけ。天徳のことなんて正直興味ないよー、でもさー。そのために、内地から来たタオがいじめられるんだったら、ここの問題を解決しないと」

保生の言葉に、自分でもわからないなにかが喉元をせり上がってきて、鼻の奥がつんとした。とっさに鼻が詰まったふりをしてごまかした。

（椰月美智子『14歳の水平線』による）

注 **内地人**～一般に沖縄の人が沖縄以外の日本人を指して言う言葉。

問一 ～～～線部**ア**「眉根を寄せた」、**イ**「へどもど」の意味の説明としてもっとも適切なものを次の**1**～**4**の中からそれぞれ選び、その番号で答えなさい。

ア
1 どうしてよいかとまどった。
2 大人のように振る舞った。
3 不快な表情を浮かべた。
4 泣きそうなそぶりを見せた。

イ
1 相手に気に入られようと機嫌を取る様子。
2 自分の行動を反省して恥じ入る様子。
3 みじめさに耐えきれず落ち込む様子。
4 不意をつかれてうろたえる様子。

問二 ――線部①「もやもやする気持ち」とありますが、「おれ」はどうしてそんな気持ちでいるのですか。本文をふまえて具体的に**二十字以上二十五字以内**で説明しなさい（**句読点、記号も一字に数えます**）。

問三 ――線部②「声が裏返ってしまった」とありますが、それはどうしてですか。もっとも適切なものを次の**1**～**4**の中から一つ選び、その番号で答えなさい。

1 むしゃくしゃしているときに突然話し掛けられて、頭に血が上ったから。
2 ひとりで思い悩んでいる心の中を、のぞき込まれたような気がしたから。
3 ふだん仲間はずれにしている転校生に話し掛けられて、気まずかったから。
4 学校で禁じられている飛び込みを見つけられ、告げ口されると思ったから。

問四 ――線部③「お前もやってみ」とありますが、どうして「孝俊」

帰り際、おじさんが、

「タオとまた遊んでやってください」

と急にかしこまって言い、おれたちはイへどもどして頭を下げて、タオの家をあとにしたのだった。

「孝俊、ちゃんとタオに謝るまでおれは許さん。命にかかわることだ」

タオの家からの帰り道、保生が厳しい口調で孝俊に詰め寄った。これまでも孝俊はどこか、おれと保生を子分のように扱っていたし、リーダーシップのある孝俊の言うことは、おれたちも自然と受け入れる態勢になっていた。孝俊に面と向かって歯向かうなんて、これまで一度もなかったことだ。

「……冗談のつもりだったんだけどよ」

父ちゃんに殴られて目の下を紫色にした孝俊が、ぼそりと言う。

「冗談ですむか。わかってただろ」

保生の言葉に孝俊は黙っていたが、保生はかまわず続けた。

「そもそもお前の考え方におれはついていけん。新しく来た人がなんで悪い。ここに住むんだよ。天徳の人間はどんどん減ってる。感謝するんじゃなくて、いじめるんか。おかしいだろ。注内地人も、本島の人間も、ここの人間もみんな同じ。差別するな」

しばらくの沈黙のあと、孝俊が口を開いた。

「……天徳を勝手に荒らされてもいいんか。これまでの神事がなくなってもいいんか」

「荒らされてもいいって言ってない。内地人が間違いするのは、決まりを知らないからさ。立ち入り禁止の場所とか、ここの決まりをちゃんと教えればいいだけさ。それもしないで文句だけ言うのはおかしい」

「おばあたちが許さんからしょうがないだろ。看板ひとつ立てるのも、神様がいいって言わんし」

「神様の答えを何年も待っている間に、なにも知らん内地人が来て問題になってるわけだろ。神様も大事だけど、生きている人間がなにかするほうが大事っておれは思う」

「保生はここの神様とか、おばあたちをばかにしてる」

「してない！　⑦逆、大事にしてる」

今まで見たことのない、おれの知らない保生だった。保生はいつでも穏やかに笑っていて、争いごとを好まないし、小さい子や女子にだってやさしい。学校で先生に指されても、ぼけっとしていてしばらく気が付かないこともあるくらいののんびりした男だ。

「征人はどう思う」

孝俊に急に振られて、どう言おうか一瞬悩んだ。孝俊の気持ちもわかる。孝俊は天徳島が大好きで、とても大事に思っているということはちゃんとわかっている。でも、それでも、今回の件は見過ごせなかった。

「……保生に賛成」

孝俊の目つきが鋭くなる。

「そうか。確かに、タオのことはおれが悪かった。だけど、天徳のこととは話がべつ！」

「べつじゃない！」

保生が間髪を容れずに返す。

「もういい。おれが嫌なら、一緒に遊ばんくていい」

孝俊が背を向けて歩き出した。

「待って。まだ話終わってない」

「タオ、大丈夫！　落ち着け、落ち着け！」

タオは無我夢中で手足を動かす。完全にパニックになっている。このままでは、こっちまでおぼれてしまう。

「大丈夫やさ！　落ち着け！」

おれもタオにしがみつかれて何度も顔が沈み、海水を飲んだ。鼻が痛い。目がしみる。

保生と二人で、なんとかタオの左右の脇に肩を入れ、必死で岩場まで連れて行った。

「タオ、大丈夫かっ」

タオは激しくむせている。その顔は真っ青だった。眼球が泳いで白眼になった。

「タオッ！　しっかりしぇ！」

タオはそのまま意識を失った。

「お前はなにをしているかっ！」

孝俊は、父ちゃんに大目玉を食らい、おれと保生の前でガツンと二発ぶん殴られた。

今回のことはあっという間に知れ渡った。気絶したタオをどうしたらいいのかわからずに、大人たちを呼びに走ったから、当然といえば当然だった。

タオの意識はそのあとすぐに戻ったけれど、ひとつ間違えれば、大変なことになっていたかもしれないのだ。

なぜ一緒にいたのに止めなかったのかと、保生もさんざん父ちゃんに怒られ、おれも母ちゃんにこっぴどく叱られた。夏休みだというのに校長先生にまで話がいき、おれたちは学校に呼び出され、こんこんと説教をされた。転校生のタオだったから、というのもあったと思う。島の子ども同士だったら、ただのおふざけで終わっていたかもしれない。

「父ちゃんからも言ってください」

漁から帰ってきた父ちゃんをつかまえて母ちゃんが言い、おれは黙って下を向いていた。すでに父ちゃんの耳にも入っているのだった。

「もう十分怒られただろ。征人はちゃんとわかってるさ」

父ちゃんは、おれにではなく母ちゃんに向かって言い、おれの肩に軽く手をやって、そのまま風呂場に行ってしまった。なんともいえない気分だった。

翌々日、三人でタオのお見舞いに行った。タオはすっかり体調がよくなったのか、いつも通りの様子で、本を読んでいた。

「タオ、ごめんな」

「本当にごめん」

おれと保生は頭を下げた。⑤孝俊は口をつぐんで、一緒に頭を下げただけだった。タオは首を振って「いい経験させてもらったよ」と、唇の端を持ち上げた。笑ったのだと思う。タオんちのおじさんも、⑥男の子は仕方ないよなあ、とにこにこ笑っていた。

タオの家は本だらけだった。本棚に入りきらない本が、そこらじゅうに無造作に積み重ねてあった。ここだけ別世界のようで、おれはちょっと興奮した。夢中で眺めていたら、おじさんが、「読みたいものがあったら持っていっていいよ」と声をかけてくれたけど、そもそもどれが読みたい本なのかすらわからなかった。

オが飛び込みをしているのを何度か見かけたことがあった。タオは飛び込みよりも、シュノーケリングが好きな様子で、シュノーケルと足ひれを着けて、海面をバチャバチャと泳いでいるのをたまに見かける。ここの人間で、泳ぐときにシュノーケルや足ひれを着ける奴(やつ)なんていないから、いやでも目立つ。

「飛び込んでみー。気持ちいいよ。泳げるんだろ」

「いや、ぼくはあまり泳ぎは得意じゃないよ。フィンがないと無理だと思う」

ああ、足ひれのことをフィンて呼ぶんだ、とおれはそんなことを思った。

「無理しないほうがいいよ」

保生が言い、

「そうだよ、この高さはきついよ。やらん方がいいよ」

と、おれも加勢した。海で無理をしてはいけないことは、身体がよく知っている。

「お前たちは黙れ。どうか、タオ。やらんのか」

タオは少し考えるような素振りを見せてから、「やめておくよ」と言った。

「港のほうで練習して、もっと泳げるようになったらいつか挑戦したい」

「使えんな。だから東京人(んちゅ)はダメなんだよ」

タオは［　④　］。その表情でまた孝俊がイラついたのが見てとれた。

「ここ、何メートルあるの?」

「六メートルくらいじゃないか」

と、おれは答えた。タオは崖の下を興味深そうに覗(のぞ)き込んでいる。

「高いなあ」

しみじみと言う。

「高くない。やってみー」

孝俊がタオの後ろに立った。

「足をここにかけて、一歩進むだけ」

タオが崖に足をかける真似をした。孝俊がもう一歩近づく。

「孝俊、やるなよ。わかってるよな」

保生が少し大きな声を出した。おれは、まさかと思っていた。いくら孝俊だって、そんなばかな真似はしないだろうと。孝俊がほんの一瞬(いっしゅん)、おれたちのほうを見た。

「孝俊」

保生が再度、声をかけた。その次の瞬間、孝俊がタオの背中にすっと手を伸ばしたのが見えた。

「やるなっ!」

保生の声と、タオの破裂音のような短い悲鳴が聞こえた。タオが手をばたつかせ、海に吸い込まれていくのがスローモーションのように見えた。

「タオッ!」

保生が叫ぶ。長い時間に感じられた。突然、盛大なしぶきがあがり、タオが浮かんで、また沈んだ。大きなしぶきが立つ。おぼれているのだ。保生がすぐさま飛び込んだ。考える間もなく、おれも続いた。タオは無様(ぶざま)に手足を動かして、必死に保生にしがみついた。

【国　語】（五〇分）〈満点：一二〇点〉

【注意】問題文には、原文（原作）の一部を省略したり、文字づかいや送りがなを改めたところがあります。

一　次の文章を読んで、後の問いに答えなさい。

体育座りをして、濃紺の海と水色の空の境目を見つめる。孝俊と保生は草の上に大の字になって、顔に帽子をかぶせて陽をさえぎっている。つかの間の休憩だ。

おれは自分の手足を動かして、それを不思議な気持ちで眺める。こうして動くのがなぜか突然おかしなことに思えてくる。自分の心と身体がぜんぜん一致していないような、奇妙な感じだ。

あ、まただ。理由もなくむしゃくしゃする。心というものが、使い古しの歯ブラシのように、てんでばらばらにあらゆる方向に向かってささくれ立っている感じ。

炭酸水のプールに飛び込みたいと思う。身体中からシュワシュワと気泡を出して、すっきり、しゃきっとしたい。今ここから思いっきり飛び込めば、①もやもやする気持ちは消えるだろうか。炭酸水ではなくて海水だけど、少しはまともになるだろうか。

おれは、一度着たTシャツを脱いで立ち上がった。そのときだ。

「こんにちは」

突然の声に、思わず肩が持ち上がる。振り向くと、そこにはタオがいた。驚いた。まったく気が付かなかった。

「飛び込み？」

捉えどころのない、なんの感情もないような表情で聞いてくる。

「あ、ああ、そうだよ」

②声が裏返ってしまった。気配を察したのか、孝俊と保生が上体を起こす。

タオの姿を見て、孝俊がア眉根を寄せた。保生は困り顔だ。タオは二人の様子におかまいなしで、崖の先端まで行き、

「ここから飛び降りるの？　すごいなあ」

と、質問なのかひとり言なのかわからない一本調子で言った。それから崖を見下ろして、遠くの海を見て、手をかざして空を見て、また海面に目をやるという動きを何度か繰り返した。

気まずいのはおれたちのほうだった。なにを話していいかわからないし、孝俊がイラついているのも伝わってきた。タオは暑いなあと言って、首に巻いたタオルでのんびりと額の汗を拭いたりしている。

「③お前もやってみ」

突然、孝俊が口を開いた。

「え？」

「飛び込みだよ。簡単だよ。ここではみんなやってる。ここに住んでるなら、お前もやれ」

タオは涼しげな表情で、どうかなー、厳しいだろうなー、と誰にともなくつぶやいている。

「やってみーって」

「えー、やるなー、孝俊」

思わず声をかけた保生を、孝俊がにらむ。

「港のほうでよくやってただろ。同じさー」

孝俊があおる。確かに午前中にやった宗見港のほうの防波堤では、タ

何を重ねて見ていますか。適切なものを次の1～5の中から**すべて**選び、その番号で答えなさい。

1 未亡人　2 男　3 少女
4 トラック運転手　5 同僚のドアマン

問八 ⑥ に入れるのにもっとも適切な言葉を次の1～4の中から一つ選び、その番号で答えなさい。

1 生きているものへの慈しみ　2 ひよこに向けられた無償の愛
3 少女が聞かせてくれた声　4 私に対する少女の思い

問九 ――線部⑦「自分だけに与えられたかけがえのない贈り物だ」とありますが、そう感じたのはなぜですか。もっとも適切なものを次の1～4の中から一つ選び、その番号で答えなさい。

1 日立たないよう、慎重に生きてきた男にとって、運命にもてあそばれるひよこを聖女のように守り抜く少女の姿は、あまりにも神々しくて、深く心を打たれたから。

2 心に深い傷を負い、声を失っていた少女があきらめずに努力することで声を取り戻す姿を見て、自分もあきらめず頑張って生きていこうという意欲をもらったから。

3 ひよこを守るため必死になって少女が振り絞った声は、男の耳にしか届かない幻だったが、かえってそのことが彼の彼女を守る使命感を増すことになったから。

4 物にしか興味を示さず、話すことができない少女がひよこを守るために初めて声を発した場面を、少女とともに過ごしてきた自分が目撃できたことに感動したから。

二 ※問題に使用された作品の著作権者が二次使用の許可を出していないため、問題を掲載しておりません。

三 **次の――線部①～⑧のカタカナの部分を漢字で、⑨・⑩の漢字の部分をひらがなで書きなさい。いずれも一画一画をていねいに書くこと。**

教会の①**ボクシ**。

彼は②**ドクゼツ**家だ。

組織を③**トウソツ**する。

④**ダンチョウ**の思いであきらめる。

バイオリンの⑤**コウエン**を聴きにいく。

⑥**ブユウ**に秀でる。

⑦**インガ**応報は世の常だ。

計画を⑧**ネ**る。

温泉地に⑨**湯治**に行く。

⑩**丸薬**を飲む。

3　間が持たず、いら立ちを隠せないでいること。
4　緊張感がなく、気持ちに締まりが無くなること。

イ　1　世間をよく知っており、人情に通じていること。
2　周囲の状況に流されず、自由にふるまえること。
3　道理をよくわきまえて、物事を慎重に考慮すること。
4　相手の立場に立って、注意深く考えて行動すること。

問二　［①］に入れるのにもっとも適切な言葉を次の1～4の中から一つ選び、その番号で答えなさい。

1　少女の関心をつかめばいいのだ
2　抜け殻を眺めていればいいのだ
3　相手が喋るのを待てばいいのだ
4　何かが起こるのを信じればいいのだ

問三　――線部②「自分と同じような発見」とありますが、男は少女とどのような発見を共有していると考えていますか。**四十字以上五十字以内**で説明しなさい**（句読点、記号も一字に数えます）**。

問四　――線部③「虹を渡った先にある楽園で、可愛い色の羽をパタパタさせながら、いつまでも幸福に暮らすのだ」とありますが、これはどういうことですか。もっとも適切なものを次の1～4の中から一つ選び、その番号で答えなさい。

1　少女はトラックの荷台のひよこの姿を想像しながら、自分にも幸せな未来が訪れると信じているということ。
2　少女は心に傷を負っており、唯一現実を忘れさせてくれる愛らしいひよこの姿だけが、心のより所だったということ。
3　少女はひよこの悲惨な最期について知らないので、想像の中で幸せな未来を思い描くことができているということ。
4　少女はひよこの行く末について話したくなかったので、想像の中だけでも幸せな未来を思い描きたいのだということ。

問五　――線部④「少女に気づかれないよう、そっと花園に埋葬しているのだ」とありますが、男がそのような思いになったのはなぜですか。もっとも適切なものを次の1～4の中から一つ選び、その番号で答えなさい。

1　ひよこの埋葬のような厳しい仕事は大人がやるべきであり、幼い少女にやらせるのはむごいと思っていたから。
2　卵の中身を吸い出して抜け殻を作る行為の無意味さを、まだ人生のはかなさを知らない少女に知らせたくなかったから。
3　生卵は好きではないが、初めての二人の共同作業に大きく期待をしている少女を失望させたくないと考えていたから。
4　ひよこが長生きできない悲惨な存在だと、顔を輝かせて夢中になっている少女に悟らせたくないと思っていたから。

問六　▼　▲ではさまれた部分の描写から、男について述べた説明としてもっとも適切なものを次の1～4の中から一つ選び、その番号で答えなさい。

1　自分らしさを発見できず、いら立ちを隠せない。
2　表面的にしか感謝されない仕事に不満がある。
3　同僚たちと仲良くしたいのに上手に話せない。
4　孤独であり、自分の人生に疑問を持っている。

問七　――線部⑤「ついさっきまで生き物だったのに、今では空っぽの器になり、見捨てられてしまった抜け殻」とありますが、男はこれにていたので、姿が見えるずっと前にエンジン音をキャッチし、階段を駆け下りていった。男も後を追いかけた。少女は切り株に立ち、いつそれがやって来てもいいように、体勢を整えていた。

少女は間違えていなかった。一本道のずっと向こうから、トラックはやって来た。

ほらね。やっぱりね。

少女は得意げな顔をして見せた。

うん、本当だ。

男はうなずいた。

太陽を背に、トラックの荷台は、四隅までわずかの隙間もなくひよこたちの鮮やかな羽に埋め尽くされていた。たとえあと一羽でも、余分に乗せることは無理だろうと思われた。

男の目には、いつもよりトラックのスピードが遅く、ふらついているように映った。荷台が揺れるたび、さえずりは更にトーンを上げ、波のようにうねりながら空の高いところまで響き渡っていった。少女は切り株の上でジャンプしていた。

私たちにひよこを十分に見せてやろうとして、わざとゆっくり走っているのだろうか。そう、男が思った時、トラックは二人の前を通り過ぎ、農道を外れ、草むらに入り込み、そのままプラタナスの木にぶつかって横転した。あっ、と声を出す暇もない間の出来事だった。

男は慌ててトラックに駆け寄った。運転手は自力で外へ這い出してきた。額から血が出ていたが意識ははっきりしていた。

「大丈夫か。しっかりしろよ。大家さん、大家さん。すぐに救急車を呼んで」

男は大声で家の中の未亡人に呼びかけた。それから運転手の首に巻かれていたタオルで傷口を押さえ、もう片方の手で身体をさすった。

ふと、男が視線を上げると、そこはひよこたちで一杯だった。視界のすべてをひよこが埋め尽くしていた。突然荷台から放り出された彼らは、興奮し、混乱し、やけを起こしていた。ある群れは意味もなくその場で渦巻きを作り、ある群れは空に逃げようというのか、未熟な羽をばたつかせ、またある群れは身体を寄せ合い、打ち震えていた。

その風景の中に、少女がいた。

「駄目よ。そっちへ行っては。車が来たらはねられてしまう。そう、皆、この木陰に集まって。怖がらなくてもいいのよ。大丈夫。すぐに助けが来るわ。何の心配もいらないの」

少女は彼らを誘導し、元気づけ、恐怖に立ち竦んでいるひよこを、胸に抱いて温めた。色とりどりの羽が舞い上がり、少女を包んでいた。

これが彼女からの本当のプレゼントだと、その時男は分かった。⑥[　　　　]。これこそが、⑦自分だけに与えられたかけがえのない贈り物だ、と。

男は何度も繰り返し少女の声を耳によみがえらせた。それはひよこたちのさえずりにかき消されることなく、いつまでも男の胸の中に響いていた。

（小川洋子『ひよこトラック』による）

問一 〰〰線部**ア**「手持ち無沙汰」、**イ**「分別」の意味の説明としてもっとも適切なものを次の**1**～**4**の中からそれぞれ選び、その番号で答えなさい。

ア **1** 何もすることがなく、時間をもてあますこと。

2 じっとしながら、忙しく思考をめぐらせていること。

見せることなどできるわけがなかった。平気、平気。私に任せておきなさい、という態度を保ち続けた。

やがてぬるぬるとした生臭い粘液が喉に流れ込んできた。唇に触れる殻はひんやりとし、ざらついていた。男は気分が悪くなりそうなのをこらえ、味わう暇を与えない勢いでそれを飲み込み続けた。すぼめた唇と殻の隙間から息が漏れ、奇妙な音がした。

だんだんに男は、縁日で死んだひよこを飲み込んでいるような気持になってきた。着色され、ぎゅうぎゅう詰めにされ、遠くへ運ばれた挙句、一人ぼっちで死んでいったひよこを、自分は今弔っているのだ。④少女に気づかれないよう、そっと花園に埋葬しているのだ。

男は目を閉じ、最後の一滴まで、すべてを吸い尽くした。少女はベッドの上で足を揺らしながら拍手をした。二人の間に、白い小さな抜け殻が一個、残された。男はそれを窓辺のコレクションに加えた。卵はすぐに他の抜け殻たちと上手く馴染んだ。少女の拍手が一段と大きくなった。

▼男は相変わらずホテルの玄関に立ち続けた。自転車を四十分走らせ、ロッカーで制服に着替え、回転扉の前に立った。タクシーが着くと、お客の手から荷物を受け取り、「本日、ご宿泊でございますか?」と尋ねた。フロントまで案内しているあいだに、もう次の新しい客が到着していた。男は一日中、ただ玄関の内と外を出たり入ったりしているだけだった。誰も男の顔など見なかったし、名前も覚えなかった。ごくたまに、「ありがとう」と声を掛けてくれる客もあったが、そのたびに男は、礼を言われるような何かを自分はしたのだろうか、という気分になった。同僚のドアマンたちは皆、男よりずっと若かった。男より力強く、ハンサムで、制服がよく似合った。食堂やロッカーで一緒になっても、雑談することはなかった。彼らが男に話し掛けてくるのは、勤務のシフトを交代してほしい時だけだった。▲

新しい下宿に引っ越してから、一つだけ変わったことがあった。子供連れの客が来ると、つい少女と比べてしまうのだ。この子は少女と同じ歳くらいだろうか。いや、熊の縫いぐるみなど抱いているところを見ると、少女より幼稚だ。あのロビーで走り回っている子。あれはいけない。いくら子供でもイ分別がなさすぎる。少女ならきっと、背筋をのばし、何十分でも、もちろん静かに、ソファーに座っていられるはずだ。こっちの子はどうだろう。身長も目方もほぼ同じくらいだが、顔は全く似ていない。少女の方がずっと可愛らしい……。こんな具合だった。

どうして少女が抜け殻を集めるのか、男は不思議に思わなかった。少女には縫いぐるみよりも抜け殻の方がよく似合っている気がした。抜け殻を求め、果樹園や用水路の水辺を探索している彼女の姿を思い浮かべる時、男は涙ぐみそうになって、自分でも慌てることがあった。少女はたった一人で辛抱強く、草むらをかき分け、枝を揺すり、泥を掘り返す。白いソックスが汚れ、三つ編みが解けそうになる。ようやく少女は一個の抜け殻を発見する。⑤ついさっきまで生き物だったのに、今では空っぽの器になり、見捨てられてしまった抜け殻。中には沈黙が詰まっている。少女はそれを救い出し、大事に掌に包み、男の元へ走って届けるのだ。

三度めの時、少女はもう、ひよこトラックについて相当の知識を蓄えの毛は甘い香りがした。瞳の黒色はあまりにも深く、それが何かを見るためのものだということを、忘れそうなほどだった。自分も六つの時は、こんなふうだったのだろうかと思うだけで、訳もなく哀しくなった。

「どこにいるんだい。さあ、ご飯の支度、できたよ」

台所で未亡人が、少女を呼んでいた。

ひよこトラックが二度目に農道を通った時、少女はちょうど男の部屋にいた。ガタガタとしたエンジン音の響きだけで、二人はすぐに何が近づいてきているのか分かった。男は窓を開けた。

同じような荷台は色とりどりのひよこで埋まっていた。例のさえずりも聞こえてきた。少女は顔を輝かせ、精一杯爪先立ちをした。吊りスカートが持ち上がって、パンツが見えるのではないかと、男は気が気ではなかった。しかし少女はそんなことにはお構いなく、少しでもひよこに近づこうとして窓枠から身を乗り出した。彼女が落ちないよう、男はスカートの紐を引っ張った。

ひよこよね。ああ、そうだ、ひよこだ。

二回めともなれば、目配せの確認も簡潔に済んだ。少女は手すりを握り締め、瞬きをするのも惜しいといった様子だった。風景の中で、そのトラックの荷台だけが別格だった。光を浴びる羽毛は楽園であり、湧き上がるさえずりは歓喜のコーラスだった。

けれど男は知っていた。着色されたひよこたちは、長生きできないということを。縁日の人込みの中、ハロゲンライトに照らされながら、彼らは窮屈な箱に押し込められる。乱暴に首をつかまれ、足を引っ張られる。買われた先ではすぐに飽きられ、羽の色もいつしかあせ、糞まみれになって衰弱死する。あるいは猫に食べられる。売れ残ったひよこは、箱の片隅で、窒息死している。

少女が何も喋らない子供でよかったと、その時男は初めて思った。もし少女に、

「ひよこたちはどこへ行くの?」

と尋ねられたら、自分はきっと答えに詰まるだろう。本当のことを言うべきか嘘をつくべきか分からず、うろたえてしまうだろう。

しかし二人は言葉を発しないのだから、少女の黒い瞳の中では、ひよこはどこへでも行けるのだ。③虹を渡った先にある楽園で、可愛い色の羽をパタパタさせながら、いつまでも幸福に暮らすのだ。

新しいコレクションとして少女が選んだのは卵だった。彼女が裁縫箱と卵を持って二階へ上がってきた時、どういうつもりなのか意図がつかめなかった。最初は卵を孵してひよこにしたいのかと思った。少女は裁縫箱から針を一本取り出し、それで卵をつつく真似をした。

はあ、卵に針で穴を開けて、中身を吸い出したいんだな。なるほど。卵の殻も立派な抜け殻だ。

早速男は作業に取り掛かった。これまでのコレクションは全部、少女が一人でどこからか見つけてきたものだった。しかし今回は二人の共同作業だ。自分の働きが大事なポイントとなる。セミやヤゴに負けない立派な抜け殻を完成させなければならない。だから男は張り切っていた。

できるだけ目立たない穴にするため、細心の注意を払って男は卵のお尻に針を突き刺し、そこに唇をあてがった。少女はベッドの縁に腰掛け、じっと成り行きを見つめていた。正直なところ男は生卵があまり好きではなかったのだが、期待に満ちた少女の瞳を前に、嫌そうな表情を

【国語】（五〇分）〈満点：一二〇点〉

【注意】問題文には、原文（原作）の一部を省略したり、文字づかいや送りがなを改めたところがあります。

一　次の文章は、小川洋子『ひよこトラック』の一節です。初老の男が暮らす下宿には未亡人の大家とその孫である少女が暮らしていました。言葉を発しないこの少女とどう接していくか迷っていた男でしたが、ある日、偶然二人で「ひよこを満載したトラック」を見て以来、心を通わせ始めました。以下の文章はそれに続く場面です。よく読んで後の問いに答えなさい。

セミの次に少女が持ってきたのは、ヤゴの抜け殻だった。次がカタツムリの殻、ミノムシの蓑、蟹の甲羅、と続いていった。圧巻はシマヘビの抜け殻で、直径二センチ、全長は五十センチもあり、それ一つで窓辺のスペースの半分近くを独占した。日に日に窓辺の抜け殻コレクションは充実していった。

少女はそれらを眺め、満足そうな表情を見せた。二人は時折一緒に、窓辺の時間を過ごすようになった。少女はコレクションの前にペタンと座り込み、男はその折々で、ア手持ち無沙汰に立っていることもあれば、彼女のためにジュースを注いでやることもあった。

最初のうち男は、こんなにも年の離れた、しかも喋らない人間と、どう間を持たせたらいいのか戸惑ったが、すぐに要領をつかんだ。つまり、［　①　］。それで二人には何の不足もなかった。

どの抜け殻にも、眺めれば眺めるほど、新しい発見があった。男がまず驚いたのは、脱皮した殻が実に精巧な作りをしていることだった。セミの腹に刻まれた皺から、頭部の先端に密集する毛まで。ヤゴの透明な眼球から、羽に浮き出す網目模様まで。かつて殻の中に生きていた生物の形を、克明に留めていた。隅々まで神経が行き届いていた。どうせ脱ぎ捨てられるものだから、といういい加減なところが微塵もなかった。

更には、それほど精巧でありながら、綻びがないのだった。背中に一箇所、ファスナーのような切れ目がある以外、どこも破れたりクシャクシャになったりしていない。シマヘビになると、そっくりそのまま裏返しになっていて、模様が内側に広がっているという手の込みようだった。

人間でもこんなに上手に洋服を脱ぐことは不可能だ、と男は思った。間違いなくこれは、プレゼントに値する驚異だ、と一人で確信を深めたりもした。

しかし男はこうした思いのあれこれを、少女に向かって言葉にはしなかった。返事がもらえないからではなく、お互い喋らないでいる方が平等だ、という気がしたからだ。たとえ喋らなくても、少女のそばにいれば、彼女が抜け殻について②自分と同じような発見をしていることが、伝わってきた。

彼女はそれらを人差し指でつついたり、光にかざしたり、においをかいだりした。ちょっと考え込んだり、口元に微笑を浮かべたりした。少女が動くたび、肩先で三つ編みの結び目も揺れた。全部眺め終わった後は、順番と向きを間違えないよう、男が並べていた通りに元に戻した。

男は抜け殻と同じように、少女についても次々と発見をした。小ささは手に留まらず、身体中のあらゆる部分に及んでいた。鼻も耳も背中も、ただ小さいというだけで、神様が特別丹精を込めた感じがした。髪

4　現実社会との接触が希薄であったために、理論や法則を通して世界を抽象的にとらえる方法に気づくことができたということ。

問九　学校教育のあり方として筆者の意見と同じものを次の1～4の中から一つ選び、その番号で答えなさい。

1　生徒たちは現実社会からの影響を受けやすいので、学校現場と現実社会とは切り離されている必要がある。

2　学校教育においては知識の習得が大事なのであり、実験や体験学習よりも理論を学ぶことを重視すべきである。

3　学習に大切なのは何よりも知的好奇心であり、好奇心を損わないような工夫が授業においては重要である。

4　生徒にとっては経験を通して自ら発見することが重要であるので、単なる知識の伝達に留まる授業は避けるべきだ。

問十　筆者は「遠近法」や「擬声語」という例を通して、そこにどのような仕組みがあると考えていますか。**四十字以上五十字以内**で説明しなさい**（句読点、記号も一字に数えます）**。

三　**次の——線部①～⑧のカタカナの部分を漢字で、⑨・⑩の漢字の部分をひらがなで書きなさい。いずれも一画一画をていねいに書くこと。**

①**チンタイ**住宅を借りる。　②**ツウカイ**な冒険小説を読む。

③**ゾウキ**林の中を歩く。　④**フンキ**を期待したい。

その点に関しては⑤**ゼンショ**します。

彼の探究心には⑥**ケイフク**する。　飛行機を⑦**ソウジュウ**する。

事前準備をして会議に⑧**ノゾ**む。　説明を⑨**割愛**する。

労力を⑩**費**やす。

問四　――線部③「われわれがいうところの『現実』とは、半ば以上、森鷗外における『サフラン』のようなものではないでしょうか」とありますが、これはどういうことですか。その説明としてもっとも適切なものを次の1～4の中から一つ選び、その番号で答えなさい。

1　われわれは世界のすべてのことがらを実際に経験することはできないため、学んだ知識をもとにして「現実」を構成して世界を把握しているということ。

2　われわれは広い世界の物事のすべてに公平に触れることはできないので、各人が認識する「現実」の姿は限定され偏ったものにならざるをえないということ。

3　われわれは知識を通して世界の姿を学ぶがそれは真実とはいえず、実体験を積み重ねることによって見えてくるものが真の「現実」であるということ。

4　われわれは過去の歴史を学ぶことによってしか世界をとらえることはできず、結局真の「現実」の姿を認識することは決してできないということ。

問五　④・⑤に入れるのにもっとも適切な言葉を次の1～5の中からそれぞれ選び、その番号で答えなさい。

1　教育　2　練習　3　失敗　4　納得　5　行動

問六　――線部⑥「彼女は『息子を亡くした母』という型を、あるいは役をその場で演じることによって、身も世もない悲しみに耐えることができたし、また醜態をさらさずに済んだわけです」とありますが、この例と同様に「型」が機能を果たしているものを次の1～4の中から一つ選び、その番号で答えなさい。

1　おむつの濡れた赤ちゃんが泣いて母親を呼ぶ。

2　相手に馬鹿にされて我を忘れてつかみかかる。

3　音楽会で感動した聴衆が拍手をする。

4　ベッドで読書をしていていつの間にか寝てしまう。

問七　⑦に入れるのにもっとも適切なものを次の1～4の中から一つ選び、その番号で答えなさい。

1　知識をいくら学んでもそれだけでは役に立たないからです

2　多くの知識が経験からは直接に学べないからです

3　経験に裏付けられない知識は無意味であるからです

4　学問の完成に知識は不可欠であるからです

問八　――線部⑧「現実からの隔離のゆえに、目に見えない、あるいは身体が触れることのできない普遍的な現実というものを感じることができた」とありますが、これはどういうことですか。その説明としてもっとも適切なものを次の1～4の中から一つ選び、その番号で答えなさい。

1　現実社会から余計な干渉を受けなかったために、周りの状況に左右されない強固な信念で現実をとらえられるようになったということ。

2　現実社会から閉ざされていたために、普通の状態では決して見ることのできない世界の真の姿をとらえられそうな気がしたということ。

3　現実社会とかけ離れた環境にいたために、現実ではない空想世界のできごとのように世の中をとらえる感覚が身についたということ。

そらく私たち生徒は⑧現実からの隔離のゆえに、目に見えない、あるいは身体が触れることのできない普遍的な現実というものを感じることができたのです。あのような体験は誰にもお勧めしたくないし、また二度と再現させてはならないものです。しかし、教育の本質を考えるうえで、得がたい一つの実験室であったことはまちがいありません。

（山崎正和『文明としての教育』による）

注1 **私が敗戦後の満州で受けた教育**～太平洋戦争後、混乱を極める満州で、生き残った日本人たちにより学校教育は続けられていた。

注2 **いわんや**～まして。

注3 **いささか逆説的にはなりますが**～ちょっと矛盾した言い方にはなりますが。

注4 **遠近法**～近いものを大きく、遠いものを小さく描く絵画技法。ある一点を基準とし、精密な計算のもとに遠近法を用いる技法が「一点消去の遠近法」である。

注5 **ルネサンス**～十四世紀のイタリアに始まり、十六世紀に西ヨーロッパ全体に広がった学問・芸術・文化上の革新運動。

注6 **濾過され**～こしとられ。

注7 **蘭医**～江戸時代に、オランダから伝わった医学を学んだ医者。

注8 **プロセス**～やり方。手順。

注9 **流露してくる**～流れ出すかのようにあらわれてくる。

注10 **端然と**～きちんと、乱れずに。

問一 ア ～ エ にあてはまるものを、次の1～4の中からそれぞれ選び、その番号で答えなさい。なお、**同じ番号を二度以上使うことはできません。**

1 しかも　2 しかし　3 つまり　4 たとえば

問二 ――線部①「私は敗戦後の満州で『教育の原点』に触れることができた」とありますが、それはどういう環境にあったからですか。その説明としてもっとも適切なものを次の1～4の中から一つ選び、その番号で答えなさい。

1 敗戦後の満州では、将来生徒の役に立つ知識を教えられる教員もおらず、生徒はただ文字のうえから知識を吸収して学んでいくしかなかった。

2 敗戦後の満州では、哲学や芸術の教育を中心とし、理科科目に関しては、実験を行ったり実物に触れたりできないため軽視される傾向にあった。

3 敗戦後の満州では、学んだ知識が将来役に立つのかどうかを意識することはなく、また生徒が習った知識を裏付ける事物に直接触れる機会もなかった。

4 敗戦後の満州では、混乱した時代を生き抜くための知恵を生徒に与えることを目指し、机上の空論ではなく実際的な経験を重視していた。

問三 ――線部②「学校の教室というものが現実の社会から独立した世界、つまり閉じられた世界として存在し、その知識の八、九割までが言葉によって与えられていることの理由」について述べた次の説明文の □ に入れるのに適切な**十七字の部分**を本文から探し、抜き出して答えなさい（**句読点、記号も一字に数えます**）。

教育とは □ であるから。

たって失敗を避けるには、まずもって「練習」をしなければならない。経験を離れることがいかに重要かは、この練習というものを考えれば誰しも納得がいくはずです。

音楽や絵画のような芸術であれ、スポーツであれ、碁や将棋といった勝負事であれ、さらには実践的なすべての営みが、まず練習を要求しています。野球選手のバットの素振りが好例でしょう。飛んで来てもいないボールを相手にバットを振っている。そのことによって、彼はバッティングという行為の注8プロセスを意識し、そこからプロセスを支える「型」を身につけようとしているわけです。

私たちの行動能力は、単純な経験をいくら繰り返しても、けっして高まることはありません。現実行動は練習のうえではじめて成り立ちます。どんな技術であれ、技術を駆使するプロセスを絶えず見直し、身につけ直さなければならないのです。

学校というものは、その意味で、あらゆる知識を現実行動からいったん切り離し、その行動のプロセスを教える場といってもいいでしょう。要するに、教室は［④］の場ではなくて、［⑤］の場なのです。

第三に、第二の理由の延長になりますが、私たちが行動するためには「型」を持たなければならないということがあります。

武術一つを取り上げても明らかでしょう。刀をただ振り回していれば強くなるというものではない。面を打ち、籠手を打ち、突きを入れるという型をまず身につけ、それがまるで無意識であるかのように注9流露してくるところに武術は成立します。

日常の作法もまた同様でしょう。これもまた一つの型であって、日常生活はその枠組みによって支えられています。人間、悲しいときにはなりふりかまわず泣きたくなるものですが、そこに悲しみ方の型が入ってきたとき、はじめて私たちは悲しみに耐える能力も身につけることができるのです。

芥川龍之介の短篇小説『手巾』に、息子を亡くしたばかりの婦人が注10端然と息子の恩師に相対しながら、しかし机の下では「膝の上の手巾を、両手で裂かないばかりに緊く、握っている」という場面があります。つまり、「顔でこそ笑っていたが、実はさっきから、全身で泣いていたのである」とあるように、⑥彼女は「息子を亡くした母」という型を、あるいは役をその場で演じることによって、身も世もない悲しみに耐えることができたし、また醜態をさらさずに済んだわけです。

教育が必要な理由の最後は、［⑦］。

現代の先進社会の人間ならば、誰でも地動説が正しいということを知っています。しかし、誰一人として地球が太陽の周りを回っているのを見た人もいなければ、その動きを実感した人もいない。日常では、太陽が朝は東の空に上って、夕方は西の空へ沈む。昔の人も現代人もそれを経験上知っています。しかし、真実はそうではないということを、知識として身につけているのが現代人でしょう。

また、幾何学で教わるかたちというものも見ることはできません。幾何学上の「点」は大きさがなく、位置のみあるものだといくらいわれても、それを目で確かめることはできない。二点間をつなぐものが線であり、厚みのない広がりが面だといわれても、これまた誰も経験することができない。しかし、こうした知識が、現代の自然科学、あるいは現実認識の基礎をつくっているのはいうまでもないことです。

今にして思えば、満州におけるきわめて特殊な極限状況のなかで、おかなりません。地域によって、文明によって、聞こえ方はそれぞれに異なる。［ウ］、擬声語は個々の経験に先んじて私たちの体のなかにあるものであって、それを身につけると、不思議なことに、自然の鳥の鳴き声があたかもそのように聞こえてくるという仕掛けなのです。

もう一つ次元を高めていえば、たんに経験を積み重ねただけでは、世界を自然科学的に見ることはできません。物理や化学についていえば、すべての現象を数の関係に置き換えて、はじめてそれは可能になります。イタリアのガリレオ・ガリレイ（一五六四～一六四二）が「自然というものは数で書かれた書物である」といったように、数の関係を経験に先んじて知っていなければ、物質の世界は自然科学的には見えてこないのです。

もし教育とは何かと問われれば、遠近法や擬声語や数の関係にとどまらず、経験に先んじてある方法を教える行為だといえるでしょう。べつの表現をすれば、教育は経験を離れる必要があるということなのです。

こう考えてみれば、②学校の教室というものが現実の社会から独立した世界、つまり閉じられた世界として存在し、その知識の八、九割までが言葉によって与えられていることの理由は明らかでしょう。もちろん、学校が閉じられた世界となるのは近代に入ってからのことでした。しかしながら、後に改めて詳しく論じますが、この近代が達成した成果は、じつは長く教育の歴史のなかで用意されていた、あるいは芽生えていたものなのです。

私たちにとって、学校教育はなぜ必要なのか。べつのいい方をすれば、それぞれの実生活の経験の積み重ねにまかせるのではなく、なぜ教育のための特別の場所が必要なのか。この問いかけにたいしては、いくつかの理由が考えられます。

第一に、これはわかりやすい理由ですが、世界はあまりにも広く、私たちがそのすべてを経験することはできないからです。

［エ］、私たちが「世界」と呼んでいるものの多くはすでに失われた過去であり、「現実」と呼んでいるものの半ば以上は現実には存在しません。歴史と呼ばれ、人類の記憶のなかにしかないものがほとんどでしょう。新聞やテレビで伝えられる世界はすでに「昨日の現実」にすぎないし、学問研究の保証する真実の世界も、結局は過去に発見され、歴史のなかで再確認されてきたものであるはずです。

経験は記憶によって注6濾過され、それと照合されて、はじめて経験として完成される。そうした経験の完成の場所として、私たちは教育という営みを発明し、教室という別世界を囲い込んでいるともいえるのです。

森鷗外の短篇小説『サフラン』に、サフランをめぐる若き日の思い出話が出てきます。この植物の名は本で早くから知っていたけれど、まだ実物を見たことがない。そこで注7蘭医であった父親に頼み、薬箪笥の抽斗から「ちぢれたような、黒ずんだ物」、つまり乾燥したサフランを出してもらう。「名を聞いて人を知らぬと云うことが随分ある。人ばかりではない。すべての物にある」といった感慨を綴った小品ですが、考えてみれば、③われわれがいうところの「現実」とは、半ば以上、森鷗外における「サフラン」のようなものではないでしょうか。

第二に、教育が不可欠になるのは、私たちが何らかの現実行動をうまくなしとげるためには、行動をいったん棚上げし、目的を括弧のなかに入れて行動しなければならないからです。いいかえれば、現実行動にあ

二　次の文章を読んで、後の問いに答えなさい。

重ねて振り返れば、注1私が敗戦後の満州で受けた教育には、いくつかの特色、あえていえば、特異な意味がありました。

その一つは、教える先生も学ぶ私たち生徒も、授業で与える知識、授業で得る知識が何かの役に立つとはまるで意識していなかったことです。子供ながらに明日をも知れぬ生活を送っているわけで、将来などというものはおよそ考えられない。職業とはいかなるものであるか。あるいは、職業人が構成しているおとなの社会はどこにあるのか。そうしたものが視野にまったく入ってこないのです。

このことをべつの面から見れば、私たちは純粋に「教育のための教育」を受けていたといえるかもしれません。古代ギリシャの哲学者アリストテレス（前三八四～前三二二）は教育を二つに分け、「役に立つ知識のための教育」と「教育それ自体のための教育（具体的には哲学や芸術の教育）」があるとしています。この分類に従うならば、その時私たちは、まったくの偶然による環境の結果として、「教育それ自体のための教育」を受けていたのです。

満州で受けた教育の特色をもう一つ挙げるとすれば、知識が現実世界から完全に遊離していたことです。その知識が何らかの役に立つということがないばかりか、その知識が扱っている実物にすら触れることがありませんでした。理科がわかりやすい例になるでしょう。物理・化学・生物の三科目を習ったわけですが、実験設備は皆無、注2いわんや実物が展示してある博物館などはどこにもありません。実験もできなければ、実物に接することもできない以上、生徒たちはただただ文字のうえの知識に集中するほかはなかったのです。

これから詳しく説明しますが、先に結論をいえば、教育とは生徒にたいして経験を拡大させる技術ではなく、生徒にたいして経験の仕方や経験の方法論を教えるものです。この意味でも、注3いささか逆説的にはなりますが、①私は敗戦後の満州で「教育の原点」に触れることができたともいえるでしょう。

少し抽象的ないい方になりますが、私たちが「経験」をするためには、意識するとせざるとにかかわらず、経験のための方法ないしは形式をあらかじめ身につけていなければなりません。

［ア］、なかなか日常では気づかないことですが、風景を見るとき、私たちは知らず識らず注4遠近法によって見ています。今日、世界のどの国の人であれ、いわゆる一点消去の遠近法なしには何も見えてきません。ものを見るとは、じつは遠近法を実行していることと同義なのです。もし遠近法を知らない人が風景を見るとすれば、今日の私たちが見ているようには世界は見えてこないはずです。

［イ］、いうまでもなく、この遠近法とは、十四、五世紀、注5ルネサンス期のイタリアで発見されたものであって、太古からつづく人類永遠の知恵ではありません。一群の天才たちが発見し、多くの人々がそれに従ってものを見ているうちにいつしか身につき、ものの見方の基本となったのです。

この場合、遠近法というものの見方は、風景を見るという経験に先んじてあります。擬声語を例にすれば、話はもう少しわかりやすくなるでしょう。世界のどの言語にも擬声語があります。そのさい、たとえば鶏が「コケコッコー」と鳴くか、あるいは「コッカドゥードゥルドゥー」と鳴くかは、じつは文明の中でつくられたものの見方（聞こえ方）にほ

4の中から一つ選び、その番号で答えなさい。

1　息子が珍しく自分の意に沿ったことをしているのか、と思いつつ、きちんと確認してから誉めようと思っている。

2　息子がまた自分の気に入らないことをしているのだろう、と思いつつ、きちんと事実を確認してから文句を言おうと思っている。

3　息子が珍しく自分の意に沿ったことをしているのか、と思いつつ、その期待が裏切られたときの失望が大きくならないよう警戒している。

4　息子がまた自分の気に入らないことをしているのだろう、と思いつつ、その予測が今回は外れることを確信している。

問四　⑤ に入れるのにもっとも適切な言葉を**五字**で本文から探し、抜き出して答えなさい（**句読点、記号も一字に数えます**）。

問五　――線部⑥「母の頑迷さに苛立ちながらも一方で僕は安堵した」とありますが、このときの「僕」の気持ちの説明としてもっとも適切なものを次の1～4の中から一つ選び、その番号で答えなさい。

1　自分に口げんかをふっかけてくる母を憎らしく思う一方で、口げんかができる元気が母にあることに安心もしている。

2　母と口げんかをしてしまったことを反省する一方で、口げんかの相手になったら母に生気がよみがえったことに満足もしている。

3　自分が母を怒らせるようなことしか言えないのに不満である一方で、口げんかで母の容態が悪化しなかったことにはほっとしている。

4　母と話せば口げんかになってしまうことを残念に思う一方で、それが母なりの愛情表現であることがわかって納得もしている。

問六　――線部⑦「僕はなかば感心し」とありますが、「僕」は何に「感心」しているのでしょうか。それにあたるものとしてもっとも適切なものを次の1～4の中から一つ選び、その番号で答えなさい。

1　物事を難しく考えず明るい方面からとらえようとするサラの姿勢。

2　困難な状況を自ら打開し自分を導いてくれるサラの強さ。

3　どんなことがあっても自分を支えてくれるサラの優しさ。

4　将来を具体的に考えて方向を指ししめすサラの力。

問七　⑧ に入れるのにもっとも適切な**十字以上十五字以内の部分**を本文から探し、抜き出して答えなさい（**句読点、記号も一字に数えます**）。

問八　――線部⑨「黒麦畑で食べてる」の意味としてもっとも適切なものを次の1～4の中から一つ選び、その番号で答えなさい。

1　黒麦をたくさん生産している

2　黒麦にこだわってガレットを作っている

3　黒麦を売って生計をたてている

4　黒麦を自分の家で食べている

問九　▼ ▲ではさまれた部分の中には改変を加えたためにつじつまのあわない箇所があります。**その箇所を含む一文**を抜き出し、その**最初の三字**を書きなさい（**句読点、記号も一字に数えます**）。

問十　――線部⑩「……」とありますが、「僕」が無言になったのはどのようなことがわかったからでしょうか。**四十字以上五十字以内**で説明しなさい（**句読点、記号も一字に数えます**）。

「こう言っちゃなんだがね」。ギスランさんが声を落とした。「バロウ家で注8居候生活を始めてから、アネットは苦労したと思うよ。農園で汗する傍ら、信心深いローランたちに合わせて足繁く教会へ通って、一家の習わしにも従って。そうして彼らに同化することで、一人息子のあんたを守ろうとしたんじゃないのかな。あんたがバロウ家の人々に受けいれられるように」

　僕は息を止めた。まるで一瞬、静かに死んだように。

「僕のために？」

「もうひとつ……、一度だけアネットが私に洩らしたことがある。この世で一番怖いのは息子に死なれることだ、と。ルネを若くして亡くしたアネットは、いつだって死の影に怯えていた。その影からあんたを守るためならば、どんな迷信にだってすがりつく気でいたんじゃないのかな」

「⑩……」

　緑だけだった。魂が抜け落ちたような僕のうつろな瞳に捉えられるのは、一面の緑だけだった。僕はその緑に吸われるようにゆらりと足を進め、緑の中へ沈みこんだ。膝を折り、緑の底に手を突き、崩れるように頭を垂れる。

　目の下にちらりと白い光が灯った。早咲きの花。無数のつぼみが緑に抱かれている中、一株だけが茎の先に白い花をいくつもまとっている。僕は震える掌でそれを包み、小さな白い花びらを数え、そして注9慟哭した。

（森　絵都「ブレノワール」による）

注1　**ノスタルジー**～昔を懐しむ心。
注2　**フィニステール**～ブルターニュの中の一地方。
注3　**本旨を逸脱してしまう**～本来の目的から外れてしまう。
注4　**暗礁に乗りあげていた**～いきづまっていた。
注5　**憂慮**～心配。
注6　**土着の因習**～その地方に昔から伝わるしきたり、習わし。
注7　**汲々として**～心に余裕がなくて。
注8　**居候**～他人の家に住んで養ってもらうこと。
注9　**慟哭**～声をあげて激しく泣くこと。

問一　――線部①「今はパリの二つ星レストランにいる」とありますが、これにこめられた「僕」の気持ちとしてもっとも適切なものを次の1～4の中から一つ選び、その番号で答えなさい。

1　母の意向に従わなかったので今の成功があると伝えて母を謝らせよう。
2　一流の料理人になれたのは母の厳しさのおかげだと伝えて安心させよう。
3　母の意向に従わない生き方をしてきたことを正直に伝えて母からしかってもらおう。
4　一流の料理店に勤めていることを伝えて母に自分の生き方を認めさせよう。

問二　② ・ ③ に入れるのにもっとも適切な言葉を次の1～6の中からそれぞれ選び、その番号で答えなさい。

1　やせる　　2　楽しむ　　3　生きる
4　太る　　5　苦しむ　　6　作る

問三　――線部④「母の瞳が用心深げな光をちらつかせた」とありますが、このときの「母」の気持ちとしてもっとも適切なものを次の1～

黒麦と呼ばれだしたのが発端かもしれない。

実際はその形状も性質も麦とは似ても似つかない。そもそもイネ科の麦に対して黒麦はタデ科に属し、穂を持つかわりに花びらを持つ。日本では黒麦粉から作る麺が古くから親しまれている。

と、知識としてはわきまえていた。

しかし、ギスランさんに導かれて黒麦畑の前に立った瞬間、それでもやはり僕は大きく息を呑み、呆気に取られずにはいられなかった。

▼仄かに黄味を帯びた温かな緑色。子供の掌ほどもある豊かな葉。その先端に点々と連なる小さなつぼみ。目前に広がっているのはかつて見たことのない未知なる植物の群生だった。押しあいへしあいするように葉を絡ませて地面の土を隠し、圧倒的な生命力を空へと立ち昇らせている。

「これが、黒麦……」

「そう、これが黒麦だ」

魅せられ、立ちつくす僕にギスランさんが言った。

「どこでも育つし、放っておいても伸びていく。これほど頼もしい作物はほかにない」

確かに頼もしい光景だった。麦の穂が風を受けて織りなす優雅な波のような、あの整然とした美しさがここにある。一葉一葉が勝手に陽を浴び、思い思いに風に吹かれてざわざわ踊っている。その奔放な躍動に命の力が漲り、むせかえらんばかりの生気を発散する。まるで手を伸ばせば伝わってくる確かな熱のような。▲

「あと二週間もすれば花が咲き、二ヶ月で実が穫れるだろう。それであんたがガレットを作りたいなら、いくらでも好きに持っていけばいいさ。どうせ趣味の畑だし、ルネとアネットの息子に役立ててもらえるなら本望だ」

白い髭をたくわえた口もとを笑ませるギスランさんに僕は尋ねた。

「なぜ趣味で黒麦畑を？」

「さあ、なぜだろうな。ブルターニュの代名詞でもあった黒麦がどんどん消えていく。それに抗いたかったのかもしれん。それに、ここにいるとアネットを思い出すんだ」

「母を？」

「自由気儘で、生命力に溢れてて。黒麦はアネットに似ているよ」

遠き日を偲ぶようにまぶたを閉じるギスランさんの横で、僕は瞳を瞬かせた。

「それ、本当に母のことですか？　僕の母は自由どころじゃありませんでした。注6土着の因習に縛られて、迷信にふりまわされて、毎日注7汲々として」

「それはルネが逝ってからだろう。夫婦で黒麦を育てていた頃のアネットは、それはそれは生き生きとした跳ねっかえり娘だったよ。歩くのもじれったそうに、そこいら中を駆けまわっていた。ルネと一緒に畑を広げて、いつかブルターニュ中を黒麦で埋めつくしてやるんだと息巻いてたもんだ」

「母さんが……」

信じがたい思いで再び黒麦畑へ目を馳せた。埋もれるような緑の中を駆けめぐる若き日の母をそこに描くも、僕の知る母とは一致しない。けれど、その母も確かに存在した。何者も恐れず、何物にも縛られずに輝いていた時代。母の幸福な記憶は黒麦の中にあったのだ——。

「うん、でも注1ノスタルジーだけじゃだめだ。ガレットの持つ独特の塩気、あれを生かした新しい一品ができないかな。地元のビーツやアーティチョークと組み合わせたりして、サラダ風の前菜に」

「うん、食べてみたい。一刻も早く」

「そうはいかない」。料理への意欲が久々に僕を駆りたてていた。「まずは黒麦だ。この辺で黒麦を育ててる農家を探さなきゃ」

「そこまでこだわるの?」

「食材は［　⑧　］。そう言ったのは君だよ」

僕は常ならぬスピードで、早速、翌日から行動を開始した。食材探しも兼ねて近場の農家を一軒ずつ訪ね、黒麦畑に関する情報を求めてまわったのだ。が、甘かった。

昔は注2フィニステール中にあったといわれる黒麦畑は、今では完全にその影をひそめていた。

「⑨黒麦畑で食べてる農家はもういないよ」

誰もがそう口をそろえた。安い輸入物の黒麦粉が出回りはじめて以来、黒麦を育てても採算が合わず、ほかの作物に鞍替えする農家が続出したのだという。遠地へ行けばまだ残っているかもしれないが、それでは地元の食材にこだわるという注3本旨を逸脱してしまう。

早くも注4暗礁に乗りあげていた僕に意外な助け船を出してくれたのは、いとこのアンヌだった。タープル・ドットの一番客として僕たちの宿を訪れた彼女は言ったのだ。

「黒麦だったら昔、あなたの両親が育てていたじゃない」

「うん、でももう四十年も前のことだし、畑はとうに売ってるし」

「その畑を買った人、今でも細々と黒麦を育ててるらしいって話を聞いたことあるけど」

「本当?」

果たして本当であった。ローラン伯父さんに電話で確認したところ、黒麦畑を継いだのは同郷のギスランさんという男で、もともと僕の両親とは旧知の間柄だったという。父の死後、母だけでは畑をやっていかれないだろうとの注5憂慮から買い取りを申し出てくれたらしい。そして年老い、畑仕事を引退した今も、一部の黒麦畑は手放さずにいるとのことだった。

なぜ今でも黒麦畑を?

この謎は会ってから解くことにした。

逸る思いでギスランさんへ連絡をした僕は、「ルネとアネットの息子なら大歓迎だ」との返事に甘え、その翌日には黒麦畑を見に行かせてもらう約束を取りつけた。これまた僕らしからぬ早業だとサラには驚かれたけれど、実のところ自分では遅すぎた気がしてしょうがなかった。とてつもないまわり道をしてしまったような。

黒麦畑を見るのは初めてだった。

いや、正しく言えば遠い昔、両親が黒麦を育てていた時代に見てはいたのだろう。少なくとも瞳に映しはしたはずだ。が、僕はまだあまりに幼すぎ、物心がついたときには父も畑も失っていた。よって、僕が黒麦に関して持ち得るのは書物から得た知識だけだ。

意外に思われるかもしれないけれど、黒麦は麦の仲間ではない。山羊と鹿くらい種が違う。なのになぜ「麦」が付くのか気になるところだが、もしかしたら小麦粉に黒色をまぶしたような粉が穫れるため、愛称的に

「死後？」

「死んだ人間は一度だけ形を変えてこの世に戻ることができるんだ。私がおまえを認めるとき、仮にそんなときが訪れるとしたら、私は花に姿を変えておまえにそれを知らせよう」

「花……」

「五枚の［⑤］だよ」

最後は茶目っ気をこめて笑った。彼女が若くてエネルギッシュだった頃を思わせる笑顔だった。なんだ、まだくたばりそうにないじゃないか。⑥母の頑迷さに苛立ちながらも一方で僕は安堵した。

その翌朝の曙の頃、母は五十四歳の命を締めくくった。

> その後「僕」はサラという女性と結婚し、自らの料理の腕前を生かして、素朴で居心地のよい民宿（ターブル・ドット）を開くことになり、親戚や二人の友人とともに宿の完成パーティーが行われた。母を亡くしてから十五年が経っていた。

盛況のうちにパーティーが終わり、家族手分けして後片づけを済ますと、僕とサラは月明かりに照らされた庭のテラスで静かな余韻にひたった。ようやくここまでこぎつけた。僕たちの中には揺るぎない達成感があった。と同時に、本番はこれからであることも忘れていなかった。

「最初の一、二年は厳しいでしょうね。来週からオープンなのに、予約はまだ二組だけ。それもあなたのいとこと私の両親だもの」

サラは現実的だった。

「でも、きっと三年目から部屋が埋まりだす。私はそれを信じてる。だって、本当に素敵な宿ができあがったんだもの。それに、あなたの料理がある」

「最初の二年が我慢どころってわけか」

見通しは厳しいながらも僕たちの声は明るかった。二人とも我慢には自信があったのだ。

「それでね、ジャン。思ったんだけど、どうせなら空いた時間があるうちに、できることをやっておかない？」

「できること？」

「今日、みんなの顔を見ながら思ったの。この宿は地元のみんなのおかげで完成したようなものでしょう。だから私たちもこの宿を通じて、何か地元へのお返しができないかなって」

「お返し、か」

⑦僕はなかば感心し、なかば呆れてつぶやいた。この奥さんはいつも半歩くらい先から僕をふりかえり、新たな課題を投げかけるのだ。

「たとえば……料理の食材は地元のものを使うとか、そういうこと？」

「そう、徹底して地元産にこだわるとか。あと、よそから来たお客さんを地元の料理でもてなして、食事を通じてブルターニュの魅力を知ってもらうとか」

「なるほど。地元の料理か」

僕は考えた。いや、考えるふりをした。本当は考えるまでもなく、瞬時にある一品がひらめいていたのだ。

良くも悪しくも僕の人生に植えつけられたブルターニュの味。

「しょっぱいクレープね」

僕の目を見てサラが微笑んだ。

「あなたのお母さんがこだわりつづけたガレット」

【国　語】（五〇分）〈満点：一二〇点〉

一　次の文章を読んで後の問いに答えなさい。本文には作問の都合上表現を改めたところがあります。

> パリのレストランで仕事をしている「僕」は、母が危篤という知らせを受け故郷のブルターニュ（フランスの地名）に帰ってきた。

母は土色に乾いて縮んでいた。まるで脱穀を終えた麦藁のようだった。彼女の命が燃えつきようとしているのは一目瞭然だった。

「ああ、ジャンか」

けれど母は僕の顔を見るなり気丈にも毒づいたんだ。

「親不孝者がやっと帰ってきた。六年間もどこで何をしてたんだか」

二度と帰ってくるなと命じたのは母さんのほうだ。そう返したいのをこらえて僕は言った。

「修行だよ。①今はパリの二つ星レストランにいる」

「二つ星？」

「レストランの評価だよ。それだけ洗練された料理を出す店ってこと」

母は皺だらけの首を力なく揺すった。

「人間は［ ② ］ために食べるんだ。都会の人間はそれを忘れている」

「でも、たまには［ ③ ］ための食事だって……」

「で、おまえはどんな料理を作るんだい」

あいかわらず母は言うばかりで聞く耳を持たない。

「今はパルフェを担当してる」

「大の男がデザートか」

「最後の記憶として舌に残るデザートは重要だよ。今じゃオリジナルメニューも任されてて、ときどきクレープも作るんだ」

「クレープ？」

④母の瞳が用心深げな光をちらつかせた。

「それはもちろん、しょっぱいクレープのことだろうね」

「いや、甘いクレープだよ。しょっぱいクレープはデザートに合わない」

ブルターニュ発祥のクレープには二つの種類がある。黒麦粉から作る茶褐色のガレットと、小麦粉から作る乳白色のクレープ。母は前者を「しょっぱいクレープ」と呼んでブルターニュの王道と見なし、後者を「甘いクレープ」と邪道扱いしていた。

「甘いクレープなんて紛いものだよ。ブルトン人があんなものを客に出すなんて、情けない」

「母さん、まだそんなこと言ってるの？　確かに昔はガレットが主流だったかもしれないけど、今は時代が違うよ。パリじゃ口当たりのいい甘いクレープが大人気なんだ」

「誰がパリの話なんかした？　まったく、おまえはあいかわらずだね。これっぽっちも変わってない。六年前から少しも成長してないよ」

結局、いつもの言い合いとなった。

「母さんこそ。あいかわらず人の話を聞かないし、僕のすることなすこと否定する。結局、僕が何をしたって認めちゃくれないんだよね」

「ま、生きてるあいだは無理そうだね」

母は真顔でうなずいた。

「こうなったら死後にでも期待するしかない」

大切なことはメモしておこうネ！

解答用紙集

○月×日　△曜日　天気（合格日和）

◆ご利用のみなさまへ
＊解答用紙の公表を行っていない学校につきましては、弊社の責任において、解答用紙を制作いたしました。
＊編集上の理由により一部縮小掲載した解答用紙がございます。
＊編集上の理由により一部実物と異なる形式の解答用紙がございます。

人間の最も偉大な力とは、その一番の弱点を克服したところから生まれてくるものである。　——カール・ヒルティ——

東京学参株式会社

浅野中学校　2024年度

◇算数◇

※ 152%に拡大していただくと，解答欄は実物大になります。

1

(1)	(2)	(3)	
ア	イ　分後	ウ　個	エ　個

(4)	
オ　cm²	カ　cm²

(5)			
キ　色	ク　色	ケ　色	コ　色

（説明）

2

(1)	(2)	(3)
番目		

(4)

3

(1)	(2)	(3)	(4)
秒後	秒後	回	cm

4

(1)

ア	イ	ウ	エ

(2)

(3)

(4)

通り

5

(1)	(2)	(3)	(4)
：	：	cm	cm³

浅野中学校　2024年度

◇理科◇

※ 147%に拡大していただくと，解答欄は実物大になります。

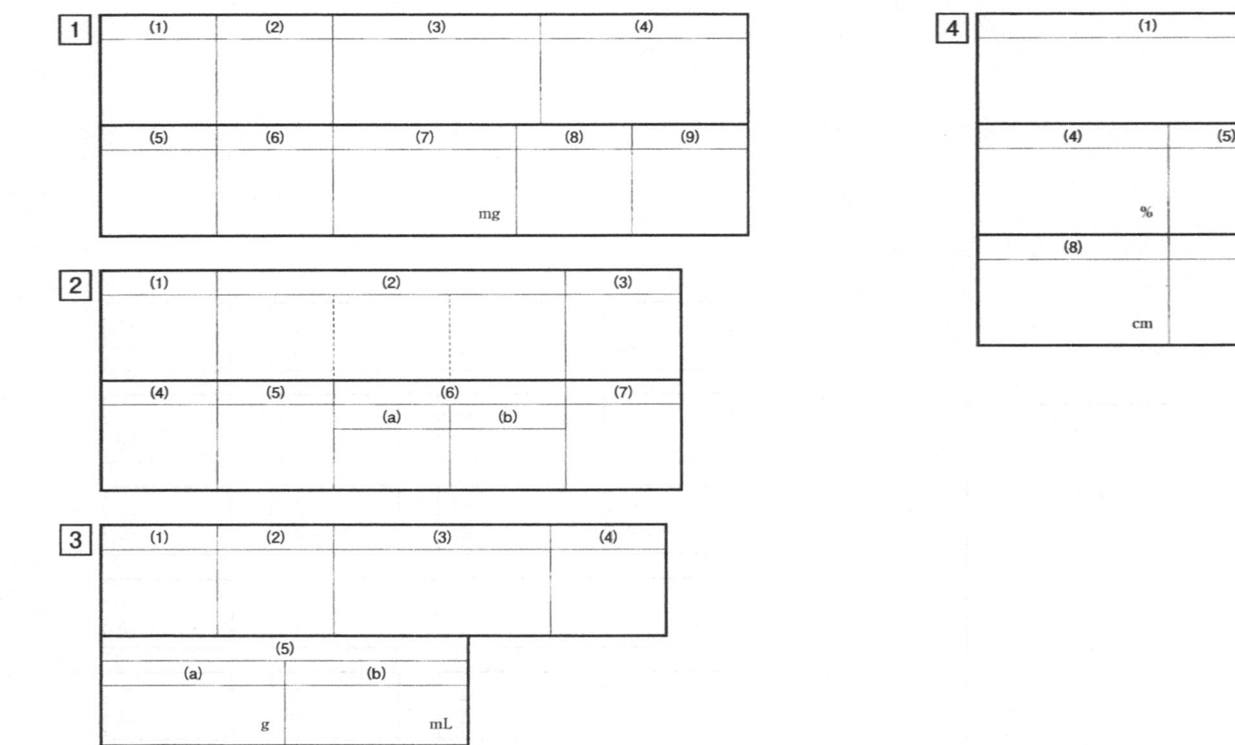

1

(1)	(2)	(3)	(4)

(5)	(6)	(7)	(8)	(9)
		mg		

2

(1)	(2)	(3)

(4)	(5)	(6)(a)	(6)(b)	(7)

3

(1)	(2)	(3)	(4)

(5)(a)	(5)(b)
g	mL

4

(1)	(2)	(3)
の原理	g分	%

(4)	(5)	(6)	(7) X : Y
%		g	:

(8)	(9)
cm	通り

浅野中学校　2024年度

◇社会◇

※ 152%に拡大していただくと，解答欄は実物大になります。

1

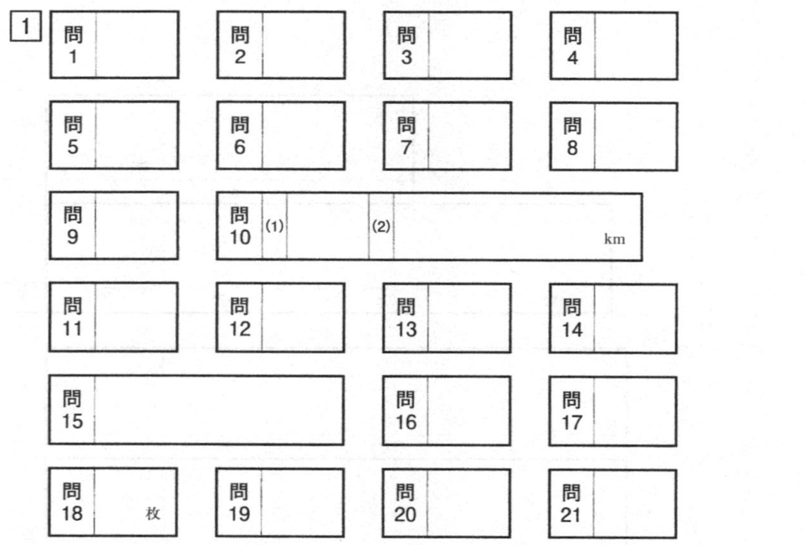

2

15
30
45
60
75
90
100

◇国語◇

浅野中学校　2024年度

※133％に拡大していただくと、解答欄は実物大になります。

一

①　②　③　④

⑤　⑥　⑦　⑧

⑨　⑩　い

二

問一　問二

問三　50　60

問四　問五　問六

問七　A　B　問八

三

問一　問二　問三　→　→　→

問四

問五　問六　A　D　E

問七　30　40

問八　40　50

問九

浅野中学校　2023年度

◇算数◇

※ 152%に拡大していただくと，解答欄は実物大になります。

1

(1)	(2)	
ア	イ　個	ウ　個

(3)		(4)	
エ　秒後	オ　回	カ　人	キ　点

(5)	
ク	ケ

コ　こと

2

ア	イ	ウ	エ	オ
人	人	人	人	%

3

(1)	(2)	(3)
個	個	通り

4

(1)	(2)	(3)
	cm^3	倍

5

(1)			
ア　個	イ　個	ウ　個	エ　cm^2

(2)	(3)
cm^2	通り

浅野中学校　2023年度

◇理科◇

※ 147%に拡大していただくと，解答欄は実物大になります。

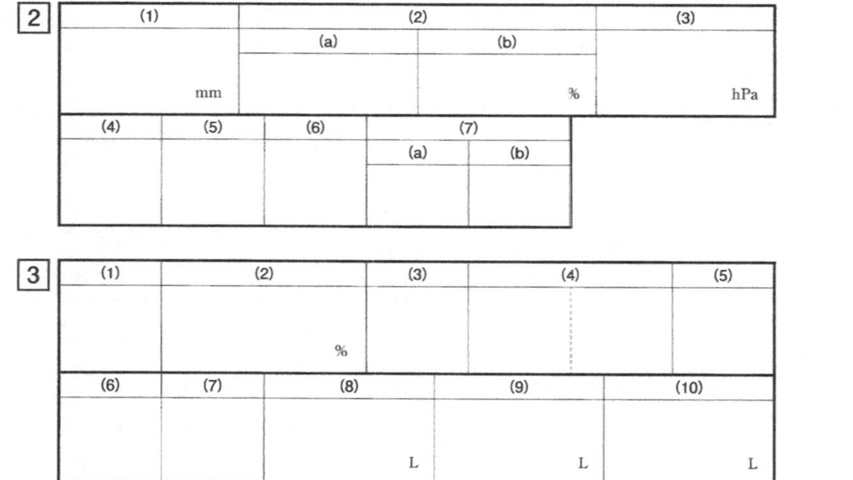

1

(1)	(2)	(3)	(4)	(5)	(6)

(7)	(8)	(9)	(10)	(11)

2

(1)	(2)(a)	(2)(b)	(3)
mm		%	hPa

(4)	(5)	(6)	(7)(a)	(7)(b)

3

(1)	(2)	(3)	(4)	(5)
	%			

(6)	(7)	(8)	(9)	(10)
		L	L	L

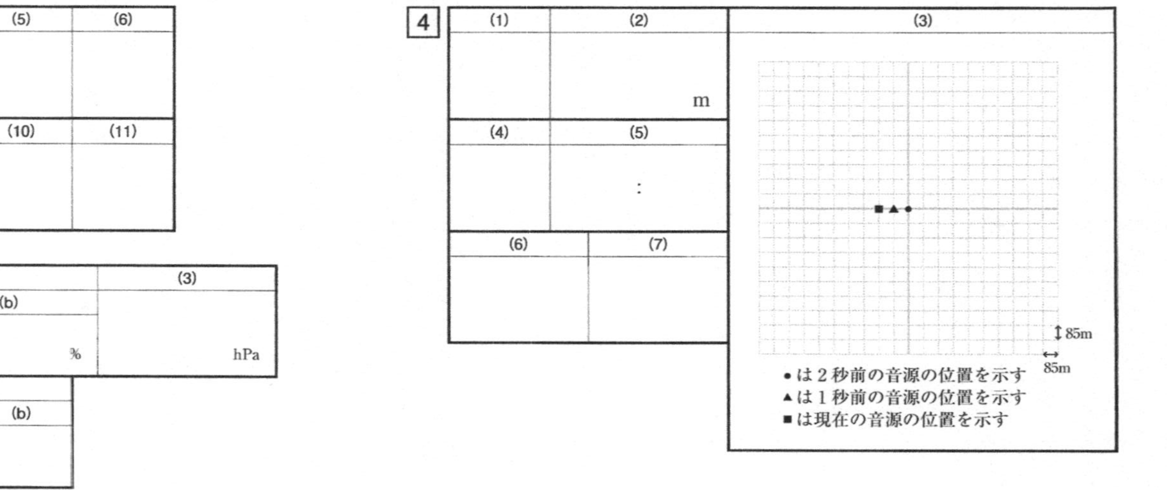

4

(1)	(2)
	m

(4)	(5)
	：

(6)	(7)

(3)

浅野中学校　2023年度

◇社会◇

※ 152%に拡大していただくと，解答欄は実物大になります。

1

問1	問2	問3	問4
問5	問6	問7	
問8	問9	問10	問11
問12	問13	問14	
問15 (1) (2)		問16	
問17 (1) (2)		問18	
問19		問20	問21

2

15
30
45
60
75
90
105
120

◇国語◇

浅野中学校　2023年度

※133%に拡大していただくと、解答欄は実物大になります。

一

①　②　③　④

⑤　⑥　⑦　⑧

⑨　⑩　うさ

二

問一　問二　問三　問四　問五

問六　朱里　　　　こと

まひろ　　　　こと

問七　　30　40

問八　問九

三

問一　　70　80

問二

問三　A　B

C

D　E

問四　→　→　→

問五　問六　問七　問八　問九

浅野中学校　2022年度

◇算数◇

※ 159%に拡大していただくと，解答欄は実物大になります。

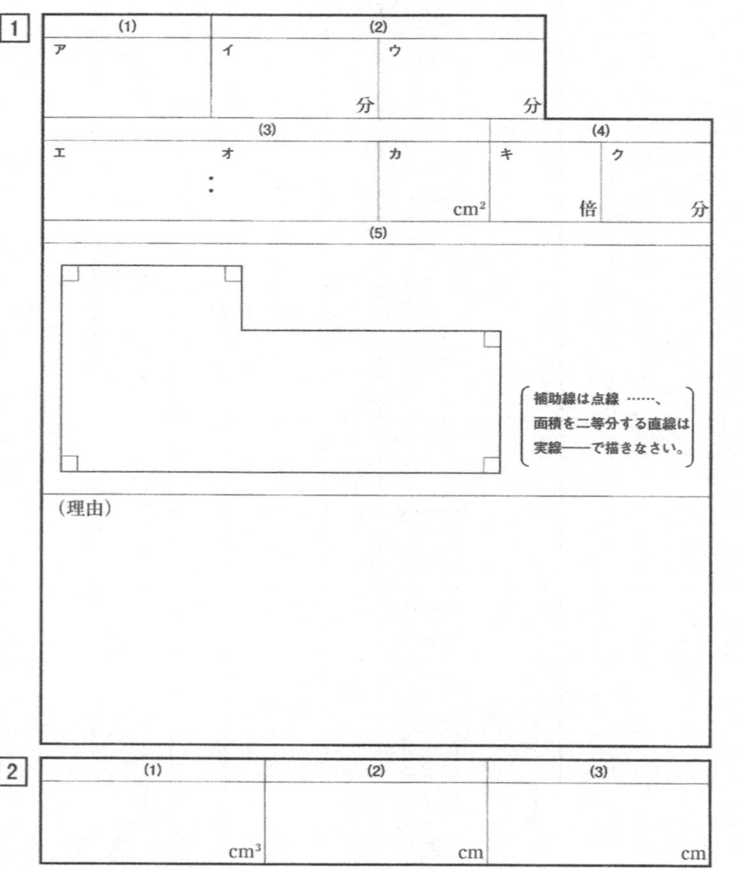

1

(1)	(2)	
ア	イ　分	ウ　分

(3)			(4)	
エ	オ　：	カ　cm²	キ　倍	ク　分

(5)

補助線は点線 ……、
面積を二等分する直線は
実線――で描きなさい。

（理由）

2

(1)	(2)	(3)
cm³	cm	cm

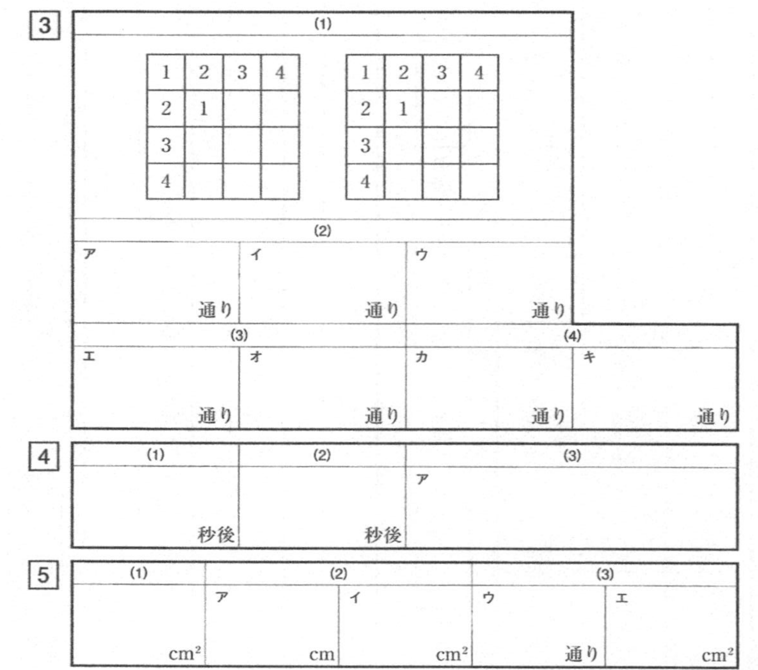

3

(1)

1	2	3	4
2	1		
3			
4			

1	2	3	4
2	1		
3			
4			

(2)		
ア　通り	イ　通り	ウ　通り

(3)		(4)	
エ　通り	オ　通り	カ　通り	キ　通り

4

(1)	(2)	(3)
秒後	秒後	ア

5

(1)	(2)		(3)	
cm²	ア　cm	イ　cm²	ウ　通り	エ　cm²

浅野中学校　2022年度

◇理科◇

※ 152%に拡大していただくと，解答欄は実物大になります。

1

(1)	(2)	(3)

(4)	(5)	(6)
		倍

(7)	(8)	
	え	お
日後		

2

(1)	(2)	(3)	(4)	
			写真	理由

(5)	(6)	(7)

3

(1)	(2)	(3)	(4)	
			あ	い

(5)	(6)	(7)	
		う	お

4

(1)		(2)
あ	い	
		cm

(3)	(4)	(5)	(6)
		(.)	(.)

(7)	
5 g	35 g
(.)	(.)

浅野中学校　2022年度

◇社会◇

※ 154%に拡大していただくと，解答欄は実物大になります。

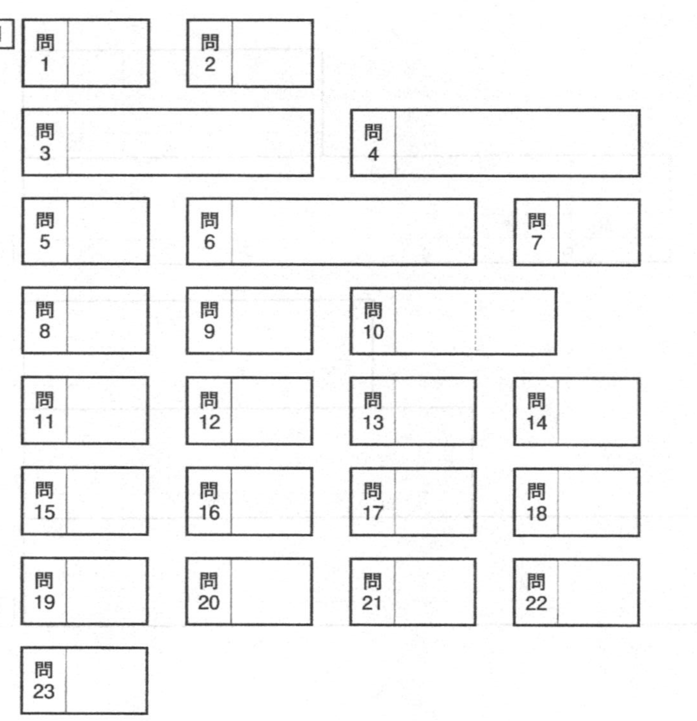

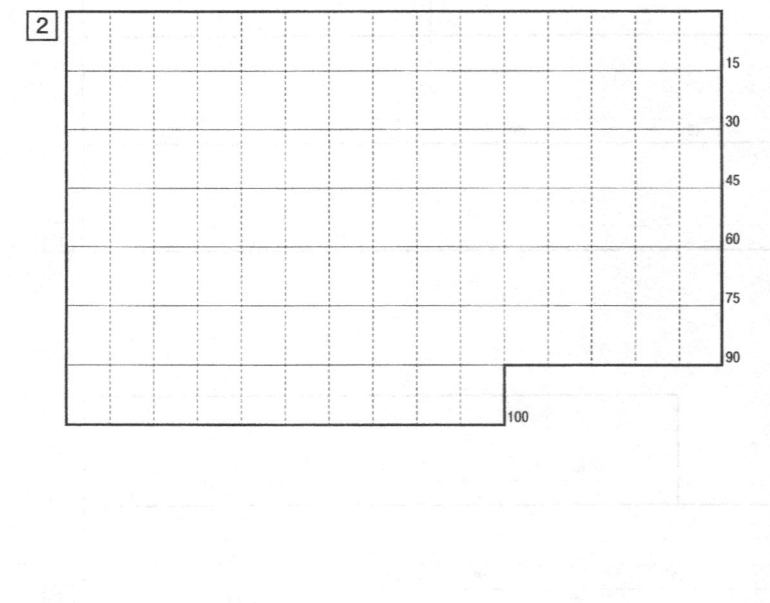

◇国語◇

浅野中学校　２０２２年度

※141%に拡大していただくと、解答欄は実物大になります。

※注意＝解答欄は設問の順序通りにはなっていないところがありますので、まちがえないこと。

一

①　②　③　④
⑤　⑥　⑦　⑧
⑨　む　⑩

二

問一　問二　問三　問四

問五　問六　問七　問八

問九

三

問一　～　問二　問五

問六　問八　問九

問四　A　B

問三

問七

浅野中学校　2021年度

◇算数◇

※ 154%に拡大していただくと，解答欄は実物大になります。

1

(1)	(2)		(3)
ア	イ　　本	ウ　　m	エ　　g

(4)	
オ	カ

（説明）

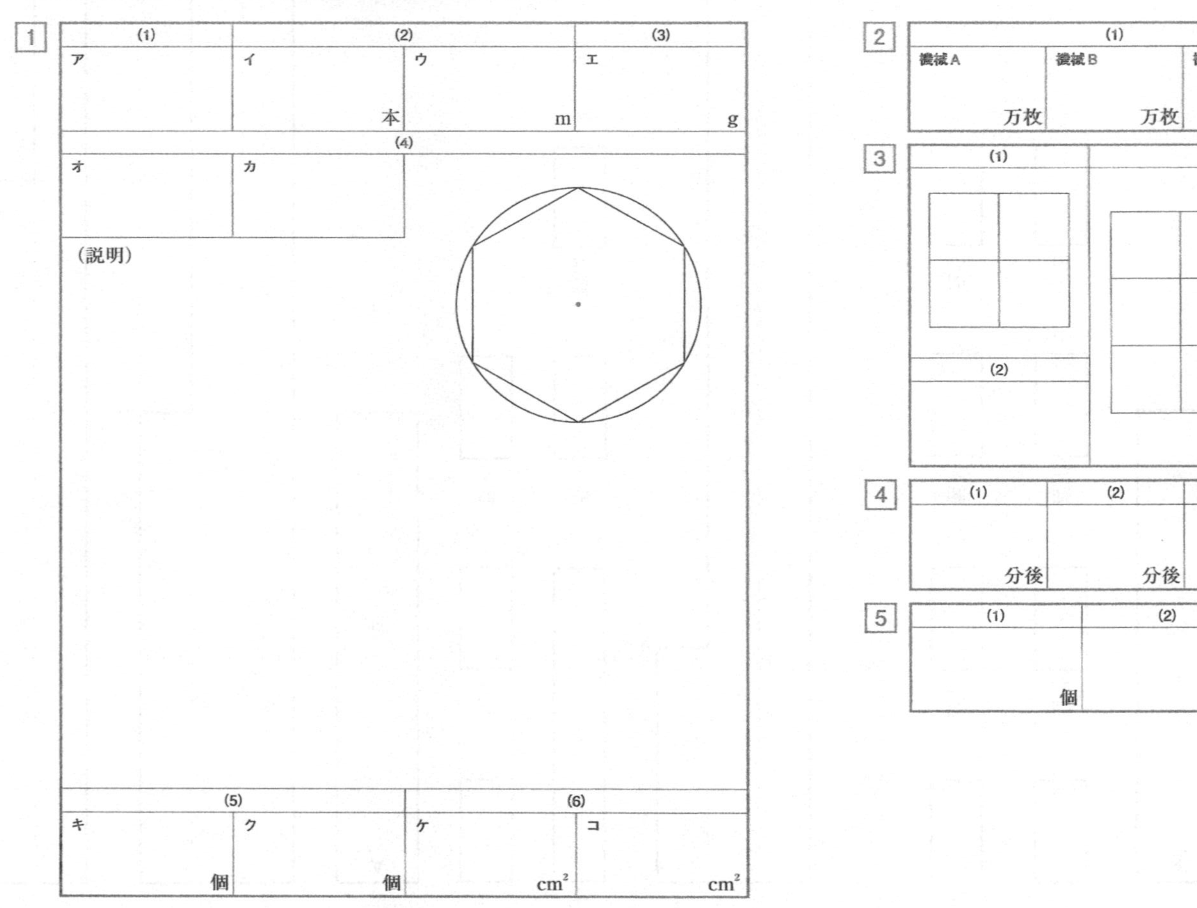

(5)		(6)	
キ　　個	ク　　個	ケ　　cm^2	コ　　cm^2

2

(1)			(2)	(3)
機械A　　万枚	機械B　　万枚	機械C　　万枚	万枚	日目

3

(1)	(3)	(4)
(2)		

4

(1)	(2)	(3)	(4)
分後	分後	分　　秒後	(ア)：(イ) ：

5

(1)	(2)	(3)	(4)
個	個	個	個

浅野中学校　2021年度

◇理科◇

※ 156%に拡大していただくと，解答欄は実物大になります。

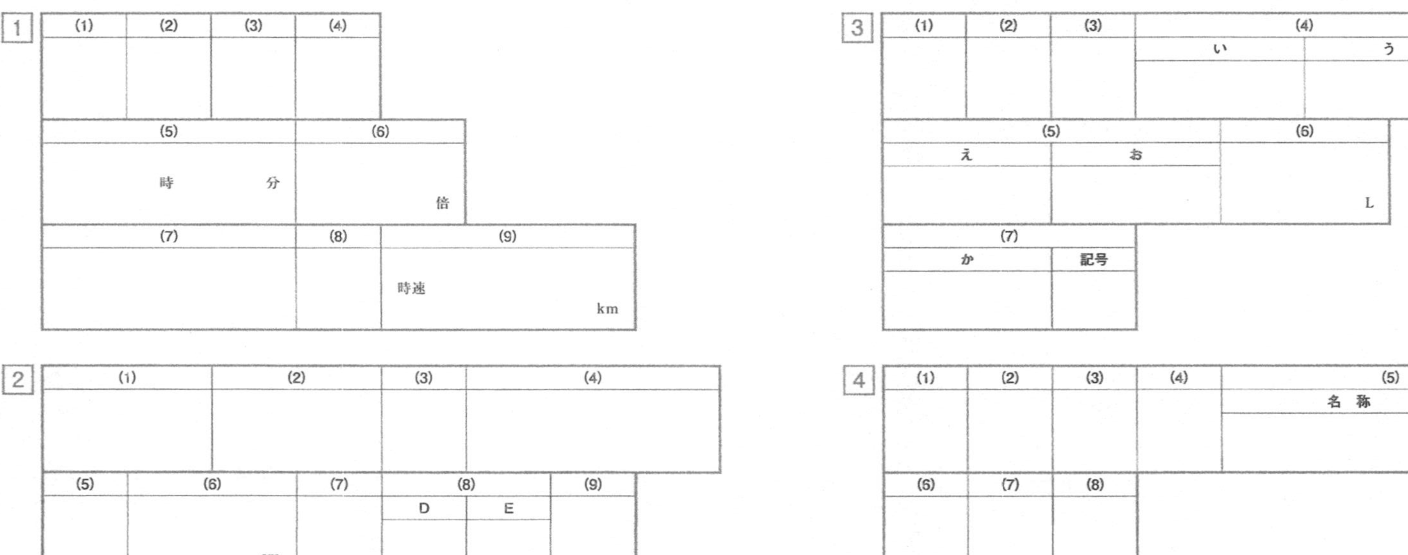

1

(1)	(2)	(3)	(4)

(5)	(6)
時　分	倍

(7)	(8)	(9)
		時速　km

2

(1)	(2)	(3)	(4)

(5)	(6)	(7)	(8) D	(8) E	(9)
	cm				

3

(1)	(2)	(3)	(4) い	(4) う

(5) え	(5) お	(6)
		L

(7) か	(7) 記号

4

(1)	(2)	(3)	(4)	(5) 名　称	(5) 向き

(6)	(7)	(8)

浅野中学校　2021年度

◇社会◇

※ 159％に拡大していただくと，解答欄は実物大になります。

1

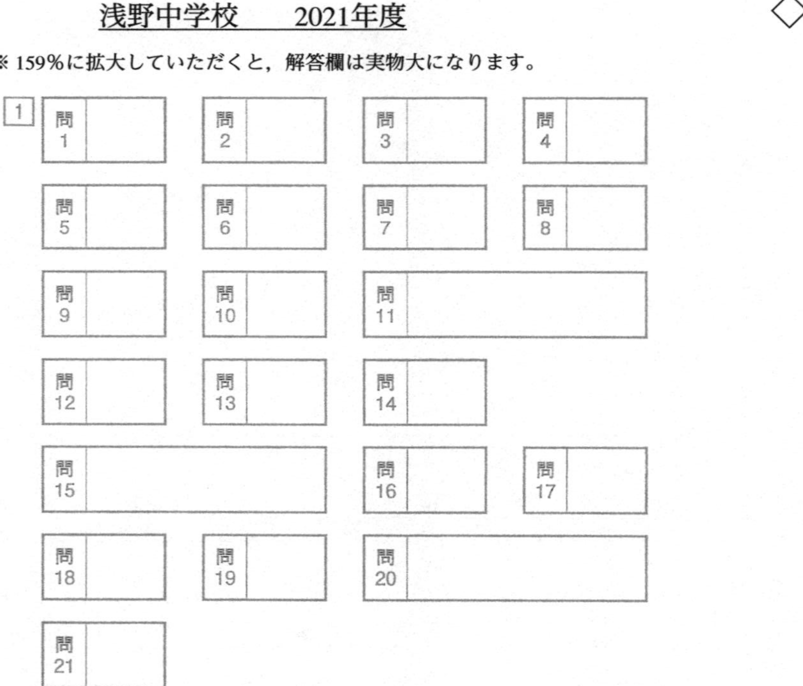

2

問1

問2

問3

15
30
45
60
75
90
105
110

◇国語◇

浅野中学校　2021年度

※154%に拡大していただくと、解答欄は実物大になります。

※注意＝解答欄は設問の順序通りにはなっていないところがありますので、まちがえないこと。

一

①		②		③		④	
⑤		⑥		⑦	える	⑧	める
⑨		⑩	しい				

二

問一　問三　問四　問六 C　D

問八　問九　問五

問二（10字）

問七（35字）

三

問一　問二　問三

問四　問五　問九

問七　→　→　→　→

問六（15字）

問八（30字）

浅野中学校　2020年度

◇算数◇

※ 154%に拡大していただくと，解答欄は実物大になります。

1

(1)	(2)	(3)
ア	イ　個	ウ　秒後

(4)			(5)
エ　個	オ　個	カ　回	キ　cm

(5) の説明

どこに５つの点を置いても、

2

(1)	(2)	(3)
通り	通り	曜日

(4)	(5)
ア　cm	cm^2

3

(1)	(2)	(3)	(4)
L	分後	分後	分後

4

(1)	(2)	(3)
ア	イ	ウ

5

(1)	(2)	
度	ア	イ　度

(3)	(4)
度	ウ

浅野中学校　2020年度

◇理科◇

※ 153%に拡大していただくと，解答欄は実物大になります。

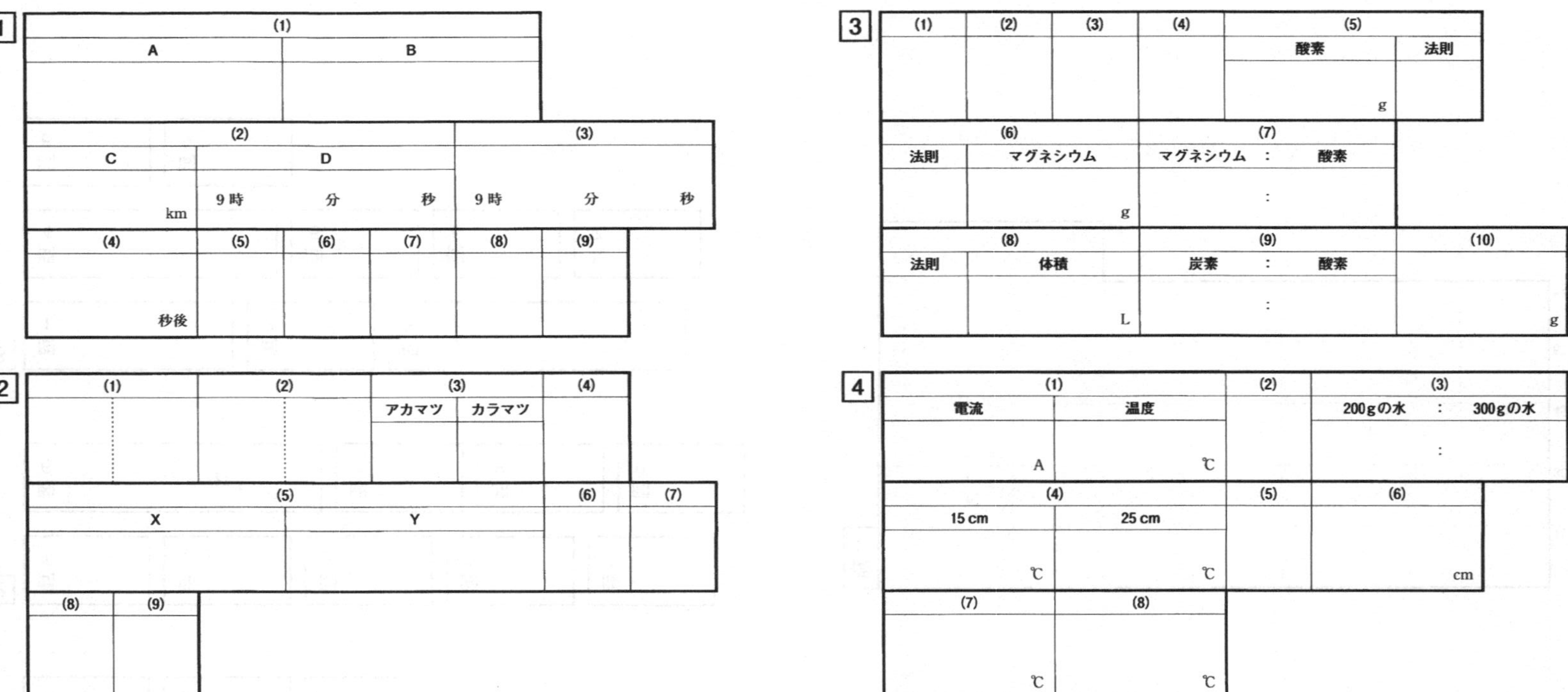

1

(1)	
A	B

(2)				(3)		
C	D					
km	9時	分	秒	9時	分	秒

(4)	(5)	(6)	(7)	(8)	(9)
秒後					

2

(1)	(2)	(3)		(4)
		アカマツ	カラマツ	

(5)		(6)	(7)
X	Y		

(8)	(9)

3

(1)	(2)	(3)	(4)	(5)	
				酸素	法則
				g	

(6)		(7)
法則	マグネシウム	マグネシウム ： 酸素
	g	：

(8)		(9)	(10)
法則	体積	炭素 ： 酸素	
	L	：	g

4

(1)		(2)	(3)
電流	温度		200gの水 ： 300gの水
A	℃		：

(4)		(5)	(6)
15 cm	25 cm		
℃	℃		cm

(7)	(8)
℃	℃

浅野中学校　2020年度

◇社会◇

※ 152%に拡大していただくと，解答欄は実物大になります。

1

問1		問2	あ	い

問3		問4		問5		問6	

問7		問8		問9	

2

問1		問2		問3		問4		問5	

問6	(1)	(2)	問7		問8		問9	

3

問1		問2		問3	1	2

問4		問5		問6		問7	

問8		問9	

4 横書きで解答すること。

問1 (15 / 30 / 40)

問2 (15 / 30 / 45 / 60 / 75 / 80)

◇国語◇

浅野中学校　２０２０年度

※１４０％に拡大していただくと、解答欄は実物大になります。

※注意＝解答欄は設問の順序通りにはなっていないところがありますので、まちがえないこと。

一

①　②　③　④
⑤　⑥　⑦　⑧
⑨　⑩

二

問一　問二　問三　問四
問六　問七　問八　問十

問五　（15字）から。

問九　（45字）

三

問一

問二　問三　問四　問五
問六　問七　問九　問十

問八　スケッチとは、（40～50字）ことである。

問十一　（40～50字）

浅野中学校　2019年度　◇算数◇

※この解答用紙は134％に拡大していただくと，実物大になります。

1

(1)	(2)		(3)	
ア	イ　円	ウ　本	エ　個	オ　個

(4)				(5)	
カ　時	キ　分	ク　時	ケ　分	コ　cm^3	サ　cm^2

2

ア	イ	ウ	エ	オ

3

(1)		(2)	(3)
ア	イ	個	個

4

(1)	(2)	(3)
通り	通り	通り

(4)

考え方、式

通り

5

(1)	(2)
cm	cm

(4)	(5)
倍	倍

(3)

A F B E C D

浅野中学校　2019年度

◇理科◇

※この解答用紙は133％に拡大していただくと，実物大になります。

1

(1)	(2)						(3)
	A	B	C	D	E	F	

(4)	(5)		(6)	(7)	(8)

2

(1)	(2)	(3)		(4)		(5)	

(6)	(7)	(8)	(9)	(10)
マグネシウム　：　銅	g	L	g	mL

3

(1)	(2)	(3)	(4)	(5)

(6)	(7)	(8)	(9)	(10)
	度			倍

4

(1)	(2)	(3)	(4)	
			①	②
cm/秒	cm	cm		

(5)	(6)
cm/秒	cm

浅野中学校　2019年度

◇社会◇

※この解答用紙は146％に拡大していただくと，実物大になります。

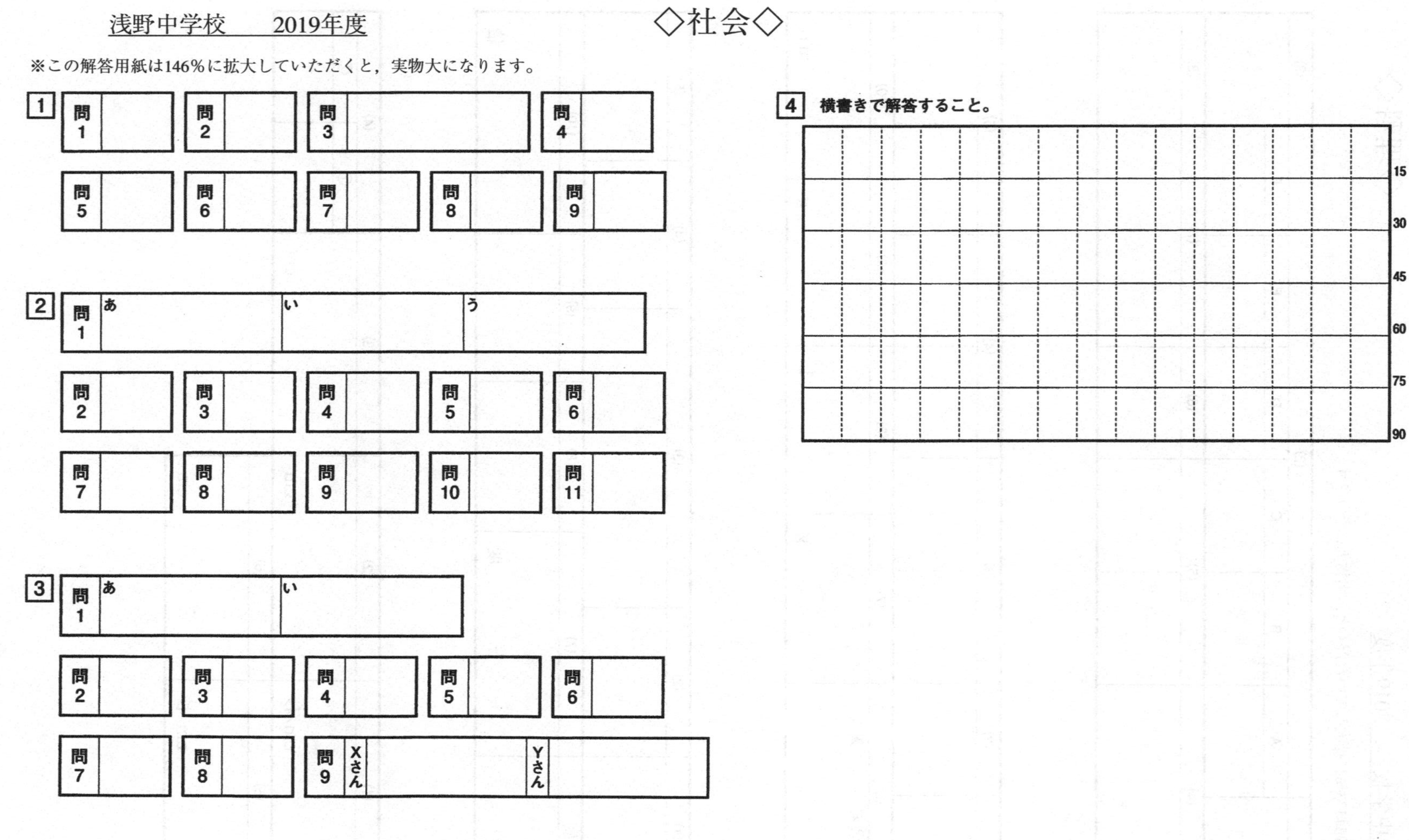

◇国語◇

浅野中学校　2019年度

※この解答用紙は134%に拡大していただくと、実物大になります。

※注意＝解答欄は設問の順序通りにはなっていないところがありますので、まちがえないこと。

一

① く

②

③

④

⑤

⑥

⑦

⑧

⑨

⑩ みる

二

問一

問二

問三 → → →

問四

問五

問六

問七

問八

三

問一 A　B　C

問二 ①　②

問三

問四

問七

問八

問九

問五

問六 I

II

〈ダウンロードコンテンツについて〉

本問題集のダウンロードコンテンツ、弊社ホームページで配信しております。現在ご利用いただけるのは「2025年度受験用」に対応したもので、**2025年3月末日**までダウンロード可能です。弊社ホームページにアクセスの上、ご利用ください。
※配信期間が終了いたしますと、ご利用いただけませんのでご了承ください。

中学別入試過去問題シリーズ
浅野中学校　2025年度
ISBN978-4-8141-3192-1

[発行所] 東京学参株式会社
〒153-0043　東京都目黒区東山2-6-4

書籍の内容についてのお問い合わせは右のQRコードから ⇒ 

※書籍の内容についてのお電話でのお問い合わせ、本書の内容を超えたご質問には対応できませんのでご了承ください。

2024年5月23日　初版